共筑基层教育中国梦

中国梦

青年学者五省区调研报告

季为民◎主编

中国社会科学出版社

图书在版编目（CIP）数据

共筑基层教育中国梦：青年学者五省区调研报告／季为民主编 . —北京：
中国社会科学出版社，2017.9
ISBN 978 - 7 - 5161 - 8878 - 1

Ⅰ.①共…　Ⅱ.①季…　Ⅲ.①地方教育—教育事业—
研究报告—中国　Ⅳ.①G527

中国版本图书馆 CIP 数据核字（2016）第 213451 号

出 版 人	赵剑英
责任编辑	陈雅慧
责任校对	王新乐
责任印制	戴　宽

出　　版	中国社会科学出版社
社　　址	北京鼓楼西大街甲 158 号
邮　　编	100720
网　　址	http://www.csspw.cn
发 行 部	010 - 84083685
门 市 部	010 - 84029450
经　　销	新华书店及其他书店

印刷装订	北京君升印刷有限公司
版　　次	2017 年 9 月第 1 版
印　　次	2017 年 9 月第 1 次印刷

开　　本	710 × 1000　1/16
印　　张	43.75
插　　页	2
字　　数	683 千字
定　　价	178.00 元

中央国家机关二季组合开展的"根在基层·中国梦"调研实践活动，是贯彻党的十八精神，落实中央要求，开展党的群众路线教育实践活动的重要举措。开展好这一活动，将对中央国家机关广大青年干部增加群众观念、锤炼工作作风，提升实践刻个起到多好作用。希望参加调研实践活动的青年同志珍惜这一难得的机会，务会把向丰富实践和群众、到基层多走访、多思考，多服务，多卷议，在和群众密切联系的实践中了明白慢，增长见识，转变作风，提高本领，尽力为卷底群之做实了，为也方经济社会发展作贡献。

王伟光 2015·5·5

中国社会科学院院长、党组书记王伟光为中央
国家机关青年干部"根在基层"活动题写寄语

编辑部成员简介

季为民，中国社会科学院新闻与传播研究所纪委书记、副所长，院青年人文社会科学研究中心副理事长兼秘书长，研究员、博士。共青团十七届中央委员、中国社会学会青年社会学专业委员会理事、第三届中国青少年研究会常务理事、中国青年志愿者协会理事、北京青年研究会常务理事。主要研究领域：新闻传播学，传播伦理。参与主持多项国家、省部级重大课题，主要成果有《艰难的新闻自律》（合著）、《学问有道——学部委员访谈录》、《青少年蓝皮书——中国未成年人互联网运用报告》、《青年学者看中国》、《国情调研》系列丛书等。作品获第二届政府出版奖提名奖、中宣部好信息奖、中国社会科学院优秀科研成果奖、中国社会科学院优秀对策信息特等奖等。

孙宏年，中国社会科学院中国边疆研究所研究员、西南边疆研究室主任，中国社会科学院研究生院中国边疆历史系教授，中国社会科学院创新工程西南边疆方向首席研究员。主要从事中国西南边疆史地、近代中外关系、西藏近现代史研究，出版《清代中越宗藩关系研究》、《清代中越关系研究（1644—1885）》、《中国西南边疆的治理》等著作 4 部，主编及合著《全球化境遇中的西方边疆理论研究》、《西藏基层政权建设研究》、《香巴拉的迷途：十四世达赖喇嘛人和事》、The 14th Dalai Lama（《十四世达赖喇嘛》英文本）等著作 4 部，发表学术论文 60 多篇。2016 年被评为国家民委首批"民族问题研究优秀中青年专家"。

陈时龙，中国社会科学院历史研究所副研究员，院青年人文社会科学研究中心常务理事。2004 年毕业于复旦大学历史系，获博士学位。主要研究明代政治史、思想史，著有《明代中晚期讲学运动》，《正说明朝十六帝》、《正说明朝十六臣》（与许文继合著），译有《明代社会与国家》，负责百集《中国通史》纪录片明代十二集的撰稿、《紫禁城》人物专栏（2009—2011年），参与编写《简明中国历史读本》、《中国通史》（五卷本）、《简明中国历史知识手册》、《百年明史论著目录》、《北京城的明朝往事》等，发表《明代科举之地域专经》《明代的司务》《万历张府抄家事述微》等论文五十余篇。

刁鹏飞，中国社会科学院社会学研究所副研究员，科研处副处长。毕业于香港中文大学（哲学博士，2007）。斯坦福大学社会科学研究所访问学者（2014—2015）。研究领域为社会网络与社会支持。专著《中产阶级的社会支持网——北京和香港的比较》。

袁朝晖，中国社会科学院世界宗教研究所《世界宗教研究》编辑部编辑，从事宗教理论和基督宗教研究，发表论文若干，多次参加国家、院、所各项课题。

彭成义，中国社会科学院世界经济与政治研究所助理研究员。曾获得奖学金资助在全国首家"希望之星班"就读高中，在加拿大圣托马斯大学和英属哥伦比亚大学分别获得政治学学士和硕士学位，香港城市大学获得哲学博士学位。研究方向为全球治理理论、国际政治思潮、中外关系、中国反腐败国际借鉴等。单独主持课题多项，包括国家社科基金青年项目，人事部留学人员科技活动择优资助项目，中国社科院青年国情调研项目等。所写文章曾被《求是》《人大复印报刊资料》摘引和转载，曾获中国社科院信息对策一等奖等。

景向辉，中国社会科学院信息情报研究院副研究员。主要研究方向：马克思主义哲学与意识形态问题研究。曾参加第四批全国干部学习培训教材《全面建成小康社会与中国梦》《民主化悖论——冷战后世界民主化的困境与教训》等书部分章节的研究与撰写工作。《当前意识形态工作需要关注的几个问题》《当前网络意识形态斗争的总体问题》《境外智库对中国政治安全研究的评述》等多篇研究报告获中国社会科学院优秀对策信息奖。

杨卓，教育部考试中心干部。南开大学文学院博士，北京师范大学哲学与社会学学院博士后，研究领域为古典诗学、美学，在CSSCI等期刊发表论文多篇。

写在前面

　　深入实际、开展国情调研，是中央交给中国社会科学院的重要任务，也是中国社会科学院履行好党中央、国务院"思想库"和"智囊团"职能的重要方式。在中国社会科学院领导的关心和支持下，2005年以来，中国社会科学院青年人文社会科学研究中心、中国社会科学院团委每年都坚持开展青年学者国情调研考察活动，先后组织院属各单位的青年学者和青年骨干数百人次深入重庆、吉林、黑龙江、新疆、四川、湖南、山西、陕西、安徽、江苏、浙江、福建、广东、海南、云南、河北、甘肃、江西、内蒙古、宁夏、新疆、西藏、广西等23个省、自治区、直辖市，80多个县（市、区、旗）的近百个乡镇村庄、40多个企业，行程达数万公里，走访了近3000多名干部群众，围绕政治、经济、社会、文化等一系列重大现实问题开展国情考察，完成了一批高质量的调研报告，取得了丰硕的成果。中国社会科学院青年学者国情考察暨"根在基层"调研实践活动不仅在社科院青年中取得了较好反响，成为社科院的青年品牌活动，在中央国家机关青年中也发挥了重要的示范和带动作用，在深入了解国情、促进本职工作、锻炼青年队伍、服务社会发展、创新工作思路等方面均有较大突破，受到社科院广大青年和调研地干部群众的欢迎。国情考察已成为社科院青年同志深入基层、联系群众、了解国情、在实践中学习实践科学发展观的重要平台。

　　在沿用历年青年学者国情考察的成功做法的基础上，2013年，我们与教育部机关团委合作，组织院属21个单位的23名青年学者和科研管理骨干与教育部47名青年干部分赴湖南、江西、内蒙古、宁夏、陕西五省区的基层学校，以"五省区城乡基础教育状况实地调研"为主题，开展青年干部群众路线教育实践基层调研活动，调研农村、偏远、贫困、民族地区的教育资源和基层教育发展状况。此次活动也是中央国家机关团工委组织的"根在基层"青年调研活动之一。

活动期间，五个调研组共对湖南、江西、内蒙古、宁夏、陕西五省区的四县一区一旗的15所中小学校进行驻校考察，共举行座谈会、访谈会20多次，走访了100多名教师、家长和学生。调研组直接住在乡镇基层或学校里，和教师学生同吃同住同教同学，或随堂听课，或为学生辅导代课，深入教室、办公室和学生宿舍，亲身体验基层学校的教学生活和实际情况，深入了解基层教师和学生的所思所想，并以调研报告、访谈实录、调研日记和调研心得等形式，直观记录了当地的基础教育实景。参与活动的青年同志也在有限的考察时间内经受了考验，形成了一大批考察成果，收获人生宝贵的经验。实践证明，驻校调研的方式大大拉近了调研人员与基层师生的关系，受到老师家长和学生的欢迎和好评。根据历年活动组织的情况，这一活动具有以下成效：

——实现了知行合一，深化了对国情的了解，增进了和广大人民群众的情感。这些在大家的考察心得体会里都有充分体现。有的青年同志感叹："如果你在物欲横流的社会里逐渐忘记了自我，迷失了方向，请务必下到最基层去，因为那里才是我们的根。"还有的青年同志坦言："虽然也不可避免地存在这样那样的问题，但我们也看到农村基础教育正走在一条愈加光明的道路上。"

——促进了专业研究和本职工作，找到了动力。不少同志平时的研究和国情考察有一定距离，但在调研中却有意外的收获。社科院没有教育学这一学科，通过本次和教育部的合作调研，许多青年学者感到教育研究大有可为，打算把教育问题的研究与自己的专业结合起来，争取有新的突破。有同志通过调研发现城乡教育水平的不均衡，感到"当前偏远地区的农村素质教育与国家的目的和要求还相差甚远，农村素质教育任重而道远"。

——锻炼了青年队伍，提高了理论联系实际的能力。许多同志都是带着自己的思考做调研，谈认识，反思过去的局限，提出改进的意见，在不知不觉中已经提高了认识能力，提高了理论联系实际的能力。不少同志真诚地感叹"实践的伟大和个人认知的有限"，感到："国情调研不仅培养锻炼青年学者的科研能力，更能培养青年学者的组织能力、社交能力以及处理各种实际问题的能力。"

——加强了和基层群众的联系，扩大了中国社会科学院在基层的影响。从各方反馈的信息来看，调研组成员们作为中央国家机关青年的代表受到了地方的肯定和赞誉。各调研组扎实的学术功底、务实的考察态度、谦虚诚恳的风度都给基层群众和合作单位留下了深刻的印象。本次调研行程都是通过社科院与地方建立的调研基地联系落实的，通过调研活动，不仅密切了和地方的联系，也实践了服务中央与服务地方相结合的目标任务。同时，我们感到基层对调研组的期待也很高，基础教育部门的干部和师生都想通过我们的调研促进基层教育工作的改进，有些基层同志还特地嘱咐索要调研组的调研报告。

——积累了经验，巩固了品牌。每一次考察归来，院团委、院青年中心都会召集考察组成员举办成果总结汇报活动，请大家总结成果、创新工作，为以后的活动组织改进积累经验。如，在深入基层方面如何保证"不流于形式，不浅尝辄止"，如何服务基层，发挥作用，尝试建立长期持续的调研机制，等等，针对这些问题，调研组都提出了很好的建议。通过组织开展国情调研活动，进一步团结凝聚了广大青年，提升了团青组织在青年中的影响力和凝聚力，并为青年成长成才搭建了有效的实践平台。

——取得了成果，发挥了作用。每次活动结束归来，疲惫的调研组成员们不是回家休息，而是撰写调研报告，提交研究成果。十年来，有多篇成果报告被社科院《要报》等刊物采用，并受到中央领导批示，得到有关部门重视。2009 年，关于基层党建的调研成果就获得了社科院优秀对策信息特等奖。本次活动后，调研组撰写的《边远农村教师队伍存在的问题及建议》也被社科院《要报》采用并报中央领导和有关部门。2015 年 6 月 1 日，国务院办公厅印发了《乡村教师支持计划（2015—2020 年）》，其中的许多政策要求和调研组提出的建议是一致的，如改善乡村教师资源配置，提升教育教学能力水平，依法保障合理待遇，增强职业吸引力等。但愿我们的建议能在其中发挥一点点作用，为造就一支素质优良、甘于奉献、扎根乡村的教师队伍做出微薄的贡献。

这本 70 万字的调研报告集蕴含了调研组 70 位青年同志的辛勤工

作。作为这次活动的组织者，既为大家全情投入的敬业精神感动，也为这些成果中探微知著的观察分析赞佩，于是，在忙碌的工作之余，组织了几位同人，花了两年多的时间将这些成果深入编辑整理，申请了中国社会科学院的出版资助公开发表，以对调研组的辛苦投入有个回报和交待，也让更多的读者跟随调研组深入基层，感受来自乡村教育的执着和坚守，唤起更多的有识之士响应国家对乡村教师的支持，通过实实在在的工作解决当前乡村教师队伍建设存在的突出问题，缩小城乡教育水平差距，让每个乡村孩子都能接受公平、有质量的教育，促进教育公平、推动城乡一体化建设、推进社会主义新农村建设，为实现中华民族伟大复兴的中国梦也做些有意义的事情。

编　者

2017 年 8 月

项目名称：五省区城乡基础教育状况实地调研
项目主持人：季为民
立项年度：2013 年

    该项目是 2013 年立项的国情考察活动。项目组组织中国社会科学院院属 21 个单位的 23 名青年学者和科研管理骨干与教育部 47 名青年干部分赴湖南、江西、内蒙古、宁夏、陕西五省区的基层学校，调研农村、边远、贫困、民族地区的教育资源和基层教育发展状况。活动也是中央国家机关团工委组织的"根在基层"青年调研活动的组成部分。项目组共考察了五省区的四县一区一旗的 15 所中小学校，举行座谈会、访谈会 20 多次，走访了 100 多名教师、家长和学生。五个组吃住在学校或乡镇，或听课，或为学生辅导代课，深入教室、办公室和学生宿舍，亲身体验基层教育的实际情况，深入了解基层教师和学生的所思所想，通过调研报告、访谈实录和调研心得等形式，直观记录了当地的基础教育实景，并通过相关渠道向有关部门提出了关于改进乡村教育的重要咨询建议。《共筑基层教育中国梦》就是该项目的调研报告集。

目　录

第三编　内蒙古：传承民族文化

第四编　陕西：关爱乡村教师

第五编　宁夏：缩减城乡差异

附　录

第一编

湖南：期待素质教育

调研报告

落实基础教育政策　全面实施素质教育

——关于湖南省资兴市基础教育的调查

湖南资兴基层教育调研组[*]

2013 年 11 月 17 日至 23 日，由中国社会科学院的 5 名青年学者与教育部 10 位青年干部组成的调研组在湖南省资兴市就基础教育进行调研。调研组 17 日抵达资兴，18 日至 22 日连续进行了 5 天的调研。根据资兴市教育局的安排，调研活动主要集中在兴宁镇的中小学，包括兴宁中学、市一中、兴宁完小、海水村教学点等四所学校，另外又抽出了半天的时间到库区的白廊乡旧市学校（又名白廊学校）调研。之所以选择兴宁镇，是因为兴宁镇是资兴市的老县城，同时是资兴市最大的一个乡镇，境内中小学比较集中，距县城约 50 分钟的车程，办学条件在资兴市 20 个乡镇中属于中等，教育发达程度位于资兴市中段，代表了资兴市农村教育的平均水平。

调研组 18 日上午在教育局听了相关领导的情况介绍之后，下午前往兴宁镇。在兴宁中学，调研组采取了听情况介绍、访谈、走进课堂听课、上课等多种方式，亲身体验师生们上课、用餐等各方面的情况。调研组还临时走访了偏远库区的白廊学校，用半天时间旁听了老师的讲课，与老师们进行了深入的交谈，加深了对偏远地区农村学校教学以及教师状况的理解。此外，调研组走访了普通高中（市一中）、小学（兴宁完小）、村教学点（海水村教学点），对农村小学直到高中的教育情

---

* 调研组由中国社会科学院和教育部 15 名成员组成，他们对本报告均有贡献。主要执笔人：陈时龙、彭成义。

湖南资兴市调研组合影

况有了较为全面的接触和考察。22 日下午，调研组还就调研情况与资兴市政府及教育局有关领导做了反馈。

以下是调研组根据实地调研访谈撰写的调研报告：

一　资兴市基础教育的现状与成就

1. 中小学校规模得到扩大，布局更加合理

资兴市地处湘南，东面与江西省毗近，位于罗霄山脉的西侧，在中国革命史上是井冈山革命根据地的外围地带。资兴市地广人稀，人口37 万，面积 2747 平方千米，每平方千米 137 人，有 20 个乡镇，266 个行政村。境内有东江湖水库，约有 24 万亩水面。另外，资兴市是产煤区，有资兴矿务局，产业工人十几万人。资兴市的教育发展得比较好。在连续五年省教育厅的督导工作中，资兴市的成绩都是优秀，其义务教育与高考质量在郴州市也都名列前茅。

资兴市拥有普通中小学校 112 所，其中教学点 62 个，成建制的学校 50 所。2013 年，普通中小学校学生班级 921 个，在校学生人数39699 名，教职工 3635 名。学生基本上是按照就近入学的原则，合理安排，保证各个乡镇都有学校，各个厂矿都有教学点。2010 年前，已基本完成中小学校布局调整工作，之后只进行局部调整，学校数由

调研组成员与兴宁中学校领导交流

调研组成员在讲课

2005 年的 200 所调整到现在的 112 所。

近些年来，教育局狠抓普九巩固工作，确保所有孩子有学上，凡达到义务教育阶段的孩子都应上学，不因灾或因贫困而辍学。但是，资兴市地广人稀，兼以山区与库区的交通不便，在保证农村教育均衡发展方面困难很大，库区与山区的教育资源明显不足。近几年，资兴市教育管理部门一方面注重城区教育的扩容提质，通过购买新建，在城区新增了 6000 个学位，初步缓解了城区学位太少的现状，一方面重视库区山区教育的改善，但是"农村太空"的问题尚未得到根本解决。

调研组成员在认真听课

2. 基础设施与教学条件明显改善

资兴市委市政府一贯重视对教育基础设施的投入，教育的基础设施比较完善。

一是平稳地度过一个新的建设周期。20 世纪 80 年代东江大坝蓄水时，搬迁了许多乡镇，同时期也兴建了许多硬件标准比较低的学校。经过近三十年的时间，这些学校的基础设施都到了推倒重来的阶段。同时，因为接收了此前 13 所厂矿子弟学校，其学校的设施也都比较破败。因此资兴市的教育基础设施在前些年进入到一个新的建设周期。近几年，资兴市加大了教育投资的力度。从 2008 年到 2012 年，资兴市共投入 19800 万元，结合"湖南省合格学校"建设，使成建制的 51 所学校都达到合格验收标准。

调研的兴宁中学近几年基础设施与教学条件都有极大的改善。2012年前，学校位于兴宁镇兴隆街，校舍是仅占地 1 万余平方米的四合院。2011 年，资兴市政府启动兴宁镇城区学校布局调整建设工作，投资2000 余万元，将学校扩容提质，从兴宁镇兴隆街搬迁至现在的校址。新校址占地 26864.27 平方米，生均面积 25.54 平方米，校舍面积13362.8 平方米，绿化面积达 7672.44 平方米。兴宁中学的教学楼，用兴宁中学袁校长的话来说，可以算得上是那一带的"地标性建筑"。此外，学校还新建了一栋建筑面积为 2792.02 平方米的生活配套设施齐全的学生宿舍楼，一栋建筑面积为 541.12 平方米的标准化的食堂，为师生生活提供了保障，另新修建了拥有一个 250 米的环形跑道、三个篮球场、四个羽毛球场的运动场和一个体育器械健身场地。同时，学校还对原建筑穿衣戴帽、维修改造，修缮的建筑面积为 4756.46 平方米。学校拥有多媒体教室、电脑室、理化生仪器室和实验室、礼堂、图书室、阅览室、劳技室、音乐室、舞蹈练功房等各种合格学校应具备的功能室。这样，兴宁中学也在 2012 年秋季成功成为"湖南省合格学校"。再以兴宁完小为例，2012 年兴宁完小共投资 300 余万元对两个校区进行维修改造和添置设施设备，使学生拥有实验室、图书室、阅览室等各种功能室。即使在只有 9 个学生、两名教师以及两个年级的海水村教学点，二年级教室中也装有多媒体教学设备，可见当地农村学校硬件设施的改善情况是十分明显的。

二是教育教学的信息化水平有了极大提高。自 2008 年以来，资兴市投入教育信息化资金 878.3 万元、实验室建设及教学仪器装备资金370.3 万元，更新学生用电脑 1600 台，所有农村学校接入宽带，配齐、开好网络"校校通"。正如在考察中所见所闻，当地的农村中小学，都配备了现代化的教学设备，教室中安装上了甚至连很多大城市学校都没有配备的交互式电子白板。以兴宁中学为例，在信息技术方面，学校自2011 年以来共投入 64 万余元，购置了较为先进的信息技术设备，包括投资 22 万元新添的 84 台计算机，4 万元装备的多媒体演播室，以及投入 33 万元装备的教师电子备课室，每个教学班配备的多媒体，等等。兴宁完小在 2013 年也投入了 47 万元用于现代教育技术实验学校建设，拥有标准化的电脑室、多媒体教室。

资兴市兴宁中学远景

3. 多种措施提升农村学校教师素质

资兴市的师资力量、学生素质比以前也有大幅度的提高。首先，资兴市通常将新教师分配到农村学校任教。资兴市从 1996 年到 2006 年都没有引进新教师，绝大多数都是民办教师的转职和消化，因此存在在职教师年龄偏大、知识结构不合理的情况。2007 年，市政府增加编制，新增教师 500 多位，以此来弥补部分学科教师数量不足的问题。这些新教师几乎全部分配到农村地区的学校之中，极大地改善了农村教师数量不足、素质不高的局面。例如，我们看到兴宁中学的 99 名教职工，其中85 位专任教师中有 84 人有大专以上学历，本科学历 65 人，占到专任教师的 76%。而且，最近几年又开始较大规模地通过特岗教师（2012 年15 人，2013 年原拟招 100 名特岗教师，后只招聘到 61 名）和免费师范生，来补充教师力量，缓解偏远农村地区教师资源不足的状况。

其次，农村学校教职工的待遇稳步提升。义务教育教师绩效工资由2009 年的每人每年 15500 元提高到现在的 19100 元。对偏远山区、库区的教师分三类给予每月 150 元、100 元、50 元的补贴。从 2012 年起，实施农村教师公租房建设，计划用 4—5 年的时间新建或改扩建教师公租房 1143 套。

最后，职称评定向农村教师倾斜。在教师职称评审过程中，农村教师可按照其工作年限折算成分数进行累加，而城市教师必须要有农村学校工作的经历，方有资格参加评定。

4. "心灵建设"工程对教师的心理确有鼓励

调研中，我们接触较多的一个词是"心灵建设"。心灵建设工程，其实是针对农村中小学教师的心理疏导。该工程主旨是为了提升农村教师职业的幸福感，消除职业倦怠，在目前职称评定、专业发展有限的"瓶颈"中，找到不断促进农村教师成长、保持工作激情的动力。从教育管理者的角度看，中小学教师长期在艰苦的环境下从事教育教学，有时难免懈怠。对此，资兴市教育局提倡不仅要用经济杠杆来调动教师的积极性，还提出了"心灵建设"的口号。

心灵建设工程的实施，一般由教育局牵头，各个学校党委、工会负责具体工作，对教师做到"六必访"——教师有病必访，教师调动必访，教师遇灾必访，教师丧亲必访，教师犯错必访，同时开展行政人员、工会委员与教师心灵对话活动，对教师进行心理疏导工作。学校每年都要有心灵建设的年度工作计划，力图丰富教职工的业余生活，稳定教职工的思想情绪，并有具体的措施，如理论学习、读书、业余文体活动、校际联谊、节假日工会活动等。通过多种渠道和手段，从精神、物质等方面，确保农村教师的荣誉感、幸福感和自豪感，使农村教师的积极性始终保持在较高的水平，这为提高农村学校的教育教学质量提供了有力的保障。

5. 素质教育初具雏形

学校都能按照要求开齐相关课程，开设了音、体、美课，重视学生体育，贯彻执行课间操制度，重视学生的德育工作，实施素质教育，提升教育质量。

兴宁中学抓住校园文化建设契机，通过各种形式加强学生思想教育，对《守则》《规范》等各种德育规范时时贯彻，并落到实处；加强警校共建文明活动，联合兴宁派出所、交警中队落实"交通安全学校"与"学校毒品预防教育"各项工作，适时组织学生观看"安全与法制教育"有关方面录像；注重学生心理健康教育，建设心理咨询室和开设心理健康讲座，开展学生心理健康教育课程，完善心理健康教育设施，开辟板报心理专栏，培养学生健康向上的心理素质，同时加强家长的心理健康教育指导；构建校内外德育网络，组织好各年级社会实践活动和课外活动，全面提高学生素质。

　　资兴市一中，把做好体育工作放在重要位置，重视学生的体育锻炼，通过每年一次为期 3 天的全校运动会，促进学生加强体育锻炼，并加强学生的团队协助精神和班级集体荣誉感；设立音乐、体育、美术等特长班，既扩大了生源，又提高了学生的升学成才率，深获学生及家长好评，实现了办学效益和社会效益的统一；通过举办综合高中，招收面向职业高考的学生，培养应用型人才等措施，保证了学校虽然是地处小城镇的普通高中，但是生源没减少，而且保持稳定；学校始终把培养有用于社会的人作为首要任务，切实实施素质教育，取得了良好的效果。

调研组成员和孩子们合影

6. 留守儿童得到应有的关怀

　　留守儿童是城市化进程的产物，学校采取各种措施，做好留守儿童的教育和关爱工作。兴宁中学现有留守儿童190人左右，学校成立了关爱工程领导小组，制订具体计划，实施了"留守儿童"教育工作方案，教师结对帮扶留守儿童，建立留守儿童档案和联系卡，依托乡村学校少年宫积极开展各种学习、文娱活动，发动村委会干部、乡政府干部、各级单位在职职工构建关爱体系，形成关爱合力，使留守儿童在集体的关爱中健康成长。

兴宁完小有留守儿童139人，占全校总人数的10.4%，其中贫困学生占一定比例。学校成立了专门的留守儿童工作领导班子，建立了留守儿童特别档案，实施教师结对帮扶留守儿童制度，保证工作的顺利开展。班主任老师每周同留守儿童交谈一次，对他们的心理需要进行了解，并正确引导，给予关爱。每两周同留守儿童的家长通一次电话，汇报儿童的进步，增强家长和留守儿童的自信心。任课教师要了解学生在家中学习、生活的实际情况，发现潜在的问题，帮助他们解决生活与学习上的困难。同时，在留守儿童中开展丰富多彩的活动，如故事会、诗歌朗诵比赛、劳动实践活动、联欢活动等，让他们在学校生活有乐趣，愿意与伙伴共成长。

中国社会科学院调研组成员合影

二 调研中发现的一些问题

1. 职称晋升瓶颈制约农村中小学教师的专业发展

调研中发现，从教育局领导到学校校长，普遍对2012年中学教师的定岗定编有意见。比较集中的意见是：中学的职称过于紧张，对各个学校的定岗定编是在没有充分调研的基础上做出的，不符合基层的情况，对中学教师的积极性打击很大，许多教师感觉自己评上高级职称遥遥无期。一位教师在谈到资兴市东江街道的鲤鱼江中学的情况时说："鲤鱼江中学现有高级职称教师 23 人，定编后的高级职称教师只能有 11 人。在最初实施时，甚至有 12 人不能入岗，造成很大的问题，后来这 12 人都作为七级入岗，暂时缓解了矛盾。但是，现在看来，中级职称再要晋升高级职称，在鲤鱼江中学至少要等到 2028 年以后。"兴宁中学在 2012 年定编时额定高级职称 7 人，现在已有 5 人，其中 4 人在 50 岁以下，而中教一级有 51 人，严重超编，其中 40 岁以上的 42 人，接下来高级职称的竞争将非常激烈，很多人注定一点希望都没有，而中教二级要评上中教一级，难度也很大。由此造成部分普通教师工作积极性减退、专业发展缺乏后续动力。

2. 教师数量结构失衡影响教育教学质量

部分农村学校存在师资配备失衡状况，主要表现在两个方面：一是农村学校的师资相对缺乏，二是学科结构不合理。

农村学校师资相对紧缺的原因，一是因为农村的交通条件与文化生活都不便利，无法留住老师，二是教师这一群体在一个农业县内还属于收入不错的阶层，他们本身为了孩子的教育以及个人的物质文化生活，会选择在城市安家，从而无法安心在农村学校工作。资兴市从 20 世纪 80 年代起开始蓄水东江湖水库，加上县境东面又主要为山区，山区、库区的双重状况，使交通极不便利。因此，山区、库区的教师资源极其匮乏。随着城市化的发展，教师为了让自己的孩子受到更好的教育，都会选择在县城安家。山区、库区的教师即使不能往县城调动，也都想尽量往离城里更近一点的学校调，山区、库区学校的师资又转趋薄弱。一位家在县城的老师在访谈中跟我们说："说实话，每月多给我两千元钱，我也不大愿意到库区去教书。"在这种情况下，正常的教师交流机制无法解决问题。调研中有些老师提到，事实上教师交流的机制无法很好运转，因为一旦一位教师从环境较好的学校交流到偏远库区的学校，他可能会动用所有的社会资源来保证自己最后不被交流到偏远地区，而仅仅依靠教育管理部门，要建立起一套良好运转的教师交流机制几乎是不可能的。同时，农村孩子又确实需要优秀的教师。当一位离开库区波水乡的中学来到兴宁中学任教的女老师被问及是否留恋波水乡生活的三年时，她都快要哭了，哽咽着说："我舍不得那群孩子，因为那里太需要我们这类老师了，能从外面带去一些新的信息及教学方法和内容，这样可以让他们快乐地成长，不会过多地输在起跑线上，不过我带的班级孩子们已经毕业了。"

学科结构不合理的现象也比较突出，而且越是偏远的学校问题越严重。以兴宁中学为例，语文老师 14 人，数学老师 14 人，几乎可以保证每个班一个语文老师，而按正常的课时量，一个语文老师是可以教两个班的；但是，物理教师只有 4 人，校长再找了两位之前教过物理课的，凑齐 6 人，刚好可以满足教学需求，而这些物理老师中没有一人是物理专业的。这从一个侧面反映出目前农村学校中教师的学科结构不合理、部分专业教师数量紧缺的困局，并且这种情况已然影响到学生的学业成绩和教学质量。随访中发现，部分学生反映物理课学习相对困难。这种情况在兴宁中学还不是特别突出，例如体育课的 4 位老师，均是专业学习体育的老师，历史课的 7 位老师，均是专业学习历史的老师。但在库区的白廊学校，4 名历史老师中，没有一人是专业学习历史的，而大多是由其他学科的教师兼教历史课。

3. 师生心理问题较为突出

尽管教育管理部门强调"心灵建设"工程的作用，但调研发现其实际作用正在递减，而且可能越来越会流于形式。在最近一些学校的心灵建设工作计划中，我们还能见到"学习十六大精神"的提法，应当是拿着旧稿子在制作计划。偏远山区、库区的农村学校教师因地处相对封闭的教学、生活环境，或者只能阶段性返家，容易产生孤立、消极、愧疚甚至不甘的负面心理情绪，无心工作，或怠于工作，不利于教育教学质量的提高。

同时，学生的心理问题更值得重视。调研中我们明显感受到，孩子们的"焦虑感"在加重。在主题班会中，有些小组发现不少初三学生关注的问题是"我应不应该考公费师范生"以及"到高中文理分科时我应该学文科还是理科"。有的学生还感慨"这个社会竞争太激烈"。孩子们的"焦虑提前"可能是一个时代性的问题，初级中学的老师们应该有所准备。另外，留守学生的心理问题在农村基础教育中很值得重视。有些教师反映，留守学生教育的难度之大，远远超出我们教育管理者的想象，因为父爱、母爱缺失，有些孩子甚至只能寄养在亲戚家里，其逆反情绪超乎寻常。

4. 课程教学改革理念在农村学校执行较困难

调研中还发现一些教学方面的问题。其一，部分课程内容不符合农村教学实际。有些课程的教学与教材不相匹配。在兴宁中学的调研中发现，该校所有班级都开设了信息技术课程，但是授课老师没有用湖南省统一教材，而是用该校老师自己做的教案，原因在于教材中部分内容与目前农村学生的现实需求状况脱节。例如，七年级上册中有让学生组装计算机硬件的内容，而让每个学生都实践操作，这在农村学校显然是不太现实的。部分内容偏难偏理论。八年级的教材中有节课程是学习"易程序"的理论知识，这对初中学生来讲不仅内容偏难而且实际意义较小。因此，相关教师反映并呼吁有关部门早点出版一本符合农村学生特点的教材，建立一套有效的考核标准，这样也会减轻老师们的负担。

其二，教师的授课方式仍未能适应现代化信息教学。兴宁中学的硬件比较完善，已经实现了多媒体教学设备班班通，是资兴市同类学校中第一家装备教育信息化数字媒体教学系统的学校，并且配备了实验室和计算机教室。有了电子白板后，教师在课堂上可以很方便地将准备的与课堂内容相关的视频、音乐、图片等导入，适时向学生展示，以使学生能对相应知识点有更深的印象，能更深刻地理解相应知识点。但是，初衷是好的，执行总是困难。首先，老师们对于电子白板的操作仍然陌生。其次，确实并不是所有的教学都需要电子白板，有的科目使用普通黑板演示可能更方便，而且速度更快，比如一些理科课程，很多的物理、化学和数学符号，使用触屏如果质量不够好，很多符号对学生可能会产生误导，容易出错，所以很多老师不愿意使用电子白板。因此，如何通过多媒体教学使授课形式多样化、授课内容丰富有趣，如何让老师们适应这种多媒体教学，仍需要一段时间解决。

5. 教学资源得不到有效利用

调研中还发现，不少学校为了应付检查或者争取经费，设立了图书室、少年宫，并且配备了一定的场所，但在实际使用中却出现了闲置的状况。兴宁中学有一座三层小楼房，上面挂着一个简易的牌子，写着

"乡村少年宫"。从与校方的交流来看，这个少年宫只限于本校学生使用。随机找到几个学生，询问是否用过少年宫？这几个学生出乎意料地一致回答，"还没有用过"，"不知道里面有什么"。当问到是否会买课外书时，大家说会买。但是当问及是否知道学校有一个图书馆和阅览室这个问题时，学生们的眼神很困惑，看来并不知道什么是图书馆和阅览室。当跟他们说图书馆有很多书可以免费阅读时，这些学生也很茫然，说老师从来没有跟他们说过可以去那儿看书。从这可以看到，即使老师跟学生说过可以去阅览室读书，也只是简单地提及，没有鼓励过他们，没有积极引导学生去使用阅览室。阅览室很少被使用，棋牌室、舞蹈室应该使用得更少，这说明在没有引导的情况下，这些设施的功能很难得到充分发挥，反而占用了空间与房屋资源。

这也与素质教育未得到有效实施有关。从调研情况来看，学校对素质教育重视不够，学校办学核心主要是提高升学率；兴宁中学存在隐性的重点班，且初三不再开设美术课、音乐课；白廊学校的校长也明确表示学校以考取省示范中学为抓手，提高教育教学质量，对校园文化建设重视不够，办学特色不突出。访谈中，学生表示学习压力很大，学习的主要目的就是考取好的大学，出人头地。

教育部调研组合影

6. 学校管理需要加强

白廊学校没有保安人员，未见监控设施，校外人员可以随意进出学校。兴宁中学有少量监控设施，但校外人员也可以随意进出学校。两所学校的男女生宿舍都只有一个出入口，无其他紧急疏散口，如遇突发事件，很难短时间内疏散，存在安全隐患。同时，访谈中兴宁中学的学生表示，近两年都没有参加过安全演练。在宿舍管理方面，上述两个学校都没有专职的宿舍管理人员，只是由学校教师轮流值班，班主任每天晚上查房，教师普遍反映压力过大。教务管理还存在真空地带，随机走访了一些班级，还存在个别老师不到位的情况，主要原因是老师出差办事与教务处没有对接上，导致该班的课没有调换，同学们只好在教室里上自习，说明该校教务管理上还存在一些问题。

7. 对留守儿童的管理困难重重

兴宁中学"留守儿童"约占所有学生的20%，多为住校生。老师们普遍反映，这类学生正处于成长发育的关键时期，但他们无法享受到父母在思想认识及价值观念上的引导和帮助，成长中缺少了父母情感上的关心和呵护，部分"留守儿童"存在自卑心理严重、道德行为差、上课精力不集中、学习成绩一般等问题，呼吁教育和社会其他部门一起采取切实可行的方法缓解这一问题。

和孩子们一起学习　　　　　　　　　　访谈学生

三　政策建议

1. 进一步提高农村教师的工资水平

农村偏远地区的教师待遇问题，是一个老问题，也是大问题。资兴市的"心灵建设"工程，在精神方面给予教师帮扶，以及 50—150 元的补助，包括职称评定上对农村偏远地区的倾斜，可能会在一定程度上改善这个问题。但是，改善的力度太小，拉不开差距，其实际意义也会越来越弱。2013 年初，《教育部关于 2013 年深化教育领域综合改革的意见》就提出，要"设立专项资金，大幅提高中西部贫困地区、民族地区村小和教学点教师待遇，吸引优秀人才在村小和教学点长期从教"。现在的"提高"在西部连片的贫困地区实施得不错，有每月 700—800 元的补助，但在像湖南资兴这类地区还不能有类似的经济支持。而且，差距怎么拉开，拉开多少，是这一政策实施的关键。比如说如果 1000 元钱不够，2000 元够不够？在国家的专项资金之外，地方依据自己的财力可以再多做一点，要让倾斜的力度更大一点。此外，通过社会渠道募捐过来的小部分基金，也不要一味只投入硬件设施，可以用在改善教师生活待遇上面。

2. 在中学设立辅导员，对学生进行心理疏导

目前的中学生"焦虑提前"，可能是一个时代性的问题，对于这个问题，初级中学的老师们应该有所准备。除了班主任要加强对学生心理状况的掌握之外，学校要多做点事情，要对学生们进行心理辅导。现在学校的德育工作主要是政教处在抓，但政教处抓纪律，而且相关负责人是学校领导，学生们肯定不敢去找他们谈自己的想法。可以考虑在中学设置辅导员，招聘有心理咨询方面特长的教职工，来关注学生这一方面的需求，还可以把留守学生的问题抓一抓，对他们多进行心理疏导，尽量不让"留守学生"变成"问题学生"。

3. 加强教师培训，鼓励他们接触新知识、新技能

现在，学校在硬件设施上投入的力度加大了，但是因为教师培训不及时等原因，也会造成硬件闲置。教育管理部门及学校，应该及时组织相关内容的培训，去提高老师们利用这些硬件的水平。例如，电子白板进教室了，就需要组织对教师使用电脑、做课件、讲课等方面的培训，甚至可以鼓励和组织老师共同开发优秀的课件模板，再加以推广，使课件的水平越来越高，越来越吸引学生。学校有图书室的，就应该配备相应的教师去进行管理，让他接受一点图书管理方面的培训，以便教师和学生可以利用；学校有多媒体室的，同样需要人员的跟进与管理，比如

建立多媒体教室使用的提前登记制度，以免教师在使用多媒体室时出现"打架"的状况。再有一点，我们在调研中也发现，许多年轻教师都有继续求知和接受新知识的愿望，希望能读专业硕士。从我们国家的学历教育形势来看，将来中学教师的学历水平还会与时俱进，教育管理部门与中学应当鼓励和支持年轻教师在职进修，在设定一定的服务年限的基础上甚至可以资助年轻老师完成梦想。

主题班会

4. 重视家庭条件不好的学生的全面发展，同时构建对留守儿童的关爱网络

中华民族是一个非常重视教育的民族，这使得很多家长为了孩子不输在起跑线上而从小就给他们投入尽可能多的资源，包括对他们进行各种业余爱好的培训等。不同家庭条件的孩子在这方面拥有的资源显然是不一样的，但是他们不管是在学校还是进入社会面临的竞争都是一样的。所以为了扩大这方面的公平与正义，有必要在公立学校的政策与资源方面向家庭条件差的孩子倾斜。这首先应该让教育管理者和执行者有这种意识，然后在可能的范围内转化成行动并制度化。比如家庭条件差的学生，包括一些贫困生、留守儿童等普遍比较内向、

不自信等，如果能帮助他们培养一些课余爱好，如琴棋书画等，对他们的全面发展定大有裨益。事实上，这些学生或许更渴望并能更好地珍惜和利用这些资源。

同时，应该对留守儿童构建"覆盖到校、监护到人、关爱到心"的关护网络，形成以父母亲属为主体的家庭监护网络、以基层组织为主体的村（居）管护网络、以教职员工为主体的学校帮护网络、以群团组织为主体的社会呵护网络、以政法部门为主体的法律保护网络，进一步提高对留守儿童的关爱和管理水平，促进留守儿童健康快乐成长。

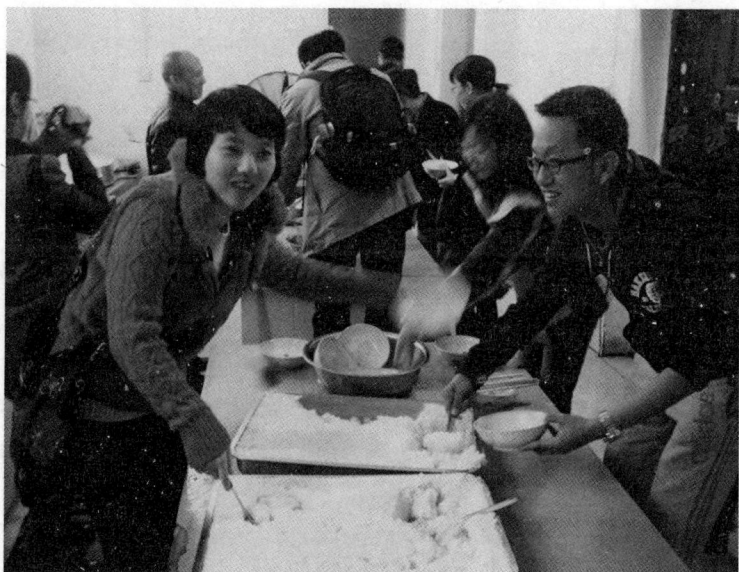

调研组成员在学生食堂就餐

5. 严格落实减负政策，全面实施素质教育

认真落实招生制度改革，切实做到优秀高中招生名额按一定比例分配到区内初中，降低师生的升学压力。严格落实减负的政策规定，认真开齐并教好音、体、美等相关课程，保证学生每天锻炼一小时。

6. 加强学校管理，确保学生的生命安全

要对学校落实安全管理的相关政策规定进行督导检查，确保各项规定落到实处，尽力保证不出危及学生生命的安全事故。

7. 编写更科学、更合理、更适合学生的相关教材

要组织相关专家开展广泛而深入的调查研究，了解广大教师、学生的实际需要，编写内容丰富、难度适中、师生喜欢、教学效果好的教材。

调研心得

下到基层去,汲取正能量

彭成义 *

深入最基层不可避免的收获就是不断地被感动着,这些感动不仅来自大山里的老师、孩子,还来自一起的队友……如果你在物欲横流的社会里逐渐忘记了自我,迷失了方向,请务必下到最基层去,因为那里才是我们的根,贮满了《道德经》里讲的无名之朴、正能量之源……

——题记

引　言

2013 年 11 月 17 日至 23 日,我有幸参加了中国社会科学院与教育部联合组织的"根在基层·中国梦"的基础教育调研活动。这对于一个在国外求学近十年并且刚参加工作不久的年轻人而言,是一个极好的深入群众、了解国情、接受洗礼的机会。我也非常珍惜这样一次机会,认真地做了前期的调研准备并且饱含热情地投入到调研当中去。事实上,这次调研给我的触动确实非常的大。这让我在微信朋友圈里情不自禁地写道:"深入最基层不可避免的收获就是不断地被感动着,这些感动不仅来自大山里的老师、孩子,还来自一起的队友……如果你在物欲横流的社会里逐渐忘记了自我,迷失了方向,请务必下到最基层去,因为那里才是我们的根,贮满了《道德经》里讲的无名之朴、正能量之源……"下面我就将这些天受到的主要的触动进行梳理和汇报。

---

* 彭成义,中国社会科学院世界经济与政治研究所助理研究员。

感动之一：再穷不能穷教育

这次调研的一个感触是农村基础教育的办学条件得到了极大改善。以重点调研的兴宁中学为例。该校是一所有着大约 1000 名学生的农村寄宿制初级中学。2012 年之前，学校只是占地 1 万余平方米的四合院，但是当地政府在财政收入并不太高的情况下，还是咬牙拨出 2000 多万元对学校进行了搬迁和提质，从而使学校的教学环境出现了巨大的改变。如今的兴宁中学占地面积已达到 26864.27 平方米，绿化面积达到 7672.44 平方米。在信息技术方面，学校自 2011 年以来共投入 64 万余元，购置了较为先进的信息技术设备，这包括投资 22 万元新添的 84 台计算机，4 万元装备的多媒体演播室，以及投入 33 万元装备的教师电子备课室，每个教学班配备的多媒体，等等。处于偏僻半岛上的白廊学校因为地理位置而常常缺水。周边的村民自发商定向学校的师生优先供水。这也让人感动。

感动之二：一些师生依然贫困

此外，尽管教学条件总的来说得到极大改善，但是一些师生依然非常贫困。比如我们参观资兴市白廊学校的学生宿舍时，就发现不少学生没有床褥。当时已经进入秋冬时节，他们晚上就睡在木板加凉席上面还是让人很心疼。白廊学校的不少老师工资也就每个月 1000 多块钱，其中很多人到了 30 多岁还单身。兴宁中学的贫困生也不少，其中不少是孤儿。他们中有的甚至从来没有过零花钱，有的家里就靠父亲或母亲在当地打工挣的 1000 来块钱养家糊口。我们访谈的一位学生还患有白血病。她的家里为了给她治病欠下了不少债务。还有一名品学兼优的学生，从小就失去了父亲，九岁时母亲又去世，只得与爷爷奶奶相依为命。总之，看到这些都让人禁不住心酸和落泪。我们也都力所能及地予以帮助，并留下了联系方式希望以后继续对他们进行关心或者支持。

感动之三：无名之朴让人震撼

下到基层还有一大收获就是他们的淳朴与善良带来的震撼。而且很有趣的是这种感觉越远离繁华喧嚣的城镇越明显。比如我们乘近一个小时的渡船穿过美丽的东江湖才到的白廊乡半岛就让人感触良多。事实上，一进入湖中整个人就感觉已经被澄澈的湖水所醇化，一切世俗的喧嚣浮华也都被抛在了脑后。这种感觉等到了岛上则更加强烈。小道两旁的鲜花、挂满枝头的黄澄澄的桔子、婉转的鸟鸣都让人心旷神怡、如入世外桃源。等到了白廊学校，山里小孩的天真、淳朴、烂漫也绝对让人震撼。我当时就情不自禁地想起朱自清写梅雨潭的《绿》了。套用他优美的句子：

> 学校就在眼前；但我的心中已经没有了学校。我的心随孩子们的天真淳朴而摇荡。那醉人的天真淳朴呀，仿佛一张极大极大的荷叶铺在教室，满是奇异的灵光。我想张开两臂抱住她；但这是怎样一个妄想呀。——站在门边，望到教室里面，居然觉得有些远呢！这平铺着，厚积着的天真淳朴，着实可爱……

我笨拙的笔法没法形容当时受到的那种震撼。总之，山里小孩的那种淳朴善良就如一个巨大的磁场，能使繁华都市来的人都被其深深吸引和折服。我想这或许就是老子在《道德经》里描述的"虽小，天下莫能臣"的"无名之朴"吧。事实上，这一点也让我想到了"根在基层·中国梦"活动发起者的良苦用心及中央机关干部下基层调研和群众路线教育实践活动的重大意义和影响。

"无名之朴"vs"物欲横流"：下基层的深远意义

人们常感叹如今的社会"物欲横流""世风日下"，而中国古代的圣贤早在几千年前实际上就为此开出了药方。正如《礼记·乐记》中所载：

人生而静，天之性也。感于物而动，性之欲也。物至知知，然后好恶形焉。好恶无节于内，知诱于外，不能反躬，天理灭矣。夫物之感人无穷，而人之好恶无节，则是物至而人化物也。人化物也者，灭天理而穷人欲者也。于是有悖逆诈伪之心，有淫泆作乱之事……

这段话的大意其实就是说人的心本来是清澈宁静的，因为外物的牵引而动，然后好恶之心就形成了。当外物的诱惑不断而人的好恶又无节制的话，人就成为外物的奴隶，并忘却了本初的自我。当这样的人越来越多的时候，社会也就成为一个物欲横流的社会。而对症之策，老子的做法是"化而欲作，吾将镇之以无名之朴。镇之以无名之朴，夫将不欲。不欲以静，天下将自正"。这也是为什么老子教导我们要"见素抱朴，少思寡欲，绝学无忧"。这种"朴"在我看来就是每个人与生俱来的永远长留心底的最真、最纯的情感。它是不掺杂任何世俗的矫揉造作的东西。

念及此，我不禁感佩这次"根在基层·中国梦"活动发起者的良苦用心及中央机关干部下基层调研和群众路线教育实践活动的重大意义。也想起了毛泽东同志在鼓励知识青年下乡时作的"农村是一个广阔的天地，在那里是可以大有作为"的指示。虽然凡事过犹不及，当年的"知青下乡"运动后来也暴露出不少问题，但是客观地说，当时不少的知识青年确实借此加深了对农村的了解，与农民建立了深厚的感情。前不久读王岐山同志曾推荐的《旧制度与大革命》时就有感于法国农民被其他各阶层所遗忘、抛弃而奋起革命的前车之鉴。或许时代变了，如今再让城里的人到农村去工作既不科学也不合理，但是适当地鼓励机关干部去基层调研不仅能加深他们对基层的了解，增进他们与底层群众的血肉联系，夯实机关干部的宗旨意识、群众意识，而且也是对他们的一次极好的洗礼、教育与补充正能量的机会。从这个角度看，我们此次的湖南基层调研基本达到了它的目的，是以为记。

我看到的基层信息技术教育

许国荣[*]

2013 年 11 月 18 日至 22 日，我作为中国社会科学院、教育部青年干部群众路线教育实践基层调研活动湖南组一员赴湖南省郴州资兴市进行基础教育状况实地调研。很感谢有这个机会深入实际，了解基层教育状况。调研期间，我们去兴宁中学、白廊乡旧市学校、兴宁海水村教学点、兴宁完小等学校进行了实地考察，我个人挺吃惊于当地信息技术教育发展的建设情况。

资兴市兴宁中学坐落于兴宁镇，现有教学班 19 个，在校生 1003 人，教职工 99 人。2013 年投入 33 万元装备教师电子备课室，并接入了宽带，建立了校园网络中心，开发了校园局域网。为 19 个教学班装备了多媒体，实现了"班班通"。教师在教学中，能操作数字多媒体教学系统、使用电子白板式班班通设备、运用现代教育技术开展教育教学工作。

白廊乡旧市学校坐落在原旧市乡毫山村，是合并成的九年一贯制学校。现有教职工 31 人，学生 258 人，幼儿园学生 28 人。我们从兴宁中学前往该校，需要先坐半小时的车，乘四十分钟的船，再爬三百多级台阶，最后走十多分钟上坡路。学校偏处孤岛，条件简陋，有 179 名学生上下学需乘船。学校只设有一间多媒体教室，有需要的教师申请后轮流使用。可喜的是，在调研过程中，我们发现有施工人员在布设网线，建立校园网络中心，给各班级安装多媒体教学系统。在一间办公室中，我们还发现了一批全新的等待安装的液晶电视。

---

* 许国荣，中国社会科学院哲学所主任科员。

教师使用多媒体教学系统

白廊乡旧市学校的班级正在布设网络线路

　　海水村教学点位于山区的农村，与当地村委会共用一个小院，学校条件极其艰苦。学校现有教师两名，学生9名，其中一年级学生4名，二年级学生5名。但我们也在此学校发现了"电脑+电视式班班通"

设备。教学点安装有数字教育卫星接收系统，教师通过卫星接收下载教学资源、教学课件到电脑上后，可以在电视屏幕上播放，给学生上课。

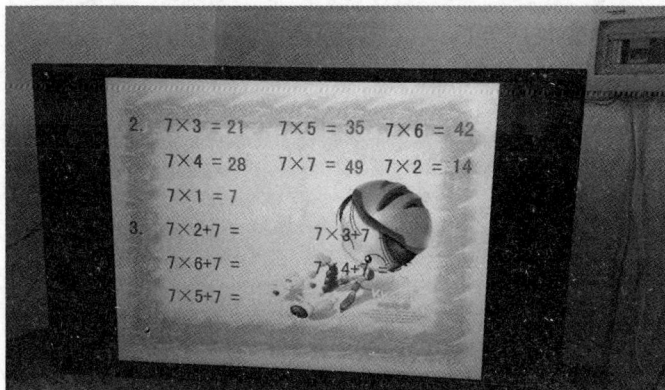

海水村教学点实现数字教育资源全覆盖

兴宁完小现有教学班 22 个。2013 年投入 47 万元用于创建省现代教育技术实验学校，现有中心机房两间，计算机教室两间，多媒体教室两间，电子备课室两间，电子白板式班班通设备 14 套，另有 8 套设备在采购中。教师能从"国家教育资源公共服务平台""湖南省基础教育资源网""资兴市基础教育资源网""堂堂网"等网站下载教学资源，制作课件，在教学中使用电子白板式班班通设备开展教育教学工作。

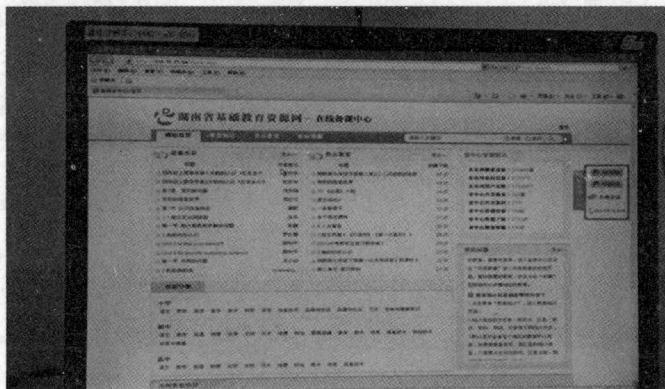

教师可从专门网站下载教学资源制作课件

教师使用电子白板式班班通设备进行教学

据了解，2012 年，教育部将"教学点"数字教育资源全覆盖，列为"十二五"教育信息化 7 项重点任务之首，中央财政给予重点扶持。2013 年，湖南省将此作为教育信息化的一项重点工作，并在财政上进行配套。目前，中央和省里共投入经费 3000 多万元，3480 个"教学点"已全部安装数字教育卫星接收系统，在全国率先实现全覆盖。①"创现"工作开展以来，湖南省通过政府专项投入、省合格学校建设经费、学校自筹等方式，先后投入资金 2500 多万元进行教育信息化建设，为创建工作提供了强大的资金保障。②

从资兴市部分学校的调研情况来看，我们可以认为，湖南省现代教育的信息化基础设施建设取得了突飞猛进的发展。但是我们在调研中也了解到，资兴这几个学校的信息化设施才建成不久，刚刚通过湖南省教育厅现代教育技术实验市评审验收组的验收，教师对设备使用还不是特别熟练。希望各个学校能充分利用这些设备和资源，优化教育信息化环境，提高教育信息化水平，提高教育质量，促进义务教育均衡发展，更好地满足农村偏远地区适龄儿童接受良好教育的需要。

---

① 《数字教育资源覆盖湖南全省"教学点"》，http：//www.worlduc.com/e/blog.aspx? bid = 19745203。

② 《"创现"工作获省厅好评》，http：//www.zxjy.gov.cn/Article/ArticleShow.asp? ArticleID = 17266。

听一堂历史课

陈时龙[*]

2013 年 11 月 19 日上午，我去了白廊乡旧市学校。上午第四节课，七年级（相当于初一）有一堂历史课，题目是"丝绸之路的开辟"。授课教师原本是教语文的，他自己说教语文太累，所以改教历史。

老师的讲授基本上是沿着教材的顺序来的，讲西域，讲张骞两次出使西域，然后讲从长安到西域的丝绸之路的形成。老师解释丝绸之路时说，因为当时汉朝与西域贸易的主要商品就是丝绸，所以这条贸易之路叫丝绸之路。然后，老师又临场发挥说，其实，当时通过贸易到西域的商品中，除了丝绸之外，还有另外一种，教材里没有说，就是茶叶。显然，老师是一个平时也注意积累相关知识的人，知道历史上的对外贸易中茶叶是重要的一项。然而，问题是，中国人饮茶的风气是从唐代以后才出现的，汉代丝绸之路的贸易中不大可能会有茶叶的贸易。

接着，老师又讲到佛教的传入。佛教进入中国，是由唐朝的僧人玄奘传入的，也就是《西游记》中的唐僧，唐僧在历史上实有其人。《西游记》的唐僧在历史上实有其人并没有错，而且玄奘对唐代佛教的发展也做出了巨大贡献，但是根据汉代佛教传入的时间计算，玄奘西游却已是六百年后的事情了。这也是老师脱离教材时讲的。

从整堂课来看，老师很善于联系实际，例如在谈西域都护府的时候会强调今天的新疆早在汉代就已经接受了中央政府的管辖。老师也很想多给学生传播一点知识。然而，问题是，那种似是而非的知识最为可怕。古人说："差之毫厘，谬以千里。"那种似是而非的知识，对于初

---

* 陈时龙，中国社会科学院历史研究所副研究员。

中学生而言，是难以分辨的，他们的历史知识中因此会掺入许多舛误。

从教学教法上看，历史课不应该照本宣科，不能给学生填鸭式地灌输一些条条框框、年代人物。然而，如果不照本宣科，老师要做更认真的准备，不能随便就说。中学历史教材的编纂向来严谨，又图文并茂。因此，与其动辄传授错误的知识，不如谨守教材，再讲究教法。

农村基层教育信息化建设，路在何方？

张福军[*]

2009 年，党中央、国务院颁布《国家中长期教育改革和发展规划纲要（2010—2020 年）》（以下简称《纲要》），明确提出："加快教育信息化进程"、"加快教育信息基础设施建设"、"加强优质教育资源开发与应用"、"构建国家教育管理信息系统"、推进信息技术在各级各类教育中的应用和研究等，为我国教育信息化建设与发展指明了方向，明确了目标和任务。《纲要》成为今后十年我国教育信息化发展的行动纲领。因此，进一步贯彻落实《纲要》，加快区域特别是农村地区基础教育信息化发展是今后一段时期我国教育信息化发展的基础、重点和难点。区域教育信息化发展是一个开放的、动态的过程，是一个创新和具有民族特色的过程。

近十年，随着"校校通"工程、"农村中小学现代远程教育工程"以及"中小学教师教育技术能力建设计划"等一系列教育信息化工程的实施，湖南省资兴市农村中小学信息基础条件得到有效改善，优质教育资源匮乏的局面得到有效缓解，教师专业化能力得到增强，课堂教学效果不断提高。实践证明，教育信息化已成为提高湖南省资兴市农村基础教育质量，加快农村基础教育跨越式发展的重要支撑，但是湖南省资兴市农村地区中小学信息基础设施、教育资源、教师信息素养、教育信息技术运用还需进一步完善。

资兴市位于湖南省东南部，地处湘、粤、赣三省交会处，总人口37.5 万人，其中农业人口 24.3 万。近年来，资兴市先后实施了"农村

---

* 张福军，中国社会科学院马克思主义研究院副研究员，博士。

中小学现代远程教育工程"和"中小学教师教育技术能力建设计划"等一系列教育信息化工程,独立建制的学校基本上都装备了多媒体教室、计算机教室和远程教育接收设备,实现了接入互联网或中国教育卫星宽带网,部分条件较好的学校基本上建成了校园网,信息技术手段在教育教学上得到较为广泛的应用,促进了课堂教学的改革,提高了教育教学质量。

但是,对资兴市兴宁中学进行调研的过程中,也发现了不少问题:一是有些课程的教学与教材不相匹配。兴宁中学所有班级都开了计算机课程,但是授课老师没有用教育部门统一编排的教材,而是用该校老师自己做的教案。计算机授课老师反映教材编排不太合理,与目前农村学生的现实需求状况脱节,并呼吁有关部门早日出版一本符合农村学生特点的教材,建立一套有效的考核标准,这样也会减轻老师们的负担。二是该所学校的硬件较完善,实现了多媒体教学设备班班通,是资兴市同类学校中第一家实行教育信息化数字媒体教学系统的学校,并配备了实验室和计算机教室。但是老师们的授课方式还比较传统,一些设备还不会完全使用,如何做到课堂授课形式多样,授课内容丰富有趣,对老师们也是一大挑战。目前,教育部门并没有组织相关内容的培训去提高老师们利用现代信息技术的教学水平。

教育信息化是推进农村教育改革发展的突破口。加快农村基层教育信息化发展,以信息化带动教育现代化,才能提高教育教学质量,推进农村基层教育均衡发展,促进教育公平公正。但是,农村基层教育信息化建设的配套工程体系还需要进一步完善。

调研札记三则

张丽丽[*]

之一：师恩难忘

2013 年 11 月 17—23 日，我很幸运地与中国社会科学院青年学者及教育部的青年干部，同赴湖南省郴州市进行为期一周的国情调研活动。这一周，我们对当地老师的工作环境和工作氛围、工作动力等有了初步了解，也对他们的生活有了很深的认识。

敬业。19 日，我们来到了白廊乡旧市学校，这所学校地理位置极为偏僻，没有完整的校门，校园围墙就是周围的野山，这是我对这所学校的第一印象。在校长简单介绍白廊学校之后，我们开始随机对老师和学生进行访谈。我站在教室后面，无意中听到一位赵老师的语文课。这位语文老师，看起来年龄不大，青春有活力，外向活泼，听她上课有种激情澎湃的感觉。后来跟她聊天才知道，她每次上课前都要用一天的时间去备课，为了让课堂内容更丰富些，她每天要在网上查找相关内容，遇到好玩的合适的都讲给学生听，学生记得更牢，理解得也更深。问她：为什么要这么认真地工作，您的动力来自哪里？她说，其实动力更多地来自心里，迷迷糊糊地糊弄孩子虽然简单，即使成绩下滑严重，因师资紧缺，校方也不会把她解雇，但是她是教孩子的，可能某个学生的命运就是她的一念之差决定的，她辜负不起这些期待……我被最后这句话所感动，这些教师是这些孩子的希望，如果他们对自己的工作不认

---

* 张丽丽，社会科学文献出版社编辑。

真，对这些山里的孩子产生的消极影响难以想象。

爱岗。19 日下午，到了资兴市兴宁中学，在这里，我们见到了全校唯一的音乐老师。这个音乐老师个头不高，戴眼镜，看上去就是很淳朴简单的湖南人。见到这个老师时，我首先很好奇地问了学校一个负责人，这位老师是音乐专业毕业的吗？负责人答说是广州星海音乐学院的毕业生。这更加重了我的好奇心，星海音乐学院的毕业生为什么要来到这里，为什么在这里这么艰苦的环境下工作了两三年，是学校给了他特殊的福利待遇，还是他自己有特殊的理由？校方负责人解释说，兴宁中学的教师流动性不大，一方面学校会及时了解优秀教师的需要，更重要的是，来到这里的教师都怀有一种责任感，对这里的老师来讲，做了就一定要做好。我想换句话说，就是选择了这个职业，选择了这个岗位，就要对它产生敬畏，尊重自己的岗位，才能爱自己的岗位，才能做好自己岗位的工作吧。

羞涩。这里的老师多少都有些不敢讲话，害怕讲话，生怕讲错话的感觉。个人印象中年轻教师应该个性张扬，洒脱有追求，有种奋起直追的感觉，但是在白廊学校见到的两位年轻男教师，一位是新区的特岗教师，一位是师范学校的应届毕业生，一个羞赧少言，一个忧心忡忡，他们对自己的未来没有完整的目标，不知道自己的以后在哪里，只是很低调地完成现在的教学任务。我感觉这种状态是恰与现实相悖的，这些年轻教师的激情和努力，才能给他们个人带来改变，才能给他们的学校带来改变，沉默无言的结果就是沉默无言。

在资兴的这一周中，我接触了不少最基层的教师，敬业、爱岗、羞涩是他们给我最深刻的印象。这三个词并不能完整地表述他们，但是在那样的环境下，在那样的氛围中，我佩服他们的坚守。没有他们的坚守，大山的子孙或许只能依山傍山、依水傍水，永远不理解"现代生活"，永远不明白"技术是什么"，他们对中国底层青少年的成长，所做的贡献无人能比，无人可忘。

之二："生生"难写

在为期一周的调研活动中，我在兴宁中学、白廊学校、海水村教学点、兴宁完小、兴宁市一中等几所学校分别跟学生进行了或长或短的交流，他们给我留下了完全不同的印象，很想把他们各自的特点都写出来，但真的，每个学生的个性都很强烈，每个学生都很难写。而让我最无法忘记的是兴宁中学的两个女生，一个是白血病女孩，一个是坚强的孤儿。

最让我遗憾的是，没有记住白血病女孩的名字。我曾两次跟这女孩认真交流，每次她爱笑的脸上都很难找到隐隐的"伤口"，扎着高高的马尾，穿着简单朴素整齐的衣服，话语中总是透着一丝乐观向上。初识这个小姑娘，只是听到她说身体不太好，经常贫血，不能多参加体育锻炼，看到她阳光的笑脸完全想不到，她是一个患有白血病四年多的女孩。她说自己9岁那年忽然晕倒，然后去医院检查身体，发现身体血细胞各项指标都比正常人偏低，医生怀疑是白血病，在长沙大医院确诊为白血病后，休学在西安治疗了一年。也就是当年，家里花光了所有的积蓄，还欠债十几万，姐姐辍学外出在广州打工，爸爸外出在深圳打工，妈妈在兴宁中学附近租了房子，陪她上学，偶尔做些零工补贴家用。我曾经以为，补贴家用这个词离我很遥远，其实在中国最容易被忽视的底层，这个需求依然还很迫切。小姑娘说，我从来不找妈妈要零花钱的……另一个给我留下深刻印象的是一个坚强的孤儿，这小姑娘叫谭娜。谭娜说，她有一个同母异父大概五六岁的弟弟。或许我们当时唯一想问的是，你继父对你是否好，但转念一想，都不知道弟弟多大，肯定没住一起，还是问下妈妈现在在做什么。但这其实揭开了她更深层次的伤疤，她妈妈去世了，而且是很早之前的事情。小姑娘在不知道自己的爸爸是长什么样的时候爸爸就去世了，9岁时妈妈也去世了。她只知道自己喜欢上学，爷爷奶奶很辛苦，叔叔阿姨对自己特别好，能供自己读书。看到她明亮的眼睛，我不知道应该说什么好，她比我坚强，因为她不会流眼泪，她的眼神很坚定，很渴望走到外面的世界。我想如果换做是我，或许最不想的就是揭开自己的伤疤，但是她真的太坚定，让我自惭形秽。其他几个孩子的情况，说实话也很凄凉，或许这才让我明白什么是幸福，什么是快乐。

这两个学生给我的印象太深刻，难以简单两笔勾画她们的美，只是想跟大家分享她们的坚强，她们那份独有的气质罢了。而资兴有太多生活在不幸中的学生，她们只是其中的两位，无法代表全部，只能祝福他们吧！

之三：教育管理者的困惑

在调研期间，我们认真听取了资兴市教育局局长陈仕平和当地主要学校管理者的想法和不解或者说困惑。

总体来说，主要有以下三点：

一是，应试教育与素质教育的矛盾。现阶段，国家大力推行素质教育，陈局长的观点是，目前国家并没有对素质教育做条文性的硬性规定，只是提出要大力提高素质教育；而目前有高考这道门槛，又促使众多的学校去追求应试教育，"唯分数论"的风起云涌，更使得这二者之间的相互矛盾似乎不可调和。我个人的理解是，现在所有的教育都是素质教育，因为素质教育就是以提高学生素质为本质的教育，即使以应试为宗旨，它也提高了应试者的素质，只是不全面而已。学校要在素质教育与应试教育之间灵活运转，而不应该被素质教育和应试教育框住，在它们的框框下活动。

二是，教育经费的问题。兴宁中学现在已经基本实现现代化教学，每个教师都已经卸下老式黑板，换上了现代"触摸屏"，这种现代化的教学方式，甚至在北京有些学校可能都还没有实现。但是这些现代"触摸屏"的使用寿命是 5 年，每个教室的安装费用大概在 1.7 万元，那么 5 年后的替换或者更新升级的成本谁来承担？

三是，教师待遇问题。待遇是和老师联系最密切的，也是最现实的。很多老师反映工资低、待遇差。确实在资兴比较偏远的山区，老师们的工作环境艰苦，条件很差，如何提高基层教师的薪资待遇也是一大难题。

以上三点，是我对本次调研中相关管理者的困惑印象最深的三点，也是他们反映最多的三点。当然还有很多其他问题，如社会对教育部门责任的放大，对家庭教育和社会教育的忽略；城镇化推进与学校硬件设施无法移动的矛盾；职称问题、教辅材料问题、补课问题等。期待这些问题能得到教育部相关负责人的重视，并得到完满解决。

访谈实录

访谈 1
年轻的女特岗教师

受访人：HNA

采访人：陈时龙

访谈时间：2013 年 11 月 19 日上午

访谈地点：白廊乡旧市学校办公室

受访人基本情况：HNA，女，23 岁，白廊学校特岗教师

访谈记录：

HNA 是白廊乡旧市学校的科任老师，教三年级和八年级的数学，年轻，23 岁，刚刚大学毕业。11 月 19 日上午，我们先坐车，再坐船，来到库区的白廊乡毫山村。下船后，顺山路走十五六分钟，到达白廊学校（又名白廊乡旧市中学）。在听完校长的介绍后，调研组的所有同志分散到各个教室听课或者找教师访谈。二楼挂着"办公室"的房间，其实是初中部教师的教研室。上午第三节课时，我在教研室与她进行访谈。她正对着笔记本电脑备课，办公桌上堆着学生们的作业。在跟她说明来意之后，她表示自己对学校的事情知之甚少，但愿意就自己和自己了解的情况接受我的访谈。

问：你来学校多久了？

答：我是 8 月底来的。先是在教育局培训，然后到学校来，到学校的时间还不到三个月，现在对于学校的情况还不是很熟悉。

问：教育局还有岗前培训？

答：8 月底在教育局接受的培训。培训时间是三天。教育局有一个教师进修学校。

问：你现在教什么科目？

答：我现在教两个班的数学，七年级和三年级。

问：既要教初一的数学，又要教三年级的数学。两个年级的差别还很大。

答：像我这样担任两个跨度挺大的年级的教学，在我们学校很正常。我们有一个年轻女教师教英语，也是分跨了小学与初中两个年级。因为教师人数少，所以往往要兼任。我们现在坐的这个办公室，就是整个初中部的老师的教研室。楼下的一间房间，也是这个位置，是小学部老师的教研室。

问：三年级的学生作业交到哪儿？

答：他们会交到这里来。

问：你在大学学的专业就是数学吗？

答：是的，我大学的专业是数学，应用数学。

问：从哪个学校毕业的？

答：湖南理工大学。

问：数学系的学生找工作比较容易吧？

答：不容易。其实是特别不容易。只有那些在大学期间对计算机感兴趣的同学，因为自学电脑编程等，找工作稍微容易一些。我们大部分的同学也都不能找到与自己专业对口的工作，做销售的人不少，像医药销售啊，等等。

问：那你怎么选择来农村当老师了，不想留在大点的城市里吗？

答：想当然是想了。可是，现在的就业形势特别不好。我有许多同学选择留在大城市，但大城市里竞争更激烈，他们的就业也不是特别满意。我是当时参加了特岗教师招聘考到这里来的。

问：特岗教师是什么意思？

答：是国家针对西部农村特别偏远的地区所设置的教学岗位，鼓励大学生毕业后到农村工作。

问：有什么具体的要求吗？

答：要求至少服务三年。三年之内，不能调动，也不能离岗。

问：这种特岗教师多吗？资兴市近几年招聘了500名新教师，都是这种性质吗？

答：有一部分是，还有一部分是定向委培师范生。

问：定向委培师范生？

答：整个湖南省都有的定向委培师范生，主要是由长沙第一师范培养，毕业后回到定点单位从事教育教学。

问：特岗教师的招聘竞争激烈吗？

答：竞争不激烈。特岗教师招聘是一个一个岗位报名和招聘，所设置的特殊岗位又都是在农村最偏远的地区，大家并不是都很乐意来。

问：你这个岗位当时有多少人报名？

答：不是太清楚，但当时同时竞争这个岗位的，大概是3个人。录取比例就是三比一，比公务员考试几百人取一个竞争小得多（笑）。

问：你刚来，这就意味着你至少还要在这个很偏僻的学校待上三年，后悔吗？

答：我是这样想的，与其临渊羡鱼，不如退而结网，踏踏实实地先找一个工作。

问：会有同学羡慕你的工作吗？

答：会有一些同学羡慕我的。因为毕竟一份事业单位的工作也不容易。我有同学在上海做医药代表，很累。

问：在企业上班要拿到六千元的月薪必定会很累。

答：还到不了这么高的薪资水平。我的同学在上海的，多半只有三千多元钱的工资，租房吃饭之后就所剩无几了。再说，我来了两个多月的时间了，也很喜欢这里的孩子。农村的孩子挺懂事的。

问：你跟孩子的交流多吗？

答：这边的孩子很淳朴。三年级的小孩也很懂事。他们从一开始交作业，会给我交到楼上来。你不说，他们也清楚老师的办公室在哪儿（笑）。

问：在这里待了两个月，还适应吗？

答：刚来到这里时，稍稍有点不适应。年轻人不多，二十几岁的只有几个人。对于我这样一个刚刚离开大学的人来说，稍微冷清了一点。

问：四十岁以下的人多不多？王校长看着也还挺年轻的。

答：（笑）我不知道你们说四十岁以下的就算年轻人。具体的数据我不是很清楚，校长那里肯定有。但是，二十来岁的年轻人肯定不多。

问：多长时间回一次家？

答：大概两到三个星期回家一次。家里远，在郴州市里。刚才你们来了也知道，这里就是一个孤岛，从岛上离开要坐船，到了码头以后再找车坐，到资兴再转车。因此，从这里回家既要坐船，又要来回倒好几趟车，所以不能常回家。

问：周末人就很少了，是吗？

答：（笑）到周末可安静了，安静得吓人。孩子们全回家了，只剩下几位老师因为夫妻共同在这个学校教书，有时会留在学校。

问：周末吃饭的问题怎么解决？

答：自己弄一点。只能自己弄，因为食堂也放假了。

问：学校的领导怎么样？

答：都挺好的，挺随和。校领导一般会担任三年级的考试科目的教学，为整个毕业生的出口把关。

问：将来有什么打算吗？

答：（笑）其实我想我还是有点小野心的。我大概不会甘于在这个农村学校待很长的时间，我会选择考公务员，或者进城考试，调到城市里去。

问：公务员考试竞争激烈，选调的话，据说现在对事业编制的老师的入口也被堵死了。

答：是的。事业编制的老师之前是参照公务员管理，现在不行了，只有通过公务员考试才能进入公务员序列。不过特岗教师与大学生村官这几个群体，在参加公务员考试时会有一些岗位专门面对我们的。

问：孩子们知道你迟早会走吗？

答：孩子其实是很敏感的。不知道为什么，前一段时间他们跑来问我说，听说老师要调走了，问我是不是真的。这还让我很受感动。我将来会走，但我在农村的三年，我想我会尽职尽责，做好一个教师的本分。

访谈2
中学的党务工作者

受访人： HNB
采访人： 陈时龙
访谈时间： 2013 年 11 月 20 日下午
访谈地点： 从兴宁中学到东江湖畔的路上

受访人基本情况： HNB，男，46 岁，中学党支部书记

访谈记录：

HNB 是一所中学的党支部书记，46 岁，短发，戴一副茶色的眼镜，爱穿夹克。在中学调研的一周时间里，我们每天都碰面，请他安排各种调研事宜。20 日下午，学校接受省教育厅"创现"检查，调研组只留小部分人在平时我们停留的会议室内，准备了解一下一位中学校长将如何向教育厅汇报（我们称之为看看"校长是怎么炼成的"），另一部分人下课堂听课。他邀我与另外两位组员一起，到校外的乡间小路走走。从学校正门穿越紧邻的省道，即进入基本没有任何车辆的机耕道，四五分钟后就完全是乡间小路了，一路前行，可以步行到东江湖畔。慢走需要 40 分钟。边走边聊，我与他之间有一个非正式的访谈。

问：你来学校几年了？

答：五年，之前在一个初级中学当校长。

问：那个学校是在库区吗？

答：不是，是在新区（指县城）的北面。我在那里当了五年校长。那里不是库区，但却是山区。我们资兴市其实除了小块的盆地以外，因为处于罗霄山脉的西麓，多半是山区。东江湖水库蓄水后，很多山头淹平了，就变成库区了。

问：新区北面的话，离县城要更近一些吧？

答：那学校距离县城更近。不过，调到这个中学当书记，我的行政级别升了半级。之前是股级，现在是副科级。学校里书记的工作也轻松，配合校长工作就可以。

问：书记的家在县城吗？孩子多大了。

答：家在县城里面，就在教育局的家属院内。我结婚晚，现在孩子才刚上高中一年级。

问：孩子学习好吗？

答：学习还可以，在年级里的排名大概三十几名。照市立中学每年考取 120 名左右的一类本科看，考一个重点大概是可以的。

问：孩子算很省心了，你平时管他管得多吗？

答：我管得不多，一般都是他妈妈在管。我多是回家跟孩子聊一

聊，问问他的情况，生活上的事，其他的主要是他母亲在照顾。孩子初一到初三，经历了一个性格叛逆的阶段，不愿意听父母的教育，迷上了电子游戏。幸好他迷电子游戏时可以在家里玩电脑，每天在家里打电游要 12 个小时，晚上十二点才肯睡。要是跑游戏厅玩，那孩子可能彻底完了。

问：怎么纠正过来的？

答：一方面是我们做父母的反复地、苦口婆心地说，另一方面好像他也是比较安全地度过了那个危险期。现在，他反而是自己要求学习，把以前打游戏的时间全用到了学习上。他现在开始有学习的自觉性，甚至常常后悔当初初中三年浪费了时间。

问：跟你中学不能经常回家有关系吗？

答：应该说有比较大的关系。从兴宁坐车到县城，要坐五十分钟，车费要 7 元。再说学校事情太多，我也不可能天天回家。

问：学校领导要值班吗？

答：是的。不但领导要值班，班主任也安排值班。我们的学生上晚自习，每天晚上下完第三节晚自习后，班主任要把走读的学生送到你们昨天住的那个地方的街道口。这些都是班主任老师的职责。

问：班主任有补助吗？

答：按照规定每月补助 150 元。但是，150 元钱不是无条件地给班主任的。班主任要管的事情很多，只有出了全勤才能得到全部 150 元的补助，如果一次考勤不在，就会相应地扣掉一些。

问：书记现在负责党务，学校里的党员多吗？

答：我们学校的党员占到员工的 25%，有二十几个。

问：每年都发展党员吗？

答：每年都发展，大概一到两个。兴宁中学因为位置还是比较好的，在农村中学中条件算是好的，所以教师一般情况下都是从其他更偏远的农村中学调过来的，年龄相对较大，入党的事情相对就不那么积极。

问：你以前工作的那个学校呢？那里的年轻人呢？

答：刚进入学校工作的年轻人，在入不入党的态度上，跟他们的家庭出身、家庭环境有很大关系。如果一个年轻人的家庭条件比较好，他因此也会认识到入党对自己将来的发展有很大的帮助，就会积极申请入党。有些像家庭纯粹在农村的年轻老师，感觉自己完全没有上升的希望，他申请入党的积极性就会小很多。

问：团员呢，学校有团委书记吗？

答：有。学校每年都会在初二、初三发展一些团员，初一也有，但少一些。

问：最近分配到农村的青年老师，都是特岗教师吗？

答：不完全是。特岗教师是全省搞的一个项目（按：其实是全国性的，中央财政有专项资金）。我们资兴市自己每年都会有一些公费师范生（即定向委培师范生）送到长沙第一师范学习，就是毛主席当初学习的那个学校。现在第一师范除了有专科，也还有本科。

问：特岗教师的主要义务就是要在农村偏远地区教书三年，算是在全县的教师编制之内吗？

答：他们要签合同，三年才能离开，别的都一样，属于现在我们的教师编制（按：特岗教师应该是服务三年之后，考核称职而且本人也愿意的情况下，进入当地的教师编制）。我们学校很少接受公费师范生，特岗教师更没有。

问：你说老师都是调来的，怎么调？

答：主要还是通过教育局，校长的权力不大。教育局名义上说要求双方校长都必须签字，但调动的关键还在教育局。

高：都什么时候调。

答：暑假，每个新学年开始之前。

问：我们昨天到白廊学校，王校长说他们的历史课都是别的科任老师代上，兴宁中学的情况怎样？

答：这所中学的情况好一点。我们的历史老师有4个，一般都是科班出身，虽然不是本科毕业，但都是专科时学历史教育的。

问：孩子们学历史的兴趣大吗？

答：大，大得不得了。

问：是吗？为什么呢？

答：现在是初一到初三都学历史。之前历史课因为不参加中考，被忽视了。后来国家发现有问题，便要求中考必须考历史。（按，下午我们到初一年级一个班上陪孩子上了一堂自习课，发现孩子们对于历史的兴趣确实很浓厚，验证了书记的说法。有一个孩子在课上问了很多问题。问题一是隋朝是怎样灭亡的，隋朝的建立者是谁？问题二是古代的盔甲真能刀枪不入吗？问题三是古代的炮有引线吗？课结束后，又有一批孩子围了上来，问古代的天门阵等阵都是真的吗？我告诉他们阵法在兵法里是有的，主要功能是训练，而不会像小说里写的那样神奇。我告诉他们，你们关于历史方面的知识仍然大部分来自小说，但历史不是讲故事，而是要求真，要让人们真实地知道过去发生的事情，可以看小说，但更要相信教材，因为教材现在编得很好。）中考要考七门课，即语文、数学、英语、政治、物理、化学、历史七门。

问：地理课考不考？

答：地理课和生物课是在二年级的时候考试的。有一个水平测试，也还比较重要。

问：出门前看见有一个班在上体育课，体育老师是学体育的吗？

答：是的，我们这边的老师还算是配得比较整齐的。

访谈 3
一位中学校长谈中小学教育

受访人：HNC

采访人：陈时龙

访谈时间：2013 年 11 月 21 日晚上

访谈地点：资兴宾馆 2415 房间

受访人基本情况：HNC，男，39 岁，中学校长

访谈记录：

与 HNC 的访谈，是几天前就已经约好的。之前调研的几天，校长忙于与我们工作衔接，又要面对 20 日下午省教育厅的检查，除了星期一下午的情况介绍之外，一直没有时间跟我们坐下来认真地作个交谈。

21 日晚上八点，我对他作了一次访谈。

问：能给我谈一下你在做校长之前的工作吗？

答：我是师范毕业的。毕业后，就到一个小学工作，在小学里工作了五年。后来，我通过自学考试，先后拿到了专科与本科文凭，又调到中学任教。在中学教了一年后，恰好市教育局招人，我便考入教育局办公室，在办公室工作了六年，之后又到教育局办的教师进修学校工作。今年八月刚刚通过竞聘，开始担任这所中学的校长。

问：怎么想着要竞聘这所中学的校长的？

答：我最初竞聘的是市三中的校长，没有竞争上，到了这所中学。市三中是一个初级中学，城里的孩子初中主要在三中上。三中的生源比我们中学好。

问：教育局办公室工作的经验对你有很大帮助吗？

答：我觉得还是有帮助。在办公室工作，写了很多材料，对于全县的情况是比较熟悉的。

问：在教育局办公室负责什么工作？

答：办公室的工作很杂，多少都要涉及一些。不过，我一直很自豪的是，在办公室的时候，我曾经主办过一个名为《资兴教育》的刊物。

问：能谈一谈你创办的《资兴教育》吗？

答：创办这个刊物，主要是想记录资兴教育的发展。例如，刊物当初曾创设了一个栏目，叫做"教育的故事"，鼓励所有我们中小学老师把自己觉得有教育意义的故事写出来。第一篇文章是我自己写的，谈自己19岁师范毕业时对学生情况不了解而批评学生后的内疚。这个栏目还曾经登过一篇文章，叫《普通老师，科级待遇》。故事讲资兴偏远山区的一个村小的教师，他们在那时候每月能从村委会拿到100元的电话费，烧火的柴与烤火的炭，都由村里提供。这篇小文章后来还在《湖南教育》上正式发表了。可惜，我离开教育局之后，刊物也就停办了。

问：来到兴宁中学后，一切顺利吗？

答：有一个适应的过程。因为离开学校多年，在一线教学的机会不多，对学校管理的情况稍微陌生了一点。

问：现在你们学校的师资力量怎样？

答：在资兴地区算是中等的。我们的师资不能跟城里的中学比，但是比农村地区很多学校要好。我们的老师也多半是从各个农村中学调来的。但是，这也带来了另外一个问题，即教师的年龄一般偏大。我们中学教师的平均年龄现在已经达到了 43 岁。我这个校长，39 岁，算是年轻的教师。

问：为什么不进更多的年轻老师呢？

答：其实我也更愿意用年轻老师，知识结构更优，对教学的热情也高。但是，每年各地申请到我们学校的老师太多，教育局需要照顾和平衡，所以每年都有不少教师往兴宁中学调。毕竟，从兴宁镇到县城的距离，只有五十分钟车程。

问：师资在学科配备上有问题吗？我们在白廊乡旧市学校调研时，王校长说他们的历史老师基本没有科班出身的。

答：我们也有这样的问题，但没有他们严重。我们的学科配备虽然比较全，科班出身的也多，但是有不均衡的地方。我们的语文老师，将近 20 个，我几乎可以每一个班单独配一个语文老师。但是，像我们现在 6 名物理老师，就没有一个是物理系毕业的。我来到学校之后，找了两个之前上过物理课但后来改上其他课的老师，让他们重操旧业。这样，才勉强保证各班的教学。

问：为什么不向教育局申请招聘一些物理老师？

答：我们缺的科目，别的学校可能会缺得更严重。这个要求我几乎是没有办法向局长开口的。局长会说，你们中学还哭穷啊，有更穷的学校。

问：兴宁中学现在有特岗教师吗？

答：没有。我们报过，不给我们，因为有更需要的地方。

问：教师交流的工作究竟做得怎样？

答：很难做。一个城里的老师，让他到乡下去教书，即便是正常的交流机制，他也会想方设法不去，会动用一切社会资源予以抵制。

问：有这样的例子吗？

答：有过。我在中学教书的时候，教育局将一位教师交流到库区，调令都已经下了，但老师依然不离开学校，并且找到四大班子里的领导为他说情，最后还是没走。因此，教师交流机制虽然动机是好的，但实施起来难度太大，教育局长不可能强行推行下去。像我本人的想法，每个月再给我加 2000 元我也可能不会愿意去库区。

问：你觉得特岗教师对农村教育师资薄弱的情况会有改变吗？

答：这是一个很好的政策。这一两年，特岗教师对我们农村教育师资薄弱情况的改善起到了很大的作用。特岗教师的招聘是从 2012 年开始，那是国家政策吧。2012 年，我们资兴招聘了 15 名特岗教师；2013 年招聘了 61 名。实际上，我们原来打算招收 100 名，但最后没有招满。

问：为什么招不满？

答：主要是地区太偏远，报的人不多，很多人不愿去。现在看来，有些特岗教师来了之后，刚开始几天觉得山清水秀，景色迷人，一两个月之后，文化生活极其贫乏，感觉就变了。一些老师甚至就不要工作，直接走了。

问：特岗教师工作三年之后，正常情况下就要进入当地教师的编制，会对编制造成冲击吗？

答：编制可能问题还不是很大。但是，我倒是在想财政上将来会有影响。现在特岗教师的工资都是由国家财政和省财政负担，每个人每年 2.4 万元。但是，三年后，这批人就必须由市财政负担。我们资兴市的问题可能还不大，因为招收的特岗教师的量毕竟还不大。但像我们旁边的桂东县，仅今年一年就招了 200 名特岗教师，将来如果要给这几百人发工资，数目不小，可能会产生问题。

问：你对学校的教师和学生管理，有什么想法？

答：我到兴宁中学没多久，在教师会议上就提出，要让学生从教育中获得健康和快乐。说实话，学校里的老师开始慢慢接受我，正是从我提出这个教育理念开始。兴宁中学所处的环境比较特殊，既是农村，又是一个镇，之前打架斗殴的情况也是有的。我觉得学生中有不少人可能初中毕业后就会走上社会，在走上社会之前，应该让他们从教育中得到的不是被压抑，而是收获。

问：怎么做呢？

答：给他们更大的活动空间，让他们的精力有地方发泄。现在我给他们修了乒乓球台、篮球场，孩子们不上课时都去打球，反而不打架了。

问：我们在主题班会时，收到一些学生的提问，问他们今后是否要考免费师范生，高中是该选文科还是选理科？学生们在这一阶段开始面临选择了，学校是否有相应的辅导？

答：初三学生确实已经开始面临职业的选择了。你说的问题确实有。而且，提这类问题的，必定是初三年级的成绩比较好的学生。我上周跟班主任们开会的时候，也谈到这个问题，要求初三各班的班主任对学生的思想状况多跟踪一下。

问：你是怎么理解教师的职业的？

答：教师对学生的影响是非常巨大的，很深刻的。我上小学的时候，村支书的儿子成绩下降了，问老师原因，老师信口就说因为支书的儿子老跟我去外面打扑克牌。我当时就跳起来了，大哭，说我根本就不会打扑克。直到今天，就像有心理阴影似的，我一直不会打牌，也不愿去学打牌。我在教育局工作的时候，那位老师还来找我办过事，我给他办了，也请他吃了饭，但我心里跟他没有亲近感，感觉再没有师生的情分。

访谈 4
一位转学回乡镇中学的学生

受访人：YXZ
采访人：高冬梅、高靓、许国荣
记录人：许国荣
访谈时间：2013 年 11 月 19 日
访谈地点：兴宁中学
受访人基本情况：YXZ，女，13 岁，初三学生，英语课代表

访谈记录：

问：你读几年级了呀？寄宿吗？

答：初三。不住学校，回家。

问：那你父母都干什么呀？

答：我妈妈就在兴宁镇上，在市一中当老师。我爸爸不在兴宁，但在兴宁附近的一个乡的乡镇府工作。

问：那他们每天都回来吗？

答：妈妈每天回来，爸爸每个星期回来两天，周末回来，周一走。

问：那平时你的学习父母管得多吗？母亲回来是不是也很晚了？

答：一般我回家，母亲已经在家了。

问：你是指上完自习的时间吧？一般是几点？

答：晚上 9 点。但是有时候会迟一点。

问：那是妈妈来学校接你，还是你自己回家？

答：我自己回家。

问：那你在学校吃晚饭？

答：是的。

问：不寄宿在学校，也可以在学校吃中午饭、晚饭吗？

答：嗯。都可以。

问：那每月要交额外的餐费吧？一个月餐费多少钱呢？

答：一餐是三元。

问：刷卡吗？

答：不是刷卡。大概是一个月或者一个学期付一次。我一般是只吃晚餐。

问：那你午餐在哪里吃呢？

答：在家吃。

问：那谁给你做饭呢？

答：我妈妈也能做。

问：那你妈妈上午去上班，中午还能赶回来做饭，是吗？

答：嗯。如果我妈妈最后一节课有课没法回来做饭，我也去外公家吃，因为外公家也很近。

问：你觉得你们班的整体状况怎么样？班级氛围怎么样？比如他们班比较团结，我们班就比较散漫？班风班气怎么样？

答：我觉得班级比较团结。也有个别同学不是那么上进。整体还可以。

问：你们这个班是怎么组成的呢？初一到初三一直是这么多同学，还是每年在变动呢？

答：初一到初三一直是这么多人，没有变动过。

问：都没有变？可以说我不想在这个班待着，想去其他班吗？

答：不可以。

问：你一直在这个班吗？

答：我是初二的时候转过来的。

问：哦，你来这班后，这个班级有没有同学流失呢？有几个呢？

答：大概是两个。

问：他们是因为什么离开的呢？

答：都是转走了。好像有一个是去了兴盛，还有一个不知道。

问：老师课后会补课吗？比如同学找老师问问题，老师是下课马上就走吗，还是在班里坐着等同学问问题直到下节课开始？

答：一般下课就走，如果同学有了问题一打下课铃就会喊住老师，或者如果老师走了的话就去老师办公室。

问：老师会不会说周末我有时间，到我家补补课？

答：不会。

问：你觉得你妈妈作为一名老师，对你的学习有帮助吗？会帮你补习吗？

答：一般我问的时候她会说吧。

问：你妈妈教什么科目？

答：英语。

问：母亲对你的学业照顾要多一些，那父亲回来后会跟你交流吗？还是累得就想睡觉了。

答：也会交流。

问：你接触电脑多吗？家里让你玩电脑吗？能上网吗？

答：家里能上网。我自己要玩的话可以玩。但是一般我自己不玩。

问：你一般用电脑来做什么呢？

答：一般是聊 QQ，不玩游戏，或者查一些东西。

问：回家之后不玩电脑，是因为你自己不想玩，还是父母不允许你玩呢？

答：不想玩。

问：你有手机吗？平时玩手机吗？

答：有。偶尔玩吧。

问：大家什么时候开始拿手机的？

答：大概初中的时候。我是最早的，大概我七岁的时候我妈妈送给我一个手机。因为当时我每个周末要去学古筝，所以要打电话给妈妈报平安。

问：那你们班现在大概多少人有手机呢？

答：应该每个人都有。

问：那学校管你们的手机吗？

答：学校不准带。学校是学习的地方，老师会收缴，所以不敢带。

问：你转学来这里之前，在哪个学校呢？

答：郴州苏仙中学。

问：那为什么你会搬过来呢？是因为家搬来了吗？

答：不是，我在那寄宿的。

问：那是因为离家距离远的原因吗？

答：不是。我去那的时候大概是 1 米 47，我回来的时候还是 1 米 47。妈妈怕我长不高。

问：哦，是妈妈担心你营养跟不上，父母希望你就近上学能照顾你，是吗？

答：是的。

问：那转学之前你在这里读过吗？

答：小学，小学我是在这读的。

问：那就是说，你在这读小学，然后初一时去了苏仙中学，初二又转学回来了，是吗？

答：是的。

问：你比较两边的中学，你更喜欢哪边呢？

答：苏仙中学。

问：为什么呢？

答：因为郴州比兴宁要大嘛，然后周末的时候玩的地方会比较多。

问：那时寄宿你周末不回家吗？

答：两个星期回家一次，每个星期会放半天假，可以出去玩一下。

问：那从学习条件上比，你觉得怎样呢？

答：我觉得还是郴州条件比较好。但是因为今年学校（兴宁中学）都装了白板，所以现在也还好啦。

问：也就是现在这边的条件跟上了，两边都一样啦？

答：是的。

问：那你觉得哪边的师资力量好呢？对两边的老师感觉怎么样？

答：郴州上课互动多一些。

问：你喜欢郴州那边的学校，因为周末能玩的多一些，喜欢那边的老师？

答：还有平常有社团活动，每个星期有次社团活动。

问：社团都有什么性质的呀？

答：什么都有，比这边多很多。有漫画社、文学社、书法社、英语口语社、电影社、编织社、手工社……还有一些。

问：那你后悔母亲让你回兴宁读书吗？有没有意见并向父母反映过？

答：还好吧。

问：那你母亲有没有对你转学回来表示后悔？

答：不会吧。因为至少回来后，我的身体状况要比以前好，在那特别容易生病。

问：那你现在班级有不少人寄宿，你觉得他们的生活会有困难吗？会不会像你在郴州苏仙中学读书的时候一样？

答：宿舍有区别吧。郴州的话，每个宿舍里面有一个洗脸台，两个卫生间，四个水龙头，还有可以自己上锁的铁柜。

问：那你觉得你在郴州上学不长个儿，真的是在那吃的不好、住的不好造成的吗？

答：呃，初一上学期是因为刚寄宿，当时才 11 岁，年纪太小，想家。想家就吃不下。之后还好吧。

问：那你回来后身高变化大吗？

答：从 1 米 46 到了 1 米 60。

（访谈者自语：初中是孩子长身体很关键的时期，到了高中就长得缓慢了，这几年是长得最快的。父母的考虑主要是从身体出发，只要求孩子健健康康的）

问：你在班里学习也名列前茅吧，你最喜欢哪一位老师呢？

答：英语老师。

问：怪不得老师让你当英语课代表。你觉得老师水平怎么样？跟你母亲比怎么样？比如你有什么问题问老师，她会解答吗？

答：差不多，老师水平还是可以的。她下课以后有时候会让我们听音乐，可以一起玩。以前我们班英语有很多不及格的，而且很多人都不交作业，换了老师之后，英语成绩就上升了一个档次，因为上课的时候同学特别注意听讲。

问：哦，老师有很大的人格魅力，那是因为老师人好？讲课讲得好？人长得漂亮？

答：都有。老师什么都能跟我们聊，有时候我们讲现在流行的明星之类的，她不知道的话就会上网去查，下次再问她的时候，她就能回答出来。

问：把你们的事当事来做？

答：嗯。

问：老师多大年龄了？

答：20多岁吧，27岁。短头发的，戴眼镜的，刚刚怀孕的。

访谈5
一位不愿离开家乡的留守儿童

受访人：TW
采访人：许国荣
记录人：许国荣
访谈时间：2013年11月19日
访谈地点：兴宁中学
受访人基本情况：TW，女，13岁，初二学生

访谈记录：

问：你家里有几个兄弟姐妹呢？

答：有个姐姐。

问：你寄宿吗？

答：嗯，寄宿。一周回家一次。

问：你家在哪个地方呢？每周回家要多久呢？

答：我家在何家山 。回家乘车半个多小时。每周五学校都会有一些车过来，但我一般去另外一个地方等车，因为我要买一些东西。

问：你买些什么东西呢？给家里买些东西，还是你自己逛街呢？

答：（不好意思地笑）我买吃的。

问：你父母现在在兴宁当地吗？

答：没有，他们都在外地打工。

问：那你周末回家的时候，谁照顾你呢？

答：我奶奶一个人。

问：那你想爸爸妈妈吗？

答：现在……没有很想。因为我小学五年级的时候他们就出去了。

问：你父母在哪个城市打工呢？

答：广东的东莞吧。

问：那他们多久回来一趟呢？

答：过年才会回来。有时候为了送我上学报到也会回来。

问：那你寒暑假在哪儿度过呢？

答：今年暑假是在广东跟父母一起，往常一般是在家。

问：那你喜欢去广东跟父母一起过寒暑假，还是喜欢在家跟奶奶一起过呢？

答：（犹豫着说）都一样吧。

问：你希望父母带着你去广东读书吗？

答：还是希望在自己家，在这里读。

问：你跟爸爸妈妈一直分离着很辛苦，那你会希望父母不打工回来陪你吗？

答：因为家里的条件没有很好，如果他们回来的话会很辛苦。每个周末他们都会打一次电话回家。

问：你平时会上网吗？会跟父母视频吗？

答：不上网。家里是有台电脑，但姐姐读大学要用，拿过去了。

问：姐姐跟你联系多吗？

答：姐姐大概每周会打一次电话。

问：假如平时生活上有困难，或者与同学有纠纷，你会跟谁倾诉呢？是告诉姐姐，还是父母或是老师呢？

答：我一般都不会跟同学发生纠纷，过得还可以。有了困惑我会和我的好朋友说。

问：你奶奶一个人照顾你有困难吗？

答：我爸妈每月拿了工资都会转一笔钱到账户上，让我们去取了花。

问：这钱是你去取还是奶奶去取呢？

答：如果真没钱的话是让我去取，因为奶奶不懂这些。

问：如果家里真没钱了，你一般去取多少钱呢？

答：这个……去取的话，我好像没有过。因为爸妈在家里的时候一般留下很多钱，给奶奶保管着。

问：那你爸妈每月给你零花钱吗？

答：没有。因为我有自己的私房钱。

问：那你的私房钱是怎么存出来的呢？

答：过年时候的红包钱，父母给的，还有亲戚给的。

问：那你一年能收多少红包钱呢？

答：五六百吧。

问：那你平时还会问父母要零花钱吗？

答：因为有钱，所以不会跟他们要。

问：那父母外出前是给奶奶留一部分钱，给你留一部分钱吗？

答：一般的话是把钱都给奶奶，我需要的话问奶奶拿。

问：你寄宿在学校，一日三餐都在学校吃吧，你觉得伙食条件好吗？能吃得饱吗？

答：吃得饱，但是还是家里的菜好吃一些。

问：那你觉得是菜做得味道不好，还是因为没有肉呢？

答：因为毕竟是这么多人一起吃，所以菜的味道也不会很好。

问：那你每周返校的时候，奶奶会做些菜让你带到学校来吗？

答：不会。

问：你现在初二，初三毕业后你有什么打算吗？有什么目标吗？

答：还是想去长沙的学校读高中，就是不知道能否考得上。

问：你在班级里当班干部吗？

答：纪律委员。

问：班级有多少同学呢？当纪律委员压力大吗？

答：61 人。因为班主任每周都会安排一个值周干部，所以一般都是他们管纪律，我比较轻松。

问：你从什么时候开始寄宿的呢？

答：从小学五年级开始。何家山有个村小，我小学在那读，每天上下学几分钟。后来因为学校说读中学会有些不安全，所以让我们住在学校。

问：你喜欢寄宿学校还是喜欢每天上下学回家呢？

答：还是觉得在自己家比较好。因为在学校没有电视看，而且饭菜也没有家里的好吃。

问：你父母有没有考虑带着你去广东读书呢？

答：因为有时候我会不听奶奶的话，所以他们有时候就叫我去他们那边读，不想让奶奶操心。

问：那你想跟着父母去那读书吗，还是想留在这里跟着奶奶？

答：如果我跟着爸爸妈妈去那读书的话，我奶奶就要去桂林跟我小姑一起住。但是我还是不想去爸妈那。因为去那读书的话可能会影响成绩，他们那里说的话跟我们这里不一样。

问：你奶奶有没有提过，觉得带着你很累呢？

答：有。

问：你奶奶多少岁了，身体还好吗？

答：72 了。身体还可以。

问：你在家的时候需要经常帮着奶奶做家务活吗？你会主动帮忙吗？

答：我平时很懒的，一般自己就在那看电视。

问：一般奶奶会要求你帮忙干活吗？

答：她一般都是自己去做的，不会让我去做。但是我想做的话，她也不会拦着我。

问：奶奶照顾你的这几年中，要是身体不舒服了怎么处理的呢？

答：家里备了药，如果她身体不舒服的话，有的时候她就一整天躺在床上，我就去做饭，顺便照顾奶奶。

问：奶奶在这单独照顾你的时候，你的亲戚会经常来看望你吗？

答：我的小姑在广西，离得很远。我的大姑就在这边，坐车一会儿就到，而且她买了个摩托车，所以经常去我家。

问：这边附近还有你的亲戚吗？你会经常去他们家吗？

答：大部分时间还是待在家里。亲戚也比较多，但我一般也不愿意去。

访谈6
一个"心里横"的贫困学生

受访人：HLH

采访人：高冬梅

记录人：许国荣

访谈时间：2013 年 11 月 19 日

访谈地点：兴宁中学

受访人基本情况：HLH，女，13 岁，初一学生，父母均为智力障碍者

访谈记录：

问：你家里有几个小孩？

答：就我一个孩子，我是奶奶养大的，奶奶 76 岁。

问：你家住在哪里？

答：住在山区，离学校半小时的路程，每周都回家。

问：你跟奶奶一起过，父母身体状况不是很好吗？

答：他们不能照顾我，从小我就和奶奶一起生活，他们什么都不懂。

问：哦，他们不和你住一起，那他们做饭生活等没有问题？

答：我姑妈的、伯伯的女儿有时候会去看他们，拿些菜什么的给他们。有时候我奶奶也会拿些菜去。

问：也就是说他们能够将将照顾自己，还需要别人帮忙。那你的生活来源是什么呢？

答：靠我的奶奶。有时候我自己在我们那边做垫子，放假的时候我

就会做。

问：做什么呢？

答：做那个垫子，一个是 6 分钱，我放假的时候就会去钩垫子，很小的，要拿着一个东西去钩。

问：6 分钱一个，那你一假期能挣多少钱呀？

答：上次是 600 多吧。

问：那你在这学校住宿要给学校交多少钱呢？

答：我一般都很少花钱，就吃饭吧。除了车费，大概我一个星期花 1 块钱。车费来去 4 块钱。

问：哦，车费来回 4 元钱，也不买零食。

答：很少买。一般都是买 1 元钱。

问：哦，每周 1 元钱的，那你 1 元钱都买什么呀？

答：那边有一些好吃的，我就买 1 元钱的。

问：在家里和奶奶相依为命，奶奶都这么大岁数了，她还可以做些什么呀？

答：她会去种菜。

问：然后她挑着去卖，是吗？

答：嗯。

问：你的理想是以后干嘛呢？

答：当一名老师。

问：你觉得你学习上努力了吗，状态怎么样？

答：不是非常好。

问：那是什么原因呀？以前你也是在这上学的吗？

答：不是。以前在何家山。

问：上小学的时候你们一个班有多少个同学呀？

答：34 人。

问：你现在在班里大体在什么状态？

答：小学的时候是在前三名之内吧。现在没以前那么好。

问：你每周回家之后也要帮奶奶干活，分担很多吧？是不是只能在学校学习呢？

答：也不是，在家也学习。有时候我晚上要学习到很迟才睡觉。

问：你的父母情况不同于其他小朋友的，你都要靠自己，以后还要考虑养奶奶，你的情况不同于其他小朋友，你心里是怎么想的呢？

答：我觉得不管父母多么有钱，长大了还是要靠自己，父母不可能养我一辈子。我觉得我还胜人一筹，因为我自己可以。

问：嗯，真的，姑娘，我觉得这样是最好的。父母给了我们生命，我们就要去感激他们，不管他们有多大能力来管我们。我就觉得人只要自己立志，只要努力学习了，不管以后当得了老师，还是当不了老师，都会对社会作出贡献。

答：嗯。

问：你觉得你们班的整体班风怎么样？

答：不是非常好。

问：那你觉得是跟什么有关呀？

答：有时候那些男生对女生不是很好，但是女生关系很好，像姐妹一样。

问：那真遇到问题时，他们是不是以集体为重呢？

答：嗯，有时候认真起来也是很团结。就像做操的时候，老师说要做得很好，到比赛之前我们都练得很少，但是比赛之前排练的时候大家都是很认真。这个很好。

问：你觉得学校的饭菜怎么样呢？

答：比家里好吃。

问：回家了是你给奶奶做饭吗？

答：不是，我还不会做饭。

问：你回去了，奶奶给你做什么吃呢？

答：做白菜、茄子之类的。

问：都是自己家种的吗？

答：我奶奶种的。

问：那奶奶给你做鱼什么的吗？

答：没有。

问：哦，没有鱼，那肉呢？

答：很少。要么我堂哥他们来看我们的时候，就买一点肉。我奶奶就会把它用油炸起来，每次吃一点，可以吃很久。

问：你每周的生活费是多少？

答：10元钱，来回车费是4元，我每周有时就花1元钱。

问：那你每周花1元钱，是奶奶每周给你多少钱，你存下来，还是你问奶奶要？奶奶是怎么给你钱的呢？

答：她第一个星期的时候会给我10元钱，然后我就会节约。

问：是不是花了5元，第二周就给你再补5元，保证你手里有10元钱？车费4元是固定的，1元钱是自己支配？

答：是的，我一般都很少花钱，花1元钱也是有时候看到别人吃东西，我很想吃了才会去买。一般我是很少去买的，因为我想节约钱。

问：你有伯伯，就是说你父亲还有哥哥弟弟是吗？

答：有三个哥哥，我爸爸是最小的，还有姐姐。

问：他们都是很健康的吧？

答：嗯。

问：他们对你的奶奶关心多吗？米面是靠奶奶种菜换来的钱买的，还是他们给的？他们给奶奶赡养费吗？

答：（摇头不语）

问：他们一分也不给奶奶？

答：嗯。

问：那为什么呢？奶奶问他们要过吗？

答：奶奶很爱他们。不怎么跟他们去要钱。

问：他们的家庭条件要好一些吗？

答：嗯，要好一些。而且我大伯伯、二伯伯他们在新区那边，很少过来看我奶奶。只有三伯伯住在我们附近有时候去看奶奶，但是也很少。

问：那你姑姑呢？

答：我姑姑现在不是很好。因为我姑姑和姑父之间有矛盾。我大姑姑离婚了。我小姑姑和姑父上次还吵了一架。

问：那她们对你和奶奶也没什么帮助，只有三伯伯来看望一下。

答：奶奶一般都是靠养老金。

问：每个月能有多少钱呢？

答：一个季度500元。

问：这个钱是存进存折里，还是奶奶要去村委会领钱？

答：有一个折子，定期往里打。

问：奶奶是不是基本把钱花你身上了？

答：嗯。奶奶很少买东西，都是节约给我用。都是奶奶管我，我爸他们什么也不知道。

问：确实你要理解他们，他们是疼爱你的，但是他们不知道怎么去疼你，他们做不到这一点。所以就像你说的，父母给了我们生命，就算其他的不去做，也要想着去照顾他们，才不会惭愧。

问：你最喜欢哪个老师？

答：我最喜欢我们的班主任数学老师。

问：男老师还是女老师？

答：男的。

问：为什么呢？

答：因为他……说严格也不严格，他是一个很负责任的人，而且对我们都很好。

问：你宿舍在几楼？你觉得这的住宿怎么样？

答：在二楼。还可以。

问：你们家有什么电器呀？

答：我们家有去年伯伯给我们的一个电视和风扇这些的。

问：电视是伯伯特意买给你们的，还是家里换了新的了？

答：他家里换了新的了，给我们的是老的。

问：你回家跟奶奶一起看会电视还是做些什么？

答：看电视？不会看。因为看电视要用电嘛，要用很多电，而且我和奶奶都很节约，不会看电视。

问：哦，不会看电视，反正就是保证你学习用灯。家里几点吃晚饭呢？

答：下午五点半的时候。如果我在学校，我奶奶她很早就吃晚饭，天还不怎么黑就睡觉，不会怎么用电。

问：你奶奶自己在家就吃自己种的菜，还养鸡什么的吗？

答：不养。我爸爸妈妈他们就会养。

问：他们能看好自己的那些东西，自己能够做到？

答：嗯，这些还是能的。

问：心里横，姑娘，我觉得你这点最可贵了，关键是你自己意志特别坚定，自己认定能做好，以后要更加努力学习，创造自己美好的未来。

访谈7
校长的"教师心灵建设工程"计划
与推广经验

受访人：王雄江
采访人：张福军
记录人：张福军
访谈时间：2013 年 11 月 19 日上午
访谈地点：白廊乡旧市学校（九年一贯制学校）会议室
受访人基本情况：王雄江，男，34 岁，汉族，旧市学校校长

访谈记录：

问：请给我们介绍下旧市学校教师心理健康的基本情况。

答：我校现有教职工 36 人，其中男教师 28 人，女教师 8 人。这是一支年轻、有活力的队伍，大部分教师正处于人生的黄金期，精力充沛，富有开拓、创新精神，但同时这也是一支肩负多重压力的队伍。他们正处于上有老、下有小的关键时期，承担着人到中年的重大责任，事业、家庭双重压力担负在肩，部分教师有压力过大、力不从心的感觉，心理处于亚健康状态。

问：旧市学校的"教师心灵建设工程"的基本目标是什么？

答：根据湖南省教育厅、郴州市教育局、资兴市教育局等上级有关文件精神，同时本着"以人为本"的精神，更好地建立学校与老师沟通的平台，营造和谐的教育氛围，我校在党支部的领导下，以行政、工会牵头，面向全体教师实施了"心灵建设工程"，并将这项工作落到实处。

问：旧市学校的"教师心灵建设工程"的工作步骤是什么？

答：针对目前学校教师的具体情况，也为了更好地了解、关心教师，增进交流，加强沟通，学校采取了具体可行的措施。

1. 成立领导机构，责任到人。为了加强"教师心灵建设工程"工作的领导，学校成立了"教师心灵建设工程"工作领导小组，以谢吉忠校长为组长，李春林、廖学林两位副校长及工会主席何世全为副组长，成立了工作领导小组办公室。

2. 广泛宣传，提高认识。在教职工大会上，学校校长谢吉忠在会上宣传了实施"教师心灵建设工程"的目的、意义，学校工会及时下发了工作方案，使每个教师都心中有数。

3. 制定方案，具体实施。为了更好地开展"教师心灵建设工程"活动，学校支部、行政、工会召开会议制定了"教师心灵建设工程"方案，确定工作责任，逐项落实。

问：旧市学校的"教师心灵建设工程"的具体措施有哪些？

答：1. 建立了走访谈心制度，做到"六必访"：教师有病必访，教师调动必访，教师遇灾必访，教师丧亲必访，教师犯错必访。

2. 召开了三次"教师心灵建设工程"民主座谈会，商讨学校发展、改革大计。参会人员具有代表性，有行政人员、教师代表、职工代表，与会代表畅所欲言，纷纷献计献策。

3. 开展行政人员、工会委员与教师心灵对话活动。每位行政人员、工会委员联系一位教师，进行走访谈话，并及时做好记录，本次活动总共走访谈心90人次，及时了解了教工的所思所想。

4. 建立心理咨询室信箱，对教师的心理咨询达20多次。

5. 加强心理疏导工作。对全体教师进行不记名心理健康状况问卷调查，选派一人参加心理咨询培训，培训次数1次，本期开展心理健康讲座3次，这些工作的开展，增进了领导与教师、教师与教师之间的交流和沟通。

6. 加强了工会活动室的建设，工会活动室装饰一新，设计了展板一块，多侧面展示工会活动剪影。

7. 加强了宣传力度。学校工会出宣传专刊1期，及时报道工作进展，10篇报道在资兴教育信息网发表。

8. 及时将资料归档。

9. 开展"合理化建议"评奖活动，共收到 16 条合理化建议。

10. 多渠道开展教工文体活动，让广大教职工在紧张的工作之余，放松精神，愉悦心情。

11. 及时总结经验教训，推介典型。

问：旧市学校的"教师心灵建设工程"的工作实效，您认为有哪些？

答：1. 通过"教师心灵建设工程"活动的开展，引导了教师面对困难或不理解的问题时进行合理思考，减少了他们的消极情绪，增强了抗挫折能力。

2. 改善了教师之间的关系，化解了矛盾与冲突，使教师能以积极的人生态度与他人和谐相处，扩大了心理交往空间。

3. 缓解教师的心理压力。帮助教师掌握沟通技巧，以坦诚、友好、信赖、尊重、同情与理解的态度对待家人，建立良好的家庭生活空间。

4. 加强领导与教师之间的沟通，调动了教职工参政议政的热情，改善了干群关系和党群关系，进一步加强了学校的民主建设，增强了教工群体的凝聚力和战斗力。

问：您作为一校之长，请问您推广"教师心灵建设工程"的经验体会是什么？

答：通过"心灵建设工程"这一活动的有效开展，有以下几点体会：

1. 领导要重视，认识要强化，措施要得力，上下拧成一股绳，才有合力。

2. 要敢为人先，创新才有活力。思路创新，手段务实，措施得力，落实到位，才能真正取得实效。

3. 广泛发动群众，全员参与，集中大家的智慧才能更好地推动活动向纵深发展。

4. 追求实效，不走过场。每次活动的步骤、内容均精心设计，既注重形式又追求实效。

5. 注重资料的积累、收集、归档，逐步形成一整套翔实、全面、可借鉴的资料。

问：您对自己学校教育的未来发展有哪些建议？

答：为提高教学质量，办人民满意的教育，让更多的优秀教师扎根偏远山区、库区，我认为有以下几点建议：

1. 改善农村教师的工作条件，重视农村教师的业余生活。一天 10 小时的工作，让老师们疲惫不堪，工作之余宅在家里，工作中的烦闷，不向同事吐露，不与外人交流，长此以往思想封闭、心情郁闷，会造成教师心理的不健康。希望有好的环境、条件能开展业余活动，如添置健身器材、卡拉 OK 厅等。

2. 提高教师待遇。农村待遇不提高，农村留不住人才，留不住好老师，城乡的教育资源差距将无法缩小，农村学校会进一步萎缩。城市太挤、农村太弱的问题将不能从根本上解决。

3. 关心师生生活。孤处一岛，由于干旱少雨缺水，岛上生活资源贫乏，生活简陋，伙食单一；长期缺水，给师生生活造成很大不便，亟待解决。

访谈 8
一位普通乡村教师的苦与乐

受访人： HND
采访人： 张福军
记录人： 张福军
访谈时间： 2013 年 11 月 19 日 16：00
访谈地点： 兴宁中学会议室
受访人基本情况： HND，男，42 岁，汉族，教师

访谈记录：

一　憨厚实诚的老师

HND 皮肤黑黝黝的，憨厚实诚，脸上布满了被岁月侵蚀的痕迹；他个头不低，一米七五左右，少言寡语，但是一谈到他喜欢的专业，滔滔不绝，他爱自己的专业。HND 老师于 1996 年从一所师专毕业到现在这所中学，一干就是十六年，中间停薪留职去广东打工，干了两年，由于要照顾年老体迈的父母，又重新回到了学校，并在此期间自考了化学

专业的本科。

二　老师的苦

在老师不多的言辞中，可以看出他的困惑与无奈。

一是社会地位比较低。整天面对的就是学生，社会关系网比较简单，办点事情比较费劲，现在都向往公务员，风光体面，相比较来说，老师得到的社会尊重不及公务员。

二是职业发展上升渠道不畅。在学校里面，校领导都是从年轻人逐渐培养起来的，从教研组长到年级组长，然后到办公室主任或者其他部门当主任，然后再提拔为副校长。像他这个年纪的，年轻时候没提拔起来，现在基本没希望了，只能一辈子做个普通老师。在这种情况下，像他这样的老师普遍存在职业困惑，找不到个人发展方向。

三是职称晋升困难，像 HND 老师这样有 18 年工龄的，职称还是"中二"，是本科从教的最低标准。硬性条件都符合，发表过论文，计算机等级证书也考了，但学校"中一"职称都有固定的名额，还有一些从外校调过来的年轻教师，职称是"中一"，由于没有名额，只有排队，所以学校的"中一"已经超编。学校里面这样的老师很多，工作十几年的教师难以获得参评中级及以上职称的资格，导致中青年教师心理落差很大。

四是待遇水平较低，仅仅够自己消费。兴宁镇作为资兴市的老县城，消费不低，加上交通、通信等生活成本较高，基本不能给家里供钱。老师收入普遍不高，HND 老师的工资每月两千元多一点点，这就直接导致学校的老师择偶难，成家都比较晚，一般在三十岁左右才成家，所以老师们对提高待遇的要求比较强烈。

五是长期两地分居。HND 老师的家在资兴市新区，平时课时多，到周末才能回家一趟，儿子基本上都是爱人照顾，自己没尽到做父亲的责任。现在学校管理上还算人性化，对两地分居的老师，星期天的晚上不用来学校，周一一大早坐四十分钟的车来学校上课就可以了。陈老师也多次报考市区的老师，在最近一次的考试中，由于只招收一名老师，自己在 100 分的试卷中考了 98.5 分，但第一名考了 99.5 分，所以落选了。

三　老师的乐

一是热爱自己的专业。谈及化学，HND 老师侃侃而谈，恍如变成了另外的一个人。他最津津乐道的是自己培养的学生，有不少获得全国竞赛的大奖，自己苦点累点倒无所谓，心爱的弟子取得好成绩，才是自己最大的回报。由于热爱化学，HND 老师一边授课，一边考取了自考本科，不断提高自己。

二是多次组织同年级教师的活动，为老师减压。作为学校教师工会的成员，HND 老师经常向学校申请一些经费，在重大节假日的时候，组织本年级教师开展一些活动。他说，他们比较喜欢去 KTV 唱歌，包一个场子，去几十个老师，一起唱歌，大家忘记了教学中的压力，一起享受快乐。

三是幸福的家庭。老师的爱人自己做生意，生意做得风生水起，是家里最大的经济来源，尽管他直到周末才能回家，但妻子始终支持他的选择，而且还要兼顾照看儿子和指导儿子的学习，今年孩子都读高中了，学习成绩一直非常好，老师几乎没有费心过。

HND 老师是我国千千万万乡镇中学教师的缩影，热爱讲台，热爱学生，对未来充满希望，可面对现实又有很多无奈。

访谈 9
追梦的乡村女教师

受访人：HNE

采访人：张福军

记录人：张福军

访谈时间：2013 年 11 月 19 日下午

访谈地点：兴宁中学会议室

受访人基本情况：HNE，女，28 岁，汉族，教师

访谈记录：

HNE 老师出生在郴州市区，有良好的家庭教育环境，穿着时尚前

卫，喜欢旅游。她的授课方式多种多样，活泼风趣，深得学生们喜爱。在私下访谈中，她也是对一些现实问题直言不讳，快人快语，还不时流露出对现状的无奈。

梦想之一：不愿做乡村教师，想早点回到爸妈身边尽孝。

在访谈中，当问及她过去的经历时，她说她以前在波水乡工作了三年，然后考到现在的兴宁中学任教，在这所学校也工作了三年，当问及她在波水乡的工作状况时，她突然大声说，"我不想当老师，当初的选择是无奈之举，但是干一行爱一行，既然当老师，我还是干好自己的本职工作，尽管我也多次参加在郴州市举行的考试，但都无功而返"。她很无奈地摇摇头，"在波水乡工作是我们本地的政策，必须在偏远地区工作三年，才有机会考取市区近郊的地方，然后才有机会去市区工作，但是名额有限，大家都在挤独木桥，往往录用一门课程的授课老师才有一个名额"。接着，当她被问及难道不留恋波水乡生活的三年吗？她眼睛湿润了，眼圈发红，哽咽着说，"我舍不得那群孩子，因为那里太需要我们这类老师了，能从外面带去一些新的信息及教学方法和内容，这样可以让他们快乐地成长，不会过多地输在起跑线上，不过我带的班级孩子们已经毕业了"。对于这位家庭环境较好的城市女孩，到农村中学任教，整天面对一群未成年的孩子，那种不适应可想而知。而她在波水乡工作的三年，一直担任班主任，由于学校建在水库边上，她肩负的职责之一就是保护孩子们的安全，为了防止学生下水游泳，哪怕是下午五六点钟的课余时间，她也会把学生喊进教室上自习。从她的谈话中可以感觉到，她之所以不愿做乡村教师，不是因为她不喜欢这个职业，主要是自己是独生女，父母年纪越来越大了，想早点回父母身边尽孝。

梦想之二：早点成家，了却爸妈的心愿。

当问及年龄时，HNE 老师说自己 28 岁了，一直没有合适的对象，她分析原因，一是自己的工作不太稳定，总是换来换去的，没有一个固定的地方；二是机会不太多，自己的交往面比较窄，没有过多的渠道寻找朋友；三是学校的待遇不太好，找个好点的，别人看不上自己，条件稍微差点的，自己也不想将就。她说，爸妈总是在催，自己现在也很想早点成家，了却他们的心愿。

梦想之三：如果有部门资助，让我读硕士多好。

王老师是本科毕业后到波水乡任教的，从那时起，她就想读个在职硕士，提高自己的学历，但是学费一般得两三万块钱，自己不想再从爸妈那里要钱，学校的收入也只够生活，所以一直很苦恼。她说，"如果有部门资助，让我读硕士多好"。

访谈 10
五个乡村孩子的上进梦

受访人：兴宁小学的五个初中生

采访人：徐攀、张丽丽

记录人：徐攀、张丽丽

访谈时间：2013 年 11 月 19 日下午

访谈地点：兴宁中学会议室

受访人基本情况：3 个男生，两个女生；1 个初三学生，两个初二学生，两个初一学生

说明：以下回答是对当时 5 个学生答案的汇总。访谈是针对 5 个学生同时进行的，哪一位想说就可以直接说出自己的想法。

访谈记录：

问：大家来说下现在都有几门课程？有没有学业比较重的感觉？

答：初中一年级有七门课程，初中二年级有八门课程，比一年级多了一门物理，初中三年级有七门课程。这些课程是指主课，没有附加音体美等课程。均没有学习任务较重，或者感觉课程较多的情况。

问：你们的老师是否有跨年级上课的情况？有没有老师会同时教两门不同的课程？

答：五个学生的答案比较统一，都说没有。

问：你们最喜欢哪门课？最讨厌哪门课？为什么呢？

答：5 个学生的答案略有不同，喜欢的课分别是英语、化学、语

文、数学、政治，但是喜欢这门课的主要原因有点类似，基本都是因为兴趣，有的是老师的上课方式有趣，有的是课程本身的趣味性所致。最讨厌的课程有4个学生说是政治课，因为要背的东西特别多（我理解，可能是因为很难和实际相联系，找不到学习政治课的意义所在）。

问：你们最喜欢哪种教学方式？老师会经常要求对他自己的上课方式提建议吗？

答：最喜欢比较灵活，比较能突出自己主动性的上课方式，不喜欢一直只被老师灌输知识的方法。老师会要求学生在作业本中放纸条，纸条上写对上课方式的建议。

问：你们平时的作业多吗，需要多长时间做完？平时有文体活动时间吗？

答：平时的作业不多，通常半小时就能完成，最多的时候也就一个小时能完成作业。平常有两个小时的文体活动时间，文体活动时间是自己支配，但是5个学生中，只有一个会选择跟朋友打篮球，其他4个都会选择做作业或者看书。中午休息的时间也会选择做作业，因为周围的同学都在做作业，自己如果休息或者做其他的事情，会感觉压力很大。

问：老师上课会对学习成绩不好的同学多些照顾吗？

答：老师上课提问，有时候会问谁会，然后让会的来回答问题，有时候点名会专门点注意力不集中的同学。不太在意学生的学习成绩。

问：你们觉得你们现在的住宿条件怎样？

答：还行。男生每个宿舍有17个床位，存在两人一床的现象，但是不多。女生宿舍有15个床位，也有两人一床的现象，同样也不多。宿舍是没有风扇的，小姑娘说"心静自然凉"，没有跟学校反映过。洗澡需要排队。每层大概八九个水龙头，排队现象不太严重。夜晚上厕所比较方便，厕所、楼道有灯。男女都有宿管老师。班主任每晚查房，楼门会锁。有同学生病会找值班老师，送诊所。在老校区初一时，做过逃生训练，学过使用灭火器，同学们觉得这些都是有必要的。教学楼护栏较高，不容易出现问题。教学楼出口在学生起床时就开门。

问：你们觉得学校食堂饭菜情况怎样？

答：每顿饭两个菜，一荤一素，饭是随便吃。可以吃饱，和家里有差距。吃饭排队时间不长。吃饭费用，不知道多少钱，家长没说过贵。

中午一顿饭大概三块钱。没有出现过食物中毒或者类似的现象。

问：班内有没有不好管的学生，班主任会怎样处理？

答：班内有调皮或者难管理的孩子，老师会找他谈话，但没有罚站或者当面训斥的现象。

问：生活中遇到的最大的烦恼是什么？

答：生活中最大的烦恼，有的学生说是被吵，尤其是自己做作业的时候；大部分学生都说是成绩问题。

问：日常生活中遇到困难的时候会选择跟谁诉说？

答：5个学生的答案都是统一的，跟自己的朋友倾诉。很少有向父母求助的，因为父母更多的是关心自己的学习成绩。

问：你们的理想是什么？

答：5个学生的答案各有不同。（1）喜欢做老师，想要更多的时间待在学校。（2）考重点高中，想做公安。感觉竞争压力比较大，成绩中上。（3）老师。当老师可以教学生嘛，跟学生相处较好。（4）先考一所好高中。对自己未来没有信心，感觉自己很多方面不如别人，比如成绩。有些体育项目比别人强。（5）不知道。

问：每周都有体育锻炼时间吗？

答：初三学生每天的体育锻炼不到一小时，课间操加每周两节体育课。

课间操加文体活动的篮球运动。每个年级都有两节体育课，除了阴雨天气。体育课形式：讲一些运动技巧，然后自由活动。

访谈 11
一个普通教师的非凡坚守

受访人：HNF

采访人：张丽丽

记录人：张丽丽

访谈时间：2013 年 11 月 19 日上午

访谈地点：白廊乡旧市学校政务处

受访人基本情况：HNF，女，23 岁，湖南娄底人，语文教师

访谈背景： 11 月 19 日上午在校长介绍完学校基本情况后，我无意听到 HNF 老师在讲《紫藤萝瀑布》这篇课文，首先，老师认真指导学生怎么样概括宗旨，将这篇文章的宗旨概括为"生命的永恒"。其次，将该文结构总结为三个美。一是结构美，二是语言美，三是情感美。其中穿插讲解了详写、略写，比喻、拟人，反复与排比的区别，托物言志的描写方法。最后，将"生命的永恒"这一主旨与《钢铁是怎样炼成的》提到的，"人最宝贵的东西是生命，生命属于人只有一次。人的一生应该是这样度过的：当他回首往事的时候，他不会因为虚度年华而悔恨，也不会因为碌碌无为而羞耻……"这一段话对生命的诠释相结合，教育学生不要虚度光阴，要记得虽然生命的长度不能延伸，但是生命的宽度和深度是可以得到拓展的。这一堂语文课，老师与学生互动较为频繁，老师鼓励学生说出自己的想法，学生也积极地参与其中，教学效果很不错。我决定如果这位老师有时间的话，要跟她聊聊。

访谈记录：

问：请问老师什么时候来到这所学校的呢？

答：我是去年 9 月来到旧市学校的，因为我考了特岗教师。

问：那您原来是学什么专业的呢？

答：我是学新闻传播的，读书时还曾经在湖南电视台等地方实习，做过记者。

问：那您为什么又选择教师这个职位呢？

答：无意吧。只是无意中就考了特岗教师，就来了。

问：我看您讲课方法很特别，循循善诱，您是怎样想到这种教学方法的呢？

答：自己琢磨吧。总不能自己讲了一堆，学生一点儿都不愿意听，我讲了白讲，让自己也很没有成就感。于是就想有什么办法能让学生听起来有意思呢，多想想，就自然而然了。

问：现在学校有多媒体教室吗？

答：有。虽然我们学校比较偏，但是这两年硬件也开始加强，去年建起了多媒体教室，不过只有一个屋子。我们有时候想用这个多媒体教室都得排队。

问：你们桌上的这笔记本是学校给配的？上网挺方便吧？

答：怎么可能，学校没那么多钱，这都是我们自己的。我们平常需要上网查一下有哪些资料可以用，所以电脑还是必需的。上网是比较方便的，这个都是学校给提供的。

问：刚听校长说每年都有一段时间会缺水，是真的吗？

答：当然是真的，校长不会骗人。我们这个地方因为会缺水，为了保证学生和老师用水，我们在缺水的时候都会去山上打水，然后从山上搞一堆水放在库里备用，条件还是很艰苦的。

问：条件这么艰苦，有没有想过往外考？

答：我刚来一年，特岗教师必须要工作满三年，所以三年以后再告诉你吧。

问：你觉得在这里工作，最大的困难是什么呢？

答：两个，一是交通特别不方便，每次去新城那边，都要先坐船，每天有两条线路三班船，所以早晨坐船去新城买东西，当天回不来，只能第二天回，很不方便。二是工资低，我现在的工资都不如外面打工的人工资高。

问：校长和你们的关系怎么样？

答：我们校长和我们的关系特别好，没有那种上下级的感觉，都比较随意，有什么想法都可以和他直接说，我们也可以和他开玩笑，感觉很融洽。

问：你们平常节假日或者休息日有没有什么活动？

答：偶尔会有唱歌之类的活动，活动不太多。

问：您是班主任吗？班主任会比普通老师工作重多少？

答：我是班主任，班主任的任务特别重。不管什么时候都要负责学生的安全，住宿生的日常生活。我们晚上经常12点才下班睡觉，周末也有各种事情，很琐碎。

访谈 12
6个贫困少年映射的坚强

受访人：兴宁中学的6名初中生

采访人：彭成义、胡小路、杨成、张丽丽

记录人：张丽丽

访谈时间：2013 年 11 月 20 日下午

访谈地点：兴宁中学会议室

访谈人情况：在兴宁中学校方给出的贫困学生名单中，我们抽取了这 6 名学生，有 5 名女生 1 名男生

访谈记录：

"从来不买零食"，这几个学生异口同声地说。"我跟奶奶一起生活，每周奶奶给我 10 元钱，我有时候能花完，有时候花不完，花完的时候可能就是我嘴太馋了"，一个长相略微偏胖的小女孩说。

要开开心心。当我们问这几个孩子，你们的父母最希望你们做成的事情是什么时，几个孩子都说，应该是有好的学习成绩吧。有一个把辫子扎得特别高的女孩说，我妈妈最希望我能开开心心，每天都好好的，就够了。

问：你是走读生？

答：是的，妈妈在这里租房子给我做饭。爸爸和姐姐都在外面打工，因为我身体不好。

问：你身体哪里不好，是生过很重的病吗？

答：嗯，我 9 岁那一年突然晕倒，然后去了医院，医生说要好好检查身体，然后发现血液的很多指标都特别低，怀疑是白血病，后来去西安待了一年，身体恢复得好些，就回来了。那一年花光了家里所有的积蓄，还欠债十几万，姐姐就不读书去打工了。

问：现在还需要去医院吗？

答：每周都要去医院，有时候要大查，有时候简单地检查。每次都花很多钱，我从来不跟妈妈要零花钱。

问：有没有受到过什么资助？

答：嗯，有，但是特别少，今年有个圆梦基金曾经给过两千多块钱。

问：你的理想是什么？

答：我想做老师，因为我觉得在学校的生活是最快乐的，我也只想

开开心心的。

跟奶奶生活。"我有一个同母异父大概五六岁的弟弟"，孤儿 T 在不知道自己的爸爸是长什么样的时候爸爸就去世了，9 岁时妈妈也去世了。她只知道自己喜欢上学，爷爷奶奶很辛苦，叔叔阿姨对自己特别好，能供自己读书。她的眼神很坚定，很渴望走到外面的世界。

6 个孩子各有自己的不幸，但他们眼睛中对幸福人生的渴望，让我们难忘。

调研日记

2013 年 11 月 17 日　星期日　晴

陈时龙

　　上午八点从北京西站出发，坐高铁 G71 到郴州西。教育局的邹新华科长带人在车站迎接。坐车大约一个小时，到达资兴宾馆。六点，在资兴宾馆三楼用餐。资兴市李副市长，教育局陈局长、陈副局长等人一同参加。晚餐后，调研组在 408 开会，讨论分工。调研报告由李海瑞起草，陈时龙负责修改。简报完成 4 篇，社科院及教育部各两篇，教育部那边由宋朝远及徐攀共完成两篇，张福军、许国荣、彭成义与张丽丽共完成两篇。调研组在采访时分为 5 个小组。第一小组：李海瑞、胡小路、张福军；第二小组：彭成义、高颉、高靓；第三组：高冬梅、宋长远、许国荣；第四组：徐攀、刘晓楠、陈时龙；第五组：陆馨逸、杨成、张丽丽。访谈因为社科院这方面要求每人写 3—4 篇访谈，而教育部方面却认为每组只需要 3—4 篇访谈，所以我们的工作量比他们要大。按计划，明天上午听教育局介绍情况，下午到兴宁镇。席间李副市长还谈到，资兴市区有两个街道一个镇，地域狭长，所以坐车来时会感觉市区很大。县城之所以要从兴宁镇搬到新区，是因为兴宁镇的地形是一个小盆地，没有拓展空间。

许国荣

　　调研组乘早上八点的高铁 G71 前往湖南。经过 8 个多小时，我们于下午四点多抵达郴州西火车站。当地接待人员将我们带上车，经过一个多小时，我们来到了资兴宾馆。晚上六点，资兴市人民政府副市长，资兴市教育局党组书记、局长以及副局长接待我们一行。晚上八点十分，小组 15 位同志共同召开了小组会议，大家都做了详细的自我介绍，以加深认识，会议还对调研期间的任务做了分工：社科院李海瑞和社科院陈时龙两位同志共同完成总报告；社科院和教育部的同志各负责两篇简报；5 位社科院同志、10 位教育部同志以 3 人 1 组分成 5 个小组负责 5 篇访谈，其中社科院主笔 3 篇，教育部主笔两篇。但教育部与社科院同志关于访谈的认识有分歧，教育部的同志认为小组共完成 5 篇访谈，他们的任务是按要求完成两篇即可，所以教育部同志负责主笔两篇。而根据陈时龙组长的安排，社科院布置的任务是每人 3—4 篇访谈。社科院和教育部布置的任务量不一样，社科院同志的任务要重。根据任务安排，我和马福军负责周三 11 月 20 日的简报；我与高冬梅、宋长远三人一组调研访谈，访谈记录由我主笔。

2013 年 11 月 18 日　星期一　晴

陈时龙

上午九点，在教育局的六楼会议室听教育局的领导介绍资兴市教育的大体情况，副市长李建宏出席。

李副市长说资兴的教育工作近些年有长足的进步，教育工作的基础比较好，而历届市委、市政府对教育也高度重视。主要体现在三个方面，一是基础设施建设与办学条件得到了改善，二是教师队伍建设力度加大了，三是职业培训有特色，即贯彻了"一户一产业工人"的政策。当然，全县 37 万人口，占地 2740 平方千米，东江湖库区与山区的教育就不是很完备。

教育局陈仕平局长对资兴教育的具体情况作了介绍。他说全县有110 所学校（成建制的学校 51 所），学生数量在 3 万人以上。最近几年做的工作包括：第一，狠抓"普九"工作的巩固，确保所有孩子都有学上，不因灾因贫困而辍学；第二，政府加大了教育设施的投入。最近一段时间是资兴县校舍的一个新的建设周期，加上教育主管部门又接管了之前所有的厂矿子弟学校（13 所），更加大了教育基础设施建设的力度，结合"湖南省合格学校建设"，使成建制的 51 所学校都达到合格验收标准。第三，在教师中实行"心灵建设工程"，提出要让教育管理者进入教师的心灵——"让教育者受到教育，让启发者得到启发"。第四，注重城区学校扩容提升，在城区新增了 6000 个学位，缓解了城区教育资源拥挤的现状，但农村"太空"的问题仍然没有解决。第五，在教育信息化方面投入了 2000 多万元，多媒体教学设备安装到位，适度缩小了农村学校教师配备不足的问题。第六，近年来招聘了 500 名教师，克服了师资力量青黄不接的问题。陈局长也谈了一些他在基层教育方面的困惑：第一，怎么进行素质教育，国家对此没有很具体的指导意见，使得基层教育一方面在轰轰烈烈搞课改，另一方面却又是在真真实实抓考试。第二，义务教育没有明确家长的责任，过度强调学校教育，而缺失了家庭教育，更没有所谓的社会教育。第三，城镇化的推进导致现阶段学生的无序流动，教育管理者很被动，有必要出台学生流动管理的政策。第四，教育改革不停在做，而今天农村孩子进本科进名校的却越来越少，这是中国教育的悲哀。第五，教师职称的评定与管理，是否还有空间？第六，教辅资料与作业本，要不要统一购买？第七，学前教育的师资编制与投入，怎么解决？

市一中樊校长与兴宁中学袁校长、兴宁完小李校长都简单介绍了自己学校的情况。市一中是个普通高中，在生源上无法与市立中学竞争，所以走了两条路，一是特长教育，一是职业教育。兴宁中学是个初级中学，规模大，学生有1003名，寄宿生570多人。兴宁完小除了完小之外，还有一个分校与教学点，教学点有两名老师，9名学生。校长们普遍反映，之前一直在抓教育安全，最近觉得也应该强调教育质量。

教育工会原主席蔡春生谈了资兴市的"教师心灵建设工程"的由来与操作办法。他从教育局办公室到工会工作后，承担了了解农村教师心理状况的任务。有个老师在调查中写道，自己最大的愿望就是能够天天抱着老婆睡觉。这个老师在库区最偏远的一个学校，从城里到学校要5个小时，而他的爱人在县的北面，两人见一面要花80多元的路费。之后，教育管理者认为，要让教师感到被关注。长期的被遗忘，容易产生心灵上的倦怠，慢慢地就混日子了。农村"教师心灵建设工程"的做法，首先是心灵上关注，要求教育局干部下乡时，要到最偏远的地方去，要做到六必访，也就是丧事、喜事、生病、调动等事项都必访，而且开通了咨询电话，允许农村老师打电话进来聊天，说说话。其次，每个学校培养一名心理辅导教师。再次，在考核制度上，向农村老师倾斜，让农村老师得到他应该得到的东西。将全县偏远的地区分为三类，一类每月补助150元，二类补100元，三类补50元。城里老师不支教不给职称，而农村老师可以优先评职称，拉近城乡教师的差别，同时要放大农村教师的荣誉感。在农村学校建设一些娱乐与煅炼的场所，让他们不寂寞。对城区里的老师，提倡"魅力教师"，强调教师心灵美，鼓励教师的创新能力。陈局长的一些问题，我感觉是对我们这一次调研的考试，他和我们都希望能有答案。整个会议中比较让人眼亮的是几个词：心灵建设，教师。其实，教师确实是教育的根本。

下午一点半从宾馆出来，坐车四十分钟到兴宁镇。镇上有不少的酒店，名字都很大。我们下榻的酒店就叫金都大酒店，其实就是一个小的家庭旅馆。一至二层可以吃饭，三至五层可以住宿。附近有不少货车停着，才想起李市长说这里其实是资兴的农产品集散地。酒店很多，大概与这一点是相关的。三点到兴宁中学。正门在省道边上，我们从后门进入。后门还没有完全修好，往里的操场也还在建设中。跑道是煤渣铺的，乒乓球案子有四张，水泥台面。迎面是教学大楼，蓝色的玻璃墙面，很耀眼。袁振杰校长自豪地说这是附近的地标性建筑。教学楼后是学生的宿舍。我们进入宿舍看了看，每屋放 6 张铁架子床，上下铺，可以住 12 个孩子。毛巾与桶整齐摆放，近窗户处放着十几个暖水瓶，是用来打开水的。校长说男女宿舍总共住了 570 名学生。食堂只有桌子，没有座椅，孩子们要站着吃饭。没有单独的教师食堂，校长跟学生们吃的是一样的饭菜。这一点很让人感动。寄宿学生每月交给学校的伙食费是 198 元。贫困生每个学期可以补助 698 元。在寄宿生中，贫困生比例据说达到了 30%。宿舍后面是办公楼与实验楼。实验楼内有图书室。我们到图书室看了一眼，书比较杂，多是旧书。《马克思恩格斯全集》也有。从封面上看，也是从图书馆中剔出的旧书。校长说配置站每隔一段时间会让学校去领一批书。教育部的同志说，按规定每年必须有 40% 的更新率。有一间屋，专门陈列学生们的工艺品。胡小路拍了一张小工艺品，一个小人，肚子上写着"少壮不努力，老大徒伤悲"。参观完校园之后，进入会议室听袁校长介绍情况。袁校长还为我们专门备了一些跟兴宁镇教育相关的资料。校长谈话，主要还是集中在校长在教育管理上的难处，依然提到职称的问题。接下来讨论听课的事情，初步定好明天上午到学校听课，想听语文、数学、物理、化学、历史课的都有。五点，会议结束。一路出校门，迎面走来的学生或从后面快步走过的学生都会很主动地说声老师好，这让我们很暖心。晚饭后，与袁校长在房间里坐了一会儿，高老师也上来了，谈接下来在兴宁中学的事情，行程稍稍有点改变，明天先去附近的一个"心灵建设"示范学校，又准备在周三下午做一个"陪孩子们上一堂自习课"的活动，即五人一组，分别下到班级里去，跟孩子们聊天，谈心。我们也在各自琢磨这堂课该如何上。袁校长走后，调研组开会，讨论今天的收获，又布置明天的任务。我让大家注意一下陈局长谈的一些问题，在汇报会上可以适当谈一谈。高老师具体布置明天的任务。

许国荣

早上八点用过早餐之后，我们就步行前往资兴市教育局。李副市长对资兴市教育情况做了初步的介绍。教育局陈局长做了具体的汇报，并提出了自己的想法和发现的问题。如义务教育没有强调和明确家长的职责，学生的无序流动使得教育管理跟不上，教育工作很被动，全国都反对补课但谁都阻止不了。一线城市敢补课，基层不敢补。现在城乡教育竞争激烈，不如明确什么年级的能补课，什么年级的不能补。还有职称问题，中小学校教师职称不高且指标少，老师的积极性严重受打击。关于学前教育，中国没有对幼儿教育的统一规定，无编制无经费。督导室副主任蔡春生介绍了资兴教育系统开展"教师心灵建设工程"的情况，其中他介绍的一个事例令人很受感动：一个坚守在孤岛的老师最大的愿望就是天天抱着老婆睡觉，因为他所在的学校在库区最偏远的地方，夫妻见一面要通过走山路、坐摆渡船，再坐汽车花费 100 多元，相当于去武汉那么远，路上两天时间都不够。"教师心灵建设工程"就是为了关心关注农村教师。蔡督学还谈了一些体会：农村教师需要被关注；教师是教育发展最重要的因素；关注教师的同时政府也可以得到启示。之后几个将接待调研组的学校的校长分别对学校情况做了初步介绍。

下午我们坐车去了兴宁中学。袁校长向我们介绍了学校的具体情况。兴宁中学是四个乡镇合并后共有的一个中学，有在读学生一千多人，其中寄宿学生五百多人。寄宿学生每周五下午放学回家，周日下午回学校。其中部分学生需要先乘车行 6 千米山路到码头，再乘船横渡东江湖，然后走山路回家。留守儿童人数大约占在校学生人数的 1/10。我们向兴宁中学袁校长提出第二天上午随机跟随学生一起上课，但袁校长还是希望我们将想听的课告诉他，他来协助安排。晚上我们留宿在兴宁镇的小旅店，遇上了一年没几次的停水事件，同时得知第二天停电一整天。晚上例行会议决定调研组 15 人分成 3 个小组思考如何给兴宁中学 3 个班级开主题班会。

2013 年 11 月 19 日　星期二　晴

陈时龙

早晨仍然没有水。电在昨夜便停了，空调有三个房间是坏的，好的也因停电停了。天气十分冷，被褥又薄，高老师感冒了，另外两位女同志也有感冒的倾向。另外，兴宁镇今天全天停电。几人商量准备晚上回到资兴去住。与邹科长讨论，没有结果。上午，到白廊学校。学校从幼儿园到初三，分九个年级，教职工 31 人，义教 258 人，幼儿 28 人。白廊乡的何乡长陪我们到码头坐上船，三十分钟后到白廊乡的亳山村，即学校所在地。学校所在的地方是一个岛，严格说是一个半岛，除后山有一条机耕道外，没有太好的道路。学生的来往多是靠船，大概有五六条线路。校长的介绍也很坦率，说其中有 179 名学生经常要在周末乘船往返学校，因此交通安全的压力非常大。学校的首要任务是抓交通安全，做好三定（人、船、路线）一带（救生衣）两交接（老师与船长，船长与家长）。但他也表示，教育质量也是他考虑的重点。教育质量的衡量指标是每年毕业生中考取资兴市立高中的人数。2011 年，15 名初中毕业生中考取了 5 人；2012 年，24 名毕业生中考取了 8 人；2013 年，33 名毕业生中考取了 19 人。

听完介绍后，全组人员分头行动，随机听课和采访。在办公室里采访到一位新来的老师，与她聊了一个小时。她是特岗老师，规定服务的期限是三年。现在为止，她的情绪还是很好。她说，工作的条件尽管是有好坏之分的，但是，在现在的就业环境下，与其临渊羡鱼，不如退而结网，踏踏实实地做好本职工作。到七年级的一个班听课。课堂里学生不多，二十余人。历史课，讲《丝绸之路的开辟》。老师讲丝绸之路的商品贸易时，讲商品除了有丝绸之外，还有茶叶。老师有中西贸易方面的知识，但是中国人饮茶的风气是从唐代开始的。所以，汉代丝绸之路的贸易商品中有茶叶，自然错了。佛教传入中国，说是唐三藏的功绩，也不着边际。我在晚上的总结会上说，以前人们常说历史教育不要照本宣科，我想，照本宣科还是有好处的。与其动辄传授错误的知识，不如谨守教材，再讲究教法。回会议室，与王校长谈，问他有没有历史专业毕业的学生来这里任教的，回答说是没有。一周每个班两节历史课，多由其他老师兼课。临走之前，高老师让人购买了几百支圆珠笔和铅笔，送给了一个班的同学们，其他笔则由校长安排以后发下去。

下午，到兴宁中学访谈。前一天晚上分了 5 个组，两个组负责教师访谈，两个组负责学生访谈，一个组负责家长访谈。负责家长访谈的组在工会主席胡老师的办公室。家长是校方事先安排好的，多是优生家长，这是个问题。许国荣遇上一个很特殊的学生，父母都是智力障碍者，与 76 岁的奶奶一起生活，生活很艰辛。孩子的学习很好，现在上初一，五年级时一般都是班上前两名，而且很坚强，很懂事。晚上，高老师又专门谈了孩子的情况，学校也给这孩子免了学杂费及餐宿费。明天应该走访一下校园周边。晚上五点，在食堂吃学生餐，应该还是稍加改善了的大锅饭，比较可口。晚上，回资兴宾馆。开总结会，每个组汇报五分钟。张福军提出，每天的总结应该提出一些亮点。教育部的一位同志发现学生最讨厌政治课，学校两年没搞过逃生演练，学生的心理尚属健康，但他们时常感到"竞争太激烈"，又不想与家长与老师交流，因为他们最关心的是"成绩"。每年的体检是不存在的。张丽丽说，少年宫挂着牌，基本上是不用的，图书室也从不利用，乒乓球室负责的是一名化学老师，他说根本不可能有时间去管理。九点散会。教育局一位同志来，与高老师等一起讨论接下来几天的行程安排。

许国荣

半夜 12 点我们在兴宁镇所住的小旅店就停电了，停了一整夜的供水在早上 7 点才恢复。考虑兴宁镇停电一整天，我们又想了解库区的偏远小学，我们临时变更当天的行程，去往岛上的白廊乡旧市学校。经过 30 多分钟的汽车车程，又经过 40 多分钟的轮船摆渡，再爬了 300 级台阶，走了 10 分钟的上坡路程，我们来到了岛上的白廊乡旧市学校。王校长向我们介绍了学校的情况。学校中学和小学合一，还有幼儿园，主要接收附近的儿童就读。学校有 31 名教职工，28 名幼儿，258 名义务教育阶段学生，其中留守儿童 21 名，178 名学生寄宿，周末乘船回家。学校狠抓学生安全，狠抓教育质量，响应"教师心灵建设工程"号召，关心教师。王校长也提出了一些困难和想法，希望进一步改善农村教学条件，进一步提高农村教师福利，解决岛上师生生活困难的问题。其中有几个让我很受触动的地方：一是学校的部分学生从幼儿园开始就寄宿在学校；二是学校缺水，学校用水靠纯天然的"自来水"，用的水来自收集的山上的雨水等；三是校长在码头挥手送别我们久久不离去。

下午我们回到兴宁中学，以三人一组的形式访谈教师、家长、学生。我所在三人小组访谈了 5 位学生：学生 A 用钩心斗角形容班级生活；学生 B 因在原寄宿学校不长个返回兴宁中学就读；学生 C 为留守儿童，自三年前起父母一直外出打工，由 70 多岁的奶奶照顾；学生 D 为特困学生，父母皆为智力障碍者，由 76 岁的奶奶照顾；学生 E 情况一般。晚餐时间我们在学校与学生、校长一起吃食堂的饭菜，为一菜一汤，大家认为如果学生每天都能吃这种饭菜还是不错的。因晚上 7 点兴宁镇还没有供电，我们返回资兴宾馆住宿。

2013 年 11 月 20 日　星期三　晴

陈时龙

早晨六点四十起床，整理前一日的访谈。上午七点四十，从资兴宾馆出发。八点三十到兴宁镇，用完早餐，九点到兴宁中学。九点半第二节课开始，所有组员下课堂。校方认真安排了几堂课，有语文、数学、英语、政治、地理、信息化、物理、化学等课程。英语课与政治课众人听得较多。校方因要迎接接下来的"创现"评审，做了比较认真的准备。但是教育部的一些同志也听了一些校方安排以外的课，觉得比安排的课好。我听了一堂地理课，讲得呆板，又听了一堂政治课，则太过活跃，安排的痕迹太明显。下午，考虑到一会儿省教育厅的检查团来，学校的接待压力太大，书记与我们到外面走走。我说我带一些人到校外转一转，留高老师带一部分人到各个班级听课。书记表示他愿意陪我，我想也可以借此机会与书记再聊一会儿，同行的有李海瑞、高靓。一路上书记谈了很多自己孩子教育的情况，也谈了兴宁中学的一些事情。走路到东江湖边上，慢走约四十分钟，快走约二十分钟。下午四点，回到兴宁中学。四点十分，陪孩子上一堂自习课。课很有意思，我上台给孩子们介绍了中国社会科学院的机构性质与学科分类，目的是告诉学生们，在上了大学之后，还将面对更有趣的学科分类。徐攀、宋长远、高颉、张丽丽分别谈了一下自己的情况。之后，我与一名初一学生共同主持了与学生的互动活动，回应了一些问题。学生对历史的兴趣很浓厚，这一点之前书记也已经跟我说过。历史课成为中考必考课，而地理与生物则是初二"毕业考试"必考的科目，因此历史课很受欢迎。孩子们提了很多历史方面的问题，也有孩子们提了不少人生态度方面的问题。我们分别作了回应。晚上，开会，讨论明天的分组情况。我和高靓、宋长远与市一中校长访谈，高老师带队前往兴宁完小和海水村教学点。明天晚上还约好了与兴宁中学校长的访谈。会上决定，高老师与我一起完成后天下午的汇报。这两天除了调研之外，大概还要完成一篇汇报。晚上，与陆馨逸聊天，他谈到自习课上的情况，孩子们用纸条递上来的问题之中，有不少是问将来的文理分科或者要不要考师范生的问题。现在的初三学生，已经有"职业的忧虑"了，需要做一些职业方面的培训和指导。

许国荣

早上 9 点我们来到兴宁中学根据自己的关注点以及学校提供的课表，去相应的班级旁听课程。9 点 30 分开始第二节课，我前往 229 班旁听生物课。229 班为初一年级，全班 54 人。授课内容为植物的生长——营养物质。授课时，生物老师身戴讲解用麦克，使用电子白板教学。老师拿出两株带有泥土的植物用来讲解植物的生长与根毛，还讲到农民关于氮磷钾农业三宝的俗语。第三节课，我跟随 229 班前往多媒体教室旁听信息课。授课内容为绘图工具。计算机老师首先控制学生屏幕，显示文字性的操作说明，再演示操作步骤，然后老师解除屏幕控制让学生自己操作。学生能自行操作电脑时非常高兴，被老师再次控制屏幕时表现得很失望。旁听过程中，我还发现老师授课内容与教材不一致，但的确感觉湖南义务教育信息教材不适合中学教学。老师使用自己的教案讲授信息课程，考试内容也由学校自己安排。

下午 4 点，15 位调研组成员 5 人一组分成 3 组带领 3 个班级开展主题班会活动。刘晓楠、高靓、陆馨逸、张福军、我与初三 215 班 58 名学生开展了活动。首先我们带领学生玩了传话游戏，调动课堂气氛，然后让各位同学在纸条上写上想了解的问题，由我们来回答。学生的问题大体可分为几类：想得到有关学习方法的指导、想了解有关高中生活和学习的情况、感觉初三学习压力大、担心中考等。调研小组有针对性地进行了解答，受到学生的欢迎。40 分钟的主题班会很快结束了，学生为我们送上了临时自制的贺卡、手工制品等表示感谢。我们为学生的淳朴和可爱所感动。

2013 年 11 月 21 日　星期四　晴

陈时龙

上午到资兴市一中。教育局的一辆 12 人的小车，以及市一中校长的车来接。九点到资兴市一中。听市一中的名字，感觉自然是资兴市最好的中学，其实不然。市一中在 1996 年以前是省重点，但是市政府搬迁之后，另在新城区建设资兴市立中学，成为资兴市最重点的学校，现在是省重点中学，而资兴市一中则"沦落"为普通中学。1996 年以后的 1997 年和 1998 年两年，由于优质生源及教师的大量流失（1994 年，市立中学开始招生；1996 年，市一中以每年 20—30 名优秀教师的流失速度在向市立中学转输教育骨干），只能转向特长教学，通过音体美教学在高考中脱颖而出。最成功的时候是在 2004 年，一年考取一本的达三十多人，而当时市立中学仅为七十余人。2009 年，市一中开始向综合高中转变，即普通高中加职业高中，设一定的对口班，即向湖南农业大学等学校相关专业输送一定比例的大学生。然而，从 2012 年起，湖南省停止"对口班"。用樊校长的话来说，大概是担心某些学校套取政策资源。如此一来，市一中接下来的办学方向很成问题。一是音体美特长生在高考中越来越不占有优势，二是普及高中带来的重点高中招生规模的扩大直接导致市一中生源的进一步流失，以及包括市立中学在内的艺术特长生的培养都与市一中有竞争。但是，校长也在思考接下来的办学方向，去年市一中有 15 名学生入伍，这是将来与军队挂钩、为军队培养人才的一个思路；另一个思路，则是继续维持特长办学，等待政策的缓转（由此看来，很多的问题跟政策的多变有关），像举重等传统优势项目仍需保持。校长也谈到职称的问题。2012 年，湖南省核定省内各学校的职称比例。他之前任校长的鲤鱼江中学内有高级教师 23 人，而核定下来的名额只有 11 人，接下来聘入岗位及中级人员的升迁都有问题。校长认为，这是因为基础调研没有做好，而且将来可能会是重大的社会问题。后来讨论时，教育部的同志认为职称问题不是太大的问题，没有办法回应，教育部或教育厅不可能到每一所学校作调研。市一中校园，硬件不错，有山有园林，学生每十二人一间宿舍，各自有单独的洗衣间和两个卫生间。

中午十二点半，调研结束。我与高靓一起与前往兴宁完小、海水村教学点的调研组成员会合。吃完饭后，坐车回宾馆。车太小，兴宁中学校长捎带四人一同回县城。晚上八点，与兴宁中学校长单独谈。袁校长一直很紧张，顾虑重重，单独谈可能放开。在彭成义住的 415 室内，聊了两个小时，谈撤点并校的优劣，谈特岗教师三年之后并入县财政轨道可能给财政带来的压力，谈教师交流制度，谈学生思想工作等问题，他还谈了自己做教师的经历以及编《资兴教育》的体会。总之谈起来很有意义。明天的反馈主要由社科院来做。因此，明天上午的研讨，大概要用来撰写发言稿了。晚上，张丽丽去复印了教育局和学校提供的材料。

许国荣

早上 9 点多，我们来到资兴市一中调研。学校正在举行运动会，我们主要参观了校园，听校长介绍了学校的情况。学校有高一、高二、高三三个年级，学校生源为全市中考七八百名以后的学生，学生高考光凭文化课考上本科的极少甚至没有，所以学校大力发展音体美特长班，现有特长班 13 个。经过简单的参观后，3 名调研组成员留下访谈，其他组员前往兴宁完小和教学点。兴宁完小有一校两部一教学点。驱车半个多小时，我们来到海水村教学点。兴宁完小海水村教学点一共 9 名学生，两名教师，分为一二两个年级。办学条件极其艰苦。我们特意带了些牛奶、文具、小玩具看望学生和老师。之后我们前往兴宁完小本部调研，正遇上 3 个班级上体育课，调研组成员都被学生的活泼所感染。调研组参观学校，并与教师访谈了解学校师资情况。调研组还在会议室听取了校长关于学校的介绍，并重点咨询了学生的住宿情况。

2013 年 11 月 22 日　星期五　晴

陈时龙

早晨七点起来写下午的发言稿，七点四十左右，理完头绪，走出宾馆。早晨下着淅淅沥沥的小雨，出门左转，进入秀流公园。秀流乡是作家白薇的故乡。转一圈，从资兴宾馆的另一面回来。按照行程，今天上午要进行研讨。九点，重新开始写。十二点，去吃中饭。十三点半，完成稿子。汇报将在教育局的六楼会议室，下午四点进行，之前与彭成义聊了一下，交流了将要汇报的内容。三点四十，一起离开宾馆，走路前往教育局，路上与高老师聊了汇报内容。四点零五分，汇报。按照议程，我谈完后，高老师谈。我讲了二十分钟，觉得时间基本上可以了，便收了。高老师与成义各讲了一段时间，然后是陈局长与李副市长回应了一下。五点，准时结束，在教育局的办公大楼前合影。社科院与教育部的人也各自合影。晚上在教工之家就餐。丽丽负责今天简报的起稿。

许国荣

今天上午没有调研任务，下午 4 点调研组全体 15 名成员前往资兴市教育局参加调研通报会，资兴市人民政府李副市长、资兴教育局陈局长、调研学校的校长以及其他同志也参加了通报会。社科院陈时龙组长做了主发言，他介绍了此次 5 省调研团的整体情况和调研意义，并谈了我们湖南组在湖南资兴调研的收获和感想。陈组长表示通过调研对农村基层教育有了更贴近的了解，对农村教育发展的困难有了更深刻的理解，并分享了调研中积累下的许多经验与感受。之后教育部高冬梅组长针对这次调研资兴教育部门给予的支持表示了感谢。社科院联络员彭成义还就中西教育的差异简单谈了些感想。然后是陈局长与李副市长针对我们的通报提出的一些问题做了回应。

2013 年 11 月 23 日   星期六   晴

陈时龙

调研工作在昨日已经结束，上午休息。用过午饭后即前往郴州西站。下午两点零九的高铁，八小时后，在十点三十分抵达北京。张福军打车回北三环。我与许国荣、张丽丽三人打一辆车，先放下许国荣，再放下张丽丽，然后回家。

许国荣

调研组调研结束，用过午饭后前往郴州西站。我们乘坐下午两点多的高铁 G48，经过八个多小时，于晚上十点半抵达北京。

第二编

江西：保障均衡发展

调研报告

因地制宜推动义务教育的均衡发展
——江西省偏远乡镇基础教育调研报告

江西基层教育调研组[*]

　　2013 年 11 月下旬，中国社会科学院、教育部青年干部群众路线教育实践基层调研活动江西组赴江西省鄱阳湖边的偏远乡镇，就当前农村义务教育均衡发展等系列问题进行调研，调研组深入镇中学、镇中心小学和村小学驻校体验，对师生进行访谈，并与乡镇所在县教育局、乡镇中小学相关负责人座谈，并形成了调研报告。

湖滨小学调研留念

---

　　* 报告执笔人：中国社会科学院刁鹏飞、汪建华、邹宇春、赵晨昕、韩磊。教育部的李大鹏、李琦、李清霞、汪洋、雷丰伊、孙明博、赵然，以及江西省社科院的宋智勇、张小华、丁牛牙，他们全程参与调研，整理了生动的研究素材，并且积极参加研究简报和研究报告的讨论，提出许多中肯的意见和建议。他们的专业知识对本篇报告的完成起到十分重要的作用。

一　引言

"教育公平是社会公平的重要基础，是最基本最重要的公平"，"义务教育是教育公平的基础"，"义务教育的本质，是要为每一个人的生存和发展提供一条公平的起跑线"。① 义务教育改革从小范围内自办（一村、一乡）到大范围内统筹（县级、省级），中小学的办学条件日益改善，开设课程日益灵活丰富，师资逐步达标并不断提升。中央政府从 2008 年下半年开始，全面实现城乡中小学九年免费义务教育，基本实现义务教育阶段入学权利平等，全国小学和初中阶段的入学率和巩固率都保持在较高水平。

近年来，政府尤其关注教育公平问题，通过建立城乡统筹机制，把农村教育放在重要位置，着力改善农村学校的校舍、设备和远程教育等硬件设施。这些举措极大地促进了义务教育阶段的公平，目的是要让不同地区、不同家庭经济条件的学生有机会接受统一的义务教育。国家推出的多项加强基础教育的举措在乡镇基层已经得到积极的回响。"部属师范大学师范生免费教育政策"2008—2011 年招收 4.6 万人，毕业师范生已经进入教学第一线。2010 年"中小学教师国家级培训计划"为全国划拨 5.5 亿元专项资金，调研中不少教师都提到近年来的培训机会增加，特别是网络培训普及到乡镇中小学。国家的"高校毕业生到农村任教的'特岗计划'"2006—2011 年招聘 30 万名教师到 3 万所农村学校任教，服务期满留任比例达到 87%。"义务教育阶段绩效工资制度"把薪酬待遇和个人绩效挂钩，2011 年中央财政拨款 120 亿元用于提升义务教育阶段教师工资，农村教师工资增长 34%。除了收入提升之外，国家在偏远艰苦地区大力建设教师周转宿舍，2010—2011 年投入 20 亿已建成 4 万套宿舍。我们所到的乡镇中小学，新建和翻新的教学楼随处可见。乡镇基层学校和在基层第一线工作的教师正受惠于近年来的政策，经济收入和生活水平有不同程度的提升。

不过，我们也看到当前中国社会经济发展水平的区域差别和城乡差别仍然较大，区域之间、城乡之间的义务教育发展水平还很不均衡，差

---

① 《温家宝谈教育》，人民出版社、人民教育出版社 2013 年版，第 4 页。

距有进一步拉大的可能。现有的义务教育经费来源中，政府财政拨款占绝大多数，而地方政府对当地的义务教育投入经费额度与当地国民生产总值挂钩，越是贫困不发达地区，地方政府的一般性教育转移支付经费越低。官方统计数据显示，东部发达省份义务教育阶段的生均教育经费是中西部省份的数倍。还有学者的研究指出，一省内不同地市之间的生均教育经费的差距甚至超过省际差距，省内的中心城镇与偏远乡镇之间在各类办学条件上存在极大差距。尽管义务教育是经济社会发展的重中之重，但教育投入见效慢、周期长，使教育往往成为地方财政中不受重视的领域。越是地方财政紧张的相对贫困地区，教育经费越难以保证专款专用，往往被其他"重要领域"救急挪用。这使得本来就不充足的地方教育投入进一步被削弱。经济落后的偏远乡镇对教育的投入与经济发达的中心城镇相比，差距愈发显著。

区域和城乡之间的差距不仅仅存在于学校教育方面，比较中心富裕城市地区与偏远乡镇贫困地区，它们在社区教育资源和家庭教育资源方面的差距更大。义务教育阶段的经费投入，还不能有效缩小中心城市与偏远乡镇之间本来就有的经济社会发展的差距。作为义务教育提供方，政府还需要想方设法发挥义务教育本应有的促进社会公平和社会流动开放性的作用。怎样使义务教育这一保障社会公平的制度发挥"限高调低"的作用，改革目前义务教育的不均衡现状，遏制义务教育不均衡的程度继续扩大的趋势，调研组认为需要因地制宜探索符合各地实际情况的义务教育解决方案。

二 进入实地、切入问题

为了深入调研义务教育阶段的实际状况，中国社会科学院、教育部共同主办的青年干部群众路线教育实践基层调研团（江西组）于2013年11月下旬赴江西省的一个远离县城的乡镇，针对当地农村义务教育均衡发展问题进行调研。调研组使用学校个案分析方法，选取乡镇的一所中心小学、一所村小学、一所乡镇中学，作为调研点。运用访谈、听课、家访、主题班会、座谈会等多种形式，在有限的时间内，尽可能从学校、家庭、社区、政府等多方面了解乡镇基层的义务教育发展状况。

调研组认为，偏远乡镇义务教育面临师资流失和学生流失的双重困境，对偏远乡镇的调研，可以为我们认识整个义务教育阶段的非均衡发展提供思考问题的视角。其一，地方政府对教育资源的配置，存在优质资源向中心城市聚集的惯性，优质师资往往会通过教育主管部门的多种选拔机制从偏远地区擢升进入中心城市，而相反的回流途径很少。其二，中心城市对教育的投入量大，学校的软硬件条件优于偏远乡镇，吸引偏远乡镇的学生进入城市求学；同样，城市教师享有的生活水平更高，优越的条件吸引优质师资从偏远地区流入中心城市。其三，经济发展水平较高的中心城市，家庭对教育的投入更大，城市社区的文化教育资源更丰富，教师的创收机会多，吸引师资向城市流动。目前义务教育阶段，中心城市与偏远乡镇之间的差距与教育公平的理念相悖，为实现教育公平的目标，还需要通过深入研究、统筹规划确立义务教育发展的长远规划。

政府、学校、教师、学生、家庭、社区诸因素的共同作用，形塑出目前义务教育的基本环境。从教师角度看，提高待遇，尽可能满足他们在工资、补贴、宿舍、餐厅等物质方面的需求，减少课时、有效提升教学能力的培训，是教师的期盼。教师同样面临自己家庭的要求，要调动进城，要便捷的生活环境和子女更好的教育条件。然而，从学校、家长和学生的角度看，他们期望教师能长期服务基层，忠于教育事业，投入更多的精力给课程和学生。这两种期望之间的矛盾是一种较为普遍的现象，使得偏远乡镇教师很难稳定地留在一地从事义务教育。学生期望教师能关注自身的特殊性，丰富课程的内容和形式，减少考试和作业负担。但从学校和老师的期望看，他们期望学生能学好"主课"，考试成绩在全市、全县排名提前。这是学生面临的矛盾。家长期望学校和老师能管好、教育好自己的孩子，保证孩子的安全，不希望教育给家庭带来经济负担和精力负担。但从学校和老师的期望看，他们期望家长重视子女教育，配合学校督促学生完成学业。

三 偏远乡镇教育均衡面临的困境分析

经费保障不足是偏远乡镇经济落后地区义务教育发展的瓶颈。江西省的普通中学和小学的生均公共财政预算教育事业费及生均公共财政预算公用经费在全国的排名落在倒数 4 名之列（2010 年统计数据）。江西省义务教育经费的基础水平偏低，省级统筹的保障力度不足。

目前优质教育资源越来越向中心城镇集中，中心城镇本来就是强校的集中地，教学软硬件条件好、设备齐备，家长既重视教育也有能力培养子女。加之中心城镇生活便利，好的教师和好的学生通过各类考试途径调入中心城镇。相反，在偏远乡镇，教育软硬件条件相对较差、设备不全、家庭经济条件差、交通不便，是优质教师和优质学生的流出地。如果没有政府的干预，照目前的趋势继续下去，义务教育的均衡发展将遥遥无期。

（一）不均衡的困境和挑战之一：优质师资流失与优质学生流失

1. 偏远乡镇教师队伍进得来、留不住。在调研中我们发现，乡镇中学和中心小学都处在教师年龄结构更新换代的特定时期，一批工龄在30年左右的中老年教师，他们大多出生在本地，居住在学校周边，他们长年坚守在义务教育第一线，但存在知识老化的问题；一批30岁左右的青年教师，他们大多来自外部其他乡镇，对学校缺乏归属感和责任感。资料显示，某乡镇小学 2002 年调入的 40 名青年教师，十年之后仅余 3 人，其他 37 名教师利用各种机会调离，到县城或县城附近的乡镇任教。"偏远乡镇学校是一个教师培训基地，引进一个，培养一个、调离一个"，这是当地学校负责人的无奈。缺少稳定可预期的教师队伍使学校的各种长远发展改革计划难以落实。

2. 偏远乡镇教师队伍缺编现象突出，留下来的教师工作压力大。调研点的乡镇小学，因病、因产假、因借调离岗的教师占教师总数的25%。多数老师每日承担的课时数有 5 节，加上备课和批改作业，不少教师得加班加点才能完成教学任务。教师队伍缺编增加了留任教师的工作量，教师疲于应付讲课压力，难以针对学生需求创新教学方法，提升教学水平。

3. 偏远乡镇教师收入来源单一，收入水平较低，很难吸引其他乡镇的教师到当地任教。越是偏远乡镇，教师获得课外收入的机会越少，交通等生活成本越高。现有对偏远乡镇教师的工资补贴标准为每人每月220 元，刚好能抵消乡镇到县城的公交月票费。但是在县城或靠近县城居住的教师，上下班需要花费更多的时间成本，他们长期留任的意愿较低。

4. 外聘代课教师待遇低、保障少，教学技巧匮乏。由于师资不足，偏远乡镇中小学，往往通过外聘代课教师保证充分开课。但代课教师只有 700 元的月工资。这样的待遇很难找到合格人选。代课教师的临时性，也使学校不可能为代课教师提供教学培训来提升他们的业务素质。

5. 偏远乡镇优质生源流失多，教师考评绩效受影响。一部分家庭条件好、重视子女教育的家长，让子女转入中心城镇就读；一部分进城务工家长，家庭经济条件改善后，也把子女带到中心城镇就读当地学校。现有的学籍管理无法限制本县内部学生流动。目前教师考评标准中，学生考试成绩占的比例过高。随着偏远乡镇的成绩好的学生流出到中心城镇就读，乡镇教师即便与中心城镇教师付出同样努力，也很难得到同样的考评绩效。偏远乡镇教师普遍感到考评机制缺乏公平。

6. 偏远乡镇教师自身的心理困惑减低了教师的职业归属感，削弱了教师的职业稳定性。从职责上讲，教师应当向学生传递求知向上的精神，但现实生活中的利益对比导致教师本人的心理困惑。比如，在调研访谈中一位中学教师谈起他的一名学生经历的接受教育与实现自身价值的困惑：“我的父母外出打工一年赚 10 万，老师你读完本科一个月 2000 元，我们今天再努力读书有什么意义？”如果说学生面临的心理困惑还是对未来职业选择的预先考虑，缺少切身体会，接受过高等教育的教师则是身处价值冲突的最前沿，很难接受教师所处的社会经济地位。一位教务主任在聊天中提及，“我们外出办事，都不好意思说自己是村镇教师，原因是（村镇）教师收入低，周围人都看不起”。偏远乡镇教师的职业归属感偏低，一旦有机会，他们大多会选择跳出偏远乡镇，甚至为此放弃教师这门职业。

（二）不均衡的困境和挑战之二：缺失父母陪伴的留守儿童的身心健康堪忧

留守儿童的教育问题已然引起政府及社会各界的广泛关注。由于农村劳动力的饱和，许许多多的青壮年劳动力选择外出就业，他们的未成年子女囿于客观原因多被留在家乡与爷爷奶奶或其他看护人一起生活。据统计，2012 年义务教育阶段留守儿童的数量超过 2000 万。随着城市现代化进程的加快，这个数量还将增加。一个有着如此规模、行将成为中国农村社会建设主力的社会群体，他们的受教育状况在某种程度上决定了中国新农村建设的发展方向。

调研组发现偏远乡镇的留守儿童教育问题突出表现在以下三个方面：

清晨上学路　　　　　　　　放学后旗杆下写作业的学生

1. 留守儿童比例达到六成以上，家庭教育严重缺失。偏远乡镇缺乏支柱产业致使农村富余劳动力大量外出，按照流入地距离的远近，中国农村劳动力实现再就业的方式大体有"本地就近"与"离家外出"两种方式。前者不用离开家庭所在地或者在家庭周边就能实现就业，而后者需要离开家庭所在地。从家庭教育来看，"本地就近"的就业方式减少了儿童与父母的分离，而被大力倡导。但从我们调研地的实际情况看，由于缺乏具有实质性的产业经济，本地青壮年劳动力纷纷选择离开家乡外出打工，致使留守儿童达到相当显著的数量。

在儿童社会化的过程中，家庭教育占据了非常重要的地位。父母，作为儿童心理健康、认识社会、辨析真理的启蒙老师，在孩子成长中的地位具有不可替代性。家长和孩子的良性亲子关系，是保证孩子身心健康的必要元素。但是，调研所在地的留守儿童均是由祖辈来承担看护人的角色，家庭教育中父母的角色严重缺失。并且，由于父亲、母亲对孩子的观念、行为方式和生活态度有着不同的角色分工，一方或者双方的缺失都有可能对孩子造成不可逆的负面影响。我们在调研中发现，留守儿童比非留守儿童更容易具有孤独感、更容易感到绝望。

2. 看护人（祖辈）对留守儿童（孙辈）多以"生理喂养"为主，家庭内部缺乏信息沟通，家庭与学校的沟通缺乏必要的途径。我们在访谈过程中发现，多数看护人认为，确保孙辈生活安全、有饭吃、有衣穿才是自己的看护责任。换句话说，看护人"只管孩子吃得饱，不管孩子是否好"，他们不了解孙辈心理或学习上的困惑，更不用说能提供有效的指导建议。不仅如此，看护人无法与学校进行有效的沟通，他们的年龄和生活经历导致他们与学校教师无法顺畅交流。在我们的访谈中，有的看护人谈到，因为担心孩子的家长抱怨，他们并不敢像真正的家长那样管教小孩，对孩子的管理较为松散。在这种"隔代抚养"或亲人代管中，看护人对留守儿童采取非常小心的态度，不敢采取任何严厉的教育方式，致使孩子在娇惯、溺爱和纵容中变得非常自我和不服从纪律，并且这种逃避责任式的管理方式反而让孩子缺乏归属感和安全感，留守儿童心理健康建设被严重忽视。

3. 留守儿童的课余活动极度贫乏，看电视、读书、上网成为这个群体的主要休闲方式，其中，男性留守儿童以去网吧为首选休闲。虽然政府一直在着力推进农村的现代化建设，大力强调提升农村的文化生活，但调研显示本地社区基本没有除集体舞之外的公共活动，也没有社区的公共休闲场所，更别提有专门针对留守儿童的公共活动以及可供留守儿童健康休闲的娱乐场所。同时，除了社区的缺位，学校的不作为也使得这些儿童没有任何娱乐活动可言。我们调研的三所学校，音乐、体育、美术、自然等方面的课程被视为"副课"，排课少、授课内容贫乏，孩子对娱乐的鉴赏能力非常弱。在衣着选择上，盲目地"哈韩""哈日"，很多男孩、女孩都呈现日韩剧中男女主角的衣着风格，缺乏我国中小学学生应有的衣着面貌。同时，自我鉴赏能力的缺乏也让他们没有能力丰富课余生活。而学校作为家庭和社区之外的儿童的主要活动场所，几乎没有提供任何形式的课外活动和学生团体活动，学校对留守儿童缺乏吸引力，留守儿童在学校里也很难找到合适的休闲活动。

访谈留守儿童时我们了解到，除了在电视和网络中寻求精神寄托之外，镇上的中学有简易的图书馆对学生开放，学生可在放学后去借阅书籍，镇里或县里的书店有部分可供学生阅读的书籍出售。需要特别引起关注的是，我们在调研中了解到，镇上的书店以营利为目的出售黄色书籍，留守儿童有少量自主支配的零花钱，就成为这些书店的主要消费群。另外，即便学校图书馆里存有不少靠捐赠得来的图书，但缺乏筛选和分类。调研发现里面有一些书籍与学生的年龄段不符，并不适合学生阅读。调研中学校老师还提及，留守儿童缺乏家庭约束，镇上的网吧成为很多男生必去的休闲场所。上网玩游戏、浏览黄色网页成为他们的娱乐方式。本镇有两个网吧，约有二百台电脑。店家为了盈利，对"18岁以下未成年人不许入内"的规定置若罔闻，每天课外时间都有大量的留守男孩流连于网吧。

偏远乡镇数量众多的留守儿童，给学校师资提出新的需求，但现有师资力量无法满足新的需求。留守的大多数是十岁以上的中学生和高年级小学生，他们正处在心理转变的特殊时期，缺乏父母陪伴，缺乏情感交流，缺乏生活自理和时间管理能力，这时候正需要学校提供生活指导、心理辅导等服务。但偏远乡镇的中小学师资本就不足，也很难吸引学校社工和心理辅导老师来偏远乡镇工作。留守儿童的偏差行为、心理问题给偏远乡镇的义务教育提出更大的挑战。

（三）不均衡的困境和挑战之三：素质教育的软硬件不配套

目前农村素质教育现状不容乐观，应试教育的局面没有得到根本改变，农村中小学普遍存在专任教师结构性缺编、教学设施和设备缺乏与使用不充分并存、教育评价标准仍受应试教育评价的影响等现象。

1. 音、美、体等科目专任教师结构性缺编现象突出，师资不能满足农村素质教育的要求。调研发现，偏远乡镇的中小学严重缺少音乐、美术、体育等课程的专任教师，这些课程大多由语文、数学和英语教师兼任，一位教师教两三门课的现象非常普遍。虽然，当前农村教师的年龄结构趋于年轻化，但年轻老师大多仍沿用"满堂灌"的陈旧教学模式，大搞题海战术，难以承担起素质教育的使命。学校偏僻的地理位置一方面不能吸引和留住外来的高素质的专任教师，另一方面也阻碍了本地教师与外界的交流，从而形成恶性循环。

龙门镇中学的画室

2. 教学设施和设备的缺乏与使用不充分的问题并存，现代教育技术在农村素质教育中的功能还有待充分发挥。相对于传统教育，素质教育对教学设施和设备具有更高的要求，但偏远乡镇的中小学普遍缺乏必要的教学设施和先进的教学设备。调研的村小学几乎没有任何的现代教学设备，甚至连基本的体育教学器材都没有，仅有的只是两块三角板和一架闲置多年且无人会用的电子琴。虽然中学已经配备了多媒体、计算机、图书室、实验室等教学设备，但它们基本形同虚设，使用率非常低。

3. 教育评价标准仍受应试教育评价影响，农村素质教育受到束缚。农村中小学开展素质教育仍受到应试教育评价的束缚，上级教育主管部门对下属学校的考核仍未摆脱应试教育评价的影响，这就导致学校对教师的考核、教师对学生的考核都是以考试成绩为标准。调研的中小学教师表示，每年乡镇都会以所教班级的成绩为标准对教师进行排名，这给他们很大压力，他们也只好倾其全力提高所教班级学生的成绩，根本没有时间搞音乐、美术、体育等课程的教学。

4. 留守儿童问题为农村素质教育增加了难度。随着城镇化的推进，大批青壮年外出务工，留守儿童成为当前农村的普遍性问题。调研组发现，中学的留守儿童大约占学生总数的60%。由于缺乏父母的关爱，加上祖父母的隔代溺爱，这些留守儿童感情脆弱、性格孤僻、不服管教，部分学生还沉迷于网络游戏和不良书籍。父母进城务工带来的家庭教育的弱化或缺失，正在影响着农村学生的学习状况和心理健康，为农村素质教育增加了难度。

西庙小学学生访谈

过渡房中的村小二年级

素质教育是要促进人的智力和体力充分、自由、主动的发展，使学生的思想道德、文化科学、劳动技能、审美素质和身体心理素质得到全面和谐的发展，个性特长得到充分的培育。但是，当前偏远地区的农村素质教育与以上目的和要求还相差甚远，农村素质教育任重而道远。

（四）不均衡的困境和挑战之四：社区文化环境落后，校园文化不能补缺

偏远乡镇的社区文化环境落后，社区内没有图书馆，也没有报刊阅览室，更缺少博物馆、艺术馆等公共文化设施。即便是营利性的书店、书报亭、网上购书等资源相比中心城市都极为匮乏，仅在县城有屈指可数的中小学生艺术培训班。在这种社区环境下，加强偏远乡镇的中小学校的图书室建设就变得极为重要，因为这是学生在家庭之外获得文化资源的唯一途径。农村中学的图书阅览室建设相比城市还很落后，存在书籍陈旧、书籍与中学生知识层次不符、书籍管理不规范、学生借阅书籍不方便等问题。本着缩小城乡差距、提高农村中小学学生文化素养的目标，应进一步加强农村偏远地区学校图书阅览室建设。

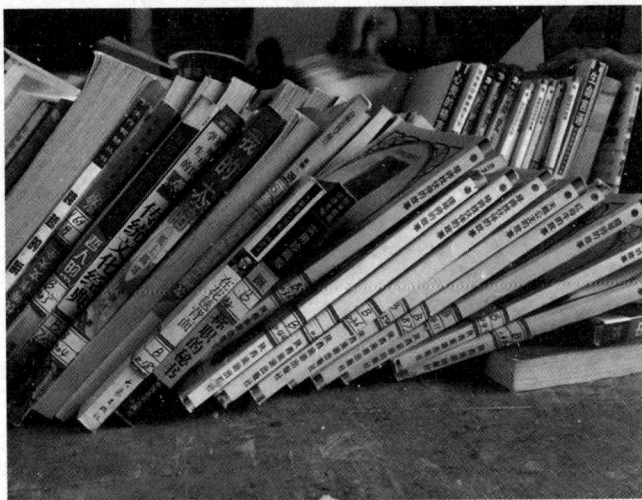

龙门镇中学的图书阅览室

1. 偏远乡镇中学图书阅览室书籍陈旧，缺少适合中学生阅读的书籍。调研组所在中学宣称藏书20000册，但许多书籍陈旧，有的没有封面，有的封底残缺不全，许多书的质量很差，处于翻翻就快掉页的状态。且有相当部分的图书并不适合中学生阅读，在调研过程中，调研组

成员发现了《如何过好夫妻生活》《律师专业资格考试》等与中学生阅读阶段严重不符合的图书，另外还有一些针织、纺织方面的专业书籍，也不适合中学生阅读。

2. 借阅不便。图书阅览室在每天下午四点零五分开放，学生借阅的积极性很高，几张桌椅满足不了学生在阅览室看书的需求。阅览室没有配备专职老师，仅有一位兼职老师（年轻的住校老师轮换）在负责登记借阅，无法应对大量学生的借阅，导致借阅环境嘈杂，影响学生阅读。

3. 刻意分类导致学生借不到想借的书籍。学校将图书阅览室划分成两个部分，一部分是教师藏书借阅室，一部分是学生借阅室。其中教师借阅室都是新书，而且书籍质量很高，一些较有内涵的书都放在教师借阅室。但是教师借阅室不对学生开放，调研组曾观察到有数位学生想借阅教师借阅室的图书，但是无奈该借阅室仅对教师开放，许多有求知欲的中学生想借却借不到想看的图书。调研组曾询问学生是否想看看教师借阅室的新书，对那些书是否感兴趣，学生的回答都是肯定的。

龙门镇中学借阅室：学生借书

4. 学校并不重视图书阅览室的建设。学校虽然按照教育部的规定开设了图书阅览室，但是从实际维护情况来看，显然没有给予足够的重视，设立图书阅览室不是真正为了学生着想。作为一个留守青少年占比超过半数的学校，住校学生的课余生活很有限，尤其是当音乐、体育、美术、微机课被学校忽视的情况下，阅读占据了许多学生——尤其是女生——的大部分时间。可是学校显然忽视了学生在阅读方面的需求。

5. 学生对知识的渴望远超教育部门、学校、家长的预期。初中生正处在吸收知识、朝气蓬勃、渴望学习的青春年华，许多初一、初二的学生已经阅读过一些颇有分量的书籍（小说），调研组曾在阅览室见到一位初一女生借阅《飘》，而另一位女生坐在屋里阅读《计算机基础教程》，这都说明初中生的求知欲并不小，而这个年纪也正是学习的好时间，但是，学校、社会却不能为他们提供合适的书籍，或者说，能提供合适的书籍却无法满足他们日益增长的求知欲。

农村偏远地区中学图书阅览室建设与留守儿童、教育经费不足、教师流失严重等问题相比，似乎是"小事"，但实际上却是关系着提高学生综合素质与科学素养的大事。乡村学生的课余学习资料，教育主管部门更应该予以重视。除了课堂上讲授的知识和教材教辅外，课余时间的知识积累，尤其是对优秀传统文化的认识不容忽视。怎样使学生的课余时间留在书本上而不是网吧里，如何把教育经费投在学生最需要的书籍上，需要针对每个年龄段学生的需求提出适当的解决方案。

四　以家庭生活和社区关系营造为中心促进农村偏远地区教师队伍稳定

城镇化过程中，农村学校面临优秀师生资源流失、基础教育设施投入不足、留守儿童家庭教育缺失、学校周边环境复杂、当地社会"读书无用"观念盛行等方面的困扰。其中，缺乏一支稳定、完善、高素质的教师队伍是当地农村教育面临的最为核心也最迫切需要解决的问题。个别村小甚至出现青年教师全部转走只剩校长和教务处主任的尴尬局面。

调研组到访的村小远离镇中心，村镇之间道路曲折狭窄，交通非常不便，所在镇远离县城，是典型的偏远地区。当地经济条件一般，县财政难以为乡村教育提供有效支持，在该镇小学教师普遍缺乏的情况下，因县财政拮据一度停止招聘教师。尽管如此，该校现在仍然形成了一支相对稳定的教师队伍。学校现有正式教师 8 人，代课教师 3 人，除执教 30 余年的校长外，其余老师皆为 80 后，师资力量基本能满足 200 多名学生、6 个班级的教学。正式教师中，只有 1 名教师因为家住邻村，可能会调走。其他教师在本地皆已成家生子，至少在近 5 年不会有工作调动。这支稳定的教师队伍的形成，实际上是经历了大批外来教师流出之后的结果。自 2002 年县教育局对外公开招聘教师的政策实施以来，该校先后招进 21 名青年教师，14 名选择离开的教师原籍贯都不在本村。待遇低、离家远、交通不便、难融入、学校不解决基本的食宿等，是促使这些青年教师调走的主要原因。一是乡村教师待遇低，相对剥夺感强。他们相对县城教师没有通过变相补课赚外快的机会，甚至相比农村外出务工人员，收入也不占优势。二是教学任务重。在乡村教师人数缺乏、人员频繁流动的背景下，在岗教师课时较长，且需要同时担任数门科目的教学。人员流动与教课任务重相互影响，形成恶性循环。三是偏远地区交通不便，通信不畅，这让在高等教育和现代都市生活方式熏陶下的青年教师非常不适应。在城镇化浪潮下，即便外出务工的民工都寻求在县城买房置业，乡村青年教师更是想尽办法往县城及其附近区域调动。四是许多外来教师难以融入当地社会。在"生于斯长于斯"的乡村熟人社会，外来教师在当地的社会交往和职业发展都非常受限制，再加上远离出生地影响家庭团聚和照料父母，这类教师流动性非常大。

怎样在市场化、城镇化浪潮冲击下，化解农村义务教育阶段教师招聘难、留人难的问题，维系农村学校的优秀师资，该村委小学的实践经验为调研组提供了有益启示。

相比外来的教师，该校本地青年教师在从教数年以后，基本都能适应乡村生活。他们在工作中也能很快熟悉学生的家庭情况，并主动与学生家长互动。调研发现，老师对执教班上学生家庭贫困与否、父母是否外出、有无家庭暴力、家长是否重男轻女等情况，如数家珍。还有一些细节也让调研组印象深刻，比如每个教师都有学生家庭的通讯录，如果有异常情况老师都会给学生家长打电话。学生家庭异常的，老师也会去家访，例如，在发现有学生被家长虐待后，全校老师出动，反复给家长做工作。对当地社会的熟悉和完整的家庭生活，既便利了老师与学生、家长的互动，促进了教学工作的开展，也增强了老师的归属感和工作主动性。一些教师，尤其是学校领导，还积极参与当地的公共事务，学校也由此进一步整合到当地社区当中。不过值得注意的是，待遇低对教师的积极性还是有所影响。当地农民只顾眼前生计轻视子女教育的风气，也进一步妨碍了教师与学生家长的互动。从长时段的比较来看，青年教师在农村社区的融入程度，与老一辈教师也有差距，教师地位和声望的下降、现代都市生活方式的浸染、城镇化需求的增强，是其中的关键因素。

五　政府、学校、家庭、社区协力促进义务教育均衡发展

偏远地区的义务教育均衡发展，迫切需要建立一整套的教育均衡保障机制。按照党的十八届三中全会精神，促进教育公平；根据《国家中长期教育改革和发展规划纲要（2010—2020）》的要求，因地制宜探索推动义务教育均衡发展的各项保障机制。所谓因地制宜，就是要认识到义务教育问题不仅仅是教育单方面的问题，而且是关涉地方政府及教育主管部门、学校、家庭、社区的复杂性、综合性的问题。因而，义务教育均衡发展的实现不可能由教育主管部门一家独立完成，需要探索政府、学校、家庭、社区共同着力的解决方案，才有可能改善基层学校的教育质量，提升义务教育阶段学生的全面发展水平。

（一）政府及教育主管部门应当考虑，在制定教育方针、理顺教育体制、调整教育布局和增加教育投入方面，确保偏远、贫穷、农村地区的义务教育发展水平。具体来看：

1. 国家应提高义务教育经费统筹水平，把教育经费列为财政第一保障经费，提高偏远地区的义务教育水平。现有的农村义务教育管理体制是"国务院领导下，由地方政府负责、分级管理、以县为主"，这对之前的"分级办学、分级管理"来讲是一个很大的进步。但"以县为主"的管理体制对偏远地区财政困难的县来说依然存在经费保障力度不足的问题。贫困县的教育经费本身就少，县里在经费短缺时不得不把国家的教育拨款挪用到其他更急需的地方。可以考虑把从计划生育一票否决，转为教育一票否决，切实提高人民的文化程度。

2. 应该整体布局教育资源投入，以中央财政支出补贴偏远地区教

师待遇。偏远区县由于财政收入有限，在调研县，甚至出现因县财政不足停招教师的情况，更不用提进一步的教育投入。为避免地方财政截留或贪腐问题，建议中央财政支出以两种方式拨付：一是专门津贴，如偏远津贴直接打到教师工资卡中；二是专门的设施投入，如电子设备、学校食堂、校舍建设等，通过成立专门的基金会，专人负责经费拨付、建设评估工作。以中央财政补贴偏远乡村学校和教师，是营造教师家庭生活和社区关系、稳定教师队伍的基本政策保障。

3. 改进教育编制管理，因地制宜合理配置农村偏远地区的中小学教师资源，确保教育质量。教育编制目前采用"生师比"——根据学生人数确定教师编制，但在农村生源下降，但班额不变的情况下，可以考虑采用"班师比"来确定农村地区教师编制。合并教学点和班级的学校可以适当缩减教师编制，而对寄宿制学校，还应增加心理和生活指导教师的编制。

4. 提高偏远地区的教师补贴标准，建立能够吸引优秀人才的偏远地区教师长期服务薪酬奖励计划，提高偏远地区教师的经济社会地位，鼓励年轻教师安心服务偏远地区的义务教育。推动建立农村青年教师职业发展长期规划，政府主管部门保障农村青年教师的专门培训机制，扩大教师在农村中小学的决策参与空间，帮助教师明确职业未来发展的目标。切实保障义务教育阶段的教师待遇。

5. 改革学校考评指标体系。改变目前以学生考分为主导的教学成果考评和教师绩效考评指标，建立涵盖教育过程、教育公平、教育质量的综合考评指标体系。教书育人工作的特殊性和复杂性，决定了考评指标应当以学生的全面发展为根本，应降低学生考试分数在学校考评和教师考评中的权重。

6. 扩大义务教育阶段的住校年级，降低义务教育阶段的生师比，扩大寄宿制学校的教师编制，要求寄宿制学校配备更多样的教师类型，特别要关注学生的生活指导、心理辅导。

7. 全面评估"撤点并校"政策的作用，探究学校、家庭、社区在学生全面发展中扮演的角色，探索义务教育阶段学生成长环境对学生身心健康的影响和作用。学校布局和班级规模要根据地域和人口，因地制宜做好规划，缩小城乡学校在资源配置上的差异。

（二）学校应当以家庭关系和社区营造为中心促进义务教育均衡。

基于对农村教育问题的考察和地方性经验的挖掘，调研组认为，在偏远乡村学校，以家庭生活和社区关系营造为中心促进农村偏远地区教师队伍稳定是一条可行的解决问题的方案。具体来看：

1. 农村教师招聘和分配可以同时兼顾教学能力和地域来源，鼓励青年教师回籍贯地应聘就业。在保证就业公平的前提下，鼓励青年教师到籍贯所在县、镇、村委应聘。教育主管部门在师资分配时，考虑设立教师籍贯来源地就近原则，并配之以提高偏远地区教师补贴等的相关政策。同时，应进一步加强现有的教师定向培养制度，可以增加偏远地区教师定向培养指标。农村偏远地区教育工作者反映，现有的定向培养指标难以真正缓解乡村教师缺乏的压力。鼓励青年教师回籍贯地应聘，定向培养本地青年骨干，是促进偏远乡村教师扎根当地、将学校教师和教育整合进农村社区的基本支点。

2. 以学校区位和交通情况为依据制定偏远津贴标准，切实提高偏远地区教师待遇。当地教育工作者反映，现有的偏远津贴太低，每个月220元的津贴并不能真正吸引青年教师到偏远地区执教。同时，乡村教师的食宿问题也有待解决。部分学校教学设施建设并未考虑教师住宿和伙食问题，这给外地教师或者在县城买房教师的生活和工作带来诸多不便。为教师提供临时住所和食堂餐饮，是应对当前教师城镇化趋势和便利外地教师的重要举措。尤其是对愿在偏远地区工作的外地教师，应该切实解决其食宿问题，建构其在当地社区的归属感。另外，应该结合年轻教师的信息化需求，增加相关电子和网络设备。待遇提升是稳定偏远乡村教师队伍、吸引本地籍贯优秀教师回乡执教的基本前提。

3. 改变义务教育阶段学校评分中的唯分数论，全面有效地在应试教育基础上实现素质教育。在资金和编制上，让学校有足够的工资和专职人员保证音乐、体育、地理等素质课程的开展，从而提高留守儿童的鉴赏能力。同时，在力所能及的范围内，学校应发动老师和学生开展课余活动，保证留守儿童充分、合理、健康地使用其课余时间，让他们在丰富的精神世界里提高自身素质，获得全面发展。

4. 加强图书的分类和整理工作，减少对学生借阅图书的限制，强化图书借阅管理，方便学生借阅图书。学校应组织人力物力，做好图书整理与分类工作，将适合学生读的书分拣出来，按照现代图书分类法进行分类，如果在分类知识上存在困难，可以参照政治、经济、军事、文化等大类做图书分架，便利学生查阅。但也要加强图书室的借阅管理，保证借阅一定要登记，还书一定要按时，让更多的学生享受好书带来的乐趣。

（三）当地社区应加强社区营造，提升偏远地区青少年的课余生活的质量。

1. 加强地方经济建设，吸引外出就业人员回乡就业或创业，改变留守儿童的家庭结构。同时，鼓励外出就业人员把孩子带在身边，给其完整的家庭关爱。众多研究都表明，留守儿童比非留守儿童更脆弱、更不自信，而双亲外出的留守儿童比单亲外出的留守儿童具有更高的犯罪率，这就说明无论是孩子父母还是社会都要尽量给孩子一个完整的家庭。

在目前经济利益驱动个体行为的社会背景下，外出务工人员返乡照顾孩子暂时难以实现。我们认为有必要通过公益广告、社区宣传栏等各种宣传方式进行有关家庭教育的认知普及。让父母了解家庭教育对孩子成长的重要性以及父母缺失带来的危害，同时地方政府应大力发展本地的特色旅游业，吸引本地人回家乡就业或创业。通过调研我们认为，如果本地或周边有用工需求，留守儿童父母回流的可能性很大。

2. 加强留守儿童心理健康的建设，激发社区和社会公益组织的参与，拓展学校课外活动内容，丰富留守儿童业余活动。留守儿童心理的亚健康，是其社会化过程中一些必需元素缺失后的显性表现。缺失元素的补足需要一个过程，而儿童的心理健康一旦出现问题就会对他们造成负面影响。加强留守儿童心理健康建设必须先行一步。在改善留守儿童教育的问题上，提高社区和公益组织的参与度非常重要。在家庭和学校之外，社区是留守儿童最常融入的生活场域。我们建议加强农村社区健身角的建设；扩大农村流动书屋的覆盖范围，提供适宜儿童阅读的图书；鼓励社会公益组织进入社区为留守儿童提供针对性的服务。

3. 加强社区文化建设，严惩非法网吧和违法经营的书店。社区能否给这些孩子提供健康、积极、正能量的资源会影响孩子的生活态度和世界观。针对调研地存在的问题，我们建议政府各部门开展联合执法，对农村社区公共文化设施做健康排查。对那些不利于孩子身心健康的毒瘤要坚决取缔。对销售不健康书籍的书店要严惩，对违反国家规定让18岁以下的未成年人进入的网吧要严惩。

4. 社区图书馆联合偏远乡村中学图书室，提供学生基础阅读书目。人民教育出版社曾经编制过《中学生必读书目》，其中包括四大名著、唐诗三百首和近现代名人名作。本次调研中，许多孩子在调查问卷中写道，希望能够有足够的中外文学名著供给他们阅读。我们建议社区图书馆与乡镇学校图书室相互扶持，通过与出版集团合作，采用批量订购或捐赠等方式，保证义务教育阶段的中学阅览室都配有学生基础阅读书目，丰富学生的课余生活，滋养学校的人文环境。

龙门镇中学的校门

总体来看，偏远乡镇的义务教育面临多重困境，如果任其发展，短期内学生知识缺失、情感缺失、价值困惑会令他们无法胜任学习任务，长期来讲，等到这些学生长大成人进入社会，未来乡镇社会的发展和稳定让人担忧。教育问题并非仅是教育自身的问题，教育问题波及的范围远远超出教育领域，原因明了之后，要想改变现状，就需要从学生、家庭、学校和社区多方面入手。偏远乡镇的教育困境不能仅靠教育部门单方面去解决，学校教育存在优质师资和生源流失、资金匮乏、编制受限、缺乏激励机制等问题，要提升学校的人文社会环境，迫切需要政府教育主管部门高度重视义务教育，投入充足的资源，这是一个大的前提条件。与此同时，学校、家庭、社区中的利益相关方还应当在现有资源有限的条件下，调动各方面的积极因素促进义务教育均衡发展。

调研心得

改变, 从基层的青年教师开始

汪 洋[*]

在这次调研过程中, 我发现我所在的蛟塘中心小学, 大多数和我年龄相仿的教师平时都住在学校提供的集体宿舍里, 房间面积很小, 并且没有自己的空间, 没有方便的热水, 没有什么娱乐活动, 平时吃的可以说是粗茶淡饭, 每天五六个人分食三菜一汤。工资待遇, 对于他们这个年龄阶段的人来说, 虽然不算最低, 但是的确不高, 换做是我, 可能早已无法忍受这样枯燥乏味的生活, 而现实中的他们, 也大多数有如此想法, 所以并没有把在蛟塘中心小学这样一所村镇学校教书育人作为人生目标, 他们的目标大多是经过一些考试或是通过关系疏通可以转到县城里的学校去教书, 青年教师的选择我特别能够理解, 待遇相对低, 造成社会地位低, 所以在当地很难得到应有的尊重, 这让青年教师们很难选择。他们中的绝大多数只是把学校当做一个过渡的中转站, 一旦机会成熟便会离开目前的工作岗位, 到条件更好, 待遇更好的地方去。毕竟, 人往高处走水往低处流。虽然我们每个人都知道无私奉献者拥有多么伟大的人格, 但是面对当下这种注重生活品质、生活质量, 到处充斥着物质炫耀的社会, 又怎么能够要求这些青年教师心甘情愿地奉献一生呢? 人生是有限的, 每个人都有选择更好生活的权利, 社会大环境不改变, 全社会对待教育工作者, 尤其是这些最基层的教育工作者的观念不发生改变的话, 又怎么能够用如此高的社会标准来要求这些和我们一样的年轻人呢?

———————————

  * 汪洋, 教育部职业技术教育中心研究所培训中心干部。

　　我相信每个人身上都会有一种与生俱来的善良，以及奉献精神，但很多人都会在困难和现实面前低下头，俯下身，放弃或是降低对自己的要求。提高个人素养确实重要，毕竟那是核心，但是在社会大环境、大背景不改变的情况下，只让他们怀有这样一颗赤子之心是远远不够的，他们应该得到全社会的关怀和理解，应该得到足够的经济支持，只有这些青年教师得到了足够的关怀，足够的尊重，足够的支持，让他们过上物质相对充裕的生活，有足够的幸福感，才有可能教育出比他们更优秀的下一代人，这不光是对于教师而言，对于我们祖国的每个人而言都是如此。这正是我们为之努力的目标！

　　可是要如何改变这种大环境、大背景呢？我认为，更多的还是要从自身出发，让自己变得更好、更完美，积聚力量，厚积薄发，在自己力量足够强大的时候去关怀，去承担这种社会责任，即便是我们能力不够强大，不足以去改变整个社会，我们也绝对有能力改变自己！

调研带给我不曾预想的收获

邹宇春[*]

人生，其实就是无数次选择的加总。无论每次选择是否正确，人生就像一场不可逆转的河流，顺着这个选择的指引，滚滚向前。这次去江西调研，正是我人生无数选择中的一次，但却带给我不曾预想的收获。作为一名青年学者，这次调研让我对农村的基础教育有了更真实的了解，也让我对如何保持学术的生命力有了更理性的认知。感谢这次活动的发起者和组织者，我敢肯定，我们整个江西调研组的同人必将因为此次调研而有正能量的改变，这种改变将对我们的个人成长以及今后的日常工作产生积极而深远的影响。尤其是以下两个方面，是我最大的收获。

第一，在基础教育方面，有这样几点认识：

1. 留守儿童的教育问题严重，拉低义务教育的整体成效。作为跨省人口流动就业的大省，江西有着数量庞大的留守儿童。据统计，江西的留守儿童在整个适龄儿童群体中占的比例达到50%以上。在某种程度上，江西农村的义务教育问题其实就是留守儿童的义务教育问题。如果不能把留守儿童这个群体的问题解决好，就江西而言，其基础教育中的问题恐怕很难有解。我们调研点的情况显示，它的中学、中心镇小学以及某个村小等三个学校的留守儿童数量超过六成。由于缺乏家庭管教，留守儿童存在厌学、迷茫、缺乏自信、闲暇生活有非健康化倾向等问题，而这些不良行为、消极的思想态度对整个适龄儿童都有明显的负

* 邹宇春，中国社会科学院社会学研究所社会发展研究室副主任、副研究员，香港中文大学社会学博士。

面影响。

2. 整个教师群体的自我认同度很低，部分存在心理问题。由于江西外出就业打工者多为跨省流动，省际收入的不平衡在这种人口流动中凸显。简单来说，跨省就业人员的月工资普遍比学校老师要高 2000 元左右。在以经济地位是个体价值衡量指标的社会背景下，学校老师的社会声望非常低下，读书无用论的观念非常普遍。老师常常得不到学生家长以及学生应有的尊重，导致他们的自我认同感很低，部分老师的心理因此存在隐疾。言传身教，这种较低的自我认同必然影响教师日常的授课效果。

3. 应试教育仍占主导，素质教育难以为继。虽然国家三令五申地倡导素质教育，并在政策和资金上为此大开绿灯，但调研地的情况令人担忧。我们蹲点的三所学校，几乎没有任何专业的音乐、体育等课程教师，也没有任何有益的或团体性的课外活动。原因之一是招不到具备相关资质的老师，但更重要的原因，在于学校质量考核仍以考分为评定指标。其他有关学生素质的绿色指标根本不受重视。无论是小学，还是中学，都需要靠一定数量的生源来维持学校的发展。没有生源，学校的运作经费、老师的工资就面临发放困难的困境。而学生家长选择学校的最主要标准是学校毕业生的考试分数，只有考分排名高的学校才会优先被选择，同时，教育主管部门对学校的评价也是靠分数。换言之，如果高考指挥棒不真正改革，地方基层学校很难摆脱唯分数论的困境，素质教育只能空谈。

4. 社区以及非教育部门的参与度甚微，基础教育难以系统化。基础教育的良性运行实际需要社区、家庭、学生本人及学校等多方面的良好协作和配合。但目前不仅家庭教育这块有缺失，而且，调研点的社区几乎没有对本地的基础教育有任何积极性的支持。若适龄儿童离开校园，他们几乎没有可以休闲和娱乐的场所，也没有任何文化设施可供他们使用。同时，从行政支持来看，除了教育局，其他部门对基础教育的注意力并不高。许多与基础教育相关的政策，设定之初都非常好，但落实层面出现扭曲，其原因之一就在于其他掌握人权、事权、财权、执法权等资源的部门并没有把基础教育放在本部门工作的首位。这些现象导致有关教育的问题解决起来缺乏系统性，往往是拆东墙补西墙。

　　针对以上问题，建议具体采取以下措施：（1）通过公益短片提高社会对留守儿童的关注，鼓励父母就近就业，吸引非营利组织加入，对留守儿童给予更多关爱。（2）加强教师心理建设辅导，从社区、学校、上级主管部门等多方面入手强化教师的社会地位，并确保其日常投入与绩效工资成正比。（3）增加副科的教师编制，强化落实副科上课效果，因地制宜地增开有益健康、开启智力的课外活动课程。（4）加大各部门对教育事业的投入力度，将教育成效纳入行政人员业绩考核指标。同时，在社区内投入资金设立有利于青少年儿童活动的公共文化休闲场所。

　　第二，在专业研究素养方面，我也有了些新的感悟。

　　本次调研活动，除了青年学者，还有许多教育部的青年同人加入。他们来自不同部门、有着不同的工作经历和学科背景，在这些天的朝夕相处中，跨学科、跨部门的研究视角以及经验分享成为这次调研活动非常突出的专业特色。以改善基础教育事业为共同目标，两类群体的青年人互取所长，互通有无，相互帮助，共同成长。在我们江西组将青年学者和教育部门工作者两两搭配、分小组蹲点的方式下，不时出现研究机构思维范式和政府部门思维模式的碰撞，调研活动中经常出现非常出色的研究视角和观点。可以说，两类群体的专业素养都得到了较大的提高。

　　就我个人而言，作为一名年轻学者，关注留守儿童教育研究已有多年，但本次调研活动让我对留守儿童教育的症结有了更深层次的理解。基础教育并非一个单向度的问题，留守儿童的教育最关键的是父母缺失所带来的各种缺失性问题，比如缺乏自信、缺乏家庭管理、缺乏学习热情、缺乏心理支持、缺乏信息沟通等问题。而这些缺失性问题所带来的后果除了表现在学习成绩相对落后外，还表现在留守儿童闲暇生活的非健康化倾向。这一点，将为我今后的研究提供很好的研究切入点。

　　同时，本次调研还为我作为一名行动研究者提供了实践机会。在与校长、教师、学生、家长、当地居民的访谈中，我摒弃了"价值中立"的传统做法，在女性主义研究观念的影响下，我带着强烈的个人价值观进入了研究场域。在正式访谈之余，我和我的搭档一起把许多新鲜的理念传递给我们的访谈对象，用我们的视角尽可能地和他们一起探讨如何走出当前的困境，让他们发挥自身潜能，逐渐明白或意识到自己能做些什么、该做些什么。我发觉，这种过程，使得我们的调研活动本身已在为当地基础教育问题的改善而发挥作用。

蛟塘归来

张小华[*]

农村基层教育对于我来说一点都不陌生，那里是我步入社会的第一站。

我不太愿意过多地去回忆那一个时间段。那时的困苦、挣扎，那时的焦灼、渴盼，在我离开后的十几年里仍然不时地让我在某个午夜快快醒来，而只有当我看清窗外微弱的灯光，告诉自己，一切已经过去时，我才能平静地再次进入梦乡。

然而，就像鹏飞说的，他们十几个人，本是坐在北京繁华都市中教育部、中国社会科学院明亮的办公楼里，却似乎不知是什么力量让他们空降蛟塘。对于平静的乡村他们似天外来客，而对于他们自己，却真实地感受到穿越。就我而言，我亦感觉时空转换，我不知道是梦是真。当蛟塘中心小学 JXA 坐在桌前汇报，冬日傍晚的阳光穿过敞开的双开门斜斜地、弱弱地洒在他的脸上，农村汉子红润中带点黝黑的健康脸色，映衬着光束中飞舞的小尘粒，和着他汇报的基层小学面临的种种问题，笃笃笃地叩击我记忆的窗。突然一句话凌空飞入脑海，"回到起点，你才知道你走了多远"。是的，接下来的几天调研，我在这起点与相对的终点之间来来回回。

调研组布置了听课、访谈、问卷，这些北京的小伙子小姑娘们认真地工作着。我知道，抛开工作原因，在陌生的农村基层教育场景面前，他们本身就是一块未浸过水的海绵。因此，尽管我已然知道他们无数个提问后的答案，我已然知道无数个问题后他们美好建议会遭遇的无奈，

* 张小华，江西省社会科学院副研究员。

我仍然静静地听着，静静地思考着。我在想，这些被无数个一腔热血的年轻教育工作者重复的建议为什么一直如校外田野间烂漫开过的野菊，随着冬风的脚步凋谢在田垄间，连一缕芳香都不曾留下。

大鹏跟我说，初二（1）班的政治老师很有思想，值得聊聊。第一天的交流中我也感觉到他提出的"县城城镇化不如乡镇城镇化来得实用"很有新意，因此，周三一到学校，我就跟政治老师打招呼，我说，我想跟他再谈谈。我本希望从他的身上找到暑期调研报告应对措施的新思路。在他的房间坐定后，我先把我暑期调研小报告的概要跟他大致叙述了一遍，接着我直截了当提出第一个问题。我说，就你而言，你认为你的收入再增加多少才觉得比较称心。但他的回答、接下来的谈话让我突然莫名地烦躁，于是，我假装上洗手间。待我从外面回来，大鹏对他的访谈也结束了。

我不想要大鹏手头的那份录音，甚至我自己录音笔中的录音我也不想再播放。我想，如他们这样的一批青年老师，为什么就不能再拿点勇气走出去？年过四十的王老师说，晚上醒来想到自己当老师的境遇都想大哭，我想问，哭过之后为什么不试着去改变？而是在这里干等别人施予，施予不到位时牢骚满腹？用这些难以根治的不公正来掩盖自己的堕落与贪婪？孩子需要榜样的力量，一个堕落、颓废、愤慨、等待别人施舍的老师怎么能送给孩子心灵的春风？一个几十年干等着涨工资或者赚点外快的老师怎么不让孩子嗤笑他的无能？孩子可能会说，你读了本科还不如他小学或者初中没毕业的亲戚朋友目前所赚的多，但你可以让孩子知道你这只是起点，你未来的几年有比他们的亲戚朋友更广阔的空间与前程，你只是先吃甘蔗的杪，而他们的亲戚朋友是先吃甘蔗的根，如果可能，你还可以举出从本地奋斗出来的老师，我相信，孩子会信服的。就算孩子不去学习课本，作为老师，你已经传递给他们了一种奋发向上的精神。我一直觉得，知识层面是次要的，课本的考试点更不足道，唯有充盈心中生命不息、奋斗不止的精气神才是学生最需要的。当学生拥有了这些，目前让人头疼的无数个问题都不值一提。

或许，有人说，老师们都想走出去，乡村教师的队伍不是更难以稳定吗。其实，对于沉闷的乡村，需要的不是稳定，而是打破打破再打破。这些流动的老师流向的终点不应该仅仅是县城。如果乡村教师队伍里弥漫的仅仅是以县城为终点，而他们在乡村学校仅仅是应付课时，那真的该想想办法让他们稳定。但如果流动的是一种向上奋斗的精神，流动是极有必要的。因为任何人都曾青春年少，都有奋斗到驻足休憩的那一天，那就让歇息的背影黯淡在闪烁的霓虹灯中，而让这些奋斗精神激荡在乡村，在学生身上届届相传。

因此，在"MY DREAM"主题班会上，我对学生说，我与你们一样，身上有泥土的芳香，我是你们最现实的榜样、奋斗的最低目标，大鹏老师，是你们可以畅想到的更辽阔的天空。但我们走到今天都是下了死工夫的，所以，路在你们的脚下。我今天回到起点，我知道我走了多远。这路有拼搏奋斗的路，也有时间自然流逝被推着走的路。二十年后，不管你们奋斗与否，你们都会走过时间铺就的路，但人生之路走得远与近，取决于你的奋斗。学生们的眼神中闪烁着热切的光芒，我也如大鹏所说，一上讲台，像变了一个人。我问孩子们，在现行三种人生路中，父母做官，拼爹；家中有企业，可以继承；自己学习奋斗，你们有几条。孩子们懂事地点点头。我说，既然第一第二条路对我们已经封死。那我们走第三条路的时候就要一心一意，不要拿隔壁二狗如中亿元大奖概率的成功机会赌我们的人生。班会结束时，我跟大鹏说，我相信，我们的到来一定会改变班上某几个孩子的人生。大鹏点点头，这个北方的小伙子，谦虚、诚实、富有内涵。

也正是这个年轻、有内涵、有视野的青年调研组的到来，让我看到了农村基层学校最需要的是什么。

调研汇报，组长希望每个组员都发言。他让我们用两三分钟时间指出问题、发表感想，或者二选一。我说，我只谈感想。因为我知道这里的问题有太多是死结、是顽症，我开不了一个切实可行的方子。我说作为一个有十几年基层教育经历的人，十几年后回到基层我有太多的感想，我本想用"教育工作者"，但感觉不太吻合，又想用"青年学者"，但又感觉这个名头太大，于是选择了一个泛之又泛的"人"。我说，我看到了变与不变，在变与不变中皆有积极与消极的成分。教师永葆的师德良心、教学硬件的改善、教师素质的提高是变与不变中的正能量，带来希望。而十几年乃至几十年令人窒息的氛围、一成不变的教学方式、师道尊严的践踏等则是我们不得不反思的问题。不过，我相信，通过上下两个层面的共同努力，基层教育的明天绝对比今天好。

我不是一个说套话的人，"明天比今天好"真的是我心中坚定的信念。就像我把"回到起点，你才知道你走了多远"配图发到微信朋友圈里，小妹给我的回复，努力不会白费。

林花谢了春红，太匆匆。临别前拥抱着娇小的宇春，我心中真实地感受到留恋与依依不舍。留恋与不舍的亦不仅仅是某个人，还有这种经历，以及穿越在起点与相对终点之间的心灵洗礼。

来自基层义务教育状况的观察和思考

李清霞[*]

在蛟塘镇中学进行了为期五天的调研，因分在初一组，故这里的活动主要在初一年级展开。期间听了八节课，访谈了六位教师，走访了两个家庭，课间与学生交流；空余时间查看了学生宿舍、广播室、图书室、画室等地方。在将调研资料汇总的时候，不禁有很多思考，这里主要从教育问题的角度谈一些情况和心得：

一 硬件与软件的失衡

对于一个镇中学来说，蛟塘镇中学的硬件不仅是达标的，更是优良的。从教师学历来看，近年来，新进教师的学历基本在大专及以上，且有不少教师就是江西省师范大学本科毕业即到此工作。目前的教师队伍中，40岁以下的教师占大多数，可谓有一支年轻的教学队伍；从教学设施来看，两栋漂亮、整洁的教学楼，一栋办公楼，实验室、广播室、图书室基本齐全，且大部分教室都装有多媒体设备和白板设备，教师上课时还可用耳麦扩音以保证所有学生的听课效果。

我们在听课中能感受到年轻教师对工作的热情和认真的态度，但是有些方面的教学能力还有待提高。因为该校师资欠缺，部分教师需要兼任第二课程，也往往是所谓的副科，比如历史、地理、思想品德课等。或许因为对所兼的课并不专业，或许因精力所限（访谈中部分教师提到课时超量），在听到的几节课中，教学效果并不理想，教师仍然用抽象的语言、说教的方式，讲授或抽象或远离生活的内容，从学生的反应

---

* 李清霞，中国教育科学研究院教育研发中心干部。

来看，大部分同学在这些课上都没有学习兴趣或者直接去做其他的事情。近几年的课改中经常强调"学生为主体""教师为主导"，但是这样看来，部分老师尤其是一些年轻教师仍在用传统的教学方式授课。

二 "读书无用论"影响大

在与老师、家长的访谈中我发现，当地"读书无用论"的思想比较严重。很多家长或中学毕业的年轻人外出打工，他们在其他城市挣的钱与农村教师工资比较，自然占有优势，还有的在当地做非常辛苦的泥工，日工资也高于教师，而目前大家都比较关注工作收入，并不关注工作环境、工作时长、工作保障等方面的问题。

所以，一方面很多家长会认为读书没有什么用处，这自然会影响他对老师和孩子读书的态度。由于这种思想"作怪"，一些学生也对读书没有兴趣或只是应付，打发时间到初二直接辍学去打工。同时，家长和学生都对老师的教育抱有不屑的态度。另一方面，教师也会因为收入的压力而抱怨工作，或者产生放弃的念头，对学生疏于教育和管理。

三 家长教育意识淡薄

访谈一些家长时感觉跟他们"对不上话"，我们认为的教育重点，他们从来没有考虑过；我们认为的教育问题，他们从来不认为是问题。而且，大部分家长有这样一个错误的观念：教育等于学习。谈教育问题，他们觉得孩子学习成绩不是特别落后就不存在问题。关于良好的行为习惯、性格、品质等方面的培养，他们从来没有想过。只有当孩子在某一方面出现行为过错时，他们才会想着去纠正。也正因为这样的观念，多数家长对孩子的教育比较依赖学校老师，即使孩子行为或性格方面需要培养或塑造，他们也是希望学校里能组织安排一些活动，帮助孩子成长。对于自己的教育能力，他们未想过主动去学习、提升，也未想过得到上级部门的帮助和支持（也可能他们认为养孩子是家庭的事情，不知道有相关部门能给予帮助）。

究其原因，我想主要有两个方面吧！其一是农村家长的知识水平普遍较低，学历多数为初中及以下，实际上很多人初中或小学根本没有读完。基于这个水平，他们对教育的认识也往往停留在表面，难以想到孩子在性格、习惯、品质等方面的培养，或许在他们看来，这些都是"树大自然直"。此外，受视野所限，他们对孩子期待要么比较低，比如就是像他们一样过简单普通的日子即可；要么是比较模糊，比如即使有的家长希望孩子以后考大学，对于孩子的特长、爱好或未来发展也是未有思考。其二是受家庭经济条件的制约，为了生计，很多父母的主要精力都放在劳作上，甚至把孩子放在家里让老人看管，自己外出务工，只要目前孩子没有出现过错，也就无暇顾及了。

四　农村青少年心理情感世界缺乏关照

目前，转型期的中国社会呈现出城乡二元对立的结构，这不仅表现为经济活动的不同，而且表现在生活方式、价值观念、文化活动等一系列的差异上。农村青少年通过电视、网络等途径认识了另外一个世界，而自身又生活在一个相对闭塞、落后、单调的地方，这会让他们产生渴望脱贫的强烈愿望，加之，由于社会上广泛流传的一些观念的影响，比如"读书无用论""拼关系"等，又会让他们质疑读书的目的或对未来生活产生迷茫的情绪。此外，从青少年心理的角度而言，他们的心理有着实际幼稚和渴望成熟的矛盾性，思维发展和自我认识也并不成熟，这会让他们在遇到交往问题（与同学、老师、家人相处时的问题）时不知所措或进行错误的处理。同时此阶段还是青少年世界观、人生观、价值观的形成时期。如果没有正确的教育引导，很容易出现一些心理或精神问题，可谓是产生心理问题的"高危期"。

但在走访中，我们发现，对农村青少年心理情感世界的关注几乎为零。教师一方，因目前考核制度仍是以成绩为重，所以大部分教师主要抓学生学习成绩，只有部分班主任会有心理教育的意识，但往往也是当学生出了某方面问题时才会给予疏导。或者由于教育方式不当，比如未能发现问题的根本原因或批评言辞过重，损害学生自尊心，反而与教育初衷背道而驰，使学生产生偏激、自卑心理。有的学校有"心理咨询室"，但也形同虚设，没有专门或专业的老师为学生答疑解惑、疏导情绪。家长一方，因其文化素质普遍较低，与孩子的沟通也往往停留在基本生活层面，不会考虑孩子内心烦恼、忧愁的感受或变化，基于这一点，很多孩子也不愿将自己的烦恼向父母倾诉，彼此缺乏交流的技巧和共同话题。如果是留守儿童，更是缺乏倾诉情感的对象。这都会让他们变得忧郁或内向。

此外，多数农村学生生活水平在温饱状态，没有多余的钱去参与更丰富的文化活动，生活环境也缺乏这方面的条件。而且，农村学生的人际交往也相对比较单一，大多数青少年只跟与自己经济相仿的同龄交往，对心理困惑的帮助也极其有限。

五　关于留守儿童的问题

应该说，留守儿童问题不是一个新话题了，但正是因为这个问题一直存在，且随着社会生活的发展与变化，不断产生更新或更严重的问题，因此一定要予以关注。

在学习方面，留守的这些孩子也知道家庭经济情况差父母才会出去打工，部分孩子会有意识通过读书改变自己的命运，因此，他们学习的主动性一般要比父母在家的学生强。

当然，在这个过程中也需要老师的正确引导和经常性的激励，否则如果因为缺乏引导或约束，再被网络游戏所诱惑，控制力弱的孩子也极易成为"失足少年"。

其实，留守儿童最大的问题在于性格方面，因为缺少与亲人的交流，他们要么比较内向，要么比较偏执，甚至有的学生有某些精神方面的不良表现，也可能还没有达到疾病的程度，但这应该引起教育相关部门的重视。

留守儿童问题的变化极具时代变化的特征，受访的教师谈到，他带的第一届学生（2005 年左右），因为社会环境相对比较简单，很多孩子还是 90 后，接触面较窄，即使不喜欢读书，也可能是去进行其他的活动，比如桌球、滑冰等，对其教育或管理并不难。第二届学生（2007 年左右），因为接触到网络上鱼龙混杂的信息，加之，外界社会观念的影响，他们的心理开始产生变化，自我意识比较强。到第三届（2010 年左右），直到现在的第四届学生，一方面受社会风气"一切向钱看"的影响，另一方面电脑、手机的普及使得学生更容易去接受网络信息，同时他们也缺乏明辨是非的能力和老师、家长正确的引导，因此，学生变得非常自我，对老师和家长的敬畏感逐渐淡化，教育的功能和力量自然也在逐渐弱化。

此外，留守儿童花钱的问题也值得关注。出外打工的父母感觉辛苦赚钱就是为了孩子，加上不能陪伴他，因此会经常用钱来补偿他；在家看护的老人不愿管理得太严，只要孩子要钱都会给，也不会过多过问钱的用途；加之，一般学校也没有财商方面的教育，这一切都使得孩子逐渐养成了乱花钱或大手花钱的毛病。而花钱问题又引发出其他问题，比如喜欢与人攀比，不顾家里实际情况买贵的服饰装扮自己等。

六　不良网吧成为教育"盲区"

由于农村条件所限，没有丰富的文化活动。随着网络信息化的普及，去网吧上网或玩游戏成了很多学生一种重要的课外活动，甚至是一种"时尚"的活动。虽然我们都知道网络世界也并非一无是处，但去网吧的同学往往只是打游戏，其中以男孩居多，如果他们沉溺其中，不仅直接影响学习，还会产生一些行为问题，比如逃学、撒谎、抢劫等。

实际上，教育部门自上而下都对此感到无可奈何。明知道有危害，但又无法干涉，我们调研的学校只能通过增加自习课来约束学生的上网时间；有的老师屡次去找学生，甚至还遭到网吧老板的威胁。教育局无权干涉，工商局只管注册，只要不出现大的问题，派出所也无权查处。似乎网吧里的游戏或不良信息成了一个教育"盲区"，令教育工作者"望洋兴叹"。在访谈中我们还得知，县城青少年此方面的问题比农村青少年更加严重。或许，这应当成为日后教育工作的一个重点。

保留心里的那个火种

孙明博[*]

刚得知这次基层调研活动把我分到江西组时，心里是有一点遗憾的。我以为在这次去的中西部五个省区中，经济条件最好的应该是江西，所以很担心这里的乡镇相对富庶，调研的学校也与城市中的学校差别不大，调研不会有太多收获。但来到江西星子县蛟塘镇，来到这里的中小学，切身感受偏远地区学校的实际情况时，我发现，恰是这样一个既能与经济发达地区遥相呼应，又因自身局限发展受制而映射并放大了大中城市发展诸多问题的地方，更能深刻展示我们的基础教育发展中面临的种种困境。而且这里的孩子面临的困境也更能给我自身以启迪和反思。

这里算不上贫困地区，很少有在贫困线上挣扎的家庭。虽然当地没有什么支柱产业，但因为劳动力大多选择去南昌、九江或者江浙沪一带务工，辛苦劳作的收入也让他们在回乡时能给予家庭比以往更好的物质生活。小镇地理上背靠庐山，面临鄱阳湖，在九江和南昌连线的中间点附近，这一地区在历史上有很厚重的文化积淀，千年以前，王勃曾在滕王阁写下名垂千古的《秋日登洪府滕王阁饯别序》，这是我对江西的最初认知。提到九江，人们自然会想到江州司马白居易的经典诗文《琵琶行》，"同是天涯沦落人"的诗句勾起多少世人的感慨。而我们去的星子县蛟塘镇依山傍水，星子县是大名鼎鼎的白鹿书院坐落的地方，是宋明理学的发祥地，是承前启后的大儒朱熹传道讲学的场所。县名星子，应是记载有星坠落于此；镇属蛟塘，必有蛟龙风云际会，腾云化

---

* 孙明博，国家开放大学干部。

雨。历史与传说交相辉映，物华天宝，人杰地灵绝非过誉之词。但厚重的文化历史氛围并没有为星子县如今的发展提供太多的力量，打造旅游名县的进程方兴未艾，它却因靠近四通八达的九江而像大中城市的一个影子，无力抵挡经济发达地区各方面的渗透，灵敏的传递甚至扭曲了城市里的乱象。这里与那些几乎与世隔绝的山村相比，似乎更具有作为调研样本的普遍意义。

　　几天的听课、采访、上课、考察让我对这里的基础教育形成了大体的印象。这里虽然有些偏远，但学校的硬件设施比我想象的好很多，由政府拨款或大企业赞助建设了教学楼、宿舍楼，学校已经在部分班级配备了和北京中学类似的多媒体电子白板，有机房、实验室、美术教室、图书室、医务室，甚至心理咨询室。教师的教学教法和我了解的大中城市的教学基本相同，能用引导式的讲法把内容讲明白，教师基本功也不错。但问题也很多，比如有各种功能教室，却很少使用，各种教学仪器配备不足，功能教室形同虚设；比如学校没有专业的音体美老师，副科由上不满课时的主课老师兼任，音乐课就是唱两首流行歌曲，体育课只教授广播操，而且课时不能保证，教学质量无从谈起；比如操场就是一块坑坑洼洼的空地，会做广播操的同学屈指可数……我可以列举出很多个比如。但最让我担心的是孩子的状态。

　　我蹲点的蛟塘镇中学不到700名学生，有近七成是留守孩子。留守意味着家庭关爱的缺失，父母不能及时与孩子进行必要的情感交流。部分留守孩子变得内向、沉默、不善于表达，心理问题在所难免。短短几天无法探究得更加细致。另外，留守孩子的家庭结构的不完整，至亲管束的缺失让他们中的某些人在负能量的泥潭里愈陷愈深。而隔辈教育不能有效地树立孩子正确的价值观和人生观，长辈那一点苍白的说教早就败给了电脑游戏、不良书刊和不需要思考只需接受的打工挣钱标准化成长路径，他们中有些人小小年纪留着可以遮住半张脸的头发，戴耳钉，通宵打游戏，看书店里买来的不良书刊，混着日子等着和他们的父辈、兄长一样出去闯荡。读书学习在很多孩子心里是一个笑话、一种折磨、一种最没有意义也最无趣的刑罚。

　　我采访的很多老师都受到过孩子的嘲讽，教师职业在孩子们眼里似乎还没有打工来的高尚、来的实在。这些把靠体力赚钱作为榜样的孩子视野还不够高远，他们并不知道知识和学养可以给自己、给社会带来怎样的力量，眼前实实在在的例子就坚定了他们对自我道路的选择。男孩在小镇混着，等大一点了就外出务工，女孩可以在家加工羽绒背心换取不多的劳务费。一旦结婚，他们就会为生活、为孩子、为家庭的责任而更加劳碌，没有机会改变现状。体力劳动将成为他们养家糊口的唯一凭借，如果出现生病、无工可打，或者家庭主要劳力死亡或离开，这个家庭就会立刻陷入困顿。

没有一技之长的打工者还能走多远，他们还能像父辈一样靠起早贪黑的工作换取可以糊口的工钱吗？他们还能在高高的脚手架上欣赏自己的汗水浇灌的城市森林吗？他们这一辈人能完成父辈没有完成的城市化进程，和城里人一样享受医疗、教育、文化资源而有尊严地生活吗？社会变革、产业转型对人的素质要求越来越高，只上过小学或初中的他们怎么能左右自己的命运呢？怎么能实现父辈的梦想？他们或许面临着巨大的要求有专业技术的用工市场，但因为自身没有技术而只能沦落为最底层的打杂者，到那时打工糊口也成为一种奢望吧。

班会那天，我狠狠批评了"读书无用论"，我希望用强硬的姿态加深他们的印象，读书不但有用，还能赚大钱，不但可以让你温饱，更能让你体面地生活。我希望他们面对现实的困难，既要肩负家庭的责任，也要保留向上的火种。和我同行的邹老师更是用自己的求学和生活经历告诉孩子们要追求自己有选择权的生活。我知道，他们大都听懂了，但我也明白，他们也许很快就忘了。我能理解，因为环境就是那样，他们对前途的迷茫困惑不是两个小时的说教就可以扭转的。而我，不是也有自己的困惑和不得已么？人生总在一个小天地里打转，好不容易突破一个，其实就是进入另一个大一些的天地。庄子说朝菌不知晦朔，蟪蛄不知春秋，又说夏虫不可以语冰。我们都想超越原来的自我吧。于是，我们开始用尽一切方法突围，突破本身需要努力，而拼尽全力也许只进一步，突破的幸福和兴奋感会被现实很快湮灭。人走的远没有想的好。但如果不努力，不去寻找你渴望的生活，人生的意义何在？有人说，人生本没有意义，你选择怎样过，就有怎样的意义。又有哲人说，真正的生活，是我们所没有经历过的生活。当年放弃工作离开家乡，就是不想过三十年如一日的生活，于是地域、学历、阅历、环境的种种突破，每一段路都给我新的领悟。我庆幸自己的决定，庆幸当时的现实给我的刺激，让懒惰如此的我能一步步走出来。但如果我像庄子所说的一只小虫，从瓶子里刚爬到大一点的桌子上，沾沾自喜地以为这就是我的天地，那我和这些想外出打工的孩子相比，又有什么区别呢。看到他们，反观自己。我突然惊醒，我希望孩子保持的内心火种也在我的心里明亮起来。人生的突围是不应该停止的，我们怎么去超越鲲鱼，超越大鹏，超越列子乘风而游乃至无待之逍遥游？在物质、眼界、学养的层层突破之后，或许艺术是最终的归宿，就如庄子的人生是艺术化的人生。

希望孩子们能明白我的意思，等你基本满足了物质生活，掌握了一定的知识和技能，为自己的人生而迷茫的时候，不要忘记还有更美好的东西，艺术追求或许可以把你带入真正逍遥的境界。

絮叨了这么多，似乎已经跑题了，草草收笔，作为自己的调研心得吧。

远离城市精英的乡村师生

汪建华[*]

连续四天高强度的调研工作很辛苦，白天调研，晚上讨论、整理资料、写简报，有时忙到一两点，第二天七点不到又要起床。我作为联络员和西庙小学组的组长要操心的事情也多一些。不过，这些辛苦还是值得的。我和我的小伙伴们都很投入，农村教育的调研也给予我们很多体验甚至冲击。

调研工作总体上还是布置得不错。三个小组蹲点式调研，远强于浮光掠影式的座谈。我们的坦诚、认真确实赢得了很多师生的信任。在西庙，第一天我们似乎可以看到老师刻意准备的迹象，英文课上师生对答如流（如果这是真的，那就更好了）。但是慢慢地他们就不拿我们当外人了，该说家乡话说家乡话，这是一种非常轻松的氛围。有两个细节让我感觉亲切。一次是我和小雷家访完，一边和JXYH校长聊天一边等赵然、韩磊家访回来，JXYH校长毫不避讳地一一向我们介绍各个老师的特点，哪怕是一些老师不尽如人意之处，此时我们已经不再是他们眼中上面派下来检查的神秘而又可恶的人物了。另一次是礼拜四上午，我和一些年轻老师在走廊上聊天时，在温暖的阳光中我倾听他们的无奈与困惑。

我们的学生也让人感触颇多。我和小雷与五年级的学生接触时间也就那么两个小时，但彼此间很快就形成了默契。当我们将主持的机会交给学生时，小孩表现出来的潜力和才能让人惊讶。小孩的世界其实并不是封闭的，封闭的是我们对他们的理解。就连最胆小的小孩都踊跃参加

* 汪建华，中国社会科学院社会学研究所助理研究员，法学博士。

我们的主持人选拔大赛，可见他们的心灵其实充满积极的元素，但我们大多数时候并没有耐心去激发这些元素。通过游戏，他们知道每一个人都有非常优秀的一面，每个人都值得尊敬。当然，通过他们，我也知道了很多。

尽管我是从西庙这类的村小走出来的，但似乎太过久远了，农村学校的困境与亲切似乎早已抛之脑后。和同行的朋友开玩笑说，我们和农村的小孩、教师似乎生活在平行时空中，要不是调研这样一些偶然的机会，他们的生活学习、喜怒哀乐很难进入到我们的视野。可见很多事情、很多苦难的存在，不等于知道，知道不等于体验到、感受到。农村的教育远离城市精英的生活经验，乡村的师生又是一个没有话语权的庞大群体。只有在统治精英突发奇想时他们才能得到一丝怜悯。大多数时候，权力之光越是闪耀，他们的世界越是布满阴影。

城镇化的两股潮流，外出务工与县城购房业已对农村社会结构造成巨大冲击。在这股潮流中，学校教师也受到巨大冲击。即便是村里文化程度不高的年轻人都不屑于待在乡村，想方设法往城里涌，更何况受过高等教育和现代都市生活方式濡染的年轻教师？在蛟塘镇中学和中心小学，老师流动非常频繁，学校领导都说，他们这里简直成了青年教师培训基地。在西庙小学一类的村小，教师的招聘和队伍的稳定更成问题。有一个村小甚至出现，年轻教师集体跳槽只剩校长和教务主任的尴尬境况。家长外出，老师又不断离开，很难想象这样的成长和教育环境，对农村小孩意味着什么？

西庙小学的经验可以给我们提供一些其他的可能性。该校远离镇中心，交通不便，但是教师队伍基本稳定。本地一些已经成家的年轻教师逐渐成为学校的中流砥柱。完善的家庭生活是促使他们留下的重要因素，父辈在本地的社会关系网络也促进了他们融入当地农村社区。在生于斯长于斯的农村，他们也能非常容易地把握学生的情况。尽管相比老一辈教师，他们融入农村社区相对有限，但是我们也不可忽视其农村执教年限的影响。以家庭生活和社区关系营造为中心，促进农村教师队伍稳定，是一条相对值得尝试的道路。

要促进这种关系，引导本地教师回自己所在村、镇应聘，加大定向委培力度，是必要支点。当然这样做既要保证程序公正避免就业歧视，也要以提升偏远地区教师待遇为前提。乡村教师现有的偏远补贴非常有限，很难对人才构成真正的吸引力。乡村小学教师的临时住所和食堂状况也很能令人满意，很多学校根本没有教工临时住所，连吃饭都要自己凑钱请师傅买菜做饭。考虑到越来越多的教师要在县城买房，在开放的劳动力市场中也不可避免地会有一批外地教师，临时住所和食堂的提供，对于招聘和留住年轻教师，非常重要。另外，对年轻教师来说，完善的信息设备也不可或缺。

所有这些都要以财政投入为前提，但是这需要相当一部分的中央财政投入。光靠贫困县区解决其偏远地区的教师待遇问题不太现实，毕竟在这些地方，县一级财政很难有余力在教育上加大投入，能保障老师的基本待遇就已经算是不错了。

农村教育的改善，需要各方有志之士的关注。无论是有公共话语权的学者，还是有政策制定、执行能力的年轻教育部同人，应以此共勉。此次调研，只是一个开头，未来的工作，任重而道远。

勿忘坚守教育理想的初衷

赵　然[*]

　　在蛟塘镇调研的最后一个晚上，由于前几日连续熬夜的疲劳，在整理完当天与村小教师的访谈记录之后，我便早早睡去。为期一周的调研工作已经进入收尾阶段，本该卸下包袱一觉睡到天亮，却不知为何这一晚终是难以入眠，辗转反侧，时梦时醒。同屋的明博兄与我同病相怜，是夜凌晨 4 点，他再难忍受失眠的折磨，冒着刺骨的寒风出外散步，回来的时他告诉过我，这里夜晚的星星异常明亮。而代价是一直到天亮，他的过敏性鼻炎都没有放过他。

　　这短暂的数日在蛟塘镇所见、所听、所感受到的东西，并没有随着这次调研的即将结束而在我的脑海中有所淡化。相反的，它好像每时每刻都在叩击着我的心门，使我久久不能平静下来。

　　这次农村基础教育调研的对象是位于九江市星子县蛟塘镇的三所学校，一所中学、两所小学，而我所调研的西庙小学是其中地理位置最偏，教学条件相对较差的一所村小，选择它也是因为觉得它会更具代表性。市里到星子县蛟塘镇，前前后后有将近两个小时的车程，其实并不是说这里有多么偏远，主要是路不太好走，尤其是从蛟塘镇到我这次调研的西庙小学，途中甚至连一块平整的柏油路都没有。

　　这里没有什么产业，由于地形地貌能种农作物的土地也并不是很多，西庙小学叶校长跟我讲，早些年这里人光靠种地，连吃饭都成问题，之后当地很多人选择外出打工，这样不但解决了自己的温饱，还可以赚一些钱补贴家用，而这样造成的结果，就是像在西庙小学这样的偏远村小，

　　* 赵然，中国教育科学研究院教育科学出版社干部。

留守儿童占到了全部学生人数的百分之七十以上，这样的孩子大部分都是爷爷奶奶来带，其实这对孩子心理、学习等各方面造成的负面影响是显而易见的，可是该如何解决？这显然不是拍拍脑门就能搞定的事情。

这是当时我遇到的第一个问题。这些天我们和老师一起吃饭，听他们讲课，和他们聊天，接触的越近，所了解的问题就会越多，像当地教师待遇偏低、家庭教育严重缺失、师资流失现象普遍、现有教学手段单一、师资力量薄弱、职称考核存在缺陷等情况就会慢慢浮现出来，不过这些我并不想说太多，团里的报告都会更加翔实地总结出来。在这里我想说的，恰恰是在如此艰苦的教学环境中，在这样或那样不利的条件下，那些能够带给我更深思考的东西。

其实在来之前，我一直希望我能够保持一颗中立的平常心，去客观冷静地分析这里的农村基础教育现状，但随着了解的深入，调查的展开，我发觉我很难不把自己的个人情绪带入其中。西庙小学是蛟塘镇九个小学中相对偏远的一所，教育条件很差，甚至连自己的操场都还没有建起来，孩子们只能在坑坑洼洼的土地上进行一些简单的运动，我问了很多孩子，他们最喜欢的运动是什么，大部分都告诉我是跑步，是啊，在这里除了跑步，他们还能做些什么呢？两百四十多名学生，加上校长一共才十一个教师，其中三名是代课教师，几乎每一位老师都要教授两门课程，大家的日常办公都是挤在一个办公室里，出来进入，年复一年。而恰恰就是这样一所学校，多次在学区各方面的考核评比中，名列前茅，墙上数不清的奖状好像在诉说着这样一批教师的坚持。

有个"90后"的代课教师叫JXX，她的英语课讲得很好，教学方法和技巧一点不比城里的英语教师差，孩子都很喜欢听她的课，只是目前还没有考到国编，每个月只能拿到仅仅七百元的工资，而她已经在这里教了快两年，我问她你为什么选择在这里坚持下去？她跟我说，如果抛去成绩，她觉得班上每一个孩子都很懂事，他们让她感到欣慰和骄傲。然后她给我讲了个故事，说有一次因为学生不听话，她很生气，那时候她还没有教师资格证，觉得这样下去也不是个办法，想过改行，就跟学生们说你们这样子下学期我就不来教你们了，没想到班里的学生听到这个消息后，每一个学生都不愿让她走，孩子们哭成一片，就连平时班里最闹、学习成绩最差的那个学生都站在讲台上边哭边说挽留老师的话，她说当时她就崩溃了，眼泪就止不住地往下流，那个时候她觉得自己真的太幸福了。讲完这个故事，JXX 老师顿了一顿告诉我，可能这些学生真的就是支撑她从事这个职业的一个重要的精神支柱，后来努力考取考教师资格证的时候她就在想真的是因为舍不得这些学生，想继续带下去。听完她说的这些，我多少能够理解为什么这样一所偏远的乡村小学，仍然可以培养很多不亚于镇里县里的优秀学生，因为像 JXX 老师这样的教师在西庙小学我天天都能见到，几乎每一位教师都能尽职尽责。我想，正因为有他们，这里的孩子才能够得到相对良好的教育，也正因为有他们——扎根基层的农村教师，让人看到了中国教育向着更好方向发展的希望。他们，是中国未来农村教育发展的脊梁。

调研的最后一天下午，按照流程我们要给班里的孩子们开一个主题班会，说实话，我从来没有给孩子上课的经验，而且又是比较敏感的六年级。在前一天晚上，我翻来覆去想了好多开好这个主题班会的内容和形式，直到第二天下午走进教室前，我都十分紧张。推开了教室的门，我和韩磊老师一起走了进去，恍忽间我看到了孩子们注视我时那满脸的笑容和一双双充满期待的眼睛，我突然一下子轻松了好多，我才发觉这些纯真的孩子会用他们自己的方式给你带来很多的勇气和鼓励。接下来一切都进行得很顺利，韩磊老师渊博的知识和亲和力，加上我的一点点幽默，让我们和这些孩子度过了一个愉快的下午。我想我多少感受到了一点 JXX 老师说的那种幸福。

可这有时并不能掩盖这次活动给我带来的一些沉重的思考。开班会之前，需要学生们写一个关于他们情况的调查问卷，在做问卷的时候突然有个女孩叫住我，我走过去看，她说她有一项不知道该如何填，我看那题写着：你最希望接受到的教育程度是什么，后面有高中、本科、硕士、博士四个选项，其实这道题很好填，我就问她为什么不会做，她就小声地告诉我，下个学期她就要走了，以后不再读了，所以不知道该如何填。看着她迷茫而又无奈的眼神，当时我就感觉心被什么东西揪了一下，愣在那里半响没有说话。回到住的地方，我把那个班所有孩子写的问卷一张一张拿来看，看到最后都会流下泪来。问卷上有一道题是写自己目前遇到最大的困难是什么，有的孩子写到生病了，希望能够有钱早日把病治好，不要再让病魔折磨自己；有的孩子写到父母欠了一身债，希望能够早日还清，一家人踏踏实实地过日子；有的孩子写到希望爸爸妈妈能够多来看看自己，不要一年只回来一次；还有的孩子写到在班上没有朋友，父母也不在身边，一直觉得很孤独；等等。看完这些我陷入了深深的思考，这里面所反映出来的好多事情，都不是他们这个年纪应该经历的，但他们却实实在在每天都在经历，在面对。我想义务教育均衡发展，均衡的除了义务教育，还应该对这些偏远农村孩子的心理教育、家庭教育有所关注，因为它们伴随着义务教育，影响的也是孩子一辈子的东西。

离开那天，明博兄告诉我他和宇春老师要再去见一见孩子们，跟他们说上一两句话，他们调研的是中学，所呈现出来的问题更加复杂，我便也一早跟了过去。明博兄和宇春老师对孩子们说了很多鼓舞他们上进的话，让我听了很感动，后来他们让我也上去说一两句，走上讲台，我看着下面的学生，他们注视我的眼神突然让我想起了西庙小学六年级的孩子们，他们看我们的眼神，如出一辙，是那样的清澈。他们的眼睛就如同这里夜晚的星星一样，异常明亮。星星点亮了夜空，而他们，填满了我的整个内心。

我突然想起我当初为什么会选择这个职业，我记得我在之前的一篇文章中提到过，那时候我从事教育出版事业是多多少少带有一些理想主义在里面的，那时候希望通过自己可能是微不足道的努力，能够帮助哪怕是一个孩子得到更好的教育，学到多一些的知识。因为教育是一个神圣的职业，我相信很多教育口的同人在当初选择这个职业的时候和我的想法有相似之处，可能后来随着工作的稳定，业务的繁忙，生活的快节奏，就渐渐忽视了这些当初的想法。在江西调研最后一天的晚上，我对同伴说，江西调研团里每一个人都是那么的优秀，相信在不远的将来都会在自己领域里取得一定的成就，但不管以后身处什么位置，希望大家能够记住咱们在蛟塘镇调研的数天，记住这里的农村基础教育现状，记住这里的孩子和他们看着你时那如同星星一样明亮的眼睛。

勿忘初衷，不要改变我们那颗赤子之心，要去坚守自己最初那份从事教育事业的理想和信念。要在以后的日子中力所能及地切实为我们国家这些偏远乡村的孩子们做一些什么。

因为孩子就在那里，问题还在那里。

农村基础教育任重而道远

韩　磊[*]

很荣幸能够有机会参加"根在基层·中国梦"的基层调研活动，在江西省九江市蛟塘镇持续一周的调研，不仅增加了我们基层调研的经验，也让我们了解了当前我国边远地区农村基础教育的现状和困境。翻看着这一周的照片，和西庙小学老师和学生共度的美好时光再次在脑海中显现，老师的纯朴和学生的天真让我感动，而校舍的简陋、教学设备的缺乏以及那些孩子所缺失的关爱却让我久久不能平静。

一　农村调研的经验与教训

总结这次有关农村基础教育的调研活动，我们在调研方法上也积累了一些成功的经验。首先，做好出发前的准备工作。包括学习与农村基础教育相关的政策文件，了解调研地的历史文化及经济发展情况，根据自己的兴趣初步确定几个相关的调研主题等。其次，加强小组成员的交流和沟通。在组长的带领下，我们不同小组之间以及小组成员之间都会利用吃饭时间进行交流，分享经验。再次，根据具体情况及时调整调研主题或调研方法。例如，"撤点并校"及相关问题是我们初步确定的调研主题之一，但经过和当地中小学负责人的交流，我们发现所调研的地方不存在"撤点并校"问题，因此，我们必须放弃这一主题的研究。

当然，在本次调研中我们也得到了一些教训。例如，我们第一天家访时，本希望学生能够在中间做我们与家长的翻译，但很多孩子都比较腼腆不太爱说话，而且孩子不了解我们所问问题的用意，因此，也很难

---

*　韩磊，中国社会科学院农村发展研究所助理研究员，管理学博士。

给予正确的解读。另外，当我们自己去学生家里做访谈的时候，他们看到我们拿着笔记录以及拍照的时候，家长往往有点排斥和恐惧，在这种情况下，他们或者拒绝被访谈或者故意隐藏很多真实的情况。而第二天在学校老师陪同下的家访进行得相对顺利，一方面老师可以作为我们和家长沟通时的语言翻译，另一方面老师的出现可以消除家长的疑虑和抵触心理。

二　农村基础教育的现状与困境

（一）校舍的简陋与老师的素质

我们第一次到达西庙小学的时候，看到的只有一栋从外面看起来比较新的教学楼，学校没有院墙，没有体育场也没有相应的体育设备，校舍的简陋让我们惊讶，这里的办学条件甚至不如 20 年前我所在小学的条件。在听完该学校四年级的一堂英语课后，我感动很震惊也很欣慰。英语老师标准的发音、带动课堂气氛的能力、让学生参与互动的意识，瞬间让我对这里的教育充满希望。在和老师的座谈和多次听课中，我们发现这里的老师的教学能力还是很高的，而且老师的觉悟也比较高。在问及您觉得学生最需要学习什么的时候，这里的教导主任表示，孩子只要学会思考问题的方法即可，没有非得做对题；另外一位英语老师认为，学生要先学会做人，思想品德的教育非常重要。

（二）留守儿童的教育与关爱

在家访以及和学生交流的过程中，我们发现很多孩子都不太爱说话，比较腼腆，但是在我们主持的主题班会上，学生们却表现出很强的表现欲望和参与的积极性。一位年轻老师表示，现在很多家长外出务工，留守儿童人数占学生总数的 80% 左右，这些孩子大多由爷爷奶奶照看，家庭教育的弱化或缺失正在影响着学生的性格。而且，该老师还表示，有时候学生不听话、做错事情或者没完成作业的时候，老师和家长会体罚他们，这一定程度上给学生造成了心里阴影，使得他们不敢主动表达自己的想法。

在调查问卷中，面对"你现在面临的最大困难"的提问，很多学生表示他们缺少父母的关爱。留守儿童问题是我国城镇化推进中显现的一个重要问题，也给当前的农村教育增加了难度，留守儿童的教育需要老师和家长的共同努力。老师应该多了解孩子的家庭背景和性格，对孩子进行差异性辅导，家长也要多和老师沟通，了解孩子的生活和学生动态，同时老师和家长应共同为学生营造好的学习氛围，创造更多的让学生表现自己的机会。

（三）农村素质教育任重而道远

调研中，我们发现西庙小学没有音乐、美术和体育课的专任老师，都是由语文、数学和英语老师兼任，这里的老师和学生都把音乐、美术和体育课程称为"副课"。对于这些"副课"，学校没有相应的教学设备，仅有的是一架闲置多年且没人会用的电子琴。在问到怎么看待当前的农村素质教育的时候，很多老师表示，素质教育只是一个口号，现在上级都是通过学生的语文、数学和英语的考试成绩来考核和评价老师和学生，因此他们只好全力以赴搞好这些"主课"的教学，根本就没有时间搞"副课"的学习。而且，这些老师还表示，现在学生的压力也很大，每天都有大约一个半小时到两个小时的家庭作业。

素质教育是要促进人的智力和体力充分自由地、主动地发展，使学生的思想道德、文化科学、劳动技能、审美素质和身体心理素质得到全面和谐的发展，个性特长得到充分的培育。但是，当前边远地区的农村素质教育与以上目的和要求还相差甚远，农村素质教育任重而道远。

基层调研的新启示

李大鹏[*]

为期 5 天的中央国家机关青年干部基层调研实践活动已经落下帷幕，虽然时间非常短暂，但在这短短的 5 天时间里我个人还是受益匪浅的，5 天的时间里我们江西调研组一行 12 人与基层战线的教育工作者同工同勤、同吃同住，白天基本参与常态化工作，业余时间进行访谈交流、撰写心得，其他时间根据时间安排深入农村积极开展相关工作，基本完成领导安排的调研任务。心得体会可从 4 个方面来体现。

第一，对于我这个初次参加调研活动的青年团员来说，这次活动让我对社会调研的理论方法有了初步的了解。社会调研包括社会调查和社会研究两个层面的意思，社会调查包括的核心要素有调查人员、调查对象、调查时间和调查地点。我对于社会调研的选题方法也有了一定的认识，同时通过与社科院同志的交流，对最终撰写调研简报和大报告的方法有了一定的认识，比如撰写简报如何谋篇布局，需要体现什么问题和提出什么解决建议等。

第二，由于本人在教育领域所从事的工作主要是国际教育的交流与合作，主要知识储备倾向于国外教育体制、国外院校的具体情况和变化，对国内基础教育特别是农村基础教育所存在的困境及问题的了解知之甚少。对教育行业的整体布局以点为主缺乏对面的认识，通过这次调研活动本人对国家的基础教育特别是农村教育所存在的热点问题有了一定的认识，比如大到城乡教育发展不平衡的问题、素质教育问题，小到撤点并校、师资流动、农村教育信息化、择校、学生营养餐、留守儿童

* 李大鹏，教育部留学服务中心嘉华世达国际教育交流有限公司副总经理。

和减负问题等。

第三，学会了使用社会调研工具，这些工具包括实地蹲点调研、对农村基层学校领导和老师深入采访，与学生家长沟通和发放大量调查问卷。通过数据的分析最终提出了调研目标所存在的问题并提出了具体的解决建议，比如针对留守儿童心理方面的问题我们提出的建议是学校最好开设基本的心理辅导课程加强对农村学生的心理辅导。对于师资流动问题，我们的建议是尽量实现教师的本土化，同时加强农村一级教师的交流、县城一级教师的交流，从而进一步延伸至城乡一级教师的轮岗交流，通过城乡一级教师的交流可以不断提高教师的教学水平，进一步加强师资队伍的培训特别是对农村教师队伍的培训，进一步减少教师对职业发展的倦怠。另外教师的职称和职务晋升必须将交流和培训经历纳入主要考核标准，使教师做到我要去交流和我想去交流。

第四，通过调研活动扩大了自己的视野，扩大了个人的交友面，正所谓认识了一位有见识的新朋友等于打开了自己人生的一扇新门，也许在某种程度上我为自己人生事业的发展找到了一位新的领路人。

十年树木，百年树人，十八届三中全会以来，国家进入了改革的深水期，教育改革势在必行，教育关系到一个国家的兴衰，解决基层教育问题不可能一个政策就立竿见影，需要各个方面的共同努力，作为教育战线的工作者，我更加能够感受到肩膀上担子的分量。

访谈实录

　　龙门镇是鄱源县南部临鄱阳湖的一个大乡镇。全域面积 37 平方千米，人口 2.4 万，谓为鄱源县的南大门，曾经是鄱源南域重要商贸集散地和文化中心。古镇成市为明，兴盛为清，倚匡庐，傍彭蠡，物华地秀，人文兴盛，历朝历代崇儒重教，人才辈出。

　　龙门镇中心小学坐落于古镇最中心地段，交通便利，是一所有近 70 年办学历史，肩负全镇小学行政管理和业务辅导的中心小学。学校占地 13160 平方米，校舍面积 3505 平方米，现有学生 435 人，教师 29 人，教学班 11 个。2010 年秋季，学校全面启动升级改造，高定位规划设计，新建教学楼一栋，配套完善综合用房，更新升级图书、阅览室，仪器、实验室，智能广播室，音体美器材室，装备了微机、多媒体、远程教育、音乐、美术、心理咨询等现代教学专用教室。建立了学校网站，教师实现了网上办公，成为一所功能齐备、设施先进、环境优美的现代化示范学校。

与龙门镇中学初三 1 班的同学们合影

　　龙门镇小学学区辖中心小学和 8 所村小，有 60 个教学班，1826 名学生，专任教师 98 人。学区校园总占地面积为 58214 平方米，校舍总面积 14010 平方米。

访谈 1

受访人：江西省九江市鄱源县龙门镇中心小学 JXA、JXB、JXC
采访人：江西基层教育调研组
整理人：邹宇春、汪洋
访谈时间：2013 年 11 月 25 日 14：30
访谈地点：龙门镇中心小学校长学会议室

访谈记录：
JXA：我先介绍下我们学校的整体情况。

办学条件，教师队伍

我们龙门镇在鄱源县是一个大镇，在地理位置上是鄱源县的南大门，号称面临鄱阳湖，背靠庐山，我们湖滨小学在鄱阳湖边。不知道你们哪几位在湖滨小学蹲点？最后我会请大家一起去鄱阳湖边看一看，现在那边没有水都是草，我们龙门小学现在只有 1826 名学生（一个学区里有 9 所学校），现在只剩下这么一点点人，比我们的最高峰时少了一半多，我们最高峰时有 4000 多人，大概在 90 年代初，1994 年左右。这个变化第一个是因为计划生育工作做得好，第二个原因是外出务工人员多，第三个是随着人们生活水平的提高城镇化路子走得比较快，有很多家长在外面（外地）赚了一点钱，他们回来把子女安排到县城去，让他们的父亲母亲在县城照顾。学生减少主要是这三个原因。

我们在编的教师这个学期只有 98 人，我们属于鄱源县的偏远乡镇，教师在这里难留住，从县城坐班车到我们镇要 1 个小时。

教师的结构方面。从 2002 年实行招聘教师以来，我们招聘的教师有 60 多位，占了学校教师总数的约三分之二，像我们那个年代包分配的教师现在只有 30 来个人，新教师多，而这些新招聘的教师多是外镇的，不是龙门镇本地人，差不多 60 位。虽然鄱源县当时在全省招聘有一个条件就是要有鄱源县户籍，但是我个人建议，如果可以我还是想招聘我们本镇的，为什么呢？因为如果不是本地户籍的就很难留住。现在我们招聘的都是外镇的，交通也比较方便，早上来下午走，也就是说交

中心小学教学楼

通上要花费一些时间，教师课后时间多多少少占据了一点，要把这些教师的心留住难，因为他的家不在这里，中国有句古话："落叶归根。"这也是我们龙门镇的一个问题：教师难留住！

龙门镇中学的课间操

学校校园建设方面，这几年还是有一个大的改变，到目前为止我们龙门镇中心小学的教学楼基本都得到了解决。今年实行的农村中小学标准化建设，每一个村小的围墙、操场，包括它的厨房、厕所都已经安排了，包括一般的教学仪器也配备了。但是功能教室还是不够，所以功能不能够全部得到应用，只能选上一些重点的实验课，还有一些音乐课，美术课没有专业教师，不能讲理论知识。体育课也是，只能让学生打打篮球跑跑步。专业教师缺乏！

问题及困难

教师在教育观念上还是比较落后，我们现在的教学主要是传授知识，但在教育观念创新、人的创新这些方面还是存在一定不足。

我们有些老师在教学责任心方面存在一定的不足，有两个方面：第一是不当班主任的教师有一定的懒惰性，他们认为自己不是班主任，所以不好好管。这样就造成了学生和老师沟通比较少，对我们学校的管理也造成了一定的影响。第二是独生子女比较多，现在老师不敢管，管得严了，学生家长有意见。因为家长对学生溺爱，所以教师不敢管学生。第三是现在有一些上了年纪的老教师，教育主动性差，新知识、新技术掌握差，我们有一些即将退休的老师是民办教师转过来的，上课连普通话也讲不好，当然，这是极少的。教师存在两极分化，年轻教师能适应新知识、新理念，老教师就不行。第四是读书无用论，因为现在一些上过本科、大专的人毕业后没有工作，有些学生学习比较差，有的家长认为学校不用管太紧，考不考大学无所谓。第五是家庭教育的地位降低，因为外出务工人员多，留守儿童数量增加，留守儿童的家庭教育可以说是一个空白，他们缺少父母的关爱，加之隔代管理的溺爱，所以对留守儿童的心理产生了一些不良的影响，有些孩子性格孤僻（个性相当强），到学校之后给学校的管理带来了相当大的影响。

建议及改进方法

第一点是教育需要全社会来关心来支持，学校是弱势单位，我们平时出去办事，到哪里都要求人，因为我们不能创造效益，所以应该全社会共同支持。

第二点是我们学校自己也要加强管理，（1）教师自身素养必须加强，重点是四德四风。（2）教师自己主观上要改变认识，加强教师的业务素质适应新的教学理念、新的教学方法。（3）学校要想办法调动教师的积极性。（4）我针对我们学校的情况建议师范院校，特别是培养小学教师的师范院校培训教师时最好不要分专业。因为在小学, 哪个专业的教师少了, 其他教师就必须顶上去, 像我们这种偏远的地方, 6个班只配9名老师, 要求一名老师能教多门课程。

第三点是目前实行的教龄工资标准不合理, 目前实行的标准是5年教龄3元, 10年教龄5元, 15年教龄7元, 20及20年以上教龄的10元封顶, 这个政策对于鼓励教师从教来说太少了 (说起来是个笑话), 物价在涨但教龄工资这么多年没有上涨。

最后说一点, 网点学校撤并不能一刀切, 当时网上、电视上有很多例子说偏远山区学校撤并之后, 学生要走很远的路, 但是在我们鄱源县龙门镇不会走那么远的路的, 像我们这里相邻的村庄最多走半个小时的路不会超过一个小时, 现在上级却不让我们撤并了。现在老百姓懂政策了, 他们知道上级不让撤并了, 所以他们利用政策不让我们并校。举个例子, 我们有个学校是1966年建校的, 只有8名学生 (龙溪小学), 我们给家长做工作但是还有一半家长不同意并校, 他们希望学校离学生的家越近越好。所以我认为撤点并校在政策上不应该一刀切, 像我们这种学生上学不用走很远的地方应该因地制宜。还有就是网点布局, 县政府一定要下力度, 像这种事情应该多向学校征集意见, 现在已经彻底停止撤点并校了。我们龙门镇目前教师数量确实比较紧缺, 县政府县编办目前给我们定编116人, 现在我们在编是98人, 外借7人, 长病5人, 产假4人, 真正上课的80多人。我们为了保证运转, 聘请了14名代课教师, 目前县里要求我们清退代课教师。(代课教师每个月工资700元, 以前是500元, 代课时间有长有短, 最短的可能只用半年时间, 通常聘请一些在师范学校培训即将毕业的学生, 还有一些中专毕业、以前有教师证的) 可我们确实没办法清退, 借去的教师不回来, 长病的无法上课, 休产假的年年有。我们学校招聘的教师非常多, 鄱源县招聘教师第一站就是分配到龙门镇, 但在我们这里工作一两年转正之后他们就会被调走, 可以说我们单位是鄱源县培训教师的基地。

JXB: 两个问题很头痛, 一是我们的学校比较偏远, 老师留不住, 所以我们学校极其缺少老师。

刚才JXA介绍的问题很全面, 下面有两个问题我最头疼, 我来讲一下。第一个问题就是，我们这里比较偏远，所以呢，老师就留不住，我们学校就是缺老师。刚才JXA也讲了，除掉这种那种原因呢，现在只有80多名老师，因为老师不够，所以教学上存在很大的困难。我们当领导的，看起来好过，但是老师的任务分不下去，这是最大的问题。刚才也讲到，我们这个学校就像中转站一样。我们地理位置不好，如果我们离县城比较近，那还好一点，因为我们离县城比较远，老师都爱到离家比较近，交通比较方便的地方上班，这个我们也理解，所以造成我们当领导的非常头疼这个事情。老师不够，这是一个。我再重复一下。

第二个，你们教育部，要我们实行素质教育，我认为这是个口号，叫得比较凶，实际在我们学校，在我们基层，搞的还是应试教育。因为你素不起来，你不敢素，因为我们还是要分数，你有成绩，你这个领导坐着开会的时候才能坐得住，才能坐得比较光荣。所以，素质教育在我们这里实行不了。在我们老师当中，只能重视质优，分数得优秀，而不是其他学科的教学。这个情况普遍存在。没什么羞羞藏藏的。我认为上面这个指挥棒还是不够深入。所以，造成要分数。我们老师搞什么主题班会啊，出不了成绩，没什么用。

总之，刚才JXA说的很全面。我也不耽误大家的时间。你们反正要在这里待几天，我们再交流。

孙文博：我想问一下，我们这里小学升初中需要靠分数吗？

JXA：不需要。这里是就近入学。

孙文博：那为什么还要分数？

JXB：我们这里主管需要靠分数来排队。

JXA：以这个来考核。

孙文博：分数是唯一标准？

JXB：也不是唯一的，是很重要的。

李清霞：那学校老师考核要看他们的教学成绩？

JXB：没有办法。

JXC：基本是这样。如果主管部门是这样，我们不这样做，不抓分数，我们到县里交代不了。

JXB：那个与升初中没关系，与学生没关系。与老师有关系，和教师的考核挂钩。

李清霞：那平时班里的考试成绩排名吗？

JXB：班里不排。主管部门抓，主要是学校排名。

孙文博：我想问下，咱们教师的流动性大，您能举个例子，咱们县里流动的百分比是多少？

JXB：大概百分之二十。

孙文博：每年百分之二十？

JXB：每个学年百分之二十。

刁鹏飞：包括流入流出？

JXA：主要是流出的。流入的少，流出的多。

孙文博：咱们学校一共多少学生？

JXA：学生啊，这个学校 1 到 6 年级是 451 人，学前班是 150 人。

刁鹏飞：所以你前面说的 1000 多人，是全镇的？九个教学点？

JXC：不是九个教学点。是九个完小。各位领导要形成一个概念，我们这个校长是一个学区的校长，是我们这里整个小学的校长。我们这里负责所有村的业务管理和行政指导。

丁牛牙：我想问一下，有小学的名字叫"启明小学"，是你们起的，还是那位提供资助的台商先生起的？

JXB：他起的。

丁牛牙：那么我想问下，落成之后，会涉及三字经、弟子规的传统文化的东西？

JXB：他们会发文件，要求我们做。

丁牛牙：不是作为我们素质教育来推广？

JXB：我们也做了。在走廊上贴了。

丁牛牙：有教学方面的要求吗？

JXB：有作为德育方面的内容。目前还没有列入校本教材。

李清霞：就是说，日常上课中有对传统文化的要求？

JXB：思想品德课有渗透进去。

李清霞：那您觉得，学了以后，学生和没学之前比，有没有变化？

JXB：有。主要体现在行为更规范。

李清霞：还是有效果的。

JXB：有。

赵然：像咱们小学的实验科学课，进行实验操作等，这些都是有实验室的吧？

JXB：我们中心小学有实验教室。

赵然：一般涉及实验的都会让学生去动手操作？

JXB：三、四、五、六年级有那个课程。但都是兼职老师教的。

赵然：像教材教具都是有配套的，还是自己找的？

JXB：教材啊，都是配套的。

赵然：像西塘其他小学就差一些？

JXB：村小差一些。以前我们只装备一个学校。但现在标准化，都配齐了。不过教室差点，教室不够。

丁牛牙：这边的学生怎么来选择学校呢？

JXB：就近入学。他自己想到哪个学校读就到哪里读。我们本镇范围内，转学不用打证的。到外乡，就要。

丁牛牙：那镇中心小学和村小的办学条件差异大吧？

JXB：都一样。

李大鹏：我插一句，咱们教育信息化，包括计算机和机房的使用怎样？

JXB：村小没有。我们中心小学有。

李大鹏：有些方面的课，有没有专门的老师？

JXC：专职老师没有，都是兼职的老师在做。我们按照定编，要110名老师，我们现在只有80多名老师，3—6年级还要开设英语、语文、数学课。

李大鹏：英语课程的话，这方面的师资差一点？

JXC：师资是有，就是老师不够，都是老师兼的，语文、数学老师都要带两门课。

赵然：不过，我看咱们学校的英语老师都是本科生为主，像咱们学校，我看咱们挂的那个，是不是有一个断档啊，比如，现在老师普遍要么是60年代的，要么是85后90后。是不是有断档？

JXA：我刚才介绍了，我们从2002年实行招聘以后，都是年轻的教师了。他们占了我们的教师人数的三分之二。像我们这样，毕业后包分配的，只有三十多个，我们不懂英语。那些本科的，这几年分配的英语专业的有，他们不能单独教英语，要兼职其他的。

李大鹏：咱们英语课占的比重大吗，算重点学科吗？

JXB：又要说到分数了。

JXC：我们现在的主管部门评价一所学校就是看这三门课学生的成绩，看语、数、外。这就是教师的面子，学校的办学水平。

李大鹏：英语会更重吗？

JXC：一样的。入学不看成绩，但主管部门要看。

JXB：小学毕业考，最后有个会考。考试成绩和学生升初中，没有关系。百分之百升初中。

丁牛牙：分数可能和重点班有关系？

JXC：小学、初中都没有重点班。

汪建华：小学有去网吧的情况吗？

JXB：小学有，少部分。我住这附近，早上还有从网吧出来的。网吧危害很大。

汪建华：就是说，小学还没受到影响？

JXB：少。不过，高年级多一点点。

赵然：这个网吧是一个顽疾，是一条利益链，很难弄。

JXB：很难。那个需要很大的力度。

汪建华：你讲到外出务工，会不会影响小学？初中他们说很明显，不知道小学明显吗？

JXA：小学有影响。我刚才说了，小学按理说是家庭教育、社会、学校三个方面，但现在家庭教育方面是个零。在学校老师说什么，他是听话的。但老师布置的作业，第二天来，老师检查，他没有做呢。在家庭的指导方面他没有啦。

汪建华：像这样父母外出的孩子比例有多大？

JXB：应该有百分之七十。包括父母一方出去的。都出去的没有这么多。

丁牛牙：你们这里撤点并校有多少？

JXA：我们这里都没有并。只有一个村小的六年级来了。

宋智勇：像这种父母一个出去或者都出去，对孩子会有影响吗？

JXB：会啊。现在不像我们那个年代，我们那个时候单纯，放学不用人管，现在不行。

丁牛牙：像这样，可以通过学校的课程设置等来弥补吗？

JXC：是这样的啊。刚才讲了，其实这个学校办好，我个人认为是两个方面，一个是教师，量上必须要有保证。第二，教师整体必须要有素质。现在我们是过日子，温饱问题没有解决。首先在量上保证不了。老师工作负荷大，没有办法去做其他的事情，什么主题班会，应该有的活动，对学生的心理辅导，就弱化了。

JXB：我们一个老师一天 7 节课，一个星期 35 节课，两个班 70 节课，三个人来分，一个人 20 多节课，还要改作业，平均每天 4—5 节课。老师负担很重。如果是两个老师一个班，就会好很多。

JXA：如果我们教师足，刚才谈到的这个问题，我们可以弥补。但现在老师不够。

邹宇春：我有个问题，刚才你们也说到，你们老师定编 100 多，招不满，你说这个偏是我们地理远，还是有其他方法来改变？

JXB：偏是主要的原因。但还有一个是政府财力不够，我们今年鄱源的小学没有通过招聘招老师，这和我们县的财政有一定的关系。

刁鹏飞：全校都没有招？

JXB：全县都没有招。

刁鹏飞：现在不是有说全县的教育支出开始征收地产附加，还说教育经费的年增长率要超过财政的高位增长，比如，你们去年从县里拿的钱增加没有？

JXB：我们都不知道。

刁鹏飞：你们现在师生比是多少？

JXA：我们省里要求的师生比例是 1∶23.5。我们达到省里的这个标准。但是我们 20 名学生以下的有 13 个班。

刁鹏飞：这些学校都在附近吧？

JXA：有些远。去东滩也要坐车 20 分钟。所以，来了新老师，分配特别难。每年新来的老师，都想留中心小学。

JXC：我们现在呢，不够编。80 来个人，9 所学校，60 个教学班，每个老师几乎有两门主课。所以，只能请人代课。现在代课的还请不到。我们这里青壮年劳动力在外务工的年收入达到 5 万—8 万元。做零工的 150 元每天。少于这个钱，人家不干。我们 700 元一个月，只能请刚刚毕业的学生来讲课。

刁鹏飞：就是没有教学经历的。

JXC：首先一个就是老师负担重。另外一个是，待遇方面特别低。我教了 33 年，我的月工资是 2900 多，年轻老师 2200 多。工资分两块，一块是国家财政，基础工资；一块是绩效工资，阳光工资。我们测算了一下，我们基础工资占我们平均工资的 40%。首先，我们的基础工资上不去，在社会上是最低层次的。刚才讲了，关于教龄工资，国家的目的是留住优秀人才，现在成了笑话。17 年都没什么变化。那么，地方财政的工资，受地方财力的影响，没有保证。学校教师是弱势群体，基本上上面要你怎样就怎样。

李大鹏：咱们这里平均工资是多少？

JXC：应该不低。但学校就这样了，什么都没有。

赵然：那些出去打工的父母，一年赚 5 万、8 万的，可能会影响孩子教育？

JXC：肯定会啊。这个绩效工资得不到政策保证，需要我们自己出。本来要地方财政出的，现在要我们自己出。还有问题是，我们这里是偏远地区，沿山沿湖，我们这里有一个偏远津贴，每个月比县城的老师多了 220 多块钱，但是这个钱正好和去县城的交通费抵消了，月票打折每个月 220 元。在这里受的苦没有了补助。住不好住，吃不好吃。所以，我们这里的教师队伍一直是个问题。上个世纪是赤脚老师，占72%，2002 年后，清理了这部分人，靠招聘来补这些人，但这些人又是外乡的，想尽办法走。

汪建华：他们晚上会走吗？

JXC：对的。他们大部分会走。我们这里还有点条件，可以让他们住。老师是最大的问题，影响学校一系列的发展。这是首要问题。第二个问题，就是教育观念的问题，现在社会的认识倾向就这样。你有这个分数，他就认可。教育部门也是这样评估。我们搞教育的知道，这个危害很大。还不如我们那个时候能学到东西。这是个比较大的事情。主要问题就是这两个方面。说老实话，你们来，看到的都是面子上的东西，面子真的还是可以，经过我们这几年，教育部门的努力，硬件办学设施还是可以，最大的问题就是老师问题，首先量上要保证，然后就是素质要跟上。现在制定政策的部门要求，编班，老师不能按照学生的比例来定。那是不行的。我们有个班才8个人，刚才说了，就那几个人，还要语文老师、英文老师、数学老师。

刁鹏飞：我们这里有没有县一级的骨干教师？

JXB：有六个。

JXA：现在的情况就是这样，我们这里成了政策学校。来这里，必须待满五年。来了的人，有门路的，一两年就走。其实，我们这里的环境可以培养人，出了很多好老师，从这里出去的人，都不错的。我们因地制宜，想了很多办法。按照县教育局的评估方式，我们这个学区一直在全县保持前三名。

汪建华：湖滨小学老师的总体情况怎样啊？

李老师：有10名老师，7名正式的，3名代课老师，本地的多。有200多名学生。

汪洋：您刚才说绩效工资里，有一部分是自筹的，这个通过什么渠道啊？

JXB：通过学生的人均公用经费，每个学生一个学年有500元，用于学校运转。我们这里大概2000个学生，每年大概100万。我们每年十多名代课老师，在这里挤占20多万，然后我们老师的阳光工资，每一个人将近3000元一年，大概30万，这就50多万了。真正维持运转的经费只有三四十万。挤了公用经费。本来这个钱要是全部花在学校运作上，就能保证学校更好了。

刁鹏飞：这个里面很复杂。现在是浅表性的，深入的还要向你们请教。讲得很透，给我们收获很大。非常感谢。

访谈2

受访人：JXB
采访人：刁鹏飞、李琦
访谈时间：2013年11月23日上午

访谈地点：龙门镇中心小学

访谈记录：

JXB 是 1981 年都昌师范毕业的，从事教师工作已经 30 多年，可以说是干了一辈子的教育工作，家里的小儿子也是一所村小的负责人，儿媳妇就在龙门镇中心小学教书。他的办公桌上有一本红色封皮的《学习的力量》摆放在最显眼的地方，还有学校的资料也都分门别类地装订整齐。

JXB 谈到工作第一句话就会说，"最头疼"的问题就是"老师少，好老师留不住"。他告诉我们，镇上小学教师的编制是 116 人，但实际在编的只有 98 名，其他的 18 名中有 7 名借调在校外、5 名长期病假、4 名休产假。龙门镇中心小学再加上 8 所村小一共 60 个班级，平均 3 个老师带两个班级，绝大部分的老师要教两门主课，每个老师平均每周要上 20 多节课还要批改 100 多名学生的作业，加上备课的时间，工作量非常大，也没时间去听别的老师的课或去外地培训了。学校不得已只好请了两名代课老师，但代课老师的工资只能开出每月 700 元，标准很低。老师少还突出表现在两方面，一是没有专门的美术、音乐、体育老师，这些科目全是其他老师兼任，平时学校也不怎么安排这样的副课；二是男老师少，学校的女老师几乎占到 90%。与教师编制少的困难比，更令人头疼的是"在的老师还千方百计往县城跑"。去年一年，镇上小学"流失"的老师就有 6 名，原因主要是县城老师的待遇和条件比镇上的好，虽然两地工资实际相差不了多少，但县城老师课余时间还能办些培训班或帮家长"带孩子"来赚钱，而且村小老师每月 220 元的偏远地区补贴全用在交通上有时还不够。"许多老师觉得工作几年如果不转到县城工作面子上就不光彩。"而老师的调动基本都是靠关系，靠领导"口头上说一声"，真正靠教学质量的几乎没有。老师的"流失"太可惜，毕竟新老师经验少，新老师进校后就直接进到班级教课了。

为了激励老师，学校也想了很多办法。比如去年用了八九万元钱奖励老师。考到县上总成绩第一的学校奖励 4000 元，老师奖励 300 元。平均分提供分数多的老师也会有奖励。去年获得奖励最多的老师被奖了

4000 多元。但学生考试成绩不好的老师也会被扣钱，钱就用来奖励别的老师了。

访谈 3

受访人：JXD
采访人：汪洋
整理人：汪洋
访谈时间：2013 年 11 月 26 日 14：00
访谈地点：学校办公室

访谈记录：

问：可以谈谈您的从教经历吗？

答：我出生在一个贫穷的乡村，叫沙湖山，在鄱阳湖边上，在那里土生土长，我有三个妹妹一个弟弟。我 9 岁多才上学，在我们那个地方是第二个把初中读完的女生，当时家里没有反对我上学，一直在供我，但要求我们不能留级、考试必须通过，如果留级就要回家了。初中毕业后我上了中专，因为当时中专毕业后比较好分配工作。中专毕业后分配到乡里上班，但在心里我还是想当老师，因为小时候教我的一位老师，我很崇拜他，他当时只有 14 岁，刚刚初中毕业，是一位代课教师，当时觉得他年纪轻轻就可以当我们的老师，站在台上给我们讲课很伟大、很有权威性，当时是 1988 年。所以我最后转行到教育系统来了，我中专的时候学的是美术，但是学校里面当时没有专门的副课教师，所以我教过初中英语、语文、地理，小学数学、语文。沙湖山学校是一所九年制学校，1998 年特大洪灾后校舍都是破破烂烂的，在那里上学的人很少，基本上都是复式班，一个班有好几个年级，我是 1999 年到那里的。一待就是八年。那时候我很习惯，刚刚去的时候还是单身，干工作的时候心很静很认真，课又很多，天天上课备课，就想把课带好，希望他们中考的时候考出好成绩，并没有觉得辛苦，自己又很年轻，跟孩子们在一起很开心的，现在还蛮回味的。我带的第一届学生跟我的感情还是比较深的，现在他们谁要是知道我在哪里，还是会过来找我。

问：你带的第一批学生，目前生活得怎样？

答：他们在外面务工的多一点，有一些大学毕业之后也去外地了，还有一些已经结婚了。在我们这里只有成绩很好的学生家里才会供他去考大学，因为我们这里经济条件是有限的，包括老师教学的水平也是有限的，因为代课教师比较多。沙湖山现在因为各种原因更缺教师，我们这种土生土长的教师很少，新教师到那边又留不住，在那边就算好好工作也只是把课备好，把作业改好，那边也没有考试竞争、教研活动，我在那边上课的时候，给初中上课还能找到点上课的感觉，因为人多一些。给小学上课的时候就那么七八个人、四五个人，授课感觉不好，最开始调到中心小学来的时候感觉不适应，压力大，这里有各项竞争，必须要把自己的班级成绩带好，就感觉一下子受不了，因为那边和这边对比鲜明，在那边只要把课讲好，时间相对很多，平时没有压力。这边活动也多，作业也多，基本上没什么空闲。我们这边的老师代课都是双班（带两个班），像我以前带两个班的数学课，也有的老师需要跨科代课。我们这里只有教六年级课的时候才带一个班，因为县里面有升学评比考试，需要给学生做一些复习调整！

问：课余时间还要给学生补课吗？

答：比如我批改作业发现有错误了，中午我就要给他说一说。学生作业本上的作业次数要达到学校要求的标准。

问：你们全县怎么排名次？

答：有两种：一种是三门主课的综合成绩排名，一种是语、数、外单科排名。我们一般先把校区内所有小学六年级放在一起考一次，进行一次内部排名，期中期末各一次。最后是县里进行一次总排名，我们学校通常在县里排前三名。

问：中心小学是如何在各方面条件不如县城学校的情况下考出好成绩的呢？

答：我们学校制度很好，而且比较重视，老师们也很主动地去做一些课业辅导。

问：你们平时参加在岗培训的机会多吗？

答：我们这里还是很多的，每个学期都有，一般都在暑期，而且还有网络全员培训。有时候，九江那边比较好的学校还会来送教下乡，偶尔送一节优质课程下来，我们全校包括下面村小的老师都会来观摩，县里面还会搞一些公开课竞赛。

问：有机会到外省市培训吗？有到县里参加培训吗？

答：没有去外省市的，从来没有过。县里有一些短期培训，主要是因为没有专业副课教师，都是一些副课短期培训，一般一两天，回来之后好给学生代课。我们学校三门主课都是固定的老师，副课平时都有变动，授课教师都是临时的。

问：学校有没有聘一个专门的副课教师？

答：没有，因为我们现在三门主课的老师都不够用。如果抽调一个老师教副课，那他的课就需要其他老师来代，我们这里的老师现在基本上已经是每人上两门课了。这里每年招教师都是县里配下来的。

问：学校自己招聘吗？

答：我们学校自己不招聘，都是县里统一招聘然后分到这里来。我们这里有一些是定向招收的老师，因为老家在这里，结婚以后对象一般都在县城工作，然后自己会慢慢想办法到县城去。

问：平时你这种在县城住的老师交通费用大概多少？

答：像我这种住县城的每天都打月票上班，每个月200元，每天往返要十元，到县城之后，还要换乘公交回家。路上很颠簸，单程要一个多小时。每天早上8点要到单位，下午4点多可以走。

问：你们平时锻炼身体吗？

答：没有适合我们的活动，而且我们也没时间锻炼，在学校忙完，回家还要做家务，所以，我都在学校把工作做完，回家就可以做家务了。

问：请介绍一下家庭情况。

答：我丈夫部队转业之后在建设局工作，事业编制。儿子在县里上初中一年级，我平时到家很晚没时间管他，他学习习惯不太好，成绩一般，平时喜欢看故事书，但不太喜欢写作。希望他以后还是能够上好一点的高中。

问：身边有没有老师的孩子上职业学校？

答：我们这里基本上没有孩子上职业学校，要么出去打工，要么上高中考大学。

问：现在的学生好带吗？

答：不太好带，现在学生不太听话，有些学生不服老师管理，礼貌差，每次我们都把家长叫过来，但也没有太大作用。现在我们班正副班主任制度，两个老师一起管。而且我们这里的留守儿童太多了，小孩都是跟爷爷奶奶在一起生活，老人根本管不了他们，他们之间也缺少沟通。他们周末在家都是上网，经常去网吧。有时候小孩子还有一些早恋问题。

问：家长对你们的工作支持吗？

答：说心里话，少数家长做得好，这里的家长受教育程度普遍低，大部分家长有点瞧不起教师，因为他们的经济条件比较好，觉得我们教师收入低，他们认为我们管小孩是理所应当的，老师就应该管好小孩，平时不应该找家长。有个别家长态度还比较恶劣，有一次我一个同事因为学生学习不认真给家长打电话讲了一下学生的情况，询问家长的意见，这个家长竟然说："要不你换个班教。"造成这种情况有三个原因，第一个是教师收入低，第二个是家庭教育观念淡薄，第三个是家长认为小学教育无关紧要，初中教育才重要，因为涉及升高中。还有些家长在大街上见到老师都不会打招呼。另外就是隔代人很难管理好小孩。

问：学校平时开家长会吗？包括监管人参加的。

答：很少，我从 2007 年来到中心小学以来只开了两次，很难召集家长及监护人。

问：你的工资有多少？

答：到手的工资，不到 2400 元吧，我们会发第 13 个月工资，但只发基本工资的百分之五十，我们基本工资 800 元多一点，百分之五十就是 400 多元，一年就多这 400 多。另外还有教学奖，比如我带的班的成绩排名在县里好，能排在县里第一名发 500，排第二名发 400。一年还有 2400 元的绩效。

问：工资待遇提高到什么标准能让你满意？

答：我觉得像我们这个环境，我现在的工资收入只能满足自己的基本生活，年底存不下钱，也不敢穿品牌服装，这也是为什么有些学生家长看不起我们的原因之一，因为他们都可以穿品牌服装，如果一个月有

4000 块钱左右的收入，我觉得现在的生活可以过得好一些，像我们住在县城里，双职工工资加在一起最好能达到 1 万元，如果最近工资能涨到 3000 元我也很满足了。

问：教师午饭怎么解决？

答：我们都是凑钱吃饭，每人交一百元，然后分组，两人一组管理伙食，一起买菜，一个组管理一个星期，直到这笔钱花完，然后再交钱，这样循环。全校老师一起吃饭，做饭的人外面请的，学校付给他一些钱，但这些钱其实也是我们出，费用是从我们绩效里面出的。

问：工资从 2008 年到现在涨幅大吗？

答：2008 年我好像工资是 2000 元，我们鄱源这里工资涨不起来。

问：你觉得你的人生价值实现了吗？

答：平时感觉自己很空虚，忙忙碌碌但又什么事都没做到，缺乏成就感，感觉我现在做的事情任何人都能做，小学老师又不像初中的老师，学生很难记住我们。很多贫穷地方的老师，他们的学生教得那么好，学生懂礼貌又知道感恩，他们又管学生的学习又管学生的生活，什么都管，而且做得很好，我就感觉我自己还有很多地方没做好，我希望我的学生不光成绩好，还要有礼貌，我觉得我不光要教他们学习，也要教他们如何做人。

问：学校有德育类的课程吗？比如思想品德。

答：有的，但没有系统的课程，没有专门的老师，通常都是分给带班的老师，谁赶上了谁上一下。

问：能不能提一些建议？

答：第一，我觉得目前的教材对农村小孩来说相对难了些，农村小孩基础比较差，我觉得现在的教材是根据城市小孩的情况来编制的。我感觉我很用心地教农村的小孩，但是他们学起来还是很费劲。希望教材编排应该更适合农村小孩学习，书上应该增加更多注解，教材应该有一些城乡差别。第二，还是希望增加师资力量，重视副课和德育课。

问：了解《国家中长期教育改革和发展规划纲要（2010—2020年）》吗？

答：不了解。

访谈 4

受访人：JXE
采访人：JXDY
整理人：JXDY
访谈时间：2013 年 11 月 26 日
访谈地点：龙门镇中心小学办公室

访谈记录：

问：你现在每周要教几节课？

答：前两年，我要教两个班的数学，每周要上 20 多节课。担任班主任后每周 15 节课。

问：你家住得远吗？多久回家一次？

答：我家住在县城边上的一个乡镇，离学校 30 多千米，坐车要 1 个小时左右。我周一到周五，每天早上来学校，下午放学后回家。

问：那你想到县城工作吗？

答：想进城，许多老师都有这种想法。不过我有实际情况。我家在县城郊区。我 2008 年结婚，2009 年生的小孩。小孩 4 岁多，孩子小，所以我现在每天早上来学校，下午放学后回家。早上 5 点 40 就起床，照顾小孩穿衣服、吃饭。7 点坐车到学校来，8 点左右到校。下午我们 4 点 05 分放学，4 点 30 分坐车回家，5 点半左右到家，现在这个季节，到家天都黑了。一般在学校我就批改作业，毕竟带着回家不方便，晚上还要备课。以前，我爱人和孩子住在德安县，那时我周一到学校，周三骑摩托车到德安县，长年两地分居，我觉得挺对不住孩子。

问：有些人进城可能有经济方面的考虑，如课外辅导能增加收入？

答：学校严格禁止老师课外有偿辅导，如果老师在课余时间给学生辅导功课，学校是鼓励的，但不能收费。在县城，机关事业单位朝九晚五，要 5 点多下班，学校放学要早一点，中间有个时间差，小孩没人照顾。让亲戚在学校旁找个房子托管学生来增加收入，这种现象肯定会有。

问：你收入情况如何？

答：我工资一个月 2200 元左右，所有的钱加在一块，一年收入 3 万元。我爱人收入一年 1 万多点，小孩大了，花费也多了，我们家是月光族。结婚五年也没有存下一点钱。

问：你的收入在当地来说，处在中等水平吗？

答：够不上中等水平，中等偏下吧，和一些玩得好的朋友相比，我最困难。我的一些朋友很早就出来做事了，做事的时间长，人脉、社会经验、机遇都有了，就容易赚钱。我读书的时候他们就开始赚钱了，现在就更不用说了。不过，我喜欢教师这个工作，喜欢和孩子们在一起，每天回家我吃得香、睡得着，心安理得，他们可能为争取一个项目睡不着。

问：你们学校有老师流失吗？

答：我们龙门校区每年都有老师离开，有事业单位借调的，有进入县城和县城附近学校的，也有转行的。每年退休的、借调的、调出的差不多十多个，新招聘进来的也十多个人，总体上平衡，老师总是不够。

问：你班上有学生辍学吗？

答：每个学期开学的时候，我们都会统计离开的学生和进来的学生。我们班上这个学期新进来两个同学，是下面村小的，没有学生离开。

问：现在老师想进城，如何让老师能安心待在这里？增加偏远地区津贴管用吗？

答：我们这儿的老师比县城多一级工资，一个月 50 元，偏远地区津贴 105 元，我买县城到龙门的月票就要 200 元，津贴还不够来回车费。如果增加 300—500 元，短期之内能起到安抚作用，现在物价涨得快。

问：那建设教师的宿舍，让老师住在学校，这样管用吗？

答：现在，中心小学有 20 多名老师，有七八名是家在龙门镇的，有十来个老师周一到周五住在学校的，学校有六间宿舍，每个宿舍可以住 3 个老师，有 6 个老师和我一样每天回家。如果老师的家在县城，他们肯定要回家，特别是女老师结婚生了小孩的。

问：那招聘一些家在本地的老师呢？

答：如果老师的家在本地，那他们肯定更安心。

问：随着城镇化的加快，农村的生源越来越少，针对这种情况，你考虑中心小学怎么办吗？

答：是有这种情况，如龙门村小，只有 80 多人，有的班只有十多人，我们戏称他们学校的老师是"硕导""博导"。我有一个想法是，中心小学可以建食堂和宿舍，下面村小五六年级的学生到中心小学上课，五六年级的学生有一定的自理能力，这样做，老师不够的情况也可以缓解。

访谈 5

受访人：JXA、JXB
采访人：JXDY
整理人：JXDY
访谈时间：2013 年 11 月 27 日
访谈地点：龙门镇中心小学办公室

访谈记录：

问：上次你和我们说到学校的困难之一是老师流动大，学校成了"人才培训基地"，能详细说说吗？用数据来说明。

JXA：我们龙门校区县定编 116 人，实际在编 98 人，98 人中借调到周边学校 6 人，休产假 4 人，常年病休 5 人。实际上正式在岗的职工 83 人。昨天县里面开会规定，老师在乡镇与乡镇之间调动，必须工作 5 年以上，从乡镇调进县城，必须工作 5 年以上。以前，老师在乡镇与乡镇之间调动，必须工作 3 年以上，从乡镇调进县城，必须工作 5 年以上。调动采取选调与考调相结合的方式。

问：借调的人还算龙门校区的吗？

JXA：借调的人员办了调动手续就不是龙门的了。

问：借调的有时间界限吗？

JXA：没有明确的界限。借调过去的人到了一年他会主动找你，主动提出来要办调动手续。一般以一年为限。他们调过去我们也不会阻拦，他们一般是回家的。

问：借调有到县城去的吗？

JXA：没有，老师进城必须要县长签字。或是选调，或是考调。去年是选调，今年是考调，我们学校今年进城的有一个。

问：近三年老师进出的情况如何？

（见下表）

	进入学校的老师（人）	离开学校的老师（人）	备注
2011 年	13	13	离开学校的包括调出和退休
2012 年	23	19	
2013 年	16	18	11 月、12 月有两位老师退休

问：你刚才说的是在学校之间流动，有没有转行，不当老师的呢？

JXA：2012 年到外单位，我们小学走了两个。全县范围内事业单位招聘，我们乡考试走了两个。2013 年走了一个。他们走实际上是想进城，借调的都是在教育行业。调出也大多在教育行业。

问：调出的也大多在教育行业，每年又招聘新的老师，老师的数量总体上是增加的，我们这儿老师还是不够？

JXA：一是老师退休。每年退休的老师全县有四五十个。

现在每个乡镇要建一个中心幼儿园，村里要建复式幼儿园，需要大批的老师。

二是县与县之间也有流动。

三是到教育行业以外的单位。2012 年全县事业单位招聘，有十几个名额，我们乡镇走了两个。事业单位招聘，招来招去，走的多是老师。

问：想进城的老师占多大比例？哪些人想进城？是不是中心小学的更想走？是不是家里在县城的更想走？

JXA：不光是中心小学，他们都想。现在，新招聘分到我们校区的95% 是女的，只有一两个男生，大部分是女生。女生找对象，在我们乡下是找不到的，一般是找行政单位的，也可能在县城，所以他们结婚后，按照社会发展，他们想进城。在乡下找的，夫妻两个在单位上，他们结婚生了小孩后，为了小孩，也想在县城买房，买房后就想办法到县城去。

问：对稳定老师队伍，你有什么措施或办法？

JXA：我们从大政策上讲没有什么好的办法。一是最好招我们龙门的，招我们本地的，本地的更安心在这里工作，外乡的特别是女孩子一定是留不久的，如果她没有找我们龙门本地的男孩子，她是一定会走。如果她找的对象是我们邻乡的，比如华林，她会想办法调到华林去，这是人之常情。木地的要安心一些，但是我们这边有"3+2"的、定向的，定向的也是龙门人，这里边女孩子多了，女孩子是龙门人，她找的对象是外地的，也会跑。要留住人很难。

我们镇准备建20套教师周转房，也是为留住老师创造条件。老师不用交钱，水电都是学校出，有单独的卫生间，三四十平方米左右。

在教学上，对教师实行积分管理。积分管理是获得县级奖的加几分，市级的加几分，国家级的加几分。每个学期都要算老师的积分。每两年，评出前十名。我当校长4年来，评了两次，第一次组织前十名到外面参观学习。第二次前十名每人奖励1000元。评了前十名的老师积分清零，重新开始，这样，这次排在十一名、十二名的下次肯定能获得前十名，但你不能调走，调走了奖励就没有了。我们搞积分管理也是为留住老师。

为什么我们沿湖地区老师流动大呢，因为县里有政策，新招聘的老师，第一站必须来我们偏远地区，他们想进县城，要一站一站地调动，我们沿湖地区是第一站。

问：以前招聘的老师还有多少在校区？

年份	当年招聘进来的老师（人）	到现在还在学校的（人）	到现在还在学校的老师中是本地人的（人）
2002	17	4	4
2003	4	2	2
2004	12	1	0
2005	5	1	1
2006	16	2	2
2007	11	3	1
2008	7	0	0

年份	当年招聘进来的老师（人）	到现在还在学校的（人）	到现在还在学校的老师中是本地人的（人）
2009	10	3	1
2010	5	2	2
2011	11	6	6

JXA：这里本地人包括男生是龙门镇的和嫁到龙门镇的女老师。其中 3 个老师嫁给龙门本地人，但家在县城，可能还想调走。2011 年的 6 人是定向的，必须工作 5 年以后才能调动。到现在，83 人中 54 人是本地人。（详见上表）

问：关于经费方面有哪些困难？

JXA：主要有下面几个：一是基建前期工程的资金。这几年，基础设施建设比较多，前期工程的资金没有着落，必须要学校垫付。如征地、规划设计、地勘等方面的费用，这些费用没有列入专项资金预算，要把工程前期的费用列入预算。二是绩效工资，绩效工资中每个老师有 3000 元要学校解决。三是因缺编请的代课老师的钱没有着落。四是学校要负担老师的生育保险费用、工伤保险费用、残疾人保证金等费用，这些费用要挤占公用支出。

JXB：说起代课老师，2002 年鄱源县清退了一批代课老师，我们这里有 70 多个。这些老师 1980 年到 2002 年在学校代课，有的代课一两年，时间长的有十多二十年，当时他们代课的时候工资本来就比正式编制的老师低。2008 年、2009 年的时候，我们统计了一下，全县代课老师有 300 多，将近 400 人，一段时间以来，他们到学校上访，要帮他们解决待遇。

访谈 6

受访人：JXC、JXF
采访人：江西基层教育调研组
访谈时间：2013 年 11 月 25 日

访谈地点：龙门镇中心小学

访谈记录：

JXF：2002 年开始大招聘。

刁鹏飞：那就是现在这 80 多人都是 2002 年以后招的人？大部分都是十年左右？

JXF：我们是老龙门人，30 年来一直在这里。

刁鹏飞：那时候是什么身份？

JXF：2002 年我们也是公办老师，我是 1989 年由民办教师考到师范去的，他们专门招民办老师，等于换了一个身份。

刁鹏飞：你们当时读的哪一个师范学校？

JXF：在临县有个都昌师范。JXB 和 JXA，是 1979 年高中毕业的，当时就考上了都昌师范，那一届在 1981 年就分下来做老师了。

刁鹏飞：那只要是师范毕业的，就是公办。

JXF：我当时因为家庭困难，也去了，没考上（都昌师范）。我 1979 年回到老家（龙门）做民办教师（也就是刚才说的那个民办教师）。做了 10 年，到 1989 年，考上了（都昌师范）。我们这里真正待了 10 年的老师不多。没有做过详细的统计，但是大概 2002 年招聘的第一批，好像分了 40 多个人来。现在还在的人只有三四个了。其他人都走了。

刁鹏飞：10 年跑掉了 90%。

李清霞：他们都去了哪里？

JXC：他们大部分都去了（鄱源）县里的学校，有一部分进了邻近县城的学校。我刚才讲了，我们当时是 220 元补助，他们是 240 元，他们要买月票，一下子都抵消了。

邹宇春：JXC，我有个问题，咱们的老师很多都不是本地的，都是外镇的，是吧？

JXC：我统计了一下，我们现在在聘的教师是 98 个人，大概 66 个是外乡的。

邹宇春：我觉得对于一个在镇上的小学来说，任何镇的老师都不可能说所有教师都是本镇的。一般来说也不可能做得到。咱们镇不可能自己培养出 100 个都是本镇的老师，其他的镇也不会是都是自己培养的老师。你说有没有可能，其他的镇流动也很大？

JXC：对，可能是这样，但不像我们这样……

邹宇春：这是一个常态。

JXC：但是其他的镇没有我们这里厉害。

邹宇春：为什么呢？

李清霞：为什么呢？我们这里偏么？

JXC：对，我们这里偏。我们鄱源大概就有三个地方是最偏的，龙门是典型。还有我们临乡苏家砀乡……

邹宇春：那是不是可以这样理解，其实跟我们本地人的关系还不大？咱们镇是否采取一些措施把他们留下来？

JXF：应该可以这么讲。但是有些政策是这样，全县是一盘棋，不可能专门针对我们这一个镇……

邹宇春：那为什么不可能针对这个镇呢？这里流动性大呀！你这个地区偏远，有偏远津贴呀！

JXC：我们有这个考虑，我们也说过这个话，如果我们这里的月工资比县城多1000块钱，那肯定能留住，我们也在考虑这个事啊。但是现在没有这个政策，出不来呀。

邹宇春：其实你们也有这个考虑？

JXC：如果说学校的周转房真正建好了，住、吃饭解决了，可能能够留住一些老师，这个也是一种解决问题的方法。

李清霞：其实也在尝试。

JXC：对。

汪建华：政策也应该有这个考虑。像美国对一些比较贫困的社区会……

JXC：我们也是这样想啊，那些当领导的，都在想这个问题。我老家就在这里，我现在老婆、小孩都去县城了，我平时也回县城。我坐了那个车就知道了，每天五点下班，我坐车回去，每天早上我是五点多钟起床，走一段路到车站，坐一个多小时的车到镇车站。

汪建华：到这里？每天一个多小时，上下班来回？

JXC：我现在在老家有房子，周末回县城。

汪建华：但是这个小学没有晚自习吧？

JXC：没有。县里边三令五申，不能补课，不能怎么怎么样……

赵然：那咱们这里有什么私立的课外培训班么？

JXC：几乎没有，县城有一些，这里没有。所以这也是一个差别。像县城的老师，他们的待遇，比我们高，课外可以搞一点，弄个什么什么班，我们乡下没有啊。一是没有那个条件，二是经济方面的因素起作用，三是认识方面也是。

赵然：他们的需求没有那么强烈。

JXC：对！政策管得也比较紧。如果是乡下的老师要搞的话，他必须在学校搞，学校又不允许他搞。

邹宇春：那咱们学校有没有"自留地"之类的？

JXC：应该有一点，平时有一点。

丁牛牙：你说那个什么基金，就是每月500块钱的，这个是向学生收的？

JXC：这个不是向学生收，这个是国家拨款。

丁牛牙：这个是地方政府拨么？

JXC：这个应该是国家财政。

丁牛牙：你所说的工资是由国家财政拨，阳光工资的话也是从这个渠道么？

JXC：也是在财政一块，但是我们也不是很清楚，这应该不是一个渠道，阳光工资是地方财政。

丁牛牙：不是向每个学生收500元钱？

JXC：不是！不是！就是两种人头费吧，一种人头费是老师的人头费，就是国家必保的，针对在编教师（国家老师）。然后就是每个学生的公用经费，按照学生的人头下拨，拨给学生的。因为现在学校不能乱收费嘛！

宋智勇：你刚才说县财政还有自筹的部分吗？每年要3000元。

JXC：那个阳光工资是吧？副食品补贴呀，还有其他一些地方性的，这也要上工资卡。这个阳光工资鄱源县好像是要达到10000多元钱。按照它（地方政府？）说的，学校还要发一点什么什么，那个元旦100元。教师节100元，这个全部算进去，然后就是学校要从公用经费里，给每个老师3000元，每年给3000元。这样能让鄱源县阳光工资一年达到 10000 多元。

宋智勇：费用一年大概有多少？

JXC：500 个学生，整个学校 100 万！

赵然：也就是，两个小学一个中学一共 100 万？

JXC：整个九所学校，2000 个学生，大概 100 万。这个资金要分到九所学校中去。

赵然：那就是中心小学分得多些？

JXC：应该是那样的。他们有 100 个学生，甚至没有达到，他们是一样的。老师还是那么多，课还是那么上，我们留截一下。

李大鹏：这等于是国家拨的，与地方财政是两回事。

JXC：对！

宋智勇：作为办公费用，那个钱是怎么算的？比如建一个楼啊？或者是一些其他支出？

JXC：包括老师工资怎么来的，我也不是很清楚。但是运转学校的经费，大概是 100 万左右。县教育局可能有个调整，100 万或者 120 万、130 万，或者 90 万都是可能的。我们下面学校算账也这么来。县财政可能也按此执行，100 个学生给 5 万元，但实际上可能就到不了位。可能要统筹了。

汪建华：JXF，您说在湖滨那里有可能了解到一些这里没有了解到的特色东西吗？独特一些的东西？

JXF：独特的东西？应该是也跟我们这里一样的。他们比其他学校远一点。如果有时间，你们都应该去看一看。可能还不是很到位。

汪建华：湖滨的本地化特色应该很重吧？

JXF：那些老师基本都是当地人，与我们这里不一样。

汪建华：所以那些老师和学生家长基本上都是乡里乡亲的。那跟我们中心小学还是两种模式。中心小学都是外地的年轻老师。老师和学生的关系还是不一样的。

刁鹏飞：中心小学的留守儿童多不多？

JXF：相对而言，中心小学还好些！有很大一部分是从村里上到镇里，租房子、做生意。

JXC：湖滨小学还是很典型的，湖滨小学在八九十年代，2005 年以前，都是我们龙门的第二大小学，除了中心小学最大。现在学生少了。学生父母出外打工，或是进城了（县城）。

汪建华：这个比中心小学还严重。

刁鹏飞：所以留守儿童问题还得去湖滨。注意一下。中心小学大部分是本镇居民。有些父母专门过来为了孩子租房子。

JXF：我们龙门变化较大，传统上说，龙门是政治文化中心，鄱源县南部的中心，七八十年代人们都是争着到这里来，这里是比较好的。我们龙门中学，在 80 年代末的时候，很有名望，办得很好。

刁鹏飞：后来被谁收去了？

JXF：后来搬到县城去了。是县城一中。县里现在有三个中学。反正被收走了。

李大鹏：咱们这边去九江的多么？

JXF：直接去的不多。现在九江一中的老师曾经是龙门中学的。现在在那里也是名师呀！

刁鹏飞：为什么他能去？

JXF：他自身很厉害。他最开始书教得蛮好。这个老师有水平。

赵然：咱们鄱源县的中学在九江算是重点中学么？

JXF：应该算是，但是我不太清楚。

赵然：我知道县中学在市里是重点。

JXF：现在评估就是看你考试的分数。

访谈 7

受访人：JXG

采访人：汪洋

整理人：汪洋

访谈时间：2013 年 11 月 26 日 11：00

访谈地点：龙门镇中心小学教研室

访谈记录：

问：你是否在学校教其他科目？

答：我有时会带体育课，上级安排什么就上什么。按自己的教学任务来定，如果教学任务较重有可能一个学期只上1—2节副课。

问：你上的副课有专门的教学计划吗？

答：没有系统的教学计划，比如我上体育课通常就是让学生自己跑一跑，动一动，跳跳绳。

问：学校不重视副课的原因是什么？

答：主要原因是没有专业课教师，在校的所有老师都要参与代课。

问：龙门镇所有的教学点都存在这种没有专业课教师的情况吗？

答：我们乡下全都是这种情况，县城里面教师配置多一些。我自己90年代在县里上学的时候就已经有了专业教师，但乡下这种情况至今没有得到改善。另外就是，目前还是比较重视应试教育。一切为了考试。

问：咱们学校的信息化建设情况怎么样？

答：现在很多班都配备了电子白班（班班通）用于教学，而且都是联网的。

问：这些设备是学校自己配置的吗？

答：是县教育局统一安装配置的，属于薄弱学校改造项目，应该是全省推广的。

问：电子白板平时使用率高吗？

答：这要看老师来决定，使用率应该说很高。

问：什么时候开始普及班班通的？

答：我们这里是上半年开始普及的，村级小学也准备覆盖。我们这里已经实现了校校通（每个学校都通互联网）、班班通、人人通（每名教师都要通过网络学习）。现在县里对电教投入还是很大的，主要是地方有配套资金，国家有专项资金投入。

问：学生都会使用电脑吗？

答：现在小学生家里基本上都有电脑，家里没有电脑的也会去网吧，但大多数都是用来玩游戏。他们为了玩游戏，基本上都学会了操作。但是系统知识就不行了，因为我们这里没有专门讲计算机课的教师。

问：你最早在哪里从事教育工作？

答：我是中专毕业后，通过县教师招聘进入村小教书。

问：你们待遇怎么样？

答：乡村教师真的很可怜，真的很穷，各方面都很差。像我们学校，留校住宿的老师三个人住一间宿舍，宿舍是用老教室改造的，一间教室隔成三间宿舍。没有热水，我们要自己用热得快烧水，我们中心小学相比村小条件还算好的，村小连宿舍都没有。但以后有可能会改善，听说准备建造教师中转房。

问：工资挣多少？

答：像我们教了 11 年书才有 2000 多一点，其中基本工资只有 900 多。过年过节也没有任何福利。年底有一个绩效工资，1 年好像只有 3200，另外有一个教学奖，所教的学生成绩必须在县里排名靠前，才能拿到。我们挣的钱还不如镇上打零工的挣得多，小工平均下来一天 200—300 元，我们一天平均下来才 80 多块。教师工资跟工作量和付出不成正比，退休老师因为工龄长，所以退休之后可以挣到 3000—4000 元。

问：咱们这里每年新教师多吗？

答：多，今年进来 15—16 个人，基本上都是定向招收的，他们都是上师范之前就签好合同，初中毕业后直接进入大专学习四年，承诺毕业后要回到签约的地方来教书。他们必须在学校干满五年才可以换到其他地方。

问：你们和县里的老师待遇上有什么差距吗？

答：县里一是生活方便，二是收入要高，县里的学校集中度好，学生多。可以进行课外辅导，比如家庭辅导。我们在乡下基本上没有这种机会。

访谈 8

受访人：龙门镇中心小学 JXH 的父母
采访人：汪洋
整理人：汪洋
访谈时间：2013 年 11 月 27 日 12：40

访谈地点：JXH 家

访谈记录：

JXH 家在镇上开了一家摩托车行，也卖一些电器。

问：平时你们对 JXH 有什么期望和要求没有？

JXH 父：有，有，不管做父亲的人还是做母亲的人都希望自己的孩子好，成绩好，各方面都好，是吧？希望他有个优秀的成绩。

问：希望他将来能有一个怎样的学历呢？

JXH 父：每个家长都希望自己的孩子，能上个大学咯。

问：平时除了正常上学上课外有没有一些其他的辅导？

JXH 父：下午放学后有个老师来辅导一下，学校里面课下完了以后，一些学生一起，有个老师辅导一下。

问：您说的是有些老师会主动来给他辅导一下？

JXH 父：对。

问：一般是教哪些课的老师会来给他辅导？

JXH 父：英语老师。

问：他哪个学科学得比较好？

JXH 父：数学学得比较好，语文就差一点，数学在九江考过一个第一名。数学在班上算好一点，语文差一些，这个小孩跟别人一玩就有点不认真了。

问：我看了看你们家里条件不错，他有单独的房间和区域吗？自己的课桌？

JXH 父：有的。

问：他课外书看得多么？

JXH 父：我们买过一些，一部分科技书。

问：他平时有什么爱好吗？

JXH 父：小孩爱玩，爱玩电脑游戏。

问：他平时经常玩游戏吗？

JXH 父：不常，我们平时都盯着他，你要是不盯着他，他能玩半天。

JXH 母：他一般周六日玩，周一到周五不让他玩电脑，周六日功课做完了可以玩一会儿，这么大的小孩，乡下也没什么条件，想去学什么，也都没有，也没有培训班、辅导班。基本上就是把正课上好，再就是稍微有一部分，老师会给他补下课，就在学校里。主要是补补语文、英语。

问：我感觉你们家的条件比较好。

JXH母：条件也不行的，我们的父母当年都没有什么文化，我们就做了一些生意。

问：你们夫妻什么学历？

JXH母：只上了小学，我们俩是六几年生人的，上完小学就种了田，之后做小买卖。

问：你们每年给孩子投入的教育费用有多少？

JXH母：应该属于最低消费吧，没多少，学校学费就那一点点钱。

JXH父：一般一年不超过1000块左右。

问：学费看来是不多，那课本教材费用多吗？需要平时单独买一些教材吗？

JXH父：补习书要买一些，有时候学校要求买，我们要自己掏腰包，一年大概花不超过100元。

问：你们家离学校比较近他在哪里吃饭？

JXH父：他在家里吃，他们学校近一点的学生都在家吃，学校没有，远一点的要送饭去吃。我家有个女儿上初中二年级也是在家里吃。

问：既然说到这里，我想了解一下你们家有几个孩子？

JXH父：哈哈！我家超生了，有四个孩子，三个女儿一个儿子。

问：你这种情况好像有点违反计划生育政策了，哈哈！

JXH父：哈哈，是啊，我们农村这里没有办法，一定要有个儿子的。

JXH母：我们乡下也蛮难的，但我们养孩子还是尽力的。

问：您的那两个女儿都是什么学历？

JXH父：她们都是中专毕业，在九江读的师范。

问：她们现在都在学校当教师吗？

JXH父：没有，当时招聘没有考好，二女儿在幼儿园当过一段时间老师，现在在家做点服装生意。

问：你们家一年收入大概多少？

JXH 父：大概一年不超过 10 万吧，不如做泥工的。

问：你提到的泥工一年能挣多少钱？

JXH 父：像夫妻俩都做泥工的话一年可以十几万，我们这里做泥工的很多。

JXH 母：我们现在就是基本消费，一年也就剩 2 万—3 万元吧。

问：你们攒钱也是为了儿子将来上学吧？

JXH 父：那当然是咯！

问：你们希望他最高上到什么学历？

JXH 父：那当然是越高越好了，只要他能上我就算卖房子也要供他。

问：那您希望他大学毕业后做一个什么样的工作呢？

JXH 父：第一点要稳定，第二点就是有一定的经济保障。

问：你们平时谁负责监督他的学习呢？

JXH 母：也没有固定谁督促他，谁有时间谁监督他。他自己的学习主动性还是挺好的，平时在学校就把作业都做完了。

问：他小学毕业后会让他去县里上初中么？

JXH 母：不会的，我们照顾不过来，而且不太放心，他年纪小没独立过。

JXH 父：而且我们镇上的中学，在县里也算好一点的中学，我们这里一般初中都在镇上读，高中到县上读，也有一些到九江读。

问：除了你们之外，他的姐姐们平时会关注他的学习么？

JXH 母：他的姐姐都已经出嫁有了自己的小孩了。

问：你们一直住在这里吗？他有没有上过村小？

JXH 母：没有，因为我们本来就是镇上人，一直住在镇上。

问：他们的老师平时有家访吗？

JXH 父：有时候会，平时也会打电话过来。

JXH 母：平时学校有什么事，就会打电话通知我们。

问：平时学校开家长会吗？

JXH 父：高年级的班有可能会开，我们还没开过，初中开得多一些，很多小孩父母都在外面打工。

问：感觉你们和这里的老师相处的还是很融洽的。

JXH 父：对，我们这里很多老师是请过来的，这里老师是不够的。有些老师年纪很大了，不适合给现在的小孩教书了。但乡下就是这个样子，按理说这里应该有我们这里最好的老师。年轻老师走得又频繁。

JXH 母：我说句心里话，我在这里十五年了，我们老师对每个孩子都一样，但我们认为好就是好，不好就是不好。

JXH 父：这里的老师，好的老师，待一段时间就走了，就到县里教书了。

问：你们觉得为什么呢？

JXH 母：县城里比这里方便一些，而且我觉得好的老师往上面爬，肯定是水平要高一些的。

访谈 9

受访人：龙门镇中心小学 JXI 的祖父母
采访人：刁鹏飞、李琦
整理人：刁鹏飞
访谈时间：2013 年 11 月 26 日 14：30—16：00
访谈地点：龙门镇南侧二层居民住宅
情况说明：这个住处是 JXI 祖父母为了 JXI 上学，刚刚准备搬迁进来的住所。房子的所有权是他们的大儿子，房子正在装修，没有家具，也没有板凳，所以只能站在那里做访谈。

访问者使用普通话提问，受访者用龙门本地话回答。班主任袁老师担任翻译。所有的受访者和访问者都站在正在装修的房子门口。访问无法持续太久。房子门口就是商业街，走过来看的人有好几位。访问过程受到一点影响。

访问记录：

JXI 的父亲是他们的第三个也是最小的儿子。从 JXI 1 岁的时候，JXI 的母亲就离开家，父亲也离开到外地打工，每年回来得极少，据 JXI 的奶奶讲，父亲每年只有两个节日（春节和端午）会回家。平时 JXI 的祖父母只能是靠给儿子打电话跟他联系。

JXI 在班上是一位性格内向的孩子，这一点班主任袁老师直言不讳。从我们的观察来看，JXI 大多数时间都是自己坐在教室里，很少与其他小朋友一起玩。他很少上课发言。

JXI 的爷爷奶奶专门为了 JXI 从龙门村搬来龙门镇。他们没有什么文化，也不认字，但是特别想让孙子读书认字。当问及"你们期望 JXI 读到什么程度"，他的奶奶讲，"他能读到哪里，就让他读，我们不识字，只能种田，到别的地方没什么用。他能读书就要他读"。

本来龙门村是有一所完小，因为一部分六年级的孩子跟随父母到县里或者外地读书，龙门村读六年级的学生人数很少，所以龙门镇中心小学把龙门村小学的六年级合并起来。这样 JXI 这个班的同学，就只能转到离家两里路的龙门镇上读书。可是来龙门镇读书，上下学路上时间长，中午饭来不及回家吃。JXI 的奶奶就只能到学校送饭，有时候来得晚了，JXI 宁愿饿着，也不好意思在同学面前吃。离家远了，镇上玩电脑游戏的孩子多了，JXI 也喜欢上网吧玩游戏。不听话，他的奶奶和爷爷就说要打，还跟班主任讲，让班主任打。不听话就打，这是这一带家长的教育观。他们搬到龙门镇，目的就是为了孙子上学近，可以回家吃饭，在学校做作业晚一些也不怕。

"中学有一位老师讲，培养三观，人生观、价值观、事业观的塑造。这里已经成为一个考试集中营。晚上还要上晚自习。"

访谈 10

受访人：龙门镇中心小学 JXJ 的姑姑

采访人：JXDY

访谈时间：2013 年 11 月 26 日 16：30—17：30

访谈地点：JXJ 现居所

JXJ 的家庭的基本情况：

JXJ 的爷爷今年 70 多岁，奶奶今年 67 岁，生了两个儿子、两个女儿。大儿子参军转业后分配在星火化肥厂工作。小儿子就是 JXJ 的爸爸。爷爷奶奶跟着小儿子过。这样，全家六口，就是 JXJ 的爷爷奶奶、爸爸妈妈、JXJ 和她的弟弟。

访谈记录：

问：小孩的爸爸妈妈在哪儿做事？收入如何？

答：孩子的爸爸妈妈在共青城上班，做衣服，做羽绒服。两个人在一块上班，由于拿的是计件工资，有时多，有时少，两人加起来平均一个月 6000 元左右。在镇里建了一栋两层的楼房，今年在共青城买了一套房子，付了首付。

问：小孩的爸爸妈妈多久回家一次，经常和家里联系吗？

答：孩子的爸爸妈妈平均一个礼拜就会回来一次，昨天还回家了。没回来的时候也经常打电话回家。

问：孩子的爸爸妈妈在共青城买了房子，会带小孩到那儿读书吗？

答：有这种想法。孩子的爷爷奶奶年纪大了，身体也不好，照顾不了。孩子在身边也要放心。但没那么快，房子明年才能交房，还要装修，办理房产证，把户口迁过去在那儿落户。爷爷奶奶特溺爱孙女，老师在这里，我要说，JXJ，爷爷奶奶年纪大了，你要多做点家务，搞好个人的卫生，帮着带弟弟，这是最重要的。还有做作业的时候，一边做作业，一边看电视，这个习惯要改掉。

问：小孩放学后什么时候回家？

答：小孩在学校做作业，5 点半、5 点 40 到家。回来后就吃饭，洗洗刷刷，看电视、睡觉。

问：学校离家多远，怎么去学校？

答：学校离家 700 米左右，走路要十几分钟。平时都是奶奶接送，走路接送，中午还送饭到学校。这几天，奶奶生病了，我就让她带弟弟上学、放学。老人家可溺爱这两个"东西"了，生怕小孩多走了一点路，或是累着了，自己却吃不上一口热饭热菜。早上起来送他们去学校，在街上买早餐，他们不吃稀饭的，中午送饭到学校，他们不爱吃素的，我让他们也要吃点青菜萝卜。

问：中心小学的教育质量怎么样？

答：和乡下的小学相比，要好一些。像我们那边，小学一二年级基本没有作业，小孩放学回家后就是玩，老师也要布置点作业，让小孩练练手。那边学校学生的成绩差，考不过别的学校。

问：家里教育方面的花费有多少？

答：小孩的花费，主要是买零食。我妈一天要给他们两个人十几二十块钱，买些辣条啊什么的，垃圾食品。教育方面就是买笔、笔芯、文具，花不了几个钱。

问：她现在是单独居住一个房间吗？房间里有书桌吗？

答：她现在是单独住在一个房间，这是我强烈要求的，就是今年开始单独居住一个房间。房间里没有书桌，她搬一把椅子，坐在小凳子上写作业。

问：对孩子未来的教育如何打算，让孩子读大学吗？

答：只要她愿意读，我们就让她一直读下去。

问：我们村父母在外打工的多吗？

答：中心小学少一点，乡下小学的多，80％都是留守儿童。乡下都是自己去学校。

问：你关心孩子的学习成绩外，还注重孩子的哪些方面？

答：文艺活动啊什么的，家里挺支持，要各方面全面发展，一味死读书，会变成书呆子。

问：现在大学毕业后找工作难，有些人认为还不如早点出去赚钱，你是怎么想的？

答：现在种田都要懂文化，我觉得还是要读书，我儿子是大学毕业。

问：现在许多父母在外打工，孩子都是隔代抚养的，你认为对孩子有什么影响？

答：隔代抚养的问题是爷爷奶奶对孙子辈太溺爱了，90％以上是这样，孩子都是说一不二，都是土皇帝。要风就是风，要雨就是雨，不给就捶桌子，要不就满地打滚。我有个小女儿，两岁多就送到幼儿园了，现在唱歌跳舞，什么都会。

访谈 11
一个村小校长的工作感悟

受访人： JXK、JXL

采访人： 汪建华、丁牛牙、赵然、韩磊、雷丰伊

访谈时间：2013 年 11 月 26 日上午

访谈地点：村小办公室

访谈记录：

问：请您先介绍一下学校概况？

JXL：学校创办的时间是 1954 年，利用土改时没收地主的房子用做教室，从姓孙的村庄转战到姓郑的村庄，在七十年代初学校形成规模。

JXK：六十年代时学校借助庙宇，在庙里上课，我在庙里读一年级，七十年代初学校才在这里开办。

问：您是哪一年到学校任教的？

JXK：我是 1975 年到学校任教的，一直在这里到现在。咱们的教室从 1986 年一直用到近几年，今天看到的校舍是今年建好的新校舍。

问：咱们的课桌是自己买的吗？

JXK：自己买了一部分，国家配套一部分。

问：咱们学校学生最多的时候是什么时候？

JXK：人数最多的时候是九几年，最高时将近六百人。

问：咱们现在有多少学生？

JXK：咱们现在是二百四十多人。

问：咱们现在有多少老师？

JXK：老师有十一人，八人在编，三人代课。

问：有几个办公室？

JXK：只有这一间大家共用

问：请您继续介绍学校的情况。

JXK：我们村庄有三千多名村民，共七百八十户，有十个自然村，自然村就是以姓氏集中的村。

问：这自然村都是一个家族吗？

JXK：是一个家族，是单姓的，分布得比较散。

问：有多散，最远的有多远？

JXK：最远的有两千米，四里路。

问：学生上课是步行吗？要多久？

JXK：是走过来，要半小时。能适应。

问：几点上课？

JXK：作息时间是八点到开始早读课，八点半第一节课。

问：请您继续介绍。

JXK：这里耕地比较少，人口外流，爸妈都出去务工，爷爷奶奶带孩子。

问：这样的孩子占多少？

JXK：百分之八十以上。

问：那留下的家长做什么？是承包大家的地吗？

JXK：由于地形不适合承包，少部分沿湖打鱼，六七月份的时候鱼多，干旱时不行，还有一部分做泥瓦工。

问：这就是总体情况了？

JXK：这里留不住教师，缺少教师，留不住。

问：咱们老师待遇如何？

JXK：待遇能不拖欠，按月发。

问：老师都是本村的吗？

JXK：有本地的，也有是外地嫁过来做媳妇的，湖滨在教师这一块老大难，八个在编老师有一个是外村的。

问：咱们困难主要是外出家长多，老师少。

JXK：对。

问：咱们村的孩子有没有到旁边的村里去读的？

JXK：很少，有些是家里离外村更近，很少的。

问：学生有些家远，中饭怎么办？

JXK：一少部分是家长送饭，大部分回家吃，我们把中午时间拉长。

问：老师怎么吃？

JXK：老师有食堂。

问：像爷爷奶奶要送饭的大致有多少？

JXK：大致有三分之一。

问：有附近的家长给考生提供做中饭补贴家用的情况吗？

JXK：没有。

问：咱们老师的学历？

JXK：一般都是大专，有四个进修本科的。

问：咱们老师的年龄？

JXK：现在年轻化了，平均年龄三十岁左右。

问：老师的性别比例。

JXK：男教师4位，7位女教师。

问：外出务工有什么影响？

JXK：对孩子教育有很大影响，爹妈不识字，爷爷奶奶没文化，完全靠学校。

问：是有很多这样的实际例子吗？有什么特点吗？

JXK：孩子有一些孤僻，爷爷奶奶在跟前跟爸爸妈妈在跟前是不一样的。

问：现在孩子有很多父母在身边的也调皮，这方面会不会跟父母外出务工没太大区别？

JXK：有区别，爷爷奶奶管，很多管不住的，父母管，他听话，爷爷奶奶管就是不听，可能存在爷爷奶奶不严加管教，甚至惯养的情况。

问：有其他影响吗？

JXK：有些逃学的，老师也会上门去家访。今年开学就有这个例子，很典型，他是今年转过来的，当时我在学校，我就说转来的学生都要考试，我们要看他的程度适合读几年级，他就是不考，我们也收了，这考生叫李志杰，前两个礼拜还可以，他爷爷奶奶送饭，送了一段时间孩子就变了，有一天他嫌饭菜不好吃，他不吃，就把饭菜全部甩到地上，当着老师和爷爷奶奶的面，哭了，说这个不好吃，那个不好吃，后来经过老师的教育，好了一个礼拜，有一天奶奶送完饭，小孩就偷偷地跟在奶奶后边回去了，那段时间他可能正好有点感冒，上课的时候老师就问这个李志杰哪里去了，有同学就说他打针去了，老师就真以为他去打针了，他就跟在奶奶后边回去了，奶奶也不知道，他就躲起来不知哪里去了，下午奶奶就来接，找不到人了，当时全校到处找人，找到晚上八点的时候，他出来了。

问：他为什么要躲起来？

JXK：他不愿意读书，他姐姐淹死了，家里有因素，心理有障碍。现在小孩相当难教养。他现在因为父母到辽南开店，就跟着转出去了。

所以爷爷奶奶带孩子对学校的教育有很大影响，爷爷奶奶不敢管，老师也不敢管。

问：咱们学校校舍的投资构成如何？

JXL：启明小学总投资是180万，启明基金捐赠50万，通过新世纪教育基金会，李小龙董事长又捐赠了三四十万，剩下由政府配套捐赠。

问：财政为每个学生拨款500元的费用会给湖滨小学拨付吗？

JXL：会，学校人员出差、人员往来、维修、耗材都是从这些公共经费里支付。

问：湖滨小学教学楼是新盖的，这些费用是哪里出的？

JXL：以前申请的大部分费用是从危房改造中出，今年有一个九年义务教育标准化建设给出一部分，可以用于厕所、围墙、绿化等建设。学校运转就是使用公用经费，即从每人500元的经费中出。

问：是否有过支教的情况？您对此是什么态度？

JXL：支教的情况很少，我们非常欢迎，学生和家长都喜欢看到新面孔。

问：您对捐赠是什么态度？

JXL：现在不太欢迎捐赠，以前新明小学有接受过一次性捐助三十万元，但是捐助方有很多要求，例如教学面积60平方米，教室间数等，不符合现状，我们先按照需求建设，但是建好后捐助方验收不签字，而且中间人克扣，包括各种仪式、典礼都要钱，很麻烦，最后就剩下二十六万了。

问：您对民办教育是什么看法？

JXL：民办学校的老师很多是师范毕业找不到工作的，或者是年龄太大从公立学校退下来的，由于公立学校稳定，是铁饭碗，大部分人还是会优先考虑公立的。财政也会补贴一点民办教育，但是非常少。私立学校管得非常严，对学生并不好。

问：偏远的村落如果需要到县小学或龙门镇中心小学，需要交择校费吗？

JXL：县里可能要交一点，中心小学，不用。

问：怎么考核学校或教师？

JXL：会定期让各个学校做同一套试题，老师换校监考，做一个排名。

问：湖滨小学有图书角吗？镇中心小学有图书角吗？

JXL：湖滨小学没有，镇中心小学有图书室，但没有人去看，因为学生只看重成绩，只注重应试。

访谈 12

受访人： Y 老师、Z 老师、L 老师
采访人： 汪建华、丁牛牙、赵然、韩磊、雷丰伊
访谈时间： 2013 年 11 月 26 日下午
访谈地点： 学校办公室
受访人基本情况： Y 老师，男，26 岁；Z 老师，女；L 老师，20 岁

访谈记录：
Y 老师

问：您目前收入处于什么水平？

答：只有两千多一点点，在村里属于较低水平，外出务工的每年都好几万甚至十万以上。

问：您目前教几个年级？兼职什么课？

答：我教两个年级的数学，兼职体育。

问：您的班上留守儿童的数量大致有多少？

答：百分之六十以上。

问：学校都有什么形式的培训？近两年内您是否参加过学校组织的培训？是否是数学相关的培训？

答：主要暑假出去培训，主要在省内，还有远程教育培训。我近两年没有，很早之前参加过忘了时间了，不都是与数学相关的。

问：您的远程教育培训是用什么时间进行的？

答：是用晚上或周六日。

问：您目前工作上最大的难题是什么？

答：最头痛应付各种检查，比如作业、教案、教学计划，等等，每

天根本没时间写教案，还要准备资料应付检查。

问：您对目前的工作满意吗？

答：不满意，没地位，工资低，学生家里不重视，完全靠学生，靠老师。

问：您觉得学生的优缺点是什么？

答：缺点就是基础太薄弱，一些学生没上过幼儿园、学前班，六七岁了连 1 数到 10 都不会。

问：您对您孩子未来的期望是什么？

答：读大学，越高越好。

问：学生一年在学校的花费有哪些方面？

答：主要是教辅，学生要几十块钱，还有花费在校服，大概六七十一套。

问：最希望看到的改革是什么？

答：希望学校能有一些教学器材、挂图，希望每个学生都有自己的三角板。希望能用多媒体，让学生多看一些相关图片，也能提高教学效率。

问：您给学生留的作业一般需要多长时间完成？

答：五六年级大约一个半小时到两个小时，一二年级大概需要半小时到一个小时。

问：您自己有孩子会让他在咱们小学就读吗？

答：虽然我跟我爱人都在这个学校任教，但是我不想让他以后在这里上学，各方面条件都不好。

Z 老师

问：请问您教什么学科，教几个年级？

答：我教数学，教两个年级。

问：近两年内您是否参加过学校组织的培训？是否是与数学相关的培训？

答：我今年暑假参加了两个培训，一个是计算机培训，一个是少先队的相关培训。

问：您觉得有什么用吗？

答：没有用，现在学校只看应试，而且也没有计算机去教学生。

问：您平时会自学远程教育培训的内容吗？

答：会，这是有考核的，必须要看。

问：您一般给孩子们留的作业需要多少时间完成？

答：一个小时到一个半小时。

问：您中午时间一般做什么？

答：改作业。

问：生完孩子，一年内会按劳动法每天下午提前1小时下班吗？

答：不会，你走了，没人愿意多上课。

L老师

问：您是哪一年到学校的？教什么学科？

答：我是去年才来的，教的语文。

问：您是班主任吗？

答：是。

问：您近一年内是否参加过组织的培训？

答：没有。

问：您觉得目前工作的难点是什么？

答：第一是缺设备，第二是缺家庭教育。

问：您带的两个年级，一般留多少作业？

答：三四年级，一般的作业量是一个小时到一个半小时。

问：您觉得目前学生的优缺点是什么？

答：优点就是大部分还挺听话，缺点是感觉学生的学习负担太重。

访谈 13

受访人：JXM、JXN、JXQ

采访人：韩磊

记录人：韩磊

访谈时间：2013 年 11 月 26 日

访谈地点：龙门镇湖滨小学教学楼

访谈记录：

今天我们来到龙门镇湖滨小学进行调研，在对老师的访谈过程中，我着重考察了该小学的教师队伍、英语教学以及学校领导对教学中存在问题的认识及对未来教学和政策的期望。

（一）师资情况与英语教学

来到湖滨小学之后，我们对该学校的叶校长和教导主任 JXQ 进行了访谈，了解到湖滨小学教师流动较大，教师资源短缺。在听完五年级的一节英语课后，在走廊里遇到了该校的 JXM 和 JXN，为了更深入、具体地从不同的层面了解该校师资情况，我对她们进行了简单的访谈。JXM 是 1988 年出生的，是六年级的班主任，教语文。JXN 是 1980 年出生的，教两个班级的数学。

问：刚听了五年级的英语课，觉得这位英语老师讲得很好，发音很标准，在和学生互动这个方面做得也很好。这位老师是哪一年来咱们学校的？

答：她是 2010 年来的，是代课老师，还没有考过国标考试，她是讲得挺好。

问：我看到英语老师在课堂上基本都是和学生用英语交流，平时上课也这样吗？学生愿意学英语吗？

答：我们平时也是尽量在英语课上用英语和学生交流，但有时也需要用汉语解释一下。大部分学生还是很愿意学英语的。

问：这位英语老师教得这么好是不是以前参加过省里或者县里组织的英语教学培训？

答：没有参加过什么培训，她是英语专业毕业的。平时也主要靠自己积累教学经验。

问：咱们学校的老师是否经常参加教学方面的培训，出去学习别的学校的教学经验？

答：出去参加培训的次数不是很多，但每年省里都组织老师远程培训。我们也曾经学习过其他学校的素质教学经验，也知道他们的教学方式很先进，但感觉那些东西不适合我们这些农村的学校，我们没有那个条件。

访谈湖滨小学教师

问：咱们学校的老师大多是这个村的吧？教师的待遇和中心小学比有什么差别？假设你们有去中心小学教学的机会，你们会去吗？

答：老师基本都是这个村的，也有嫁到这个村里来的。我们和中心小学老师的待遇差不多，我们不愿意去中心小学教学，因为家就住在这里，在这里教学会更方便一些。

问：咱们学校老师流失严重吗？

答：还蛮严重的，很多外面的老师会觉得这里比较偏，不愿意到这里来教学。也有的年轻老师因为要嫁到别的村而离开这里。比如，刚才的英语老师，她已经订婚了，对象在九江，所以以后可能就去城里教学了。

（二）存在的问题与未来期望

为了了解学校领导对目前学校教学状况的评价以及对未来教学和政策的期望，我与湖滨小学的教导主任JXQ进行了访谈。JXQ是1986年出生，来自于教师世家，大伯和叔叔都是教师。目前，其大哥大嫂、妻子、侄女以及小姨子也都是教师，其中JXQ的妻子、小姨子以及侄女现在都在湖滨小学教学。

问：您认为目前学生管理方面存在哪些困难？

答：首先，一二年级学生中很多孩子没有接受学前教育，基础较差，不懂的东西很多，而且学习积极性不高。其次，虽然大多数学生比较听话，但是现在孩子多由爷爷奶奶照管，溺爱现象比较严重，如果教师管得太厉害了，家长就会过来跟教师闹乱子。

问：您以前参加过教学培训吗？是否希望去省外参加类似的培训？

答：曾经去县城参加过培训，但对于是否参加省的或者省外的培训都无所谓，因为很多东西（例如，他们讲的教育理念和教育方法）根本不适合本村，目前的情况是主管部门只注重学生成绩的考核。

问：您认为目前咱们学校对素质教育落实得如何？

答：素质教育的政策基本没有落实，现在的情况比没有实施素质教育的时候更差，学生压力也比较大，学生每天的作业量一般大于一个半小时。我认为，学生只知道道理或者算法即可，没有必要非得算对。我们没有自然课程，虽然有科学课，但没有专门的老师，其他的老师顺便教一下。

问：您对未来咱们学校的教学有什么期望？或者希望上级出台哪些政策？

答：在教学过程中，如果展示给学生图像，或者让学生亲身感受一些学习器材会有利于教学。希望相关部门能给配备一些教学器材（如给学生人手一套正方体或者三角板什么的）和教学挂图、电教器械（如多媒体）等。而且，也希望主管部门在学生和教师的考核方面不要只注重考试成绩。

访谈 14

受访人：五年级学生 JXP 和他的祖母、父亲，JXQ 陪访
采访人：雷丰伊、汪建华
记录人：汪建华
访谈时间：2013 年 11 月 26 日
访谈地点：湖滨小学学生家中

访谈记录：
去 JXP 家的路上，我们和 JXP 聊天，感觉他有点内向，只是简单

地回答我们，大概意思是，家里还是蛮关心他的学习的，父亲是放牛的。不过到家之前，他和我们说，他母亲精神有些问题。进到家里之后，才发现他母亲是智力障碍者，父亲瘸了一条腿，重活干不了。由于家里这种情况，小孩一生下来就是祖母带。

湖滨小学家访

刚开始祖母在，和我们聊了聊家里的情况。一直强调家里是一个人养三个人，儿媳妇完全没用。说现在他儿子只养了三四头牛，一头能赚个两三千块钱，前段时间还在江边被偷了一头牛。家里现在享受了低保。孙子也在前几年享受了低保。一个人一个月一百多块钱，一年四个人才几千块钱。

JXQ说像JXP这种情况，学校会适当地给补贴，700多块钱，从学校经费中扣除。学校这种情况，有一二十个。前几年有个老太太，90多岁，膝下两个孙子，儿子死了，儿媳改嫁。JXP的父亲，如果说做其他生意，比如养猪，也没资本，再说很多生意也不是什么人都能做。家里也没有养鸡鸭之类的，因为没种田，没有饲养鸡鸭的事务。

父亲说小孩的学习会监督，但是没法辅导。小孩早上很多时候没早饭吃（一般一个礼拜三四次），因为父亲早上5点就要去放牛，只是给小孩点钱（有时候只有5毛钱），买点方便面。

　　JXP 家里盖了个两层的房子，没装修，易老师介绍说这个也是 JXP 父亲的几个兄弟凑钱帮着盖的。家里没什么东西，一台电视也非常旧。一个电脑桌，是叔叔买的，算是书桌，灯泡也不太亮。一家两张床，都比较旧。我建议换个灯泡，他们说家里实在困难。

　　小孩的教育，父亲说读到哪里，尽量供。问及父亲有没有去参加家长会，会不会经常向老师了解情况。参加家长会倒没有，但老师的话比较有意思："像他还好一点，经常在江边放牛，有时在学校旁边过，碰到老师，他会问一下，这是好的。还有一些，在学校几年，家长都没有看到过。"

访谈 15

受访人： 教务处 JXQ、三个小工、JXR 老师
采访人： 汪建华
记录人： 汪建华
访谈时间： 2013 年 11 月 26 日
访谈地点： 湖滨小学

访谈记录：

（我们在湖滨小学的访谈都是随机性的，因此以下访谈均为一些零碎记录）

与 JXQ 访谈

与 JXQ 在走廊上闲谈，主要聊到以下几个问题：

一是他特别烦现在上面的反复检查，本来教课任务就重，但还得抽出时间准备应付检查，得花时间陪。还有就是各种评比。他觉得花精力弄这些事情很困难，但又不能不弄。领导可能也是外行，不懂教育，但是就是爱对这些事情指手画脚。

二是留守子女的管教问题。农民外出打工，子女留给祖父母看管，祖父母过分溺爱孙子孙女，小孩因此很顽皮，而老师也不敢管太严，怕反而挨说。我在中午十一点左右也看到大批的家长在校门口等着送饭，JXQ 说下雨天场面会更壮观，这充分说明祖父母对孙辈的溺爱。JXQ 开

玩笑说，越是送饭勤快的，小孩读书反而越不好。当然，家长送饭与否还是和距离有关的。

三是本地教师与家长的关系，由于都比较熟，乡里乡亲的，比较了解彼此的情况，家长要求帮着管学生的，都会帮着管一下。

四是教师流动性高的问题。他说这些年来来去去也有几十个教师了，很多待个一年半载甚至一个月就走了，现在这些本地的，可能稳定一些。这边一是交通不便，二是待遇比较低。县城还可以补课，补课不可以在学校，但只要在周边租个房间就行。农村这样做就不可以，你只能在学校补课，要是这样收了学生补课的钱，家长（尤其是祖父母）心疼钱，还告你。

与三个小工的访谈

三个小工在学校周围砌围墙，其中两夫妇年龄比较大，另外一位年龄稍小，看起来比较年轻的妇女是他们的弟媳。他们都分别有不止一个子女。两夫妇的一个儿子在县城做修理，他们的孙子、孙女都在县城读书。孙女年龄大一些，11 岁，读小学，学费一个月要 400 多，补课一个月要 500 多，补课的钱还更多，一年投入 10000 多。但是他们觉得这个投入还是蛮值得的，孙女非常活泼。他们的弟媳的一个孙子现在正在湖滨小学读二年级，小孩的父母都在外面打工。这位祖母说他的儿子也在县城买了房子，这几年要装修，装修好之后孙子也要送到县城读书。问及如果儿子儿媳都在外面打工怎么办，她笑而不语。他们说这些年去县城读书的不少，有些是看县城有没有亲戚，有合适的也把小孩送过去读书。

与 JXR 老师的访谈

JXR 来这边也有八年了。在其他老师都在旁边教学生跳新的舞蹈的时候，他聊到在本地教书的一个很大的好处就是，可以照顾父母。

访谈 16

受访人：JXS 老师
采访人：韩磊

记录人：韩磊

访谈时间：2013 年 11 月 27 日 10：00—10：30

访谈地点：湖滨小学教学楼办公室

通过和湖滨小学老师的座谈，我们了解到该校的女教师 JXS 是教学能手，在龙门镇也算得上比较优秀的老师。"她带哪个班，哪个班的成绩就会提高"，这是同事对 JXS 的一致评价。因此，我对这位老师产生了浓厚的兴趣，想理解一下她的教学历程及对该学校的教育情况的认识。于是，我利用课间对 JXS 老师访谈。

访谈记录：

问：JXS，您好！听别的老师说您教课特别好，现在跟您聊一下可以吗？

答：好啊。没有他们说的那么好，他们胡说的（JXS 总是面带笑容，说这话时显得很谦虚）。

问：您现在教什么课？

答：我现在是教两个班的数学，以前主要教语文。

问：您下节课有课吗？可以去听一下您的课吗？

答：我下节课有课，但是是习题课，不讲新内容，其实也没有必要去听了。

问：那您觉得您教课比较好的原因主要是什么？

答：也没有很好，就是还可以吧。我从 16 岁开始教学，可以说经验会比较多一点吧。

问：您是怎么看待素质教育的？

答：这里素质教育基本无法实施。上边要求让学生自主学习，老师起辅助作用。以前我教语文的时候，我也曾经组织学生进行口语交际（口语交际是学生使用的语文教材中的一个学习模块）。比如，让学生用土豆制作自己喜欢的东西，然后描述制作过程，或者举行辩论赛等。但是，效果不是很理想，很多同学都不会表述。另外，课本上有时候说让学生到超市对比不同物品的性价比，这个不可能做到，因为这里周围根本就没有超市，离乡镇的超市又很远。所以，很多条件不适合素质教育。

问：您认为目前阻碍素质教育的主要因素是什么？

答：主要还是因为上面对学生成绩的要求。现在还是主要以语文、数学和英语的成绩来考核学生，以班级的语文、数学和英语成绩来考核老师，所以学生也没有时间学其他的课程。现在感觉学生的压力反而比没有实施素质教育的时候更大了。

问：您觉得为什么现在学生的压力更大了？

答：主要还是因为高考制度。现在高中希望从初中选拔成绩优秀的学生，而初中又想从小学选拔优秀的学生，因此一层层的选拔，导致从小学开始，学校就非常重视学生的成绩。学生每天都有大量的作业要做，压力比以前更大。

访谈 17

受访人：J 老师、C 老师、Y 校长
采访人：雷丰伊
访谈时间：2013 年 11 月 27 日
访谈地点：学校办公室
受访人基本情况：J 老师，女；C 老师，女，24 岁；Y 校长，男

访谈记录：

J 老师

问：请问您在这里执教多久了？

答：我在这里执教五年了。

问：您是代课老师吗？

答：我是考国编的在编的。

问：您有孩子了吗？

答：我孩子已经三岁多了。

问：您在生育期间享受了多长的假期？

答：我是属于晚婚晚育，有四个月的假期。

问：您在产后一年内是否需要母乳喂养孩子，学校是否给您这方面

的时间?

答:我们下午一共四节课,我就是在第三节课的时候赶紧回家喂一下孩子,再回来上第四节课。

问:那段时间您的工作能完成吗?

答:那段时间中午不能休息,要批改作业,晚上经常需要把作业或卷子拿到家里面去,因为孩子太小回家还要围着孩子转,只能等孩子睡着之后再进行批改,要批改到十一二点。

问:目前您在教学中有没有遇到比较集中的问题?

答:目前小孩子最让人头疼的就是有些学生作业不能按时完成,小孩子写作业在家无人指导,比较懒惰,只是完成任务,从来不动脑筋去想,爷爷奶奶也都不识字,顶多就问一句有没有写完作业,从来不去检查作业到底都有什么,是不是都会做,是不是都做对了。

问:有没有学生让您印象很深刻?

答:三年级有一个学生,之前他父母都外出打工,家里爷爷奶奶管,这个孩子做什么都慢半拍,后来他父母回来了,但是他的性格也形成了,就是反应慢啊,做什么都是慢,也很内向。

C 老师:

问:咱们有机会或者会使用多媒体教学吗?

答:只有上公开课的时候才会用到,公开课就是一般会几个镇一起,请一些比较优秀的老师,到哪里就请一些那里的学生,让你讲公开课,我们也都是做 PPT 的。

问:咱们有没有暑假组织培训的?您有没有参加过?

答:我前年参加过一次。

问:是什么内容的培训?是跟工作相关的吗?

答:内容忘记了,跟工作不相关。

问:那你们喜欢去吗?

答:不喜欢,因为跟工作不相关,还耽误了上课的时间。

问:那如果是跟工作相关的培训,您会喜欢去吗?

答:会,那当然会。

问:咱们除了这些培训,远程教育培训,您觉得有用吗?

答：这些都是理论的，不适合我们的工作，比如我去听城市里的老师讲课，我觉得那种形式并不适合农村，孩子们可能接受不了。

问：咱们这儿有辍学的吗？

答：很少，基本没有。

问：您执教多久了？

答：我在这里教学3年了。

问：您有孩子吗？多大了？

答：我有孩子，一岁多了。我生孩子的时候是暑假，当时正好是趁暑假，休了两个月的产假，休完之后过来上课。

问：您在产后一年内是否需要母乳喂养孩子，学校是否给您这方面的时间？

答：当时因为考虑到工作比较忙，无暇顾及小孩，就把孩子给他奶奶带了，没有母乳喂养。

Y 校长

问：目前我们学校女老师生育都能享受到什么假？

答：现在是正常两个月，晚婚晚育是4个月。

问：咱们女老师生育前会考虑给老师们减少一点工作量吗？

答：不会，就还是跟原来一样正常工作。

问：那咱们老师休完产假之后，有没有人能享受到母乳喂养的时间？

答：没有，就是正常工作，工作量不会减少。如果老师确实是想休也需要休，她可以自己掏钱请代课教师。

访谈 18

受访人：JXT 的奶奶、JXT、JXU

采访人：韩磊、赵然、丁牛牙

记录人：韩磊、赵然

访谈时间：2013 年 11 月 26 日 16：00—17：30

访谈地点：JXT 家（湖滨小学南侧）

受访人基本情况：

JXT 是湖滨小学三年级的学生，其姐姐 JXU 是湖滨小学五年级的学生，和爷爷奶奶以及堂弟生活在一起，家里条件较为简陋，家中只有一个卧室，有一台电视机，没有专门的书桌和台灯，父母在外打工，父亲从事建筑行业，母亲从事服装行业，母亲长期有病。

访谈记录：

通过对 JXT 的奶奶的采访，了解到 JXT 的父亲长年在外地务工，一年回来两次左右，与孩子接触机会很少，母亲在县里务工，回家次数相对频繁，同时母亲会经常打电话询问孩子的学习及日常生活情况。由于母亲长期有病在身，连续三年基本每一年用于母亲医疗的花费都在两万元以上，虽然因此家庭经济情况较困难，不过家人还是很支持孩子接受良好的教育，认为上学有用，并且认为男孩和女孩都需要接受同等的教育。家人对孩子功课的辅导基本没有，都靠孩子自觉完成功课，并且孩子学习自觉性较高，不需要督促，成绩较好。平时零花钱基本不给，孩子也没有这方面要求。

湖滨小学家访

JXT 的奶奶反映，家里每学期花费在每个孩子身上的学习费用 200多元，主要用于购买书籍（除去教材），学校需要学生缴纳的费用父母都会支付。教师对学生的学习比较关心，每天都有一定的作业量。平时家人不会要求孩子帮忙做家务。因为 JXT 的叔叔和婶婶长年在外打工，因此其两岁的小儿子也由爷爷奶奶照料。两岁的弟弟偶尔会打扰哥哥姐姐做功课。

JXT 的奶奶对学校整体条件比较满意，认为教师比较负责，会和家长通过电话及时沟通学生的情况。一方面 JXT 的奶奶认为，目前部分学生家离学校较远，每天中午家长给学生送饭十分不方便；另一方面她也认为如果学校开办食堂，会收取一定费用，家长也未必愿意掏钱。

通过对 JXT 的采访，了解到 JXT 平时学习成绩较好，在班里排名靠前，回到家会第一时间做作业，课余时间会和同学一起玩或看电视，喜欢看有关抗日题材的影视剧。JXT 最喜欢英语课，因为比较简单。班里同学转学或因为其他原因离开的不多。希望看一些课外读物，但目前基本没有这个条件，主要原因是周围没有书店，以及家人对此并不关注。喜欢去城里玩，但平时机会不多。平时很想念父母，父母里面更喜欢母亲。以后想当科学家。

通过对 JXU 的采访，了解到 JXU 最喜欢英语课，因为英语课老师会带着学生做游戏，不喜欢语文课，因为太难。问到关于以后的梦想是什么，JXU 表示以后再说吧。

访谈 19

受访人：JXV

采访人：赵然

记录人：赵然

访谈时间：2013 年 11 月 26 日 14：00—15：00

访谈地点：湖滨小学办公室

访谈记录：

问：当地幼儿教育的情况？

答：低年级学生很多没有上过幼儿园，幼儿园教师少，上幼儿园要去很远的地方，这个地方容不下。学生没有进过幼儿园上一年级，学习会跟不上，上过幼儿园的比较活泼一些，能够更快地融入集体。幼儿教育对于农村是个压力，我们的私立幼儿园都在镇里，乡下很少，最近两年有了一些，很小的规模，收费比较高，也读不起，再一个没有那方面的专职老师。孩子两岁、三岁、四岁都是跟爷爷奶奶在一起交流，爷爷奶奶连一点普通话都不懂，那样交流过来的，带过来的肯定有很大的区别（和上过幼儿园的孩子），交流各方面都会有问题。

问：你觉得教师的收入在当地处于哪个水平？

答：很低喽，肯定很低喽，目前我的工资还不到三千，两千九百多，加上阳光工资平均三千多一点，阳光工资一般一个学期发一次。

问：外出打工人员的收入和教师相比呢？

答：比我们的收入高多了，外出打工的赚得很多，他们赚多了，物价就会上涨，尤其是手工业，像我们学校现在施工的泥工啊，一天就要两百多，没两百多他都是不干的。

问：教师在当地的社会地位如何？

答：老师的地位嘛，工资低肯定地位是要低一点，家长对老师和之前比，原来尊敬老师还是要好一些，我个人感觉。现在还是要差一点。

问：教师走的多吗？

答：走出学校的老师有一些，但是不多。

问：学校这么多年有没有什么改革措施，或做出一些改变？

答：有那个想法，但是很难行得通。

问：哪些想法？

答：想把幼儿教育搞好，那是一方面。再一个我们沿湖有血吸虫，小孩子又经常沿湖玩，要搞一个比较安全的游泳的地方，小孩子喜欢游泳，他们到湖边去又会沾染血吸虫，如果搞一个安全的游泳区对于小孩子来说是一个好事情。

问：每年有溺水的情况吗？

答：有溺水的情况，如果他会划水就不会溺水了。

问：县教育局对学校的教学教育管理情况如何？

答：这几年基础建设做得比较多。

问：学校教师对于工资待遇的看法？

答：认为工资低嘛，那肯定是。

问：现在的学生怎么样？和以前的学生有何区别？

答: 小学的还比较好带。现在的学生怎么说呢, 也有比较调皮的, 现在的孩子还是难管难教育, 会有些比较固执的小孩子, 各种各样的学生都有。

问: 你感到在这里教书, 工作幸福吗?

答: 怎么说呢, 这方面还是想的比较少。

问: 外出打工的人对当地有什么影响?

答: 八几年没有出去打工时, 这里连吃饭都成问题, 自己种地不够吃, 如果还都在家里, 盖现在这个房子是不可能的, 都是外出打工赚的钱盖的。

问: 倾向于希望孩子毕业后得到哪一类教育?

答: 搞一些技术, 念书考一个比较有技术含量的专业, 像医学之类的, 有一技之长, 怎么变也变不了。

问: 撤点并校对当地的影响?

答: 有一些影响, 原来那边(手指)有一个教学点, 现在已经撤掉了, 把那边的小孩并到这边来, 孩子上学很远。

问: 你认为撤点并校是利是弊?

答: 不方便群众, 不过不并过来也不行, 不并过来师资力量不行, 本身这边学校师资力量也不够, 请一个人去一个点请不起, 没钱呐。如果龙门中学有高中, 念高中的学生就多了。

问: 这里有校车吗?

答: 那个是不可能的。

问: 作为一个教龄超过 30 年的老教师, 您觉得现在学生使用的教材质量如何?

答: 教材这些年质量越来越好, 因为我教书时间长, 这个我知道, 比以前更适用于教学。

问: 您觉得现在学校需要什么样的教师?

答: 需要一兼多课的老师, 弥补现在师资力量不足。

访谈 20

受访人: JXW、JXW 的母亲

采访人：赵然、韩磊

记录人：赵然、韩磊

访谈时间：2013 年 11 月 27 日 16：10—17：20

访谈地点：JXW 家里

受访人基本情况：JXW，男，11 岁，湖滨小学六年级学生；JXW 的妈妈，1978 年生。

访谈记录：

JXW 的妈妈以前在湖滨小学当过代课老师，现在在家里开了一个幼儿园，负责照顾和教育本村的 20 多位小孩子。爸爸在附近做泥瓦工，每天都会回来。JXW 还有一个弟弟，是湖滨小学一年级学生。我们从学校跟随 JXW 回到家，大约用了 10 分钟的时间。我们到家的时候，村里的家长还没有过来接小孩子，家里充满了小孩子的嬉戏声和尖叫声。家中有一个院子，可以作为小孩子玩耍或运动的场地，正对院门的屋里（客厅）摆满了供小朋友使用的桌子和凳子。得知离小孩子全部离开还需要一段时间，我们先在一个比较安静的屋子里（厨房）等候，并利用这个机会和 JXW 聊了一会。

在交流中，JXW 显得十分腼腆，不怎么说话。通过和 JXW 的对话，我们了解到他比较喜欢数学课，在问到为什么喜欢数学课的时候，他却沉默不言。他觉得语文最难，主要不愿意写作文和阅读。比较喜欢英语，认为英语只需要背单词，但是不愿意用英语对话。平时大约下午 6 点就能做完作业，课余时间会看电视、和其他小朋友一起玩，有时帮妈妈扫扫地。妈妈有时会辅导他做作业，爸爸一般不辅导。课外喜欢看故事书，这些书一般是从四爸家哥哥那里拿。会经常向妈妈要零花钱，一次大约 1 块钱或者两块钱，这些零花钱一般用于买辣条吃。正在我们跟 JXW 聊天的时候，外面传来哭声，本来以为是他妈妈幼儿园的孩子，但 JXW 告诉我们，那是他弟弟的哭声，是因为他弟弟回家不想做作业，妈妈批评他了。在问到以后的梦想的时候，JXW 表示现在还不知道。

JXW 的母亲

等所有幼儿园孩子都被家长接走后，我们开始了对 JXW 的妈妈的访谈。

问：现在孩子上学的费用大约是多少？这些费用在家庭收入中占的比重大吗？

答：现在孩子上学的费用比以前少多了，大约一学期一百多元（包括保险）。我们上学的时候还一百多块呢，所以现在好多了。我们一年收入不多，他爸爸是做泥工的，冬天和6月天就没有事情。今年幼儿园的孩子还比较多，我大约一年能有一万多的收入。

问：咱们孩子在家有自己写作业的课桌吗？

答：有写字台，大儿子自己一个房间睡觉，小儿子高兴的时候就和他哥哥睡觉，不高兴的时候就跟我们一起睡。

问：听说JXW喜欢故事书，那您会不会给他买这样的书？

答：我会给他买，我也给他买了作文书，但是他就是不感兴趣，不喜欢作文和阅读。虽然我也没教他英语，但他还是挺喜欢学的。

问：您是否希望以后孩子能一直读书？

答：我是希望他能一直读书，但是到了高中，如果他学习不好，我也不会给他花钱买了上学，我也没有这个条件。

问：您希望孩子学哪些知识呢？您怎么看待音乐、体育这样的课程？

答：就是学校开的语文、英语、数学。我觉得音乐、体育这些课程也是很有必要学习的。

问：据您所知，咱们村有没有一些家长更希望儿子多读书，不希望女儿多读书呢？

答：现在基本都认为儿子女儿一样。

问：孩子做完作业后都做些什么啊？会看电视吗？

答：经常看电视，看少儿频道。我一般周一到周五不让他们看电视，但是有时候不让看电视，他们就会出去找同学玩，我又怕他们玩得太晚才回来，所以有时候周一到周五也让他们看电视。

问：平时会给孩子零花钱吗？

答：会给他们零花钱，小儿子不给的时候也要，一般每天要一块钱，主要是买辣条。有时候我不给，但他奶奶也给。现在如果不给零花钱，就生气，就不写作业。大儿子一般不要零花钱。

问：孩子写作业一般需要多长时间？您会辅导他们写作业吗？您会检查他们是否完成作业吗？他们有没有撒谎的时候？

答：这个不一定，有时候他放学前就把作业写完了，有的时候放学后就去同学家写作业了。我有时间的话会辅导一下，如果没有时间就会问一下他们写完作业了没有，但有时他们也撒谎，假装说写完了。

问：您认为现在不在孩子身边，外出打工的父母多吗？

答：不太多，因为这个村主要是靠近湖，以打鱼为业。其他村很多孩子的父母都外出打工，主要是由爷爷奶奶照顾孩子。

问：如果您外出打工的话，愿意把孩子带在身边吗？

答：愿意把孩子带在身边，如果我有能力的话。

问：您觉得咱们湖滨小学办学条件怎么样？孩子上初中的话，您打算让他去哪个学校？

答：我觉得还挺好的，现在也盖新楼了，也正在盖围墙。我们一般去龙门中学读书，但我们又离得很远，去城里上学我们又没有这个条件。住宿的话，孩子都不会自己照顾自己，不会自己叠衣服。

问：您认为孩子是否要接受学前教育？您孩子上学之前，您是否也曾经给他们一些学前教育？

答：我觉得很有必要，像我现在教的孩子就跟总是在外面玩不上幼儿园的孩子不一样。我在教他们的时候会用普通话，虽然他们刚开始听不懂，但慢慢地他们也就明白了。大儿子上学的时候，我当时在学校代课，会教他学习。但现在我没有那么多时间了，所以就没怎么给小儿子学前教育。

问：现在很多父母都外出打工，孩子由爷爷奶奶看着，您认为这样的孩子与普通的孩子有什么不同吗？

答：孩子由爷爷奶奶看着，他们的穿着就不是很整齐干净。爸爸妈妈自己带，会好一点，孩子穿的衣服会干净一点。而且，写作业的时候爸爸妈妈也会辅导一下。

问：爸爸妈妈不在身边的话，会不会使得孩子的性格有什么变化？很多人认为这样的孩子的性格可能会比较孤僻啊，不爱说话啊什么的，您怎么看？

答：我觉得对性格没什么影响，虽然爸爸妈妈不在身边，但他们也是很疼孩子，很关心孩子。

访谈 21

受访人：JXX
采访人：赵然、韩磊
记录人：赵然、韩磊
访谈时间：2013 年 11 月 27 日 8：00—9：30
访谈地点：湖滨小学办公室
受访人基本情况：JXX，女，代课教师，英语老师兼语文教师，五年级班主任，23 岁，一年半教龄。

访谈记录：

问：一般学生一学期花费是多少？

答：就很少，练习本、练习册、报纸。学费加起来可能一百左右，包括保险四十块钱。

问：您上的英语课为什么很受学生欢迎？

答：我每次，几乎是每节课都会给他们组织自由对话呀，玩游戏啊。比如说上语文课，有时候很简单的对话他们也想不到，上英语课他们就没有那样的情况。以前也调查过，我就问他们喜欢数学课的举手，寥寥无几，语文课也是一样，然后英语课，全部都举手！

问：教师的公开课多久上一次？

答：9 月份开学一段时间有很多新聘老师上公开课，有时候也会组织这样的活动去学习，到别的乡镇，请一些优秀的老师去，然后他们讲，我们学习。

问：公开课怎么上？

答：我们上公开课，看举办地点在哪里，到那里就因地取材，听我们课的学生都是当地的孩子，不了解那些学生。这样设置我觉得有利有弊吧。就是学生的课堂气氛不太容易掌握，有些老师设置的课堂问题有些同学就比较难回答上来，那样的课堂气氛就自然而然不会很好。

问：教师培训有吗？

答：有是有，不过很少，每次一个乡镇就派一两个人参加。

问：你们希望多一些教师培训吗？

答：肯定希望啊，如果对我们的学习有帮助。走过场就不要去了，那样还耽误了上课的时间。

问：网上培训呢？

答：远程培训就不太实在了，也就说点理论的。比如说我们听城市的老师教课，可能他们的教课方式就不适合我们农村的孩子。

问：咱们孩子的学习成绩怎么样？

答：学习成绩我们学校挺牛了，经常在全镇都是前几名，挂着那么多奖项。

问：失学儿童多吗？

答：很少。

问：为什么六年级的孩子只有十七个，五年级还有二十多个。

答：好多同学都被爸爸妈妈带到外面去了，像县城之类的，因为父母工作的关系，就到外地去读书。

问：为什么六年级孩子里男生只有五人，比女孩少很多？

答：这个具体的原因说不清楚。

问：您现在主要教什么课？

答：英语和语文。

问：现在每天教多少节课？

答：最少也有四节课，两天四节课，三天五节课。

问：平常上完课您会做什么？

答：有时候作业改不完要带回去改，还有教案写不完也要带回家写。

问：评价一下英语教材的科学性。

答：还好吧，学生基本的意思可以掌握，如果你再去引申，再去深入，他可能就有点掌握不了。

问：您是在编教师吗？

答：没在编，还是在这边代课呢，还要考国编。

问：考国编难吗？

答：难，好多人考。

问：你们班有没有什么难管的小孩？

答：之前我接这个班的时候是他们三年级的时候，当时觉得不太好管，后来我以我自己的方式去带他们，没有说老师就是老师，学生就是学生，平常都会跟他们开玩笑，因为对他们的家庭比较了解，都会说一些家里的事情，他们挺好的，我们班的学生特别让我骄傲。不管生活方面，还是学习方面，他们都比较优秀。

问：对于一些难教的学生您一般会以什么方式处理？

答：我记得有一次上语文第一单元，留的作业孩子完成得很差，我就觉得我都讲过你们怎么还不会，觉得他们接受能力太差了，觉得好沮丧，感觉跟自己预想的不一样。我姐姐（也是教师）就跟我说，你不要把小孩子想得很聪明，你要降低对他们的要求，你不能说你讲完了他们就记住了，他们又喜欢玩，玩一下就忘记了。或者有时候也在想是不是自己讲课有些地方没有讲到位，这样才让小孩子接受不了，后来就慢慢适应了，觉得他们不理解是正常的。

问：学校里留守儿童普遍吗？

答：很普遍，大部分都是留守儿童。我们让爷爷奶奶在家督促孩子复习写作业，他们只会单纯地问作业写完了没有，孩子给他们看也看不懂。

问：教师待遇您觉得如何？

答：我们代课教师待遇是很低的。

问：那是什么支持您继续走教育这条路呢？

答：我就觉得如果我真的想要走这条路的话，那我肯定要累积经验啊，对以后的工作也是有帮助的。我觉得这个时候我不是很在乎（待遇），虽然现在待遇不高，但是我觉得现在最重要的还不是这个待遇问题，还是实践经验比较有价值。不过说实在的，领工资的时候心里那是拔凉拔凉的。

问：如果考进在编教师还会继续留在这个学校吗？

答：我想是想留，不过我们要服从分配，比方说我不是这个镇的嘛，如果我所在的这个乡这个镇需要老师，就会把我安排在那里，我们是就近原则。不过也要看考试成绩，考得比较好的，就可以优先选择，仅仅也是选择而已，就比方说你想到哪里去就可以选择。

问：学生的素质教育是怎么开展的？

答：我们有心去搞素质教育，可是上面把我们逼得透不过气来，每次一个学期的班级成绩都是要在全镇排名的，有奖惩措施。孩子那种童真，如果这样下去就肯定会受到影响。

问：您给孩子每天留的作业多吗？

答：我现在不给他们多留作业，如果留的作业很多，他们回家就会敷衍，每次我会尽量在学校留时间给他们完成作业，要不然根本没质量。特别是星期六、星期天，星期一作业交上来一看就不是认真写的，敷衍了事的。

问：副课平时重视吗？

答：我们想带可是没有时间，有空的时候就先讲讲，有些时候副课就被主课挤掉了。

问：您对您的学生满意吗？

答：除开成绩，我真的觉得他们每一个都很懂事，我特别喜欢他们。以前有一件事情，让我们师生集体痛哭，有一次他们很不听话，我就很生气，我就说你们再这样，下个学期我就不来带你们了，当时也是因为没有教师资格证，就觉得这样下去也不是个事儿，可能要改行了嘛。我就让他们给我写匿名字条，说你们是喜欢我带你们还是不希望我带你们，绝大多数孩子都是写希望我留下来继续带他们，有一个说我不喜欢你，他很搞笑，他说你不布置作业我就喜欢你，你布置了作业我就不喜欢你，我就把那个念出来了，然后就有同学到讲台上来讲，说："老师你不要走，你继续留下来教我们"，一边说一边哭，"我不在乎你布置作业多还是少，我就是希望你留下继续教我们"。我说我也非常喜欢你们，排除学习因素不说，我对你们每一个同学都很喜欢，然后好多同学就哭了。有一次我骑车来学校摔倒了，脸伤到了，当时有个同学就对班上同学说："你们知道吧，老师每天都要从那么远的地方骑车来给我们上课，我们还不珍惜，老师还因为骑车摔跤了，那时候我没问，那现在我问，老师，您脸上还疼吗？"当时我就崩溃了，就已经受不了了。可能他们真的是支撑我从事这个职业的重要的精神支柱。考教师资格证的时候我就觉得我真的是舍不得这帮学生，想继续带下去。我们班里还有一个学生，他是我们班学习倒数第一名，但是他脑子是很聪明的，我对他真的是恨铁不成钢，他当时也就很感动，他就哭啊，他说："老师每天改我们的作业，我们写一本，老师要改二十八本，老师每天都在那里改作业，多辛苦啊，我们还不好好去完成作业。"有时候我会惩罚他们，打他们。他就说："老师打我们，我们只是身体痛，可是你知道老师打的时候她什么痛吗，她是心里痛啊！"当时我真的觉得幸福多了。

问：你觉得对于一个孩子来说培养他什么最重要？

答：我们就觉得要成才先成人嘛，三岁看到老，首先你要教孩子做人，这真的不是一句空洞的话，这就是要去实践，跟他们讲，说真的，我觉得我们班学生挺让我欣慰的。

问：您觉得家庭对孩子的性格有什么影响？

答：我觉得家庭因素对小孩子性格的形成影响是非常大的，有些同学的性格取决于家长，取决于家长怎么样去教育他。爷爷奶奶的处事方式对孩子也有影响。我们班有个学生，虽然她的家境不是特别差，她的爸妈在家却总是打她，她回家要带弟弟，还要做家务，跟家长说了都没用，家长的思想已经根深蒂固了，很难改变。

问：那你们教师平常对这个女孩怎么样呢？

答：一视同仁呐，对别人怎么样对她也一样。

问：您对这边幼儿教育有什么看法？

答：我觉得现在幼儿园就感觉像是托儿所，没有说我要去教他们什么，并不是说要教多少知识，而是你要跟他们玩游戏，让他们在游戏当中产生认知，这边主要的还是那种托儿所，就放孩子在那里。家长没有时间带，她就帮忙管理一下就是。

问：这边的幼儿园多吗？

答：不多，就一家托儿所。

问：您觉得幼儿教育有必要吗？

答：有必要，非常有必要，现在很多家长也意识到这边的幼儿园也就是托儿所，托儿所也学不到什么东西，就把他们的孩子送到我们小学来，我们有学前班，不过要卡年龄，一般要四五岁才能送来，有些家长就谎报年龄，两三岁也送过来，上厕所都不能自理。这样下去也是害了孩子。

问：那您觉得幼儿教育重要在什么地方？

答：因为学习知识是有衔接的，你不可能到那个点就会干什么，你首先要慢慢地渗入，没有这个，到了一年级你突然跟他说这些东西要怎么读怎么写，孩子就很难接受。

问：上没上过幼儿园，对孩子性格有什么影响？

答：理论知识也讲过，教育心理学也讲过，影响小学生发展的有什么家庭因素、个体的、学校教育，还有一个就是群体同伴，这个也是一个重要的因素。没上过幼儿园的可能就不知道该怎么跟小朋友交流，就不能够表达心里所想的意思。

访谈 22

受访人：JXYH、JXYW、JXZ
采访人：赵然
记录人：赵然
访谈时间：2013 年 11 月 27 日 14：30—15：00
访谈地点：XX 小学办公室
受访人基本情况：JXYH，XX 小学校长，男，55 岁，1975 年开始教书；JXYW，教务主任，男，27 岁；JXZ，数学老师，男，34 岁，来 XX 小学教书七年。

访谈记录：

问：关于教育改革方面，您有什么想法？

JXYH：有些想法，像农村，像我昨天说的那个幼儿园，农村有好多孩子去不了幼儿园，学校没有那个条件，很少有。能进来的都是比较大的五岁的孩子，还有很多到了要进幼儿园的年龄没有进来，在家里由爷爷奶奶带。像这个问题我有个想法，从农村来说，小学现在师资力量还是比较薄弱，一到六年级教师都不够用。原来我读书的时候，小学是五年制，现在能不能也改成五年制，缩短一两年，教师也可以节约一下。再一个，多办一些公立幼儿园，有很多农村学生享受不到幼儿教育。其实我认为还是一个管理问题，为什么说是管理问题呢？因为像城里有很多私立幼儿园，公办的很少，它可以收费，收费要付工钱，投资者肯定要赚钱，能不能办一所乡下的公立幼儿园，也可以收费，公办的肯定比私办的收费要低一点，老百姓可以读得起。因为私立的幼儿园收费，除了支付幼儿教师的费用外，投资者肯定还要赚钱，公立幼儿园可以不赚钱，只要付幼儿教师的工资。其实私人能办，如果管理跟上，公家更能办。中国的教育我认为在幼儿教育这块，还是不够重视。当务之急，外出务工人员多，小孩子在家里和爷爷奶奶打交道，他们都是没文化的，教育上就会存在很大的差距。其实原来我都有这个想法，昨天你问了，我也没有急着说这方面的事情，国家在幼儿教育和小学教育这块，可以搞两种制度，一个是幼儿教育收费，五年制小学可以不收费。其实还是管理上的问题，私人能够办到的事情，我们国家肯定更能办到。可以多收一点钱，怎么也比私立的要便宜一些。

问：如果在咱们当地办了幼儿园，孩子的家长会掏钱让孩子来读吗？

JXYH：那肯定会同意了，因为有一部分家长已经把孩子送到镇上的幼儿园读，当然还有一部分是在家里，如果公办能办成，就可以减小老百姓的压力，它收费就会低一点（和私立幼儿园相比）。

问：觉得副课老师重要吗？

JXYH：副课老师少了，应该要配一下。我们这里没有专职的副课老师。

问：你觉得副课对于孩子来说有必要吗？

JXYH：有必要，小孩有不同的兴趣爱好，孩子长大以后可以培养成各方面的人才。

问：您是怎么理解教育现代化的？

JXYH：教育现代化的概念很广，我们农村这方面概念讲得比较少，起码多媒体应该有。

问：多媒体指的是哪些呢？

JXYH：上课用的幻灯图片，有些课的时候，老师还要把图画出来，增加时间成本，效果不行。平时我们听课的时候也有这个感觉。嘿，这节课少了什么，其实是少了一张挂图或幻灯片。像一些战场上打仗的英雄人物，都可以用多媒体放，音响、音乐、图什么都有，那个效果就不同，起码能让孩子亲身感受。现在我们慢慢也要有多媒体教学了。

JXYW：有的话我们讲课也轻松一些，讲课有时候讲得天花乱坠，学生感受不到，没用。

问：教师使用多媒体教学会有问题吗？

JXYH：年轻老师多，没什么问题。

JXYW：我们这里除了校长估计都能够用。

问：教师和家长沟通得多吗？

JXYH：主要是电话联系，下去的也有，有些什么事我们都会下去。

问：关于教师待遇还有什么想说的吗？

JXYH：有些老师分到偏远地方，他就会想尽一切办法进城，如果在待遇上对偏远教师有一些优惠的话，那可能要好一点。

问：县里不是对偏远教师有一些补助吗？

JXYW：那点钱，他如果天天坐车来去，全部花在车上都不够，管什么用，还忙得要死。根本自己没有得到实惠，谁愿意在这里待，还不如早点走。

问：那觉得多少工资比较合适？

JXYH：应该和外出务工人员的工资差不多。

JXYW：我们的工资现在算是最底层的了。

问：外出务工人员一般赚多少呢？

JXYW：一个月三千多块钱是能赚得到的，做得久的有四千多。

JXYH：四五千都有，最低也要三千多。

JXZ：一般最低一百来块钱一天是有。

问：对于教育政策方面有什么看法呢？

JXZ：上有政策，下有对策。

JXYW：政策是好的，到了地方上就是一塌糊涂。

问：那问题出在哪里呢？

JXYW：那个就不清楚了，我们也问不到那些事情。

问：咱们这边当地公务员的工资怎么样？

JXYH：当地公务员和老师工资差不多，他们福利待遇好些。

JXYW：福利待遇方面比得上他们的工资。

问：教师五险一金这方面呢？

JXZ：住房公积金一个月就几十块钱嘛。

JXYW：像我们基本工资只有 600 多块钱。以前我们也是发现在拿的这么多，现在国家说要发阳光工资，就把以前的工资砍两半，这一块是基本工资，这一块是阳光工资，还是这么多钱。哪个地方有 600 多块钱的基本工资啊。

访谈 23

受访人： JXZA、JXZB、JXZA 和 JXZB 的母亲，Y 老师陪访；JXYH

采访人： 汪建华、雷丰伊

记录人： 汪建华

访谈时间： 2013 年 11 月 27 日

访谈地点： 龙门镇 XX 小学学生家中、老师办公室

访谈人基本情况： JXZA、JXZB 为 ×× 小学学生；JXYH 为小学校长。

访谈记录：

家访

两姐弟都比较内向，他们领着我们到了家中，只有母亲在。一听是上面来了解情况的。母亲对我们比较警惕。家里主要靠打鱼为生，没有别的产业，偶尔出去做点小工。现在是冬天，丈夫去湖中搞点小鱼，在旁边晾，到时候有人来收。忙的时候两夫妻一块去打鱼，经常半夜出去作业。

小孩母亲从萍乡嫁过来，和丈夫是在外地认识的。生了女儿之后，就把她放在外婆家五六年。听 Y 老师说，父母亲对女儿很不好，经常把她打得青一块紫一块的，直到发现小孩坐不下去了，才知道问题的严重性。老师集体去她家里做工作，才有一点点改变。

家里在装修，小孩做作业的地方就是一张桌子，桌上还放着很多东西，连个好用的凳子都没有。我们提议说装修好之后给小孩打一张书桌，小孩母亲说这哪里比得上城市小孩，农村小孩搬个凳子就可以了。

问到小孩的教育，她说如果小孩能考上高中、大学，都会让他们

读，不论男女，这个与我们看到的明显矛盾。姐姐、弟弟都拿了饼干，弟弟吃了，但姐姐放在书下面一直没有吃，老师说她肯定是不敢吃。

JXYH

访谈完后，和 JXYH 聊了聊。他觉得农村小孩和城市小孩的差距越来越大。家里不重视，老师教的也不太好，其实老师教，应该让学生多发言。

做了一些年的老师，对当地孩子家庭的情况都知道。刚来的老师，虽然有些是从小在这边长大，但是因为一直读书，并不是特别了解当地的情况。这边的老人、家长都认识 JXYH，小孩的父辈也都是他的学生。

家长平时很少关心孩子，除非有事，或者是送饭的时候会聊上几句。

现在这些老师，有一位是另外一个村的，肯定要回他的那个村，他的未婚妻是江西吉安的，也在考老师编制。另外有一位肯定是留不住的，因为她是另外一个乡的。这里还有一个定向的，应该会回来。JXYH 还有四年也要退休了，他说有点青黄不接的感觉。当老师一个是要有责任心，一个是要有耐心。

有位男老师做事很会做，就是特别没耐心，比那些女教师还是差一些。有位女老师，很细心，很喜欢钻研，去年她教两个班的数学，都是学区第一。还有两位女老师，口碑也都很好。

这一片也出了一个做官的，但普遍还不是特别重视教育。

JXYH 最后还和我们聊了很久他小孩的学习情况。

访谈 24

受访人： JXCD
采访人： 汪建华、韩磊
记录人： 汪建华
访谈时间： 2013 年 11 月 27 日
访谈地点： 龙门镇 XX 小学

访谈记录：

JXCD 老师是 1988 年出生的，男，教集体舞的时候，一个人带很多小孩子，能力还是蛮强的。他说自己离这边虽然不是很远，但是属于另外一个村庄，所以对这边的情况也不是特别熟。

在与家长沟通的方面，他觉得现在最大的问题是，很多家长都不和他们联系。第一个是家长觉得读书没什么用，尤其是有些读书差一点的学生的家长，直接说孩子就不是这块料，读那么多书浪费时间和金钱。第二个是，很多家长忙，有些外出的，有些没外出也一年四季找活干，没时间管小孩。第三个是留守小孩比较多，祖父母只知道管小孩吃饱，不知道管他们读书。祖父母的溺爱也给老师管小孩加多了一重挑战。

JXCD 在学生没做作业的时候会打电话给他们的家长，也会了解一些学生家里的情况，但家访少一些。由于一直读书，与本地社会有点隔膜。平时自己都不太出去，除了出去买些东西。过年还和叔叔吵了一架。他们打牌缺一个人，叫 JXCD 去打，JXCD 觉得自己忙，就没去。但叔叔就觉得 JXCD 看不起他们，认为他现在是单位上的人了，有些派头，JXCD 觉得很是委屈。不过 JXCD 确实觉得自己和他们没什么话说。

回想小时候老师来上课的时候，身上都有药水味，和现在还是很不一样。不过他们这个地方，JXCD 觉得好像一直也不是很重视教育。

JXCD 和本地人不是特别熟，经常家里人说谁谁谁，他都对不上号，爷爷说，你以后可能连我都不认识了。

JXCD 这些人受过的教育还是很不错的，他和小学二年级的学生说，以后你们上课不讲普通话，就不理你们。

访谈 25

受访人： JXQ
采访人： 汪建华、韩磊
记录人： 汪建华
访谈时间： 2013 年 11 月 27 日
访谈地点： 龙门镇湖滨小学

访谈记录：

今天上午又在走廊上和 JXQ 聊了一会，主要围绕他与当地社会的关系聊。他说自己对本地也是慢慢熟悉的。现在的这些青年老师和本地人还不是很熟。学校主要是他和校长经常和周边村民打交道。

他说老师现在和以前的地位大不一样。以前他大伯当老师的时候，还是非常受尊敬的，但现在主要看能赚多少钱。很多外出务工的，尤其是做泥匠的，远比他们赚得多。老师的收入就这样，当地就更不重视教育了。

老师在这边成家之后就基本稳定下来了。但 JXQ 说自己以后绝对不让孩子教书，感觉没有出息，还是要出去看看。

JXQ 以前在造船厂干过半年，但家人强烈要求他回到学校，说不回去就不认他。当时主要的考虑是工作稳定，能照顾家庭。

就农村小学老师而言，JXQ 觉得不一定需要较高学历，但表达能力和教学经验很重要。对于招聘本地教师的提法，他觉得是切实可行的。

聊到楼下的一位代课老师，他说这位老师已经来学校一两年了，但一直没考上编制。这位老师本科毕业，但可能在表达方面差一些。

另外，上面的拨款有限，经费的拨付又需要很多个环节，建议专人负责项目即可。

访谈 26

受访人： Y

采访人： 汪建华、赵然、韩磊、雷丰伊

访谈时间： 2013 年 11 月 28 日上午

访谈地点： 湖滨小学学校办公室

受访人基本情况： Y，湖滨小学校长。

访谈记录：

问：今天有人提到一个问题，关于定向委培的政策，就是出去读书然后再回来教书的政策。每个镇上有个指标，大家报名。

答：他们是初三毕业的时候考的定向，师范定向，是九江师范，现在改名为九江职大，读五年就返回家乡教书。

问：是回到镇上，然后由镇上分配是吗？

答：是的。

问：那分配会有优先原则吗？

答：是按照地区分配的，一般是这个村的人就分配到这个村。

问：咱们其他的老师的分配是什么原则？

答：那就是她们愿意到哪个村就到哪个村。

问：会不会偏重一下本地的，有没有这方面的指标？

答：那不一定，有时候外省的也招，招了一段时间就只招本地的，因为外地的人毕竟还是留不住，能留住的都是本地的。

问：他们在分配的时候是按照分数，还是其他的一些分配原则？是分数高就分配到好一点的地方吗？

答：恩，是按分数来的。

问：那会出现什么问题吗？

答：有，有时候一个学期走三个，我们这里过往的老师很多，我们这里条件不好，没地方住。

问：那老师来的时候知道这个地方条件不好，为什么还要来呢？

答：暂时先招进来，到时候再调。

问：她们流动的方向是往中心走吗，还是其他的？

答：是往县城里走。

问：就是那些地方其实是不愁老师的？

答：县城要好一些。

问：去了也会比较稳定？

答：是的，去了会稳定，那个地方好坐车。

问：那要是这么说，中心小学的流动性，是不是跟咱们一样大？

答：是，它们地方也大。

问：中心小学的交通还是好一些的是吗？

答：是的，它们距离县城比较近。

问：那您觉得我们这里如果想留住人应该从哪些方面来做？

答：我们这里要留住人就是定向，要找生活在这里的人。

问：对配套设施有什么要求吗？

答：吃住是一方面，最起码他在这里住晚上电视要有的看的。

问：比如说他如果不是本地的话，住就是很大的问题，那这种非本地的员工，怎么样的设施是好的，比如说一个镇，在镇上建一个宿舍，在镇上教书的都可以住，怎么样？

答：如果是镇上建，远一点的村像我们这个地方要跑到镇上，天气好还行，但是刮风下雨就难了。

问：如果是在一个学校建，可能成本会比较高，可能不知道要建在哪个学校，但如果是在一个镇集合的话，就更加好掌控一点。中心小学有这样的宿舍吗？

答：要住的话可能就是住腾出来的教室。其实也用不了太多，老师住的房间，不用太多。

问：那估计要几间可以？

答：一间住个两三个人就可以。

问：咱们这里是不是可以作为一个过渡性的平台，那住是一个方面，如果说设备的话，有哪些设备现在是老师比较需要的？

答：老师生活方面一个是住宿问题，吃的话，我们现在的食堂要请一个煮饭的人，都请不起，这个工钱就很难出。

问：是中午做饭的吗？

答：对，就是做午饭。

问：那这个做饭师傅一个月是多少钱？

答：我们一个学期是给他一千，这个费用他现在不同意了，嫌少。

问：那就吃、住是最大的问题，还有其他方面的问题吗？

答：像这个偏远的地方，可以适当地给教师一点补贴啊。

问：咱们现在是有补贴吗？

答：有，但是差别很小，像我们这里跟中心小学就差二三十块钱。

问：是不是补贴标准可以以分区域的方式制定，比如一个是县城中心区域，一个是偏远地区乡镇，一个是乡镇的偏远地区，还有就是偏远地区的偏远地区，这样会不会好一点？

答：是，对。

问：老师家里有没有电脑？

答：家里都有电脑的。

问：是有网吗？

答：家里装的是宽带。

问：现在是信息化的社会，如果这个方面做好一点会不会对留住老师好一点？

答：会。现在很多东西光靠手写有难度。但是我们学校这方面比较缺。

问：咱们定向的指标是按村分的，你是这个村的就给你分到附近吗？

答：那也不一定，大家还是想往好地方去，如果能走肯定不会留在这里。

问：我们来第一天就在中学座谈，中学校长在谈到招人的时候，就建议以后所有的学校都只招本镇的。

答：那肯定要好一些，去年有这样一个现象，其他一些地方的老师也到这个镇上来报名。

问：如果她自己愿意的话，那当然好了，我们签一个合同，如果能干多少年就可以，如果是一个暂时性的过渡，最好不要。

答：那不一样，签了协议他如果想走还是会走，去年有这样一个情况，有个人定向分配到我们学校，他是借的民房住的，我们学校就想把他留住，就每个学期给他多发一千块钱，给他伙食费，但是还是没有把他留住。

问：他家里是哪里的？

答：他家里是县城的。

问：家里是县城的你肯定留不住，他还是会想往县城走，他本来就是城市的，如果我本来是这个地方的我可以接受我再回到这个地方，但县城的就不一定了。

访谈 27

受访人：JXCD 老师
访谈人：韩磊

记录人：韩磊

访谈时间：2013 年 11 月 28 日 10：20—11：00

访谈地点：湖滨小学教学楼办公室

受访人基本情况：JXCD 老师 1988 年出生，是湖滨小学最年轻的男老师。他毕业于江西教育学院，2011 年通过国编考试后开始在该小学任教。他是二年级的班主任，教两个班级的语文。目前已订婚，未婚妻闲暇在家。

访谈记录：

通过前两天的访谈，我们了解到湖滨小学的教学主要集中在语文、数学和英语上，课表上虽然也有音乐、美术、体育等课程，但实际上，学校没有教这些课程的专业老师，也缺乏相关的教学设备。为了了解年轻老师对该校素质教育的评价及期望，我对 JXCD 进行了访谈。

问：JXCD 老师，您家是住在附近吗？当时为什么选择在这个学校教学？

答：我家离学校不是很近，骑电动车到学校大约需要 10 分钟，曾经走着来学校一次，用了一个小时左右。其实我们村上也有一个小学，但是最终决定不在村里教学，觉得跟村里人太熟悉，反而有些事情很难处理。

问：您是毕业之后就来到咱们学校了吗？现在工作几年了？

答：我是南昌的江西教育学院毕业的，毕业后在其他学校做过代课老师，考了两次国编考试才通过，2011 年到这个学校工作。

问：您刚开始工作时，县里或镇上是否组织对新来老师进行培训？

答：龙门镇每年会组织新来的老师进行"赛课"，就是让新老师讲课，很多老师在下面听课。每年 3 个乡镇都会派代表参加上课的听、评活动，每年乡镇也会派代表去九江学习培训，2011 年是派我去的，主要觉得我是新老师。

问：听别的学校的老师上课，您觉得他们与咱们学校的老师的素质有差别吗？

答：老师的素质肯定是有差别的，课堂的气氛比较好。他们都是采用多媒体教学，教学效果就比较好，因为有时候很多东西是比较抽象的，如一些图画或者立体图，用多媒体教学的话会使学生有一些直观的感受。

问：您在南昌生活过，看到的东西可能比较多。根据您的见识，您觉得目前我们学校的整体教学情况如何？该如何改进？

答：目前，主要是缺乏设备，像刚才说的多媒体。同时，我觉得要丰富课程。现在主要的课程就是语文、数学和英语，音乐、美术和体育课基本不上。现在练习的集体舞和体操也都是上面派下来的任务，你看我们这里有个电子琴，但没有人会用。

问：那学校有没有想过派几个老师出去学习一下怎么使用电子琴，再回来教学生啊？

答：这样是很好，派老师出去学习一下音乐或者简笔画什么的，然后再让这些老师回来培训其他的老师。但是，老师没有那么多时间，而且学校也没有那么多费用让老师出去学习。另外一个问题是派谁出去学习呢？我们这些老师都不稳定，说不定什么时候就走了。

问：我们现在的老师大多都是周围村的，应该还挺稳定的吧？您家也住附近，应该也挺稳定的吧？其他学校的待遇会好些吗？

答：不稳定，有好的去处，很多老师都会走的。只有校长、李老师两口子比较稳定（学校共有 11 名老师），因为校长马上就退休了，李老师夫妇家离得比较近，而且年龄也较大（李老师夫妇都刚过 30 岁）。我也说不准，有好的机会我也会走的。学校的待遇基本都是一样的，就是觉得这个学校太偏了。

问：那校长知道大家的想法吗？他有没有采取什么样的措施留住你们？

答：校长知道的，但是他也无能为力，人总是往高处走的嘛。

问：那有没有老师觉得，我对这个学校特别有感情，就想在这个学校教学呢？

答：基本上没有。

问：您怎么看待素质教育？有没有想着改变现有的状况？

答：现在素质教育是空话，我们现在主要教语文、数学、英语，没有时间学习其他的了，主要还是要丰富课程。我们老师现在也无能为力，要想改变（这种状态），就要先改革高考制度，不要总是以学习成绩评价一个学生。

问：前两天做家访的时候，我发现很多孩子都不太爱说话，特别腼腆。感觉这个年龄的孩子应该很活泼，很爱表现自己。咱们学校是不是很多孩子不爱说话？

答：那是你想象中的素质教育下的学生。在学校，如果学生不听话或者不完成作业，我们有时也会打他们，把他们关在屋里学习什么的，这样就会使得他们很害怕我们，不敢表达自己的想法。有的学生家长经常打孩子，记得有一次我走到一个男生的旁边，不经意地抬了一下手，他的身体就向后缩了一下，我蹲下来问他事情，他的身体也向后缩，那肯定是他爸妈在家经常打他。久而久之，这些孩子就不太敢说话了。

问：家长平时会关心孩子的学习情况吗？

答：现在很多孩子的父母外出打工，都是由爷爷奶奶照管，他们也不认识字，所以基本无法辅导孩子学习的，如果孩子没写作业，但向他的爷爷奶奶说写完了，也不会被发觉。

问：家长会不会带孩子去城里的公园或者游乐园玩啊？带他们出去玩的话，会让孩子多长一些见识。

答：家长基本不带孩子出去玩，他们基本没有这个意识。其实，带他们出去玩也花不了多少钱，家里也能承担得起，主要是家长没有时间，也没有这个意识。课本上有时会有一些当地风景的图，孩子都不知道，他们也不知漂亮不漂亮。这个时候如果有多媒体，给他们播放一些照片或者影像，会更好一些。

问：那学校不会组织学生去城里游玩？

答：不会。我们没有那么多时间，也没有资金带孩子出去玩，如果让家长拿钱，他们也不愿意。而且，最重要的是安全问题。如果我们想带孩子出去玩，需要向辅导区请示，他们不会批准的，主要是考虑安全问题。

问：您现在还这么年轻，有没有想着再继续上大学，然后去城里找个更好的工作？

答：没有想过，上四年大学还得再花钱，家里不会同意的。以后有了孩子，我再去上学，孩子的奶粉钱怎么办？父母也需要我照顾。

问：但是教育也是一项投资啊，您大学或者研究生毕业之后可能会有更高的工资和更好的生活。您有没有兄弟姐妹来照顾父母啊？如果您还没订婚，您就会考虑再继续求学啊？

答：我有一个弟弟，已经有三个孩子了，他现在还管不过来他自己呢。如果没有订婚的话，我也不会再继续上学。一方面是考虑我们家庭的经济状况，另一方面是父母的观念，他们希望我早结婚生孩子。我当初在南昌上中专的时候，父母就催着我结婚。

访谈 28

受访人：JXR
采访人：赵然
记录人：赵然
访谈时间：2013 年 11 月 28 日 10：00—11：00
访谈地点：湖滨小学办公室
受访人基本情况：JXR，数学老师，男，34 岁，来湖滨小学教书七年。

访谈记录：
问：咱们这里基础教育设施最缺什么东西？
答：比如说那个教学用具。
问：缺哪些教学用具呢？
答：比如说呢，数学吧，模具啦，演示给孩子看的话，他们就会容易理解一点，我们上课不能就凭一支粉笔说说而已，写写说说。
问：您的孩子打算送到这里上学吗？
答：应该是吧，小学应该在这里。现在县城的房子比较贵。
问：现在买房了吗？
答：没有。
问：县城的房子贵吗？
答：一百来平米的房子要五十多万，毛坯要五十多万，反正一般是最便宜也要四千多元一平米。
问：为什么这么贵呢？九江均价才五千多。

答：可能是这样的啦，现在很多人在外地务工，都赚了钱，他们有钱了没地方使，就拼命地买房子，也可能是有些人把房价慢慢、慢慢地炒起来的。

问：咱们住房公积金多高？

答：住房公积金没多少钱，我这么多年才一万多块钱，一年一千多块钱，我一个月交八十多块钱。

问：有了阳光工资之后待遇高了多少？

答：我刚刚进来的时候是六百多，这 2011 年是一千二百元，现在涨到了两千二百元。

问：平常家里还种地吗？

答：我爸妈还种一点，就是管自己吃嘛，一块田，一亩地。

问：咱们这块消费水平高吗？

答：乡下还好。

问：如果在这里盖一幢三层的小楼的话要多少钱？

答：三十万左右吧，工匠工资很高，泥工一天要两百多，做得好的话要更高。

问：对面那个小楼如果建起来的话是做什么的？

答：据说一层是做食堂，一百多平方米，二层可能用做教师的宿舍。

问：食堂主要是针对教师的吗？

答：对，因为这学校弄食堂就挺麻烦的。

问：如果建设了针对学生的食堂您觉得来吃的会多吗？

答：可能会，可能至少会有五六十个学生来吃，比如说那些偏远地方的，他（家长）要天天送就会（让学生在学校吃），如果说学校建食堂，学生也在这里用餐的话，它就会多很多东西，食堂要用钱管理是不是，至少要三个人。

问：那您觉得如果建学生用餐的食堂会遇到什么状况？

答：如果是这样的话，如果建食堂，就要收费，学生吃饭不可能免费嘛，学校没钱去支付这个，一餐吃多少钱是个问题。如果一餐收两块钱，学校肯定不够是嘛，如果收五块钱，家长又会说贵了，说你学校肯定挣了这个钱，就会有这个矛盾。现在有私立学校，一般一个月伙食费要收到两百块到三百，一天至少要十块钱以上。

问：现在咱们教师的医保落实得怎么样？

答：都有的，以前我去看病，譬如看病一万块钱，先扣除五百，剩下的按百分之七八十报销。

问：像咱们教师现在医保报销比例能到百分之多少？

答：可能百分之七八十，这个我不太清楚。

问：咱们附近有医院吗？

答：镇里有，条件比较差。一般在村里面有了点小感冒的话，就去这里的医疗所看，就是两个人，这边一个村，那边一个村，它也是分片，我们这块归一个人管，那边一个人管。

问：那这些人是专业学医的吗？

答：也没有说是学医的，像我们这边的这个人，他父亲就是我们乡里说的赤脚医生，他就跟他父亲学。

问：镇上的医院怎么样呢？

答：镇上医院没啥的，县里相对好点。像我孩子脚有些问题，去九江的医院看，他（九江医院的医生）建议到北京的医院看。

问：这个学校的学生最近有没有出现什么事故呢？

答：没有，一般情况都很少，最多最多就是有次有个小孩在讲台上玩，地上砖比较光滑一点，脚一滑手摔骨折了。

问：您教的六年级的学生活跃吗？

答：蛮好的。之前我2010年教的六年级，那个班好活跃啊，开始还好，小孩子之前都考得很好，最后一次辅导区评估教师的教育成果嘛，那一次考的不好，一般一般，可能快毕业了都心不在焉了。那个班女孩子都好活跃的，个子也挺高的。

问：县里现在对咱们教师的教学评估这块主要考核什么？

答：主要还是考试成绩。

问：那教师的教学方法或对孩子性格塑造这方面呢，素质教育这方面？

答：那个没有评估，看一个老师好不好，主要就看这个老师带的学生的成绩好不好，再好的教学方法考不到好成绩也没用。

问：那这种成绩比较主要在什么范围比呢？

答：比如说六年级嘛，最后一次毕业考试，就是全县比，全县比比什么呢，就是比一个个辅导区嘛，像我们县有九个乡镇，以乡镇辅导区为单位，以我们龙门辅导区为例，按成绩排名，高的话就说明我们龙门辅导区的老师教得好，学生学得好。县里是辅导区之间比，辅导区里就是学校之间比。

问：那咱们教师的职称怎么解决？

答：小学一级过三年之后，才能评小学高级嘛，相当于中级职称。现在是这样子的，本市的老师的职称评定由外市的人来评。

问：目的是为了促进职称评估过程的公平吗？

答：目的是那样的，不过肯定也有问题是不是？外市的也差不多了，如果你本市的跟他打招呼，他不可能不给你面子是不是？

问：现在如何评？

答：考评结合，先考过，再评，有一个评审委员会，要求提供个人的基本资料、论文发表之类的。

问：论文怎么要求？

答：小学高级教师至少要有一个市级一等奖的论文，三等奖就不行。

问：你现在发表过几篇？得过几等奖？发到哪里？

答：两篇，都是二等奖，发到九江教育学会。

问：现在孩子在学数学这方面有什么问题？

答：反正我带过的几年里，女孩子的数学到了高年级就不行了，是整体上啊，有些女孩数学还是很优秀。

问：现在班里排名男孩靠前还是女孩靠前？

答：女孩，按总成绩排名啊，第一名、第二名是女孩，第三名是男孩。

问：六年级期末考试成绩好坏对学生升初中有没有帮助？

答：我们学校是这样的，这几年是这样的，考的好奖钱，几十块钱，那也是别人赞助的钱。

问：谁赞助的钱？

答：JXYH 老师（校长）的侄子。

问：这种奖钱的方式对学生学习的激励作用大吗？

答：效果也不大，反正啊，是这样子，其他的学生知道自己的成绩也排不到（前几）名，他也不努力去改善，每次都是那几个好学生拿这个奖。

问：现在孩子毕业去初中上学的多吗？

答：基本都去，龙门中学。条件好的送去县城，有些送到私立学校。

问：私立学校好吗，比鄱源初中（县二中）还要好吗？

答：私立学校管理得严，周六、周日都要上课的，升学率要比鄱源初中好一些。我们指的初中啊，鄱源初中现在一个年级有一千多人，至少也有七八百人，考七个A的也不多。

问：鄱源县高中（县一中）怎么样？

答：不错啦，原来县一中只有高中，今年为了留住好学生，它也开始招初中生了，招了四个班，从全县各个学校选拔优秀的学生（过来上学），选那些小升初考试考得好的学生，都是三个A的。

问：咱们县初中多吗？

答：鄱源县每个乡都有一所中学。

问：龙门中学排名怎么样？

答：基本都是前三名。

问：那排名最好的是鄱源初中（县二中）吗？

答：也不一定。

问：那为什么家长都希望孩子去鄱源初中呢，让孩子上县里考试排名第一的乡镇中学不好吗？

答：是这样的，比如说县二中嘛，因为它学生多嘛，肯定也有部分学习不好的学生，它最后排名是按照学生参加中考的成绩排名，师资条件来说还是县二中最好。县中学会把好的老师调过去，像龙门中学，有一个教得最好的老师，今年就被县一中招过去了。

问：撤点并校您觉得是好是坏？把各中学高中部并到县里是好是坏？

答：教学点分散，集中起来便于管理，（原来那种）教学点的话老师就分开了，师资力量不够。（中学来说）家长觉得县里的中学肯定比乡下要好，家长认为好老师肯定都在县里，你们教得再好也不如县城。

访谈 29

受访人：湖滨小学教员 A、B、C、D、E、F，湖滨小学校长 G。
采访人：江西省社会科学院丁牛牙
访谈时间：2013 年 11 月 26 日
访谈地点：湖滨小学，偏远乡镇，离县城车程 1 个小时
受访人基本情况：A，男，28 岁，本村人，九江师范学院大专毕业，数学教师；B，女，26 岁，邻镇某村人，教员 A 之妻，九江师范学院大专毕业，语文教师；C，女，24 岁，教员 B 之亲妹，东华理工学院大专英语专业毕业，英语教师；D，女，23 岁，教员 A 之侄女，九江财经职业学院商务英语大专毕业，英语教师；E，男，26 岁，本村人，江西教育学院本科毕业，语文教师；F，男，33 岁，本村人，九江师范学院大专毕业，数学教师；G，男，57 岁，本村人，民办教师转正，从业近四十年。

访谈记录：

问：您毕业后直接回到村小教书是出于什么考虑呢？没有想过到外面去闯一下吗？

A：我是这个学校毕业的，家里很多人都在村镇做老师，自己学的也是师范，毕业后就直接回来了，现在我们一家人在这个学校的十一个教师里就占四个，我的妻子也在，家庭的影响可能是我进入教育行业的主要原因。

问：您在教学过程中遇到的最大困难是什么呢？

A：课程繁重，我们几乎每天都要上四五节课，还要改作业，备课，带班。

问：你们这的工资待遇情况怎么样？

A：工资低，我们这一个临时工一天收入几乎都有一百五十元，我们一天的工资才六七十元，出去打工的人基本上都是五万八万一年，在这些方面我们差得很远。

问：您教哪些课程呢？

A：主要是教数学，其他的像体育、美术被安排上了也要上，美术，音乐方面的老师是我们最缺的，很难招到。

问：您是党员吗？作为村里的知识文化人会不会被邀请参与一些公共事务管理或是在村委会担任职务。

A：是党员，组织关系在镇学区那边，我很少参与村中的事务，除非是帮助村里处理一下报表或是文字类工作，具体事情都是村各小组中有势力的人决断。

问：您家里种地不？平时闲下来有没有做点经营？

A：我在家不种地了，做不来，也没有时间；没什么生意可做，也不会做那些。

问：您是本村人吗？什么时候来到村小教书的啊？为什么跨专业选择做老师呢？

B：不是本村人，隔壁镇的，现在是本村人了，嫁过来的，到这教书三四年了。喜欢这个行业，单纯，没有社会上那些钩心斗角的事，小孩子也可爱。

C插话：我来这教书也是受了她的影响，以前没有怎么想过，现在慢慢地喜欢上了。

问：你们都是在编的教职员工吗？

C：我姐姐是，我不是，我是去年过来代课的，本来今年是可以考编的，谁知道今年县里不招人，只好等明年了。

问：有编制的老师和代课的老师差别大吗？

C：当然啊，单就钱这方面说，我们一个月才七百块钱，他们是二千多。

问D：您也有编吧？当初是怎么考虑的，这么小就来到村小教书，不想出去看看吗？

C：她有编制，她们家很多人都在教书，她是我姐夫的侄女。

D：没有看出来吧，我们家很多人在附近教书，我爷爷去年刚从这个学校退休，他总是跟我说这个行业好，毕业时我就考了教师资格证，回来教书了，以后应该就在这里了。

问：您也是本村人吧？毕业后怎么没想到外面去走走就回村小教书啊，以后还考虑出去不？

E：本村人，从江西教育学院毕业时我也想过出去，听同学说外边工资收入要高很多，但还是考了国编，当时想要考上了就回去，考不上就出去，结果考上了就回来村小教书了。我今年刚订婚了，对象是我的大学同学，现在也在考国编，应该不出去了吧。

问：您也是毕业后就一直在村小工作吗？

F：不是的，我从九江师范学院毕业后在广东打了三年工，在当地的农民工子弟学校教书，回村小工作也有七八年了。

问：在广东工作不是收入要高好些吗？怎么想到回来这里工作呢？

F：是要高一些，不过总是漂着也不好，回来家里安定些，考上国编还有个保障。

问：当时回来是不是因为要成家什么的，在外面生活压力大？

F：嗯，在外面生活压力大些，广东回来后考上了国编，在这教书时别人帮忙介绍了一个邻镇的女孩，后来她也考取了国编，现在也在这里教书。

问：这些孩子的家离学校远的多吗？他们午餐怎么解决呢？学校或是学校周边有没有食堂供孩子用餐？

G：有好些住得远的，三四里地吧，他们的爷爷奶奶会送饭过来。学校目前没有食堂供孩子用餐，没有这个条件啊，学校周边也没有人承包孩子的午餐，政府不允许，考虑到食品安全和卫生问题。

问：孩子除了语数外等课程学习之外，有课外学习或是阅读课外书籍的机会吗？

G：孩子的课程学习任务很重，课外学习我们这也就是体育、美术什么的，其他的很少。阅读课外书籍的机会很少，找不到什么书，学校没有图书馆，也没有图书角。

访谈 30

受访人：JXGX、JXB
采访人：JXDY
访谈时间：2013 年 11 月 26 日
访谈地点：龙门镇

受访人基本情况： JXGX、JXB，龙门中学校领导。

访谈记录：

问：请您介绍一下学校的整体情况。

JXGX：龙门中学是一个老牌学校，1960年建校。原先设立了高中，现在由于全县高中全部并进县城，所以，只剩下初中。高峰时期有1100名学生。目前只有690多人，14个教学班。

问：请您分析一下生源减少的原因。

JXGX：第一，国家的计划生育政策。计划生育政策下出生人口数量的减少直接导致学生生源数的减少。第二，学生外流。家长在外务工带走了一部分学生。学校目前的690人也不固定，外出的家长由于在外务工境况不好，又会把孩子转回来。这些孩子如候鸟，会迁徙。第三，外部环境问题。我们这里很穷，老百姓思想不开放，他们认为，你大学毕业以后不好找工作，挣不了多少钱，还不如初中就去找工作。你有几年工作经验积累，工资不比大学出来挣得少。此外，义务教育收费时代，家长会对孩子说，你不读书吗，我花了那么多钱，你怎么也得读完。而现在不用花钱，他们反而不那么上心。政府在义务教育上花了心思，付出了，但效果也不是想象的那样。像我们这个学校，从初一升到初三，会辍学100个左右。我们初一进校到初三毕业，相差100多人，为什么相差100多呢，农村还存在封建思想，重男轻女。老百姓有一种观念，大学生毕业后找工作非常难，你还不如现在就跟我出去（打工），这种观念造成学生辍学的非常多。而城里则相对好很多。

问：你认为当前学校存在的问题有哪些？作为管理者，你最棘手的是什么？

JXGX：第一，留守儿童。留守儿童数量很多，他们隔代教育带来太多的问题。作为学校的管理层，我们首先考虑的是安全，没有安全就没有教学。万一出了事情，对一个家庭来说实在是悲剧。我们老师同时担当家长的角色。有些家长希望把孩子全部托给老师，并会给老师报酬。但我们说，不能收钱。家长说，孩子放在老师这里。第二，孩子的零花钱。太多的家长认为长期不在孩子身边，对孩子有亏欠，就用钱来弥补。孩子开口要钱就满足。第三，网吧。网吧对留守儿童的影响非常大。学校会禁止学生去网吧，但只有学校一方出力无法根治。现在镇上的网吧基本是学生光顾。虽然我们向派出所、镇政府反映了，但他们也表示无能为力。因为网吧老板有营业许可证，属有证经营。网吧给学生提供了太多的便利，既有空调，还提供快餐，而这一点，学校是绝对没有的。学校的网会将游戏屏蔽，网吧则有无数的游戏。另外通信时代的发达，利益链的存在，让学校无法单独处理，经常我们的人一去，学生早已逃之夭夭。像这些问题我们学校无力解决，需要政府出面。

问：你认为学校还存在什么困难？

JXGX：一是经费紧张。像我们这种偏远的地方，老师的工作其实是很辛苦的，工资也非常低。如绩效工资，按规定是政府负担，但实际上我们学校要为一个老师筹备 3000 元。学校还要负担老师的生育保险、工伤保险、残疾人保障金等各种费用，学校资金严重不足。学校所有的开支，要到县财政局教育窗口去报账。二是老师流动大。我们乡镇学校实际上成了人才培训基地。这儿条件艰苦，老师都想进城。2013 年进城的老师有 5 名。是通过考试去的，40 岁以上 1 名，30 岁以下 4 名，走的老师都是年轻的骨干。有经验的优秀老师进城了，我们要重新招聘，重新培养。培养老师要有一个过程，培养出来要一个周期，至少 3年。三是学生上网。

JXB：音乐、美术、体育、微机课程没有专职老师。男孩子做老师的非常少，80%—90% 的老师是女的，女孩子要结婚、生孩子，每年休产假的都有几个。

问：留守学生和非留守学生差别大吗？

JXGX：差别非常明显的。父母在身边，自己的子女，父母会管，学习方面、上网等，都会对孩子有制约；父母不在身边，找父母要钱，父母说找爷爷奶奶要，爷爷奶奶就给钱，也不问要钱做什么，就给钱。父母在身边，就会问要钱做什么？是交资料费吗？隔代的不好管。还有父母在外打工，给孩子零花钱多，用钱弥补感情。孩子就上网啊。

问：父母外出打工的孩子占比有多少呢？

JXB：百分之六七十。全校在校学生人数 690 人，作为一个偏远镇来说这是不错的，主要是我们生源少，我们小学升上来的初一新生 205

人，我们也收了一些周边乡镇的学生，总共是230多人。这些减少的小学生跑哪里去了呢？一个是我们计划生育搞得好，一个是城市化进程加快，家长在县城买了房子，把小孩送到县城读书去了。

问：您刚才提到父母在外打工，小孩在家的教育会受到各种不良影响，父母有没有意识到这些问题呢？

JXB：有些是意识到了，一些成绩不太好的学生家长认为与其今后小孩出去打工，还不如现在就跟自己出去，学一门手艺，很多这样的孩子辍学了，特别是到初三的学生，还有些家庭比较困难的，读高中都支持不住，要是考上大学就更读不起，还不如早点出来。说实话，一个农村的孩子要是考上名校还好，要是一般般的学校还不如早点出来，我们这边就有这样的例子，读了大学、上过职高也在那里磨石头，还不如读了初中就去磨石头，你读了大学出来戴着个眼镜去那找工作还没有人要，这是个现实问题。上次还有一个女孩子，她父母就说："你读大学我不给你钱，去经商我给你钱"，他父母说："你去读书要那么多成本，花个十多万，还是要找工作，挣工资，与其这样还不如你现在就跟我去挣工资"，因为农村的孩子没有什么背景，没有什么关系，找工作很不好找，你读三年高中，四年大学，如果读的是个一般的大学，花个十多万，还不如在社会上工作五六年，社会经验总更足些。这是个观念问题。

问：JXB，我想跟您探讨一下职业教育，职业教育是免费的，学好了技能后找工作的问题就解决，就不会再像那样读完大学高不成低不就，这样的话这些孩子的父母也就不会劝他们的孩子不读书了，这会不会是今后教育发展的一个趋势？如果有的话，今后我们中学的学生会不会多一些？

JXB：从我们整个鄱源县来说也有这些项目，我们整个鄱源县的招生情况是这样的，成绩好的读重点中学，成绩一般的读普通中学，成绩差到不行的读职业中学，用老百姓的话来说读职业学校就是学一门技术，读职业学校就是我们原来说的可以学一门手艺，这个观念没有转过来，何况读职业学校学到的书本知识与社会实践脱节了，打个比方我有个小孩子不会读书，与其让他去读技校还不如跟我去搞装修，要是这里头有什么不懂，小孩可以边教边实践。技校在管理纪律、教学内容等方面都是最差的，读技校的学生又都是最差的学生，所以整个观念要转变。

问：学校初中毕业生主要的流向是什么呢？

JXB：毕业去向有三个方面，一是继续升学，读高中，占到百分之七十以上，另外百分之三十或是读技校或是到外地读书，家长有能力的就常转到市一中去，我们这里转学很方便，有些做生意当老板就直接跟我讲："校长，不是你这里教育不行，我多花点钱把他放到私立学校去，我就不需要去管他了，省的操心，我也不想去管他。"近些年我们这里就有一个转到临川去了，转到临川去后他考取了北大，这就是市场，所以现在办学也市场化了，按照国家规定，转学是要办手续的，我们这里不需要手续。

问：我们有些没有听明白，转学不需要手续？不是每一个学生都要配一个学籍吗？

JXB：从今年开始建立电子信息，但是目前因为刚刚建，现在需不需要我还不知道；我们这里不需要，学生来到一个学校，学校便给新建一个，重新建一个学籍，这与城里是不一样的，只要是优生学校就收下。我们学校一开始是九百多人，现在剩下六百九十人，走了两百多，都跟父母走了。

问：这些跟着父母走的学生有没有可能跟着父母回来呢？

JXB：有啊。今年父母在这个地方打工，把子女带到那去读书了，明年这个地方没有工可做了，就带着了女回来了。

问：出去的有多少会回来呢？

JXB：大约三分之一，户籍在这里的，他会回来高考，成绩比较差的他就不回来了，跟着父母打工了。

问：要是高考放开户籍的话，会不会都不回来了？

JXB：这个不会了，那就要看哪里高考占优势，比如在北京务工的人就会选择在北京高考。

问：也就是说学生去哪里读书跟父母在哪里打工直接相关，父母在哪里打工孩子在哪里读书，打不着了就回来，而不是说父母为了让孩子受到更好的教育有意识地把孩子送到那里去读书，是吗？

JXB：也有这种情况，这要经济条件比较好的家庭，比如我们旁边有个临川中学，就有人专门送过去。一般来说是带在身边或是送出去的多，要是让爷爷奶奶、外公外婆带，不放心，要是听话的还好，不听话的那怎么办，不好管，也怕出事。

调研日记

2013 年 11 月 25 日　星期一　晴

刁鹏飞

早上 6∶50 到达九江火车站。在站外简单早餐后，念读访谈提纲和问卷。当天大雾，江西省社科院办公室副主任来接全部团员。然后一起前往鄱源县教育局。路上与当地的同事交流，了解当地的道路交通等方面的基本情况。

中午 10∶30 到达鄱源县教育局。姜主任主持了座谈。教育局局长讲话欢迎，然后我致感谢辞：（1）感谢姜主任（自家人）从南昌远道而来。（2）特别荣幸能跟鄱源县教育局的领导同志座谈。（3）这次活动是青年体验式国情考察，社科院跟教育部联合，目的是为了锻炼青年干部，认识国情。（4）在出发前，社科院与教育部召开项目启动会，中央国家机关团工委书记，院直机关党委副书记，部直机关党委书记分别讲话做动员。在临行前几天我们与教育部李大鹏组长带领的七位同事一起，细致讨论了调研的提纲和内容，对调研做了较为充分的准备。（5）但是由于我们对国情的认识的深度有限，在方方面面都是抱着学习的心态来到鄱源县，做各位的学生，跟长期在鄱源县教育工作的领导和同志们学习。（6）这次访谈团的成员包括教育部 7 位同志，社科院 5 位同志，省社科院 3 位同志，分别请他们做自我介绍。（7）最后再次感谢各位领导和同志对我们调研的大力支持。

会后直接坐车赶往龙门镇，一路上颠簸，原因是正在修路，本来 30 千米的道路，因为中间有土路，还因为修路绕道，走了 1 个半小时。

邹宇春

早上火车晚点半小时，7 点钟才到达九江车站。一行 12 人在麦当劳吃过早饭后，等来了江西省社科院的同行。经过半个小时的车程，我们的第一站是鄱源县教育局。接待我们的是程局长和分管中学教育的何局长。座谈会开的时间不长，大概半个小时。大家做了自我介绍后，程局长做了一个简短的欢迎式发言，我们就启程去了 30 千米以外的龙门镇。虽然距离不是很远，但因为道路不好，颠簸得厉害，车子开得并不快。需要说明的是，从火车站到鄱源县教育局沿途的风光很不错，道路两旁很多小洋房，想来是居民自己盖的，从县教育局去龙门的路途中，房子仍然是独栋的，但贴瓷砖的就比较少了。两段路途房子的差距，显示了县、镇的差别。这点在后面的调研中得到了很强烈的印证。

中午到达镇上，吃过中饭后，我们一行人和龙门中学、镇中心小学的校长分别进行了座谈。几位校长对这个座谈，做了充分准备，分别做了很有条理的发言，对调研组的每一位成员都有很大的冲击，相关内容在访谈录音中有反映。至于对我的启示，今天暂且不表。因为是延续性的，在第二天的调研中，它们将在我的调研中得到进一步的深入和发掘。

赵晨昕

我们一行12人（教育部7人、社科院5人）到达了风光旖旎的美丽江城九江。下火车的第一感受就是这里的空气实在是太好了，与北京相比简直是一个天上一个地下，当然，天上的那个是九江。我们这一路比较顺利，到九江后，因为当地大雾，江西省社科院接车的同志稍微晚到了一会儿，我们正好趁此机会讨论一下具体的调查安排。

9点左右，江西省社科院的同志到达了九江火车站，并接我们去鄱源县教育局，公路旁的一栋栋小洋房和别墅，让我们见识到了江南的富庶和鱼米之乡的天然地理优势。这一路上呼吸着新鲜空气、远观着庐山的壮美，心情格外愉快。虽然，火车旅途的疲劳不时袭来。

不到10点，我们到达了鄱源县教育局，一番介绍后，我们认识了县教育局的何局长、程局长。寒暄过后，两位局长带领我们直奔目的地龙门镇。

中午首先到了住处，盛名大酒店，呵呵，所谓"盛名之下其实难副"，用这个词描述旅店的条件倒是恰当，当然，这也符合本次调研活动的初衷。虽然条件差一点，但我们还是立即快速地投入到了对当地的调研工作中去。下午简单收拾完房间，两点整准时到达龙门镇中学，在简单地浏览完校园后，立即与JXB展开了一次长谈，气氛友好而融洽。

探讨中，JXB提出了多方面的建议和意见，非常值得研究。JXB在这里 33 年，可以说为这所学校献出了自己平凡却生动的一生。他介绍了该校 30 年来的具体情况，1989 年以来，高中部分被划出，龙门中学衰落（而这一感慨也为后来中心小学的 JXF 所证实），现在学校仅有 690 名学生，其中 300 人住校。面临的几个问题，一是留守学生过多，其中父母外出打工者更占到总体数量的 60%—70%；二是许多学生辍学，尤其是结合前述留守儿童的问题，更使得问题突出；三是老师既是家长也是老师，自己的孩子问题还不好解决，更不用说还要照顾学生，这一矛盾十分突出；四是家长意识的问题，尤其是"读书无用论"甚嚣尘上，现在许多学生受到影响，非常叛逆；五是教师流动性大，这里只是作为培育年轻教师的摇篮，基本上留不住优秀的教师，许多老师直接回到了县城里教书，所谓强者越强、弱者越弱的情况在这里更加明显。

在与 JXB 谈完后，我们又参观了学校的食堂，食堂倒是出乎意料的令人满意，不仅男女分开打饭体现了细心和用心，凸显人性化，而且食堂的操作是全透明操作，我们都看得清楚，更重要的是食堂价格不贵，只要 5 元。国家财政当然有很大的补助，但是学校的用心良苦也值得称赞。

其后我们去了龙门镇中心小学，这里的主教学楼是一位台商为内地建设十万所希望小学而建立的，起名为"启明小学"。（这回无知了，"启明"二字从何而来）正赶上学生做操，我们观摩了一会儿，说实话，感觉还真是不错。

我们与 JXA 和 JXB 聊了一个多小时关于学校的现状，这是一所中心校，其实就是校区校，JXA 还负责其他八所学校的行政工作和事务性工作。这里共有 98 位在编教师，1826 名学生（九所学校的总数，中心小学共 451 名学生，150 名学前班学生），总体而言还是不错的，在县所有学校总和评比中经常进入前三名。但是问题也很突出，一是师资问题，不仅待遇差（年轻教师工资在 2200 元左右），而且工作量大，工作任务繁重，教师质量也难以保障。二是地理位置偏僻，许多年轻教师到这里只是"蜻蜓点水"，能走的都立即离开了。

心得一：教师工资待遇和水平较差，无论是中学还是小学都提到了这个问题，怎样留住优秀的师资成为重中之重。尤其是两个学校校长都提到，这两所学校的问题就是年轻教师只是将这里作为跳板，真正的目的是"醉翁之意不在酒"。即在乡下锻炼几年就跳到县里更好的中、小学去教书。这里一是闭塞，二是工资待遇不高，确实很难留住优秀教师。

心得二：更重要的问题是现在"读书无用论"甚嚣尘上，许多家长和学生认为读书无用，花了那么多钱进入大学，入不敷出，最后搞到前期投入大，后期收获小，研究原子弹的不如卖茶叶蛋的，何苦非要让孩子读那么多书，直接工作找一门手艺很好！

心得三：网吧危害不小，现在的网吧在各地已成为公害，尤其是对于留守儿童来说，父母关爱的缺失使他们失去了家庭的爱，那么就需要社会和学校去补足，但学校和社会不能满足这一点，他们就会去虚拟空间找寻一种心灵的寄托，最终远离正常的生活轨迹，导致心灵发展变形。

心得四：硬件建设并不缺乏，但是实际上对于中小学学生的发展起到了多大的作用值得商榷。因为硬件设施建设最容易见成绩，经费也容易花出去，但软件和管理却很难短时改进，需要下真功夫。

汪洋

早上 8 点 50 分我们江西团一行人乘车到达九江火车站，随后出站，我们全团一起来到火车站周边的一个麦当劳吃早餐，开了一个小组会议讨论分组安排，随后全体组员一起乘坐江西省社科院安排的小巴，前往鄱源县教育局，一路风景秀美，其间经过庐山东门，方才知道原来已经到达了著名的庐山风景区，但我没有观赏美景的心情，因为调研任务很重，脑子里反复想着到了龙门镇之后应该如何开展调研工作。上午 10 点 25 分到达鄱源县教育局，与教育局领导见面，汇报此行目的，听取教育局对鄱源县情况的介绍。之后前往我们这次调研工作的目的地鄱源县龙门镇。我们入住的地方条件比较差，不方便用热水，房间有些脏乱，但我认为这正是我们此次调研体验生活的一个重要组成部分。午饭后我们来到龙门中学与学校校长及老师会面，了解了一些龙门中学的基本情况，之后前往中心小学与师生会见。晚餐后我和社科院的邹宇春一起整理了下午在中心小学与校长书记会面时的访谈录音。

汪建华

今天集体出发到九江市鄱源县龙门镇，下午就直接奔镇里的中学和中心小学座谈。两个学校的校长和其他领导都非常诚恳地谈到农村教育的问题，比如外出务工、优秀师资和生源流失、市场化、大学生就业难、网络消费文化等，对学校风气、师生士气的影响。从中不难看出中国的市场化、城镇化和消费主义浪潮对农村教育的影响。而国家在规制这种影响方面似乎还做得太少。

负责接待的县教育局领导、学校领导都还比较实在，当然同行的诸位同人也都非常投入，晚上大家就开始整理资料、写简报并讨论进一步的安排。之后的任务更重，住的条件也有限，做好心理准备吧。先记这么多。

韩磊

经过十个多小时的颠簸，我们终于到了九江。刚出火车站就感受到了江西的湿冷，这是我第一次来江西，也是第一次涉及农村基础教育的调研，心中充满期待。与鄱源县教育局领导座谈后，我们"下榻"久闻大名的鄱源县龙门镇"盛名大酒店"，好一个奢华的名字！以中国社科院、教育部和江西社科院共同组成的江西团队的调研工作也由此拉开了帷幕。

今天我们江西调研组主要与龙门中学和龙门中心小学的校长及其他相关领导进行了座谈。在开始江西调研之旅之前，我们通过阅读文献并结合自己的研究兴趣，商量并确定了几个研究的主题，如学校撤点并校问题、师资队伍建设、留守儿童等问题。下午座谈时学校领导提供的信息不仅印证了我们对于以上问题关注的合理性，同时也暴露了农村基层教育中存在的其他问题，涉及师资的流失及教师待遇、网吧对学生生活及学校管理的影响、素质教育、家庭教育等方面。

龙门中学的 JXB 认为，目前的学校管理主要集中在安全、教学和住宿三大块。他认为，现在基层办学面临很多困难。首先，鄱源镇外出务工的农民较多，留守儿童大约占学生总数的 60%。该校领导认为，从总体看，留守儿童和非留守儿童在性格和学习成绩方面还是有一定的差异的，而且留守儿童通常有花钱的习惯，主要是因为这些学生向照顾他们的爷爷奶奶或者姥姥姥爷要钱的时候，他们通常不询问钱的用途。其次，师资队伍流动较大，每年县学校都会到镇中学考调教师，挖走优秀年轻的教师资源。而且大部分老师住在县城，平时只能住校周末回家，交通很不方便。值得关注的是，JXB 认为学生经常去网吧成为该中学管理的最大困难，虽然他们也向镇政府多次反映该问题，但由于各种原因尤其是各种利益链的存在，镇政府对此也无能为力。同时，JXB 也提到，初三学生的辍学率较高，主要是家长认为上大学花费较多，且面临就业难的问题，所以希望孩子辍学后到城里打工。"读书无用论"还是比较普遍。

龙门中心小学的领导认为，目前该镇小学学生大幅减少，主要的原因是孩子跟着父母进城和计划生育政策的严格实施。中心小学领导认为，小学教育面临的两大问题是教师的数量不足、整体素质不高及素质教育政策落实不到位。JXA 认为，目前小学老师的教育观念比较落后，主要是传授知识，而由于学习成绩成为主管部门对学校考察和学校对教师考察的主要标准，因此素质教育也只是一句口号。而且，小学老师的负担比较重，每天大约 7 节课，而且待遇较低，再加上学校地理位置较偏僻，这也成为师资队伍流动较严重的主要原因。值得注意的是，该校领导提到，由于师资队伍不够，他们也会外聘师范学校的在校学生及中专毕业但有教师资格证的人员做代课老师。各位领导还一致认为，留守儿童大约占学生总数的 60%—70%，缺乏父母的关爱和隔代的溺爱给这些学生的性格及学校的管理带来很多的影响，外出打工的家长数目的增加也会导致家庭教育的弱化。

虽然自己来自农村，可是对农村基础教育的情况了解很少，学校负责人的介绍也让我们对这个偏远的乡镇的基础教育有了一个大概的了解。只可惜今天没有见到我们第三个调研学校湖滨小学的负责人，这里村小学的教育将是什么样的呢？很期待明天与湖滨小学老师和学生的见面，以及我们接下来几天的蹲点调研。这次调研将是一次很好的锻炼机会，不仅会让我们切身感受到我国农村基础教育的真实情况，也会丰富我们实地调研的经历，为以后的科研做好铺垫。

2013 年 11 月 26 日　星期二　晴

刁鹏飞

早上 6 点半起床，直接到龙门镇中学的餐厅吃早饭。清早仍然是大雾，在雾气朦胧当中，沿着乡镇边的一条水泥路直接走进龙门镇中学。中学的学生已经吃完早饭，开始清扫校园了。校长和校领导班子，都站在食堂里端着碗吃面。青年调研组的同志们自行购买早餐，坐在食堂的餐桌周围，边吃边聊。早饭吃粉面，或者吃馒头、稀饭、咸菜。最后食堂还专门赠送了一盘炒笋干。

清晨的雾霭当中，三三两两的小学生背着大大的书包，沿着中学的围墙外的土路，边走边聊上学校。走不多远，就看到周围的小学生渐渐多起来。很多学生盯着我们看，校门口有一组高年级的小学生在打扫卫生。渐渐有年轻的妈妈们骑着轻型摩托车送小孩子上学，有前后各带一个，一个大的一个小的；也有只带一个的；还看到爷爷奶奶们领着孙子女来上学。

到校后，先在校门口看看上学的学生们是怎样来的，大多数是几个小学生步行进入学校，还有一些是家长送的。书记在办公室接待了我们这一组 4 人，刁鹏飞、李琦、汪洋、宋智勇。在向书记介绍我们的调研计划后，我们请书记把我们介绍给两个高年级的班主任，由班主任带我们到班里听课。书记本来打算，我们同时参加县教育局来听的公开课，在三年级和四年级，后来我们坚持了一下，还是决定去参加五年级和六年级的听课。这样我和李琦进入六年级二班，汪洋和宋智勇进入五年级一班。

中心小学高年级教师办公室在办公楼 2 楼的中间，早上 8：15 已经有不少老师正在准备上课。老师开始有点想推脱，跟书记讲自己班学生太调皮，能不能让一班负责接待。最后她热情地接待了我们。老师带我们进入她所在的六年级班，并给我们在教室里安排下两把椅子。我请李琦老师讲了话，她说我们是老师的好朋友，来听大家的课。听老师说同学们学习很努力，有些同学则需要进一步努力。我们希望跟大家做朋友。

六年级的教室在学校三层教学楼的最高一层的东侧，应该也是最安静的一层。从东至西分别是一班、二班。教室内有五列桌椅，都是单人桌椅，每列从5人到7人不等。讲台高于地面，黑板的中间一半可以向左右推拉，露出可触控的白板，投影仪在黑板的正中前上方。教室的窗户是铝合金推拉式，教室大门是从上到下的大铁门。

今天早上第一节课是数学课，从8:40开始音乐广播提示上课开始，课持续了40分钟。教师提前走进教室做准备，同学们拿出教材和辅导材料，课程内容是复习并讲解统计图，包括圆饼图、条形图、扇形图等。老师上课是传统的口讲手绘的方式，没有使用课程PPT。全班齐声回答，鼓励举手。六年级二班在两周之前刚刚考完期中考试。

第二节课是英语课，从9:20开始持续40分钟。英语老师的表现以及学生的配合让人惊诧。英语老师的口音标准，采用的讲授方式是英文为主，中文为辅，PPT演示，加上腰间扩音器激发听觉，学生们很快就进入兴奋状态，齐声跟读PPT上的英文，每个人都很投入。在英文音节的形象记忆方面，展示了一套发音加上手势的有特点的教学方法。比如读音［s］时用手指左右切画；读音［i:］时，左右手表示拉面条；读音［ei］时用左手捋帅头发。主题使用自然知识，从云彩、下雨、水蒸气、小溪、太阳之间的关系，引发同学们，特别是男同学集中注意力。整堂课全班男生，即便是最调皮的男生也始终举手回答问题。课堂氛围比得上疯狂英语，31名六年级小学生的童声齐鸣，可谓振聋发聩。老师采用全班5列同学左右分组，分别用星号计分的形式，激励同学们举手回答问题。老师说123，同学齐声回应321，用这个来集中学生的注意力。

课间操10:00开始，全校学生都到水泥平台上列队，这次的课间操没有做操，而是练习了县教育局准备考核的集体舞。集体舞的旋律很活泼。一个班的同学们分成男女各两列穿插对齐，然后相互拉手开始舞蹈。舞蹈的动作编排很简单，但是适合小学生。观察集体舞时，最有趣的现象是六年级的男生开始害羞，不愿意主动拉女生的手。很多男生都是由女生拉住手腕跳舞；女生如果也不乐意，就扯住两侧男生的衣袖，然后学生们围圈跳舞。班主任后来跟我们讲，这个班里个别同学出现谈恋爱的情况，言语之中很担心。

课间操之后，是两节数学课考试，老师不建议我们去参观考试。所以我们回到书记的办公室，他没有特别的事情，给我们准备茶水，与我们谈谈学校面临的问题。

　　下午第一节课是英语课，1：50开始，仍然是上午的老师，用她的标准发音为孩子们继续上午没有讲完的自然知识。音节［f］用双手向前赶小鸡，音节［ai］用O型手势表示。这一节课的效果不如上午的第二节课，孩子们有些开始走神，有个别男生开始活跃起来。下课后，学生们开始对摄像机发生兴趣，比如周琦、陶金、陈可欣，以及一大批淘气的男孩子。

　　下午第二节课语文课，老师作为班主任有课堂管理的优势，班里的学生不听话，她也有能力点出问题。老师讲的是《小学生青少年期中考试卷》。本学期老师已经用前面两个月时间讲完所有课本内容，然后用余下的时间集中复习。试卷中涉及古诗文、比喻、拟人，等等。比如"我们热爱……，就像……热爱……"。还有双方各自陈述观点的方法，比如一个人代表小明父亲支持上网有利学习，另一个人代表小明母亲反对上网。

　　下午第三节课，全校学生继续为准备县里检查练习集体舞。4：05放学。跟随一位学生到他家里访问。开始没有找班主任陪同，后来经提醒才意识到需要班主任的陪同，取得学生们的信任。访谈回程班主任老师邀请我们去她家坐坐，这位老师家里人都是教师，丈夫也是学校教师，她在镇小学教书，儿子就读镇小。丈夫家在本镇有两层的宅子，楼下出租给他人经营。

　　晚饭后，分组讨论，分配当天访谈整理，准备第二天的问卷调查。社科院小组开会，讨论撰写报告的题目，确定除了昨天发出的第一份简报"边远乡镇义务教育的困境"，还需要撰写至少两份简报，选题可以是"农村村小的社区地方特色"（社区整合），"素质教育的配套（师资和设备）"，"未成年学生迷恋网吧与学生的课外活动缺乏"，"家长、学校、社区三者之间的关系"，"规范统一性（学生课间操，教师培训）"。

　　讨论问卷使用和主题班会：《我的未来不是梦》《追梦人》《梦里》《梦醒时分》。

邹宇春

早上 6 点 20 起床，7 点出发，到龙门中学。和学生一起吃早饭，学生的早饭没有定额，是自己吃多少买多少。我们也是自己吃多少买多少。卫生条件一般，看起来还算干净，因为天冷，没有多少蚊蝇。一些组员吃稀饭馒头，也有一些组员吃面条。

2013 年 11 月 27 日 星期三

刁鹏飞

早上 8:15 到龙门镇中心小学，见到校长和书记。上午第一节听数学课老师用 PPT 讲奥数题"鸡兔同笼"。第二节听语文课老师讲"说心里话"，用 PPT 启发学生回忆往事，说说心里话。课间操之后，访问英语老师，听到很多很好的建议。上午最后一节课，组织填答问卷。中午饭后，老师陪我们到一位学生家住砖厂的住所家访。下午与组员商量寻求镇小学的文字资料。最后一节课与老师交谈义务教育和镇小学的教育情况。然后到一位学生家中访问。晚饭前购买了主题班会有关的道具和礼品，晚饭后小组讨论商定明天下午第一节课的主题班会议程。

天气转冷，一位组员受凉，访谈录音整理受阻。今天的三个访谈录音还没有整理。汪洋每晚 11 点左右都能够把录音大意整理出来转给我，他的工作效率极为难得。省社科院昨天的录音即将整理完成。

2013 年 11 月 28 日 星期四

刁鹏飞

早上首先安排教室，然后跟随校工会主席到两个村小学调研。美惠村小是一幢去年投入使用的三层楼房，占地面积较大，硬件条件较好。贺岩村小目前正在做危房改建，政府投入资金建了两层楼的教学楼，主体框架结构已经完成，估计要明年才能投入使用。在贺岩小学的新建的教学楼西侧是一幢两层的幼儿园，这是一个国家投资兴建的村幼儿园，设施齐全，院子里还有滑梯。

现在贺岩村村小暂时借用民宅，是一个村小边上的村民家的老房子（青砖老宅，估计有几十年的历史）。老宅子的房顶是青瓦屋顶，还有一两处透风的地方。老房子一进门是一间大房子，左转过来是一间小屋。大房子里一年级的学生坐得满满的，五排座位，每一排有 8 位小学生。小屋里三排座位，每排也是 8 位小学生。

两个班任课教师一共有 4 位，三位国编教师，一位代课教师。国编里，一位是李校长，工龄有 35 年。一位是从外地倒插门进村的男老师，2007 年进校，现在是教导主任，还有一位女老师。代课老师是一位已经教书 30 年的女老师，教语文课，她反复提到自己的民办教师身份得不到承认，反复去省里面、市里面、县里面找，都没有用。她们这一批人，被告知运气不好，1980 年 7 月 15 日之后进校代课的，没有机会转入正式编制。那些比她们进校早一个月的代课老师，就可以转为编制内，可是她们找政府很多次，仍然无法解决。现在每个月只有 700 块钱（校长说 900 块），身体生病，看病吃药都要自己拿钱。没有办法解决。真的很困难。教师留不住是贺岩村村小最大的问题（校长）。这些年来过很多老师，没有一位老师工作时间超过两年，大多数都是 1 年就找关系调走了。后来才知道，还有一位男老师，我们没有见到，这位老师是本地人，本来在镇中心小学教学，但由于带的班级在全县统考中分数落后，所以被下放到村小。老师们讲起来也很无奈，有的时候学生考不好，并不完全是教师教得不好。可能是出题的范围变化了，可能是题型不适合，或者是课程之外的学校事务过多，教师没有时间投入教学。贺岩村村小老师的收入低，是值得关注的问题。

下午的主题班会，选择模仿秀，制作心意千纸鹤和成语接龙等游戏，通过五年级和六年级两个班竞赛，让两个班级的学生释放出他们的活力。小学书记和两个班的班主任老师对主题班会的评价很高。我们作为组织者，也是极为开心。

2013 年 11 月 29 日　星期五

刁鹏飞
早上去小学，确定汇报时间和汇报人数。

教师的待遇，教师的积极性。问题存在，我们未必能够知道，知道未必能够感受到。原因是作为参与观察者，我们已经浸入到课堂的现实讲授情境之中，观察者把自己代入教师和学生的互动之中，成为互动的一分子。教师在上课的过程中，关注我们的反映，而学生的课堂表现也会受到这种被观察的暗示而更倾向于配合教师的课堂讲授。虽然我们仍然有客观的观测指标，但即便是这种客观指标，也有可能受到观察者不经意之间流露出的评价的影响，比如对课堂上 PPT 软件的使用。

教师怎样理解这份研究，对研究者能够获得多少资料有很大影响。如果教师之前经历过类似的研究，正确理解这份研究不是一种教学评估，不会与他的职位升迁建立任何联系，这种情形下，教师能够保持平时的"本色"。但如果教师没有经历过类似研究，或者对研究者的解释将信将疑或不能理解，在这种情形下，教师就会把自己的工作表现与研究挂钩，在意自己在外来观察者眼中的"外在表现"，从而会偏离自己平时的本色。

下午的座谈会，与会者畅所欲言。

中学校长：调研反映的问题非常真实，不管家庭情况怎么样，学生都能上得起学，上得好学，每一个学生的家庭摸底，都能想办法解决。管理方面，年轻老师非常敬业，但是我们的老师，有不少家不在本地，上有老，下有小，小孩子教育，有一部老师不住校。我们宿舍楼，下面一层住已婚老师和家属；二层住单身老师，每间三人；三层住学生；老师有工作餐免得老师做饭。教育公平方面，青年老师不能安心工作，男老师少，女老师多，不是不欢迎女老师，女老师来了之后，要休产假。在制度框架下，对事不对人，假期都给，哪怕学校出钱给其他老师代课。从编制上来说学校老师够，但老师不安心工作。教师要本土化，老师与家长之间要广泛交流，进校之前老师与家长认识，老师自尊心强，责任心强，不能让家长说话。教师收入，分两块，一块是财政局直接发到教师工资卡上，第二块是绩效由学校发放。按照国家政策，绩效应该由国家出钱，但现在是学校出钱，平均 3000 元/年。一年 40 多万，老师绩效花费很多。我们也有老师，虽然不是心理辅导老师，但也扮演心理辅导的角色。做校长不容易，周末没有时间休息，因为大量留守儿童，白天在网吧上网，晚上在学校住。网吧是我最恨的，能不能通过人大议案关掉？派出所也管不了，让我们头疼。家长晚上到学校找人，怎么还没回家。学校的关门制度，中午就是不能出校门。网吧不是我们一个地方专有，可能边远乡镇都是这样。家长观念，打工赚钱多。

要求三点：加强联系，给我们多多帮助；各界的资源，如果条件允许，我们多多利用；以后有机会，欢迎大家再来。

镇中心小学校长：感谢专家们的意见，这些意见是客观的，反映我们教学中的问题，我们在以后的工作中尽量改正。把教育办好，最关键的是教师。以后尽可能改善办学条件，减少忧虑，安心工作。愉快执教，提高效果。建议：面比较广，条件允许下，多给教师培训参观的机会。

村小学校长：四天的调研，很辛苦，通过调研学到很多知识，感触很深。希望通过这次活动，无论是政策上，还是其他方面，可以有很大改观。感到自己要做的事很多。比如对学生心理辅导，尽可能学校自己能做到的做深做细。

感谢调研组全体成员付出的努力：（1）社科院和教育部同事们数次修改讨论的调研提纲；（2）多次沟通调研行程和选择调研地点；（3）院团委和部团委分别准备了各类礼品和赠书；（4）联络员汪建华在前期中期与省社科院、教育局相关负责人的多次联系确认整个行程；（5）整个调研过程中，全体调研组成员，通力合作，付出了极大的辛苦努力，白天到学校做调研做家访了解现实情况，晚上回来做笔记、日记，写心得、简报，反映现实情况，每天晚上写到1点多是很多同事们的选择；（6）住宿和生活条件有限，同事们克服各方面困难，天气湿冷，夜晚低温，空调电力不足，晚上停水，饮食不适，房间透风，等等，坚持工作。

第三编

内蒙古：传承民族文化

调研报告

突出民族特色继承传统文化
推进基础教育现代化科学发展
——关于内蒙古自治区通辽市
扎鲁特旗鲁北镇基础教育的调查

内蒙古基层教育调研组[*]

2013 年 11 月 17—23 日,"根在基层·中国梦"中央国家机关青年干部基层调研实践暨中国社会科学院、教育部青年干部群众路线教育实践基层调研活动内蒙古小组一行 14 人,来到内蒙古自治区通辽市扎鲁特旗鲁北镇基础教育园区蒙古族实验小学,开展蹲点、体验式调研。

调研组成员有中国社会科学院青年干部学者 4 人,分别来自马克思主义研究院、文学所、新闻所、中国社会科学杂志社;教育部青年干部 10 人,分别来自离退休干部局、职业与成人教育司、基础教育二司、考试中心、装备中心、教科院、中国教育电视台、中国教育报刊社、电教馆。这次调研的主题是"五省区城乡基础教育状况实地调研实践",行前调研组建立了微信群、QQ 群,召开了两次行前小组会,针对如何全方位地做好调研工作达成了共识,并作了细化分工,明确责任,落实到个人。

在为期一周的调研中,调研组成员与师生同吃同住同勤,周一(11 月 18 日)、周二(11 月 19 日)、周三(11 月 20 日)上午、周四上午(11 月 21 日)在蒙古族实验小学调研访谈,周三(11 月 20 日)

---

* 调研组由中国社会科学院和教育部的 14 名成员组成,他们对本报告均有贡献。主要执笔人:蒋宇、赵康。

下午参加在该校举办的通辽市师德师风先进事迹巡回报告会，周五（11 月 22 日）上午与扎鲁特旗教育系统同志进行座谈。

与扎鲁特旗教体局座谈

参观蒙小文化活动室

小组成员共详细访谈了 50 余名教师、学生和家长，发放了 300 余份调查问卷，收集整理了大量的音像资料。通过对蒙古族实验小学蹲点式体验，对鲁北镇基础教育园区、扎鲁特旗教育系统的参观了解，我们对民族、边远地区基础教育面对的宏观、微观环境有了全面的把握：扎鲁特旗蒙古族实验小学为民族特色教育所做的努力、鲁北镇基础教育园区为统筹基础教育均衡发展所做的大量工作，特别是扎鲁特旗委、政府和教育系统广大干部职工将基础教育的超前发展作为经济社会全面发展的先导，通过建设基础教育园区，积极探索新型城镇化道路，等等。现将有关情况简要汇报如下。

一　扎鲁特旗鲁北镇基础教育园区蒙古族实验小学基本情况

1. 学校历史沿革

1981 年以前，扎鲁特旗鲁北镇的小学民族教育主要是依托四小、三小等学校并设置相关班级开展教学工作。随着党的民族政策的进一步落实，1981 年，根据扎鲁特旗七届人大会议精神，经上级批准，9 月 6 日，扎鲁特旗鲁北蒙古族小学（又称鲁北民族小学）正式成立，校址设在鲁北镇乌力吉木仁路南端西侧，占地面积 2.6 万平方米，校舍建筑面积 1070 平方米，白靖玉任校长、吴银锁任代理教导主任、张佐卿任总务主任，教职工 9 人，当年招收一年级两个班，83 名学生，从一年级开始蒙古语授课，三年级加授汉语文。该校的成立受到扎旗党政的高度重视和鲁北镇蒙古族群众的欢迎。

1981 年 10 月，学校成立了校工会，张佐卿任工会主席，当月成立少先队大队部，包来小任大队辅导员。1982 年学校成立党支部，白靖玉任支部书记，党员 4 名，同时成立团支部，浩斯宝音任团支部书记。1982 年 5 月吴银锁正式被任命为该校的教务副主任，1983 年 9 月学校附设了蒙古族幼儿园，招收两个幼儿班，共 45 名学生。1983 年 11 月幼儿园分开单独成立了扎鲁特旗蒙古族幼儿园。吴银锁调任园长，教务副主任由双英老师担任。

1986 年 3 月 13 日经哲里木盟教育处批准（文号：哲教秘字 1986 第 13 号）原"鲁北蒙古族小学"改名为"扎鲁特旗蒙古族实验小学"，成为盟旗两级重点抓的教育改革试点学校。1987 年 9 月海林任教务副主任、包玉山任工会主席。1991 年 3 月刘六月任副校长、海林任教务主任、包玉山兼任总务主任。1995 年 9 月经自治区两项义务教育检查，学校被评为"自治区义务教育示范校"。学生总数达 600 多名。

1996年3月原单独设立的蒙古族幼儿园合并到该校的学前部，海林升任副校长、胡金山任教务主任。从这时起学校健全了领导班子，组成了包括校长（舍邓）、副校长（刘六月、海林）、副书记（陈荣额）、教务主任（胡金山）、副教务主任（康喜玛、吴图雅、张玛莲）、后勤主任（赵金莲）、工会主席（包玉山）十人的校领导班子。

1998年3月，上级对该校的领导班子进行了大的调整，原嘎亥图中学校长白音那木拉任校长，海林、包海、赵金莲调出。1999年5月的又一次调整中，原扎鲁特蒙二中副校长康金星任校长、原查布嘎图中心校校长斯日古楞任副校长、斯日棍任教务副主任、高力套任总务副主任。2001年10月在全旗中小学领导班子竞争上岗中康喜玛提升为副校长，增加包桂花、嘎日迪为教务副主任。学生总数达700多名。

2005年12月原校长康金星不幸因交通事故去世，副校长康喜玛主持工作。2006年3月原乌力吉木仁中心校校长布和吉雅调任党支部副书记。2006年10月上级对该校的领导班子进行了调整，康喜玛（校长）、胡金山、娜仁高娃（副校长）、布和吉雅（副书记）、包桂花（教导主任）、高力套（工会主席兼后勤主任）、斯日棍、嘎日迪、格日乐其木格（教务副主任）、田锁（后勤副主任）、马萨如拉（少先队大队辅导员），另外学校内部任冰凌为教务干事，组成了十二人的领导班子队伍，延续至今。

调研组参观蒙小校史博物馆

2. 学校概况

扎鲁特旗蒙古族实验小学 2007 年时占地面积 25025 平方米，招生范围覆盖整个鲁北镇，是自治区义务教育一类学校、扎鲁特旗蒙汉英三语教学窗口学校，截至 2013 年 11 月，已经发展成为拥有教职工 200 余名、51 个教学班、2480 多名学生、二至六年级 1500 多名学生寄宿、学前和一年级走读的半寄宿制学校。学校现有 6 栋总建筑面积 26047 平方米的校舍楼、南北两个校区总占地面积 75000 平方米。学校现在开设现代教育信息技术课、"蒙汉英三语教学实验"课、心理健康教育等课程，班班通多媒体和网络，图书阅览室藏书 3 万册均轮换投放开放式图书广场，自然实验室、微机室、电子阅览室、特色教育教室基本满足教育教学的需求。学校现在共承担国家、自治区科研课题十多项。

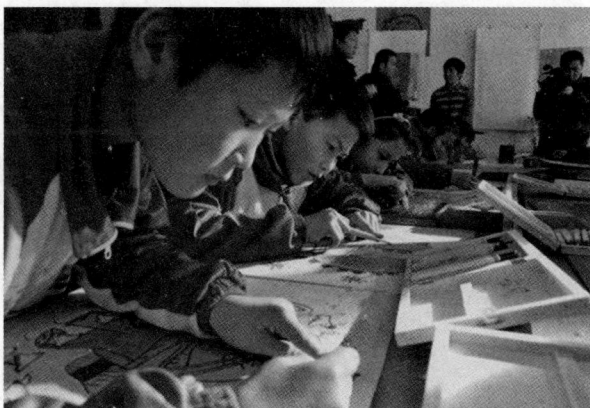

聚精会神地雕刻——参观蒙小版画兴趣班

学校现已获得教育部艺术教育先进单位、教育部特色教育先进学校、自治区义务教育示范校、自治区创先争优基层党组织、自治区基层党组织建设示范点、自治区电化教育"优秀学校"、"自治区现代教育技术优秀学校"、"自治区、市、旗级民族团结先进单位"、自治区"手拉手小伙伴"先进集体、自治区红旗大队、内蒙古自治区"模范基层关工委"、全国数学奥赛哲盟（市）赛区冠军、旗级"示范型心理咨询室"、"通辽市中小学心理健康教育示范校"等多项荣誉，并连续获得通辽市和扎鲁特旗教育教学提高模范学校、通辽市"儿童教育工作"

先进集体、通辽市业余歌手大赛艺术摇篮奖、全市学习使用蒙古语言文字先进集体，学校网站荣获教育部"优秀网站"。2011年8月，学校舞蹈《骑韵》和《草原骄子》在全国第四届"校园时代"青少年才艺电视展演活动中获金奖。学校版画班的学生作品连续四年参加"星星河"全国少年儿童美术书法摄影大赛获"集体一等奖"等多项殊荣。2011年，内蒙古自治区党委书记胡春华、自治区人民政府主席巴特尔曾来学校视察工作，观看了特色教育展示，肯定了该校特色办学取得的成绩。

3. 教师培养培训

加强教师队伍建设是学校工作的重中之重。学校从深入开展"立师德、正师风、树形象"师德师风建设入手，进一步树立"讲政治、讲奉献、爱学习、强质量"的良好作风，打造一支师德高尚、乐于奉献、业务精湛、作风扎实、富有活力的教师队伍。

学校结合实际实施"双培训工程"（师德师风教育培训＋业务技能培训），充分利用网络远程教育资源和各级各类培训，使教师业务技能和新的教育教学方法得到空前提高。学校还把典型引路作为教师培养工作的重要途径之一，注重培育教学能手、学科带头人、优秀班主任、优秀教师、教育管理者等多方面的先进典型，通过表彰奖励、媒体宣传等多种形式，进行学习交流和广泛宣传。

坚持"合作、交流、共享、发展"的原则，组织开展"校际协作"活动，与北京市西城区康乐里小学、吉林省延边自治州延南小学结成互帮互助，深入开展学校管理、教育教学、校园文化等内容的交流学习活动，有50名骨干教师到结对子学校进行学习交流。同时，组织骨干教师到呼市、包头、鄂尔多斯、赤峰等盟市及旗县40多个中小学参观学习，实现了优势互补和资源共享，开阔了教师们的眼界，促进了学校和谐发展。学校作为扎鲁特旗校际协作牵头学校，深入乡镇苏木协作学校，积极送课下乡，互相交流，促进了共同发展。

4. 民族特色教育

学校始终坚持"只有民族的才是世界的，只有特色的才是成功的"理念，突出艺术教育人文性、民族性，大力培养学生的创新精神和实践能力，建立了学校作为民族示范校的人文艺术目标培养体系，于2007年3月成立了马头琴、科尔沁民歌、扎鲁特版画、蒙古族长调、蒙古族舞蹈、蒙古族传统娱乐（包括蒙古族象棋）、博克竞技、乌力格尔好来宝以及民族手工制作等9个特色班，取得了良好的民族文化艺术教育效果，得到上级部门以及社会各界的认可与好评。

近几年来，扎鲁特旗蒙古族实验小学一直非常重视民族文化特色教育。教学区内有两座学生宿舍楼、两座具有浓郁蒙古族游牧文化风格的蒙古包以及两座面积分别为5000余平方米的教学楼。在教育园区一流设施的保障下，该校先后投入艺术教育经费100多万元，开设有高规格且配备齐全的音乐教室、舞蹈排练室、健身房、美术教室及版画、马头琴、四胡、长调、民歌、蒙古族传统游艺教室；布置典雅的形体训练室、服装室、音乐器材室，每个特色班教室都配备了高标准、高质量的音响系统，并根据特色班的教育内容做了相应的装修与布置；还先后购置了120把马头琴、100把高低音四胡、16架电子琴、少先队鼓乐以及价值50万元的民族演出服装。

该校校长康喜玛介绍说："迁入教育园区新校址以来，为了更好地进行学校的民族文化艺术教育，在校园文化建设上我们突出了具有浓郁民族文化艺术特点的景观文化、墙壁文化、走廊文化、橱窗文化、电子屏幕文化、蒙古包文化、阵地文化以及班级文化。"

如今，在这座美丽的校园里，每一面墙都饱含育人元素，发挥春雨润物的启迪、陶冶功能，学生无时无处不在感受着美，教学楼、食堂、宿舍，到处都能见到具有浓郁民族文化风情的粘贴画、宣传板以及教学教具。

学校开设的马头琴、科尔沁民歌、扎鲁特版画、蒙古族长调、蒙古族舞蹈、蒙古族传统娱乐（包括蒙古族象棋）、博克竞技、乌力格尔好来宝以及民族手工制作等9个特色班，把民族文化教育推上一个新的台阶。

康喜玛校长说："我校已经有百余名学生获得国家、省、市、旗级各类艺术比赛110余项荣誉。2011年12月和2012年3月，在通辽市教育局的牵头组织下，我们还与北京西城区康乐里小学和吉林延边自治州延吉市延南小学结成友好学校，在校园文化、现代学校管理、教师培训、教育教学、特色办学、传承和弘扬民族文化等多方面达成了互相交流、互相学习、共同进步的具体计划与共识。"2013年4月19日，康

喜玛校长又带领蒙古族长调班的学生奔赴西藏参加中央电视台少儿
"六一"晚会的录制。一批又一批学子在扎鲁特旗教育园区里茁壮成
长，教育园区用先进的设施保障和一流的教学内容推动了优秀民族文化
的传承和教育。

5. 思想品德和心理健康教育

（1）思想品德方面

该校建立健全党支部、关工委、政教处、少先队、班主任、任课老
师、生活指导教师层层负责的德育工作网络体系，形成全员育人机制。
各部门做到分工合作，相互支持，将德育工作贯穿于教育的全过程，有
力地带动德育队伍的发展。按照课程计划的要求，学校认真开设品德与
生活课、品德与社会课、校本课程《成长教育金钥匙》、心理健康课、
班队活动课等。同时，充分挖掘学科教学的德育内容，不断加强教学中
的德育渗透，发挥课堂教学"寓德于教"的作用，做到"课课有德育，
人人是德育工作者"。

该校利用"三八节"、母亲节等节日，进行感恩教育和幸福感教
育；利用清明、"九一八"等纪念日，弘扬和传承革命传统教育；利用
学校民族团结日，培育学生民族精神；开展"中国梦，我的梦"主题活
动；组织观看资料片、举办演讲赛等主题教育活动，推动了学校德育工
作扎实深入开展。

蒙小爱国主义大讲堂

该校建立了"德育基地"，展出爱国主义、理想信念、感恩教育、
安全教育、法制教育等为主要内容的宣传教育挂图 50 种、1000 余张，

培养小解说员 20 余名，对全校学生进行思想品德教育。设立"德育大讲堂"，先后邀请北京、内蒙古自治区、锡盟、赤峰等地的 30 余名专家学者，以党的知识、德育教育、心理健康、民族文化、家庭教育等为主要内容开展专题讲座 28 期，培训师生 5000 多人次、家长 2000 人次。

（2）心理健康教育方面

学校心理咨询室有心理咨询电子档案和文本档案，信箱、心理健康教育图书等一应俱全，环境优美，设施齐全，氛围温馨。现有专业心理咨询教师 1 名，兼职教师 2 名，都参加了国家级的心理咨询师资格考试获得了国家级二级心理咨询师证书。工作中侧重于对学校留守儿童以及单亲家庭的学生采取团体集中的方式上好心理健康辅导课，统计各个班级类似这样特殊群体的学生人数，给他们建立专门档案并跟踪辅导。

学校不仅关注学生的心理健康，也同样重视教职工和家长的心理健康。因此学校经常邀请各地专家来校对教职工、家长、学生进行专题讲座。开展班主任心理健康教育工作经验交流会。召开家长会，或者假期给家长写一封信，加强家长的家庭心理健康教育意识。

学校十分注重旗内协作学校和外地学校之间的横向联合，加强协作研究，经常进行经验交流，并实行心理健康教育资源共享，相互促进，共同提高心理健康教育的实效性。通过抓好宣传教育、举办专题讲座、开展观摩活动等环节，形成了充分体现各校特色的心理健康教育协作氛围。心理咨询室建成以来，接待锡林郭勒盟、呼伦贝尔市、兴安盟、赤峰市和市内兄弟学校领导和老师的学习交流。学校荣获了旗级"示范型心理咨询室""通辽市中小学心理健康教育示范校"荣誉。

6. 留守儿童、务工子女、贫困家庭学生入学

由于学校所处地理位置既不是大城市、又不是农牧地区，而是一个城镇，在校生有很多进城务工人员的留守儿童和来鲁北镇务工的农牧民子女。据 2013 年上学期统计，"留守儿童和务工人员子女"共计 150 多名，占在校生总数的 6% 左右。

为了给留守儿童、务工子女、贫困家庭学生营造健康成长的良好环境，让他们健康成长，学校开展了一系列帮扶活动。如：学校对留守儿童情况展开细致的调查，对他们的学习、生活、心理、安全、健康等状况进行调查登记，全面了解留守儿童的生存状况和成长需求；对所有学

生进行了认真的调查研究，摸清留守儿童的情况，为每个留守儿童建立档案和联系卡，登记家庭、家长联系电话号码和地址，加强学校与学生家长及其他监护人的联系，形成帮扶网络。学校定期让留守儿童给家长打电话，让学校办公电话成为学生与家长沟通的"绿色通道"，让留守儿童与父母之间零距离，远隔千里同样享受父母之爱。

学校是帮扶的中心环节，学校建立健全各项工作机制，切实发挥学校在帮扶留守儿童、务工子女、贫困家庭学生工作的主阵地作用。定期开展"为留守儿童、务工子女、贫困家庭学生送温暖"活动，组织全校教职工、联系"爱心妈妈"等社会群体捐款、捐物，切实提高他们的生活质量。

结合学校的工作实际，学校党支部组织开展"三包、三联、三结合、三结对"教育活动，即：实施三包管理，由学校领导班子成员包联年级组，党员干部包联班级，班主任老师包联学生；推进三联运作，学校党支部与工委联合，德育处与少先队联合，班主任、党员与任课教师联手运作；坚持三结合，把家庭教育与学校教育相结合，把课堂教育与基地教育相结合，把校园文化教育与社会道德教育相结合；三结对助困，每位党员干部还结对承包三名学习、生活等方面困难的学生，提高他们的思想品德、学习成绩，给他们在生活上更多的帮助。通过以上活动的开展，进一步树立了党员干部的形象，促进了党员干部与教师、学生以及家长之间的沟通与融合，为各项工作顺利地进行奠定了基础。

学校经常与社区、家长联系，共同做好学生德育工作，认真做好节假日、寒暑假期间的学生思想教育工作，避免学校教育与家庭教育相脱节，确保学生离校不离教。学校成立家长学校和家长委员会，定期举办家长会，引导其树立正确的家庭教育观念，教给家长有效的教育方法、沟通方式，为家长排忧解难。密切家校联系，将学校、家庭、社会教育有机结合，形成三位一体的教育合力。

7. 校园安全

校园安全工作关系着广大师生员工的生命和国家财产安全，关系着学校和社会的发展稳定，是学校一项长期的主要任务。学校坚持把综合治理与创建平安校园工作列为管理的重要内容，常抓不懈。

建立健全安全制度和责任制。学校成立了以校长为组长，班子成员、教研组长及班主任为主组成的安全综治领导与工作小组，学校设立学校安全办公室，加强日常安全管理工作。学校建立了各种安全制度与应急预案，并紧抓演练与落实。学校明确规定了全校教职工岗位安全职责。校长与每一位教职工都签订了安全岗位责任书，细化了安全责任。班主任负责对本班学生进行经常性的安全教育，充分利用早中晚点、班会课、各种活动前等时机，特别注意加强对学生进行交通、防火、防水、防毒、防电、防盗和防不法侵害等方面的安全知识教育，不断增强学生的安全意识和自我保护意识，并负责监护本班学生在校期间的安全。

为紧抓对全校师生的安全教育管理，学校根据自己的实际情况，制定了具有针对性并切实可行的安全教育内容，重点注意预防各种安全事故的发生，如火灾事故、溺水事故、交通事故、食物中毒、天气灾害事故（暴雨、打雷、闪电、大雾、冰雪、台风、泥石流、地震等）、触电事故、爆炸事故、坏人侵害等。学校还对领导值班、师生劳动、集体活动、校舍安全、设备设施维护维修、食品卫生、文化课、体育课、实验课、专业课、安全保卫等岗位活动都作出了详细的安全规定和操作规范，并严格监督落实。

严格接送学生车辆管理。学校学生接送车辆结构比较复杂，因为至今扎旗没有统一的校车，每双礼拜放假，家长都委托出租车或自驾车接送孩子，存在很大的安全隐患。但学校每学期至少一次登记清查接送学生车辆，开家长会强调学生交通安全以及"三无车"的危害。该校至今没出现接送学生车辆引起的安全事故。

8. 食堂建设管理

为了确保学生集体用餐的食品卫生及安全，学校成立了校长为组长的食品卫生安全领导小组，实行分工负责，层层落实。

学校食堂配备了高标准的食堂设施。餐厅布局合理、功能间齐全，设有主食库、副食库、粗加工间、清洗间、操作间、烹调间、更衣室、二次更衣室、备餐间、配餐间等。同时配有符合要求的照明、通风、排烟装置和有效的防蝇、防鼠设施。学校使用清洁能源电和煤气，既环保又卫生。学校食堂有一流的环境、一流的设施，全部机械化操作，切菜机、和面机、蒸箱等一应俱全。

学校制定了项目齐全的食品安全管理制度，并把它们做成版面，张贴在食堂相应的醒目位置，时刻提醒每一个工作人员：安全无小事，事事靠大家。食堂工作人员全部体检合格后领取健康证上岗。

学校因地制宜制定本校食谱，早、中、晚餐菜谱作了详细的安排，给出了每道菜的用料和用量的同时，为了使饮食丰富多彩，在食谱的应用部分详细介绍了食物互换的原则和方法。针对儿童青少年生长发育的特点，增加富含钙、铁、维生素 C 的食物；同时，注意粗细搭配，增加杂粮摄入。

孩子们的午餐

二　扎鲁特旗鲁北镇基础教育园区基本情况

扎鲁特旗所在的通辽市已经提出了"打造蒙东教育高地"的目标和口号。通辽市所辖七个旗县，经济社会发展水平居内蒙古东部地区之首，而且这里西距内蒙古自治区首府呼和浩特 1200 千米，南距北京约 1000 千米，地理上毗邻东北三省特别是吉林省。扎鲁特旗鲁北镇语言、生活习惯与东北地区更为接近。

1. 鲁北镇基础教育园区实行资源共享促进全旗教育均衡发展

为了优化整合教育资源，推进城乡教育统筹发展，促进全旗基础教育均衡发展，提高办学水平和教育质量，扎鲁特旗于 2006 年起开始实施教育园区建设项目。教育园区位于鲁北镇南部，总占地面积 35 万平方米，规划建设用地 26.8 万平方米，建筑面积 11 万平方米，总规划资金超过 2 亿元。园区内包括两场五区：体育场、园区广场；蒙授初中、小学和汉授初中、小学共四个校区及教师住宅区。可容纳 13000 名学生（其中寄宿生可达 8700 人），占全旗中小学在校生的 32%，目前园区六所学校已入驻学生近万名。园区办学条件、管理水平实现标准化，形成了"一校一特色、一校一品牌"的办学格局。

结合教育园区建设，扎鲁特旗实施中小学布局调整，到 2015 年全旗将保留义务教育阶段学校 39 所（初中 7 所、九年一贯制学校 2 所、小学 30 所；其中寄宿制学校 34 所），比 2003 年的 305 所减少 87%。

扎鲁特旗教育园区建设项目是全内蒙古自治区义务教育阶段起步早、规模大、建设快的教育园区建设项目，通过该项目的实施实现了"加强寄宿制学校建设"的目标，教育资源得到优化整合，促进了全旗基础教育均衡发展，同时也有效地推动了地方经济及各项事业的持续健康发展。

2. 鲁北镇基础教育园区以高效课堂为目标深化教研教改，不断提高教学质量

扎鲁特旗教育系统健全了旗校两级教研体系，将教育园区确立为全旗教育实验区，设立了五个实验基地（即：教育督导实验基地、德育法制教育实验基地、教育科研实验基地、社会实践实验基地、体育和艺术实验基地），充分发挥教育园区引领示范作用，促进基础教育均衡、协调发展。每年定期开展中小学教育教学质量监测和抽样检测工作，全面总结和分析各学校在开展教育教学工作中采取的措施、取得的成效、存在的问题及差距，切实有力地促进了学校教育管理水平和教育质量的提高。全旗中小学共承担各级教研课题 210 项，其中 7 个课题通过自治区验收。2013 年重点实行了"2+X"课堂教学模式研究及推广工作，全旗开展以"送课"为主的教研活动达 70 余场次，教研员听课、评课累计达 1200 余节。选派 6 名教师参加"全国和谐杯第三届说课标说教材比赛"，5 名教师获得一等奖、1 名教师获得二等奖。录制 32 名教师的课堂教学录像参加自治区教学能手比赛，其中 1 人荣获优秀教学能手称号、5 人获得教学能手称号。

3. 教育园区实行学区制，通过龙头校和协作校合作均衡教育资源

按照《扎鲁特旗中小学校际校本教研协作工作实际方案》的要求，园区在校际协作方面大力发挥牵头学校的辐射示范作用，为促进全旗民

族小学教师整体专业水平的成长，促进全旗小学民族教育的均衡发展，带动民族小学教学水平的全面提升而做了大量的工作。为了更好地加强与协作学校之间的合作与交流，实现优秀教育资源共享，取长补短，蒙古族实验小学与查布嘎图学校、嘎亥图学校、巴音忙哈学校、毛都学校、前德门学校、道老杜学校、乌力吉木仁学校、乌额格其学校等协作学校间开展了至少一次以上的送课下乡、教研互动等活动。园区以牵头学校的名义组织开展了扎鲁特旗区域校际协作蒙授二区"新课标研究、家庭教育、心理健康教育"讲座等系列活动。老师和家长都纷纷表示受益匪浅。

4. 教育园区各学校坚持特色办学，传统文化教育特色鲜明

11月21日下午，我们参观了与蒙古族实验小学一路之隔的扎鲁特旗第四中学。让我们非常惊讶的是，在这所汉授中学，像"礼之用和为贵""德不孤必有邻""君子坦荡荡，小人长戚戚""文质彬彬，然后君子"等诸如此类的圣人之声不绝于耳，学校老师告诉我们，学校每位学生都能熟诵《论语》，并将儒家优秀传统文化作为自己品德修养的座右铭。

漫步学校，孔子雕塑像位于学校广场中心位置。孔子的身影也濡染着校园的每一个角落，校园文化布局也呈现出一派儒雅之风。学校的两栋教学楼命名为崇德楼、修德楼；两栋宿舍楼命名为君德楼、淑德楼；餐厅则被称为聚德楼。

学校校长介绍说，为了传承中华民族的文化积淀，培育创新精神和责任意识，打造学生的价值观，以"德育教育"为统领，凝结为一种对他人、对社会、对祖国和民族的强烈责任感，学校优化了各项资源，丰富了学校的办学内涵，强化了特色创建意识，提高了学校核心生命力。以特色建设为引领，以校园文化建设为抓手，以"学校特色→特色学校→品牌学校"为路径，坚持继承与发展相结合，提炼与创新相结合，建设富有活力和竞争力的个性化学校，促进学生全面、个性化发展。学校想把《论语》治校做出新意和深意，使"修身、齐家、治国、平天下"成为学生的理想追求，为学生一生的发展奠定基础。

四中提出办一所"儒雅的学校"，并以此作为学校发展的目标。学校以德育教育为纲领，营造氛围，开展丰富多彩的德育教育活动，特别

是积极实施《诚信教育活动实施方案》。每个班级利用班会课开展诚信教育活动，出一期关于诚信的黑板报，每个学生做一期有关诚信的手抄报，举办关于诚信的演讲比赛，参加社会道德实践活动，等等，通过诚信教育活动的开展使学生产生强烈的心灵震撼。

三　相关思考及建议

1. 在基础教育中传承优秀文化凸显民族特色的同时，也要重视思想政治教育

思想政治教育是党的教育事业取得成功的重要法宝和政治优势，是我们党的光荣传统。内蒙古自治区通辽市是蒙古民族人口最为集中的区域，要解决少数民族自治与发展的两大最主要的问题，离不开安定团结的政治局面，在现代化建设中，思想政治教育是保持稳定的有效手段。

发展少数民族教育，特别是在民族地区提高基础教育水平、提高少数民族群众的科学文化素质的同时加强思想政治教育，对青少年进行爱国主义、中国特色社会主义教育，具有重要的意义，直接影响到民族地区的安定团结和政治稳定。

面对国际国内复杂机遇与挑战，从我国少数民族思想政治教育的环境特点、对象特点、内容特点和方式特点的实际出发，结合蒙古族的实际情况，走出一条富有民族特色的基础教育阶段思想政治教育之路。一方面，加强对基础教育阶段校本课程课本的设计和研究；另一方面要求在新进教师岗位培训和在职教师培训中，安排思想政治教育方面的内容，要求教师率先学习领会党的民族政策和宗教政策，提高思想政治理论水平，提高政治是非的鉴别能力，以便更好地指导学生的教育工作；再则要充分发挥学校思想政治理论课教学的主渠道和主阵地作用，有针对性地扎实开展思想政治教育。以提高少数民族思想政治教育的实效，为我国的少数民族地区培养更多"有理想、有道德、有文化、有纪律"的社会主义接班人。

2. 在基础教育中既要重视硬件建设又要重视软件建设，特别强调内涵式发展

根据扎鲁特旗政府提供的资料，该旗 2012 年度投入资金 8638 万元，实行义务教育阶段"两免一补"政策，受益中小学生 15.4 万人

次，免除 7.2 万人次义务教育阶段寄宿生食宿费，全面实现了免费义务教育。投入资金 7 亿元，实施了教育园区、校舍安全、标准化幼儿园、蒙一中示范性学校等教育重点工程，学校基本消除了 D 级危房，教育基础建设走在全区前列。我们调研小组蹲点的蒙古族实验小学在硬件建设方面营造浓郁的民族文化教育环境，创设立体的民族文化教育教学氛围，对于民族文化基础教育的实施具有较强的推动作用，能够有效地发挥"润物细无声"的作用。

在集中力量不断改善办学条件的同时，需要我们软硬两手抓，不断提升基础教育发展水平。首先，要用先进的理念来办好基础教育，比如蒙古族实验小学在多年的办学实践中认识到"只有民族的才是世界的，只有特色的才是成功的"理念，突出艺术教育人文性、民族性，大力培养学生的创新精神和实践能力，建立了学校作为民族示范校的人文艺术目标培养体系，民族文化特色教育给这所民族学校增添了光彩。

其次，优秀的师资是基础教育发展的保证。学校领导特别是校长是基础教育第一责任人，校长必须以超前的理念为指导，始终站在课改的前沿，为基础教育的不断优化提供保证。同时，优秀的师资是学生素质提高的领路人。学校培养一批具有现代化教育观念和业务水平高的教师队伍是学校发展的基础工程。

最后，用科学的管理保证基础教育质量不断提升。学校要在中长期发展规划中确定基础教育的目标和任务，把这些目标和任务纳入学校年度工作计划和工作总结。以校长统筹、分管领导具体负责的领导小组，班子成员各负其责考评细则。从教育教学管理到课外活动、兴趣小组管理都建立完善的、科学的、规范的规章制度，形成有效的运作机制和激励机制，促进教学朝气蓬勃、健康有序的运行。在整个基础教育格局中，各个学校应形成以办学质量不断提升为核心的发展模式。

3. 基础教育均衡发展任重道远，现代化建设要有长远观念

在教育改革不断深化的今天，教育的均衡发展是实现区域教育质量整体提升的关键。教育主管部门对促进教育均衡发展要高度重视，要抓住各种契机，探索建立教育均衡发展的经费投入机制和督导评价机制，从点到面，促进教育均衡发展，全方位地提高教育质量。

扎鲁特旗作为边远的民族地区，农牧区辽阔，城镇化程度较低，教

育发展不均衡主要存在如下几个方面的问题：一是办学条件不均衡；二是师资力量不均衡；三是学校管理水平不均衡；四是教育教学质量不均衡。因此，要真正地促进教育均衡发展，提高教育质量，必须从根本上改变这些现状，以科学发展观去建立健全教育管理制度，优化配置教育资源，更新教育观念，深化教育改革，健全学生资助制度和教师绩效工资分配制度，加强教师队伍建设，努力实现教育公平。只有这样，才能在真正意义上促进全旗教育的均衡发展。

首先，必须进一步加大教育投入，优化资源配置，缩小城乡办学差距，特别是一些偏远学校规模小、起点低，资金缺口大，与城镇学校相比较，办学条件存在一定差距。因此，推进城乡教育均衡发展，首要任务是保证和加大教育投入、优化资源配置，从硬件上缩小城乡中小学校的办学差距。对薄弱学校在经费、项目建设上要予以倾斜，要把教育资金优先投入到农村薄弱学校的建设上。切实改善薄弱学校的办学条件，防止城乡、学校间办学条件差距扩大，使每一所学校都能成为合格学校。

其次，要进一步加强教师队伍建设，促进教师素质的整体提高。促进教育的均衡发展，关键在于提高教师队伍的整体素质，尤其要着重解决农村学校和薄弱学校教师短缺、学科配置不均衡、教育教学水平偏低的问题。

最后，应健全教育质量评价体系，提高教育教学质量。要完善教育教学质量评价制度，建立综合素质评价平台，树立"质量立校"思想，稳步提高城乡教育教学质量。目前，城乡之间存在教育质量的差别，教育均衡发展最终所要解决的就是缩小城乡教育差距的问题。一方面要认真分析造成城乡教育质量差别的客观和主观原因，分清各种问题的轻重缓急，明确近期、中期、长期目标任务，从大局出发，科学合理地有效配置城乡教育资源，逐步缩小城乡教育质量和发展的差距。另一方面要通过课程改革，全面实施素质教育，改进教学和学习方式来解决农村教育质量存在的问题，力争在提高教育教学质量上取得进展。

4. 民族团结民族互助的观念须在基础教育阶段就扎根学生心里，这项工作是千秋大业，是事关国家稳定、民族和谐共进的重要环节，要常抓不懈

内蒙古自治区成立60周年时，中央代表团赠送了时任总书记的胡

锦涛同志亲自题写鼎名的民族团结宝鼎，这个鼎的意义非比寻常，它是经济繁荣、社会安定、民族团结、国家统一的象征。

蒙汉人民友好，有着悠久的历史和深厚的群众基础，他们相互依存、亲密团结，共同开发了塞北疆土，为祖国的繁荣强盛做出了贡献。中国是一个统一多民族的国家，中华民族是历史上众多民族凝聚而成的伟大民族。历史和现实告诉我们，提高对维护国家统一和增强中华民族凝聚力重要性的自觉认识，是每个中国人的义务，也是提高中华民族整体素质的必修课程。特别是在当前藏独、疆独等少数极端分子受境外反华势力蛊惑而出现种种危害社会安定团结的过激行为的历史时期，深入探究和总结蒙汉两族世代友好的成功案例并以之作为今后处理民族问题的参照和借鉴，就显得尤为重要。

蒙语中的艾敏，是生命的意思，从历史到今天，一条永不干涸的艾敏河流淌在我们蒙汉两族人民的心中，源远流长，世代长存。这次调研，让我们中央机关的青年干部学者实地了解了内蒙古自治区的基础教育状况。通过这次活动，让我们和扎鲁特旗教育系统师生加深了蒙汉情谊，巩固了民族团结的堡垒。在调研活动结束时的座谈会上，我们和蒙古族教育工作者畅叙蒙汉情谊肝胆相照、绵延不息、不离不弃！正如老舍先生《草原》中的诗句："蒙汉情深何忍别，天涯碧草话斜阳。"今后这种加强民族团结、民族交流的调研活动应成为一项长效机制，狠抓不懈，长此以往，必将对国家稳定、民族团结产生重大的积极影响。

总之，实现"教育均衡发展，提高教育质量"任重而道远，在未来的教育改革中，需要协调各方面力量以"均衡发展、内涵发展、特色发展、和谐发展、快速发展"为办学方向，以"统筹兼顾搞建设，求真务实重管理，聚精会神抓质量"为工作思路，努力构建一个充满生机活力的、适应社会主义市场经济和社会全面进步需要的、有地方和民族特色的现代化教育体系，提升教育发展整体水平。通过办学行为的进一步规范，逐步实现教育工作的科学化、规范化、制度化，最终达到令人民满意的目的。

基础教育的均衡发展与信息化建设

内蒙古基层教育调研组

中国社会科学院、教育部青年干部群众路线教育实践基层调研活动内蒙古组于 2013 年 11 月在内蒙古扎鲁特旗进行蹲点考察，初步了解了该旗的基础教育现状，感受了蒙古族人民对教育的期盼，思考了民族地区如何开展教育信息化工作。

一 扎旗教育均衡发展的探索

扎旗是一个位于内蒙古东部的旗县，幅员辽阔，地广人稀，总土地面积为 1.75 万平方千米，辖 11 个苏木镇，4 个国有农牧场，206 个嘎查村。全旗总人口 30.3 万人，其中少数民族人口 14.28 万人（蒙古族人口 13.3 万人），是一个名副其实的民族地区，具有鲜明的蒙古族特色。

在扎旗的几天，教育局领导为我们介绍了整个旗的教育发展情况。近年来，为了促进基础教育的均衡发展，扎旗采取了诸多措施。

1. 撤村并校，集中办学。将分散在农牧地区的学校根据实际撤掉一些，将优质教育资源相对集中到中心校或城镇的学校，这种措施在全国的其他地方也有实行，通常做法是将幼儿园和小学建在村里，初中建在乡镇上，高中建在县里。相邻的村小合并在一起，变成中心校，其他交通不便的村、人口少的村设立教学点，以中心校带动教学点的方式来发展。

2. 投入巨资打造教育园区。据介绍，扎旗近年来教育投入就占 GDP 的 50% 左右，2012 年的财政为 12 亿左右，在教育上的投入就在 5 亿到 6 亿元。2006 年至 2010 年投入 2.7 亿元打造教育园区，新建校舍建筑面积达 10 万平方米。教育园区位于鲁北镇南部，总占地面积 35 万平方米，规划建设用地 26.8 万平方米，建筑面积 11 万平方米，包括两场、五区：体育场、园区广场；蒙授初中、小学和汉授初中、小学；教师住宅区。可容纳 13000 名学生（其中寄宿生可达 8700 人）。这次调研我们比较全面地考察了学校集中在园区办教育的宏观情况，但尚未深入调查园区内各学校之间、业务之间、师资之间协调办学的具体情况。

3. 基础教育学校标准化建设。除了上述两种优质资源相对集中的做法外，扎旗在基础教育的又一项有力措施就是学校标准化配置。就我们参观的学校而言，都是标准化配置，中小学、幼儿园均是如此。学生食堂的桌椅，宿舍的被套、床位，教室里的多媒体设备等，都是标准化的统一配置。

4. 财政为学生提供伙食补助，这是一项惠民措施。扎旗的中心学校或者城镇学校，大部分都是寄宿制学校，学生从小学一年级开始就需要住校。学生在学校的伙食费也不用自己支付，县级财政按照每生每月 160 元的标准给学校提供伙食补助。据学校校长介绍，这个费用虽然不多，但是可以保证学生能够吃饱，基本的营养能够达到。

上述 4 个措施，探索了一条民族地区迅速提升教育均衡水平的道路，尤其是旗政府对教育的重视程度，使得基础教育发展有了保障。但是也存在一些问题，撤村并校后，农牧地区的孩子上学需到离家很远的学校，很多孩子从小学一年级就开始寄宿在学校，放假才能回家一次；有的留守儿童不得不到县里租房，让爷爷奶奶到县里来照顾，增加了家庭的开支；另外，每周回家的差旅费也给贫困家庭带来一定的经济负担。教育园区的建设可以高投资一次性完成，但是如何保障可持续地发展，也是一个比较现实的问题。

二　农牧民家庭对教育的诉求

近年来，国家的政策向农村地区、民族地区、边远地区倾斜，加大民族地区的投入，大大改善了老少边穷地区的基础设施条件。正如访谈中所了解的，现在科技进步了，孩子从小就能够通过电视、计算机知道外面的世界，民族地区也向世界开放了。经济的发展、社会的进步让所有人都感觉到教育的重要性，蒙古族地区的农牧人民也一样。

　　为了让孩子享受到较高质量的教育，农牧地区的父母不惜重金、忍受相思之苦将孩子送到离家上百千米的学校上学，为孩子创造良好的受教育条件。一位学生说，"家里还不通电，父母希望自己能够好好学习"，寄宿学校增加了教育支出，但家长还是很乐意的。访谈到的几位学生，家里都不只是一个孩子，家长都支持孩子上大学，也希望孩子能够多读点书，今后有出息。农牧地区的孩子大多数也深知这一点，只有掌握了科学文化知识，才能在未来的社会中立足。

　　让孩子享受到良好的教育环境是任何一个地区家长的普遍诉求，现代化进程中也需要高素质的劳动力，只有受过良好教育的人，掌握知识的人才能在知识时代立足和生存。在全国的大部分地区，包括城镇和农村地区，优质教育的缺乏完全不能满足日益增长的受教育需求。扎旗在教育均衡发展方面的探索，使得农牧地区的人民有机会实现这个诉求，虽然初步探索存在诸多困难，在具体实施过程中给不少家庭带来了经济压力，但是长远来看，这项探索却能够促进教育均衡、提升教育质量，真正让老百姓享受到社会发展带来的福祉。

三　扎根基层的教育情怀

　　在幅员辽阔的民族地区，教师需要有扎根基、无私奉献的情怀。扎旗寄宿制学校的学生大部分时间都在学校学习，接触最多的长辈无非是师长，因此需要教师更多的关爱。听有的老师说，他们的收入与其他非寄宿制学校的老师一样，但每天几乎是 24 小时在工作，学生从早上起床的那一刻到晚上睡下都得全程陪护，工作量和投入的精力可想而知。与老师访谈，一方面能感受到他们对教育的热爱，以及对孩子们的爱护，但另一方面也能体会到他们的艰辛与不易。

　　11 月 20 日下午，通辽市教育系统先进个人的巡回宣讲报告会第五场来到了我们蹲点的学校。汇报会上，5 位先进个人讲述了个人的经历，有扎根农村教育 30 多年，学校被合并了几次的最美乡村教师；也有爱生如子无私奉献的道德标兵，她的儿子 2006 年由于网瘾退学，后来又复学考上了北航；还有坚守乡村、钻研教学的教师，她与她的学生建立了深厚友谊，乡村上班的路不好走，学生骑驴接老师，用塑料包裹教案以防被雨水淋湿；也有始终奋斗在三尺讲台的老师，不为名利所动，知道自己想要什么，不要什么的历史老师；还有用爱心灌溉幼儿心灵的幼教老师。他们的故事催人泪下，感人万千。让我们身心有了一次震撼，这也是我第一次当面听到最基层的教师故事，很受教育。

听到孩子们讲述自己的家庭以及上学的过程，心升佩服之余，还感受到了肩上的责任感和使命感。我国各地的经济发展水平极不均衡，家庭贫富差距也很大，在同一个地区，有的家庭电视、电话、电脑，现代化电器一应俱全，有的家庭却还没有通电。生活在黑暗中的孩子们，自然把学校当成了接触世界、学习知识、改变命运的场所，非常喜欢到学校去，家长也对孩子受教育寄予了厚望。作为一名教育工作者，尤其是从事信息化相关的行业，我应该借用技术的力量，为边远山区的孩子们做些事情，真正地了解他们的需求，贡献一份力量。

四　信息化在扎旗教育的实践

随着信息时代的到来，信息技术在教育教学中呈全面融合的态势。2012 年 9 月，国务院召开了全国教育信息化电视电话会议，时任国务委员刘延东发表了重要讲话。在扎旗基础教育均衡发展的措施中，也重视学校的信息化建设，于 2009 年投入了 2800 多万元，将所有学校都联网，为班级配备了多媒体设备，实现了班班通，每个学校都有至少一间微机室。从硬件上保证了学校接入网络的公平。

但是尽管如此，扎旗的教育信息化水平也还是不够的，尤其是信息技术教学应用方面还不够。教育体育局局长说，该地区的教育信息化刚起步，如果他要有钱，就投两个，第一个是师资，第二个就是信息化。就算是教育投入占了 GDP 的 50%，但是仍然资金不足。从与老师的访谈中，我了解到，民族地区的教育信息化除了硬件更新维护费用不足等常见的与别的地区类似的困难之外，还有一个困难就是民族教育方面的资源很少，非常缺乏。老师们也不会技术操作，无法向学校自己的资源库贡献课件、动画等资源，而国家在这方面的投入不多，开发了数字资源的民族地区又不对外开放共享，因此他们老师想用却没有资源可用。

信息技术还可以尝试解决师资缺乏的问题。在扎旗，教师永远是缺乏的，尤其是一些农村地区学校和教学点，留不住教师。该旗教体局的局长举了一个教学点用信息技术送达的英语课资源来开设英语课的例子，其实是信息技术作用发挥很明显的一个例子。那么师资和信息化，该如何统筹协调呢？师资缺、信息化水平落后问题的解决不一定有先后，或许可以同时进行。目前国内外都没有相关的研究，如果将用于聘任一名专职学科教师的钱用在信息化上，用电脑老师为学生上课，是否也是一种可以替代并且保障一定质量的方式呢？

关于蒙族地区学前教育与
实验室建设的建议

樊汝来　赵　康[*]

中国社会科学院、教育部青年干部群众路线教育实践基层调研活动内蒙古组于 2013 年 11 月 17—23 日，赴内蒙古通辽市扎鲁特旗蒙古族实验小学进行蹲点式调研。根据访谈获得的材料，我们提出如下三点建议。

一　学前教育阶段基本缓解入园难问题，学前教育小学化倾向严重

通过我们的访谈和实地考察，了解到扎鲁特旗实施了三年行动计划以后，新建、改扩建了二十多所幼儿园，每个乡镇都建设了标准化的园舍，可能由于时间或者资金的问题，园舍内部只有简单的小黑板、儿童桌、儿童椅、儿童床等，缺乏最基本的玩教具，操场上只有孤零零的一架小型滑梯，根本达不到办园的基本要求，这就导致本来以游戏为基本活动的学前教育变成了以教授语文、数学、英语等小学课程的教育模式，出现了幼儿教育小学化的倾向。

我认为这个问题可能是暂时的、过程性的，同时也是普遍性的情况，建议当地教育部门在以后的学前教育建设中更加注重内涵的建设，按照相关配备标准和办园标准做好条件性建设，配齐配足玩教具，按照《3—6 岁儿童学习与发展指南》的要求，积极开展教育游戏活动，让玩具陪伴幼儿的童年，让儿童的童年更加快乐，更加灿烂。

---

　　* 樊汝来，教育部教育装备研究与发展中心助理研究员；赵康，中国社会科学院新闻与传播研究所助理研究员。

二 蒙古族学校民族特色明显，新课程效果有待提高

扎鲁特旗蒙古族实验小学举办了 9 个民族特色班和 4 个兴趣班，对这些特色班和兴趣班也投入了大量的精力和财力来建设实验室、场地，配置资源和条件支撑，在弘扬民族文化，培养民族文化宣传者和接班人方面起到了非常重要的作用，但是这些兴趣班和特色班只是针对很少一部分学生，没有针对全体学生，没有形成普遍性。并且对于国家性的课程，如小学科学课，则存在教师年龄层次偏老，教师水平偏弱，由主科老师兼任等情况，导致小学科学课程教学效果较弱，甚至有的兼任教师在小学科学课时教授自己承担的主科科目。小学科学实验室面积不足，仪器设备老化，使用的还是 2006 年"两基"验收时候的仪器，几乎很少在实验室内开展科学实验和实践活动。体育教学器材缺乏，学生上体育课只能围绕操场跑步、做操。

综合实践课程能够保证开展，学生的作品比较有创造性和创新精神，部分作品还获得了内蒙古自治区的科技创新大赛的奖项，但是由于缺乏先进的甚至是必要的仪器、工具和设施设备，缺乏较为丰富的材料和耗材，学生的创造力和创新精神不能得到很好的发挥，导致制作的作品层次较低、外观较粗糙。如果适当配备一定的工具设备和多样化的材料，相信学生们的作品一定能上一个新的台阶。

三 初中实验室建设基本能符合标准化要求，实验课开展较为理想

我们这次调研主要集中在蒙古族实验小学，只对两所初中实验室进行了参观，通过参观和对教师的访谈了解到，初中实验室建设基本能符合标准化要求，实验课开展较为理想，原因之一是通辽市教育局要求中考要对学生的实验操作能力进行考核，其中物理实验分值为 10 分，化学实验分值为 10 分，生物实验分值为 10 分，在考试的形势下，各学校加大了对实验课的投入和开展。同时初中的仪器设备也存在老化和落后的问题，比如现在生物课程中使用的动植物标本还是使用福尔马林浸泡液进行保存，现在较为普遍的是标本包埋技术；另外化学实验室由于实验过程中会产生烟雾等有害气体，现在倡导通风到桌，并对通风换气能力有一定的要求，目前参观的实验室这方面做的还不够。

加强基础教育阶段蒙语教学，
推动民族文化大发展

王海锋[*]

11 月 17—23 日，由中央国家机关团工委、中国社会科学院团委、教育部机关团委、中国社会科学院青年人文社会科学研究中心联合组织的"根在基层·中国梦"中央国家机关青年干部基层调研组一行 14 人前往内蒙古通辽市扎鲁特旗进行调研，在为期一周的调研活动中，围绕"西部五省市基础教育情况调研"的主题，调研组在扎鲁特旗蒙古试验小学进行蹲点式调研，并在该旗部分幼儿园、小学、中学进行了调研，与教师、学生和家长进行了深入的交流，对扎鲁特旗基础教育的现状有了直观的了解，也对西部地区的基础教育有了切身的感受。调研组认为，该地区的蒙语教学在取得成绩的同时也面临着诸多的困难，其原因主要体现为蒙语教材不配套、教学辅助资源缺乏以及蒙语实用性不强等，因此建议当地政府和教育主管部门采取相应的措施，以推动蒙古族地区的蒙语教学，推动民族文化的大发展、大繁荣。

一　蒙语教学面临诸多的困难

据调查，扎鲁特旗鲁北镇蒙古族实验小学是一所专门接受蒙古族学生的学校，该校始建于 1981 年，现有教职工 195 人，51 个教学班 2480 名学生。学校有 30 多名蒙古语的老师。在调研中，我们对家长、学生、教师作了访谈，均对作为母语的蒙古语的学习表示担忧，其面临的困难主要有：

---

* 王海锋，中国社会科学杂志社编辑。

（一）现在实行的蒙古语教材不利于教学工作的开展。主要体现为，现有教材的编写主要是依据蒙西地区的蒙古语，其内容不适合蒙东地区学生的学习；蒙古语课程内容过于简单，如蒙语教材四年级学生的课程内容仅相当于汉语教材一年级的水平，没有兼顾到学生的智力水平；蒙语教材所提供内容过于单调，且脱离现实生活，制约了学生对于蒙古语的学习。

（二）蒙语学习的外部资源过少且不能引起学生的阅读和学习的兴趣。主要体现为，市面上蒙语版适合中小学学生阅读的课外读物过少，就是有蒙文方面的读物，其内容更新过慢，或者过于常识化，不能激发孩子们的阅读兴趣；电视蒙语频道过少和内容单调，也不能调动孩子们在业余时间学习蒙语的积极性；蒙文方面的网络资源过少，导致孩子更喜欢汉语的读物和影视作品，这对于学生课外蒙语"听说读写"能力的培养极为不利。

（三）外部环境不利于学生的蒙语学习。伴随着现代化和城镇化的发展，蒙古族的居住环境发生了巨大的变化，这种蒙汉互动生活方式的变化在一定程度上阻碍了蒙古族固有的传统文化的发展，并已影响到学生对于作为母语的蒙语的学习，例如，学生在平时的生活中已经很难见到蒙语中所记录的实物，也缺乏切身的感受，这不论是对于其学习蒙语还是了解和弘扬本民族的文化都不利。

二 导致蒙语教学面临困难的原因

通过调研我们发现，导致基础教育阶段蒙语教学面临困难的原因是多方面的，归纳起来主要是：

其一，现有的教材无法满足教学工作。

其二，配套的蒙语学习资源，尤其是电子资源过少，无法激发学生的学习兴趣。

其三，社会环境的变迁，尤其是生活方式的改变使学生难以对蒙古族已有的文化有切身的感受，这在一定程度上也制约了学生对蒙语的学习。另外，一些家长担心，孩子现在学习蒙语，以后长大读大学或者找工作的时候并不能因为会蒙语而有优势，因此，也不愿意让孩子学习蒙语。此外蒙古族地区的汉化程度高，也不利于孩子们听说蒙语。

三　推动蒙语教学发展的具体措施

结合基层一线的老师、家长和学生的意见和建议，我们认为应从如下几个方面着手，来推动基础教育阶段的蒙语教学。

第一，蒙语教材的编写人员应该深入一线，了解实际情况，适时调整教材编写的方案，扩充教材的内容，使教材能够跟上时代的步伐。例如，有的老师就建议，应该划分区域来为不同区域的学生编写不同的教材；有家长建议，教材的内容应该多反映一些蒙古族的传统文化的东西；也有学生建议，应该多讲解蒙古族的历史，以吸引其对母语的学习。

第二，动员相关社会力量，多出版适合中小学生的蒙语版的课外读物、电视剧、动画片，开发更多的蒙语版的网络资源，为学生提供丰富的电子资源，使学生能用好课堂之外的时间，把语言的学习融入日常生活之中。

第三，充分挖掘蒙古族传统文化资源，借助一些重大的节日活动等，让学生身临其境，体会到本民族的文化传统，同时也感受到中华民族文化的博大精深。在调研中，我们看到，一些学校开展民族文化特色教育，让学生学习马头琴、乌力格尔好来宝、科尔沁民歌、蒙古族长调、蒙古族舞蹈等，寓教于乐，取得了很好的效果。将来完全对此可以给予更多的资金和政策支持，从而推动蒙古族文化的发掘。

母语的学习不仅是让学生掌握一个工具，更多的也是让其通过接触母语实现思维方式的锻炼，并借以对本民族的传统文化有深入的了解，增强民族自豪感和凝聚力，在一个多民族的社会主义国家，民族语言的教学作为促进民族发展和繁荣的作用不容忽视，重视民族地区民族语言的学习，必将更好地促进中华民族文化的大发展。

加大经费投入保障学校持续健康发展

——内蒙古某县城学校教育经费问题一瞥

左晓梅[*]

中国社会科学院、教育部青年干部群众路线教育实践基层调研活动内蒙古组于 2013 年 11 月下旬赴内蒙古自治区的民族县，就当前农村义务教育阶段学校经费投入情况进行深入调研。通过查阅资料、局长访谈、校长访谈和学校实地考察等活动，之后对该县教育经费投入问题进行深入分析，以进一步揭示现行义务教育学校经费投入的实际问题，并提出相应政策建议。

作为西部省份的一个小县城，该县作为东北经济区西部资源富集区，得天独厚的地上地下资源已经成为当地经济社会发展的后发优势，2012 年，预计地区生产总值完成 180.3 亿元，与 2007 年相比，年均增长 29.1%；财政收入完成 15 亿元，年均增长 39.1%。

（一）近三年来某县义务教育经费投入概况

为做好"两基"巩固提高工作，某县先后出台并实施了《某县中小学 2006—2015 年布局调整规划》及《某县教育园区建设规划》，坚持高标准、高质量的均衡发展，加强寄宿制学校建设力度，大力优化整合教育资源，集中改善办学条件，提升教育发展水平。

2006 年至 2010 年，仅教育园区就投入资金达 2.7 亿元，新建校舍建筑面积达 10 万平方米。通过教育园区项目的实施实现了"加强寄宿制学校建设"的目标，教育资源得到优化整合。2009 年启动实施全国中小学校舍安全工程，当年投资 2002 万元，新建校舍建筑面积 1.3 万

---

* 左晓梅，中国教育科学研究院副研究员。

平方米。

2011 年，寄宿中小学学生生活补助标准分别提高到 190 元和 160 元。2012 年，投入资金 8638 万元，实行义务教育阶段"两免一补"政策，受益中小学学生 15.4 万人次，免除 7.2 万人次义务教育阶段寄宿生食宿费，全面实现了免费义务教育。

应该说，近三年，当地政府对义务教育发展很重视，对义务教育投入力度也相当大，仅 2012 年，教育投入就占到地方财政收入的约 50%。据该县主要负责人介绍，为了将有限的经费用于教育，促进教育事业的发展，县政府到现在还在租借的破旧的大楼里办公。

（二）某学校经费运转情况实录

1. 校舍新建面积充足

我们所调研的某学校是某县较好的一所小学，是顺应集中办学大趋势在教育园区内新建的一所寄宿制小学。建校 30 多年的发展过程中，经历了从无到有、从小到大的历程，建校时 9 名老师、两个教学班 83 名学生、两栋建筑面积 640 平方米的平房发展到 2013 年的 194 名老师、51 个教学班 2580 多名学生、6 栋建筑面积 26047 平方米的教学楼、南北两个校区总占地面积 75000 平方米的规模较大的市县两级重点实验小学。"寄宿制学校建设"项目很有成效，学校校舍建筑等很新，食堂、宿舍楼盖得也不错，几乎能够与大城市寄宿学校的条件相媲美。

2. 学校设施设备缺乏

尽管学校校园校舍看起来还建得不错，但设施设备、音体美器材缺乏，实验室相关配套也不够健全。在信息化方面，政府 2009 年一次性投入之后，再没有别的投入，因此学校的信息化硬件设备老化，也没有经费更新维护。在参观该县教学园区其他小学、初中的过程中，我们也发现很多实验室建得不错，但实验仪器设备少得可怜。

3. 学校运转经费困难

从某学校校长那里我们了解到，其实学校发展到现在非常不容易，尤其是经费筹措方面。该校作为双语教学的示范学校，其传承民族文化的特色班的创建成为该校的一大亮点。但回顾当初开办特色班，希望让学生深入了解民族文化也是困难重重。当时没有老师、没有场地、没有服装道具，校长就到处筹措经费，将市、县教育行政部门的几个相关科局都跑了好多遍，也有争取到的企业家的赞助，才有了现在的这些特色班的服装、马头琴、四胡等配备。这些特色班面向学生是不收费的。

从学校运转来看，寄宿制学校支出比非寄宿制学校大，因为维护寄宿配套设施运转需要成本，但财务管理规定中对此并没有相关的规定。现在的寄宿制学校主要包括三部分收入：一是总的人员公用经费拨款，一是住宿费收入（有的地方全免，这部分收入就没有），一个是小卖部收入。从成本看，水费、电费都增加了。校长苦恼的是经费问题。校长给我们算了一本账，该校一年按学生人头，公用经费才拨付 60 多万元。而实际上，这么大规模的学校，光水费、电费、液化气费、办公费、维修经费等一年需要实际支出 120 万以上，拨款仅够一半。另一半就必须校长自行去筹措，每年都要自行筹措，而这里对学生实行零收费。另外，现在财政补助的住宿费还是 20 世纪 80 年代的标准，小学生一年是 50 元，初中是 60 元，按市场来看，这个标准已经远远不够。学校 1500 名学生，一年住宿费有 7 万多。学校聘请临时工有 20 多人，一个月工资是 1300 元，一年人工成本就是 20 多万，这部分经费学校难以为继，只能依靠校长自行筹措。

总的来看，这所寄宿制学校的情况并不是个例。在座谈会上，有校长给我们算了一笔账：按照生均公用经费拨款标准，如果学校在校生规模达不到一定标准，按人头拨付的公用经费不足会造成学校维护和运转困难。以 2000 人的小学为例，拨付给学校一学期的公用经费是 50 万元。对学校来说，仅多媒体系统的维护更新（每两年）就需要花费 60 万元，还不算水电以及其他公用经费支出。再以 200 人的村小为例，一学期的按人头和标准拨付的公用经费为 5 万元，不足 100 人的学校，一学期 2.5 万元，对于高寒地区，冬季烧煤取暖的费用都不够。另外很多经费拨付标准定完之后并没有随着物价等市场因素而动态调整和变化，如上面校长所提到的住宿费标准，以及我们所了解到当地学校的燃料费标准，执行的还是多年之前的 90 元标准，而煤已经从当年的 100 元/吨上涨到现在的 400 元/吨。对于这些经费，地方财政投入难以为继。在这些地区，众多学校校长依然肩负筹措经费的重任。

（三）对学校经费投入的相关政策建议

在与教育体育局相关负责人的访谈中，他提出，应建议国家根据物价水平、学校运转实际需求来弹性确定经费投入标准。一是进一步提高各地生均公用经费标准；二是根据学校运转需求确定投入，如现有政策中提出的不足百人教学点按百人标准拨款投入，但事实上，超过百人的教学点或村小的公用经费仍不足以维持学校正常运转，需要进一步测算学校运转经费需求来确定拨款标准和方式。

寄宿制学校校长则建议，应进一步提高寄宿制学校的生均公用经费标准。现在的生均公用经费标准并没有区分寄宿制和非寄宿制学校。集中办学后，寄宿制学校、非寄宿制学校压力以及运转成本远不一样。希望对于寄宿制/非寄宿制学校能够区别对待，提高寄宿制学校的生均公用经费拨款标准，以保证学校能够正常运转。

也有校长建议，除了按学生拨付生均公用经费外，还应有一块给学校的基础资金，这个需要国家测算。因为学校在校生规模有差异，不足一定规模的学校公用经费难以维持运转。

继续推进农村学前教育改革发展

——内蒙古通辽市扎鲁特旗学前教育调研报告

陈　磊[*]

2013 年 11 月下旬，中国社会科学院、教育部青年干部群众路线教育实践基层调研活动内蒙组赴通辽市扎鲁特旗，就当前学前教育的发展现状进行调研。调研组认为：扎旗当地的学前教育经过第一期的学前教育三年行动计划的发展，学前三年毛入园率从 60% 上升到 80%，硬件方面尤其是园舍的建设取得了一定的成绩，在保证学前教育资源覆盖全旗的同时，实现了农村和城市的园舍按统一标准建设。但同时，该旗学前教育还处在改革发展的关键期，需要在继续扩大资源的同时，更加注重体制机制、师资队伍和保教质量等方面的建设。学前教育是终身学习的开端，是国民教育体系的重要组成部分，是重要的社会公益事业，需要全社会的共同努力，推进学前教育改革发展。

第一，学前教育的资源建设已取得极大进展。根据调研发现，得益于第一期学前教育三年行动计划的推进，该旗近年来新建幼儿园 30 余所，基本能实现乡镇和大村独立建有幼儿园，幼儿园资源基本覆盖全旗。并且，扎旗的幼儿园采取标准化建设，统一规划，统一设计，城市和农村的幼儿园园舍、教室布局均是一样的，在硬件上实现了标准化和一致化。

第二，城镇幼儿园大班超额现象严重。以扎旗蒙族幼儿园为例，2011 年招收幼儿近 2000 人，班均人数超过 80 人，近两年随着农村幼儿园建设的发展，大班超额现象有所缓解，但是班均人数仍然在 50 人

* 陈磊，教育部基础二司干部。

左右。

第三，师资队伍建设面临老龄化严重、专业教师欠缺、培养培训缺失等问题。根据调研了解到，扎旗的幼师招聘方面不但缺少配套政策，幼儿园反而成为中小学年龄大、不太合格老师的安置点。例如，2012年通辽市统一委托培养了500名英语老师，毕业后没有相应岗位安排工作，全部安置到各乡镇幼儿园承担幼儿教学工作。全旗目前没有学前教育相关专业的老师。同时在培训方面，针对蒙族蒙语幼师的培训严重缺失。

第四，"小学化"等现象依然突出。由于缺乏专业教师，缺少保育教育相关的培训，并且该地区蒙语小学没有实现零起点教学，导致幼儿园存在较严重的"小学化"现象。通过实地考察，发现该地区幼儿园课程仿照小学进行设置，包括语言、常识、健康、民俗、科学、美术、自然、体育、音乐等，教学内容以识字、记数、背诵为主，幼儿园老师甚至不知道《3—6岁儿童学习与发展指南》。同时，教授小学知识的学前班的现象较为普遍地存在。

办好学前教育，关系亿万儿童的健康成长，关系千家万户的切身利益，关系国家和民族的未来。但是，当前边远地区的学前教育发展远不能承担以上重任，办好农村学前教育任重而道远。

调研组针对调研所发现实际情况，提出以下几点建议：

一是继续扩大学前教育资源。第一期学前教育三年行动计划为学前教育的发展开了一个好头，建议在今后的工作中乘势而上，充分考虑城镇化进程、老城区改造和人口流动的实际，适时启动实施第二期三年行动计划，继续扩大城镇及城乡接合部学前教育资源，努力增加残疾适龄儿童的入园机会。做好幼儿园建筑结构及空间环境设计，确保幼儿园园舍建设符合学前教育规律。

二是继续加强幼儿园教师队伍建设。根据《幼儿园教师专业标准》及《幼儿园教师配备标准》等文件要求和幼儿园实际需要，宏观制定幼儿师资培养规划，扩大幼师培养规模，深化学前教育专业课程改革。提高幼师培养培训质量，着力补足配齐合格专业的幼儿教师。

三是坚持科学保教，促进幼儿身心健康发展。建议加大力度，贯彻落实《3—6岁儿童学习与发展指南》，引导幼儿园根据《指南》提出的学习与发展目标和教育建议，以游戏为基本活动，合理安排和组织幼儿生活，遵循幼儿的年龄特点和身心发展规律，科学制订保教工作计划，有效促进幼儿身心健康发展。

对民族地区中小学"撤点并校"的建议

徐　璐[*]

自 2001 年出台《国务院关于基础教育改革与发展的决定》以来，各地的撤点并校运动进行得如火如荼，12 年来席卷了整个中国，特别是农村、边远、贫苦和民族地区。为深入了解具体情况，中国社会科学院、教育部青年干部群众路线教育实践基层调研活动内蒙组于 2013 年 11 月下旬赴内蒙古通辽市扎鲁特旗的鲁北镇，就当前民族地区中小学"撤点并校"情况进行调研，在调研中看到了一些真实的情况，也听到了一些真实的声音。

一　调研有关情况

1. 听到的故事。在调研过程中，我们恰好旁听了"2013 年通辽市教育系统先进个人事迹巡回宣讲报告会"。其中最美乡村教师王兴武的经历就是国家教育政策变革和学校布局调整在个人身上的缩影和体现。在 35 年的教书生涯中，他亲身经历了三次"撤点并校"，结果是学校越撤越远，每天来回百八十里，行走艰难、起早贪黑、家庭难顾，一身伤病，全凭一份普通乡村教师的责任，为教育事业鞠躬尽瘁。

2. 看到的数据。为了全面了解蒙古民族地区的撤点并校情况，我查阅了内蒙古社科院乌仁塔娜老师提供的调研资料。情况如下：

（1）学校数量大幅减少。内蒙古自治区实施"撤点并校"后，全区小学由 9312 所，减少到 2613 所，减少率为 71.9%；小学教学点由 4596 所，减少到 375 所，减少率为 91.8%；初中由 1432 所，减少到

* 徐璐，教育部职业教育与成人教育司干部。

808 所，减少率为 43.6%。

（2）上学平均路途大幅增加。调查结果显示，对于人口密度相对小的内蒙古农村牧区来讲，有 39.4% 的家长表示学校与家的距离 20 千米，有 18.2% 的家长表示学校与家的距离 30 千米，有 23.7% 的家长表示学校与家的距离 50 千米，有 18.7% 的家长表示学校与家的距离为 100 千米。

（3）寄宿制教学增加了农牧民家庭的负担。有调查数据表明，若家长每月接送，费用大约支出为 200 元；平时探望子女的费用大约支出 150 元。若家长陪读，仅房租费一项每月一般支出 500 元左右，全年花销约 5000 元。若家长为了孩子直接到城里买房，这样做开支至少人民币十几万到几十万元，这只有极少数家庭有能力办到，而非所有家庭。虽然政府免去了住宿费、伙食费，但每学期每一名学生的教育及生活仍需支出 1000 元以上，有的多达 3000 元以上。

（4）城镇小学规模过大，班级容量超负荷运行。比如：通辽市科左后旗甘旗卡第一高级中学（在校生 3500 人）、通辽市蒙古族中学（在校生 3484 人）和通辽市蒙古族学校（在校生 3237 人）都存在较为严重的学生超编现象。学校规模的扩张自然导致班级容量的超负荷运行。以通辽市蒙古族学校为例，每班平均学生人数为 73.3 人，其中小学每班平均学生人数为 74.1 人，大大超过了《城市普通中小学校校舍建设标准》规定的小学班级适宜规模是 40—45 人、初级中学适宜 45—50 人的标准。

3. 想到的问题。鉴于以上情况，结合采访了解到的问题，撤点并校至少在以下方面造成了问题。一是学校数量减少、路途遥远，直接导致辍学率上升。另外孩子们从小离家，在寄宿制学校就读，缺少家庭教育和关爱。二是城镇学校、班级超容量，直接影响了教学质量，且学习教具、公共设施并未因班级人数增加而及时增加。三是教师在学校的布局调整中，难以兼顾家庭。四是家庭因路途遥远，增加了来回接送孩子的交通费用，甚至陪读费用。五是孩子们远离牧区、农村，缺少了民族文化熏陶，导致对自身民族的认同感的弱化与缺乏。

二　对民族地区"撤点并校"的意见和建议

1. 建议国家加大对地方政府特别是县级政府的投入

因税费改革和义务教育体制调整，废除了农业附加税和各种集资，确立了一种新的"在国务院领导下，由地方政府负责，分级管理，以县为主"的义务教育财政体制，其直接结果是在中央其实并没有往农村义务教育投钱的情况下，县乡财政收入锐减，并狂热地推行"撤点并校"来减少教育领域的财政支出。有数据表示，有些县级财政因撤点并校，每年可以节约1700多万的基础教育支出。因此，国家应针对这一情况，以生均拨款的形式，考虑对地方政府尤其是县乡一级政府的义务教育进行补助，让农牧民在享受取消农业税的优惠政策后，也能让自己的孩子享受到优质的、近距离的义务教育。

2. 加强校车安全管理，确保孩子们的人身安全

孩子是祖国的希望和未来。孩子们的安全牵动着家长和全社会的心。近年来，因多次发生的校车安全事故，造成未成年人重大伤亡，教训惨痛。党中央、国务院对此非常关切，全社会高度关注。2012 年 4 月，《校车安全管理条例》发布，按照条例要求，"县级以上地方人民政府应当采取措施，保障接受义务教育的学生获得校车服务。国家建立多渠道筹措校车经费的机制，并通过财政资助、税收优惠、鼓励社会捐赠等多种方式，按照规定支持使用校车接送学生的服务"。

但在实际调查中，我们发现，扎鲁特旗至今没有统一的校车，每双礼拜放假，家长都委托出租车或自驾车接送孩子，存在很大的安全隐患。建议旗县政府要抓紧落实有关规定的要求，按照学生数量、国家标准及时、足额配备校车。国家财政部门也应通过财政资助、税收优惠、鼓励社会捐赠等多种方式，按照规定支持使用校车接送学生的服务。

3. "撤点并校"时应兼顾农牧民子女就近入学问题。

学校布局调整不是简单的撤并、减缩学校，面对牧区农区生活实际情况差异较大的问题，应灵活地根据当地实际情况对教学点进行科学的撤留。由于牧区地域广袤、交通不便等因素，建议保留部分基础教学点。按照国家的设想，农村学校布局调整的最终目标不是节约教育资源，而是提供优质的教育资源。在调整过程中，应避免盲目、大范围地

在牧区农村集中办学。例如，通辽市科左后旗吉日嘎朗镇共有 23 个嘎查，但是该镇只有一所中心小学，远在 200 里外的小学生也在此就读。交通极其不便，同时存在交通安全隐患。面临类似问题应加大资金投入，争取几个临近的嘎查建立一所小学或幼儿园，保证农牧民子女能够就近入学接受基础教育。

4. 注重"撤点并校"后寄宿制学校管理的改善

对于学生寄宿后的管理也是家长和学校尤为关心的问题。面对中小学生年龄较小、自理及生活能力差等方面的问题有如下建议：（1）完善基础设施、充实教学设备；（2）保障学生餐饮、交通、娱乐等安全、健康；（3）注重亲情教育和心理疏导；（4）加强安全防护意识。

学前教育内涵发展之路任重道远

高丙成*

中国社会科学院、教育部青年干部参加"根在基层·中国梦"青年干部群众路线教育实践基层调研活动内蒙古调研组赴内蒙古自治区一个旗进行了学前教育调研。调研组对教育局局长、幼儿园园长、家长、学生进行了访谈，并实地考察了当地幼儿园、教学点情况，查阅了相关档案资料等。调研组认为该地学前教育三年行动计划成效显著，但是学前教育内涵发展之路任重道远。

一 学前教育三年行动计划成效显著

1. 学前教育资源不断扩大

2011年，该地出台了《学前教育建设实施方案》，2011—2013年，新建、改扩建幼儿园30所，规划建筑面积3.75万平方米，规划资金7897万元。2011—2012年，扎旗新建的27所幼儿园已全部交付使用，并已开园。其中，2011年新建苏木镇场中心幼儿园14所，总建筑面积2.5万平方米，总投资5542万元；2012年新建、改扩建村级幼儿园13所，总建筑面积9587平方米，总投资1788万元。2013年，该地规划改扩建村级幼儿园13所，总建筑面积9526.69平方米，总投资1988万元。逐步形成了以苏木镇场中心幼儿园和驻镇小学幼儿园为重点，村级幼儿园及民办幼儿园为补充，布局合理、覆盖城乡、设施完备的幼儿教育体系，使得学前教育入园率由2010年的60%提高到目前的80%左右。截至2012年9月末，全旗公办幼儿园在园幼儿2274名，民办幼儿

---

* 高丙成，中国教育科学研究院副研究员。

园在园幼儿 1038 名，学校附设学前班幼儿 2791 名。其中城镇在园幼儿 2202 名，农村牧区在园幼儿 3901 名。从城乡开园情况看，同 2011 年比较，城乡园幼儿比由 1∶1.36 上升到 1∶1.8，择校现象得到极大缓解。按照规划，到 2015 年全旗将形成"以苏木镇场中心幼儿园和驻镇小学附属幼儿园为主体，以嘎查村幼教点及民办幼儿园为补充，建设布局合理、覆盖城乡的学前教育体系"。

2. 不断加强学前教育队伍建设

为加强学前教育队伍建设，该地实行了幼儿园教师聘任制度和岗位培训后持证上岗制度。通过招聘、转岗、对口交流等形式多渠道扩充幼教师资，2011 年实行"三生"竞聘上岗，招录幼儿教师 531 人。上岗前，这些教师首先在旗教体局的统一组织下，进行了长达半年的岗前培训，新聘用的教师年轻有活力，朝气蓬勃，在学前、幼教岗位上可充分发挥他们的学业特长，从而推动学前教育工作的快速发展、健康发展。目前，这部分新教师已通过岗位培训充实到学前教育岗位，全旗幼教师资紧缺的问题得到缓解。

3. 积极探索学前教育管理创新体制机制

该地下大力气抓好幼儿园投入使用后的运行管理，积极探索并摸索出了富有自身特色的幼儿管理模式和幼儿教学课程，严格执行幼儿园安全管理制度。该地从 2012 年秋季尝试对学前教育集团化管理的模式。全旗组成一蒙一汉两个学前教育管理集团，由两所当地最好的蒙古族和汉族幼儿园分别承担全旗蒙授汉授幼儿园业务上的指导和经费管理的任务，苏木镇中心校负责辖区内幼儿园日常各项工作的管理。实施集团化管理以后，统一配置学前教育资源，在教育教学、师资调配、经费管理、活动培训等方面实行统一的组织和管理，由过去的无序管理转为有序的集团管理，全旗幼儿园全面推行结对帮扶、对口交流，以最大限度地实现资源共享，提高幼教质量。通过将幼儿教育纳入全旗教育管理视野，实现基础教育和学前教育统筹发展、内涵发展和科学发展。

二　学前教育内涵发展之路任重道远

通过三年行动计划的实施，有力地推动了该地学前教育的发展，但是目前该地学前教育仍然存在一些主要问题，学前教育的内涵发展之路仍然任重而道远。

1. 幼儿教师整体素质有待提升

全旗幼儿教师总量不足、年龄偏大、专业素质低，不能适应学前教育发展的要求。大部分教师的教育观念还很陈旧，难以适应教育改革的需要，许多教师对于新形势下自己从事幼儿教育到底需要哪些方面的知识，提高哪些方面的能力，很少去思考，更谈不上去通过相关的学习不断充实自己的业务知识，提高自己的业务水平了。有的教师为了迎合家长，以识字和算题为主，采取"保姆式"的管理模式，没有让幼儿玩起来、动起来，违背了"寓教于乐"的原则，不利于幼儿的健康成长。保教队伍数量配备不足，资质不合格现象比较严重，专业教师水平较低。学前教育缺乏专业职称序列。幼儿教师收入过低，同工不同酬现象严重。

2. 现有学前教育机构办学条件亟待改善

幼儿园、学前班办学条件滞后，部分校舍陈旧、设备简陋、办学水平低。目前许多公办幼儿园只有教室、休息室和简单活动场地，室外活动场地面积普遍达不到要求，绿化、美化标准低，应设玩具、乐器、图书、教具等严重不足。大部分民办幼儿园必备的设备设施不足。厨房、厕所、教学设施、办公条件简陋，幼儿室内外活动空间狭小，教学器材、幼儿玩具、游戏器械、幼儿图书种类不全、数量稀少，难以保证开展正常的教学活动。许多民办幼儿园都是利用民房或沿街商用楼作为园舍，布局不合理，园舍面积及活动场所严重不足，"四室一厨一厕"不符合要求，没有或少有活动场地。

3. 学前教育管理还需进一步规范

一是小学化倾向严重。许多幼儿园将小学对学生的行为规范要求搬到幼儿园来，往幼儿头上套。比如对老师要绝对服从，要听话；上课要专心听讲，不许开小差、玩小动作、说话，坐姿要端正，回答问题要举手；课间要安静地休息或做游戏。许多幼儿园不注重培养幼儿的综合素质，不是组织幼儿从游戏中学习，而是要求幼儿像小学生那样做作业。讲课则一味向幼儿灌输知识，缺少教具演示，缺少图案色彩，缺少生动的游戏。二是民办幼儿园安全意识淡薄，安全制度不够健全，安全工作不够细化，在一些环节上存在安全隐患。例如，有的幼儿园教室、寝室窄小，进出拥挤，幼儿容易发生碰撞和踩踏；有的幼儿园消防、取暖、防暑、消毒、灭菌设施不齐；有的幼儿园体检工作尚未走上正轨。

三　发展学前教育的对策与建议

1. 加强领导，确保学前教育健康发展

地方政府应依法将幼儿教育纳入社会发展总体规划中，列入工作议事日程，纳入乡镇政府和各有关部门的工作实绩考核中。要建立学前教育联席会议制度，及时通报学前教育发展情况。建立教育部门主管、有关部门分工负责的工作机制：编办要结合实际确定幼儿教师编制；发展改革委员会将学前教育纳入社会发展总体规划；财政部门积极筹划资金，加大学前教育投入；国土资源和建设局落实城镇和农村牧区新建幼儿园的规划用地；公安局加强幼儿园安全监督管理；卫生局指导监督幼儿的卫生安全；民政、工商、安全、药品监督等部门根据职能分工加强对幼儿教育的监督和管理；苏木镇政府要在发展幼儿教育中负有重要责任，将学前幼儿教育作为社会主义新农村建设的主要内容统一规划，优先建设，加快发展。

2. 加大投入，确保学前教育快速发展

要加大学前教育投入，落实财政性学前教育经费，落实财政投入"五有"政策，即"预算有科目、增量有倾斜、投入有比例、拨款有标准、资助有制度"。建立学前教育财政投入合理增长机制。探索研究幼儿园生均公用经费标准和财政拨款标准，建立政府投入、社会举办者投入、家庭合理负担的投入机制。设立学前教育专项经费，用于推进学前教育事业发展、幼儿园建设各项任务的落实。落实贫困家庭幼儿入园资助制度，对贫困家庭儿童、孤儿和残疾儿童、农村留守儿童、进城农民工随迁子女等给予经济资助，从制度上基本解决家庭经济困难儿童入园难问题。

3. 加强管理，提高学前教育质量

加大优质学前教育资源向农村辐射力度，深入实施城乡"区对区、园对园"的合作助教项目，完善教师"结对子"和城乡园长互派制度，开展骨干教师送教下乡活动，实现优质学前教育资源共享。要坚持公益

性和普惠性相结合，以服务广大群众为宗旨，贯彻落实教育部印发的《幼儿园教育指导纲要》，树立以幼儿全面和谐发展为本的教育理念，遵循幼儿身心发展规律，坚持保育与教育相结合原则，以游戏为基本活动形式，注重对幼儿进行情感态度、行为习惯、智力能力的培养，为幼儿提供安全、健康、丰富的生活和活动环境，保障幼儿快乐健康成长，避免和防止片面追求超前教育和幼儿教育"小学化"。

4. 加强队伍建设，提高学前教师整体素质

制定"学前教师队伍培养和培训规划"，建立开放、灵活、多样的师资培训机制，构建职前教育与在职教育相衔接的保教人员培训体系。加强对农村幼儿园园长和教师、职初教师、保育人员的专业培训，重点加强幼儿园园长的岗位培训和骨干教师的培养工作。认真贯彻《教师资格条例》，实行教师资格准入制度，严格持证上岗，保证幼儿教师享有与中小学教师同等的地位和待遇，稳定幼儿教师队伍。积极开展幼儿园教育改革和教育科学研究，提高教师的专业素质和保教技能。根据幼儿园办园规模和定编标准，逐步配齐配足公办幼儿园教职工。积极探索非公办幼儿教师统一管理的模式，做到统一聘任、统一签订劳动合同、统一调配，保障合格的非公办幼儿教师的待遇和合法权益。

站在民族、传统、现代之间

郭志法[*]

首先说这个标题是如何产生的。2013 年 11 月 20 日中午，我们已到达调研地两天，在学校食堂午饭后，当时我走在内蒙古通辽市扎鲁特旗基础教育园区宽阔的中心广场边上，看着极富民族特色的蒙古族实验小学，路北以儒家文化为特色的扎鲁特旗四中，这个题目自然就涌现在我的脑海中。

在我们 18 日早到达内蒙古通辽市扎鲁特旗之前，我们也通过网络等了解了此次调研的目的地。到达后，教育局的同志一见面就强调这是边远民族地区，希望我们能够多看看，多反映基层情况。

但是在鲁北镇基础教育园区，看到一个 10 万人口的农牧区城镇在通往现代化新型城镇发展道路上，基础教育面对的城镇现代化转型的复杂情况的确远远超出了我之前的预期。

一

扎鲁特旗所在的通辽市已经提出了"打造蒙东教育高地"的目标和口号。通辽市经济社会发展水平居内蒙古东部之首，而且这里西距内蒙古自治区首府呼和浩特 1200 千米，南距北京约 1000 千米，地理上毗邻东北三省特别是吉林省。当地人说话与东北人口音差异并不大，生活习惯也与东北地区更为接近。

---

* 郭志法，中国社会科学院信息情报院副研究员，内蒙古基层教育调研组组长。

这个南距北京约 1000 千米的县级基础教育园区，地处内蒙古通辽市扎鲁特旗鲁北镇。当地同志介绍这个园区的基本情况如下：

> 为了优化整合教育资源，推进城乡教育统筹发展，促进全旗基础教育均衡发展，提高办学水平和教育质量，扎鲁特旗于 2006 年起开始实施教育园区建设项目。教育园区位于鲁北镇南部，总占地面积 35 万平方米，规划建设用地 26.8 万平方米，建筑面积 11 万平方米，总规划资金超过 2 亿元。园区内包括两场、五区：体育场、园区广场；蒙授初中、小学和汉授初中、小学共四个校区及教师住宅区。可容纳 13000 名学生（其中寄宿生可达 8700 人），占全旗中小学在校生的 32%，目前园区 4 所学校已入驻学生近万名。结合教育园区建设，实施中小学布局调整，到 2015 年全旗将保留义务教育阶段学校 39 所（初中 7 所、九年一贯制学校 2 所、小学 30 所；其中寄宿制学校 34 所），比 2003 年的 305 所减少 87%。

我们调研组一行 14 人包括教育部 10 位年轻干部，社科院 4 位青年学者，18 日来到扎鲁特旗基础教育园区内的蒙古族实验小学开始蹲点体验式调研。这里的每一所学校都是由北京大学建筑设计院按照教育规范设计建造的，现代化的教学楼、标准化体育场馆、宽敞明亮的学生食堂、干净整洁的学生宿舍楼，在初冬的蓝天白云下显得格外漂亮，根本感受不到这里是边远民族地区。说实话，北京、上海很多学校就硬件和占地面积来说都不一定比得上这里的学校。

但是，我们在调研中老师、学生、家长在赞同改革开放现代化建设的巨大成就时，又抱怨新学校的很多问题：

寄宿制学校完全阻断了学生和家长的交流，很多家长看不到孩子觉得难过、不习惯，孩子们在学校也很想念父母；

这里的学生每十天课程休息四天，家住在镇上的学生和家长强烈反对，认为应该改为每周五天课程制，而农牧区的孩子路途遥远仅回家路程就需要一天时间；

撤点并校后学生集中住宿，虽然食宿免费，但是交通、零花钱等花费大量增加；

学校老师和管理者也在抱怨，现代化的校舍虽然好，但是运行成本大大增加，以前取暖煤炉、土炕就可解决，费用低廉，现在锅炉一烧就停不下来，花费直线上升；

学校维护保养难以持续，以前校舍是平房、土屋、蒙古包，维护保养简单低廉，现在一个简单的刷墙工程翻新就需要招投标；

中心学校条件优越，集中了优质资源，老师、学生蜂拥而至，中心学校与边远学校差距越来越大，教师都不愿意流动，如此等等。

二

21日上午，我们在蒙古族实验小学的蹲点体验中，校方在特色课程上为我们集中展示蒙古民族的浓郁民族风情。学校基本情况和民族特色教育介绍如下：

通辽市扎鲁特旗蒙古族实验小学始建于1981年，学校面积75000平方米，校舍建筑面积26047平方米，教职工203名，56个教学班，学生2300多名。开设现代教育信息技术课、"蒙汉英三语教学实验"课，共承担国家、自治区科研课题13项，为扎鲁特旗蒙古族小学起了示范带头作用。近几年学校注重特色办学，提出"954321"工程，即马头琴、乌力格尔好来宝、科尔沁民歌、蒙古族长调、搏克、蒙古族舞蹈、扎鲁特版画、蒙古族象棋等。

在学校校舍、展示、展室等方面，应该说颇具民族特色。但是我们在与学生交流时，对他们谈起民族特色时，他们都很茫然，学习的压力可能是目前学生最关心的问题。学生生活在现代化的环境中，已经远离了草原、蒙古包、弓箭、马头琴，他们祖先生活中的这些元素基本只是存在于学校的展室。

在与学校老师的交流中，特别是与康校长的交流中，我们经常听到的是，"只有民族的才是世界的，只有特色的才是成功的"。的确，我们民族的文化遗产没有后继怎么能行？我们的学校没有特色、我们的学生没有素质、我们的民族没有未来怎么能行呢?!

三

21 日下午，我们还参观了与蒙古族实验小学一路之隔的扎鲁特旗第四中学。让我们非常惊讶的是，在这所汉授中学，像"礼之用和为贵""德不孤必有邻""君子坦荡荡，小人长戚戚""文质彬彬，然后君子"等诸如此类的圣人之声不绝于耳，学校老师均称人人都能熟诵《论语》，并且把儒家文化作为自己品德修养的座右铭。

漫步学校，孔子雕塑像位于学校广场中心位置。孔子的身影也濡染着校园的每一个角落，校园文化布局也呈现出了一派儒雅之风。学校的五栋楼分别命名为：两栋教学楼——崇德楼、修德楼；两栋宿舍楼——君德楼、淑德楼；餐厅——聚德楼。学校校长在介绍中说：

> 为了传承中华民族的文化积淀，培育创新精神和责任意识，打造学生的价值观，以"德育教育"为统领，凝结为一种对他人、对社会、对祖国和民族的强烈责任感，我们优化了学校各项资源，丰富了学校的办学内涵，强化了特色创建意识，提高了学校核心生命力。以特色建设为引领，以校园文化建设为抓手，以"学校特色→特色学校→品牌学校"为路径，坚持继承与发展相结合，提炼与创新相结合，建设富有活力和竞争力的个性化学校，促进学生全面、个性化发展。我们想把论语治校做出新意和深意，使"修身、齐家、治国、平天下"成为学生的理想追求，为学生一生的发展负责。

四中提出办一所"儒雅的学校"，并以此作为学校发展的质的追求。学校以德育教育为统领，营造氛围，开展丰富多彩的德育教育活动，特别是制定了"诚信教育活动实施方案"。每个班级利用班会课开展诚信教育活动，出一期关于诚信的黑板报，每个学生做一期有关诚信的手抄报，举办关于诚信的演讲比赛，参加社会道德实践活动，等等，通过诚信教育活动的开展使学生产生强烈的心灵震撼。

应该说四中的这些做法，我们都是非常赞同的。而且，对于同在一个教育园区，彼此相邻的学校各自根据自身实际情况，提出并实行各具特色的教育理念和目标，大家和谐相处共同发展，我们也感到很高兴。

在22日上午，我们调研组和扎鲁特旗教育系统进行了座谈。教育局同志在发言中说，调研组来访谈不仅仅是调研，调研组带来了一线城市干部、知识分子的理念，每个调研人员知识结构都很专业和全面。调研组给人从精神层面进行震撼，对当地是一种冲击和学习，传达了正能量，从长远来说有利于推动当地教育发展。

我觉得他们的这种感受应该是很真实的，因为这次调研中我们的确感到，即便是在民族偏远地区，我们的教学楼等基础设施已经达到初步现代化的水平，但是当地的人文社会环境并不一定完成了这种现代化的转换。特别是教育园区这种现代化产业园区的模式，对于长期以来习惯于游牧生活的农牧区少数民群众来说，适应这种转化恐怕需要很长时间才能完成。针对农牧区、民族地区基础教育现代化中的转换，我在和教育系统同志交流的时候，提出了几条建议供他们参考，也是我对这种迷惑的一种初步思考。

一是在民族学校的课程学制上千万不要一刀切。既要照顾边远农牧区学生需求，又要照顾到城镇学生的实际情况；既要解决当前学生的实际问题，也要考虑教书育人的长远目标；既要加强民族特色教育、传统文化教育，也要加强爱国主义教育、中国特色社会主义理论教育。

二是学校建设管理中加强管理创新。针对民族地区、边远地区基础教育面对的复杂情况，必须实事求是、真抓实干地为学生家长和老师们解决实际问题，同时也要注意基础教育领域在新型城镇化建设过程中出现的新情况、新问题，用创新精神来解决这些新问题。

我还建议他们在德育教育方面进一步加强志愿者系统建设，让学生通过信息课程在网上注册成为志愿者，学校和教育部门设立志愿者项目，对学生完成志愿者项目情况实行综合管理评估，这样可以避免德育教育空泛化。

民族地区的基础教育的思考

王海锋

2013 年 11 月 17—23 日，我参加了由中央国家机关团工委、中国社会科学院团委、教育部机关团委、中国社会科学院青年人文社会科学研究中心联合组织的"根在基层·中国梦"中央国家机关青年干部基层调研实践活动，在为期一周的调研活动中，围绕"西部五省市基础教育情况调研"的主题，在内蒙古通辽市扎鲁特旗蒙古试验小学进行蹲点式调研，并同时在该旗部分幼儿园、小学、中学进行了调研，与教师、学生和家长进行了深入的交流，对扎鲁特旗基础教育的现状有了直观的了解，也对西部地区的基础教育有了切身的感受。这些感受主要体现为我对调研过程中所遭遇到的一些问题的思考。

第一，关于农村寄宿制学校的管理问题。

在调研中我了解到，在扎鲁特旗蒙古试验小学，对三年级以上的学生实行的是寄宿制。这一措施的实施在一定程度上有助于破解"撤点并校"所带来的小孩住地与学校距离太远的困局，但同时也带来了一些问题。例如，有家长提出，寄宿制的教学模式改变了现有学生的生活方式，虽然培养了学生的独立生活能力，但毕竟是学生年龄太小，生活自理能力还是不够，就会导致学生既要照顾自己的生活又要读书的问题。加之这些学校结合地方实际情况，实行的是"10 + 4"模式的上课制度，即上 10 天的课，放 4 天的假，这带来的结果是，很多学生需要在周内来洗自己的衣服等，这对于年纪尚小的孩子来说，很是不易。此外，有家长提出，由于是寄宿制，学生平时若是生病啥的，都无法得到父母的及时照看，虽然学校建立了班主任"24 小时开机"并随时解决问题的机制，但是依然存在安全隐患。有老师也不无担忧地指出，现在孩子都是独生子女，在平时孩子病了啥的，虽然老师可以及时送孩子去医院，但遇到紧急的情况，害怕最后担负责任，也得征求家长的意见，甚至很多时候得等家长赶到学校才能解决问题。更为深层的问题是孩子们的心理问题。在调研的过程中，我们时常能够听到，孩子们说，一旦遇到烦心的事情无法及时跟父母沟通，只能把问题憋在心里或者只能向关系密切的同学倾诉的情况。比如，在调研中，有位住在县上的家长就说，孩子由于不是寄宿制，每天回到家都会讲学校里发生事情，家长也会给予开导，这对孩子的成长极为有利。这使我不得不想，那么寄宿在学校，每隔10天才能回一趟家的孩子怎么办？如果在学校遇到了问题，如学习方面的、朋友相处方面的问题，怎么办？对此，很多学生告诉我，是跟自己的好朋友说或者埋在心里不说。可能是基于对老师的敬畏，孩子们一般也不会跟班主任或者任课老师说。甚至有些学生的父母外出打工，作为留守儿童，其在校寄宿期间遇到的问题无法得到及时处理，孩子心里的情绪无法及时得到排解，长期下去，肯定会对孩子的心理健康有所影响。因此建议，在现有基础上，应该建立更为完善的机制，给予学生以无微不至的关爱。例如，是否可以实行"生活辅导员制度"，即一百名孩子配备一位具有一定资质和生活经验的"生活辅导员"，其主要职责是照看和跟孩子沟通，及时发现孩子在平时的生活中所遇到的问题，帮助孩子排解心中的烦恼或者做出正确的选择，以促进其身心健康发展。

第二，关于蒙古族地区蒙语教学的问题。

这次调研，我们所在的扎鲁特旗是一个蒙汉杂居的地区，因此，在当地有很多蒙古和汉语的学校，在蒙古族的学校，我们了解到，蒙语的教学存在一些问题，如蒙语教学中资源不够的问题，有家长就认为，自己的孩子入读的是蒙古族的小学，蒙语是其主要的应用语言，但除了学校的教育，在平时的教育中，虽然市面上蒙文方面的课外书很多，但由于其内容不够新，无法调动孩子的兴趣，因此，孩子更愿意看汉语的电视、书籍，这对于蒙语的学习构成了挑战。也有老师认为，影响孩子们蒙语学习方面最大的因素是社会环境。在社会上，大量广泛使用的是汉语，在这种环境中，孩子们虽然在学校学习的是蒙语，用蒙语学习各门功课，但一旦孩子们放假回到家或者到街上去买东西啥的，用的都是汉语，这样的话，就会影响孩子们蒙语听说能力的培养。也有老师认为，虽然现在有蒙语的电视频道，但由于其说的是标准的蒙语（蒙语不同于其他语言，地区差异很大），孩子们学习的东西和其有差异，因此，也会影响孩子们选择收看蒙语电视的兴趣，间接影响孩子对蒙语的学习。一些老师认为，造成蒙语难教的原因是，蒙语教材存在问题，蒙语的教材版本不适合所教授课程的地区的情况，比如，在现有的蒙东地区使用的蒙语教材中，有很多蒙西地区的东西，孩子们没有接触过，也不懂，教的时候就很难解释。另外，蒙语教材内容标准过低，例如，蒙语四年级学生使用的教材的内容仅相当于汉校的一二年级的水平，比如，"乌鸦喝水"的故事在汉语学校二年的学生那里都已经学了，但到蒙古族小学，四年级才学习这个内容，内容过浅既不适合学生们的智力水平，也不利于教学工作。同时，伴随着时代的变迁和历史的发展，蒙古族固有的传统文化开始面临衰落的境地，这种外部环境的改变，一定程度上影响了蒙语教学。也有家长提出，不愿意让自己的孩子学习蒙语的原因是，孩子学习了蒙语，要是在蒙古族地区工作，可能还有些帮助，但是一旦他们要去蒙古族以外的地区工作的话，蒙语基本没用，孩子大学毕业的时候，也不会因为会说、会写蒙语就能找到好的工作。对于上述几个影响蒙语学习的问题，我个人看来，应该注重蒙古族教学资源的开发，适时调整蒙语教材的内容，尤其是要挖掘蒙古族的传统文化，丰富教材的内容，让孩子们喜欢蒙语，这不论是对于解决当前的蒙语教学问题，还是对于弘扬中华民族的优秀传统文化来说，都有着重要的价值和意义。

第三，关于农村地区教师职业化的问题。

在扎鲁特旗调研的过程中，与老师的座谈是我们调研的一个主要内容。通过调研，我能深刻体会到民族地区一线教师默默无闻、敬业奉献的精神。但同时也感觉到，要真正推动基层尤其是民族地区农村的基础教育，恐怕最重要的还是教师问题。例如，有些老师告诉我们，自己教书十多年，就出去培训过几次，自己知识更新的速度很慢，这就影响了教学。也有老师感觉有职业倦怠的问题。很多老师扎根基层，身处一线，有着繁重的教学任务，因此，周而复始地上课、批作业，督促孩子学习，生活几乎机械化，平时又要处理一些琐事，因而产生了荣誉感不强、事业心不够的职业倦怠的情况，对教师这个行业的认知也会发生变化。"终身从事一线基础教育逐渐变成了老师的谋生手段而不是事业"的现状比比皆是。因此，要是能够在老师的培训方面下一些功夫可能效果会更好。例如，可以农村的老师到县、市一级的学校去学习一年，或者可以组织专门从事教育的专家到基层的教学点给老师及时"充电"。综合起来，就是要加强在职老师的职业化教育，使老师不断得到新的知识，找到教学所获得的荣誉感和职业尊严，从而把教学视为一项事业而非职业。

在扎鲁特旗调研期间，来自农村的我深知基础教育对于农村小孩意味着什么，也懂得基础教育对于中国的发展意味着什么，因此，在调研的几天里，我都努力地去接触老师、学生、家长。实话实说，较之于我从小学到高中读书的时代（1986—1999 年），农村的基础教育已经发生了翻天覆地的变化，别的且不说，单就是在民族地区推行的"免费午餐"就足以让我垂涎三尺，尽管不那么丰盛，但比我那时中午带个馒头来充饥要好很多。事物总是发展的，我们不可能要求今天的人再去体验往日的艰苦岁月，人都希望自己生活得更好一些。因此，对于基础教育，一方面看到了国家经济发展之后的大踏步的发展，另一方面也看到了存在的诸多问题。总体而言，现在的问题似乎已经不是往日的设施缺乏的问题，而是如何在硬件设施具备基础上来进一步完善的问题，可能前者只要花点钱就能解决问题，而后者却需要人们下更大的功夫，例如，寄宿制学校学生的心理问题，孩子们的伙食能否在吃饱的基础上吃得更好一些的问题。一些问题，可能不是学校或政府能单独解决的，教育是民族之根基，因此，教育问题的解决需要全社会来关注。我相信在全社会的努力下，中国的基础教育会越来越好。毕竟，办法总比问题多！

蒙汉情深何忍别，天涯碧草话斜阳

王 莹[*]

2013 年 11 月 17—23 日，我们"根在基层·中国梦"中央国家机关青年干部基层调研实践暨中国社会科学院、教育部青年干部群众路线教育实践基层调研活动之内蒙古组一行 14 人来到内蒙古自治区通辽市科尔沁区扎鲁特旗，对这里的基础教育状况进行了调研。总体感觉，多年以来，扎鲁特旗旗委、旗政府认真贯彻国家有关教育工作的各项方针，坚持实施优先发展教育的战略决策，不断加大教育投入力度，为全旗教育事业的快速发展提供了强力保障。教育行政部门以科学发展观为指导，科学规划，合理布局，突出重点，真抓实干，全旗教育事业实现了又好又快发展。

一 扎鲁特旗——民族教育的模范标兵

这次我们调研团的主要任务是考察扎鲁特旗的基础教育，这是一个具有伟大意义的调研题目，我是一名人民教师，是一名国家培养的青年学者，我从自己的亲身经历深深地感到教育对于个人、民族、国家的意义。而我们祖国的伟大复兴，就是要立足于民族平等、团结互助、和谐共进，才能迈开步伐，走向民族团结，早日实现中国梦！而这一切之中，教育事业的发展和进步无疑是重中之重。

这次调研，我们深入到基层教学一线，深入考察了扎鲁特旗的教育管理、教学实践、学生接受、家长配合等诸多方面，收获甚丰！心得大体如下：

---

* 王莹，中国社会科学院文学研究所副研究员，博士。

第一，通辽教育系统领导层勇于深入基层，挖掘教书育人的典型，树师德师风。11月20日，我们一行人旁听了通辽市教育系统优秀教师包括最美乡村教师的先进事迹报告会，让我们非常感动，也非常震撼！我们深感通辽教育系统的领导和工作人员确实是深入真正的基层，挖掘出这些典型，发现和推出这些感人至深的人和事，让更多的人看到民族教育生生不息的希望和力量，弘扬正能量。

第二，基础教育阶段的德育教育理念紧扣党中央和国家的政策和精神，坚持祖国统一，民族团结，从小树立孩子将祖国放在第一位的正确的思想观念，不过分强调民族性，始终坚持将民族作为祖国的一个部分，首先是爱祖国，其次才是爱自己的民族。我在采访扎鲁特旗鲁北蒙古族实验小学六年级五班的乌云萨充拉时，这个六年级女生表示将来她即使出国留学最终也还是要回来，她说："因为这里是我的祖国！"她没有说这里是我的民族。她用了"祖国"这个词，让我看到了孩子们心中祖国至上的纯洁心灵和美好品德，这是扎鲁特旗基础教育中德育教育最成功的体现。

第三，扎鲁特旗教育对于民族艺术的传承是从基础教育抓起的，这对于培养民族艺术的继承者和接班人是行之有效的必要举措。以扎鲁特旗鲁北蒙古族实验小学为例，九个特长班的设置，其中马头琴班、长调班、四胡班等，都以传承本民族艺术为目的，而且屡获大奖。相比他们，我们汉族的基础教育中对非物质文化遗产的传承还做得很不够，很多非物质文化遗产都面临失传或后继无人，这是值得我们反思的。因此，扎旗的教育模式对我们汉族区的基础教育很有借鉴意义。

第四，扎鲁特旗的基础教育关注学生的独特禀赋，并积极鼓励其发展，下大力气发展，将培养出民族文化宣传的旗手，这一点具有先进性。扎鲁特旗鲁北蒙古族实验小学的副校长包桂花老师在访谈里提到了她所教授的班上有一位评论大王，小伙伴们朗读课文的表现，他总能评价得恰如其分，入木三分，包老师也时时予以鼓励，遇到难分伯仲的时候总让他来点评，激发孩子发展自己天赋的动力。基于自己的职业敏感度，我马上感觉到这是一位优秀的文学评论家的好苗子，目前少数民族文学批评的名家级人才还很欠缺，如果有针对性地引导和发展这个孩子的优势和天赋，他一定能成为一位优秀的民族文学评论家，为自己民族文学的发展和宣传作出杰出贡献，会大有建树。我觉得这是个值得注意的问题。我期待在特长班之外，我们的教育更能覆盖到其他孩子，对于有突出天赋的孩子，能够站在更加长远的民族文化发展的角度，培养和塑造人才，让他们成为弘扬和宣传本民族优秀文化的特色人才。

第五，扎鲁特旗的基础教育注重学生独立思想和独立人格的培养和塑造，让其成为有主见的孩子，不人云亦云，以正直、无私、互助的品格作为培养孩子的主导价值取向。在采访中，我问到扎旗蒙古族实验小学五年级三班的刘文军小朋友父母课余都给他看什么书，他答孔子的《论语》。我问他觉得里面说的是否正确，他答有的对有的不对。我问哪些不对，他说那个不和不如自己的人交朋友不对。我意识到他说的是："勿友不如己者"。这是《论语》中《学而篇第一》，《子罕篇第九》中两次提到的。他说他的电脑知识很好，别的同学不如他，他很愿意教给他们，帮助别人和他一样好。由此，我深深地感到基础教育对一个人一生成长和发展的重要性，我作为从事研究生教育的教师，更多地是侧重学术方法和学术路径的指导，在塑造学生的人格道德上，其实功效甚微。成年后人的人生观世界观业已形成，因此要塑造人正确的价值观和人生观，基础教育阶段的着力塑造尤为重要，它是一个人一生境界的根基，要下大力气狠抓不懈才行。

以上是我的一些心得体会。临别时，扎鲁特旗教育系统的领导邀请我今后来为这里的教师做加强文学修养的讲座，我欣然同意，并愿义务承担起这项光荣的任务。在今后的日子里，我愿充分发挥我所在的学术机构的优势资源，为内蒙古自治区的教育尽自己的一份绵薄之力，身体力行地为他们请专家，并帮助有困难的孩子联系助学项目，将蒙汉一家亲从我做起，落到实处，真正承担起新一代国家最高学术机构的青年学者对国家民族的责任和使命，有一分热发一分光。

二　蒙汉团结——源远流长的千秋大业

提起对内蒙古的印象，就很自然地让我想起南朝民歌《敕勒歌》："天苍苍，野茫茫……"还有王洛宾先生那脍炙人口的民歌《在那遥远的地方》。儿时音乐课本里的蒙古族民歌《嘎达梅林》伴随着我们长大，这次我才知道嘎达梅林就是通辽人。当然还有草原英雄小姐妹带给整个国家和各民族的精神能量。而成吉思汗作为蒙古民族杰出的军事家、政治家，1206 年，进位蒙古帝国大汗（后被尊为元朝开国皇帝），统一蒙古各部落。他在位期间，征服地域西达黑海海滨，东括几乎整个东亚，被毛主席称为一代天骄！元朝也成为世界历史上著名的横跨欧亚两洲的大帝国之一。2009 年我因学术活动曾赴呼和浩特参加成吉思汗祭祀大典，当时现场气氛异常热烈，蒙古族人民激动的泪水，对自己民族深入骨髓的情意，让我深深感怀。

2010 年我被借调至全国人大主笔起草十一届三次会议的代表建议分析报告时，也曾亲耳听到当时被大家传为美谈的故事：时任全国人大副委员长的乌云其木格同志，在看到有关自己家乡的一个建议得到圆满解决后流下了激动的泪水。这个民族的强大凝聚力让我感动不已。

蒙汉两族自古就有着亲密深厚的民族情谊，在呼和浩特大召寺庙宇内，一对铁狮子见证了蒙汉传统友好的历史。自明代隆庆、万历以来，蒙古族土默特部首领阿勒坦汗率部驻牧呼和浩特一带后，除有大批汉族迁入呼和浩特地区外，有许多汉族人临时性地到蒙古族聚居区或蒙汉杂居区去做工，从事建城筑屋，刻石立碑，冶金铸造，作曲酿造等各种手工业。呼和浩特市旧城大召内的铁狮子，就是为蒙古族土默特部冶金铸造的一例。大召是明代在呼和浩特市最早建立的喇嘛庙，当时称"银佛寺"。大召殿前有铁狮子一对，两铁狮皆空腹，前腿直立，后腿作蹲踞之状，其造型浑厚有力。左侧狮较大，高 86 厘米，背部有蒙文铭文。右侧狮较小，高 82 厘米，背部有汉文铭文。当时，在土默特部冶铸业者都是来自长城以内的汉族人，铸造此狮的工匠为大同北草场金火匠人陈二。狮子铸成后，允许金火匠人书名其上，而且书名次第竟在许愿者（即出资人）之前，足以说明天启年间土默特部冶铸业是很缺乏的，也可从中看出，蒙古族对汉人工匠是很尊重的。这种实例，不仅见于这对铁狮子，在其他地方也多发现。如在包头市土默特右旗美岱召明代泰和门石额上，也书有"木作温伸，石匠郭江"之名。又如呼和浩特东郊苏木沁有明代华严寺，在寺内立有一通万历四年把都儿摆腰台吉所立的石碑，也是汉人石匠宋景兴和阎贵制作的。由于当时土默特部施工的困难及蒙古族对汉匠的尊重，因此陈二及温伸、郭江、宋景兴、阎贵等工匠的名字，得以流传至今。生产技术方面的交流和互助，就是定居的汉族和各游牧民族建立起来的相互关系的表现之一，所以呼和浩特大召内汉人工匠陈二给土默特蒙古人铸造铁狮子一事，绝不是偶然的，它正是蒙汉团结互助的产物，也是自古以来蒙汉间存在的传统友好关系的纪念。岁月沧桑，民族和谐之花更加鲜艳夺目。

内蒙古草原上有这样一批有着特殊身世的人们。他们出生在汉族人家，但蒙古语却是他们的母语；他们来自黄浦江畔，但称自己是蒙古人；他们从小生活在孤儿院，但却在草原找到了温暖的家。他们就是被牧民们亲切地称为"国家的孩子"的上海孤儿。

20世纪60年代，中国遭遇"三年自然灾害"，饥饿遍布全国。当时南方地区最大的孤儿院——上海孤儿院面对源源不断被送来的弃儿，粮食和营养品难以为继，数百上千的幼小生命时刻面临着死亡的威胁。当时，中央主管妇女儿童工作的康克清同志得知情况后，向时任内蒙古自治区主席的乌兰夫求援，希望能从内蒙古调拨一些奶粉给予支援。乌兰夫当即表示，要为中央排忧解难。此后，时任内蒙古自治区党委副书记的吉雅泰想到一个更好的办法，把那些孤儿们接到内蒙古来，让草原牧民抚养。

这样，3000多名南方孤儿远上草原，他们中的大多数人被蒙古族牧民领养，蒙古族阿爸、阿妈辛劳而无私的爱把他们抚养成人。内蒙古四子王旗蒙古族老人都贵玛在内蒙古草原上很有名气，这位荣获"中国十大杰出母亲"等诸多荣誉的老人，19岁的时候就被25个孩子叫做"额吉"（蒙古语母亲），成为这些南方孤儿在草原上的第一个亲人。都贵玛老人没有惊人的壮举，但平凡中孕育着伟大，她用无数个爱心编织的平凡故事展示了一位草原母亲的博大胸怀，更使她赢得了社会的尊敬。如今，这位曾荣获全国三八红旗手、全国民族团结进步先进个人、中国十大杰出母亲、全国道德模范提名奖等诸多荣誉的老人，在家乡的草原上幸福地生活着。敖根额吉，为不会走路的残疾孤儿创造美好人生。查干呼额吉，在困难年代里收养孤儿姐弟，发誓不能让孤儿姐弟再次骨肉分离……这些感人至深的蒙汉情深的故事，永远值得蒙汉两族儿女代代传颂！

汉族同胞一直感念这份恩情，1996年，广东草原爱心团队成立，这个非政府组织的团队最初由《羊城晚报》社的一位职工、一家人，一直发展到现在的 1500 多人。这 17 年来，广东的爱心人士一共资助了内蒙古超过 4000 个贫困儿童、西藏 200 多个贫困儿童、新疆 100 多个贫困儿童走进学校。"广东的爱心人士这十多年来一直资助我家乡贫困的孩子，我内心非常感激……"说到这句话时，著名音乐人德德玛老师热泪盈眶，一度哽咽。这一幕出现在广州举行的广东草原爱心团队十五周年联谊活动上。至今，草原爱心团队对民族地区的资助活动仍在继续。

内蒙古自治区成立 60 周年时，中央代表团赠送了时任总书记胡锦涛同志亲自题写鼎名的民族团结宝鼎，这个鼎的意义非比寻常，它是经济繁荣、社会安定、民族团结、国家统一的象征。

蒙汉民族友好，有着悠久的历史和深厚的群众基础，他们相互依存、亲密团结，共同开发了塞北疆土，为祖国的繁荣强盛做出了贡献。中国是一个统一多民族的国家，中华民族是历史上众多民族凝聚而成的伟大民族。历史和现实告诉我们，提高对维护国家统一和增强中华民族凝聚力重要性的自觉认识，是每个中国人的义务，也是提高中华民族整体素质的必修课程。特别是在当前藏独、疆独等少数极端分子受境外反华势力蛊惑而出现种种危害社会安定团结的过激行为的历史时期，深入探究和总结蒙汉两族世代友好的成功案例并以之作为今后处理民族问题的参照和借鉴，就显得尤为重要。

蒙语中的艾敏，是生命的意思，我一直坚信，有一条永不干涸的艾敏河流淌在我们蒙汉两族人民的心中，源远流长，世代永存。我们的这次调研，让我们中央直属机关的青年干部了解了蒙古族地区的基础教育状况。但更伟大的意义，我想是在于通过这次活动，我们加深了蒙汉情谊，巩固了民族团结的堡垒，让我们彼此更加肝胆相照，携手共进，作为亲密无间的整体一道在实现中国梦的金光大道上奋勇前行，不离不弃！调研活动结束了，但我们的情谊却更加绵延不息，正如老舍先生《草原》中的诗句："蒙汉情深何忍别，天涯碧草话斜阳。"

行走在成长的民族教育高地上

蒋　宇[*]

　　我非常幸运地参加了中国社会科学院和教育部联合开展的"根在基层·中国梦"实践调研活动。在动员大会上，中央国家机关工委、社科院、教育部等有关领导为我们此次活动做了动员，动员我们到祖国的中西部去，深入基层了解民情，了解基础教育的发展情况。尽管由于工作所需，我也去过甘肃、新疆等农村中小学开展调研，但之前的调研内容比较窄，参与的人也不如这次广泛，此次调研主题为基础教育，涵盖教育的方方面面，调研团队也由教育部门和社科院的同志组成，对于我这个学教育、从事教育工作、缺乏基层教育工作经验的人来说，是一个十分宝贵的、难得的学习机会。出发之前，我便做好了思想准备，以全面的、整体的视角来了解基础教育，以虚心、诚恳的态度来向基层工作者学习经验，做一名好学生。

　　我选择了17日出发的团，跟随队友来到了内蒙古通辽市扎鲁特旗（简称扎旗），这是一个民族地区，短短的7天行程，我初步了解了该旗的基础教育现状，感受了蒙古族人民对教育的期盼，思考了民族地区如何开展教育信息化工作，并与队友建立了良好的友谊。

一　扎旗教育均衡发展的探索

　　扎旗是一个位于内蒙古东部的旗县，幅员辽阔，地广人稀，总土地面积为1.75万平方千米，辖11个苏木镇，4个国有农牧场，206个嘎查村。全旗总人口30.3万人，其中少数民族人口14.28万人（蒙古族

＊　蒋宇，教育部中央电化教育馆助理研究员。

人口 13.3 万人），是一个名副其实的民族地区，具有鲜明的蒙古族特色。

在扎旗的几天，我们每天都和教育体育局局长在一起，随行中、茶饭间都在听局长介绍整个旗的教育发展情况。近年来，为了促进基础教育的均衡发展，扎旗主要采取了如下措施：

1. 撤村并校，集中办学。将分散在农牧地区的学校根据实际撤掉一些，将优质教育资源相对集中到中心校或城镇的学校，这种措施在全国的其他地方也有实行，通常做法是将幼儿园和小学建在村里，初中建在乡镇上，高中建在县里。相邻的村小合并在一起，变成中心校，其他交通不便的村、人口少的村设立教学点，以中心校带动教学点的方式来发展。

2. 投入巨资打造教育园区。据介绍，扎旗近年来教育投入就占GDP 的 50% 左右，2012 年的财政为 12 亿左右，在教育上的投入就有五六亿元。2006 年至 2010 年投入 2.7 亿元打造教育园区，新建校舍建筑面积达 10 万平方米。教育园区位于鲁北镇南部，总占地面积 35 万平方米，规划建设用地 26.8 万平方米，建筑面积 11 万平方米，包括两场、五区：体育场、园区广场；蒙授初中、小学和汉授初中、小学；教师住宅区。可容纳 13000 名学生（其中寄宿生可达 8700 人）。这次调研我们只是比较浅层次地观察到学校是建在了一起，还没有深入调查学校与学校之间、业务与业务之间、师资之间有没有"连"在一起。

3. 基础教育学校标准化建设。除了上述两种优质资源相对集中的做法外，扎旗在基础教育的又一项有力措施就是学校标准化配置。就我们参观的学校而言，都是标准化配置，中小学、幼儿园均是如此。学生食堂的桌椅，宿舍的被套、床位，教室里的多媒体设备等，都是标准化的统一配置。

4. 财政为学生提供伙食补助，这是一项惠民措施。扎旗的中心学校或者城镇学校，大部分都是寄宿制学校，学生从小学一年级开始就需要住校。学生在学校的伙食费也不用自己家里出，县级财政按照每生每月 160 元的标准给学校提供伙食补助。据学校校长介绍，这个费用虽然不多，但是可以保证学生能够吃饱，基本的营养能够达到。

上述 4 个措施，探索了民族地区迅速提升教育均衡水平的道路，尤其是旗政府对教育的重视程度，使得基础教育发展有了保障。但是也存在一些问题，撤村并校后，农牧地区的孩子上学需到离家很远的学校，很多孩子从小学一年级就开始寄宿在学校，放假才能回家一次。有的留守儿童不得不到县里租房，让爷爷奶奶到县里来照顾，增加了家庭的开支；另外，每周回家的差旅费也给低收入家庭带来一定的负担。教育园区的建设可以高投资来一次性完成，但是如何保障可持续发展，也是一个比较现实的问题。

二　农牧人民对教育的诉求

记得有一首歌，歌名叫做"翻身农奴把歌唱"，唱的大意是在全国社会主义改造进程中，西藏部分地区从封建时代直接跨越到社会主义时代，政治意识形态跨越了，但是经济水平的跨越却需要日积月累。近年来，国家的政策向农村地区、民族地区、边远地区倾斜，加大民族地区的投入，改善老少边穷地区的基础设施条件。就像从访谈中所知，现在科技先进了，孩子从小就能够通过电视、计算机知道外面的世界，民族地区也向世界开放了。经济的发展、社会的进步让所有人感觉到教育的重要性，蒙古族地区的农牧人民也一样。

为了让孩子享受到较高质量的教育，农牧地区的父母不惜忍受相思之苦将孩子送到离家上百千米的学校上学，为孩子创造良好的受教育条件。一位学生说，"家里还不通电，父母希望自己能够好好学习"，寄宿学校增加了教育支出，但家长还是很乐意的。访谈到的几位学生，家里都不只是一个孩子，家长都支持孩子上大学，也希望孩子能够多读点书，今后有出息。农牧地区的孩子大多数也深知这一点，只有掌握了科学文化知识，才能在未来的社会中立足。

让孩子享受到良好的教育环境是任何一个地区家长的普遍诉求，现代化进程中也需要高素质的劳动力，只有受过良好教育的人，掌握知识的人才能在知识时代立足和生存。在全国的大部分地区，包括城镇和农村地区，优质教育的缺乏完全不能满足日益增长的受教育需求。扎旗在教育均衡发展方面的探索，使得农牧地区的人民有机会表达这个诉求，虽然看起来有些阵痛，在具体实施过程中给不少家庭带来了经济压力，但是长远来看，提升教育质量、促进教育均衡是永恒的主题。

三　扎根基层的教育情怀

教师是一个良心活儿，在幅员辽阔的民族地区，教师更是需要有扎根基、无私奉献的情怀。扎旗寄宿制学校的学生需要教师更多的关爱，他们大部分时间都在学校里，接触最多的长辈无非是师长。听有的老师说，他们的收入与其他非寄宿制学校的老师一样，但每天几乎是 24 小时在工作，学生从早上起床的那一刻到晚上睡下都得全程陪护，工作量和投入的精力可想而知。与老师访谈，能感受得到他们对教育的热爱，以及对孩子们的爱护。

如果说寄宿制学校的老师已经为学生牺牲了很多，那么处在更加基层的学校教师呢？他们真正是用生命诠释了阳光底下最光荣事业的内容。11 月 20 日下午，通辽市教育系统先进个人的巡回宣讲报告会第五场来到了我们蹲点的学校。汇报会上，5 位先进个人讲述了个人的经历，有扎根农村教育 30 几年，学校被合并了几次的最美乡村教师；也有爱生如子无私奉献的道德标兵，她的儿子 2006 年由于网瘾退学，后来又复学考上了北航；还有坚守乡村、钻研教学的教师，她与她的学生建立了深厚友谊，乡村上班的路不好走，学生骑驴接老师，用塑料包裹教案以防被雨水淋湿；也有始终奋斗在三尺讲台的老师，不为名利所动，知道自己想要什么、不要什么的历史老师；还有用爱心灌溉幼儿心灵的幼教老师。他们的故事催人泪下，感人万千。让我们身心有了一次震撼，这也是我第一次当面听到最基层的教师故事，很受教育。

听到孩子们讲述自己的家庭以及上学的过程，心升佩服之余，还感受到了肩上的责任感和使命感。我国各地的经济发展水平极不均衡，家庭贫富差距也很大，在同一个地区，有的家庭电视、电话、电脑，现代化电器一应俱全，有的家庭却还没有通电。生活在黑暗中的孩子们，自然把学校当成了接触世界、学习知识、改变命运的场所，非常喜欢到学校去，家长也对孩子受教育寄予了厚望。作为一名教育工作者，尤其是从事信息化相关的行业，我应该借用技术的力量，为边远山区的孩子们做些事情，真正地了解他们的需求，贡献一份力量。

四　信息化在扎旗教育的实践

随着信息时代的到来，信息技术在教育教学中呈全面融合的态势。2012 年 9 月，国务院召开了全国教育信息化电视电话会议，时任国务委员刘延东发表了重要讲话。在扎旗基础教育均衡发展的措施中，也重视学校的信息化，于 2009 年投入了 2800 多万元，将所有学校都联网，为班级配备了多媒体设备，实现了班班通，每个学校都至少有一间微机室。从硬件上保证了学校接入网络的公平。

但是尽管如此，该旗的教育信息化水平也还是不够的，尤其是信息技术在教学应用方面还不够。教育体育局局长说该地区的教育信息化刚起步，如果他要有钱，就投两个，第一个是师资，第二个就是信息化。就算是教育投入占了 GDP 的 50%，但是仍然资金不足。遗憾的是，局长可能不知道有钱了该如何投入教育信息化。从与老师的访谈中，我了解到，民族地区的教育信息化除了硬件更新维护费用不足等常见的与别的地区类似的困难之外，还有一个困难就是民族教育方面的资源很少，甚至非常缺乏，老师们也不会技术操作，无法向学校自己的资源库贡献课件、动画等资源，而国家在这方面的投入不多，开发了数字资源的民族地区又不对外开放共享，因此老师想用而没有资源可用。

第三，信息技术可以尝试解决师资缺乏的问题。在扎旗，教师永远是缺乏的，尤其是一些农村地区学校和教学点，留不住教师。邓局长举了一个教学点用信息技术送达的英语课资源来开设英语课的例子，其实是信息技术作用发挥很明显的一个方面。那么师资和信息化，该如何统筹协调呢？师资缺、信息化水平落后问题的解决不一定有先后，或许可以同时进行。目前国内外都没有相关的研究，如果将用于聘任一名专职学科教师的钱用在信息化上，用电脑老师为学生上课，是否也是一种可以替代并且保障一定质量的方式呢？

在短短的 7 天调研中，我与队友一起同吃同住，每天行走在教育园区的学校教室、宿舍和食堂里，带着虔诚的心向师生学习，相互探讨，取得了比较丰富的成果。在周五举行的与教育体育局领导座谈的会议上，大家各抒己见，表达了短暂的蹲点调研的真实感想，表达了对扎旗人民友好接待的感激之情。我想这次调研定会成为我人生中一笔宝贵的财富，指导我在今后的工作中奋斗前行。

蒙古族小学的德育教育

赵　康

在内蒙古扎旗蒙古族实验小学为期一周的蹲点调查，收获颇丰。通过与从事德育工作的老师、校领导和学生的访谈，我对蒙古族实验小学的德育教育有了比较深入的认识。

一　心得体会

在访谈期间，我发觉教师的自身素质是德育教育成败的关键。一个好教师不仅要让学生学到知识，更要让学生领悟的做人的道理，学会做人。教师是学生的一面镜子，教师的一言一行都会对学生的思想品德的形成产生深刻影响，因此教师应加强自身的道德修养和职业素养，为学生树立榜样，这就要求每一位教师要树立为人师表的荣誉感，责任感和历史使命感，要保持较强的勤奋向上积极进取的精神风貌，时刻注意自己的言行举止，要有良好的行为习惯，特别是在日常生活中更要当好学生的表率。我所访谈的心理咨询老师白玉梅就是一个很好的标杆，她的言谈举止都在影响学生。

课外活动是思想道德教育的第二课堂，是思想道德教育行之有效的载体。开展形式多样的课外活动有助于学生形成良好的思想品德，课外活动是为学校教育目的，与课堂教学相结合，在课外对学生实施多种影响的教育活动。让学生在课外活动中受到教育、启发与鼓舞，是提高德育工作时效性的有效途径，课外活动多以集体的方式进行，是学生自愿参加。因此，他们会以积极的态度去面对活动中遇到的困难，处理个人与集体的关系，这就有利于培养学生的主体意识，团结互助的团队意识及集体主义精神，克服困难的毅力。学校开展形式多样的课外活动既可以提高学生的素质修养，开拓视野，同时也起到思想道德教育的作用。
扎旗蒙小德育教育工作非常注重课外活动——也就是第八节课的运用。
白玉梅老师组织的各种感恩活动、画报绘制等活动非常好地将课外活动
与德育工作结合到了一起。

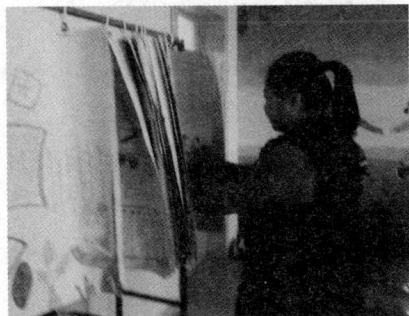

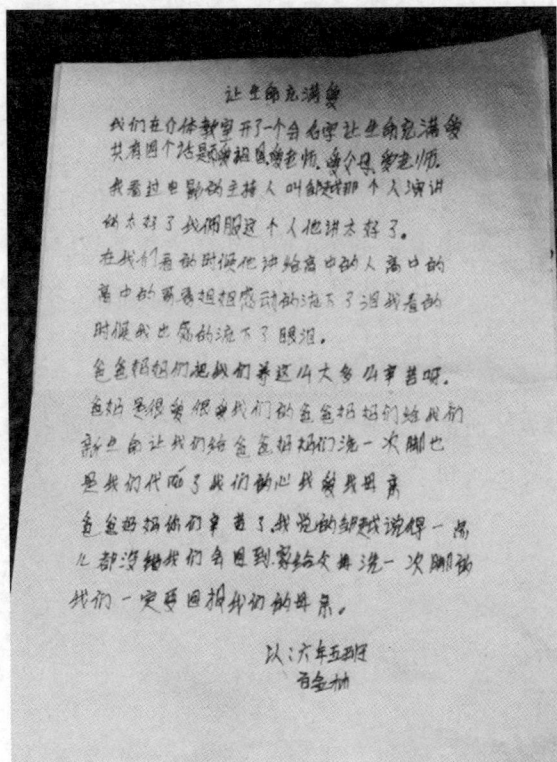

二　两点建议

1. 加强经典阅读

在访谈中我们发现，蒙小的教师和学生对于德育经典著作如《弟子规》《论语》等的阅读明显不够。在有限的阅读当中，还存在很多错讹之处。

习近平总书记在 2009 年就谈道："要通过研读优秀传统文化书籍，吸收前人在修身处事、治国理政等方面的智慧和经验，养浩然之气，塑高尚人格，不断提高人文素质和精神境界。"他在中央党校的讲话中明确提出，领导干部也应学习《弟子规》。在德育教育工作中，更应该强调经典文本的阅读，不仅学生要读，老师、校领导和其他教育工作者都应该熟读并身体力行。

2. 慎用道德标兵

我们访谈的学生中，有一位是扎旗旗级道德标兵。该名学生给我们的印象是活泼开朗、自信乐观。在访谈中，我们问及他的一些好人好事的时候，该名学生显出局促不安。后来我们了解到他接受过很多类似的采访，存在对"过度拔高"的恐惧。

中国传统道德教育注重"谦虚"和"谨慎"，我们认为树立道德标兵的做法与这一传统道德相违背。德育工作的任务是使每一位学生都能向善行善，德育教育尤其应该推行孔子所说的"有教无类"，而不应区别对待。

据我们了解，蒙小早已经取消了期末成绩排名的做法，防止学生和家长因为学习成绩而进行攀比。这一做法也应推广到德育教育当中，不应该再区分德育标兵和"德困生"。

第一次接触了少数民族学校

樊汝来

2013 年 11 月 17—23 日，在中央国家机关团工委、中国社会科学院团委和教育部机关团委的组织下，我们一行 14 人赴内蒙古通辽市扎鲁特旗蒙古族实验小学进行蹲点式调研，在短短的几天内，我第一次接触了少数民族学校，同时也对西部地区的基础教育有了一定的了解，以下是我的几点心得和体会。

一 学前教育阶段基本缓解入园难问题，学前教育小学化倾向严重

通过我们的访谈和实地考察，我们了解到扎鲁特旗实施了三年行动计划以后，新建、改扩建了二十多所幼儿园，每个乡镇都建设了标准化的园舍，可能由于时间或者资金的问题，园舍内部只有简单的小黑板、儿童桌、儿童椅、儿童床等，缺乏最基本的玩教具，操场上只有孤零零的一架小型滑梯，根本达不到办园的基本要求，这就导致了本来以游戏为基本活动的学前教育变成了以教授语文、数学、英语等小学课程的教育模式，导致小学化倾向。

我认为这个问题可能是暂时的，过程性的，同时也是普遍性的情况，建议当地教育部门在以后的学前教育建设中更加注重内涵的建设，按照相关配备标准和办园标准做好条件性建设，配齐配足玩教具，按照《3—6 岁儿童学习与发展指南》的要求，积极开展教育游戏活动，让玩具陪伴幼儿的童年，让儿童的童年更加快乐，更加灿烂。

二 蒙古族学校民族特色明显，新课程效果有待提高

扎鲁特旗蒙古族实验小学举办了 9 个民族特色班和 4 个兴趣班，对

这些特色班和兴趣组也投入了大量的精力和财力来建设实验室、场地、配置资源和条件支撑，在弘扬民族文化、培养民族文化宣传者和接班人方面起到了非常重要的作用，但是这些兴趣班和特色班只是针对很少一部分学生，没有形成普遍性，没有针对全体学生，并且对于国家性的课程，如小学科学课，则存在教师年龄层次偏老，教师水平偏弱，由主科老师兼任等情况，导致小学科学课程教学效果较弱，甚至有的兼任教师在小学科学课时教授自己承担的主科科目。小学科学实验室面积不足，仪器设备老化，使用的还是 2006 年两基验收时候的仪器，几乎很少在实验室内开展科学实验和实践活动。体育教学器材缺乏，学生上体育课只能围绕操场跑步、做操。

综合实践课程能够保证开展，学生的作品比较有创造性和创新精神，部分作品还获得了内蒙古自治区的科技创新大赛的奖项，但是由于缺乏先进的甚至是必要的仪器、工具和设施设备，缺乏较为丰富的材料和耗材，学生的创造力和创新精神不能得到很好的发挥，导致制作的作品层次较低、外观较粗糙。如果适当配备一定的工具设备和多样化的材料，相信学生们的作品一定能上一个新的台阶。

三　初中实验室建设基本能符合标准化要求，实验课开展较为理想

因为我们这次调研主要集中在蒙古族实验小学，对于初中只是对两所初中实验室进行了参观，通过参观和对教师的访谈了解到，初中实验室建设基本能符合标准化要求，实验课开展较为理想，原因之一是通辽市教育局要求中考中要对学生的实验操作能力进行考核，其中物理实验分值为 10 分，化学实验分值为 10 分，生物实验分值为 10 分，在考试的形势下，各学校加大了对实验课的投入和开展。同时初中的仪器设备也存在老化和落后的地方，比如现在生物课程中使用的动植物标本还是使用福尔马林浸泡液进行保存，现在较为普遍的是标本包埋技术，另外化学实验室由于实验过程中会产生一定的烟雾等有害烟雾和气体，现在倡导通风到桌，并对通风换气能力有一定的要求，目前参观的实验室这方面做的还不够。

访谈实录

访谈 1

采访人：郭志法、钟亮、徐璐

受访人：NMA，扎鲁特旗鲁北蒙古族实验小学关心下一代工作委员会主任，退休教师，蒙古族

访谈时间：2013 年 11 月 19 日星期二 9 点

访谈地点：鲁北蒙古族实验小学

访谈记录：

问：老领导您好！

答：你们好！欢迎你们！

问：我们是中国社会科学院和教育部青年干部调研组，我们这次到您们学校蹲点、体验式调研一周，您是我们访谈的第一位教师。

答：呵呵，谢谢你关心我们学校。

问：您今天怎么有空来学校？

答：我退休了，每天都在小区里玩，跳舞、打球。但是他们叫我担任关心下一代工作委员会主任，学校有事就叫我来。

问：您退休多长时间了？

答：我退休十四年了，是 1999 年退休的。退休了，我想自由了，可以好好玩玩，可是他们叫我当关心下一代工作委员会主任，我开始不愿意，后来，老校长找我了，把我报上去了，我就帮着干点事。

问：您老退下来，发挥余热，这是好事啊！我们看您很精神、气色很好！您是什么时候当教师的？

答：这个说来话长，我是通辽师范学校的学生，最早我是在扎鲁特旗嘎亥吐镇查嘎拉吉小学教书。

问：那是哪一年？

答：是 1969 年开始在查嘎拉吉小学教书。我在通辽师范学校没毕业，因为我生病了，休学在家。刚开始教书没几天，就被"文化大革命"停止了，1970 年后我才恢复了工作。

问：那您是何时到鲁北蒙古族实验小学工作的呢？

答：这个有些经历。我一直在扎鲁特旗嘎亥吐镇查嘎拉吉小学教书，教学成绩不错，我在通辽师范的老师去我们小学检查工作，他是扎鲁特旗教育局丹巴任青局长，他是我的老师，也很了解我。所以，我就去找他，要求调回鲁北镇。他说，你要把教学搞好，你的毕业生要是80%能够升入中学，我就同意调你。

问：后来呢？

答：1982年，我带的学生成绩非常好，都升入了好的中学，我就去找丹巴任青局长，他就把我调回了鲁北蒙古族实验小学。

问：那您的愿望实现了，您在新的岗位上是如何教学的呢？

答：我是被调到学校的学前班，就是幼儿园工作，因为那时没有幼教教师，我就只能教幼儿园。可是1984年，幼儿园和小学分离，我就在幼儿园工作。1985年，我光荣地成为预备党员。1986年，我担任了幼儿园党支部书记。

问：那您还教孩子吗？

答：当然教，我一直在教学岗位上教学生。后来幼儿园和小学又进行了合并，我就担任了学校的党支部副书记，一直干到退休。

问：在小学这些年学校有什么变化吗？

答：变化太大了，我们那时建了楼房，不是现在所在的校园。我们90年代的校舍比80年代又有了很多改进，现在小学搬入教育园区，条件真是太好了，简直就像在天上，这和我刚参加工作时真是天壤之别。

问：我的孩子在北京上初中了，我到她们学校看了看，也是变化很大，和我小时候在乡村小学的条件不同。我小学生时候的教室是土墙，课桌和凳子都是自己带，放假还要搬回自己家里。

答：现在孩子可幸福了。

问：是的，我们是在北京东城区，我到孩子的学校看过，也去一些周边的学校，胡同里的小学我也去看过，里面的条件也是不错的，基本是标准化现代化的教室。你们现在这个蒙古族实验小学是在鲁北镇上，偏远地区乡村、苏木里的学校情况怎么样呢？

答：那也变化太大了，我以前工作的扎鲁特旗嘎亥吐镇查嘎拉吉小学现在也是当地的中心小学，条件和我们这里差不多，就是老师条件可能不如实验小学。

问：哦，就是说硬件条件改善很大，软件还需要加强。

答：现在不仅是小学条件好，国家实行了三年学前行动计划。这个计划非常好，老百姓都高兴得很呢。

问：您是说幼儿园吗？

答：是的，幼儿园可好了，比我工作过的幼儿园条件好多了。

问：是啊，我小时候在湖北中部农村上学，我们村里没有幼儿园，镇上好像也没有。所以我们七十年代的早期一批农村学生根本就没有幼儿园的经历。

答：旗里有幼儿园。现在各个镇都统一建了中心幼儿园，里面都是标准化建设的，听教育局的同志说了，所有幼儿园的设计图纸都是一样的，按照同一标准建设的。你们去看了没有？

问：我们还没有，我们这次根在基层调研活动就是要看看基层学校的情况，我们昨天和旗教育局的同志进行了协调，安排了这一周的活动日程。昨天是刚刚到达我们鲁北镇，听教育局的同志们介绍了扎鲁特旗的基本情况和全旗教育事业发展的概况。今天、明天我们都在你们学校进行访谈，周四上午我们也在你们学校访谈调研。下午，我们会参观整个教育园区和其他乡镇学校，周五上午我们和扎鲁特旗教育系统的同志们进行座谈，向你们汇报我们调研访谈学习过程中的主要体会。您是我们今天访谈的第一位老师！

答：呵呵，好的，我们学校的情况你们可以多看看，整个参观一遍。

问：是的，我们这次调研的要求是扎根基层，就是要我们调研组的全体成员到一所乡镇中心学校蹲点式体验，和师生同吃同住同勤，中午我们请您和我们一起在学校食堂吃饭好吗？

答：当然好！学校对我们这些退休老师不错。我们都有退休工资，医疗费也能够报销。学校经常有活动通知我们来参加。

问：你们退休教师一般参加哪些活动呢？

答：我们主要是参加关心下一代工作委员会的一些工作。这些工作很杂，我有时看到有困难的学生就帮助他们。我们的学生全部是寄宿制的，他们这么小就不在父母身边，学生们是每十天放一次假，休息四天再回来上十天，有的学生家很远，回家就要大半天时间。一次有个学生要买学习用品，他没有钱，家长也不在身边，我就帮他买了八十多元的。

问：学生在这里学习生活需要钱吗，经济负担重吗？

答：这里吃住全免，小学生是160元，初中生是190元，吃饭住宿学习都不要钱，学生主要是回家要路费，平时也要有些零花钱。

问：那你们关心下一代工作委员会还做哪些事情呢？

答：我们帮助一些困难的学生，也想学校和教育局反映，他们也会帮我们解决一些。我们还要和家长开会，帮助家长教育孩子，班级开的家长会我们都会参加。家长们会提很多问题，班里的老师不一定都能够回答，她们也没有足够的时间，我们就帮助班主任联系家长，解答她们的一些问题，教她们一些教育孩子的经验，对学校的工作进行解释，为家长们服务。

问：呵呵，你们的工作很重要啊！老师和家长之间有了你们这些老同志做工作就不一样啊，这真是发挥了余热呀！你们退休的同志有多少？

答：我们学校退休老师有三十多个，现在在职的是195人，占七分之一吧。还有的学校退休的更少，他们建校的时间很短。但是听教育局的同志介绍说，今年开始，我们的教师开始进入退休的高峰时期，老师可能缺编。但是如果新进入一些年轻的大学生教师的话，那就对学校的教师素质提高有很大的作用

问：好的，谢谢您陪我们聊了这么多，中午我们再学生食堂再聊。

答：好的。

访谈 2
与一位蒙语老师的对话

受访人： NMB
采访人： 王海锋
记录人： 左晓梅、张晋
访谈时间： 11 月 19 日上午

访谈地点： 扎鲁特旗鲁北蒙古族实验小学

受访人基本情况： NMB，女，40 多岁，教师（扎鲁特旗鲁北蒙古族实验小学）

访谈记录：

注：访谈人向受访人介绍本次调查的目的，并就相关情况向受访对象

问：您是蒙古族？

答：我是蒙古族。

问：那您现在从事教学工作有多长时间？

答：20 年。

问：您是哪一年出生的？

答：我是 1972 年出生的。

问：那您从事教育工作有多少年了？

答：20 年，今年正好 20 年。

问：那您身处教学一线应该对教学工作有着深刻的体会，能够在跟家长、学生以及同事之间的交流中，对教育有很多意见和建议，尤其是对双语教学。

答：对。

问：您是教什么学科的？

答：蒙语。

问：您是一直在这个学校教书么？

答：不是，我以前是在乡下。

问：您在乡下待了多少年？

答：十多年，我来到这个学校（即县城的蒙小）才四年。2009 年才来到这里。

问：您所在的乡下离这里有多远？

答：一百来里地。

问：您在乡下教的是几年级？

答：以前我在教初中。教初中的蒙语。也教过初中的政治课。但一直研究的是蒙语。

问：蒙文教学在您现在所在学校（蒙古族实验小学）的地位怎么样？跟语文、数学、英语比较起来的话，考试时所占的比例是什么？是单独作为一门课么？

答：单独的一门课，是主要的一门课。在蒙古族地区，蒙古族实验小学中，蒙语教学是主要的一门课程，是主课。

问：目前，在蒙文教学中，学生在学习中遇到的最大障碍是什么？

答：学生学习蒙语的爱好和兴趣比较低落。不像我们学蒙语的时候。主要是应用少。

问：但是我看在课堂上学生之间交流的时候用的依然是蒙语？

答：我们用的都是蒙文。写作方面是蒙文，表达方面也是蒙文。也都比较好。但是由于在社会上的应用越来越少，有的时候会导致家长对学生学蒙文支持不够，重视程度不够。

问：按照我们的想法，因为这些学生处在蒙语的环境中，他们的听说能力应该是比较强的，相比较于英语而言，他有天然的优势，如一出生开始说话就是蒙语，父母在说蒙语，老师、同学说的也都是蒙语，去街上买菜、商店买东西，都是蒙语，所以，在听说这一块，应该是没有多大的问题？

答：现在的实际情况不是那样的，孩子们看电视都不看蒙文频道，看的都是汉语频道。然后在通辽这边虽然蒙古族人多，但语言的汉化现象很严重，所以一般都是在生活中混杂着说汉语，并且导致在课堂上说蒙语的时候，学生容易将两者混淆，反应不过来。有些时候，蒙语的词学生听不懂，用汉语解释的话，比用蒙语解释更易理解。

问：那说明学生平时在看电视什么的，生活中的汉化非常严重？

答：对，汉语在生活中应用的比较多，因而蒙文的使用就比较少。更为主要的是，学生使用的教材的内容基本上都是基于内蒙古西部地区的生活的东西，这可能对于传统文化的传承有好处，但是，由于东部地区不怎么用这些词、语言，教的时候，老师不怎么理解这些词，学生更不理解，有些词甚至是从来没听到过的，没见过的，课本里用的内容是蒙古西部地区的，甚至是蒙古国的。

问：咱们使用的蒙文的教材有课标么？都是哪里制定的？

答：有，教材使用的内蒙古教育出版社的，前些年的时候，有个关于蒙文教材的培训，我们去了呼和浩特，蒙文教材编辑部的同志也和我们交流过，也提过意见。他们说是，人手也少，如果按照地区来编教材的话，八套教材才可以完全满足不同地区的需要。

问：有没有一种比较统一的教材？

答：没有，汉语的教学就用一个教材，咱们蒙文的是八个地区教材各不相同。

问：那咱们有没有能够适用于八个地区比较统一的一部教材？

答：肯定意见不一致，那次座谈会上大家都提了意见，但意见还是不统一。现在主要是更新的程度不够。现在也就是一到四年级的更新了，但其他的没有更新。

问：那更新以后的情况怎么样？

答：更新以后的课时是比较少了，以前是38课，现在是22课。但是内容还是不怎么适合咱们这个地方的孩子。有些内容学生根本不懂，教师也不懂。

问：按照您的意见，您觉得怎样修改教材才能解决这个问题？

答：我还是建议按照地区来编教材。划成东部、西部、中部来编写教材，比较接近学生所在地的生活，这样的话孩子们也比较爱学。然后学生理解教材的内容时也比较容易。现在蒙文教学中，解释起来比英语和汉语还要难。学生在英语课和汉语课比较活泼，学起来也比较积极，但蒙文的课就没这么好的效果。这也让教授蒙文的老师挺烦心的，我们也在研究，做些教改啥的，怎么能够让学生喜欢这门课程，把学生的积极性调动起来。

问：那你们都采用了哪些措施？

答：主要是让他切身体会蒙古族的生活，了解蒙古族的文化。

问：在蒙语教学中还有哪些困难？

答：咱们蒙文可以利用的课外资源也比较少。比如，孩子们看的东西比较少，如蒙语的动画片、电视剧，虽然蒙文频道也有这些东西，但其内容并不足以吸引孩子们的兴趣。各种资源，尤其是电子资源要是有蒙文版的话，孩子们其实肯定会很喜欢的。虽然强调要让他们看蒙文频道，但是到家里的时候，他们肯定不看，就是喜欢看汉语的东西。其实，家庭教育也很重要。但是家长认识不到这点，在平时跟孩子沟通的时候用的也都是汉语，以至于一些简单的蒙语孩子都不是很懂。

问：那您是怎么理解这些问题的？

答：我是这样理解的，不管是环境怎么样，主要是应用的问题，比如，如果内蒙古地区政府下达的文件啥的都必须用蒙语，或者用蒙文来分发材料啊啥的，要求到这点，孩子们学习蒙文的兴趣肯定会上来。同时，也要拓宽蒙文的应用范围，比如，街上的标志啥的多用蒙文，既有蒙文又有汉语的话，对孩子学习就有利。

问：在教学的过程中，可能孩子来自不同背景的家庭，不同的地方，那您觉得在您的任课的班级上，哪一部分的学生学习蒙文更快一些？比如，农村的孩子要比城镇的孩子学习蒙语快一些？

答：当然农村的孩子学习快一些，城镇的孩子就差一些，因为农村主要说的是蒙语，比较接近生活。主要是在生活中看到的东西（用蒙语指称的东西）也多，街上的小孩看不到民族生活的东西。城镇的普通话应用非常高，但在农村的话，孩子们说的就是蒙语，就有利于农村的孩子学习蒙语。

问：那这样的话，是不是会出现这样一种状况，来自农村的孩子可能有些功课学得不怎么好，但他的蒙语学得好？

答：会有的，有的农村的孩子在蒙语方面比城镇的孩子优秀。

问：人其实是社会化的，在您的教学过程中，也要跟家长、社会、学生、同行、学校的领导等打交道，那么，在这几个关系当中，您觉得哪一个因素对您的蒙语教学影响最大，如果可以排序的话。

答：应该是社会，社会影响比较大。

问：家长的影响大么？

答：也大。其实最大的还是社会，尤其蒙语的使用率的降低。例如，一旦离开内蒙古地区，到外面去工作，蒙文实际上就用不上。有的蒙古族家长也是因为考虑到这个因素，让孩子改学汉学，去上汉小。

问：咱们学校的蒙语老师有多少位？

答：30多位。英语老师实际上只有八九个。蒙小最大的一块就是蒙语教师。

问：就您感觉，在咱们这个学校，在校领导的心目中，蒙文教学的地位如何？

答：蒙文能排到第一位，咱们学校就是蒙古族的小学，因此，蒙语教学很受重视。

问：咱们学校的蒙语老师都是从哪里毕业的？

答：大多数都是从师范学校毕业的。

问：是不是从蒙语专业毕业的？

答：不是，师范学校的普适班毕业的，但都是用蒙文毕业论文毕业的，但基本上这些老师都是自小就学的是蒙语。

问：作为社会化的人，蒙语老师在平时的生活中，蒙文的应用性高还是汉语的高？

答：咱们蒙文老师一般都说的是汉语。老师之间沟通的话都是蒙文。课堂上用的必须是蒙文。

问：现在上数学等其他课的时候，用的是汉语还是蒙语？

答：除英语课、语文课（汉语）用的是英语和汉语外，其他课程上老师说的都是蒙语，学生要用蒙语去学习其他学科，也是拓展应用的面的一个方面。但是容易出现一个问题，孩子们容易用汉语来思考问题，这样的话，孩子的反应速度要慢一些，要有一个过程。现在学生有的名词，用汉语更易于解释。

问：为什么会出现这个问题？

答：这是因为孩子们从小接触的是汉语，家长也说汉语。这就容易导致孩子蒙汉的混淆，例如，蒙语中的"baixing"指的是"房子"，但孩子在组词的时候，就会组"老百姓"，把蒙语的"baixing"误认为汉语的"百姓"，这些都对蒙语教学极为不利。

问：那这样的话，在一种汉语的环境中，学生又是蒙古族，还学着英语，那么三语教学（蒙语、汉学、英语）是不是很难？

答：其实不是的，孩子们如果蒙语学好了，他们的英语和汉语也会学得更好。

问：如果有可能，您希望政府在政策上有啥支持？

答：学蒙文的学生毕业（主要是大学）能够找工作上有政策支持，这样对小学生的蒙文学习也是一种激励。要求用到蒙文的地方多一些，应用性大一些。

问：你带班级么？

答：去年的时候带，但学生毕业后就没有带了。

问：您觉得作为班主任，在工作中遇到的问题有哪些？

答：主要是作为班主任压力很大，加之有些家长的素质也不那么高，碰到一些小事的时候，总会找麻烦。尤其是安全问题。有些班主任晚上十二点都得到学校。寄宿的学生晚上要是生病啥的，都是跟班主任联系，加之有些孩子家在乡下，孩子的父母来不了，就要求班主任必须送孩子去医院看病。你不到位，责任就是你的。有些时候，课间学生之间打闹，出了问题都是班主任的。反倒是教学上的事务比较好弄，琐碎的事务很让人烦心。教学上什么困难都能克服，但这些问题都克服不了，有些问题想解决都解决不了。

问：现在学生中独生子女多么？

答：现在一般都是独生子女，两个的都很少。百分之九十都是一个。

问：最后一个问题，您能谈谈最希望的是什么？

答：能够把教材修改完善下，有利于教学；要重视教师的地位，例如很多人，像高中的学生毕业的时候都不愿意选择老师这个行当。整个社会能够更多地理解老师。

访谈 3

受访人：NMC（女），内蒙古自治区扎鲁特旗鲁北蒙古族实验小学五年级学生

采访人：陈磊（教育部基础教育二司）

王莹（中国社会科学院文学研究所）

高丙成（教育部教科院）

访谈时间：11 月 21 日上午

访谈地点：内蒙古自治区扎鲁特旗鲁北蒙古族实验小学教学楼三楼

访谈记录：

问：你现在读几年级啊？

答：五年级。

问：叫什么名字

答：NMB。

问：是蒙古名吗？

答：是蒙古名。

问：幼儿园是在哪儿上的？

答：小小鸭。

问：离这儿远么？

答：远。

问：现在上学离家近么？

答：就住在学校里。

问：学校离家里面大概有多远？

……（沉默，表示没有概念）

问：放学回家多长时间？

答：我爸一般都在上班所以没时间来看我，一般都是第五天来接我。

问：咱这上课是五天？

答：十天。

问：那就是五天来看一次？

答：嗯。

问：平时和小朋友玩得开心吗？

答：开心。

问：平时都玩些什么？

答：玩那个鸭子过河，丢手绢。

问：丢手绢啊？在院子里面玩？

答：嗯。

问：你来学校已经三年了哈，那你觉得一个好的学校应该是什么样的？你想象一下，随便说没关系。

答：我觉得要有那种蒙语教师，要有那种专门沟通心理的心理咨询室。

问：那你们这边有心理咨询室吗？

答：有。

问：那你一般都会去吗？

答：嗯。

问：去都聊什么呀？

答：我一般都是成绩考不好就去。

问：那老师一般都会怎么说？

答：老师都会说：你这次肯定尽了最大的努力，下次一定会考好。

问：那你成绩肯定是属于好的吧，你一般都考多少分？

答：一般都在 90 分以上。

问：那很棒啊，你爸爸妈妈一定非常骄傲吧？

答：嘿嘿。

问：那你觉得一个好老师是什么样的？

答：呃……

问：没关系随便说，就是随便聊天。或者说是，你自己觉得什么样的老师你最喜欢？

答：就是非常亲切的。

问：那你觉得哪位老师最亲切？

答：汉语老师。

问：那你觉得，就是现在你想啊，有那个场景你觉得老师可好了，比如哪天发生什么事情，讲一个故事？

答：我们一般，我们因为这儿是蒙语学校嘛，所以一般汉语都不怎么好，汉语成绩，我们班的很多同学都考不好，但是老师会鼓励我们，下次一定会得好成绩，然后老师会给我们一个鼓励卡。

问：鼓励卡啊，那你现在有几个鼓励卡？

答：3 个。

问：那第一次得鼓励卡是什么时候？

答：开学第三个星期。

问：是这个学期吗？

答：嗯。

问：那当时是怎么得的，给我们讲讲好吗？

答：那时我挣了 5 个 100，给了我一个，然后下次也是 5 个 100，然后又给我一个，然后这次我考试得了一个 97。

问：老师也给奖励卡了啊，那她有没有说什么？

答：这次得了97，下次争取得100。

问：呵呵，拿到卡高兴吧？你没有想过长大以后干什么？

答：长大以后我想当一个老师，当一个优秀的老师到农村教书。

问：去农村啊，怎么有这个想法的？

答：我觉得农村的，他们那可能没有我们这儿好，然后我想好好学习然后以后当一个优秀的老师回去教他们。

问：那你感觉优秀的老师应该是什么样子的呢？

答：就是考得不好也不一定要去训他们，有时候鼓励他们会更加努力。

问：嗯，对对，那你现在就是除了语文老师，还有没有喜欢别的老师呢？

答：恩，蒙语老师。

问：那你能不能给我讲一个感受到的，或者你们同学说他好的地方？

答：因为我住在宿舍，所以经常会犯一些错误，然后老师会给我们细心讲里面的东西，然后老师会给我们说一个故事让我们去理解。

问：那你给我们讲一个故事吧，就是老师给你讲的印象比较深的，能想起来吗？

……

问：就给我们讲一个故事，你不是说你犯错了嘛，就说哪天犯了什么错，然后老师给你们讲了什么故事？

答：就是有一次我在那走着来着要跟他们去玩，然后有一个，我看见阿木不勒姆和那个爱民，阿木不勒姆在那站着，然后爱民要走过去的时候，阿木不勒姆看见婴瑞肯在玩篮球，然后要跑过去跟他们玩，然后就撞到爱民了，然后这块肿了，然后老师说以后走路的时候要看人，比如说有个人要过马路，然后那个人看到那块有警察，后面有警察，然后他们没有牌照所以就赶快冲过去把那个人给撞了，那样也是会被抓的，所以做什么事情都要细心。

问：哦，这样子。那你就说你最喜欢的小伙伴是谁？

答：文静，萨拉塔拉，还有茶苏娜……

问：这些都是你的好朋友啊，那你为什么会喜欢他们？

答：因为他们跟我一起玩游戏，然后我不会的题他们要是会的会帮助我，然后我也会帮助他们。

问：那你们都做什么游戏？

答：有时候会做游戏，一般都不做游戏，一般都是在班级做作业，要不就是把先把放假安排的作业先给做了。

问：那你感觉你平常作业多吗？

答：嗯，我一般放假第二天以前都会写完。

问：那平时上课的时候你感觉作业多吗？

（摇头）

问：也不多？那其他同学的感觉呢？

答：我们组的一般只有几个不会，所以我和萨拉塔拉写得快就会教他们。

问：你们组是几个小朋友，几个同学？

答：一个组6个，然后大概七八个组。

问：你们这个小组形成多长时间了？

答：有几年了。

问：那怎么运作的，因为我们只看到后面的？给我们介绍一下。

答：就是一个组里面有几个学习好的，有几个学习差一点的，然后学习好的就先学会就再去教他们，这样就会共同努力。

问：那是课后的完成作业的吧，我看到你们上课前和上课中都会分组的，那你给我们讲讲你们是怎么运作的呢？

答：就是老师会给我们一个个分，假如一个"给"，每个组都会分到一个字，假如我们组分到一个"给"字，然后我们组因为每个人都会有一个字典嘛，然后就会把字典拿出来一个一个的查，然后谁查到了，我们一起写，抄在本子上。

问：这个是课前的，那上课的时候呢，就是我看你们上课时候有的负责上台写，有的负责解释，这个是怎么分的呢？

答：那个就是第一次我们都会排好，1号是谁，2号是谁，今天是1号了的话，明天就是2号。

问：那会不会专门找学习好的上去，还是都是轮着的？

答：有的时候太难的话，学习较差的不会写的话呢就学习好的上去的。

问：那你愿不愿意和学习差的在一起呢？

（点头）

问：为什么呢？

答：因为我希望我们班级是 7 个班级里面最棒的，所以我希望跟他们共同努力。

问：那比如你会了，然后你教他们这种感觉好不好呢？

（点头）

问：那如果你们小组学会了，你会去帮别的小组么？

答：嗯。

问：为什么呢

答：因为我们是一个班集体。

问：那你觉得和其他同学一起学好，还是老师教效果好？

答：我觉得老师教的效果好，因为我们有时候解释给他们听的，他们有时候会听不懂。

问：就是老师还是要做一些指导，那你们以前还是老师教的比较多的吧，那你喜欢哪种方式？

答：我觉得，我也不知道，反正有的时候我会觉得老师教的好，有的时候自己学比较好。

问：那你们现在是就是语文是这种方式还是有其他比如数学也这样？

……

问：说汉语文和蒙语，数学这些是不是都是分小组学习？

答：嗯。

问：数学怎么分的？

答：数学我们是这么分的，学习最好的是 1 号，最差的是 6 号这样，然后中间哪些都是按分数排。然后老师随便说一个号，比如老师说 4 每个组里的 4 号就都上去。

问：哦，就这样上去做题目。行，你想你们现在是每 10 天会有一个假期嘛，那然后爸爸妈妈去接你的话，然后你们会出去玩么？

答：因为我爸爸妈妈是老师，所以就都一般没时间。

问：那你回家都自己一个人玩？

答：写完作业就去姑姑家，做不会的题。

问：那你最近一次爸爸妈妈带你出去玩是什么时候啊？

答：好像是上星期。

问：上星期去哪玩了？

答：恩，是个公园还是哪儿？……就是通辽的公园。

问：去公园啊，那你们都去玩什么？

答：就是我和我妈去那儿玩来着，然后我看见那个喷喷枪然后我想玩来着，然后我和妈妈下去玩，然后老爸也想玩就一起玩了。

问：喜欢跟爸爸妈妈一起玩吧？

（点头）

问：那你和爸爸妈妈玩得最高兴的一次是哪一次还记得不？

答：最高兴的一次就是我和爸爸妈妈去姑姑家在他们家电脑上玩双人游戏。

问：什么游戏啊？

答：亚伦传说。

问：嗯，是跟谁一起？

答：跟爸爸。

问：打得过爸爸吗？是对战的吧？

答：爸爸老输，呵呵。

问：我刚看你参加马头琴表演了，你还参加别的兴趣班吗？

答：嗯，以前我学，我现在已经学 7 年舞蹈了，那时候我去了图雅老师的舞蹈班也是这个学校的老师，然后那时候我和我爸妈去山东，我二姨在那儿，然后去那玩然后二姨说在那买房子，然后买房子后我每年暑假都去那玩，然后那时候我就没去了，没去学舞蹈。

然后老师说，那时候我正好二年级，然后就快三年级了，然后老师说去那的话后舞蹈班，不要参加其他兴趣特色班，然后我不知道我就参加了马头琴班，因为我干爸也是学马头琴的。

问：那你喜欢哪一个，跳舞和马头琴？

答：两个都喜欢。

问：那你当时选班的时候，是你自己给爸爸妈妈说你要学的，还是学校要求选的？

答：我自己要学的。

问：那你们马头琴班有多少同学？

答：小班有 20 多个，大班有十几个。

问：你们训练一般是安排在什么时候？

答：第八节（课）。大班的第二节下课后也可以来。

问：一天要学几个小时？

答：一天一个小时。

问：不累啊？刚开始累么？一开始的时候哭么？

答：累啊，没哭啊，没喊累，没哭。

问：那是怎么坚持下来的？

答：小时候我就特别喜欢看有舞蹈类的节目，然后我就特别相当舞蹈演员。

问：那你不是也想当老师么？也想当舞蹈演员的话，如果有一天要是两样都可以你选哪个？

……

问：没想过啊？

（摇头）

问：你没换过班吧？你们班同学有中途离开就没上学的？

答：有。

问：那你知道是什么原因吗？

答：不知道。

问：那你们班有谁离家特别远？

……

问：你回家要多长时间？

答：坐车十多分钟。

问：你哪门功课最好？

答：汉语和数学。

问：汉语几年级开始学的？

答：汉语是二年级开始学的。

问：那你最喜欢的是哪门？

答：汉语。

问：是为什么喜欢？是因为学习好喜欢，还是本身就喜欢？

答：数学是本来就喜欢，汉语是因为我妈是汉语教师，所以我妈从小就给我看汉语故事书什么的就渐渐喜欢。

问：那你是怎么开始学汉语的？

答：小时候我妈会给（买）我那种一点就说话的书。

（提示：汉语点读机？）

答：嗯，那时候我小还不知道，就乱点，感觉挺好玩的。长大后我就开始看电视了，然后我就一般都看喜羊羊与灰太狼嘛，然后那个是汉语的，我就老学着那些东西然后我就会了。

问：那你在学校开始学以后怎么学的？

答：因为那时候已经很喜欢学汉语，也有兴趣去学，然后我妈妈是汉语教师嘛，就拿着汉语去让妈妈教。

问：你觉得你的汉语比其他同学要好是因为什么？

答：其实也不算了，因为我喜欢汉语嘛，我妈就给我买那些有知识的书，然后我就看，那些知识我其实我根本不用背我都会了。

问：你有想过以后要读什么大学么？

答：清华。

问：什么专业，想过没，哪一方面的？

……（摇头）

问：没想过啊。清华去过吗？

答：清华没去过，去过北大，上上个暑假，我去了图雅老师的班级后，图雅老师又来到这了然后就不开了，然后我就去了长乐，那时候我都学了6年了，然后我基本功不是很好嘛，老师就让我当了大班班长，然后那时候北京的魅力中国系列报名了，老师就打电话说可以去北京演出，然后老师就把我也整进去了，然后就去了北京，然后那时候我姐姐和哥哥也在北京。

问：是亲哥哥吗？

答：不是，三姨的。然后我就给我妈要了姐姐的电话。然后姐姐就带我去吃东西，累了。然后第二天就去了北大。

问：北大好吗？

（点头）

问：那北大清华为什么最后选的清华？

答：因为我觉得这两个学校都差不多，但是不晓得为什么我妈妈要让我选清华。

问：就是妈妈想让你去清华啊？

答：我自己也不知道为什么要去清华。

问：那打算什么时候去清华看看啊？有想过么？有机会去要去吗？

（点头）

问：去北京都逛了哪儿？

答：逛了北大，还有那个什么博物馆，然后那时候明天就要走了，没时间，一天就那样完了，然后老师说想去长城没去了。

问：咱们这儿考清华要多少分啊？

（摇头表示不知道）

问：还不知道啊，那你一定要好好学习，按你现在的学习成绩一定是很有机会的。

（点头）

问：那你最高兴的一件事情能不能和我们分享一下呢？也可以是和同学、朋友、老师的都行，讲一件最让你难忘的事情。

答：最让我难忘的是和我们班几个男生和女生出去玩。

问：去哪儿玩呢？

答：我也不知道，就我们几个在镇里瞎逛。

问：这样就高兴了啊？为什么呢？

答：就在那时，有个人去说，想去（某餐厅名字），然后他请客，完了又去相台山（录音不太清楚）。那时候我体育也很好，然后他们几个男生一下就上去了，女生也有几个快的上去了，后来我也上去了，然后有几个跑得慢的女生就在后面，后来他们一直都没上来我们几个跑得快的女生就下去接他们一起上来了，那时候发现男生们已经不见踪影了，然后我们跑到顶上时候发现一个类似蒙古包的东西，然后那几个男生突然就出来吓我们，然后那时候我没在蒙古包那，我在一个假山那块了，我就看到他们在吓那几个女生，我就准备吓他们，最后他们就也发现了这个假山，就都来假山这边玩了。

问：哈哈，这是什么时候的事啊？

答：这是第二个星期的放假。

问：那还是和小朋友一起玩的时候开心？

（点头）

问：然后我再问你一下，就是因为你父母比较忙没有什么时间陪你，那么你希望你父母干什么呢，或者你认为好的爸妈是什么样的？

答：我觉得我爸妈已经很好了，我只是希望他们能多点时间陪我。

问：那其实他们也会有周末，这时候他们平常都忙什么呢？

答：我妈妈都没什么时间，就是晚上陪我玩一个小时左右，我妈还要批作业，我爸爸是教育局的，平时也没什么事就在那看电视，我就和我爸一起看电视。

问：那你爸妈你喜欢哪个？

答：都喜欢。

问：那最喜欢哪个？

答：我妈。

问：为什么？

答：因为我妈只要有时间都会陪我

问：呵呵，看来还是喜欢他们多陪陪你？

（点头）

问：那你说希望他们陪你，那就比如陪你看电视也是陪你啊，那你最喜欢爸妈怎么陪你呢？是陪你玩，聊天还是什么？

答：因为我最喜欢看书嘛，然后我妈一般有时间都会和我看书，我爸呢只要有时间都会看电影，都不管我。

问：那你要是有时间，你会和爸爸交流么？比如说爸爸和我读会儿书什么的？

答：我有，我有时候会让我爸和我一起看书，我爸就让我读给他听，我读着读着他就睡着了。

问：呵呵，那你希望是爸爸读给你听，还是两人一起读呢？

答：我喜欢像我们分课文似的分着读。

问：那就说其实在学校或者是在家里会遇到什么不开心的事情，然后怎么处理的？

答：今天我就有，我和撒姆啦塔拉是好朋友嘛，然后他说要唱我的马头琴，然后让我用马头琴伴奏，但是我不会，他就说让我自学，但是这首歌挺长的，不好学。最后我俩说着说着就吵起来了。最后我就说要不我们就唱这首嘛，然后他就说唱调换的塔安，最后我们就达成协议了。

（致谢后结束）

访谈 4

受访人：NMD，女，内蒙古自治区扎鲁特旗鲁北蒙古族实验小学副校长

采访人：王莹（中国社会科学院文学研究所）

高丙成（教育部教科院）

陈磊（教育部基础二司）

访谈时间：11 月 20 日 9：56—10：41

访谈地点：内蒙古自治区扎鲁特旗鲁北蒙古族实验小学教学楼三楼办公室

访谈记录：

王莹：包老师，您好，非常感谢您接受我们的采访，我是中国社会科学院文学研究所的，我叫王莹，我想针对小学教育中的一些状况请您作为教师代表回答我们一些问题。第一个问题是想请您谈一谈最近几年本县或者是市、区在中小学教育方面有哪些改革措施，效果如何？请您谈谈您对撤村并校和中心校建设的看法？

答：我觉得现在正好是就从去年开始，我们扎旗正好搞教学模式改革，这个模式就是以前都是老师教嘛，现在都是先学后导，然后当堂训练这个模式。但是这个模式现在还没太成型，就是学校里有一部分老师可以入门了，但是还有很多老师还在学习当中。我们每个学期都领一部分老师到别的旗县或别的市区去学习。这块比我们这个地方相对是领先，但是比其他地方还是落后的。

王莹：您认为现在中小学教育中最主要的不公平是什么？谈一下您最满意的地方和最不满意的地方。

答：不公平我也没发现有什么不公平的，不过现在，我们学校是寄宿制学校嘛，寄宿制学校我们那个老师和家长之间有冲突。什么冲突呢？比如说我们现在是十天制，我们考虑老师的话应该说是十天上班，挺累的，学生也是，负担挺重的，但是我们要是五天制的话家长的负担就重了，因为我们学生好多都是乡下的嘛，如果他们老回去，路费啥的，还不方便接送，还耽误人家家长的别的活儿，这方面是有矛盾的，也是挺困惑的一个，我们也不知道怎么做好（无奈地笑）。

王莹：那您认为最满意的地方是什么呢？

答：最满意的地方是教育方面给我们投入很多，比如说我们现在教学设备都是先进的，教师待遇这块也是挺高的，对这块儿挺满意的，还有就是现在这个评职称啊，还是挺公平公正的，这一点都挺满意的。

王莹：你们这个职称评价的标准是什么？是以课时还是学生的评价还是什么？

答：不是，职称的评价标准主要就是考虑你的教学成果，还有就是年限，比如说你评完了小学高级以后必须聘完了五年以后才可以评中学高级。这是一个年限方面，阶段方面要求挺严的。我们旗县这块儿，比如说老师的荣誉证书啊，必须是"教学能手"，论文这块儿，我们旗县要求不太高，这块儿也是比较适合我们旗县的特点，因为我们旗县的老师没有那么高的水平，没有能力撰写论文。

王莹：您说的这个教学成果，教学成果是以什么体现出来的？

答：教学成果就是我们每学期都开展旗级或者市级，再往上的教学能手、学科带头人这样的比赛。

王莹：有考核。

答：对，这都是通过比赛得来的。

王莹：有一个非常公平公正竞争的平台。

答：是。你条件够了就给你评了，但是聘这块还不太理想。因为我们学校来说，已经评的老师还有没有聘，这样的挺多的。比如说中学、高级这块也有30多个，小学高级这块也有50多个人，已经评了，但是还没有聘。因为聘的跟工资挂钩，评的话就跟工资没有联系，地方财政这块可能也困难。

陈磊：这个可能还需要一个过程，许多地方都是这样的。职称上去了，但是工资还没有跟上。

答：对，是这样的。

王莹：能不能请您谈谈，中小学儿童和青少年的他们的失学情况，您是否认识这样的失学儿童，他们失学的主要原因是什么？您所教过的这个班上的留守儿童的数量和学校的适应情况，对留守儿童来说学校的教育还存在哪些困难，学校和老师采取了哪些措施去对待？

答：这个我们学校不太涉及到这些问题，因为我们这些孩子都是从乡下来的，我们也不太清楚他到底是留守还是什么的，再说留守不太多。如果是留守儿童的话他不可能上这儿来念书，没有人管的话他肯定是乡下就近念书，上这里来念书就是相对条件好一点。我们学校择校的也挺多，在我们本地旗里面，旗县户口的其实不太多，也就是20%，80%都是从乡下来的学生。他们没有辍学的这种情况，一点没有。再说了，我们现在也不让辍学。你要去哪里我们都跟踪到底，不可能让他辍学，没有这个情况。

王莹：您觉得市区的孩子他们跟农村的孩子相比，是不是农村来的孩子的积极性会更高一些？或者他们会更加努力或者更加勤奋一些？

答：没有什么区别，差不多。再说了他们都是从学前班就从家里来了，所以到了四五年级的时候，城镇的孩子和农村的孩子基本上没有区别，都差不多。在语言方面，比如说说汉语方面，城镇孩子比农村孩子说的好一点了，他们比较主动一点。

陈磊：家长重视程度有没有差异？

答：家长的观点就是好的老师都调到我们这里来了，所以他们就找到这里学校，他们就以为，其实学校条件这块，我们现在教育投入挺大的，在乡下也给盖楼，其实条件都差不多，他们主要考虑的就是师资的问题，他认为城镇这块学校管理好，老师素质好。本来就是学苗，一般都是好的上这里来，他们就这么寻思的，肯定是这块教育的质量比较好。

王莹：我们刚才看了你们的宣传片，确实很不错。您认为目前收入的水平在当地是处于什么样的水平？上层还是中层？

答：差不多中等，其实我是 2010 年的时候是中学高级，其实就是副教授，已经评了。但是到现在还没有聘，所以就是中等，我们现在中学高级是最高等，小学高级是中等，小学一级就是比较低的工资，但是差也差不了太多。就是中学高级和小学高级之间差的挺多，差几千块钱。

王莹：最低的工资是多少？

答：最低的是三千多，我是四千多。最高的就是五千多或者六千多。

陈磊：比如说城乡的，现在在乡下的老师，他的工资跟在城里比呢？

答：一样的。

陈磊：都是统筹了，都是县统筹，已经不是乡里面的了。

答：评职称这块要求也低，有优惠。

王莹：您觉得在校舍安全、学生的食品安全与营养，还有卫生与健康，交通、课业负担这些方面，您觉得做的够不够，还有哪些没有做到的方面？您感觉一下。

答：我感觉我们学校在这块做的非常好，我们食堂要求特别严，每顿饭剩下的饭从来不给孩子再吃，菜、饭、米都是采购的时候都是定点采购，跟教育局是统一的，没有私人进的东西。安全这块要求特别严。

陈磊：有留样抽查的制度吗？

答：这个我不太清楚，我是管教学的。

陈磊：这块属于后勤了。

答：是，这是关于后勤了。

陈磊：吃饭的时候老师和学生是一起吃还是专门分开的？

答：老师不让在学校吃。

陈磊：中午呢？

答：也是回家吃，因为是学生上面有补助，这个补助是给学生的，所以老师不能参与，老师没有在学校吃的。

王莹：执行得非常严格。

答：对。

陈磊：中午老师要不要在放学之后，孩子吃饭这段时间，没有老师负责的吗？

答：有啊，我们是寄宿制学校，比如说你吃完饭了你就上宿舍，宿舍有宿舍老师，有生活指导教师，这个就是宿舍老师，他们管。在食堂也有管的，也有老师管纪律的。

陈磊：这段时间这些老师吃饭什么解决呢？

答：吃饭都回家。

陈磊：他什么时间回家吃饭？

答：我们这是交通比较近，都是骑车或者开车，都回家吃饭。我们中午是 11：20 下班，办法都是 12 点之前都到家的，完了他们中午吃完饭就一点从家出来，现在我们是改成两点上班，下午 2：10 正式上课。晚上晚自习，因为我们是寄宿制学校都上晚自习，这个时候老师有的是不回家，比如说今天晚上我有晚自习，下班以后就不回家，办公室看作业或者备课，或者是到班级看看学生，晚自习下课之后才回家吃饭。

陈磊：晚自习时间到几点？

答：晚自习昨天才开始改，现在是 6：00 到 7：30，以前是夏天是 7：00 到 8：30。

陈磊：这些学生 7：30 以后，他不能马上就休息，这段时间他们干什么？

答：他们回去在宿舍洗洗涮涮，中间还可以互动一下，在宿舍里自由活动。

王莹：包老师，你是教授什么课程的？

答：我是小学汉语，我们是蒙生的汉语，蒙古族的学生，对他们来说是第二语言，英语是第三语言，我们是三语教学。

陈磊：汉语是从一年级教还是从三年级开始？

答：二年级开始就教拼音和口语。

陈磊：主要语言是母语的话，他以后比如说升学、高考这些有影响吗？因为他主要是蒙语。

答：我们跟汉生不是一起的，我们实际上有单独的考试，有些是有一起的，比如说教高中的时候有实验班，他们跟汉生考的是一样的，他们的蒙语文和汉语的分加起来，平均一下跟汉生的语言一起算，他们就跟汉生一样。这样的学生考区外了，超过内蒙古了。

陈磊：稍微好一点的呢？

答：一般的话念蒙文的话，我们二百多分都可以上本科，就内蒙古地区的。

陈磊：他们学习比较好的，一开始是不是要有优惠的政策，加分的政策或者特长？

答：也有优惠政策，但是高中这块我也不太清楚。

陈磊：您不是教高中这块。

答：我不教，所以到那块我就不太清楚了。

王莹：老师我看你们这个课外教育做的特别成功，还得到了很多荣誉。您在教课的过程中，有特长的学生他们在文化课的成绩上，他们会不会在有艺术特长以后，更偏重他的特长的教育，把文化课作为一个辅助，是这样吗？

答：不是这样的。搞专业的，我们就是一个兴趣，就是一个爱好。其实他们最好的表现在哪里，以前他没有上班的时候，他不太爱说话什么的，他在别人面前唱歌，在课堂上回答问题都是有精神的，有自信的。看人的眼神都不一样。刚开始家长也是这么认为，你们搞这个我们孩子天天练这个耽误学习，我们刚开始也是担心这个，但是经过这么长时间发现，其实学习越好的孩子，越有特长。他们这方面也好，学习也一点没有耽误。

王莹：在我们那里也是，也存在很多这样的。

答：我们这个不是搞专业。

陈磊：这块有自信了其他的也自信了。

答：是。就是一个爱好，比如说我愿意打球，第八节我就打篮球了，跟这个是一样的，一点不影响。

陈磊：是什么时间学习呢？

答：学习就是每天第八节课，完了课外活动。到现在冬天的时间就没有了，晚上我们4:30必须下课，要不然外面太黑了，老师的交通也不安全。夏天的时候第八节课课外活动时间。有的孩子上外边活动，有的孩子就在屋里，他愿意上哪个特色班就上哪个特色班。

陈磊：每天都有？

答：每天都有，但是不占课程的。

王莹：这个特色班的人数不限制吗？

答：限制的，不可能愿意去的都去了，就装不开了，一般不超过三四十个人。他们还有的分高低年级。

王莹：接收的时候是先有一个面试吗？

答：对啊，我们特长班的老师也是我们普通教课的老师，他们教音乐当中，他们在这个班唱歌，发现这个孩子唱的特别好，问他愿不愿意唱长调，要是唱得好了，就把他招来。

王莹：是这样啊。

答：有的学生就特别愿意的话就自己去，也是可以的，但是人数肯定是限制的。那么多不可能全体学生都去。

王莹：是的。

答：其实很多孩子想去还没有那个条件。

王莹：我们上学的时候也是这样的，我小时候也上过特长班，当时进特长班感觉很骄傲。

答：他们也这么想的，但是经过老师的考核，你差不多才能进。

王莹：我们也是一样的。您有没有受过新课标的培训，您是怎么理解的？在课堂的教学实施当中有没有产生新的影响？另外您有没有试过教学的现代化？感觉效果怎么样？您觉得应该怎么样提高这个教学的？

答：我是从 2005 年开始参加过两次自治区的新课标培训，一个是我们汉语的，另外一个是思想品德这科的。因为我们都是一个老师可以教两个科，通过这些培训，现在我们老师的观念都已经转变了。因为我已经 20 年了，我们刚开始上班的时候，老师就是表演，那个时候我还教的特别好，我们改革了新课标以后，我自己发现学生吃亏了，因为我们每堂课都照顾好的学生，比如说你说的好让你说，你读的好让你读。但是现在不是这样的了，现在就是让学生自由了，老师先不教，让学生自己读，比如说我下节课就是我的课，但是现在让孩子准备下节课，因为他们要分组要表演，要展示。他们就在那里热火朝天地练习读课文，这个气氛非常好。学生主动了，以前学生都是被动的。课改对我们学校来说是特别好的。

王莹：您在家长会和家访过程中，家长反映的问题主要集中在哪些方面？

答：家长集中的问题一般就是家庭作业，有的就是问这么少，以前多，现在怎么这么少了，都关心孩子学习的事。我们给他解释，现在都是减负，而且我们的课程改革了以后，都当堂把这个消化好了，不能给学生太多的作业，但是家长有些时候还是不明白，有些时候还要求，我们一年级的学生怎么没有写的呢。以前写的这么多，现在孩子以后学习都不太重视了，其实也是这样的问题挺多的。我们就给他们解答，有的时候因为家访很少，他们是下边的，我们是上边没有时间，我们一般都是问卷式的调查。比如说学校这块您满意不满意，孩子学习有什么变化？这样跟家长联系。反正现在家长意见不算多。

王莹：因为我也是一个老师，我跟您同行。在授课的过程中，我感觉到学生越来越难教了，他所理解的东西，他关注的东西有的时候跟咱们传统的教学已经发生了一些冲突和信息不对称了，您有没有遇到过类似的问题？

答：对啊，我以前教的时候没有困惑，因为我备课好了，我就教这个，你就得听这个，你不能说别的。你说别的就不对了，现在的孩子是不可预测的，他有时候问你不知道的问题多了，那个时候我们就是跟孩子们共同解决，解决不了我们课后留下来，老师回去查资料，你们也回去查资料这样去解决。确实现在的孩子非常的难教，他懂得特别多，不像我们以前。其实现在教师压力也挺大的，我们得搜集各方面的资料，比如说你教这个课，你得拓展那么多的内容，以前不是这样的。以前你教这个，你就得学这个，你别的问题问了就不行，就跑题了。现在不是，现在这个孩子确实难教。

王莹：我有很深刻的感觉，我们的学生也让我感觉很难教。

答：但是现在学生的学习态度跟以前有很大的区别，有很大的改善。以前比如说上课有睡觉的学生，现在没有了。因为我们现在都是分组，我们几个人，我都忙这个忙不过来，你在那里睡觉，你睡觉不行，组长还监督你，你这个还没有写，你怎么不写。你要不学还扣我们的分，现在就是好学生教不好的，就互相都提高。

王莹：互相带动。

答：现在差生特别少，以前我们都说差生，现在几乎没有了。

陈磊：你班里现在有多少个孩子？

答：我现在是 47 个孩子。

陈磊：平常分成几个小组执行？

答：一般都是 6—8 个，我们是 8 个小组，每个小组 6 个人。也有的班是 8 个小组。

陈磊：这个还需要灵活一些。

答：刘。

陈磊：比如说有没有这些小组，有没有奖励机制或者评价机制？

答：有啊，有的时候按每次考试，每次读课本都是按组，不评个人。

陈磊：需要这样。

答：是的，我也是经常不给他们发什么奖励，就给他们写一个纸条。你们组这次表现特别好，给你们发一个纸条，或者每个人发一个你们组里面的，你们组表现好，拿回家给家长看，这也是给他们挺大的激励。

陈磊：其实在组里提问也是很有技巧的，你在这种提问的过程中，会怎么样提问呢？

答：提问就一般根据课文的内容，课文的内容有时候他们提问题，有的时候一般他们提问题，我们学了这个课本我们就懂得了这些。有的时候还问，这块老师我还不太明白，你是怎么看的，你这么问。我就问别的同学，别的组有没有会的，大家都不会了老师才说。一般老师现在说的少。

陈磊：有时候提问要随机一些。

答：现在孩子说的比我都好，他们都举手这个老师我给你讲。

陈磊：对，这就是一种高效的。

王莹：这是一个很好的示范。

陈磊：你这个是全校都在实施还是你个人的创造？

答：现在要求全校都这样，但是有一部分老师还没有，还是在以前的教学当中，因为他们不太理解这个。我是主管教学的副校长，我出去看的多，学的多。但是有的老师没有出去过，你怎么讲他也不认，他总是讲自己的，他总是以为怎样教都是让孩子学会了就行，他就这么寻思。有的时候考试什么的，人家确实考试成绩比我好，这方面我也没有说服力，我现在也在研究。为啥我们的学习兴趣这么高，考试成绩还上不来，确定存在这个问题。但是我现在也想，这也是一个过程，因为我们也是刚刚开始，其实有的学生还没有出来，他还是等老师。这个老师还没有讲，所以我不用看，所以他就落下了，这个肯定是有一个阶段，慢慢认识到，慢慢提高，这样才能跟上。

陈磊：这是一个过程。

答：我们还没有完全成型。

陈磊：另外本身小组学习在做的时候，一定是要一个不能降低教学质量的，是提高教学质量的，这个方面还要想一些办法。毕竟是刚开始实施，但是我感觉这个思路是绝对没有任何问题的。

高丙成：您是负责教研，可不可能请您介绍一下咱们学校的教研工作？

答：我是教学的，但是我们教研室还有专门的主任，教研这块按上级的要求，比如说上级给我们一些课题的什么的，我们就按那个做。其实跟这个教学也挺相关的，我们教研主要做的是把我们这些经验，传达到下面别的学校。我们还有协作学校，我们在这些学校当中经常进行一些课堂教学比赛，或者教师的业务能力考试，都这样进行的。我们教研主要是在校园内培训老师这块。我们学到的东西回来用讲座的形式给老师讲，有的老师出去学习了，让他回来讲，或者讲课或者写心得。这方面就算是教研。

高丙成：这样吧，就以刚才分组教学做一个例子，当初您是怎么学习到这个经验，然后从哪里看到的，或者怎么学习的，回来以后怎么推广、怎么实行的介绍一下。

答：其实两年之前我们就去了我们这块有一个赤峰，安陆科尔沁旗，赤峰市，去那块我们学习一次，看到了他们的模式。那个时候我还不太佩服，第一次看觉得好像一点做作的样子，他们就给我们展示学生展示的那一段，我们没有看到学生学习的那一段，我就寻思这个肯定是以前就准备好了让学生这么说的，完了我们回来了。我们校长还领我们去了很多地方，比如说呼市、锡盟，都去过，他们那块还没太改，他们也是跟以前的教法教，这个时候我们也寻思了，还是别的地方也没有改我们改什么，还是跟以前的路子走。上学期我们去了一次后旗，我们这个后旗通辽市，去他们那块看，人家那块开始改了，而且我们去的是初中，初中的学生说得特别好。学生表现得特别好，我们听完课之后，还单独跟讲课的老师和学校的领导教务主任一起跟他们座谈，座谈当中我们也学到了不少，他们也是从别的地方学的。我们这个模式主要是杜兰口（音），他们是上那块去学了，他们学回来以后，我们是跟他们学的。这个还在学习当中，我们明后天还去，他们是通辽市有一个课堂教学模式改革这块有一个现场会，明后天我还过去看。

高丙成：就是说其实在教研推广的时候，您是实际看他们的有学生老师互动课堂式的，效果好一些。就是演讲会、推广会？

答：还是课堂教学我才感受到了。

高丙成：看到教学实录，现场看。

答：现场看了以后感觉这个教学方法挺好的，要不然人这个观点一般不容易改变的，再说了我也不是年轻的 20 多岁，那个时候教的，人家评委评的还挺好的，现在怎么不一样了，现在我一回想，真正亏待学生了。现在老师提高了。

高丙成：有机会到我们北京去看一下这些合作教学这块。

答：我们去年也去过北京一个小学，我们学校老师去过我没有去，他们回来说，他们的模式跟以前的差不多。

高丙成：各个学校不一样，有些可能在做传统的，有些可能是比较合作的，是不一样的模式。

答：我们真想去呢。

高丙成：到时候我们可以联系一下。

王莹：您觉得现在的网络文化对小学生有没有影响？您如何看待这种影响的？

答：我认为还是负面的影响挺多的，别说小学生，比如说我们自己也是，一打开电脑首先看自然出来的东西挺多的，新闻什么的，看完那个我自己才想起我想干什么，要查资料。其实孩子也是，网络方面我们学校有网络，但是不让学生碰。比如说我要查什么老师给你查，不让学生自己查。回家的话，他肯定是可以的，但是我们也不提倡让孩子经常上网。主要是怕负面的。

陈磊：现在你知道你们班里面有没有打游戏上瘾的这些学生？

答：现在还没有太发现那么严重的，也是有。我让学生写爱好什么的，一般尤其是小男生，90%喜欢打游戏，我们家孩子也是那样。这个也是挺困惑的一个问题。

王莹：你家孩子几岁了？

答：我儿子15岁，初三了，还念的汉文。

高丙成：他接受的游戏主要是哪一类？

答：我也不太清楚，刚开始小学的时候他就玩QQ飞车，现在不玩了。

高丙成：主要是电脑。

答：对。

高丙成：玩手机么。

答：手机也有，手机他就是听歌，再说他学习也忙，没有时间。

陈磊：作为一个副校长，有很多成功的经验，能不能讲一个，您在教学中或者处理这种孩子的事情中，您感觉做的特别成功的，感觉比较好的一件或者几件事情给我们介绍一下，作为一种经验。

答：现在我也是后悔，以前的也不算经验了。进行这个合作教学以后，新模式教学以后，我就在班里就培养了一个学生，其实这个学生是这个班最差的一个，但是这个孩子人们都说智力方面有问题，刚开始上课的我也不知道，每个学生都读的时候这个孩子就不读，我说你怎么不读啊。同桌说他从来不读课文，我说老师这块没有不读课文的，你站起来跟我读一遍。我就把课题领他读了三次，他还没有读全，就读了一个字。我让他坐下了，第二节课我就要求他们小组一个同学，必须让他读，不让他读的话你就扣分，他读一个字也是你们组的成绩。慢慢这个孩子现在一句话，也不能说一段，一句话的话他可以读，而且他是举手读，每堂课他都举手读。我们是值班，有一次我去食堂值班，这个孩子看见我了，就在食堂门后面这么看着我，老师你来了，你都能上来。就是好奇的，以前他从来不跟别人主动说话的，后来有一次听别的课，音乐课在舞蹈教室上的，上完课他就下来拽着我的袖子说，老师我这节课表现得行吗？其实这节课我还没有看到他，其实他没有单独站起来唱什么，但是我说你表现得特别好，老师一直就关注你了。他就特别的高兴。下节课是我的课，但是我中间有事找别的人上了三楼去了，这个孩子跟我上去了，他好像不知道我去哪个屋了，上课这孩子不回来了，找不着了，班主任也着急，我们出去找。找了半天他就在走廊里面站着。完了老师说你为什么不去上课呢？他说我在等汉语文老师呢，汉语文老师上这里没有出来，我想跟她一起去上课。我感觉就这个孩子，不是学习上有什么提高，是他主动跟别人说话，这个学习兴趣提高了，我感觉这是一个挺好的事情。

其实我们不是教学，就是教育，教书育人，在别的同学面前能主动举手已经是很不错了，我就感觉这个教学模式，对差生来说影响更大。

陈磊：当时转变这个孩子，您感觉转变成功的原因是什么呢？

答：我感觉就是新的教学课改的要求、精神、理念，因为我们以前就没有这个理念，我们总是寻思把好的学生培养好了就行了，没寻思把每个学生都得培养。以前我们教课的时候谁举手问谁，不举手的同学从来不问，而且以前我们不举手的你问好像伤他的自尊什么的，现在不是那样了。教学方法是激励他们，也不是勉强，他们是主动的。

高丙成：主要是哪一方面促进了他的转变？您觉得最起作用的，运用到小组对他的督促，您对他的鼓励、关心，很多方面，哪些方面呢？

答：我觉得是老师对他的鼓励，你要是不鼓励他，让组长去要求的话，组长肯定是严格的要求，那个孩子老师的都不太听，组长的就更不太听了。但是我给他的鼓励，我说你肯定行，我领他读三遍以后，他会读了。我当时说，你看，你不是会读嘛，其实你会的。他就对自己有信心了，他以前不读肯定是认为自己不会读，读出来以后，老师还肯定了你读的挺好，而且他读了课题以后，全班的同学不约而同地给他鼓掌了。我也没有说，大家就一起鼓掌了，每次他们组其实都不愿意要他，有一次他们组读了而且他中间就读了两个字，我读了以后都互相评价，完了我问他这个组表现怎么样？他们组说这个组表现特别好，而且他从来不读的全声（音）也读了两个字了，老师应该给加分，是五年级三班。他现在是每节课都举手，而且有的时候拿着书往前过来，老师这个字怎么念，有的时候我直接告诉他。有的时候就和他说，你应该问你的组长，你应该跟你们同学问，老师不可能每次都教给你的，我不是你一个人的老师，你应该问你们组里的同学。

陈磊：这是教他一种学习的方法，不止是传授知识。

答：我也是刚接这个班才一个学期，还没有出什么成绩。

陈磊：班里面已经能出现这种案例已经是非常成功了。

答：学生就是学习兴趣特别高，刚开始我上课的时候，比如说老师不去，孩子们就互相唠嗑就这么坐着等老师，你十分钟不来他也是这么坐着等老师，现在不是，你一节课不去，他们把课文上的内容都自己学完了，都有事干了现在。

陈磊：我感觉您的评价还是非常多元的，特别是对这个孩子。这个孩子以前不会读，现在只读两个字，全班的同学都为他鼓掌，和其他的人来比的话，感觉是一种非常简单的事，对他来说就是一种进步。这种评价您感觉是怎么评价的小组的？或者学生，等等？

答：学生评价这块我是特别注重的，不仅是现在，我以前也是。针对每个孩子，比如说我让他读完了，我不跟他说你这个字读错了，我就告诉他，你首先跟你以前比怎么样了，你是提高了哪一块，而且你这块读当中，别人对你的评价，别人对你的关注。俺家的孩子说，他们组的读的我们都想睡觉了，有时候这样评价，这就说明你们组读的感情方面、语气不是太到位，你们再读一遍，看到他们还睡不。他们肯定注意了，他们为什么要想睡，肯定是我们读的不好，再让他们读一遍，再让他们评价。刚开始的时候我是每个学生都要评价的，后来我自己一般不评价，让学生评价。我们班有一个学生评价特别好，特别的到位。我给他起一个名字，我说你可以说是我们班的"评价大王"，一般的时候我不让你评价，有的时候有特殊的，我就让我们班"评价大王"说说看，他说得确实挺好的，挺全面的。上次我们学校五年级学生开展一个朗诵比赛，双语的，我教的班的学生还得了第一名。

王莹：非常感谢 NMD 老师接受我们采访，您讲得非常好。

访谈 5

受访人：NME
采访人：高丙成、陈磊、王莹
记录人：高丙成、陈磊、王莹

访谈时间：11 月 19 日下午

访谈地点：扎鲁特旗蒙古族实验小学

受访人基本情况：女，扎鲁特旗蒙古族蒙古族第二中学汉语教师

访谈记录：

问：家长您好，我们是中国社会科学院、教育部青年干部参加"根在基层·中国梦"活动的成员，想向您了解一下您在教育孩子方面的经验和做法，希望能够获得您的支持和配合。

答：好的。

问：您的孩子现在在几年级？

答：四年级。

问：您家中有几个孩子？

答：只有一个孩子，女孩。

问：有没有给孩子报课外辅导班？

答：给孩子报了英语辅导班。

问：每天学多长时间？

答：周末每天学一个半小时，每天八点半到十点。

问：费用大约多高？

答：每个月大约一百多元钱。

问：您感觉费用高吗？

答：感觉同社会实践比还是挺便宜的。我小时候没有学过英语，也指导不了她，希望通过辅导班能够指导矫正她的发音，锻炼一下发音什么的。蒙古族学生和汉语学生英语发音还是有所差异。

问：差异表现在哪些方面？

答：蒙古族学生从小说蒙语，蒙语是母语，二年级开始学汉语，三年级开始学习英语。

问：您对孩子有什么期望？

答：孩子自己想做点什么就做点什么，英语也是自己喜欢学的，我家姑娘音乐什么的不是很喜欢。

问：您觉得孩子是不是学历越高越好呀？

答：从社会角度来说学历是比较重要的，但是从姑娘实际来说，看

她情况，只要能到什么程度就到什么程度，该学的东西能学得了就行，没有太高的要求，不像有的家长必须班级第几名，我觉得最主要的是知识点要掌握好，要学牢，其他的我不是很在意。

问：请问您从事什么职业呢？

答：我是教师，在蒙古族第二中学工作，汉语文老师。

问：为什么要让孩子到蒙古族学校读书呢？

答：本身我是蒙古族，家里都是蒙古族，在家交流也是蒙语交流。

问：您觉得希望孩子在哪些方面有所发展呢？

答：希望孩子在演讲和组织能力方面有所加强。我觉得现在社会干什么事情语言是基础，没有组织能力也不行，所以我希望她能在演讲方面有所发展。

问：我听说学校有很多蒙古族特色班，请问你家孩子参加过相关特色班吗？

答：我家孩子喜欢画画，参加了画画班。

问：请问您作为蒙二中老师，蒙二中有特色班吗？

答：也有很多，如马头琴等，也是照顾学生兴趣。

问：蒙二中的孩子主要来源于哪里呢？

答：主要是牧区，一般离家比较远，大部分都住校。

问：现在蒙古族学校孩子离家都比较远，我们听说学校也在实行十天上学，四天休息，您感觉对孩子学习有影响吗？

答：还是有影响的，对学生有一定压力，学生有一定厌倦的感觉，到七天的时候还可以，到后来三天还是感觉挺累的。课程表也是 5 天一次，但是每次都是上两个循环。现在通辽地区蒙古族学校一般都是这种情况，汉族学校实行的比较少，一般还是五天休息制，具体情况我了解的不是特别多。

问：您感觉目前牧区孩子家庭情况怎么样？

答：总体还可以，现在上边（政府）给牧区的资助也挺多的。

问：您觉得牧区和城区孩子有差异吗？

答：差异还是挺大的，城区孩子家长比较重视孩子教育，作息有规律，作业完成也都较好，但是牧区孩子家长一般管的较少，有的根本不管。他们认为孩子放到学校一切都是老师负责，现在家长也是挺重视孩子教育的，但是他们的意识比较浅薄，不知道怎么教育。我们班有一个孩子，家长觉得孩子初中毕业了就行了，所以这样的孩子其实教育起来还是挺困难的，家长的意识还不是很高。

问：您觉得理想的学校是什么样子的呢？

答：我希望能够多给孩子一些实践活动，让孩子多一些实践经验，但是现在考虑到安全问题，许多实践活动现在都没有了，不让离开校园，亲身体验的东西都没有了，春游秋游什么的现在都没有了。

问：您觉着这几年来孩子在学校里你对学校最满意的方面是什么？

答：觉得老师都挺负责的，在教育孩子方面都是挺有爱心的。学校方面经常搞活动，经常搞团体比赛什么的挺好的。例如班级之间进行的朗诵、演讲等活动。

问：孩子参加过吗？

答：参加过，得到过优秀奖，记得第一次获奖的时候我忙，晚上来接她的是我妈，孩子她那天特别高兴，呼地抱住了我妈，告诉我妈说"我获奖了"，孩子特别高兴，特别兴奋。画画也有获奖的。英语也有，英语有奥赛。

问：孩子住校吃饭情况怎么样？卫生情况怎么样？

答：饭菜还行，能吃饱，吃的还可以，她从来不挑食，也从来没说过学校饭菜质量不好。咱们学校卫生挺好的，都是雇人清理、消毒什么的，甚至比快餐厅还好。

问：请您讲一下觉得自己教育孩子比较成功的地方。

答：我觉得从小让孩子自己拿主意，就是从小锻炼孩子的自主意识，自己拿主意，我家姑娘也是挺自主的。我们老师同事都说孩子挺懂事，没有老师的指导，班级一些事情也主动去做，他在班上负责多媒体，都是自己拿主意，什么时候开，看什么电影什么的都会，也都是自己拿主意。

问：您觉得现在多媒体现在对孩子有何影响？

答：我没有深入去研究过，我家孩子自己差不多能控制的住，在家一般都是查些资料什么的，现在也不太爱玩游戏了。

问：请问你们班级有没有玩游戏比较多的孩子？

答：班里还是有的，有些孩子比较好奇，有时候个别孩子我还是自己晚上到网吧把孩子找回来的。

问：您对这种孩子怎么教育的呢？

答：我经常说该学的知识如果学好了，回家了打会游戏放松一下也可以，但是不能玩的太多。现在有些孩子上网挺严重的，有时候几个一起打游戏。对这种孩子要多和孩子沟通交流，也多和家长沟通。初一的时候挺多的，现在初二了基本上已经很少了。

问：能不能讲一下您处理的比较成功的一个案例？

答：最近有一个，初一下学期，有七个学生都爱打游戏，上网吧，这学期开始，我和家长分别进行了沟通，让孩子和家长多看一些关于小时候上网导致的长大了以后不好的效果，这学期开始和家长学生沟通以后，这种现象明显地少了。基本上都没有了，采取了各种各样的措施。

问：您作为家长有没有感觉做的比较成功的故事或者案例？

答：也没有什么特别的，就是孩子出现问题后多和孩子谈心，多交谈，多给孩子鼓励。

问：作为一位老师，有没有学生成长过程中你觉得挺受感动的例子？

答：最近有一个，一个学生小时候成绩挺好，到了初中以后，是单亲家庭，父母离婚了，母亲带着他，母亲也挺困难的，就是打工挣钱，小时候成绩好，好奇心挺强的，抽烟、网吧什么的去的挺多的，我给了他很多机会，也和他说过几次，但一直不改。这学期我急了，找父母谈了一下午，孩子也是挺后悔的，这学期开始表现可好了，积极听课，没有再发生过令我着急操心的事情。以前成绩下降挺快的，虽然小时候很好，但是现在成绩差不多是最后几名了，最近他挺努力的，我知道他的劲上来的话肯定能考出好成绩，这次期中考试他和数学老师约好了要考80分，我说80分还不行，但是他说数学老师说能考80分就行。但是这次数学期中考试他考到了96分了，高兴地到我办公室来，说老师我以前想考80分就行，现在考了96分，挺高兴的。我说我也挺为你高兴的，挺好的，你看看你的能力就在这，下次你肯定考的更好。现在其他科的成绩都挺好的。这次他背的一些科目考的不好，他说要是主课排名的话能排前十名，副科考的不好，下次副科还得努力。我觉得长时间谈话，他也知道了，再说也知道了母亲不容易，还有班里还有小时候和他一起的学生，小时候学习没他好的学生现在成绩比他强，他也觉得挺没脸的。

问：作为家长有没有带给你令你感动的事情呢？

答：上学期我从期中到期末一直忙班级的事情了，对孩子关注不够，我对孩子一直也挺放心的，我也没看他的作业。期末考试以后，班主任老师给我打电话了，说是不知道孩子咋回事，这次成绩很不好，考试成绩不太理想。我也着急了，就找孩子谈话，孩子也挺懂事的，他说有的地方做马虎了，平常注意力不集中，考的不好我就训他了，班级也有很多问题，自己挺上火的。回到家就发脾气了，她说妈妈别生气，就是一次考试而已，没事，我也没有考虑到这一点，你的学生不听话，你的姑娘成绩也不好，下次我一定会努力的。放假后我就好好地帮她，带着她学习了一遍新课，给她补了课，这次成绩就挺好的了，考了班级前5名。

访谈6
一名基层电教工作者的奋斗与思考

受访人：NMF

采访人：蒋宇、樊汝来、赵康

记录人：蒋宇、樊汝来、赵康

访谈时间：11月19日上午

访谈地点：学校

受访人基本情况：NMF，男，党员

1. 科班出身，从事电教十余载

NMF从1999年开始工作，专业学的是计算机技术。他从一开始工作就在学校从事电教的工作，当时主要是放幻灯片，是一名非常少有的科班出身电教老师。他说，那时（1999年）没有这么多电教设备，2002年才有，他在学校时就学电教，后来有条件了才让他干这些。他2002年开始接触第一台电脑。他并非一开始就在蒙小工作，以前在"下面的学校，也是扎旗的，乡里边的9年制校，小学初中都有"。NMF 2010年到蒙小，当上了中层，分管电教、党建、仪器等工作。

2. 堪负重任，辛勤耕耘成效显

随着时代的发展，技术的不断进步，中小学的信息技术教育逐步提上日程，学校日常教学和工作中也越来越多地用到了信息技术。NMF说，现在学校条件好了，国家也越来越重视学校的信息化了，2009年，校安工程的机会，给学校都配了一些计算机，"下面的学校也是普及的，每个学校都有机房了，差不多都有30台了"，还连上了互联网。但是就学校上课而言，电脑方面还是不够，就两个年级开课，3、4年级开不了课，因为没有电脑。

NMF说，现在的生活和学习都离不开信息技术了，老师们也对提出了很多需求，用得越多，自然出的问题也就越多，时常需要得到帮助。生活在信息时代，学校信息技术教育的地位提高了，他认为，计算机教师在学校老师中的地位非常重要，身为其中的一员，他感觉到任务很重，目前，学校的设备存在老化，"学校的班班通，有的设备得换，不换就跟不上了"。学校的微机课老师除了上信息技术课之外，很大一部分工作变成了设备维护，修理办公室的计算机，帮助老师应用电脑等。

面对蒙语数字资源很少的现状，NMF带领学校的老师们建设自己的资源库，鼓励老师将自己开发的课件放到网上，供其他老师共享，他和微机课的老师一起，"收集一些课件、教案，音视频的资源"，自己还承担了维护方面的工作。另外，NMF还去网上找寻一些其他地区开发的蒙语资源，他发现，互联网上，可用于蒙古族数学、物理等学科教学的数字资源很少，"几乎为0"。现在我们也开始在搞课件，单独一个学校的老师的力量很有限，资源开发这块很少。学校需要跟教材配套的一些多媒体资源，网上也有，不过就没有蒙语的，蒙语课用不上，国家的也应该投入。他还发现，"有的市里有（蒙语方面的资源），但是他们只限定在他们市里边的学校用，我们用不了，通辽市又没有。人家也是自己开发的，不共享，网上也找不到他们的资源。鄂尔多斯的我查了一下，就查不到"。

开设学生计算机兴趣班。为了促进学生多元发展，学校开设了信息技术兴趣班，面向4—6年级学生招生。"学生也有兴趣小组，每天第八节课，愿意学的，就去上这个电脑培训，学生挺愿意学的"。电脑兴趣班的学生来源于各个班级，"每个班级大概2、3个，人太多我们也教不了"。整个兴趣班有三四十个学生，从4年级开始选，到6年级毕业就结束了。

从NMF的话中，可以看得出来，他对信息时代个人职业重要性的一种自豪感，信息化条件有了，才有了他们的用武之地，他在信息技术教育方面开展了一些工作，也得到认可，从乡里的学校调到县里的学校当中层就是很好的证明。

3. 人资短缺，工作量大难创新

目前，学校信息化发展很快，教师和学生的需求也很大，NMF觉得，学校信息化方面存在两个方面的困境：

第一个困境是资金的问题。首先，寄宿制学校有固定开支，在生均经费一样的情况下，开支多了之后，能用在教学上的经费就少。作为一所寄宿制的学校，学校有住宿生，住宿生有燃料费、煤气费、自来水费，一个都好几万块钱，这都是由于有寄宿生的开支，没有寄宿生的话，学校就不会有这些开支。另外，老师24小时值班，休息不了，晚上也值班，寄宿制学校经费少，现在和别的非寄宿制学校经费上一样多，寄宿制学校开支就大很多，如果没有住宿生的话，就可以省下来用在别的地方，燃料啊、煤气啊，这些花的钱多了，用在教学方面的经费就少了。在信息化方面，政府2009年一次投了之后，再没有别的投入，因此学校的信息化硬件设备老化了，也没有经费更新维护等。

第二个困境是人的问题。学校的缺乏科班出身的信息技术老师，都是半路出家，自身专业化程度并不高。现在每个人上很多课，还承担了学校设备维护、老师课件制作指导方面的服务，"哪个方面的工作都要用到，这样的话，就太累，心累的话，就会影响到工作效率，主要是活儿多，工作累"。他认为，学校非常需要专业的信息技术老师，老师们用的越来越多，问的问题也越来越复杂，他们迫切需要提高专业化水平。

从他的话中，我们可以隐约感到民族地区学校信息化过程中的困境与障碍，他也非常希望国家有关部门和地方能够多投入和关注。

NMF是一位认真负责、待人和蔼可亲的老师。在学校蹲点调研的几天，都是他联系我们小组，为他们安排老师、学生和家长来进行访谈。在访谈过程中，他不时会接到电话，有一些应急的事情需要他去处理，因此我们的访谈在半个小时就结束了。电教老师这个职业在中小学校中的地位的确比较尴尬，他们除了承担信息技术课程教学外，还要做很多事情，比如说设备维护、老师电脑维护等，甚至还要做一些教务方面的工作，工作繁杂还很累。另一方面，计算机老师的自身专业化程度也参差不齐，缺乏科班出身的老师，在日常生活中忙于工作疏于学习和提高，学校即使有老师培训交流的机会，也几乎轮不到计算机老师，因此他们的职业发展也受限制。希望有关部门能够切实关注中小学校的信息技术教师，关爱他们的成长和职业发展，使其能够在学校信息化进程中，发挥更大力量。

访谈记录：

问：您是哪一年到这个学校的？从事哪方面的工作呢？

答：我是 2010 年到这个学校的，从事电教，挺多的，还有党建，主要是电教这一块。

问：那 2010 年以前您是在哪个学校呢？

答：下面的学校，也是扎旗的，乡里边的小学，小学初中都有，也是从事电教的工作。我 1999 年上班，那时没有电教这些，2002 年吧，才有，我在学校时就是学的这个，然后现在有条件了，让我干这些。2002 年开始接触第一台电脑，学校有第一台电脑，这个学校比以前的学校早。

问：这么多年以来，教育方面的投入足够吗？

答：一开始是一台两台计算机，现在的话，下面的学校也是普及的，每个学校都有机房了，差不多都有 30 台了，我们学校也是，以前是两个机房，后来电脑不够嘛，就合并到了一起，一个班级上不了，两个教室又麻烦，所以就合并在了一起。投入的话，还行，不过还是不够。电脑方面还是不够，现在的话，就两个年级，3、4 年级开不了课，没有电脑。目前有 3 个微机老师。

问：他们平时都排的开吗？

答：排的开，不过他们的工作量也挺大。一共是 30 多个班级，上微机课。

问：除了计算机方面，别的方面投入怎么样，校舍啊、食堂啊？

答：这两年已经达到一定的比例了。从 2009 年开始，应该是，校安工程开始，各学校的校舍、建筑、设备啥的都不断地完善。

问：现在政府在教育方面应该增加哪些投入呢？

答：也是对电教这方面，应该增加一些投入，学校的班班通，有的设备得换，不换就跟不上了。不过还是能用，就是老化了。

问：自治区、旗中小学教育经费方面如何分配？谁应该承担最主要的责任？

答：应该是，国家是承担地比较多，地方财政多点，我们寄宿制学校吃亏，我们有住宿生，住宿生有燃料费、煤气费、自来水费，一个都好几万块钱，这都是由于有寄宿制的开支，没有寄宿生的话，我们就不会有这些开支。然后的话，老师 24 小时值班，老师休息不了，晚上也值班，寄宿制学校经费少，现在和别的非寄宿制学校经费上一样多，然后开支寄宿制学校就大很多，如果没有住宿生的话，就可以省下来用在别的地方，燃料啊、煤气啊，这些花的钱多了，用在教学方面的经费就少了。

问：寄宿制学校的应该哪一块投入更多？

答：还是国家层面投入多一些，地方毕竟财政有限。

问：信息化方面的投入应该是谁？

答：应该是市级以上的吧，地方财政，确实财政收入、经费比较有限，投入的话，达不到那个程度，应该是市以上投入为主。

问：在信息化最需要解决的问题？

答：一个是硬件设备，更新换代，一个是蒙语资源很少，网上汉语资源很多，蒙语的很少，几乎为零，现在我们也开始在搞课件，单独一个学校的老师的力量很有限，资源开发这块很少。一个是硬件，一个是资源，这个是急需的。需要跟教材配套的一些多媒体资源，网上也有，不过就没有蒙语的，蒙语课用不上，国家的也应该投入。有的市里有，但是他们只限定在他们市里边的学校用，我们用不了。通辽市又没有。人家也是自己开发的，不共享，网上也找不到他们的资源。鄂尔多斯的我查了一下，就查不到。

问：资源在老师上课时用得多吗？

答：对对，都是用这个。现在都是信息技术嘛，每堂课都会用电脑。

问：老师们自己有没有开发过蒙语的资源？

答：有，学校有要求，要求就是必须就是课件啊，没有网上的，可以自己开发的，还是个人力量的话，就是不够。

问：学校有资源库吗？

答：有，现在正在建设呢。收集一些课件、教案、音视频的资源。三个微机老师不够，我们学校每个老师的工作量都特别大，比如说，我就管电教、仪器、党建，这几大块，工作确实忙不过来。

我主要是做维护方面。

问：学校的信息技术老师什么学科出身？

答：都不是专业的，都是兼职的。学历方面不是专业的，但是是一直都上信息技术科的。

问：在教育信息技术、教育装备方面有哪些大的措施？

答：这两年投资是比较少，刚校安工程的时候，设备啊，2009年的时候，投的较多，然后过了那以后，那是国家投资，然后就很少了。全市、全旗中小学都有投入，主要是硬件方面的。

问：有培训吗？

答：现在有，现在都是远程全员培训，现在是教育技术中级培训，这是我们通辽市搞的。是从10月份开始的中级培训。

问：学校方面有没有应用方面的？

答：我们学校也有课件比赛，是学校层面的，旗里也开展，主要是课件制作比赛，资源开发性质的。

问：我们学校的资源库，也供其他学校共享吗？

答：资源库是刚开始建设，实在是忙不过来，现在是收集一些资源，资源网是开通了，就是我们学校开始的，在一个的话，下面的学校就会共享一下，有这个想法，就是工作量太大，就是没有太多时间，去建一个公共用的资源网。

问：微机课的老师工作有哪些？

答：按照课表来上没问题，还有一个就是维护方面的工作，每天这方面的工作很多，其他的话，也开展一些电脑活动啥的，学生也有兴趣小组，每天第八节课，愿意学的，就去上这个电脑培训，学生挺愿意学的。每个班级大概两三个，人太多我们也教不了。整个兴趣班有三四十个的样子，从4年级开始选，到6年级毕业就结束了。

兴趣班是打通的，各个年级的学生都可以选，不同年级在一个班的学习内容是一样的。主要内容是一些信息技术技能，是教研组自己设计的，选择一些内容。

问：微机课的老师在整个教师群体中的地位？

答：地位太重要了，确实是，不够用了。太少了，一两个人，忙不过来，真的，信息技术方面确实重要了，每个环节，每项工作都会用到信息技术，不是每个老师都会这些操作，所以需要辅助。

问：那微机老师需要给其他老师做课件吗？

答：做课件的话，我们只能是指导。任课老师都差不多能做，不会的会咨询我们，我们会指导。

问：微机课老师自己认为自己的角色呢？会认为是打杂的吗？

答：有可能，比如说我，哪个方面的工作都要用到啊，这样的话，就太累，心累的话，就会影响到工作效率，主要是活儿多，工作累。专业化的程度也受影响。

问：有没有响应的激励机制呢？

答：信息技术课不考，年终绩效时会考虑一些，奖励的时候会考虑。评职称的时候也会考虑，工作量这么多，比普通老师工作量大很多。

问：那是不是由于本学校的康老师重视信息化才这样？

答：不是，我个人也是搞这个出身的，知道他们很辛苦。主要是我们信息技术老师太少，专业老师基本没有。

问：有信息技术教师的编制吗？

答：现在是没有分，大学生到我们学校，几乎都没有，招聘的也没有信息技术课的，初中、高中有，我们小学没有，我们小学特别需要，需要专业的老师，特别需要，需要这些老师来。现在的信息技术老师都是别的学科出身，都是兼职，或者说半路出家，以前就是自学，然后感兴趣来教。

问：微机课老师收入水平怎么样？

答：按职称来走，没有其他的。微机课老师好评，我也是走技术职称，因为信息技术老师少，所以通过的比较多。

问：教育信息化方面，您觉得还有哪些建议？

答：信息技术应用方面，学科老师都有要求，必须达到一个程度，有些有年龄限制，45岁以上老师达不到那个程度。这培训呢，我们的远程培训，它的效果，我就很怀疑，面授和网上培训不一样，一边工作一边学习就是无法保证效果，一天的工作又这么多，对于老师们来说，还得学习，必须学习。

问：网络培训从不集中？

答：我们提供场地，没有课老师自己可以去，老师们自己家里都有电脑，也都联网了。

培训能够集中在一起，边工作边学习哪头都做不好。工作和学习分开的话，要是单独的话，财政投入的话就有问题了。

问：学校出钱吗？

答：出去培训费用都是学校承担，学校对老师培训学习很重视，每学期学习的机会很多。然后出去培训的骨干教师回来之后，就培训本校的老师。

访谈7
一位教育系统的家长对教育的认识和评价

受访人：NMG

采访人：樊汝来、蒋宇、赵康

记录人：樊汝来

访谈时间：2013年11月19日下午

访谈地点：扎鲁特旗蒙古族实验小学

受访人基本情况：NMG，男，蒙古族，孩子在扎鲁特旗蒙古族小学上五年级，本人在扎鲁特旗教育局培训中心工作

访谈记录：

问：您现在主要从事什么工作？

答：我现在在扎鲁特旗教育局培训中心工作，主要负责电化教育，远程培训等业务，比如国家级远程培训，负责技术方面的工作。

问：您那都配备了什么设备呢？

答：我们的设备有交互液晶触摸电视，有计算机等，但是交互液晶电视的效果不如投影比较好，电子白板没有，想买的设备多了，在我们扎鲁特旗是最先进的，系统只有我们2—3位老师可以使用。

问：您小孩上几年级？

答：五年级，就一个小孩，姑娘。

问：您通过了解，咱们学校的教育情况如何？

答：咱们学校硬件设备是全旗最好的，但是某些方面还不如乡下的教育，比如教育模式，现在什么年代了，学习方面还一到考试的时候就做题，应试教育，为了考试让学生背，死记硬背。我是教育局的，经常到乡下听课评课，考试题都通过我们这里出，作业量越来越大，就是应试教育，来了听课的啥的就给来个花样，人一走了还是那样。

问：除了应试教育，您还希望还是怎样更好的发展？

答：健康的成长吧，应该是上面有营养餐，每天有多少牛奶，肉啥的，以前还有牛奶、鸡蛋，先在鸡蛋变成鸡蛋羹了，牛奶变成奶茶了，这个营养肯定不是如以前了。

老师们都注重班级的成绩，甚至教育孩子怎么去抄，这样抄，那样抄，这样对孩子的成长肯定是不利的。

问：老师问什么教学生去抄呢？

答：学校就是按照班级的成绩来奖励教师的，所以教师就教学生怎么抄。

问：您了解学校的课程开设的如何呢？

答：课程开设的挺全的，但是自然（新课程改革后改名为科学，笔者注）、社会等课程孩子特别愿意学，但是老师没有专职的教师，教的不太好。比如自然课，有的语文老师带自然课，这个老师就不上自然课，上起语文课来了，考试的时候就划出题，答案，让学生死记硬背，最后考试成绩也很好，但是不懂，啥也不懂，但是能背诵出来。现在我觉得我的孩子特别可怜，就是机器了，学校注重考试，互相抄，死记硬背。

问：交多少钱？

答：住宿生的话一学期二百多，统一校服，还收钱，二棉大棉还150元呢，光有个上衣。

问：为什么送孩子到这个学校来读书？

答：乡下的学校都黄了，老师都没有了，都到这里来上学。

问：为什么乡下的都要来镇上或县上呢？

答：为了形象工程，房子都盖出来了，你说咋办呢，不能空着吧，没人不行吧，两栋楼都空着，所以就让其他学校的学生都来了，这样学生离家这么远，感冒发烧啥的家长都得来回看，加重了家长的负担，有的家长忙的远的，一个月都接不了一次，有的没办法就在学校附近找委托接住孩子的，因为来回的费用挺大，也没有时间来接管孩子，想我们这种一周上五天班的，学生是一周上十天班，我们也是有两天没有时间看管孩子的。

问：学生如果离家离的远的，有没有父母不在身边的？

答：这种的多了，这边蒙古族地区，老头老太太在鲁北租房子，啥活干不了就看着他们。周末来接送了啥的，都在这边租房子呢。

问：您接触到的父母不在身边的这种的生活的如何？

答：像这种孩子从二年级开始就住校，没有家庭的教育，没有父母的爱，真的是挺可怜的，八岁九岁开始就住校，对学生的发展非常的不利，缺少父母的爱，缺少家庭的教育，我觉得这就是集中办学导致的。

问：教育局有这种要求让学生集中到这里来上学吗？

答：这是强迫性的，乡下下面的学校条件不比这里差，多媒体都有了，老师也特别好，但是都调到镇上的学校了，这样的话下面的教师都没有了，比如有50多岁的很多市里的委培生，交了很多学费，学了两年左右，开始政府强调解决工作，后来没有解决，然后就到上面告状，然后就给这些人解决工作，你想想务工务农了十几年了，干了二十多年农民，如何来教咱们这些学生，那不是瞎教吗?!

问：还有没别的？如何加强教师的培训？

答：加强网络上对教师的培训，现在的网络培训只能是走个过场，现在的网络培训是如果不参加培训的话，我们不给盖章，不参加网络培训，你就不能进行职称的评审，不进行职称评审，你工资就不能增加，所以现在很多教师参加这个培训都是冲着我们这个盖章来的，有一些我认识的教师，培训留的作业不会做，还找我来帮他们做题呢。而且这个培训还收钱呢，我自己也交钱呢。

现在各个学校里面都非常重视对教师的培训，有的乡下的老师每年出去几次进行培训，有时候我们也出去给他们培训，但是他们都不太喜欢听，因为我们知识老化也很严重，我从2002年开始接触电脑，基本上还是那时候的一些知识，但是下面的老师出去培训的机会比我们多，知识比我们的先进，这样的话我们培训的内容他们就不愿意听，所以还是希望教育局能安排我们出去培训一下，提高我们的知识水平。我们单位现在有人快一百多个，年轻点的有二三十个人，真正能干活的也就是我们四到五个人。

问：您觉得孩子的教育投入在您的家庭支出中大约占多大的比例？

答：对于我们来所不算是负担，但是对乡下的孩子来说压力还是挺大的。

问：乡下的孩子主要是负担体现在哪里呢？

答：你比如说来回的交通费用，学杂费等，我有个同学是农民，就是接不了孩子，有时候没钱，有时候活多，所以有时候就委托我帮忙接管孩子。我还得给找人，每天给人家10—20块钱的帮忙看孩子。农村里面有虱子，你知道吧？现在这个学校有些孩子就有，现在不能洗澡，洗头发都够呛，学校好像不让洗，不让洗，小孩子吧，如果用热水就容易烫着，所以不让洗。孩子用电脑就是玩游戏。

问：让学生做卫生应该是挺好的一种教育吧？

答：那也是做样子给你们看嘛，外面的广场也都是学生管的。

问：您小孩有没有参加他们的特色班？

答：有，比如马头琴班。

问：马头琴等这种特色班和兴趣班收费吗？

答：这个不收费。但是要表演，比如上边来人了，要给他们唱歌，跳舞，拉马头琴，现在我姑娘是他们学校的演员，学校都认识她了，跳舞，唱歌，翻跟头，拉马头琴，比如上边明天来人吧，要提前两天排练，大的演出要到剧场去排练。

问：现在有没有说如何来加强农村偏远地区的办学水平呢？

答：都弄到旗里面了，农村的学校里面都是年龄较大的了，学历一般的了，教学条件好的全都跑到旗里的学校了。

问：您现在在家庭里面希望孩子上到什么样的文化程度？

答：希望挺大的呢，当然是越高越好了，好的比如清华北大了，估计够呛。

问：您觉得最希望解决的是哪些方面的问题？

答：关于孩子，应该是让孩子健康成长挺重要的，不要让孩子互相抄啥的。课程还是必须要开全了，体育了啥的还是要开好的，有些班级班主任怕学生出去绊着磕着啥的，不让学生出去活动，这个非常典型。

调研日记

2013 年 11 月 17 日　星期日　晴

郭志法

上午与教育部钟亮组长通电话，就调研工作中的具体问题：分组、联络、分工、出发前小组会议等问题交换意见，取得共识。

上午十点到办公室，复印简报模板、调研问卷、小组通讯录等资料，一式五份，每个小组一份。

代表钟亮和调研小组与内蒙古调研基地、内蒙古社科院社会学所副所长乌仁塔娜老师通电话，乌仁老师刚刚到达通辽市，准备明天上午与我们会合。向乌仁塔娜老师表示感谢，并协调调研日程。强调我们是蹲点、体验式调研，尽量集中在一所乡镇学校。

下午四点赶到北京北站，与调研组同志们会合，我们十四名成员第一次全体集合会面，大家热情很高，相互招呼认识。利用上车前一小时时间，我和钟亮组长召开了出发前小组会，宣布调研纪律、调研意义、调研形式、调研任务分工，并利用此时间边吃快餐边开会。

晚上列车上，教育部教科院高丙成等来我们车厢串门，大家交流十分热烈。就调研中的主题、大家的关注点、教育热点问题谈论十分投机，只是列车员很早就来提醒我们要关门，大家话犹未尽，约好下车再谈。

王海锋

下午四点半在北京北站集合，全体调研组成员到会并听取了两位组长就调研总体情况作安排。郭志法和钟亮就本次调研应当注意的问题作了要求。我自己认为，作为一次集体性的基层调研，应当沉下心去，到基层了解真实的情况，是一次锻炼自己的机会。在前往通辽的火车上，我们社科院四人也就如何开展调研、调研什么等作了充分的交流。

王莹

今天我们内蒙古组在北京北站集合，坐上了开往通辽的火车。临行前，组长分派了任务，并且提出了要求，大家都没有异议。天气很冷，但我们的心里却激动万分，我们每个人都感到这次任务无比光荣，不管多么艰苦，我们都无怨无悔，因为我们要真正为国家的发展和建设献策献力，只是在办公室和书斋里是无法实现的，还需要下基层，察民情，接地气，从实践中出真知，在深度调研的基础之上，提出真正有价值有意义的见解。在火车上，我们一边认真学习和揣摩调研材料的精神和计划，一边探讨调研的任务、对象、目标和各自的侧重点，以便在将来的几天里能够高效地完成调研方案。有几位同志在火车上已经开始了对户籍在通辽的乘客的访谈，让我们大家感到踏上旅途的一刻起，我们的任务已然启动，从这一刻起，我们要在有限的时间里分秒必争，睁大眼睛捕捉闪光点，发掘话题和有效内容，在表象后看到本质，发现真正亟待解决的问题，达到本次调研的终极目标。

蒋宇

今天下午 16：30，我们通辽调研团成员在北京北站候车大厅集合，准备乘坐 K1015 次火车前往通辽，候车期间，团长将我们此次调研的主要任务，包括我们整个团队的任务、每个人的任务以及注意事项等进行了仔细的安排和交代。18：18，伴随着火车的缓缓开动，我们的"根在基层·中国梦"调研之旅正式踏上征途，火车上有许多乘客是内蒙古自治区的居民，在聊天过程中我们也和他们探讨了他们现在的生活状况、医疗条件、子女的教育、就业等情况，几位访谈者普遍认为他们目前的生活方式、生活状况都在朝着好的方向发展，对现在的生活都还比较满意。

2013 年 11 月 18 日　星期一　晴

郭志法

早上七点五十，经过十三小时行车，列车准时到达内蒙古通辽车站。乌仁塔娜老师和内蒙古通辽市扎鲁特旗教育局办公室姚主任接站，大家一下车立即感受到东北寒冷的天气和大风。登上巴士，我们立即赶往二百千米外的扎鲁特旗鲁北镇。

为了赶路，大家没有吃早餐，经过三小时紧张赶路，我们到达鲁北镇住地。稍作休整，扎鲁特旗政府办公室陈副主任、教育局邓国范局长、宋显龙副局长、办公室姚主任招呼我们午餐。为了节约时间，我们午餐中间就一周调研日程做了沟通和协调。

下午，我们召开小组会，要联络员关注微信微博，并发布消息，向教育部、社科院两位团委书记报告平安到达。小组会上一是明确详细日程，周二、三全天调研，周四上调研，下午参观鲁北教育园区，周五上午调研小组与扎鲁特旗教育系统座谈，周五中午饭后赶往通辽乘晚上火车返京。钟亮组长宣布5个小组分配名单和调研细则。

晚上，调研组全体成员对教育局邓国范局长与鲁北镇第二小学校长李伟元进行了详细访谈。

结束后，我钟亮和徐璐三人组又对明天的调研做了商量和准备。

王海锋

上午8点般到通辽，内蒙古社科院的乌仁塔娜老师和扎鲁特旗教育局的老师来接站，我们一行大约11点半到扎鲁特旗。

午餐后，调研组开会分组，并就调研的任务进行分解，大致划分为五个组，每个组三个人，强调在后期的调研访谈中，以组为单位开展活动。我和张晋、左晓梅分在于一组，会后我们组就图和开展调研做了分工，就访谈的提纲作了商议。

晚餐上我们聆听了扎鲁特旗鲁北镇二小校长的情况介绍。该校长介绍的家长培训让我很感兴趣。他介绍，教育的事情，不是学校和教师的事情，而是学校、教师、学生、家长、社会"五位一体"的事情，在平时的工作中，他发现，很多学生成长慢，家长的因素占了很大的份额。因此，要通过开展家长培训的方式，让家长意识到，每个孩子都有自身的优势，要善于鼓励其进行创造性的学习，摆脱简单地以成绩来衡量学生是否优秀的简单衡量方式。基础教育要发展好，孩子要塑造好，关键在于家长。为此，二小的校长充分利用机会，跟家长沟通，取得了比较好的效果。

其间，扎鲁特旗教育体育局邓局长就全旗的教育情况及相关问题作了沟通交流。在他看来，民族地区基础教育面临的最大的问题是师资力量。在县城的学校，情况还要好些，但到了教学点，矛盾就比较突出，各个学科的老师配备都很成问题。

王莹

清晨，随着火车的减速，我们到达了期待已久的通辽，内蒙古社科院社会学所的乌仁塔娜副所长热情地接待了我们，那种扑面而来的蒙古族人特有的豪爽的热情让我们一下车就感觉到这个民族的善良友好。乌仁所长曾留学日本，是内蒙古杰出的社会学学者，她的大气得体让我们感到少数民族学者特有的气度和风范。之后我们乘坐小巴车近三个小时来到了扎鲁特旗鲁北镇。稍事休息，组长召集会议为我们一行十四人加上乌仁所长分成了五组，并分派了任务。在会上，组长征求大家谁愿意协助他撰写总的报告的任务，我认领了这一任务，过去干过几次这样的工作，清楚个中步骤和要求，评价都还不错，我想我可以胜任，我也会尽我最大的可能把它做好。分组后，我们各小组即刻召开会议，围绕调研重点确定第二天要问访谈对象的问题，明确分工，经过反复讨论，定下了要问的问题，同时约定精诚合作，灵活机动，针对采访对象不同的情况和性格，及时调整方式方法，力图达到采访目标，针对重点问题要深挖，但必须兼顾对采访对象的尊重。中午，扎鲁特旗邓国范局长、宋显龙副局长来看望我们，表示会尽全力支持我们的调研，并请我们有任何调研要求，可尽管提出，他们会积极配合，我们大家表示感谢。晚间，我们调研组的全体同志又集体聚在一起，互相借鉴探讨各自的调研方法的长处，取长补短，共同发展。

蒋宇

今天晚上和扎鲁特旗教育局邓局长和鲁北第二实验小学李伟元校长就餐并座谈，座谈的氛围非常的融洽。其间我询问了关于中小学实验室建设和教育装备配备的情况，邓局长认为教育环境的创设、实验室的建设和仪器设备的配备非常重要，并表示现在扎鲁特旗的初中实验室和教学仪器配备整体情况较好，实验也能开展，小学阶段开展了综合实践活动课程；邓局长认为由于资金的缺乏，目前农村中小学缺少科技馆、科技中心等能让农村学生体验、感知的一个场所和设施设备，从而不能和城市的学生一样接触了解比较先进的科技信息。邓局长建议北京等大城市的科技馆、科普中心等能将每年淘汰的科普类的仪器设备模型等资源捐赠给他们，达到节约资源、减少浪费、循环利用的效果。与李伟元校长访谈时，李校长表示目前实验二小这几年刚刚将场地硬化、去年通过校安工程将实验室建好，以前为木板楼，但是现在实验室里缺乏实验桌、实验椅子、多媒体等基本设施设备，目前小学科学课程使用的仪器设备还是 2006 年配备的自然课程的仪器，基本不能进行学生分组实验和探究实验，教师勉强能挑选几件教具在教室进行演示实验。图书馆建设生均能到 10 册图书，每个班级放 200 册，学生还需图书可到学校图书馆借阅。李校长认为，小学图书馆比实验室更重要，因为小学生空闲时间较多，更能培养学生的阅读习惯，目前图书还是较缺乏，希望发达地区的学校可以将每年淘汰的图书援助给他们。校长和局长的理念都非常的先进，比如语文数学英语学业水平测试，达到课程标准的要求即可，在此基础上进行公民素质教育、体育教材基本配备完成，学生进行跳绳、仰卧起坐等项目的锻炼和测评，最高的能达到一分钟 200 次，艺术、口头表达等项目的学习。

值得欣慰的是，邓局长和李校长的教育理念非常先进，都认为学生学习习惯的养成、学生的创新精神和实践能力非常重要，必须从学生时代培养其综合素质，认为目前社会上的山寨产品、模仿国外产品的事件和当前的教育是有一定联系的，并认为培养学生的创新精神、意志力、韧性、情商等能力同样相当重要。

李校长同时还谈到了目前新招来的师范毕业生的素质比较差，比如粉笔字写的差、态度不端正等问题。另外建议成立市级的考试中心，负责研究中小学各学科的评价和考卷的出题等，认为目前教师出题目往往偏难一些，不是按照课程标准来出试卷，而是按照选拔性的标准来出题了。

2013 年 11 月 19 日　星期二　晴

郭志法
早餐后，调研小组全体成员八点准时出发，八点半到鲁北镇达扎鲁特蒙古族实验小学。学校康康喜玛校长和相关老师介绍了学校情况，我们开始调研访谈。

值得一提的是，我们内蒙古基地的乌仁塔娜老师提出周五先到通辽参观当地学校，下午与通辽市教育局同志座谈，然后返京。我感到很为难，因为昨天我们和扎鲁特旗同志已经商定好日程，更改行程需要大家商量，我把此情况汇报钟亮组长，然后找教育局邓国范局长与乌仁老师一起商议，最后还是决定行程不变。

钟亮、徐璐和我三人作为一个小分组进行调研访谈。上午访谈两位教师，一位是退休的，一位是在职的，下午访谈三位学生家长，一位是公司职员，一位是村民，一位是教师。

晚餐时，调研组全体成员对教育局邓国范局长与鲁北镇鲁特实验小学校长张福山进行了详细访谈。结束后，我钟亮和徐璐三人组又对明天的调研做了商量和准备。

王海锋

调研组到达本次调研的目的地——扎鲁特旗蒙古族小学，并同该校的校长、老师座谈，就学校的整体情况有了全面的把握。在此基础上，展开了调研。全天访谈了两位老师、三位学生家长。

访谈的两位老师，分别是英语教师和蒙语老师。在访谈中，英语老师认为，应该加强国培计划，让老师多出去转转。同时，提出英语教师配备少，工作任务量大，班级人数多，不利于老师从事语言教育。蒙语老师提出，现有的蒙语教材太多，教材不够配套，更新的程度不够，地方差异比较大，因此，应该按照中、东、西的区域来编写教材。另外，社会的普遍汉语化环境、家长的实用心理等对现有的蒙语教学都构成不利的影响。

在跟三位家长的访谈中，有家长提出，寄宿制的教学模式改变了现有学生的生活方式，虽然培养了学生的独立生活能力，但毕竟是小学生，因此建议在现有基础上，给予学生以无微不至的关爱。同时，应提高餐标，可以在现有的基础上通过适当向家长收费的方式来提高学生的营养水平。有家长认为，虽然现在市面上的蒙文方面的课外书很多，但由于其内容不够新，也无法调动孩子的兴趣，因此，孩子更愿意看汉语的电视、上网，这对于蒙文的学习老师构成了挑战。他提出，一所好的学校，应该是给予孩子更多的课外活动，尤其是对小学生而言，不应该有太多的学习压力，而是要有充分的时间来游戏。有家长主张，在寄宿制学校，孩子的心理问题应该引起关注。因为，在这种制度下，孩子十天时间在学校，因此，一旦遇到一些烦心的事，就无法及时跟父母沟通，这可能会对孩子的成长不利。同时，在蒙语的学习上，家长认为，现在汉语使用过多，城镇化过程中的汉化等都有影响，其中最值得一提的是，孩子在看电视的时候，蒙语的电视频道与当地口语的蒙语的差异大，前者是标准的，后者的是方言的，接轨存在障碍。

王莹

早上八点，我们就踏上了开往鲁北蒙古族实验小学的路，到达后，校长接待了我们，带领我们参观校园，这所小学是全国的教学示范点，设施完善，设备先进，教师素质高，学生培养模式科学多元，既注重民族文化的传承，又注重汉语学习和英语教学，让孩子们成为多语人才，还有九个课外特长班，全方位的综合素质的培养，让我们一行人非常赞叹。

之后我们就开始了采访，我们首先从老师开始访谈，第一位是老师是市级学科带头人，也是该小学的副校长，她真诚应对，敢说实话，力求详细具体地解答我们的问题，她的汉语表达流畅自如，充分显示了内蒙古优秀教育工作者的高素质和高水平。第二位是从农村小学刚刚调入这里一年多的老师，从她这里，我们不仅了解到农村小学教学条件的艰苦，还了解到她选择来到这里，是看中了优质的教育资源和教学条件，同时也讲述了一些城乡教育的差别，这是不面对面访谈绝对得不到的经验。

下午，我们采访了三位家长，他们都有体面的工作，受过很好的教育，他们同样非常如实地回答了我们的问题，让我看到了扎鲁特旗蒙古族家长对孩子的教育非常尊重孩子的个性、兴趣，不加强迫，只要孩子坚持的东西是正确的，就给予大力支持。而且他们都保持着极好的亲子关系，和孩子做朋友，做玩伴，他们有很成熟的教育理念，他们的孩子也都非常优秀。他们有着汉民族发达地区的父母都有的对孩子的规划，他们眼中孩子成才的标准也和我们非常一致，这非常值得关注。我们的问题是，我们原本设计的问家长问题是 10 个，但其实远远不够，我们还随机问了不少问题，才达到了预先设定的采访时间，晚间，我工作至凌晨一点，重新设计了第二天采访学生时要问的问题，从当天的采访实践中，我感觉到了计划往往赶不上变化，但无论怎样，我们还是应该尽全力做好计划，尽可能全面地考虑各种突发状况，这样，当出现意料之外的状况时才不会因准备不足而手足无措，自信，淡定，挥洒自如，都来自于扎实的充分的准备。

今天访谈的老师提到了她所教授的班上有一位评论大王，小伙伴们朗读课文的表现，他总能评价得恰如其分、入木三分，基于自己的职业敏感度，我马上感觉到这是一位优秀的文学评论家的好苗子，目前少数民族文学批评的名家级人才还很欠缺，如果有针对性地引导和发展这个孩子的优势和天赋，他一定能成为一位优秀的民族文学评论家，为自己民族文学的发展和宣传作出杰出贡献，会大有建树。我觉得这是个值得注意的问题。也许我可以做点什么。

蒋宇

今天的工作效率还是非常高的，上午八点钟准时出发前往扎鲁特蒙古族实验小学，在会议室进行了简单的见面会，介绍了我们此次调研的来意和安排，实验小学校长给我们简单介绍了学校的基本情况，播放了学校的宣传片，值得一提的是实验小学的校歌真的非常好听。按照我们的建议，学校给我们上午每组安排了 3 位教师，因为学生家长需要通知才过来，所以家长的采访放在了下午，上午 9∶30 开始，我们组开始对教师进行采访，我们组采访的是一位信息技术课程教师，一位德育和心理辅导教师，一位科学课教师。采访期间他们还是非常自然地回到了我们访谈的问题，感觉还是以介绍学校的好的经验做法为主，比如学校好的办学理念、对师资培训的重视、教学或者辅导学生过程中好的案例等，只有科学课教师提到了目前科学课实验室面积不够、仪器设备落后、缺乏，师资力量不够的一些问题。下午我们采访了三位学生家长，学校给安排的三位家长都是鲁北镇上的，可能是考虑方便我们采访沟通，方便学生家长赶到学校，他们三位家长的学历和在当地的地位都不错，都是公务员或事业单位的工作人员，其中最后一位既是学校的老师也是学生的家长，访谈时基本上也是谈学校的各种好的做法，只有第二位家长能够客观地评价学校集中办学的不足以及学校教育过程中存在的一些问题。

2013 年 11 月 20 日　星期三　多云

郭志法

今天上午早餐后本准备按时出发，一位女小组成员迟迟不到，大家等了一刻钟才出发。看来我还需要和钟亮组长强调纪律。

上午我们三人的访谈非常顺利，访谈一位教师，两位小学生。这两位小学生的素质令我感到惊讶，他们谈吐得体，举止同大城市的孩子无异，而且他们的家庭情况很普通，所以蒙古族实验小学这种超前的发展的确给民族地区的孩子创造了一种同大城市孩子同步起跑的平台。当然这个学校也还存在相应的问题，地处内蒙古偏远地区的通辽扎鲁特旗的基础教育站在民族、传统、现代化之间如何选择，真是很难作出判断。

中午，教育局的同志充分利用我们的时间，让我们到毗邻的鲁北第一小学午餐，正好在学生食堂和该校的同志一起边吃边聊，让我们也得到了很多汉语小学的基本信息。

下午，我们按计划参加通辽市教育系统先进事迹巡回报告会。五位基层一线老师讲授了他们从教中的感人经历，王兴武老师讲了 18 年民办教师生涯，女儿患病，老两口带着孙女坚持教学；任立宏老师儿子退学复学坚持工作的细节；翟云峰老师患病坚持上课和学习思考、坚守教师的神圣。我几次眼眶湿润，强忍着没有哭出声，但是我还是听到有人在抽泣。

晚上回驻地路上，我和钟亮组长再次强调了组织纪律，一定要集体行动，注意安全，维护我们调研小组的形象，并对明天的工作做了安排。

王海锋

在调研点访谈一位老师和二位学生，并聆听了 2013 年通辽市教育系统先进个人事迹巡回宣讲团的报告。

在访谈中，有老师提出，乡下小孩家长对小孩的教育意识淡漠，一定程度地影响了教育的效果。因此，应该重视家庭教育，鼓励家长多参与教育的过程，不是把教育只是当作学校、教师的工作。有学生认为，蒙语的教学内容与汉语的教学内容不匹配，例如，蒙语教材的四年级水平仅相当于汉校的一二年级的水平，因此不能满足学习的需要。建议伙食方面应该更好一些。也有学生提出，零花钱主要用于零食的购买，理财能力欠缺。

其间我们聆听了通辽市教育系统先进个人事迹巡回报告会，五位报告人的事迹让我们调查组成员很为感动。对于一个从农村出来的人而言，我能深深体会到这些基层教师的不易，也为其扎根基层，默默无闻作出奉献的精神所感动。来自农村的蒋志强老师趟着"水泥路"前往教学点，翟云峰老师提出的"一个不读书的老师如何去教育读书的学生"，任立宏老师讲教育作为一种志业的精神，等等，都给我留下了深刻的印象。

王莹

早上八点半，我们就又来到了实验小学，开始了对三位学生的采访，第一位小朋友是五年级三班最优秀的学生曹源，他也是刚刚荣获高年级朗诵比赛第一名。他素质优秀，知识全面，有理想有抱负，让我非常赞叹。他的理想理想是到哈佛大学去读书，做漫画家。然后把父母接去。第二位小朋友是个漂亮的小姑娘，总是微笑着，当我问到她未来是否有留学的打算时，她说想去德国留学，我问他将来想留下来吗？她说她要回来，因为中国是她的祖国。第三位小朋友是个电脑奇才，早年父亲因为家贫被迫辍学，所以十分注重孩子的教育，他的理想是将来开办自己的电脑公司设计游戏，给更多的人带来欢乐。孩子们充满理想，勤学上进，让我感到这个民族一如既往的昂扬向上的力量。

采访完后，应我们的要求，学校带我们深入课堂，听了一节汉语课，这里的教学方法之新颖让我们叹为观止，互动式的教学模式让学生有着极强的参与意识和在场感，充分地调动了他们的学习积极性，连我们都感觉课堂气氛极为活跃，学习过程轻松愉悦。孩子们学习积极性高，教学效果优异。

下午，我们旁听了 2013 年通辽市教育系统先进个人事迹巡回宣讲报告会，扎根乡村年逾花甲的王兴武老师，他的人生经历简直是一部十足的苦情戏，但他终其一生把教师这个职业做到极致，他的师德让同为师者的我十分惭愧。幼教教师黄永玲老师，她年轻，聪颖，善良，智慧，她用她的爱，点亮了她的四周，她让我感觉她把幼教教育并不是看成职业或事业，她已经完全把幼儿教育看成人生快乐的源泉，她的无私付出，更像是一种本能。以上两位老师让我惊讶的是在教学负担很重的情况下，他们在学术研究上还有建树，这是怎样严格的自我要求才能做到啊！高中教师任立宏老师，以母性的光辉，温暖着她周围问题百出的世界，她以朴实却日复一日地付出，跬步而至千里的塑起了学生心中的丰碑，已近花甲之年，她的形象让我想到妈妈。最美乡村教师包彩云，扎根乡村，勤勤恳恳地付出，二十年如一日，把教学当成人生的第一要义，让人感动不已，她在那么遥远的地方，在艰苦的环境，泥泞的道路上，书写了最美丽纯净美好的诗篇。中学历史教师翟云峰，他有着士大夫文人的风骨气质，淡泊名利，同时对自己的教学一丝不苟，近乎苛刻。他知识渊博，才华横溢，却注重不断充实自己的知识储备，以便更好地教授学生。同时很有知识分子的责任感和使命感，他让我感到的精神气质和自我要求很像我所在的单位里很多让人敬仰的老先生，浩然正气，铮铮傲骨。

我觉得能有机会旁听这次报告会非常有意义，让我们了解了少数民族地区教师可歌可泣的先进事迹，有利于帮助我们更全面地了解通辽地区多方面的教育状况，也可以更深刻地体会少数民族地区教育的问题和难处。

蒋宇

今天上午我们要访谈 3 位学生，9：00 正式开始，为了不让访谈时学生紧张，我们建议同时和两位学生沟通，第一次访谈，给我们安排了一个班级的两位学生，一位男生一位女生，其中男生是班长，而且是扎鲁特旗十佳少年，家住在很远的牧区，目前还没有通电，每次往返住所和学校需要做客车，来回要 50 元。第二次访谈是一位女同学，也是六年级的一位班长，我们问了一些住所离学校远近、交通工具、家庭情况、课程开设、授课内容、学习兴趣、课外活动等一些内容。第三位是一位比较帅气的男孩，也是一位班长，他们三位共同的特点是都是班干部，学习成绩好，都希望考到通辽市的初中去。

下午，教育局安排我们聆听了2013年通辽市教育系统先进个人事迹报告会，共有五位教师汇报了他们的先进个人事迹，一位是在平凡的岗位上常年坚守、履行教师责任的最美乡村教师，一位是教学创新、勇于开拓的最美幼儿教师，一位是爱生如子、坚守岗位的高中教师，一位是常年坚守教学点任劳任怨无怨无悔的乡村教师，一位是修身养性、以身为范、树德树人的师德标兵。这些优秀的教师代表都是在平凡的岗位上兢兢业业、坚持坚守、无怨无悔做出不平凡业绩的人，值得我们学习他们身上的坚持、坚韧、坚定，我向他们学习，更向他们致敬！！

2013 年 11 月 21 日　星期四

郭志法

上午蒙古族实验小学安排我们参观体验蒙古族特色教育展示，在民族服饰室我拍了很多照片，有不少同志还纷纷合影留念。民族特色班小学生表演的四胡、马头琴、蒙古族舞蹈等非常精彩，大家都非常赞赏。之后我们继续在蒙古族实验小学访谈调研，我们小组分工，钟亮又访谈小学生，我和徐璐去看了学生宿舍、学生食堂、教师宿舍。

这是我们在实验小学蹲点的最后一个时段，我们和老师学生们一一话别。中午，我们来到教育园区蒙古族实验中学午餐和参观访问。他们这个学校是实验小学的对口学校，在参观中对学生们的科技制作影响深刻。

下午根据安排，我们还赶到革命老区巨日和镇中心小学和中心幼儿园参观访问，这里学校的基础建设标准化程度很高，学校是镇上最好最显眼的建筑。我和钟亮组长一起向巨日和革命老区中心学校捐款1500 元。

晚上我们召开小组会，讨论明天日程具体安排，重点是和扎鲁特旗教育系统座谈会。我和钟亮组长、五个小组代表发言内容经过集体讨

调研组为农村教育一线的巨日合幼儿园捐款

论，直到晚上十二点才结束。

王海锋

调研旗教育园区的民族特色教育，并前往乡镇中心校参观。

在蒙一小，孩子们表演了蒙古族的舞蹈、版画、四胡、马头琴。

在旗二中，参观了该校的实验室和民族特色班的情况。

下午前往巨日合中心小和幼儿园了解调研，每位组员给当地小学捐款一百元，以支持农村教育事业的发展。

王莹

清晨，我们一早来到学校，今天学校向我们展示了特长班学生的才艺展示，这些才艺展示都曾获得过很多高级别的奖项，精彩的民族才艺让我们目不暇接，赞叹不已！美轮美奂的民族服装真是一场绝佳的视觉盛宴，民族技艺独一无二的美的价值让我们深深触动！学校的这种教育模式是饱含深意的，民族又有文化的传承不仅需要一代一代的努力，而且需要从娃娃抓起，潜移默化地培养他们热爱民族、热爱祖国的情感，而艺术，无疑是最佳的途径，润物细无声。

之后，我又旁听了钟亮、徐璐采访一位小学生，她的访谈中关注到了消防、楼道建设、安全等诸多至关重要的问题，让我看到了这所优秀的小学教会学生的主人翁意识和责任感。

下午，我们来到了巨日合镇上的小学和幼儿园，这里地处偏远，在一片简陋的民居中间，小学和幼儿园却是这里最美的建筑，扎鲁特旗对教育的重视，让我们深受感动！回程的路上，大家都是心潮澎湃，为蒙古地区教育的完备和用心而赞叹不已！

晚间，我们召集会议讨论第二天到旗里教育体育局座谈会各自的发言内容，如何让大家分工合作，百花齐放，共同构成一个和谐统一的整体。大家集思广益，各抒己见，最终确定了各自发言的核心内容。

蒋宇

今天上午我们调研了扎鲁特蒙古族实验小学的特色班和兴趣小组，其中有舞蹈班、长调班、蒙古歌班、四胡班、象棋班、版画班等，同时我们还参观了他们学生的科技创新作品，其中有很多都能体现学生很好的创新进行，创新能力和实践能力，但是由于材料不够丰富，设施设备不够先进和完善，导致不能将作品制作的更加精致和美观。对于国家规定的科学课程和体育课程，却是缺乏实验室和必要的仪器设备。

下午我们去参观了一个蒙古族的初中，因为通辽市的教育局规定高考要考实验课程，一共是30分，其中物理10分，化学10分，生物10分，所以现在通辽市的初中的实验课程开展的还是非常的不错。然后我们去了巨日合的镇中心校和中心幼儿园，经过第一轮的学前教育三年行动计划，扎鲁特旗新建和改扩建了一批幼儿园，但是基本上和巨日合镇中心实验幼儿园一样，基本当都是园舍建设的非常好，但是没有配备、配齐玩教具，导致以游戏为基本活动的学前教育变成了以教授语文、数学、英语等小学课程的活动，造成了小学化倾向。所以我准备在周五召开的总结会上将此项问题作为意见建议和教育局进行沟通。

2013 年 11 月 22 日　星期五

郭志法

上午九点来到教育局参加扎鲁特旗教育系统座谈会，扎鲁特旗教育局领导、各个中心学校校长老师代表参加。我和钟亮组长首先发言讲了面上情况，五个小组代表和部分成员讲了各自的调研体会和想法。

中午饭后，我们立即乘车赶往通辽市，车上大家就调研报告问题进行了讨论。因为杂志社王海锋要赶六点的飞机去西安参加学术会议，我们和通辽教育局同志见面餐叙后即赶火车，返京路途顺利。

王海锋

调研组成员前往旗教育体育局，就调研情况作汇报，并聆听局和各校参加会议的校长意见和建议。

调研组郭组长和钟组长从宏观的层面对本次调研的情况作了介绍，并从个人的层面对调研中发现的问题提出了意见和建议。同时，调研组成员也分别从各自的角度谈了自己的看法和体会。

在后面的互动环节中，有校长总体提出，现有基础教育存在两方面问题：第一，教育经费不够，如，采暖费的问题。再如，校舍的投入不够、不足。2010 年才建设完成。建设主体的教室很好，但配套资金不到位。楼建完了，但是费用反倒上去了，财政上又没给这个钱，因而，成了负担。建议：经费分两块同时拨，给基础资金（即只要建设学校，就给资金），再按人头算。第二，应建立教师补充录用的长效配备机制。建议退休一个，招聘一个。教师调整调动给地方领导干部造成很大的压力。

旗教育体育局局长作总结，认为调研组责任感强，传承正能量。教育是祖国的未来。应该按照三个面向来思考教育。并认为调研组不仅仅是根在基层，而且是根扎在基层。从进基层、进校园、进课堂已经开始进入灵魂。国家层面思考问题。在以后的工作中，要把调研组留下的东西进一步作研究，推进扎鲁特旗的发展。建立各类长效的机制，推动西部民族地区基础教育的发展，为打造"蒙东地区教育高地"作出贡献！

王莹

一早，我们就来到了扎鲁特旗教育体育局的会议室，会议由组长郭志法处长的发言开始，大家欢聚一堂，谈着几天来调研的感受、心得、体会，并提出了各自的建议和期待，局长邓国范、副局长宋显龙——作了回应，真诚地告知我们他们已做到的和有待改进的。参加会议的还有局里的其他重要领导和旗里各中小学校长。我的发言主要讲民族团结和民族融合的，我追溯了半个世纪前内蒙古人民在三年自然灾害时期帮助汉族抚养了3000多名上海、安徽等地孤儿的感人故事，而1996年起，广东的草原爱心团队作为报恩资助了超过4000名贫困儿童上学，蒙汉两族深厚的情谊感天动地，日月可鉴！内蒙古额吉感人至深的故事令在场所有人落泪，蒙古族人民善良宽广的胸怀，如同草原般辽阔，广袤且浩瀚，是一本永远读不完的好书！其他同志的发言各有侧重，挖掘深入，体察甚微，充分显示了我们团队的分析、提炼、总结的功力。

会议在欢乐，友好的气氛中结束。下午我们又参观了牧区的幼儿园，幼儿园建在一个大蒙古包里，虽是四面荒无人烟，却布置得设施完备，井井有条，异常温馨，在冬季枯黄荒凉的草原，像一道靓丽的风景，明艳的色彩在一片凋零草色中给人以希望和温暖。荷叶花，这个美丽的名字印在我的心上，一点点晕开在我的心湖，瞬间让我的心灵感到一阵涤荡的清新与纯净。

坐在开往火车站的车上，我真的有些恋恋不舍，内蒙古，这个伟大，坚毅，善良，豪爽的民族，曾经在成吉思汗的带领下打下了中国历史上最大的版图，横跨欧亚大陆，她的今天也一样那么美好，而她的明天也必将更加美好！

两位局长和通辽市的教育局局长一直送我们到火车的站台上，或车徐徐开动，我们恋恋相别，扎鲁特旗，我们永远不会忘记的美丽和神奇的土地！

蒋宇

今天我们在扎鲁特旗教育局召开了调研总结会，两位调研组长分别代表调研组对扎鲁特旗教育进行了评价，并从个人的角度对存在的问题进行了概括，另有几位调研组员从自身的专业和研究方向等角度对扎鲁特旗教育好的地方进行了总结，对存在的问题提出了意见和建议，社科院王莹讲述了小时候听过的蒙古小姐妹的故事，到三年自然灾害时期内蒙人民在自己条件也很艰苦的情况下为内地无偿抚养了几千名幼儿的故事，感动得我们在座的同志们热泪盈眶。

午餐过后，我们就要离开扎鲁特了，真有点依依不舍，不过正像邓国范局长说的那样，我们这次根在基层的调研活动，其实已经扎根在基层了，已经将情留在基层了，在以后的时间里我们还会继续不断地与扎鲁特联系，真正做到"根在基层"。

2013 年 11 月 23 日　星期六

王莹

现在是 23 日的开始，零点刚过，我却辗转不能入眠，这七天的时光在历史的长河中算不了什么，但在我，却是我人生旅途中无可替代的珍宝，要永远珍藏！再过九个小时就回到北京了，我第一次没有离家盼归的急迫感，却有些怅惘而若有所失。调研结束了，可是我们作为青年干部，青年学者，对国家、民族的责任和使命却远远没有结束，在十八大和十八届三中全会之后，我们的任务更加明确了，担子也更重了。深入基层的经验让我们更加了解我们的国家和民族真实的现状，这是读多少本书都换不来的宝贵财富！我们理应乘风破浪，谱写新一代青年干部新的篇章！让我们的祖国更美丽！早日实现中国梦！

火车到站了，并肩战斗一周的战友们依依惜别，我们约定我们的QQ 群永远不注销，让它存在下去，作为我们情感的见证和延续！以后我们还要团结一道做更多有意义的事，为国家、民族竭尽所能，努力做出自己应有的贡献！一切才刚刚开始……

第四编

陕西：关爱乡村教师

调研报告

当前贫困山村青年教师
职业干预问题研究
——陕西丹凤县基层教育调研报告

陕西基层教育调研组[*]

2013 年 11 月下旬，中国社会科学院与教育部"根在基层·中国梦"调研团，赴陕西省商洛市丹凤县峦庄镇，就山村中小学青年教师队伍建设情况进行了调研。

根据调研，我们认为，贫困地区学校是我国教育事业发展的"短板"，治贫先重教，发展教育是减贫脱贫的根本之举。山村教师是山村教育的奠基者，是山村教育发展的基础，是数以亿计农村孩子的前途命运所系。伴随着山村青年教师日益成为山村中小学教师的骨干力量，山村教育的未来逐渐取决于青年教师团队的稳定和发展。

近年来山村青年教师队伍建设总体上取得了很大的成绩，教育部门和学校对青年教师队伍建设比过去更重视，青年教师队伍建设有了新起色、新气象，尤其是人才引进机制方面更突出。但是，还普遍存在一些问题：优秀青年教师"城市飞"，所学非所教，存在职业倦怠感，缺乏职业预期，专业发展不尽如人意，等等。山村教师队伍建设水平离中央的要求、青年教师的期待还有不小差距，需要认真研究，加大力度，进一步加强和改进。

为此，调研组提出建议：在各级党委、政府的领导下，新时期的山

———————————
　* 本组由 13 名成员组成，他们均对本报告作出贡献。主要执笔人：王永磊、吕倩、房世佳、仝涛、张叶青、邱志红、李苏宾、周红、张雪、袁朝晖（排名不分先后）。

村青年教师队伍建设应该从青年人的实际出发，通过"事前干预"的模式，建立职业"制度期权"，开启职称"专用通道"，实现城乡教师"良性互动"，稳定青年教师队伍。

一　调研基本情况

（一）当地概况

此次调研地点选在了国家级贫困县，有"关中锁钥"之称的丹凤县。丹凤县"水走襄汉、陆入关辅"，"北通秦晋、南接吴楚"，地处连接陕、豫、鄂三省之丹江通道中段，位于陕西东南部，属商洛市管辖。全县辖 16 个镇、208 个村、1823 个村民小组，总人口 30.2 万人，其中农业人口 27.71 万人，总耕地面积 23 万亩。

调研组成员集体合影

此次调研的目的地——峦庄中学和峦庄中心小学，两所学校均位于丹凤县城西北峦庄古寨，距离丹凤县城 50 千米，1 个半小时的车程。

峦庄中学是丹凤县最具有代表性的乡镇寄宿制中学，现有教学班

12 个，学生 535 名，其中 478 名住宿生；教职工 77 人，其中，本科以上学历 52 人，职称结构按照高极、中极、初级划分，大致为 1∶3∶6 的比例。学校连续 5 年教学质量综合评比名列全县前五名，2010 年获得第二名。

峦庄中心小学现有教学班 11 个，学生 407 人，其中住宿生 80 余人，在职教师 34 人；2012 年被中国教科院命名为"传统文化与语文教学实验基地"、被教育部授予"全国素质教育特色优秀学校"、被国务院评为全国"两基"工作先进单位。

（二）调研概况

调研期间，调研组成员深入基层一线，驻扎在丹凤县峦庄中学和峦庄中心小学，以与基层教职员工一对一跟班为主要方式开展调研，并重点与 50 多名教师、中小学校领导和县教育局的同志进行了一对一的访谈，还在县教育局、中小学与有关同志进行了专题座谈，深入了解峦庄中小学青年教师队伍的现状和困难。

在调研中，调研组还通过和教师"同吃同住同上课"，与村民"访贫问苦拉家常"，与学生"谈天说地话理想"等调研形式，切身感受与观察以峦庄中心小学、峦庄中学为代表的山村基层教育的实际发展与工作状况；还集体向贫困学生献爱心捐款 6100 元，组织向学校图书馆捐赠图书等一系列活动。

在每天晚上召开的小组例会上，调研组研讨交流，分享心得，整理资料，并规划第二天的工作，最后还共同起草调研报告、汇报材料。经过充分的行前准备和调研组 10 名同志的通力配合，我们形成了小组调研报告、典型事例、访谈记录、调研心得等多项文字成果，并在微博、微信上发表短讯 30 余篇。

通过调研发现，百年大业，教育为本，教育大计，教师为本。贫困地区学校是我国教育事业发展的"短板"，治贫先重教，发展教育是减贫脱贫的根本之举。我国义务教育阶段的整体教育水平，很大程度上取决于农村教育的水平。山村教师是山村教育的奠基者，是山村教育发展的基础，是数以亿计农村孩子的前途命运所系。伴随着山村青年教师日益成为山村中小学教师的骨干力量，山村教育的未来逐渐取决于青年教师团队的稳定和发展，取决于青年教师的水平、状态和责任心。基于

丹凤，我们来了

此，我们调研团队深入农村贫困地区教育一线，切实感受教育发展状况，体会青年教师工作现状及生存状态，总结教师队伍建设中存在的问题，思考解决问题的对策及机制。

座谈

二　调研中发现的问题及原因

近年来，山村青年教师队伍建设总体上取得了很大的成绩，成效明显。在各级党委、政府高度重视和全社会关心支持下，峦庄中小学青年教师队伍建设取得新的积极进展，青年教师队伍建设有了新起色、新气象，尤其是教师队伍招聘、使用、培训方面成绩突出。中央和地方采取的一系列加强教师队伍建设的措施成效显著：农村师资紧缺的问题普遍得到重视，已经有所缓解，中青年教师日益成为学校教师队伍的主体；随着山村教师经济待遇的改善，教师的职业吸引力逐步增强，具有大学本科学历的教师成为新增教师主体；伴随着中小学职称制度的改革和特设岗位计划、振兴计划、国培计划的推进，山村教师队伍结构逐步改善，学历水平和整体素质不断提升。

在充分肯定峦庄中小学青年教师队伍建设取得成绩的同时，也应当清醒认识到，峦庄中小学青年教师队伍建设面临着一些新情况，出现了一些新问题。这些问题，有的是长期以来形成的在山村中小学教师队伍建设带有的普遍性问题；有的是由峦庄中小学作为山区学校，自身的学校性质、管理方式所决定的特殊性问题；有的是随着形势的发展和环境的变化出现的新挑战、新课题。无论是何种性质的问题，都值得我们予以足够重视，认真思考，采取切实措施加以改进。通过调研发现，峦庄中小学存在的问题，比较集中地体现在以下五个"为什么"上。

（一）为什么山村青年教师"城市飞"？

根据调研掌握的情况，峦庄中学 40 岁以下的青年教师占 70%，40 岁以上的教师占 30%，三年内流失青年骨干教师就达 10 人。不言而喻，农村学校成了为城镇学校"培养青年教师，输送优秀教师"的基地，离开乡镇，调到城里工作，已经成为许多青年教师的心理定式和未来目标。在我们看来，山村青年教师是理性的个体，他们通过社会流动谋求更好的发展空间，这无可厚非，但这种逆向流动却导致农村的教育质量降低，恶化农村教育的生存环境。

山村中小学青年教师流失问题是农村教育发展面临的瓶颈问题。究其根源，主要在于青年教师学历高、见识多，其多元价值追求与农村经济社会发展的现状之间存在难以调和的矛盾。比如：山区学校基本均为寄宿制学校，山区教师在每周 26 节课左右的教学任务外，还要承担着对学生进行生活管理和心理疏导的责任，每天工作时间长达 12 个小时，使教师经常处于疲于奔命的状态；乡村教育经费投入不足，使青年教师工作环境非常差，教师在工作状态、教学条件、住宿条件等方面的满意度较低；缺少外出学习交流的机会，在晋级评优上名额比县城学校少，加剧了青年教师对职业前景的失落和迷茫；山区学校信息的闭塞、生活的枯燥、交通的不便，与青年教师对丰富文化生活、先进教育理念、多元信息交流的渴望构成巨大冲突；此外，住房缺乏、配偶工作、老人的医疗、子女的教育等多方面后顾之忧，都在加剧这些矛盾。虽然从山区调到县城受若干条件限制，并非每个想向县城流动的青年教师都能如愿，但这种思想上的波动，也成为山区青年教师队伍人心浮动、教学热情流失、教学惰性上涨的重要原因。

家访

（二）为什么有的山村青年教师"教非所学"？

调研中我们发现，峦庄中小学部分学科教师数量短缺，学科结构不合理，"学非所教，教非所学"的现象普遍存在。传统的语文、数学、英语老师偏多，政治、音乐、体育、生物、历史学科缺乏专业老师，而且，中小学的情况也不尽相同。比如，峦庄镇中心小学三年级以上都开设英语课，但全校只有一个英语专业毕业的非师范特岗教师。一位教师教两、三门学科现象普遍。学生课表中虽有音体美课程，但由于缺乏专业老师，且音体美学科没有考试压力，课程教学实际上流于形式，轮到这几门课或者为学生自由活动或者改上其他考试学科。

与中心小学相比，峦庄镇初中的师资数量相对充足，各门课程都能开全，但"教非所学"的现象仍屡见不鲜。在访谈中，我们发现化学专业毕业的老师教物理课，美术专业的老师教生物课，英语专业的老师带历史课。教师学科结构配比失衡，必然会在学校范围内抽调教师顶替，而顶替的结果不仅使一些学历合格的教师在兼教科目上成了不合格教师，还极大地挫伤了教师的工作积极性，难以保证教学质量。

造成"教非所学"的原因有二：第一，最近几年主要通过免费师范生计划、振兴计划、助学金计划和特设岗位计划等途径，招聘青年教师。由于新聘青年教师的权力不在学校、不在县里，使得招聘的青年教师所学学科领域与学校的实际需求差异较大，不能满足山村中小学的课程设置需要。第二，中小学课程设置相对简单，具有大学学历的青年教师经过一段时间的培训后，都能胜任调整后的教课任务，也使得学校无意中没有重视此问题。

欢迎"新老师"

（三）为什么山村青年教师大都有职业倦怠感？

青年教师工作时间长，工作内容多，其职业定位远超于教师，而实际上都成了"管家婆"。除了日常饱满的教学任务，青年教师大都扮演了"代理爸爸"或"代理妈妈"的角色，兼管校舍管理、校园安全、餐饮营养、心理辅导、医疗卫生等各项事务性工作，还要应付地方教育部门的统考，应付上级部门和校领导的各种检查。这与县城学校"朝八晚五"的工作制度形成鲜明对比，这也使得相当数量的青年教师身心疲惫，存在职业倦怠感，工作满意度低，得过且过，缺乏成就感，进取意识淡薄，心理不平衡，人际关系疏离，等等。

导致这一现状的根本原因，在于峦庄镇是一个地处山区且劳务输出较大的一个镇。"九山半水半分田"的地貌构成，使得当地的农业生产力非常薄弱，据统计，丹凤县全县农民年均收入仅 5000 余元。年轻人都外出打工，留下了庞大的留守儿童群体，由隔代的老人代为监护。以峦庄镇中心小学为例，学校留守儿童共有 288 人，占全校学生总数的62%。绝大多数老人没有能力辅导孩子的学习，更有很多人认为把孩子送到学校、交给老师就万事大吉；而且山区交通不便，学生也无法每天返家。因此，绝大多数学生周一到周五住在学校，每天从早 6∶30 到晚10∶00 都在上课或学习。为了确保孩子的学习质量、身体健康和校园安全，青年教师肩负着更多的家长责任和社会职责，身心处于过度消耗状态。

（四）为什么山村青年教师对职业发展缺乏预期？

在职称晋升方面，从丹凤的实践来看，职称制度改革调动了中小学教师的积极性，让越来越多的教师留在了中小学。但是，在峦庄中小学，青年教师的职称非常低，与城市青年教师的职称相比还存在很大差距。其中，高级职称多为老年教师，中级职称多为中老年教师，初级职称多为青年教师。在调研时我们发现，青年教师职称晋升难，使得青年教师对未来缺乏足够的预期和规划，容易悲观、消沉，滋生离开学校的念头，还有一些青年教师评完中级职称就设法离开条件艰苦的学校。而职称晋升难的原因主要在于：一是由于设岗名额有限，晋升时间长，具有本科学历的中学教师一般需要工作满十年才能参评一级教师；二是岗位管理论资排辈现象严重，一些教师晋升高级职称后，就离开教学一线，从事教辅等工作，但仍占着高级岗位，没有岗位就没法开展职称评审；三是缺乏退出机制，教师职业发展存在"人员能进不能出、职务能上不能下，待遇能高不能低"的问题，只要不触犯法律，山区教师基本没有面临解聘的退出压力；四是对职称评审标准和程序的宣传解释不够，很多青年教师对此并不清楚，也对自己职称的晋升缺乏规划。

在薪酬待遇方面，根据县教育局的同志介绍，在绩效工资分配时，从全县义务教育阶段教师绩效工资总额中提取了 8% 用于乡镇学校教师补贴，力图使乡镇中学教师工资待遇略高于县城中学教师工资待遇，但由于乡镇教师的数量远远大于县城教师的数量，这二次调节所能起到的改善作用也极为有限。并且这种工资分配比例没有真正起到调动广大教师工作积极性的作用，由于 30% 的奖励工资在形式上属于教师总体工资构成的一部分，许多教师误认为这种奖励是在拿自己的钱来奖励别人，从而产生心理失衡和埋怨抵触情绪，这也间接导致了学校新一轮"吃大锅饭"现象的产生和部分教师因分配产生不满的现象。国家规定，"教师的平均工资水平应当不低于或者高于国家公务员的平均工资水平，并逐步提高"。但是，峦庄中小学大多数青年教师认为，在乡镇，教师的平均月收入甚至低于乡镇公务员、商业服务业员工阶层，处于中下水平。即使城乡教师的工资收入已经持平，甚至乡镇还要略高于县城，但考虑到山区教师两倍于县城教师的工作时间，以及生活上、发展上的各种额外压力，当前的薪酬水平能起到的激励作用相当有限。

课堂

（五）为什么山村青年教师专业发展状况堪忧？

青年教师在谈到专业发展方式时，大多数教师都有独到的见解，提到了理论学习、案例分析、教学反思、结对帮扶、经验交流、问题对话、教学咨询、教学指导、同伴互助，等等。但我们询问到制约教师专业发展方面最大的因素时，很多青年教师都提及缺乏专业指导。由于资金、交通等方面原因，中小学教师很难面对面地求教于大家，求教于同行，将自己的知识储备和同行的经验充分结合。

由于交通不便、经费短缺、工学矛盾等因素造成山村青年教师培训机会少，培训层次低，制约了教师教学能力的提高。我们了解到，峦庄中小学青年教师的培训大多在县里和学校里，只有很少比例的市级、省级、国家级骨干教师才有机会参加相应级别的培训。而这些培训次数少，时间短，针对性不强，实效性差，理论脱离山区中小学教学实践，教师参加完培训感觉收获不是很大。此外，据教师反映，除了日常繁重的工作，教师还要经常应付各种检查，没有充足时间学习，很少参加课例研究、专题讲座和校际间的交流。

授业解惑

三　对策及建议

（一）建立职业"制度期权"：吸引青年教师长期扎根基层

"制度期权"是调研组引入的一个全新概念。提高农村教师素质是一个复杂的、长期而且充满各种变化因素的过程，是一个从"提升血量到提升血质"的根本性变革，简单说，经过多年的持续投入，农村教育已经走向质变，制度变革是实现农村教师素质提高的必然选择，而通过"期权"之一金融概念的引入，可否智慧性解决农村教师素质提高和留住优秀青年教师的努力值得尝试。

1. "灵活"人事制度：通过长短结合的"激励"方式，培育山村教师的认同感。

我们建议实施"1 + 5"模式和"10 + N"模式结合。

A. "1 + 5"模式：对山村教师的准入实行"1 + 5"：即入职第一年后，如果认为自己无法全身心投入山村教育事业的教师，可以选择离开。而选择留下来的教师，将选择 5 年的合同期。

B. "10 + N"模式：待第一个五年期合同到期后，如果愿意选择继续留在山区任教，将签订一份"10 + N"劳务合同，即 10 年合同期满后，不用续签而无限期留任直至退休。

2. 物质"红利"配套：当代青年教师的特点是从以往的理想主义

向现实主义的极速过渡。这点无可厚非，故此，我们建议，围绕前述的"1＋5"模式和"10＋N"模式结合，适当实施有力度的物质奖励。

A. 对应"1＋5"模式，可否考虑将山村教师的绩效采取一次性发放＋奖励的模式。即在第一个五年期内，绩效工资暂时不发，待合同到期后，一次性发放全部五年中的绩效。并由当地政府筹措解决，给予继续签订"10＋N"模式的教师给予相当于全部五年绩效总金额的30%—50%作为奖励。

B. 对应"10＋N"模式：本合同期内，绩效工资按月足额发放。待十年期合同到期后，如果愿意选择继续留在山区任教至退休，一次性给予等同于十年绩效的总金额作为鼓励。

据此，农村教师职业吸引力进一步增强。随着补助政策逐步实施，农村教师特别是连片特困地区农村教师收入水平将高于城镇教师，十八大报告提出的农村教师"教书育人的荣誉感"显著增强，优秀人才自愿到农村学校任教的流动机制将初步形成。

3. 持续教育保障：随着学习型社会和终身教育思想的发展，建立具有时代特点的教师教育培养体系是改革的趋势。对于投身山区教育事业的青年人，要建立职前、职后一体化的开放式的培养体系，为山村学校教师接受正规的教师专业的教育提供机会，对于采纳"1＋5"模式和"10＋N"模式结合的教师，尝试在不同阶段给予更高教育机会的优先选择权和免试入学权。

4. 构建教师"家属补偿"：为免除教师长期驻守山村的后顾之忧，应当对教师家属给予一定的特殊照顾，我们针对选择"1＋5"模式和"10＋N"模式结合的教师建议：

A. 对于选择"1＋5"模式和"10＋N"模式结合的教师子女，在九年义务教育阶段，在选择教育机会中予以大力度的支持，如优先进入县或城市重点幼儿园、重点小学和重点中学。

B. 对于报考本省高校的选择"10＋N"模式结合的教师子女，根据子女父母是否同为山村教师、从事教师工作年限等综合考量因素，当予以一定的分数优惠或是招考政策"倾斜"。

C. 对于"10＋N"模式结合的教师子女在毕业选择工作中，作为本省国有企业和省属国家机关、事业单位设置一定比例的招人计划，满足他们子女的职业稳定，也可安抚将一生奉献给教育事业的山村教师。

（二）开启职称"专用通道"：切实解决贫困地区青年教师的职称评审之踵

1. 规范教师资格证认证机制，突出对教育教学实践能力的考查；破除教师资格终身制，教师资格要实行定期考核和注册。教师招考要改变以往主要由各市、县单独组织的形式，设立统一的教师招考中心。各地上报和汇总所需教师的数量和结构，考试中心组织考生参加全国统一报名和考试。各地根据地区差异、政策扶持等原则，按考试分数实行阶梯式录取。教师引入时，不仅要考察教师的专业水平及能力，还要从行为特征、心理健康、师德、教师职业认知等方面进行综合职业测评。

百年大计教育为本

2. 制定职称评定倾斜政策。教师职称是教师职业生涯发展的一个关键组成部分。由于山村教师整体学历低、接受培训机会少、科研能力较弱、整体教学业绩比不上城市，所以，山村教师晋升职称的难度非常大。应该在政策上，对山区教师给予优先升职和评选先进的资格，实施山村教师职称指标单列制度，加大向山区优秀教师的倾斜力度，同等条件下优先晋升，从而激发山村教师的积极性和成就感。

3. 推进教师职务职称制度改革，提高教师职业发展空间。教师的职务职称评价应该与教师的能力、师德、业绩、贡献等联系起来，综合考评教师的工作实绩。建立灵活的中小学教师专业技术结构比例，初级、中级、高级职称的教师比例应该根据全校范围内教师队伍的年龄、结构及取得职称的年限进行综合的定量测算。比如一些老教师在中小学长期从教、终身从教，他们往往占据了高级职称的名额，中青年教师职业发展空间受限，进取心和积极性都会受到影响。

（三）城乡教师"硬性互动"：加大轮岗制的执行力度，增加竞争，从机制上让贫困地区的青年教师长期职业成长具有可预见性和成就感

1. 改变思维模式，形成竞争态势：合理的教师流动制度不仅可以平衡地区之间、学校之间的师资差距，还能够避免教师资源的浪费，从而提高人力资源的投资效益。从某种意义上可以理解为，用"市场"之手真正做到让山村教师留下来、留得住也留得安心。

学校应逐步改变过去的用人观念，大胆树立"宁为人才做人梯"的用人思想，积极宣传自己的优秀教师，让成绩突出的教师自由选择职业发展的空间，鼓励他们去条件更好的岗位上工作，形成本校在用人、培养人方面的口碑。这样才会激励本校的青年教师加速成长，也吸引校外优秀的青年教师更多加入。同时，学校也要加强教师队伍的梯队建设，提升教师队伍的成长速度，稳定教师队伍结构，改变教学质量单一依赖几个教师的现象。

在农村义务教育收归县管和优先发展的新形势下，以县域为单位，探讨建立合理的教师流动机制，已经成为一个现实问题摆在了我们面前。要建立合理的县域教师流动机制，一方面要借鉴国内外教师流动的有益实践；另一方面要因地制宜，综合考虑多方面因素，发挥主观能动性，创新改革，勇于实践；同时，还要认识到，任何制度的制定，都有一个发展和完善的过程。完善城乡教师定期交流制度，切实促进城乡教师双向流动，完善相关政策，鼓励城镇优秀教师到山村学校支教，促进优质教育资源共享；为山村教师提供进城教学机会，快速增强业务能力，提高教学水平；另一方面，建立城乡骨干教师"帮扶"计划，市、县骨干教师和农村教师结为帮扶对象，通过送教上门、集体备课、教学示范、资源支持、网络交流等具体方式，提高山村教师整体水平，促进

城乡教育均衡发展。

2. 公平流动程序。流动的目的在于引优罚劣，现在地方教育的窘境是"劣质师资出不去，优质师资进不来"。没有合理的"淘汰"制度的农村教师制度是一种没有竞争力、没有活力、没有生命力的僵化制度。建立农村教师"淘汰"制度，要坚持两条原则，首先，"淘汰"不是目的，而是再学习、再教育、再上岗的过程，是为了引入竞争，推动农村教师积极提高自我素质；其二，"淘汰"不是抛弃，在具体制度设计上，要有具体的"淘汰"硬性指标制度；要建立完善的"淘汰"教师再进修制度、"淘汰"保障制度和"淘汰"再进入制度等。"淘汰"的根本是更多地让一些不适合教学岗位或是教学思维滞后的教师通过转岗、待岗，不断学习、完善自我，最终达到合格教师的标准。再比如对于特岗教师而言，特岗教师对改善山村中小学教师队伍学历结构、学科结构、年龄结构，提高农村教师队伍整体素质能够起到积极作用。在实际操作中，应充分发挥跨部门合作和高校的优势，提升特岗计划的实施成效。各地教育行政部门大力实施特岗计划为农村补充师资的同时，要严格遵循教师资格制度，严把教师入口关和质量，吸纳一批专业水平较高、综合能力较强的教师补充基层教师队伍建设，而非让其成为缓解大学生就业压力大的一种途径。

3. 充分因地制宜。经调研发现，地方师范院校尤其是中西部地区的师范院校，其毕业生回到家乡中小学任教的几率更大，本土教师是中西部不发达地区教师的主要力量。因此，建议省属和地方师范院校同时实施免费师范生培养政策，惠及更多学生，这对于充实基层教师队伍、提高基层教师队伍素质、改善基层学校教育质量的意义将更显著。同时，积极推进部署师范大学免费师范生教育，吸引更多优秀人才长期从教。在总结试点经验基础上，制定并完善相关优惠政策，支持和鼓励免费师范生毕业后深入边远基层从教。基层应将免费师范生政策落到实处，不应因为免费师范生业务水平高、综合素质高就留在县城或市级学校，应该鼓励他们到更需要优质教师资源的山村任教。

（四）完善行之有效的培训机制，提升青年教师的专业素养

建立健全教师培训机制是提高山村学校教师业务素质的重要环节，以远程网络教育培训为主要手段，以专题培训交流、课堂现场教学培训

为补充手段，紧紧围绕提高教学能力建设的主题，创新培训内容和模式，建立行之有效的培训机制，增强培训的针对性和实效性。

第一，加大对山村中小学教师培训支持力度，为山村教师提供更多接受高质量培训的机会。大力推进"国培计划"和全国中小学教师全员培训，其课程设置要符合农村教师的实际特点，避免假、大、空，注重内容、摒弃形式、保证质量。

第二，充分利用现代信息技术方式，大规模、高效率地开展教师培训。重点加强骨干教师和校长的培训、紧缺学科教师培训和山村中小学教师教育信息技术能力培训等工作，提高山村教师教育教学能力和整体水平。

第三，建立校本培训机制。立足于山村教师的实际工作环境，从最需要解决的问题入手，组织相关的讲座或培训；安排经验丰富的骨干教师对新任青年教师实施一对一传帮带，在实际教学中提高教学水平。

（五）努力实现山区基础教育信息化，促进教育公平

教育信息化是促进教育公平的有效手段。在教育信息化进程中，各种教育信息、优秀师资、教育资源可以跨区域共享，教育信息化能够延伸优秀师资和教学资源的作用与范围，一些好的教学方法与教学案例可以通过网络及时交流与沟通，学生理解知识、提高能力不再仅局限于学校课堂和周围可接触的环境，而可以延展到校外、省外甚至国外。然而山区学校的经费比较紧张，仅靠学校的力量难以达到信息化教学的要求。学校应当采取多种措施，积极拓宽筹资渠道，完善学校设备。总之，应当根据当地的实际情况，采取灵活的方案，加强学校硬件环境建设。例如，接受城市中小学的硬件设施更换赠送，引入社会资本实行校企共建，等等。

四　结语

任重而道远是我们的最大感受。长期以来，由于我国城乡经济社会发展不平衡，边远贫困地区尤其是连片特困地区的教师工作任务繁重，条件艰苦，交通、通信等生活成本较高，生活压力较大，难以稳定和吸引优秀人才在这些地区任教。而全国农村义务教育阶段学校有1亿多学生，620万专任教师，均占义务教育阶段学生和教师总数的70%左右，

农村义务教育是我国义务教育的重中之重。发展义务教育，重点在农村，关键在教师。结合调研的情况和各自的学科背景，我们提出以上若干真诚的建议，建议难免失之片面，且未成体系，只是汇聚调研团成员们点点思维火花，为贫困山区的教育问题进献一份绵薄之力。愿星星之火终成燎原之势，让贫困山区更多享受到教育改革的红利，逐步缩小区域发展不平衡，让全面实现教育公平、百姓普惠的一天早日到来。

贫困山村教育中青年教师的
角色定位值得关注

陕西基层教育调研组

11 月 25 日，中国社会科学院、教育部组成的青年干部群众路线教育实践活动陕西调研组集中蹲点在丹凤县峦庄镇初中进行调研。调研组通过前期和学校以及当地教育主管部门的充分沟通和了解，拟定了分组调研，集中突破、广听博思、重点分析的方式，采取了个别采访、集体座谈、单独旁听、随机抽访、课堂考察等形式，初步了解了当地教育发展状况。

峦庄初中学均位于丹凤县城西北峦庄古寨。峦庄中学是丹凤县最具有代表性的乡镇寄宿制中学，现有学生 534 名，教职工 77 人。

当日上午，为了不打扰学校的正常教学秩序，通盘把握学校的基本情况，增强调研工作的针对性，调研组先与中学校长进行了座谈，初步了解了历史沿革、发展现状、机构设置、师资力量、学生生源等基本情况，倾听了中学校长对教育体制改革、中学教师队伍建设的意见，并集中参观了学校的硬件设施、校园环境、教师宿舍、学生宿舍和食堂等。

下午，调研组采取"一人跟一班"随机进班听课的方式，深入了解一线老师的授课方式和授课内容、学生在课堂中的表现等，实地考察当前九年义务教育取得的成绩和存在的问题。并充分利用课间时间与授课教师进行了短暂交流沟通。

晚上，调研组与老、中、青教师代表进行了集体座谈，用一个小时的时间进行了交流，了解了教师的所思所想所得。座谈结束后，调研组又紧紧围绕乡镇中学青年教师队伍建设的主题进行了探讨，总结了乡镇中学青年教师队伍建设的历史和现状，归纳了青年教师发展面临的问题，对制约青年教师队伍建设的因素进行了重点分析，并结合国家政策，对加强青年教师成长的相关问题进行了思考。

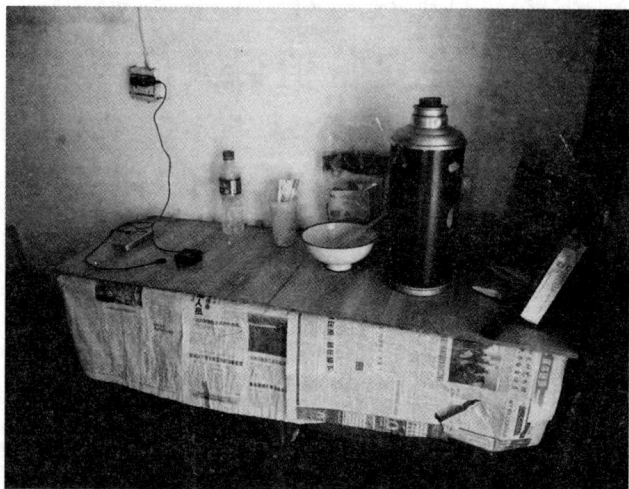

一位普通教师的宿舍家当

经过调研，我们初步发现，峦庄初中办学思路清晰，环境幽雅、硬件完善、软件过硬；教师认真负责、备课充分、善于提问；学生纯朴可爱、勤奋上进、积极主动。

我们认为近年来，山村青年教师队伍建设总体上取得了很大的成绩，成效明显，在各级党委、政府高度重视和全社会关心支持下，峦庄中小学青年教师队伍建设取得新的积极进展，青年教师队伍建设有了新起色、新气象，尤其是教师队伍招聘、使用、培训方面成绩突出。中央和地方采取的一系列加强教师队伍建设的措施成效显著：农村师资紧缺的问题普遍得到重视，已经有所缓解，中青年教师日益成为学校教师队伍的主体；随着山村教师经济待遇的改善，教师的职业吸引力逐步增强，具有大学本科学历的教师成为新增教师主体；伴随着中小学职称制度的改革和特设岗位计划、振兴计划、国培计划的推进，山村教师队伍结构逐步改善，学历水平和整体素质不断提升。

在充分肯定峦庄中小学青年教师队伍建设取得成绩的同时，也应当清醒认识到，峦庄中小学青年教师队伍建设面临着一些新情况，出现了一些新问题。这些问题，有的是长期以来形成的在山村中小学教师队伍建设带有的普遍性问题；有的是峦庄中小学作为山区学校，自身的学校性质、管理方式所决定的特殊性问题；有的是随着形势的发展和环境的变化出现的新挑战、新课题。无论是何种性质的问题，都值得我们予以足够重视，认真思考，采取切实措施加以改进。

调研组发现的问题有：

一是乡镇中学师生比严重不足，在留守儿童多、人员相对不足的情况下，教师往往一身兼数职，工作压力大、节奏快，承担着更多的社会责任和义务。

二是教师工资水平虽有较大提高，但对目前的绩效工资分配体制仍有不满，认为当前的薪酬分配体制未能充分考虑乡镇中学教师的付出和实际需求，仍存在"干好干坏一个样、干与不干一个洋"的问题，未能实现有效激励。

三是教学能力的考验、生存状况的单一、职业晋升的压力、理想和现实的碰撞、城乡经济的差异、五年基层服务期满后的抉择，都使得青年教师不稳定的可能性加大。

四是教学内容不够丰富，形式仍显单一，填鸭式教学、灌输式教学痕迹明显，有的教师授课过分依赖教材，案例教学、启发式教学相对不足，没有充分调动学生的积极性和互动性。

五是对留守学生的心理疏导重视不够，教师更多关注学生的身体健康，相对忽视学生的心理健全。比如，有的女学生看到作业成绩是 A，都会沮丧，没有形成正确的心态；有的男学生被老师提问后却故意口齿不清回答问题，表达对授课老师的不满。

调研还反映出来，在推进乡镇中学教育制度改革时，要在国家制度改革的框架内，充分结合乡镇中学的实际情况进行，不能简单地搞一刀切，以确保改革的科学性、权威性和可行性。

教育大计，教师为本

陕西基层教育调研组

　　11月25—26日，中国社会科学院、教育部组成的"根在基层·中国梦"团员青年基层调研实践活动陕西调研组集中蹲点在丹凤县峦庄镇中心小学和黄柏岔完小进行调研。

　　11月25日上午，调研组来到峦庄镇黄柏岔完小，这是商洛市标准化寄宿制完全小学，地处丹凤县北山，距县城42千米，距峦庄镇8千米。学校占地面积6400㎡，建筑面积1560㎡，学区辖两个行政村。现有6个教学班115名学生，11名教职工，大专以上学历10人，比例达到90.9%；高级职称4人比例达到36.4%，教师学历合格率为100%。学校现有学生公寓6间，住宿生36人，1人1床。

和学校领导座谈交流

调研组在黄柏岔完小以参观为主，学生公寓军事化管理，被褥整整齐齐，床单平平整整，书桌干干净净，学校为每间公寓安装了空调，拍摄了全家福，制作了精美的剪贴画，还配有护眼灯的写字台、小书架，统一配备了生活用品。由于近年来国家加大贫困山区中小学建设倾斜政策，学校的教学楼、档案室、图书室、电子备课室、营养餐厅一应俱全，留守儿童的学习、生活得到有效保障。

由于这些留守儿童长期与父母分离，他们很少得到亲情的灌溉与呵护。为了弥补孩子们的亲情缺失，让孩子们健康成长，学校采取了很多有益的举措，如实行了代理家长制度，由班主任担任学生的代理父母。教师在教学的同时，还担负起监护和日常照顾的责任。此外，学校还配备了留守儿童活动室、亲情沟通室。这一系列举动都让一颗颗留守的心不再孤单。

随后，调研组抵达峦庄镇中心小学。峦庄镇中心小学位于丹凤县城东北 50 千米处，服务半径 27 千米，所辖 6 村 42 个村民小组，人口 10000 余人。学校现有 11 个教学班，在校学生 407 人，在校住宿生 80 余人。学校现有教师 34 人，以中青年教师居多。

调研组对学校整体情况进行了初步了解，参观校史展览、微机室、多媒体教室、实验室、图书室、音乐舞蹈室；在与校领导沟通中，调研组了解了峦庄中心小学以"阳光"为主题的校园文化建设，学校以文化建设推动全校教学建设，近年来，取得了优异的成绩，2012 年被中央教科所命名为"传统文化与语文教学实验基地"、被教育部授予"全国素质教育特色优秀学校"、被国务院评为全国"两基"工作先进单位。

11 月 26 日，调研组开始进班听课。通过深入课堂，分别听取幼教教师、小学中年教师和青年教师课堂实际情况，了解教师的教学方式、学生学习状态以及课上互动情况。通过走进教师教研室，全面了解了老师的备课方式、教研组研讨活动、批改作业情况。并利用课下时间与老师展开访谈，进一步了解老师的职业发展、职称晋升、待遇落实情况、日常工作开展情况和家庭情况。

晚上，调研组根据白天了解的情况，共同分享了调研期间的所思所感及收获；大家分析了小学和幼教教师队伍的结构，总结了影响教师专业发展和职业规划的主要因素，探讨了教师职业成就和自我价值的实现途径，进一步分析了教师职业理想与现实差距的鸿沟及可能原因。

经过两天的调研，调研内容逐渐深入，访谈话题更加具体，课堂考察也更有成效。除了昨天发现的一些问题，在课堂教学方面，我们还发现，教师队伍的水平参差不齐。有些教师能使用恰当的教学方法灵活开展教学，突出重点难点；有些教师能够从学生出发，采用"你真棒"等表扬方式激励学生勤于自考、勇于作答；但也有些教师观念守旧，教学方法也有所欠缺，甚至个别教师仍沿袭传统的"满堂灌"教学方式。

通过调研发现，百年大业，教育为本，教育大计，教师为本。贫困地区学校是我国教育事业发展的"短板"，治贫先重教，发展教育是减贫脱贫的根本之举。我国义务教育阶段的整体教育水平，很大程度上取决于农村教育的水平。山村教师是山村教育的奠基者，是山村教育发展的基础，是数以亿计农村孩子的前途命运所系。伴随着山村青年教师日益成为山村中小学教师的骨干力量，山村教育的未来逐渐取决于青年教师团队的稳定和发展，取决于青年教师的水平、状态和责任心。基于此，我们调研团队深入农村贫困地区教育一线，切实感受教育发展状况，体会青年教师工作现状及生存状态，总结教师队伍建设中存在的问题，思考解决问题的对策及机制。

从总体上看，我们还是欣慰的，虽然也不可避免地存在这样那样的问题，但正如峦庄中心小学所倡导的"阳光教育"一样，我们也看到农村基础教育正走在一条愈加光明的道路上。

西部扶贫：发展经济与改善教育应并重

陕西基层教育调研组

11 月 27 日，由中国社会科学院、教育部组成的青年干部群众路线教育实践活动陕西调研组在丹凤县峦庄镇初中和小学的调研工作有条不紊地进行。当日的主要工作分配是对学生们进行访谈并进行家访。访谈是在峦庄中心小学随机挑选了 5 名学生进行访问；家访共分作 5 组进行，在各自班主任的陪同下跟随 20 名学生们到他们家中了解方方面面的情况。

家庭是社会构成的最小单位，也是孩子们接触到的第一个社会单元，在孩子的初期培养和成长道路上是无可替代的，因此调研组将工作的重心放在孩子们家庭状况和家长教育方式的了解上。上午调研组对 5 名来自峦庄中心小学的儿童进行了访谈，包括 3 女 2 男，他们大多来自五、六年级，家境都比较困难，其中父母离异的有 3 个，属于单亲家庭，多由爷爷或奶奶带着，多数在峦庄镇租房陪读，个别在自己家里居住。根据峦庄中心小学姜校长分析，当地离婚率近年来很高，主要是因为年轻人外出打工，娶外地妻子，返回后妻子无法适应当地的艰苦环境导致女方离开。另外还有不少人到周边的煤矿或者其他采矿场工作，男人发生意外事故率高，导致家庭重组。当孩子们谈起父母情况，都满眼泪水，令人动容，可见父爱、母爱的缺失对孩子伤害是相当大的。此外，孩子们的家境都很困难，虽然他们年龄只有 10 岁左右，但已经开始在放假或闲暇时光帮家里挣钱，过早地体会到了人生的艰辛与不易。他们有的从读书到现在连书包都买不起，这在内地的乡镇学校还是很少见的现象，这与学校的现代化面貌和完备的基本建设给人留下的印象完全相反。

在下午的家访中，这一印象得到了进一步加强。调研组化整为零，分为 5 组分别对 20 个学生的家庭进行访问。这些家庭的父母多是为了孩子的教育离开自己的山村，专门在峦庄镇上租房陪孩子读书，有的甚至已经陪读了十年，可见当地百姓对教育是相当的重视。租房月租都在 100 元左右，都是简陋的单间房屋，有的一个人陪读，有的全家都在。访谈中可以发现，家长们的生活水平都比较差，文化程度都不高，收入基本上靠以前打工攒下的钱，或者依靠另一半在远方打工进行补贴，全家人很少团聚。他们普遍希望通过自己的全身心投入，让孩子们通过考试走出山区，改变他们的命运。所以家长们都无一例外地追求孩子们的考试成绩和排名，从来不知道，也没有有意识地开发过他们的兴趣和爱好，而且也不太讲究教育的方式方法，容易忽视他们的心理健康。但他们都一致对峦庄中心小学和峦庄中学的现状表示满意，对教学成果表示认可，只是认为学生的课业负担比较重。学校的教师对学生的家访也有常态化制度，他们主要的访问内容包括通过家长了解、交流孩子的近况，同时检查他们的家居环境的安全问题。

今日的访谈和家访情况的心得和体会，主要集中在以下几个方面：

1. 普通乡村百姓非常重视教育，热情高涨，父母为孩子的前途宁愿倾其所有，付出一切，不见或者很少见有辍学或者退学现象。

2. 山村的经济状况相对于教育发展来看相对落后，因社会高速发展所带来的社会问题直接影响到孩子们的健康成长，例如留守儿童问题、离异家庭问题，这是十年前的乡村所不存在的。

3. 教育以应试教育为主，素质教育尚未得以体现，学生和家长的唯一目的是在现有的应试体制内取得好成绩，考入大学，脱离农村，走出山区；但学生的课外兴趣爱好被忽视和埋没，在有关孩子的身心健康和快乐成长方面受到抑制，就业脱贫、走出山区的愿望压倒一切。

虽然我们国家近些年来加大了对落后山区教育事业的投入，孩子们在中小学都减免了大部分的经济负担，这对当地的长远发展无疑是具有巨大的推动作用，但从整体来看，类似峦庄镇的这些地区，经济发展的滞后仍然是当地百姓面临的迫切需要解决的问题，教育的投入纵然是很直接、也很有远见的手段，但谋求当地经济的健康快速发展、让当地百姓在当地富起来却是提高教育质量、全面推行素质教育的基石。

关于山区基础教育问题的若干建议

张　雪[*]

一　规范教师资格制度，严格教师准入制度，引入教师职业测评

规范教师资格证认证机制，突出对教育教学实践能力的考查；破除教师资格终身制，教师资格要实行定期考核和注册。

教师招考要改变以往主要由各市、县单独组织的形式，设立统一的教师招考中心。各地上报和汇总所需教师的数量和结构，考试中心组织考生参加全国统一报名和考试。各地根据地区差异、政策扶持等原则，按考试分数实行阶梯式录取。

教师引入时，不仅要考察教师的专业水平及能力，还要从行为特征、心理健康、师德、教师职业适从等方面进行综合职业测评。

二　推进教师职务职称制度改革，提高教师职业发展空间

教师的职务职称评价应该与教师的能力、师德、业绩、贡献等联系起来，综合考评教师的工作实绩。

建立灵活的中小学教师专业技术结构比例，初级、中级、高级职称的教师比例应该根据全校范围内教师队伍的年龄、结构及取得职称的年限进行综合的定量测算。比如一些老师在中小学长期从教、终身从教，他们往往占据了高级职称的名额，中青年教师职业发展空间受限，进取心和积极性都会受到影响。

三　开展素质教育，合理设置课程，减轻师生负担

合理设置课程和课程标准，切实解决课程和作业偏多、偏深、偏难等问题，减轻学生课业负担和学习压力，让学生有更多时间锻炼身体、参加社会活动、发展个人兴趣爱好。

当前迫切需要把教育从应试和高考指挥棒下解放出来，解放学生、解放教师、解放学校。只有这样，学生、教师、学校才能按素质教育的要求去学习、去教学、去管理，真正提高教育质量。

四　加强人文关怀，解决教师切实问题

要关心山区教师的生活和成长，加强人文关怀，帮助山区教师解决工作和生活中的实际困难和问题，如提供相应的周转住房和条件适宜的教师宿舍等，使他们进得来、留得住、干得好。

新教师上岗前，应接受关于农村教育与文化的特殊培训，让他们饱含对农村教育事业的热爱和对农村社会风情的理解。

对于想回城、处于犹豫状态的教师，学校和教育主管部门应该主动关心其思想动态，帮助其排忧解难，坚定从教信念，使更多的人留下为农村教育服务；对于长期在农村和艰苦山区任教、贡献突出的教师，要给予奖励和表彰。

五　努力实现山区基础教育信息化，促进教育公平

教育信息化是促进教育公平的有效手段。在教育信息化进程中，各种教育信息、优秀师资、教育资源可以跨区域共享，教育信息化能够延伸优秀师资和教学资源的作用范围，一些好的教学方法与教学实施案例可以通过信息网络及时交流与沟通，学生对知识的理解与能力提高的认识不再仅局限于学校课堂和周围可接触的环境，而是可以延展到校外、省外甚至国外。

然而山区学校的经费比较紧张，仅靠学校的力量难以达到信息化教学的要求。学校应当采取多种措施，积极拓宽筹资渠道，完善学校设备。总之，应当根据当地的实际情况，采取灵活的方案，加强学校硬件环境建设。例如，接受城市中小学的硬件设施更换赠送，引入社会资本等。

山区校园：秦岭深处最美的风景

——陕西商洛丹凤县峦庄镇调研有感

邱志红[*]

2013 年 11 月 23—29 日，我参加了由社科院与教育部联合组织的
"根在基层·中国梦"陕西省商洛市丹凤县峦庄镇"基层教育发展和
工作状况"青年国情调研项目。这是我第一次来到陕西，也是第一次
进入层峦叠嶂、秦岭深处的边远山区。蹲点调研的时间虽然短暂（三
天半的时间），但和社科院与教育部其他 9 位小伙伴们一起，近距离深
入到峦庄镇中小学的师生中间，通过参观校园、听课、座谈、访问、家
访、交流等多元化的调研形式，切身感受与观察以峦庄中心小学、峦庄
初级中学为代表的山区乡村基层教育的实际发展与工作状况。对曾经是
在省会城市接受中小学教育，且已经脱离中小学教育整整 20 年的我来
说，这次国情调研，不仅让我收获了来自我们调研小组这群年轻小伙伴
们之间珍贵的真诚的友谊，最重要的是，让长年躲在象牙塔、故纸堆中
的我，对偏远山区基层教育的情况有了真实的了解，并有所关注，调研
过程中所接触到的每一个老师、每一个学生、每一个家庭背后的故事，
都使我在寒冬中备受温暖与震撼，感动与触动，获益匪浅。

一 "最美校园"

丹凤县素有"九山半水半分田"之称，这次我们主要蹲点调研的
峦庄中心小学和初级中学，就坐落在峦庄镇寨子山脚下，毗邻而居的两

---

* 邱志红，中国社会科学院近代史研究所副研究员、博士。

所学校三面被寨子山紧紧怀抱，古老的峦庄河绕学校潺潺而过。在来峦庄的山路上，根据仅有的了解，我曾经在脑海中想象过无数个山区学校的画面，亲临现场之后，颠覆了之前我所有的想象。这两所学校是当地教学质量、现代化教育资源最优质的学校，仔细观察，会发现校舍建设与旁边的村民建筑相比，新与旧的差异极其明显，这从一个侧面恰恰印证了学校硬件条件建设在这些年的改善。用孩子们自己的话说，是有了自己"花园式"的校园环境，非常喜欢在现在这样美丽的校园环境中学习、生活。在这两所学校中，孩子们有固定的教室，不断更新的配套桌椅，此外现代化的多媒体仪器、电脑教室、音乐舞蹈教室、图书室、心灵驿站疏导室、食堂、宿舍等一应俱全，从而能在这里接受到良好的标准化的义务教育。除此之外，这两所学校还特别重视富有生机的校园文化建设，峦庄中心小学打造的"阳光文化"主题教育，峦庄初级中学打造的"勤毅文化"主题教育，都为孩子们塑造健康、乐观、积极、坚毅以及充满感恩之心的学习生活态度，发挥了潜移默化的影响，为他们的成长，起到了推波助澜的作用。

二　"快乐师生"

最美校园的锻造，离不开这群无私奉献在第一阵线的基层教师们。我们调研过程中遇到的江奕良校长、周鹏常务副校长、彭家强校长以及舒爱芳老师、陈粉霞老师、叶静老师、沈倩老师、查珍珠老师、刘娟老师，等等等等，他们大部分都是土生土长的峦庄人，甚至有的为了爱情跋山涉水跨省远嫁这里，如今从事的都是这份教书育人、传道授业的事业，满怀爱心与耐心地守护着校园里的每一个孩子，通过他们的热情、努力与付出，为大山深处的孩子们开启了充满阳光、希望的智慧之门，他们以实际行动诠释着责任、坚持、爱与付出，他们是我们新时期所有默默无闻耕耘在山区基层教育的教师群体的缩影，值得我们致敬与学习。他们培养出一批批愈加自信、勇敢、快乐、乐观的"最美学生"，"长大我想去北京"、"我想做幼儿园老师"、"我想做小学语文老师，像我现在的班主任一样"……山区孩子们的梦想，简单、朴素，却撼动人心。

三　"难忘战友"

在峦庄的日子，除了让我从单纯的学术研究中跳脱出来，有机会了解、关注与思考山区义务教育的现状与未来发展可能之外，我们这一调研小分队的其他9名小伙伴们，留给我的印象也非常深刻、难以忘记。来自教育部块头高大威猛却总是叫错人名的房世佳、有女部长领导风范的吕倩、美貌智商情商三高的张叶青、冷静知性的李苏宾、姣美可爱的张雪，来自我们社科院学识渊博又不失风趣的仝涛、"出师未捷"带伤参加调研的我们的组长袁朝晖、跑前跑后憨态可掬的王永磊，还有温柔可人的周红。这样一群真诚善良、充满激情、热情四射的年轻人，他们对待调研工作的认真态度，让我深受鼓舞，短短的几天时间，我们从互不相识，到后来无话不谈，白天一同调研，采取1+1的方式进行访谈，餐桌上大碗大碗地吃面条、喝胡辣汤，晚上一同挑灯夜战、奋笔疾书，甚至回到北京后，仍通过网络不时交流调研心得，分享调研体会。"四六团"，将是我们永远的名字。

四　"美好希望"

峦庄镇中心小学与初级中学如同秦岭深处、商洛山区的两颗教育明珠，相辅相成，带给偏远山区孩子们学习新知识、接触现代文明气息的机会，为推动丹凤乃至商洛教育的蓬勃发展，做出了积极的贡献。通过调研，我切身感受到当前山区基层教育的大发展以及国家与社会在这方面的重视与投入，山区基层教育的教育条件、物质条件、教师配备、人才补充等，国家都在不断进行政策倾斜和加大资金投入，加之社会爱心人士的捐赠与公益活动的展开，山区教育事业实际上也取得了一定的成效。同时值得注意的是，我们此次蹲点调研的这两所学校，是当地条件最好的学校，虽然看到的情况有取得成绩的一面，也有亟待解决的问题，诸如小学的孩子们特别希望能有塑胶跑道、教室不够用、桌椅尚未统一配备、体音美专业教师的缺乏、教师人才的流失、工作压力大等情况也普遍存在，而且所调研到的内容是否真能实际代表商洛山区乃至全国基层教育的所有状况，还值得进一步的深入与展开，只有通过点与面的结合，才能真正有发言权。基层教育工作，实际上仍是任重而道远。

根在基层　走进丹凤

——一次心灵回归之旅

张　雪

作为一名入职一年半的青年干部，我很幸运，能够参加"根在基层·中国梦"中央国家机关青年干部基层调研实践暨中国社会科学院、教育部青年干部群众路线教育实践基层调研活动。我们此行的目的是调研五省市农村基础教育现状，我们10人分团前往陕西省丹凤县峦庄镇调研学习。

刚接到调研任务的时候，我很兴奋，激动于有一个难得的机会能够深入基层、认识国情。一方面，理论联系实际、走群众路线是我们党革命制胜的法宝；另一方面，理论学习和社会实践也是我们工作学习的两个重要部分。参与基层调研能够把所学的知识与社会实际问题联系起来，能够将自己的日常工作与基层基础教育的疾苦联系起来。

去之前我以为这只是一次难得的学习锻炼，没想到收获的是一次心灵洗礼。一周的山村生活很短暂，但它使我增长了很多见识、各方面的能力也得到了提高，还留下了许多美好的回忆，也收获了很多难得的体验和感想。

一　成长——进步与收获

刚开始调研的时候，我略感迷惑，虽然临行前也对调研方法等进行了学习，但还是觉得不知道如何下手，如何深入的调查与分析周围的人、事、物，如何从每一件小事中发现调查线索、进行深度调查，如何发现隐藏在现象背后的内在因素，如何在各种调查资料中辨别虚实。第一次访谈的时候，引导和切入的语言显得有些生硬，甚至连受访者的基本情况都没有了解清楚就开始谈话了；我自己也显得有些拘谨，放不开；偶尔还会先入为主地提一两个带有自己主观判断的问题。

经过一周的个别访谈、集体座谈、课堂考察、小组讨论等形式的教研和交流，我经历了调研方法的运用从生涩到熟练的过程，经历了认识问题、分析问题由表及里、由浅入深的过程，经历了处理调研材料由全盘接受到批判否定的过程，经历了定位问题从"大而散"到聚焦矛盾的过程。我感觉自己收获和进步了很多，从与人沟通到集体协作，从调研方法到分析问题，从认识矛盾到深入挖掘，各方面的能力都得到了提高。

二 震撼——山区学校建设的旗帜

调研过程中，我们参观了黄柏岔完小、蹲点调研了峦庄中心小学和初级中学，3 所学校无一例外地带给我们诸多震撼。3 所都学校比较重视文化和人文环境建设，校内的励志标语随处可见，亭台园林点缀其间，育人环境比较优雅，这与我们对乡镇小学的印象完全不同。从硬件设施上看，学校的教学楼、公寓楼、行政楼、餐厅、理化生实验室、图书室、阅览室、微机室、电子备课室、心理健康咨询室和多媒体室一应俱全。从教学质量上看，峦庄中心小学和初级中学的教学质量在全县中小学也位于前茅，2012 年中心小学还被中央教科所命名为"传统文化与语文教学实验基地"、被教育部授予"全国素质教育特色优秀学校"、被国务院评为全国"两基"工作先进单位。从入学率和辍学率上看，这两年，赶上国家"两免一补"的好政策，很多学生回流了，以前上不起学的孩子踏进了校门，以前父母外出打工带到城里的孩子也回到了家乡。

这些成绩的取得，既得益于国家政策的扶持、国家对农村基础教育的投入，又得益于新农村建设的蓬勃发展，更离不开教育工作者和全校教职工的无私奉献。

三 困惑——农村教育举步维艰

在调研的过程中，我们发现也发现了一些制约农村教育健康、长足发展的一些问题。

1. 学生的身体发育。学校的伙食对于正在长身体的孩子来说远远不够，每周只有两天的餐食中有一点肉，其他的饭菜也很单调，主要以豆腐、土豆、白菜为主。因此，山村孩子营养不良的比例很大，有些孩子不仅个子矮小，而且脸色苍白。

2. 学生的心理健康。学校教育忽视了孩子的精神需要，孩子们大多丧失了活泼开朗的天性，变得沉默寡言。虽然学校为寄宿的留守儿童安排了教师担任代理家长，但是仍然不能替代家庭的呵护与亲情的灌溉，面对生活的辛酸与无奈，他们选择了寄宿，远离了父母而被迫自立。特别是有些家庭发生了不幸的家庭变故，进而生活变得困苦和窘迫，孩子们过早地接触了贫穷和家变带来的困扰，不知道稚嫩的肩膀和受伤的童心能否让她在这个纷繁复杂的社会里顺利成长，实现自己的梦想。

3. 师资队伍的结构和质量。国家自 2006 年实施特岗计划以来，农村，特别是山区义务教育师资匮乏的问题得到了很大程度上的缓解，但是特岗教师计划服务年限偏短，教师流失现象严重。由于乡村居住、交通等诸方面条件不如城区，而且在教学上缺少外出学习、交流和晋升的机会，一些特岗教师不安于现状，工作 5 年后多会离开；还有一部分教师自觉进城无望，心理不平衡，就消极懈怠。随着青年教师的流失，又有新的特岗教师补充进来，长此以往，在教学岗位上的教师两极分化严重，一方面年龄的分化，年长的教师越来越少，青年教师的比例逐年增长；另一方面，"教而优则进城"，教学能手和骨干教师陆续进程，留下来的只有教学经验不足、教学质量不高的教师。

4. 素质教育尚未体现。山区的学生和家长所企盼的是"知识改变命运"，而这种企盼落脚于考试选拔人才之中机制下的成绩追逐，考高分才能上名校，考高分才能考大学。这方面学校也感到困惑，他们坦言，学校的音体美和计算机教室没有得到有效使用，这既有硬件落后的原因；也有师资结构和水平的原因——在教师数量不足的情况下，优先选聘主科教师，副科教师不足；更有来自家长的因素——家长们关心的不是孩子的兴趣爱好和多元智能的发展，他们用考试分数作为衡量学校教学水平和择校的依据。

5. 山村经济发展滞后。山村耕地稀缺，村民们以外出打工为主，留下来的勉强在林地中种植木耳、香菇、天麻和核桃，林作物受物价影响波动很大，农民收入非常不稳定。很多家庭还不能处于特困水平，基本温饱甚至不能解决。

四 感动——教师的奉献与坚守

扎根山区，不离不弃，山村的教师们默默地耕耘着，无私地奉献着，孜孜地追求着。

没有掌声，没有鲜花。1853 年，高中毕业的王老师县政府组织了教师招录考试，成为民办教师。多年过去，由于一些历史原因，快退休的他至今没有转正。没有职称和编制的他，拿着少得可怜的工资，几十年如一日地站在讲台上，教了一届又一届的学生，从青丝到白发，他用自己的青春谱写了山区教师无私无悔的奉献之歌。

苦心耕耘育桃李，一片冰心在玉壶。江老师是初级中学的一名数学老师，是一名县级骨干教师和县级优秀教师。他曾有多次回到城里的机会，但每次他都毅然留在生他养他的山区学校，因为他觉得这里的学生和家长需要他，学校的教育需要他；他愿意为改变山区教育的落后面貌，让学生走出大山而努力。

五 感悟——思考与励志

一周的短暂调研，对于青年的我们，却是实现中国梦的实践中一次心灵之旅。调研归来，我们体验到了最真实的教学生活，触碰到了最质朴的民风民情，听到了最真切的心声和诉求，看到了山村教育的进步成果，倍感鼓舞。回到北京，回忆起调研期间让人感动的点点滴滴，依旧难以平静。

我们所见、所闻的可能只是中国贫困农村基础教育的冰山一角，在国家政策的扶持、财政投入的增长下，在各级教育行政部门和教育工作者的共同努力下，丹凤县峦庄镇基础教育实现了"双基"的突破，面貌焕然一新。但是我们也发现还有很多因素制约着贫困农村基础教育长足、健康的发展，农村基础教育举步维艰。

作为教育工作者，要立足群众需要，努力为人民谋福利、为群众办实事，要更努力地工作、思考，为贫困农村地区基础教育的发展尽一份心、出一份力，努力缩小城乡差距，实现教育公平和均衡发展。

今日之责任，不在他人，而全在我青年！最后，套用梁启超先生的话作为共勉。坚定信念，努力工作，矢志不渝，人生的目的和价值就会一点点实现。

回望丹凤
——陕西省丹凤县基层教育调研心得

李苏宾[*]

2013 年 11 月 23—29 日，我有幸随中国社会科学院、教育部青年干部群众路线教育实践基层调研活动陕西调研组赴丹凤县峦庄镇考察基层教育发展和工作情况，深入中小学，与教职员工同工同勤、同吃同住，采用个别采访、集体座谈、随机抽访、课堂考察等形式，了解当地基础教育发展现状，特别是山村中小学青年教师队伍建设问题。

都说，秦岭最美在丹凤。丹凤县位于陕西省东南部、秦岭东段南麓，属商洛市管辖，因凤冠山和丹江而得名，虽然有着美丽的名字，但它却是国家级贫困县。

沿着盘山路，一路向上，只见有限的耕地，大多是荒凉的山丘。山脚下、山路边偶现几处房屋，有些也已经无人居住。盘山路弯儿很大很急，一路上零星碰到几辆车。往返县城的公交车最晚一趟是 12 点，下午就没有进城的公交车了。

经过近两个小时的车程，我们抵达了海拔约为 1000 米的峦庄镇。山区寒气逼人，比县城的气温大约低 4—5℃。山涧中两座毗邻而居的学校——峦庄镇中心小学和峦庄镇初级中学，是我们此次调研的目的地。

一 丹凤最美是校园

走进校园，园内的美丽景色与上山途中的萧瑟之感，形成了鲜明的反差。映入眼帘的校舍超乎我们的想象，难以想象在贫困的山区有着这

* 李苏宾，教育部孔子学院总部干部。

样硬件设施完备、文化建设富有特色的中小学。宽敞明亮的教学楼和宿舍餐厅，简洁优雅的校园绿化，从校长寄语、手抄板报、校史展览等校园文化建设成果到微机室、多媒体教室、实验室、图书阅览室、音乐舞蹈室、心理咨询室等功能齐全的教室设置，再到活泼可爱的孩子们，校园的生机与活力打破了大山的沉寂。

在与校领导的沟通交流中，我们得知校园环境的改善得益于丹凤县教体局以校园文化建设推动山村基础教育发展的改革思路。针对当地留守儿童和贫困家庭孩子偏多的特点，中心小学倡导"阳光"教育，坚持"阳光做人，诚实做事"，给予孩子阳光般的生活，阳光般的教育，以弥补亲情缺失给孩子们带来的伤害，促进学生全面发展；初级中学提出的"勤毅"文化，主张"勤以做事，毅以坚持"，通过领导勤管、教师勤教、学生勤学，不断提升教学质量。校园文化体现在学生的校服上，宿舍的名称上，校园的路标上，洒落在校园的各个角落，最重要的是深入到每位教职员工和学生的心里。通过访谈，我们也从孩子们的口中得知他们最喜欢待在校园里，也亲眼看到大多数孩子的家庭环境与校园环境相去甚远。

然而，我们也发现校园基础设施建设也存在很多问题。比如，图书阅览室很少向学生开放，利用率不高；由于电压不稳，学生宿舍中的空调基本无法使用；多媒体教学设备使用频率偏低，教师的多媒体教学技能有待提升等。

二 80后校长的心声

学校的快速发展更离不开几代学校管理者的苦心经营两所学校的常务副校长都是30岁刚出头的80后，可谓年轻有为，勤于思考，敢于担当，让我们深受鼓舞。

学校管理涉及很多方面，涵盖很多细节和技巧，但中心小学周鹏副校长认为："无论做哪一个方面，只要能做到最好，就会在教育管理中起到带动作用。"他主抓上好思品课，利用日常教学、节日活动、国旗下演讲、讲座等多种方式，开展系统的思想品德教育，发挥教师的榜样力量，跟踪关注特殊学生，用真爱与学生进行心灵沟通。同时，常规的教研活动和教师培训，他都极力推荐想进步、爱学习的中青年教师参加，他说："学校很多一线教师都去过北京，我还没有去过北京，希望以后能有机会去一次，算是个小小的心愿吧。"当我们问及他为何能够坚守大山时，他说："坚持在大山里教学不是信念在支撑，不是理想在支撑，而是习惯在支撑，在乡村，在山里，教育的价值会得到更大的发挥，教育的魅力会得到全面的体现，人生也才更有意义。"

峦庄初中的赵满博副校长也反映目前教师队伍建设面临的种种难题。一是山区教师的进取心不够。由于学校缺少人手，山区教师只要不触犯法律，基本没有流出教师队伍的可能。因此，山区教师基本没有城镇教师面临解聘的退出压力，对于成为县级名师、省级名师的成就动机不强。二是近几年骨干教师流失严重，山区学校已经成为"城镇骨干教师培养基地"。这是一把双刃剑，一方面，山区学校向城镇输出了一批优秀教师，体现出学校发展的成绩；另一方面，骨干教师队伍的流失不利于山区学校自身教师队伍的建设，形成人才断层。三是特岗教师作为一项国家扶持西部基础教育的特殊政策，在施行过程中，以缓解大学生就业压力为主要目标。四是应给予山区教师在待遇、职称和培训机会方面的适度倾斜。

这些都是 80 后年轻校长的心声，简单而真实，平凡而崇高，充满激情，满怀理想，代表着山区教育的希望。

三 言传身教德与爱

如果说，校园是秦岭最美的一道风景线，那么教师就是这道风景线的灵魂工程师。在丹凤中小学教师的身上，我看到并感受到了教师的担当与认真、无私与奉献、言传与身教，最让我感动的是他们对于学生的爱。

从教师来源看，山村教师主要来自特岗教师、振兴计划、从医从教，一般是二类本科院校师范类专业应届生，可以说教师来源是有保障的，除部分错过转正时间的特殊教师，丹凤县民办教师和代课教师这一群体基本上消失了；从日常工作看，山区教师工作时间长，更多地承担起家庭教育的责任，一位初中教师每天的工作时间是从早上 6：30 至晚上 10：00，除日常教学外，学生管理的事务性工作非常多，扮演了"代理爸爸""代理妈妈"的角色；从职业发展看，山村教师的职业发展道路有待进一步拓展，一位本科学历的中学教师需要工作满十年才能参评一级教师，且因岗位有限可能难以直接聘任。

在调研中，我重点访谈了初二（2）班班主任王玉珍老师。她是2010年县教育局公开招聘的特岗教师，也是丹凤县第二批特岗教师。根据特岗教师基层服务满三年转编的政策，她今年转为正式编制。第一年，她一个月的工资只有1700元钱，今年转正后她的工资是2500元/月。虽然，国家有教师待遇向山区倾斜的政策，但实际上山区教师年收入只比城镇教师多200—300元，这些钱可能都不够一些教师回家的路费。

作为班主任，她每天需要在早晨（6∶30）、中午（12∶30）和下午（18∶00）三次跟班，查点学生人数，及时发现并处理学生问题。虽然她家距离学校开车只有15分钟，但她通常只有在不忙的时候周一至周五回家一天，加上周末两天，一周最多有三天的时间陪陪自己的孩子。她说："有时候，感觉真的对不起自己的孩子，但我还是觉得咱学校很不错，因为我从小就想当个老师，我也热爱教师这个职业。我是从农村走出来的，也能体会山区学生和老师的辛苦，我还是想把学生教育好，多给他们关爱。"

山村教师的成绩是用全心全意的付出、发自心底的热爱、言传身教的师德换来的。

四　家庭教育的缺失

本次调研蹲点的这两所学校都是寄宿制学校，大多数学生都是住校生，部分有家长陪读的孩子会住在镇上租的房子里，房租一般50—100元/月。山区学校采用寄宿制的管理模式是为了适应和满足山区教育的客观需求。一方面，由于地理条件的限制，大多数孩子的家离学校距离很远，最远的距离学校35千米；另一方面，由于山区经济条件的制约，耕地少，很多孩子的父母在外打工赚钱，父亲一般去煤矿或金矿，工作危险，伤亡率很高，还有一些母亲嫁到山区，难以忍受这里的穷苦生活，离家出走，把小孩留给了老人。

在中心小学，我们访谈了五个孩子，其中父母离异的有三个，属于单亲家庭，多由爷爷、奶奶带着。当孩子们谈起父母情况，都满眼泪水，令人动容。此外，孩子们的家境都很困难，虽然他们年龄只有 10 岁左右，但已经开始在放假或闲暇时光帮家里挣钱，过早地体会到了人生的艰辛与不易。他们有的从读书到现在连书包都买不起，这在内地的乡镇学校还是很少见的现象，也与学校的现代化面貌和完备的基本建设给人留下的印象完全相反。

在随班主任王星老师家访过程中，我们来到了王泳的家，得知这个非常聪明、很爷们儿的男孩，也曾经萌生辍学的念头。就辍学一事，王老师多次与王泳谈心，但王泳的一番话却让他心头一震。他说："人活着就是为了活着，上不上学没有什么区别，我要是考不进年级前 50 名，上学就没有意义。"得知儿子辍学的念头，王泳妈妈辞掉西安的工作，三次到校与王老师沟通孩子情况，回到镇里租房子陪儿子念书。她讲："一直以为努力赚钱，能够为孩子创造一个比较良好的学习和生活环境是最重要的，没有想到却忽视了对孩子的关心和照顾，尤其是心灵上的。孩子父亲脾气不好，一些言语可能伤害到了儿子。但孩子就是我未来的希望，而且我也相信只有读书才能改变我们山里人的命运，所以我就义无反顾地回到镇上陪儿子念书。"

据王老师介绍，像王泳妈妈这种情况在山村学校是非常少见的，很少有家长一个学期会到校两次以上。虽然这里的家长都比较重视教育，也相信教育可以改变命运，但绝大多数家长将孩子教育的主要责任推给了学校和教师，在山区开家长会更成了一件难事。即使学校采用校讯通与家长联系，但很多家长是不识字的老人。家庭教育的缺失，无形中加大了学校和教师开展工作的难度。

通过本次调研，我收获最多的是感动，很多瞬间令我终生难忘，难忘校长们希望有机会能与北京中小学结对帮扶的嘱托，难忘我们回到县城后山区教师依依不舍的来电，难忘小学娃们背上书包、拾起书本的笑脸，难忘中学男孩接过资助款时眼里噙着的泪花，难忘杂货店老板娘得知我们买书包捐给孩子们时说的那句"谢谢你们"，难忘丹凤……

乡村教育梦　我的中国梦

——"根在基层·中国梦"调研活动心得

王永磊[*]

2013 年 9 月 23 日，作为中国社会科学院、教育部"根在基层·中国梦"实践活动第四调研团团员，我来到陕西省丹凤县峦庄镇中、小学开展调研。7 天的调研日程很紧凑，我们先后参观考察了黄柏岔完全小学、峦庄小学、峦庄中学、社科希望小学。现将调研中的收获和发现的问题汇报如下：

一　基本情况

1. 当地概况。我所在调研团的调研地点是国家级贫困县，有"关中锁钥"之称的丹凤县。丹凤县"水走襄汉、陆入关辅"，"北通秦晋、南接吴楚"，地处连接陕、豫、鄂三省之丹江通道中段，位于陕西省秦岭东段南麓，是中国社会科学院定点扶贫点。峦庄中小学均位于丹凤县城西北峦庄古寨，距离丹凤县城 50 千米，1 个半小时的车程。峦庄中学是丹凤县最具有代表性的乡镇寄宿制中学，现有学生 534 名，教职工 77 人。峦庄中心小学现有学生 407 人，其中住宿生 80 余人，教师 34 人。

2. 工作情况。调研期间，调研组成员和教师"同吃同住同上课"，与村民"访贫问苦拉家常"，与学生"谈天说地话理想"。在每天晚上召开的小组例会上，总结研讨交流，整理资料，并计划第二天的工作，最后还共同起草我们的调研报告、汇报材料；此外，还认真倾听了青年

---

* 王永磊，中国社会科学院人事教育局干部。

教师的心声和愿望诉求，走访慰问老教师、特聘教师，请教校长、教育局负责同志，向贫困学生献爱心，向学校图书馆捐赠图书等一系列活动。经过充分的行前准备和调研组10名同志的通力配合，我们形成了小组调研报告、典型事例、幸福访谈等多项文字成果，并在微博、微信上发表短讯20余篇。

二 主要收获

（一）认识到了基层调研的重要性

调研前大家都自认为已将"没有调查，就没有发言权"的理念"内化于心、外践于行"，也都参加过单位组织的调研活动。但深入乡镇、深入基层调研，直接面对乡村教师、农民、中小学生，在"三点一线"收集"原汁原味"的第一手情况，而不是听取经过加工、提炼的汇报材料，却都是第一次。本次调研中很多问题的发现，也大都源自于座谈交流、个别访谈中的只言片语，再由调研团员们相互交流、集思广益、深入挖掘而成。例如在考察学校硬件设施时，学校领导向我们展示了学校图书馆、计算机室、学生宿舍的环境，大家都感到很兴奋，感觉到乡镇中小学的硬件设施建设取得了很大的成绩。在入户访谈时，我们专门询问了硬件设施的改善对教学水平提高的影响。教师们说，受应试教育的影响，乡镇中学的图书馆、心理咨询室、计算机室实际上利用率并不高。经过调研，团员们认识到了在信息技术高度发达的今天，深入基层、深入群众、掌握第一手材料仍然是搞好调研的基础，并注意避免工作中掌握的基础事实不准确、不全面。

（二）认识到了全方位调研的重要性

由于经济社会发展越来越复杂，基础信息的获得、真实性的甄别越来越困难。很多真实的情况被诸多的观点所掩盖，容易被扭曲、添加和遗漏，信息传递失真普遍存在。到丹凤峦庄时，有一个共同的信息就是：乡镇中学教师待遇低，低于县城中学教师。经过我们与学校校长、教师、学生等反复交流，其真实信息是：乡镇中学教师待遇并不低，且比县城中学略高。搞好调查研究必须要有立体性的视野，开展全方位调研。到调研地后，我们看到图书馆、电子计算机室、心理辅导室一应俱全，宿舍、食堂、教室清洁整齐，都为乡镇学校教学环境的改善而兴奋不已，但深入调研后，才知道图书馆等应用率并不高，宿舍的空调也难以使用，周边还有很多村民的孩子住不起学校的宿舍，还有很多学生最大的梦想就是想要一个书包，一些孩子从来没有走出过峦庄。立体性视野意味着知识是 3D 型，甚至是 4D 型的，看问题要有立体感，不是平面看问题；要有全方位的视角，而不只是局限于一个曾米昂。

三　值得思考的问题

（一）乡镇中小学教师队伍建设问题是否得到了应有关注？

我国义务教育阶段的整体教育水平，很大程度上取决于农村教育，取决于农村教师的水平和责任心。正是基于此，我们把乡镇中小学教师队伍建设作为我们组的调研主题。我们先后和 40 余名乡村教师进行了一对一交流，深入了解峦庄中小学的教师队伍的现状和困难。通过调研，我们发现以下现存的问题：（1）年龄两极化，断层严重，青年教师比重大；（2）乡村教师自我认同感低，普遍男性压力很大，女性认同感相对较好；（3）老师工作时间长，压力大，所学与所教脱节，社会职责多，普遍缺乏体检和人文关怀；（4）学校编制紧张，高级职称无空岗，且具有高级职称的人大多不在教学一线，而青年教师职称晋升难，发展路径不清楚；（5）学校绩效工资激励作用不充分；（6）培训普遍很少，自我培训为主，继续教育质量不高；（7）国家硬件投入大，但使用率不高，流于形式；（8）物质精神生活匮乏，生活简单乏味；（9）特岗教师的问题。针对上述问题，我们组正在认真研究解决问题的思路，汇总调研报告。

（二）如何看待乡镇中学优秀教师流向城市学校？

在贫困山区调研时，村民仍然有一个基本共识，高考在很大程度上仍然是学生改变命运、改变家庭的唯一出路。而由于教育硬件设施差、利用率低，学生获得信息的方式有限，对好老师的依赖更大，优秀教师"城市飞"无异于釜底抽薪。

近年来，乡村教师待遇有了较大程度的提高，但教育资源向城市集聚的趋势仍在继续。人往高处走，水往低处流。在市场经济大潮中，人才流动不可逆转，也不必过多指责，更不要硬性强留。关键是要正视这些问题，真正找出乡镇中学人才流动的原因，找出化解问题的一些好办法，慢慢改变现状，而不要仅仅将原因归咎于地区经济发展不均衡而袖手旁观。在调研中我发现，优秀教师流失的问题主要由以下几个方面的原因：第一，职称制度改革调动了中小学教师的积极性，但职称晋升时普遍的论资排辈，及获得高级职称人员离开教学一线的现象，使年轻教师看不到未来发展的希望。第二，乡村教师的收入有了很大程度的提高，但在当地仍处于中等偏下的水平。而过于简陋的宿舍，相对单一的饭菜，使很多大城市毕业的年轻教师一时难以接受。第三，社会职责多，工作时间紧张，业余生活比较单调。每个教师平均都每周要上二十六七节课，都承担着更多的社会职责和家长职责，看电视、看电影、运动、上网等是较多的业余活动。第四，受子女上学和配偶工作的影响。

（三）为什么乡镇学校图书室、计算机室成为了摆设？

素质教育更加强调学生自主学习能力的提高，而学生自主学习能力的培养，需要丰富资源的支持。图书室、计算机室在基础教育中扮演着极为重要的角色，它不仅是学校的文献中心和信息中心，也是学校实施素质教育的重要阵地，更是学校教育教学工作的重要组成部分。目前，峦庄中小学都配备了图书室、计算机室。但在调研中与教师和学生座谈时了解到，不少学生都表示自己很少或基本不到图书室里看书，图书室、计算机室的利用率并不尽如人意，没有成为老师教学和学生求知的有力补充。在调研时，一部分学生是因为年纪太小，不懂如何到图书室里借阅自己喜欢的书籍，不知道如何利用网络学习；更多的学生认为，平时的课业压力已经很大，到图书室看书，到计算机室上网似乎没有太大的必要；还有一些学生则认为学校收藏的书籍太陈旧，补充速度太慢，家长有条件给自己买自己喜欢的图书，所以可去可不去。

四　意见建议

（一）开展中国社会科学院轮岗式扶贫工作

丹凤是中国社会科学院定点扶贫的国家级贫困县，中国社会科学院在丹凤有很高的威望。根据《中国农村扶贫开发纲要（2011—2020年）》要求："各定点扶贫单位要制定帮扶规划，积极筹措资金，定期选派优秀中青年干部挂职扶贫。"建议社科院在丹凤开展轮岗式扶贫工作，每年可选派1—2名优秀后备干部到该县扶贫，挂职副县长或县长助理。通过挂职锻炼，使干部进一步开阔视野，解放思想，磨炼意志，转变作风，积累经验，增长才干，提高组织领导能力、理论联系实际的能力。

（二）加强中小学教师队伍建设

目前，中小学教职工编制紧张，学校营养餐、寄宿制管理人员没有编制标准，教师既是教学人员，又是后勤人员，还是管理人员。

1. 建立动态变化的教师管理体制。根据教育事业发展的实际需求，就中小学编制设置问题进行专题调研，统筹中小学编制和岗位设置，实行相对稳定、动态调整的变化，以适应不断变化的实际需求。

2. 优化中小学教师绩效工资机制，在不动用教师绩效工资的前提下，整体划拨奖励性绩效工资，由学校根据考核结果进行分配，体现多劳多得、奖勤罚懒。

3. 继续深化中小学职称制度改革。对不再从事教学工作的具有高级职称的管理人员、教辅人员给予相应的待遇保障，使其退出教学岗位；适当增加一线教师中职以上岗位，细化职称评审条件，提高职称评审质量。

4. 推进教师培训机制改革。以远程网络教育培训为主要手段，以专题培训交流、课堂现场教学培训为补充手段，紧紧围绕提高教学能力建设的主题，创新培训内容和模式，增强培训的针对性和实效性。

这次调研是一次震撼心灵、增强党性的精神之旅。回到北京，回忆起调研期间触动灵魂、让人感动的点点滴滴，心情难以平静。我知道，我们的所见所闻只是中国乡镇基层中学的冰山一角，个人的力量是微不足道的，但至少我现在很清楚，作为一名共产党员，要更努力地工作，为中华民族的伟大复兴出一份心、尽一份力。

访谈实录

访谈 1
一位山区老教师的心路历程

受访人： JXY

采访人： 邱志红、房世佳

记录人： 房世佳

摄影： 邱志红

访谈时间： 2013 年 11 月 28 日下午

访谈地点： XX 镇 XX 小学教师集体办公室

受访人基本情况： JXY，59 岁，男，教师，小教高级。

访谈记录：

问：您工作多少年了？到这个学校工作多少年了？

答：1975 年开始工作，到现在 37 年了。我是 1978 年考上了丹凤师专，学习师范专业，之后就到农村教书。算上 1978 年以前就在村小代课教书，得有近 40 年了。到这所学校也快 20 年了。

问：您现在家庭情况怎样？经济收入怎么样？

答：家里现在五口人，老伴儿务农，我是本地人，现在住在自己家里，离得不是很远。还有儿子、儿媳和一个4岁的孙女，还有一个女儿出嫁了。1975年参加工作的时候是挣工分。现在我的工资大概是4000多元，儿子在家里开了个小吃店和小商品店，一年收入大概两万多元，这基本上是全家一年的收入。

问：你当年受过什么教育？学的是什么专业？

答：当年上的是丹凤师专，以前是不分学科的，就是叫师范专业，考进去学的基本是一样的（课程）。

问：在您刚工作的时候，学校是什么情况？大概多少学生？你的工资是多少？

答：以前学校还是非常艰苦的，学校是一到八年级，大概100多个学生，20多位老师。工资拿的很少，最早每月拿38块，后来定级了，拿47块钱，还有一些老师拿29块钱。几十块钱的工资拿了很多年，后来一直到1995年之前，没超过100元。最多70多块钱。

问：在之前应该有很多民办教师吧？

答：在过去好多的村办小学都是民办教师，他们占大部分。他们工资拿的更少，好多都是也就10块钱，有些还有8块钱的。那时候还是挣工分，民办教师每周休息一天，其他如果能上全课，每月可以拿26个工分。

问：您觉得现在的生活条件有没有大的提高，还是和以前一样紧张吗？包括现在住的房子还满意吗？

答：以前刚工作的时候，家里兄弟姐妹人多，没有房子，国家在农村教师这块也没有住房上的政策，就想办法自己在学校后面找了个地方盖了间土房，就一直住着。后来经济搞活了，儿子也回家了，觉得就得有一间门面房，做点生意维持生活。所以后来就想办法弄了间门面房。生活条件以前比较紧张，现在好多了，工资基本够用，还能稍微攒下点钱，以前仅仅能勉强维持生活。

问：以前生活能困难到什么程度？

答：以前的工资很多时候是连基本的生活都不能满足。还记得以前孩子两岁多的时候，家里没钱买奶粉，孩子走到小卖店门口就喊：粉、粉、粉……所以孩子营养不够，现在身体还是很瘦弱，在他需要营养的时候没供上，所以挺后悔，早知道现在这样，当年就是再困难也会让他吃上奶粉。

问：您儿子有没有上过学？对子女的教育您是怎么看的？

答：儿子上学了，上的大专，学的是数控专业。后来去西安的一个企业上班，一个月两千多元的收入，但是吃饭、住宿还得自己花钱，我就跟他说不行就回家来吧。关键是我们早些年有个事也觉得挺对不起孩子的，就是他小时候发烧了，当时家里都困难，就没在意，后来经常抽筋，对智力也有影响，身体一直不太好。再加上我教书很长一段时间不在他身边，所以对他也没太顾上。现在想想觉得有点亏欠孩子的。

问：现在家里还有地吗？

答：还有一点儿，自己种点儿粮食和菜，基本是解决家里自己吃的问题。

问：现在谈谈和教育结合更紧密的一些问题吧！您自己在教育生涯过程中，有没有想过不干这行，有过思考吗？

答：这倒没有，一直没想过这个问题，会一直干这行，尤其是在大山里的农村学校，觉得这些孩子得受教育。自己上了学，又在学校教学，觉得还是得回报社会。会干一辈子。

问：您整个工作生涯的精神状态怎样？自己是什么样的心态？

答：我觉得近40年的教育工作，自己还是很尽职尽责，都是很认真的，现在这所学校的校长还是我的学生。我还是觉得对得起自己的良心的，对得起学生。

问：您担任班主任的次数多不多？

答：我在担任教师的这些年可以说基本上也都在兼着班主任，也就是到近几年，岁数大了，学校进来的年轻教师多起来了，才不做班主任了。

问：您还记得有以前的学生现在发展得比较好的吗？读书读得学历比较高、上名牌大学的？

答：我教书都是在农村小学，到这儿来也大部分时间是在小学，很多学生小学毕业后出去上学的就失去联系了。

问：记忆当中有没有什么特别感动的事情？

答：以前教过一个学生叫DQ，当时我在初中，学校考学有两个孩子考上高中了，他是一个，学习特别好，但是他家里特别困难，就不想上，也觉得上学没用，我就给他反复做工作，给他家人做工作，后来这个孩子也有点想通了，就去上了，最后毕业到了工商局工作，现在是一个镇上的人大主任。后来 DQ 就跟我说，当时如果不是我给他做工作，他可能还在农村，不会有今天。

还有一个孩子，现在在隔壁中学教书，我都把他忘了，但是有一次他找我和我说起以前的一个事，他叫 YHJ，当时上三年级，一次他家里没人，没有吃上饭，后来走到我家门口，我做的片儿汤，就留他在我家吃的饭。他记得非常清楚，他还很感动。在过去吃饭都是很成问题的事情。

问：对于现在的学校的校长或者管理者的工作您怎么看？

答：我想现在领导的工作基本上都是根据教育局的要求，来开展工作的，不是根据自己的情况工作。但是我们对于校长的工作，不管怎么样还是全力支持的。因为这是我们党的事业，不是个人的事情。要理解领导，要换位思考这个问题。

问：您觉得现在高校培养的教师和过去中师培养的教师有什么区别？

答：现在觉得来的年轻点的教师的知识面还比较狭小。简单说一个事情，以前我们学习的时候都学过天平，称重时用的那个东西叫砝码，我们管理仪器的老师就不认识这个东西。以前我们上学虽然没见过这东西，但是老师讲过，我们记住了，现在的年轻人不知道。有的还说这叫秤砣，我就告诉他们这不叫秤砣，这叫砝码。

问：您觉得现在教育体制和教学环境对于孩子的成长和过去有什么改变？

答：我觉得现在的孩子缺乏大社会、大生活的环境。我们小时候虽然生活苦一点，但是过得很快乐，特别是课余时间。像我们放学之后，打闹玩耍特别的快乐，现在的孩子很少有这样的时间了。

问：我们老说素质教育，现在做到了吗？

答：现在大部分的孩子住宿，还要上晚自习，就是对知识、文化课的学习。根本没有时间干别的。现在孩子每天都在紧张地学习，一节一节的上课，不停地学习，每学期都感觉非常的紧张。再一个就是孩子不能发挥自我的天性。我们小时候，还能看到班上有几个喜欢拉琴，也会拉，现在基本上看不到这样的孩子。

问：您现在还有不到一年就退休了，退休之后能拿多少退休金？

答：退休后每月能拿三千多块钱。现在是小教高级，基本就是这个标准。

问：县城的小学教师同级别的拿多少清楚吗？

答：城里的小高也是三千多块钱，但是可能比农村的稍微少点，基本差不多。现在拿工资主要是看职称，像最高级别的退休之后大概能拿四千多块钱。

问：您现在即将退休，您将来会继续关注教育吗？还会关心些什么？

答：我现在就是觉得我们国家过多强调安全大局（学生安全），把学生都拘谨在校园里面，没机会参加社会实践，将来培养的学生学地质勘探的都爬不了山，那怎么能行。还有就是我看到咱们中国的学生和外国的学生一起搞夏令营活动，人家的孩子都能自己走到目的地，咱们的学生都是家长车接车送，走不过去。我认为从小有一句话，再苦不能苦孩子，我觉得孩子从小还是需要受一点苦，经过一些磨炼。我现在担忧的在这里。

问：在您退休之后，如果您还有机会参与到学校的教学或者其他的工作上来，您回来吗？

答：现在没有这种欲望，留恋还是有的。像我们有些领导看到我干工作还是很认真，但是实际上还是很累的，退休后肯定不会再回来了，教书实在是太累了。

访谈 2
一位坚守秦岭深处年轻校长的独白

受访人：ZP

采访人：房世佳、邱志红

记录人：房世佳、邱志红

摄影：邱志红

访谈时间：2013 年 11 月 25 日下午

访谈地点： XX 镇 XX 小学

受访人基本情况： ZP，男，30 岁，汉族，小学常务副校长

访谈记录：

ZP 管理的这所学校是在一个三面环山的地方建设起来的，地方不大，没有正规的操场，但教学楼、办公楼建设得还是很漂亮，开展正常的教学和管理工作空间也够用。

第一次见到 ZP，还未知他的身份，只看到他脸上带着憨厚的笑容，热情地和我们打招呼，知道我们是远道而来，然后就为我们的到来忙碌，跑前跑后，做着一些服务性的工作。后来得知，他是这个学校的常务副校长。第一次和 ZP 校长近距离接触是来到学校的当天下午，我们在一起进行了一次长时间的聊天，涉及学校发展的方方面面，还一起去教室听了一节音乐课。ZP 今年 30 岁，30 岁成为常务副校长，可以说是年轻有为。他中师毕业，后来续读的本科。2011 年刚结婚，但因工作原因，ZP 校长长年奋斗在教学第一线，经常连一个月都回不了一次家，一直是和家人两地分居。

一 "我必须留在这里，孩子需要阳光教育"

"阳光教育"是学校的办学理念。对于一所大部分是留守儿童、贫困家庭的孩子的学校来说，给孩子阳光：阳光般的生活、阳光般的教育是弥补孩子生活中亲情缺失、培养孩子全面发展的核心理念。

学校现在有 406 名学生，34 名教职员工，学生大部分是留守儿童，也绝大部分家庭生活清苦；4 年级到 6 年级的孩子都是住宿生。学生的一日三餐大部分都是在学校解决的，现在国家正在开展营养餐计划，拨付了专门的经费，为中小学生补充营养，学校为孩子们制定了严格的饮食标准和专职人员管理学生营养餐的工作，以保证孩子们吃的健康、吃的卫生。每天都能吃到肉，还有牛奶。教师数量严重不足，而且有些课程因为没有专业的教师也无法开设，每位老师都是身兼多门课程的，每天课时都在 6 节以上。就在这师资配备严重不足的情况下，还要照顾学生的吃饭、睡觉，有些孩子因父母长期不在身边，心里多少是有些孤独的，这时老师还要充当家长的责任，去关爱他们。听 ZP 校长说，因为

镇上没有幼儿园，学校还承担着幼儿园教育的责任，这更是无形中给ZP 校长带来了巨大的工作量和责任。就在这样一种环境下，ZP 校长像是这里的大管家，每天都在事无巨细的工作，大大小小的事情都要经过他去协调、推进。

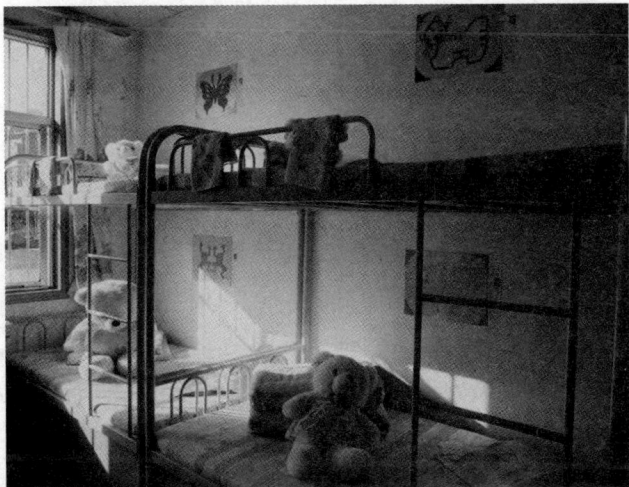

守住温暖

但是 ZP 校长说，条件艰苦不是最主要的问题，每天忙于事务性的工作也不是最主要的问题；最让他感到无奈的是教师队伍的问题、教师教学质量的问题。百年大计，教育为本；教育大计，教师为本。像这样一所条件艰苦的农村完小，年轻教师流失现象是非常严重的，这严重影响了教学的正常秩序，紧缺和薄弱学科专业教师的缺失，也严重影响了学校正常的排课安排。正规院校毕业的学生，通过教师招考来到这里，工作五年之后，就会有机会做第二次选择，往往大家都选择县城的学校，学校花大力气培养的年轻教师，真正到了能大干一番事业的时候却选择离开，这样 ZP 校长不仅无奈，更是痛心。

现在这里每位教师每天的工作时间都能在十个小时以上，还要承担与家人两地分居、照顾学生生活的重任，教师对舒适生活的向往得不到满足，教师的精神状态，尤其是年轻教师的精神状态都很低落，似乎在这样环境下老师选择离开也是可以理解的。但 ZP 校长不这样看。在现实条件下，教师的精神状态应该得到调整，用最佳的状态投入到工作中来。所以他每天都保持积极乐观的态度，用饱满的精神状态投入到工作中去，他想在教师中间树起这种风气，也是自己对自己的基本要求。他坚持教育的公平性，那就是孩子必须接受教育，校园必须给孩子带来快乐，教师要给孩子无限的爱，就像对待自己的孩子一样。现实的选择，让 ZP 校长觉得乡村教育更有价值，爱、责任、奉献就必须得到充分的体现。这是支撑他坚持下去的源泉。他说他会始终保持这样一种状态，干下去。

二　"我绝不会做一名平庸的校长"

校园要成为乡村最美的地方。这句话不是 ZP 校长第一个说的，但是他却用这句话作为自己工作的目标，也作为激励教师进步的手段。校园管理涉及很多方面，有很多的细节和技巧。但是 ZP 校长说，无论做哪一个方面，只要能做到最好，就会在教育管理中起到带动作用。

以学生品德建设为重点，不断提高教学质量。小学阶段是儿童基本道德观念、基础心理素质开始形成的阶段。在这个时期，儿童的身心发育速度很快，接受新事物的能力很强，所以思想品德教育，会对儿童今后的发展起到重要的影响作用。因此，ZP 老师遵循这一规律，采用言传、身教等有效手段，通过内化和外化，发展学生的思想、政治、法制和道德几方面素质，以学生良好道德品质形成和行为习惯养成为突破口，以培养有理想、有道德、有文化、有纪律的四有新人为目的，以课堂教学为主渠道，以开展各项活动为载体，全方位、多途径开展教育工作，并取得了显著成效。形成了一套好的做法和经验：一是上好思品课，开展系统的思想教育，训练学生良好习惯。二是加强常规训练，培养学生良好的行为习惯。三是发挥教师的榜样力量，让学生受到潜移默化的教育。四是改变育人方式，用"真爱"与学生"心灵"沟通，提高思想品德教育效果。五是家校合力，增强教育效果。六是利用学生集体对学生进行教育。七是建立跟踪机制，抓好特殊学生教育。八是抓住大型节日活动，国旗下讲话，主办各种讲座，开展教育。以上措施，极大提高了学生的品德建设和好的行为习惯的养成。

在 ZP 校长的推进下，学校对留守儿童、贫困生实施了帮扶活动。

学校所在的 XX 镇是一个劳务输出大镇，很多年轻劳动力都外出打工，留下庞大的"留守儿童"队伍，隔代抚养现象十分严重，监护人的文化水平普遍偏低。由于大部分老人溺爱孩子，对孩子的学习不做基本要求，导致各学科基础薄弱，学校现在给留守的 288 名儿童，全部落实了代理家长，代理家长由学校教师承担，贫困学生全部入学，无辍学现象。

三　"学校很多一线教师都去过北京，我还没有去过北京"

教师能力是一个学校的建设水平的重要标志，教师水平决定了一个学校的教育教学水平。大山深处的学校对外沟通非常闭塞，如何让教师更爱学习、开阔视野、不断提高，是 ZP 老师非常重视的事情。

注重教师的培训和科研，全力打造阳光教师队伍。阳光教育是学校的办学理念，内容当然涵盖了教师队伍建设本身。

常规的教研活动和教师培训计划，他都极力推荐想进步、爱学习的中青年教师去参加，机会总是让给一线教学的教师去。有些需要外出培训的机会，去省城、去北京或是去其他地方，ZP 校长说他还没有去过北京，曾有很多这样的培训机会，但都给了其他教师。他希望以后能有机会去一次，算是个小小的心愿吧。这话很实在，让我们很感动。正是 ZP 校长的无私和执着才能够为更多的教师提供学习的机会、搭建进步的平台。

学校总是在经费条件非常有限的情况下，挤出那么一点，让老师能够以教学为中心，围绕教学、备课等开展校本的教研活动。ZP 校长说，在这个问题上，他也犹豫过，年轻教师从走上课堂到成为一名合格甚至优秀的教师需要几年的时间培养，对山区学校来说，优秀教师资源显得尤其重要。但是学校每每培养出来的合格教师，很多都去了县城或条件好一些的地方，这让他很难过，但是学校是培养孩子的地方，也是培养教师的地方，教师的发展对于校长来说也是一个核心的工作内容，他现在会毫不犹豫地去帮助所有的教师开拓视野，提高自己的教学能力。

四　"我有一个心愿是能够去读研究生，但是现在不现实，但我会坚持每天读书"

ZP 校长说，初中的时候他是全校的第一名，全县第三名，班主任极力推荐他去考高中，多次找他谈话，也找到了他父母。但是由于他家三个孩子，他是老大，下面两个还在上学，家庭负担太重了，他非常犹豫。直到有一天，他父母找到他，说要上高中，后面的两个估计就得有辍学的了，想到这里，他报考了中师，非常不情愿，但是委屈、无奈只装在了他一个人心里。后来就到农村小学工作，一直想继续深造，但是始终没机会。以前是没钱，现在是没时间。

促膝长谈

也许是 ZP 校长骨子里有一种踏实和韧劲，他每天都能充满激情和乐观地投入到工作中去。以前没当校长，他将全部精力投入到教学上，现在当了校长，还要分出精力去管理学校的事物，思考学校的发展，可谓殚精竭虑。工作量成倍地增长，他工作的时间也就不断延长，早上六点半起床，晚上十一点、十二点、一点、两点睡觉。这次调研，我们带了几本书，是关于教师能力提升和小学校长管理理念的内容，ZP 校长看到后非常高兴，如获至宝，说一定会认真地把这些书读完，并把书中的理念和方法运用到日常工作中。

也许，ZP 校长的情况在其他地方可能还有很多很多，他只是众多默默无闻、无私奉献、坚守在农村贫困山区教育阵线、追逐梦想的一群青年教育工作者中的普通一员。但是正是他们的坚持、爱与奉献，做到了很多人做不到的，我们应该给予他们热烈的掌声。ZP 校长和我们说，到现在，坚持在大山里教学不是信念在支撑了，不是理想在支撑了，而是习惯在支撑，他觉得在这里，在乡村，在山里，教育的价值会发挥得更大，教育的魅力会得到全面的体现，教育的灵魂会不断地得到提高，人生的价值才更有意义。这是年轻的 ZP 校长的内心独白，简单而真实，平凡却充满激情、满怀理想。ZP 校长，我们敬佩您！

访谈 3
山区孩子的心声

受访人：LXX（11 岁，女，六年级），ZXY（12 岁，女，六年级），LY（10 岁，女，五年级），SPF（12 岁，男，五年级），WPW（12 岁，男，六年级）

采访人：邱志红、房世佳

记录人：邱志红、房世佳

摄影：房世佳

访谈时间：2013 年 11 月 26 日下午

访谈地点：XX 镇 XX 小学少先队大队部

访谈记录：

问：你们都是住校的吗？

LXX：不是的。我们学校是高年级的住校，我家就在镇子上。每天放学回家。

ZXY：是的，我住校。

LY：不是的。我家就在峦庄镇上。我们不住校的学生每天是排队放学回家，低年级的会有家长来接，我们这些高年级的就自己回家。

SPF：不是的。我家就在峦庄镇上。

WPW：我不住校，我家在离这里很远的村子上，妈妈为了能让我来这个最好的小学上学，在附近村上租了房子陪读。

问：你们最喜欢上哪一门课？为什么？

LXX：我喜欢上我们 YJ 老师的语文课，今天讲的是《青藏高原一株柳》。

ZXY：我也喜欢上我们 YJ 老师的语文课，因为我们 YJ 老师上课特别绘声绘色，特别吸引人，令人着迷，有流连忘返的意思。

LY：我最喜欢数学课。因为我数学成绩特别好，一般都是班级前三名。

SPF：我最喜欢语文课。我对语文特别感兴趣，通过阅读名篇名著，写作文已经是我的一个爱好。

WPW：我最喜欢数学课。我们数学老师特别好，教课特别认真、生动，我很喜欢。他对我们也都很好，一点都不凶。

问：听你们上课，发现大家的纪律性都很强，是在学校受老师的教育吗？

LXX：在我上一年级之前，爸爸妈妈就教导我上课要认真听讲，好好学习，考试要考好，争取考上好大学。我从一年级到现在六年级，年年都是班级第一名，老师的教育很重要。

问：你们两个是学校的小讲解员吧？学校是怎么培养你们的呢？

LXX：我们是从五年级的时候开始培训的，一共选出来包括我和她（ZXY）还有其他 2 名学生，是由我们督导主任舒老师给我们上课，辅导我们背讲解词，上礼仪课，模拟讲解的。总共培训了有半年的时间。

ZXY：我们都是在业余时间训练的。这次是我们两个讲解，另外两个做后备。我们能被选为并且训练成讲解员，我们感到特别骄傲。我觉得我们要把我们学校最好的形象展现给来宾。

问：你们长大后的理想是什么？为什么？

ZXY：我想当主持人。因为我喜欢唱歌跳舞和朗诵，我希望长大以后能继续发挥这方面的特长。

LXX：我想当一名幼儿园老师。因为我有一个四岁的弟弟，我觉得小孩子特别天真可爱，如果能够当幼儿园老师，就能天天和孩子们在一起了。

LY：我也想当一名幼儿园老师，我表姐家孩子特别可爱，我特别喜欢。

SPF：我想当一名小学的语文老师。我作文写得好，老师会经常表扬我，作为范文，这样给了我很大的信心，也锻炼了我写作的能力。

WPW：我想当一名发明家。我曾经自己把一个闹钟拆了，然后又一个零件一个零件都安装回去，而且最后还能用。我觉得我的动手能力特别强，希望以后可以发明出更多更实用的东西，用于我们山区的建设。

问：你们对学校老师的印象是怎么样的呢？

LXX、ZXY、LY、SPF、WPW：我们感觉我们的老师都很辛苦，他们对待我们像爸爸妈妈一样，不仅要给我们上课，教给我们知识，还要照顾我们的生活，负责我们的安全。学校就像我们第二个家，我们每天都在这里学习，非常喜欢这个地方。

问：你们在学校一天的生活作息是怎样的呢？

ZXY：我和住校生一样是早上6点半起床，早读，然后7点半左右上早操、跑步，8点钟吃早饭，然后上课，上午四节，下午四节，有时候下午会有班队活动，吃过晚饭后晚上还有两节课，晚上9点睡觉。

LXX：我们都是6点50到学校，然后早读，做早操，上课，中午回家吃饭，下午继续上课，吃完晚饭后继续到学校上晚自习。

问：你们喜欢上音乐课、美术课、体育课这些课程吗？

LXX、ZXY、LY、SPF、WPW：喜欢。这些课程我们都发了课本，但是我们学校没有专业的音乐、美术和体育老师，代课的老师会根据我们的情况进行调整，并没有完全按照课本内容教课。

LXX：音乐课老师会教我们唱歌，主要是怎样唱，没有教过五线谱之类的知识。

SPF：美术课是我们跟着老师临摹学习，主要是素描、简笔画。

ZXY：体育课我们主要是做操，跑步。因为体育器材不够，比如垫子一类的，所以仰卧起坐之类的只有考试的时候才有。还有我们的操场还只是水泥地。我们体育测试的时候主要是分班分组进行50米跑步、仰卧起坐、跳绳。音乐课我最喜欢叶老师编排的舞蹈。

LY：YJ老师自己根据视频给我们编排的舞蹈还获得过县里的二等奖呢。

WPW：我也跳过YJ老师编的舞蹈，我很喜欢。

问：你们觉得咱们学校这些年有变化吗？

LXX、ZXY、LY、SPF、WPW：有，校园环境变化特别大！现在的校园特别美丽，草坪、校舍都是我们山村里最美的，这些在我们一、二年级的时候就在修建了。我们感觉在这样的校园环境里学习特别幸运和幸福。

问：你们有实验课吗？

LXX、ZXY、LY、SPF、WPW：有，我们每个年级都上过实验课。

LXX：因为学校学生逐渐增多，学校就没有足够的教室，所以现在的六年级二班就使用了实验室的教室。如果其他班级有做实验的需要，就和六年级二班暂时做一个交换，上完实验课再换回来。

问：现在冬天上课你们觉得冷吗？

LXX、ZXY、LY、SPF、WPW：不冷。因为我们教室有空调。有时候会开。但是由于电压的问题，不会总开的。

问：你们对学校的饭食满意吗？

LXX、ZXY、LY、SPF、WPW：满意，非常满意，我们都很爱吃。吃饭的时候感觉没有吃饱可以随时添饭的。

ZXY：学校食堂的老师每天变着花样给我们做饭吃，既照顾我们的营养，又不让我们感觉厌烦。

LY：早上做完早操后住宿舍的同学在食堂吃早饭，其他的同学在教室吃营养餐，牛奶面包什么的都有。

问：你们喜欢现在的上课内容吗？觉得课业压力大吗？

LXX、ZXY、LY、SPF、WPW：喜欢。

ZXY：老师一直教育我们，上课要认真地听，下课就尽情地玩。所以虽然课程紧张，我们也觉得很愉快。

WPF：压力不觉得大。该学的学好，该玩的玩好。

SPF：我觉得课程有些多，有时候会感觉有些疲劳。

问：你们最崇拜你们的哪一位老师？

ZXY：我最崇拜我们班主任 YJ 老师，她除了教我们语文，还教我们音乐、体育，多才多艺，她既要一个人照顾自己刚上小学的孩子，还把大部分精力放在我们的学习和生活上，起早贪黑的，很辛苦，但是她从来不在我们面前说过一声苦，每天都是开开心心地给我们上课，给我们传递正面的能量。

LXX：我也很崇拜我们的班主任 YJ 老师。她很关心我们的日常生活，课堂上她是我们的老师，课堂下她是我们的朋友和家长。我们也很喜欢我们老师，去年有一次她生病了，我们班上的同学自发地都去医院看望她，感觉我们就像是一家人一样。

SPF：我最崇拜我们四年级时候的班主任 CYX 老师。我有时候犯了一点小错误，以为老师会严厉地惩罚我，结果老师每次都是和蔼地教育我，给我讲道理，让我以后不要再犯同样的错。以前我上台表演特别紧张，老师都会鼓励我，给了我很大的勇气。

WPF：我也最崇拜我们四年级的班主任 CYX 老师。有一次我做作业的时候，头低得特别低，老师发现了，就及时提醒我改正了不好的习惯。从这一个小细节上我觉得我们老师特别细心，也特别关心我们各方面的成长。

问：你们希望学校以后在硬件方面哪些方面有进一步的改善和提高呢？

ZXY：我希望我们的教室桌椅进一步更新和改善。现在我们最新的好的桌椅是低年级的同学在用，我们高年级班上用的都是以前旧的桌椅，有些椅子、凳子用坏后都是同学自己从家里带来的。

WPF：操场现在还是水泥地，我们希望有一天能像隔壁中学那样有塑胶跑道。

LY：我们班有同学说餐厅太小了。窗口少，每次排队打饭都要排很长时间。

WPF：我希望我们学校的教室能够再多一些。

访谈现场

访谈 4
丹凤峦庄阳光儿童的上学梦

受访人：CFR YH TST ZCQ YHY
采访人：吕倩、仝涛、李苏宾
记录人：吕倩、仝涛、李苏宾
访谈时间：2013 年 11 月 27 日上午
访谈地点：峦庄镇中心小学
受访人基本情况：

CFR，女，11 岁，六年级，寄宿生，爸爸带。

YH，女，10 岁，五年级，走读生，老家在四家村，距离学校 2 千米，步行 15 分钟，爸爸生病在家，妈妈带。

TST，男，12 岁，六年级，走读生，老家在马霞村，距离学校 3 千米，步行 40 分钟，在学校附近租房，妈妈带。

ZCQ，女，7 岁，二年级，走读生，老家在河口村，距离学校 1.5 千米，60 多岁的婆婆带。

YHY，男，9 岁，四年级，走读生，老家在河口村，学校附近租房，奶奶带。

访谈记录：

问：孩子们，你们最喜欢什么课呢？

答：CFR 喜欢语数外，YH 喜欢语数和美术，TST 喜欢语数外，ZCQ 喜欢语文，YHY 喜欢语数外。

问：英语课有机会听到录音机和电脑里的英语吗？

答：有。

YH：上新课或者是我们记不住的时候，老师用磁带在教室放录音。

问：在学校学习唱歌、跳舞、画画吗？

ZCQ：学过《种太阳》，没有舞蹈课，一周上一节音乐课，也上画画课，学过用铅笔和彩笔画牡丹花和月季花。

问：你们在多媒体教室上课吗？上什么课呢？老师会放动画吗？

答：有。英语课会在多媒体教室上，单词从大屏幕上学来的更有意思，TST 更喜欢在多媒体教室上课。一般一个星期会上一次。多媒体教室上课的时候比在普通课堂上课效果好，有一种看电影的感觉。比如，上语文课的时候讲《鲁滨逊漂流记》，老师会先我们看《鲁滨逊漂流记》的电影。

问：老师会自己做课件或用课件上课吗？

TST：教数学的舒老师会制作课件，用多媒体教室给我们上课，这个星期上了好几次。

问：你们家里面都有几个孩子呀？

CFR：1 个。

YH：3 个，有一个哥哥，一个弟弟，哥哥上初三，弟弟上二年级。

TST：两个，有一个姐姐，20 岁，毕业了，在县城的海澜之家上班。

ZCQ：两个，有一个弟弟，才五个月，弟弟跟爸爸在县城居住。

YHY：两个，有一个姐姐，在县城上高一。

问：我们听课的时候看到你们喊的口号很好，能说一下吗？你觉得这样的口号有意思吗？

TST：语文老师教的，口号是"棒棒你真棒，IQ 真是不一样"，其他班也有口号，是"棒棒你真棒，我也要和你一样"。我觉得这样的口号特别有意思，自己回答的好，别人也给自己鼓掌，说这个口号，当别人回答得好的时候，我也希望像回答得好的同学一样好。

问：你们想读到几年级？

答：都想读到大学。

问：你们知道大学在哪里吗？村上有考上大学的吗？你未来想做什么？

CFR：我表叔读的北大。

YH：我有一个远房的表哥在县城上高中，学习很好，我要好好学习，听老师和家长的话，去最好的大学读书。我喜欢给班上同学讲题，将来做一个好一点的老师，成为一个有益于社会的人。我们老师说："让我们好好学习，将来走出农村。"

TST：大学是西安也有，北京也有，国外也有。哥哥家的孩子在西安的石油大学，我以后想上哈佛大学。我要好好学习英语。我经常在我哥家上网，查找资料，但不打电脑游戏。有时候，办手抄报，用电脑在网上查找资料，最近的一期手抄报的主题是环保方面的。

ZCQ：不知道上哪个大学，但我在电视上看见过北京，我最想去北京读大学。

YHY：我想去北京读大学，将来想成为一名医生。

问：你们爸爸妈妈都做什么？在家里务农还是外出打工？

CFR：妈妈走了，不知道去哪里了，走了六年了。爸爸在家里干活。

YH：爸爸有病，卧病在床，到下雨天会更严重。妈妈每天把我们送到学校，回家还要喂猪干活，晚上妈妈再过来接我们放学回家。

TST：妈妈在敬老院做饭，爸爸在西安打工，两个月回来一次。

ZCQ：妈妈走了，跟着婆婆一块生活，爸爸在县城里，很少见面（至今未上户口，爸爸怕交5000元罚款）。

YHY：妈妈在西安打工，几个月能见一次妈妈，爸爸在一两岁的时候就离开走了，现在跟着爷爷奶奶一块儿生活。

问：放学回家后，你们都做些什么呢？

答：都是做完练习，就睡觉了；没有练习的时候，吃完晚饭，就睡觉了。

问：在学校，除了上课，你们都玩些什么呢？有没有组织学生登山、春游？

答：会跳大绳儿，在学校里面有组织劳动。

问：大家寒暑假的时候都做什么？

CFR：过年会去县城一次，但还是喜欢镇这边，因为这边有爸爸。

YH：会在家喂猪，打连翘卖钱。

TST：会在西安待着，找姐姐。

问：有没有你们特别喜欢的东西，自己还没有的？

YH：我想有个书包，书包都是别人给我的，妈妈都把钱攒着给我买本子，没有钱买书包。（说着孩子哽咽落泪）

访谈现场

访谈 5
特岗教师的潜在流失问题

受访人：ZJH

采访人：张雪、袁朝晖

记录人：张雪

记录时间：2013 年 11 月 26 日　星期二　下午

访谈地点：峦庄初级中学 凉亭

受访人基本情况：

ZJH，男，2010 年毕业于西安文理学院，师范类数学专业，2012 年 8 月成为特岗教师，在峦庄初级中学工作至今。

访谈记录：

问：您好，请您介绍一下您的基本情况，学历、专业背景、就读院校和毕业时间等？

答：我就读于西安文理学院，2010 年毕业，在西安工作了两年。2012 年抱着试试看的态度，报考了特岗教师，考上之后就来到了峦庄初级中学。到目前，已经工作了一年半，算是一名新任的数学教师吧。

问：您在西安文理学院学习的是数学专业吗？是师范类还是非师范类？

答：在西安文理学院读的是师范类的数学专业。

问：数学专业应该相对比较好就业吧？

答：工作不难找，但是感觉在西安生活的压力会比较大，比如物价、房价等的负担较大，而且我是本地人，所以当时就报考了丹凤县的特岗教师。

问：您在西安是从事教育这方面的工作吗？

答：我在西安一家软件开发公司，开发一些软件和程序来解决初中的数学问题，包括解决问题的思路和过程。

问：除了刚才您谈到的大城市生活压力大，还有哪些原因让您选择成为一名特岗教师？

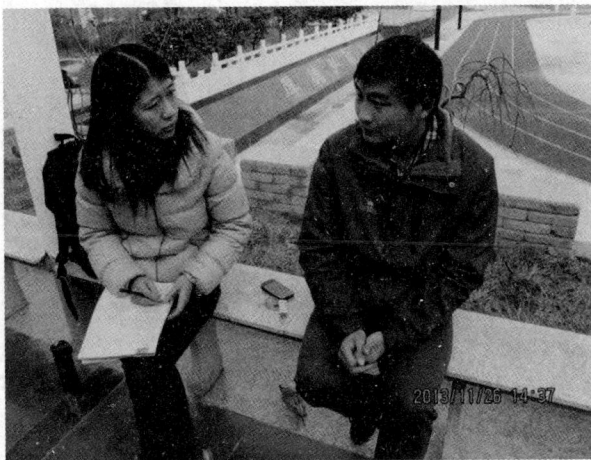

访谈交流

答：我本来学的就是师范专业，感觉教师也是一个很好的职业，所以就选择了这个行业，选择了特岗教师。

问：跟您一批成为特岗教师的人数有多少？

答：当年，跟我同期作为特岗教师来到县里的有 50—60 个左右，但是分到我们学校的只有 1 个。

问：特岗教师的招考与公务员考试、招教考试相比，难度上有差别吗？

答：相对于公务员考试来讲，是要容易一些。而且特岗教师是在乡村教学，条件相对艰苦一些，报考的人数也会少一些。

问：那您现在的工资是什么水平，还是拿最低水平每月 1700 元吗？

答：后来调整过一次。基本上一年能拿 2 万多一点。之前报考特岗教师的时候，学习过相关的政策。特岗教师的待遇除了国家基本的 1900 元之外，还有省、市、县各级的配套补贴。但现在发到我们手里的只有国家拨发的那部分。

问：您知道丹凤的条件还是很艰苦的，当时为什么选择来丹凤呢？

答：我家是在这里的。

问：在您的身边，有没有同学或朋友，为了回到家乡，或者为了解决就业问题选择了特岗教师？

答：我报考的那一年，有同学和我一起参加了考试，但是他没有考上。

问：特岗计划自 2010 年就开始实施了，为什么当时没有报考特岗教师？

答：当时刚毕业，想在外面闯荡一番天地，不想回到乡村。在西安待了 2 年，感觉生活压力很大，所以就考回来了。

问：特岗教师的招考是如何报名和考试的？

答：我当时是在网上报名，考试和面试都是在市里。报名的时候，选择了丹凤县，但并不知道考中之后会被分到哪所学校。招聘人数和报考人数至少要达到 1∶3，否则岗位就会空缺。

问：您觉得特岗教师招考的各个环节是公平、公正的吗？

答：我感觉还是比较公正合理的。

问：在学校中，您作为一名特岗教师，感受是什么？

答：我有种被边缘化的感觉，好像不把我们当正式老师一样看待。

问：您身边的特岗教师，他们 3 年转正之后，这种边缘化的现象有所改善吗？

答：有了编制，应该是好了很多吧。

问：是什么原因让你们感受到"被边缘化"了呢？是来自薪酬待遇方面的原因，还是奖励奖惩机制上的原因，或者是硬件条件上的待遇，比如住宿条件？

答：不存在住宿或者硬件方面的原因。比如我和正式教师代的课是一样多，但是拿的工资却比人家少很多很多。

问：你们代的课是一样多的，那教学质量上有差别吗？

答：教学质量上应该是不相上下的。我代 1 班和 2 班的数学，江老师带 3 班和 4 班的数学，两个班的成绩差不多，我们班的成绩有的时候也会高于他们班。

问：我们了解到，你们学校的绩效评价是一种评分制。那么，同一门课程，您代课的评分和正式教师的评分有差别吗？绩效奖金方面有差别吗？

答：评分上是一样的。但绩效工资是不一样的。我现在的工资是2250，是国家给的，每个月要从中拿出 200 块钱暂存在学校，每学年按照绩效考核情况进行再分配。

问：按这个数目计算，如果 200 块钱按照绩效能全部发放下来的话，一年的绩效收入为 2400 元，那么如果按照绩效考核，会不会出现有些人拿的少了、有些人拿的多了这种情况。

答：事实上，每个教师基本上都能拿到暂存在学校的那 30% 的绩效工资，再加上城市教师向农村倾斜的 8% 部分，还能稍微多出一点。我现在的绩效工资是 2800 多一点，暂存在学校的有 2400，学校给特岗教师补助 200，还有 200 左右的绩效工资是因为我代主课，所以跟其他特岗教师比，我的绩效还多一点。

问：那也就是说，你现在的收入是每月 2050，学年绩效工资为 2800 左右？

答：我每个月的工资是 2050，但是还不是按月发放，我们是 3 个月发一次工资，从 9 月份到现在的工资我们还没有拿到。跟正式编制的教师相比，我们的工资发的少，而且不能按时发。

问：那您现在的工资和与你同年入职的正式教师相比，差距有多少？对于这种差距，您觉得遗憾吗？

答：一年下来，差距大概有 1 万多吧。其实我们转正了之后，跟他们的差距也就几乎不存在了。在这 3 年内，我们可以把自己锻炼得很好，无论是教学技能、教学水平都能得到很大的成长。从这个意义上讲，工资也不很重要了。

问：您觉得现在这种通过积分还实现绩效考核的形式，能否调动教师教学的热情和主动性？积分的考核能否在绩效工资的发放上有所体现？

答：从目前看，这种积分没有体现在绩效工资的发放上，教师们也特别希望能按照积分来发绩效，积分高就应该拿的多。

问：也就是说高积分不等于高绩效吗？

答：可以这么说，现在有的教师代两门主课，还没有代两门副课的教师拿的多。

问：这是什么原因呢？是不是因为你们是特岗教师？

答：事实上，每周算下来，主课教师的上课和辅导积分都很多，比副课教师高，但是有时候拿的还不如副课教师多。而且不是特岗教师才有这种情况，这是一种普遍的情况。

问：您当时选择成为特岗教师之前，有没有了解清楚特岗教师的收入结构和收入水平？

答：当时在网上了解了一些，感觉除了国家给的1900，地方还给一些，收入还是可以的。现在发现，只有国家给的那一点。"振兴计划"的老师每天还有一些补助，我们什么都没有。

问：您刚入职就担任数学教师了吗，还是先从其他复课开始练兵？

答：我刚来的时候就是数学老师，现在教的初二这两个班就是我从初一带上来的。

问：是否存在这样的情况，有些教师入职之后所教授的科目不是他所学的专业？

答：这种情况还是有的，比如我们学校的英语和语文教师比较多，有些新入职的教师，他们就只能去教一些师资相对短缺的学科。通常是理科背景的教师调到理科教学岗位，文科背景的教师调到文科教学岗位。比如我们招考时，报的学科是数学，来了以后可能去教物理了；我们报的是初中数学，有可能让你去教小学。

问：您刚入职的时候，作为一名没有任何教学经验的教师，是如果尽快适应学校、适应学生、适应讲台的呢？

答：我刚来的时候，学校专门安排了一名老教师指导为，学校领导也经常来听课和评课。这些都让我感觉进步挺大的。

问：除了老教师的"传帮带"，你有没有参加过培训，这些培训是否有效呢？

答：有，暑假和寒假的时候，会在县党校进行继续教育。前段时间，我还到西安参加了高效课堂的学习，国培计划我也参加了两次。不管是哪种培训方式，我都觉得收获还是很大的，特别是课堂教学技术和课堂教学管理方面。但是回到学习应用的时候，还要结合我们的情况。还是感觉出去学习的机会太少了，我入职一年半，只到西安学习过一次。

问：参加培训的机会对各个学科的教师都是均等的吗？

答：基本上是每个学科都会派人去学习，有的大学科可能会派的人多一点，但机会都差不多。

问：除了培训之外，评优的机会，对于每个学科的教师是均等的吗？

答：这个基本上也是均等的，都差不多。

问：您转正之后，并且有了5年的乡村工作经历，您会考虑离开这里吗，还是会选择在这里扎根？

答：5年后，我可能不会选择扎根在这里。这里的环境和教师的住宿条件你们也能看到，确实比较差的。

问：主要是哪些因素，让您觉得还是回到城里会好一些？

答：第一是这里办公条件差，还有就是宿舍条件，宿舍里什么都没有，晚上即使盖两床被子，还是冷得睡不着。

问：具备什么条件的教师，才有机会被调回城里呢？

答：有这样的说法，被评为县级优秀教师、骨干教师或者连续3年在县上获奖，才有可能调回城里。

问：这个机制能不能被理解为另一种激励机制，激励想要走出去的教师不断提升自己的教学水平，发挥主动性和创造性，切实提高教学质量？

答：可能会有这样的情况。但我觉得，既然选择教师这个职业，那么自身的专业素养和教学水平肯定是要提高的，即使没有这些奖励，从内心深处，我们也都想把课教好、把娃教好。这些娃们在山里学习，已经很艰苦了，读书改变命运是他们的唯一出路，我不想耽误孩子们，希望能把他们教好，让娃们都走出去。

问：山村的条件很艰苦，想要回到城里又需要一些条件，又没有教师徘徊在其中，答：找不到出路，从而产生一种职业倦怠的情况？

这种情况也是有的，极少数、个别人。

问：就您周围的这个特岗教师，据您了解，他们成为特岗教师的动机是什么？会不会把这个作为一个稳定就业的跳板，入了编制，然后找机会回到城里？

答：据我了解，大多数人都是这样想的。

问：假如给你一些其他方面的激励和奖励，比如教师周转房落实下来、或者有一些行政上的职务安排，您会考虑留下来吗？

答：我家已经在县里买了房子，所以还是希望能回到县城。假如有行政职务上的晋升或发展，或许会考虑留下来。

访谈6

读书改变命运：一个特困学生家庭的企盼与窘境

受访人：学生 JX 及父母

采访人：张雪、袁朝晖

记录人：张雪

记录时间：2013 年 11 月 27 日　星期二　下午

访谈地点：家中

受访人基本情况：JX，13 岁的初一女孩；JX 的父母是普通的农民群众。

访谈记录：

一　孩子是希望

JX 是一个个子十分矮小的姑娘，脸色有些苍白，与同龄的孩子们相比，显得有些营养不良。JX 的班主任陪同我们一起前往家访。JX 的父母对我们的到来显得非常欢迎，早早地就在巷子里迎接我们。家里的大哥显得腿脚不太方便，由大姐引着我进屋参观。刚进门，我们就遇到了这里的房东，原来 JX 他们家是这里的一个租户。进了屋子，我仔细地打量了一番，这只是一间低矮的土房，可以说是家徒四壁，没有窗户，只有房檐底下一小块用于煤炉通气的玻璃；全家只有一张床、一个已经歪歪扭扭的陈旧沙发、一台桌子和一个电视。没有任何取暖的工具和电器。

简单地熟悉了一番，我们几个在屋子门口的台阶上坐下。落座后，我们首先了解了家里的孩子情况。J 妈妈告诉我们家里有 3 个孩子，大女儿中学毕业后一直在市里工作，工作和收入一直不稳定，前些天听人介绍幼教这个职业需求量大，于是报考了中职的幼师专业；二儿子中学毕业后去了上海，刚刚找到一份实习的工作；JX 是小女儿，成绩在年级前 30 名，是他们全家人的希望。他们从寨子山的另一侧搬到这里租房，主要是为了照顾女儿的学习。他们希望女儿能上好学，从山里走出去，看看外面的世界，过上更好的生活。

二　家境的窘迫

当我们问到为什么不让孩子住到学校宿舍的时候，J妈妈说这里的租金相对比较便宜，50块钱每个月，一家三口都能挤在一起。J妈妈说话的时候，眼睛里闪过一些无奈。我们暗自忖度，租房大概是一个最经济的选择，学校一年的宿费是625元，而这里的租金是每年600元。我们询问起家里的经济状况和来源时，J爸爸叹了口气，摇头道"没有什么来源，山里种不了什么庄稼，就靠我一个人，家里还有3个老人"。J妈妈补充道："这不，娃他爸脚也伤了，歇在家里，没办法了。"了解到这种情况，我们进一步问道，国家已经实施了"两免一补"政策，免去了学费和杂费，还有餐费的补贴，家里还需要投入多少钱在孩子的学习上。J妈妈告诉我们，现在的练习册虽然是自愿购买的，但谁也不想亏待了自己的娃，凡是有利于孩子学习的，即使他们再困难，也愿意给孩子买；还有一些作业本，也是必须要买的；加上孩子在学校吃饭的钱，一年也要支出几百。接着，J妈妈暗暗地道："对于我们家来说，我们日常生活一年的开销只有1000块钱，包括孩子上学的钱。"这句话一出，袁老师和我相视一望，眼神交换中我们都看出了彼此的震撼。我的心中也是一阵酸痛。包含孩子的上学在内的花销，这个家庭是如何节衣缩食，每年才花1000元啊，平均每月83元，每天不足3块钱；想想我们在城里，每个月1000块钱也是杯水车薪啊。原来，他们家的境况是如此的窘迫。在全家基本温饱生活都不能正常保证的情况下，他们还是克服一切困难让孩子入学，享受好的教育，寻求好的出路。

三　家长的牺牲

看到JX家一贫如洗的家境，我们将注意力转移到家里唯一的工作者——J爸爸的身上。一直不善言谈的J爸爸终于开口了，他说："我是个没什么文化的人，在县里打工也挣不了多少钱，家里娃多，都没什么出路，需要用钱的地方多，我赚的钱也是负担不起这些开销的。"说到这里的时候，J妈妈打断了他，说道："你们看娃他爸，脚腕都肿成这样了，我让他去城里看看大夫，他怎么都不肯去。"J爸爸难为情地解释道："么事，脚还能动，没伤到骨头，休养一段时间就好了"。袁老师和我心里都明白，J爸爸不能因为自己的脚伤，让已经捉襟见肘的家庭再雪上加霜了。我们叮嘱J爸爸，如果有不适，或者脚腕不能自如活动，一定要及时就医；整个家庭都依靠他，他的脚伤可不能耽误了，留下病根。J爸爸无奈地点了点头，有点意味深长的感觉。

四　帮帮我们

访谈即将结束的时候，我们给JX赠送了一个笔袋，鼓励她好好学习，并寒暄着和JX的父母告别。这个时候，我们注意到一个细节，J妈妈缓缓地拉起班主任韩XM老师的双手，睁着一双黯淡的双眸，巴巴地望着韩老师的双眼，几乎哽咽地说道："老师，你能不能帮帮我们。我们家里的情况你也看到了，娃学习不错，我们不想放弃，不想让她辍学，但我们家里真的负担不起了。你能不能把我们的情况跟学校领导反映反映，帮帮我们，我们家会一辈子感谢你的。"

听到这句话的时候，我的眼眶都有些湿润了。我望向袁老师，他也微微地一怔。这句话让我们震惊了，是怎样的无奈和无助，JX的家长才会发出这番近乎卑微和脆弱的求助。可怜天下父母心，他们可能放下了尊严和面子，才能不顾一切地为了孩子寻求一个受教育的机会。

我们也注意到，在我们交谈的过程中，JX一直低着头，勾着自己的手指。13岁这样的花季年龄，正应该是无忧无虑享受少年时光的年纪，但她却过早地面对和接受了一个残酷的现实。她沉默寡言的性子、娇小瘦弱的身躯、惨白无光的面孔，还有那不停缠绕比划的手指，都向我们传递着一种自卑、防范的心理。或许她是坚毅的，她能在恶劣的环境中积极的进取；或许她是脆弱的，她无法向其他小朋友那样，有崭新的书包和温暖的手套。

五　我们的希冀

孩子是祖国的花朵，我多么想有一天，我们的国家足够繁荣、强大到可以切断全社会贫困的传递，让每个大山里的孩子都能走出去，摆脱几代人贫困的历史，让每一个孩子都有机会实现个人的梦想。

人生百年、立于幼学。我们想为他们做些什么，哪怕是微不足道的努力，让在他们最美好的光阴，沐浴着幸福的阳光，呼吸着温暖的气息，安心学习、茁壮成长。

访谈7
成长的烦恼：一个特岗教师的苦闷与迷茫

受访人：L 女士
采访人：张雪、袁朝晖
记录人：张雪、袁朝晖
记录时间：2013 年 11 月 25 日上午 9：30
访谈地点：学校会议室
受访人基本情况：L 女士，特岗教师，毕业于延安大学，专业英语，现在学校教授历史课程。

访谈记录：

问：听说您是一名特岗教师，您是如何选择的这所学校，您对于目前的工作状态是否满意呢？

答：我是延安大学英语专业毕业的，我是学习英语的，我当时考的是农村基层助学金计划，类似于特岗教师。我们年轻教师，学校安排什么工作就做什么工作。我学习英语，的确我的就业的选择比别人要有一定的优势，我为什么选择基层，我们家在丹凤，我想回到本地工作，工作、环境都比较熟悉，我也感觉到特别需要老师，我想找一个比较稳定的工作。以我的身份直接到县城工作是不可能的。现在这种往县城或是县城周围学校，现在都要很难的，要花钱才能进去的，通过把书教好的话，也很难实现到县城教书的愿望。

问：那么，您在工作中最大的感触是什么呢？特别是您是学习英语的，接触外界的信息应该比较而言是比较多和新的，您现在对于自己不能教授自己熟悉的课程是不是有想法呢？毕竟您是学习英语专业出身的，可现在教授的是历史，这个您有没有困惑呢？

答：这里的学生的学习能力还可以，虽然条件没有城市里面好，但教学管理还是比较严格的，老师的严格管理让他们比城市里面的学生更要劲。对于我个人来说，我现在教的是历史，已经没有时间来练习英语了，以前大学还用英语写日记，还在周末去英语角或者咖啡厅，现在基本上没有时间来练习和学习英语了。当然，我感觉，英语因为以前都学过了，如果给予一定的时间，很快就可以恢复的，语法什么的都忘不了，已经形成语言习惯了。我的情况比较特殊一点，刚开始来的时候，我们学校不缺英语老师，只是我来的时候，一个历史老师外出了，学校让我代课，我就代课了，我想到了第二学期，大家都知道我是学英语的，所以我也没说，结果学校就继续让我代课历史，对于我现在自己来说，让我代什么课程都无所谓了，让我代什么课程我就代什么课程，我只要尽心就可以了，对于我来说，我是一名老师，我面对着学生们，对于我的教学工作，我一定对得起自己的良心就好了。

问：听您的话，觉得您感觉比较委屈啊，您还是认为自己是英语专业的毕业生，在英语方面有很大的优势，而且，对于教学还是很有自己的一些想法的，您对于特岗教师在学校的情况有什么不满的地方吗？如果不能教授主课，是不是您的自身待遇和职业晋升的机会也会受到一些影响呢？对于此，您个人情绪上是不是还是会受到一些影响？当然，我看到您对于学校还是比较眷恋的，您留在这里的动力是什么呢？

答：我有时候住在学校，有时候住在镇上，我的家在县上，我爱人在镇上工作。我对自己的待遇不满意，我感觉，基本工资加绩效这块，我们绩效这块根本都是由学校决定的，我也想多上课，为什么不让我们上课。还有教案这块，我也认真备课，我也认真地在写教案，为什么我的评分就比其他主课的要低，难道我没有认真备课吗？难道我没有用心吗？为什么不让我上主课？其他的方面也是这样的，相对来说，教主课的老师的机会比我多多了，而且素质教育也没有得到彻底的贯彻。我一周一个班就两节正课，两节辅导，我一周会上两个课时，一个班一周之内上两节历史课，我带三个班，一周也就六堂课，再加辅导课，没有其他的课程了。现在加了一个三个班的安教课。辅导课的教案积分不一样，上课多的就获得的积分多，同样是备课，同样是在学校里面待着，为什么有人可以上课，有人不可以。现在的学生的学习能力也有问题，很多学生的学习习惯和对于重点内容的巩固都没有做到，我愿意，但是每天从六点半到晚上九点半都要在这里待着。我只有在别人请假的情况下加课。我觉得学生和以前的数量比差不多，没有减少多少，老师也没有增加多少。我印象中最多的，语数外，一周就是21节课左右，一个课时比我的要多3—4块钱。我们的绩效考核这块不透明，我觉得绩效考核包括课时、教案、平时表现包括坐班，上早操、政治学习笔记、业务学习笔记，等等吧，全部的管理都在考核范围内。不交笔记要扣分的。教案比如说就是看写得如何，写得多少，我们是一周备两节课，十八周，每个人根据自己的上课数量写作教案。这样主课老师就占据优势了，他们的工作量比较大，当然会比我高了。辅课老师的课程都比主课老师的少，同一职称的情况下，主课老师的课程量是我们副科老师的一倍。我一个月总共可以拿2900元，那些主课老师可以拿到3100—3200元呢！而且主课老师受到重视，国陪啊，外出培训主课老师也多。代副科的老师的培训工作特别少。分配绩效部分，他们比我多大概700—800元。我觉得不公平，我也想上课。我和他有一样的时间，他在同样的时间上课了，在办公室坐班的没有钱，我觉得不公平。我在这个时间里，我也学习了，花费同样的时间，我在这个时间里没有休息啊。

问：可以大概介绍一下学校如何遴选教师从事教学岗位的程序吗？您觉得自己有机会从事自己喜欢的英语教学事业吗？如果一直得不到机会施展您的才华，您对于自己的职业规划是如何设计的，是不是会有一些其他的想法呢？

答：教学机会就是他的教学年限获得的，比如老老师，他们可以教主课，要不学校缺老师，要不刚好有这么一个机会才能教主课。我们年轻人都是学校缺什么岗位就安排什么岗位的。如果一直没有机会，我也不可能教主课了。主课老师满了，不缺老师了。但是，我觉得无论是什么课程，都要对得起自己的良心，我对得起学生，我会努力的。我是师范专业，分配我来这里的时候，我愿意来，但是现在我觉得我不愿意一直在这里工作的。这里晋职也比较难，我打算考公务员，寻找出路。如果现在让我教主课，给机会，我暂时愿意留下来。公务员没有压力，教师就不一样，除了要负学生的安全责任，县里每年都要做质量检测，学校也拿质量检测说事儿，全校的成绩必须在全县排名前五名才成。工作压力是一方面，到了最基层工作和县城里工作的工资根本没有差别，县城气温比这里高，生活环境也不太好。子女教育、生活条件都比这里要好。而且晋升职称也是很长时间的，从中二到中一要十年，而且有时候还没有指标，没有职称的晋升，工资就一直会是这样的，十年之内不能涨，只有职称改变了，工资才能涨上去。

访谈 8
对县教育局分管领导的采访

受访人：LZW
采访人：王永磊
记录人：王永磊
访谈时间：2013 年 11 月 25 日、28 日
访谈地点：XX 中学会议室、往返途中
受访人基本情况：LZW，男，38 岁，教育局工会主席，分管人事工作。

访谈记录：

问：请您介绍一下丹凤县教师队伍建设的基本情况？

答：丹凤全县现有中小学教师 3477 名，其中：幼儿园教师 409 名、小学教师 1093 名，初中教师 1257 名，高中教师 718 名；专任教师 2871 名；副高职称 190 名，一级教师职称 1242 名，二级教师 1387 名，没有职称人员 658 名。

在我看来，目前丹凤中小学教师队伍、年龄、学科、职称结构都基本趋于合理，教师整体队伍素质不管提高，一支师德高尚、业务精湛、结构合理的专业化教师队伍群体正在逐步形成。但是，毋庸置疑的是，师资水平差距明显，教师队伍虽不缺编，但结构失衡，体、音、美、科技、计算机等学科专业教师配备相对薄弱，一些农村学校课程开设不齐或质量不高；农村教师老化问题仍然存在，不少人教学观念陈旧，教法陈旧，难以适应新课改的需要，接受培训的机会少，骨干教师少，等等。

问：你县新进教师的招聘录用是如何开展的？

答：县根据自然减员和缺编情况，制订教师招聘计划，经市相关部门批准同意后公开招聘。最近今年主要通过免费师范生计划、振兴计划、助学金计划和特设岗位计划等途径，招聘青年教师。2012 年以后，按照"资格准入、公平竞争、省考县选"的原则，配合上级做好教师招聘工作。

问：新入职的教师被分配到乡镇学校后，有没有硬性的服务期限规定？

答：新入职分配到乡镇学校后，须服务 5 年以上，且不得逆向流动（流向城市），但可在乡镇中学流动。

问：对于县城学校和乡镇中学教师队伍交流，县里又是怎么规定的呢？

答：2006 年，县里就出台了政策，明确规定县城学校结对交流只能选择山区薄弱学校，交流期限必须超过半年，支教工作情况纳入考核、评优、晋级的重要依据。

问：乡镇学校和县城学校教师的工资待遇水平差距如何？

答：我县在绩效工资分配时，从全县义务教育阶段教师绩效工资总额中提取了 8%，用于乡镇学校教师补贴，县城学校不享受此规定。因此，乡镇教师的工资待遇略高于县城中学。

问：在师德师风建设上，我们有什么具体的举措？

答：教师的师德修养直接影响着学生，关系着教育事业的可持续发展。我县把师德作为立教之根，兴教之本，将师德建设作为学校办学质量和水平评估的重要标志。将师德表现作为教师资格定期登记、岗位聘用、职务评聘、绩效工资分配和奖励惩戒的重要依据。大力开展了"树师德、练师能、铸师魂"和最美教师学习等活动，加强教师职业道德规范教育；实施师德"一票否决"制，对师德考核不合格、不能胜任教育教学工作者，予以解聘或调离教师岗位。

问：制约乡镇学校教师队伍稳定的主要因素有哪些？

答：第一，工作压力大。乡镇学校大多是寄宿制学校，每个教师平均每周得上 26、27 节课，工作节奏快、压力大。第二，社会职责多。在目前的乡镇学校管理体制中，专门管理人员少，教师除了肩负着教书育人的职能外，还肩负着家长的职能，负责学生的吃、住、行、病、安全等。三是生活条件差。乡镇学校硬件设施差，办公条件差，住宿条件简陋，交通不便利，学习渠道少，交流氛围差，使得年轻人更向往城市的生活。

问：如何稳定教师队伍，促进专业发展？

答：教育发展的关键在教师，促进城乡教育均衡发展的关键在加强农村教师队伍建设。我认为，要从政策、经费、机制等方面对农村教师队伍建设给予大力支持。要进一步调高乡镇教师工作待遇，加大教师绩效工资对乡镇的倾斜力度；要坚持完善行之有效、开放灵活的继续教育体系，通过"走出去、请进来"的方式，鼓励教师通过脱产研修、置换学习、网络培训等形式，提高教师的专业技能，促进乡镇教师的专业化发展。

问：中小学教师职称制度改革成效如何？存在什么问题？如何破解？

答：根据教育部的改革方案，中学、小学教师两个系列合并成"中小学教师"一个系列，提高了职称等级，设置正高级职称。过去，小学教师最高职称是副高，今后也有可能当上"教授"了。从丹凤的实践来看，职称制度改革调动了中小学教师的积极性，让越来越多的教师留在了中小学。但是，由于设岗名额有限，岗位管理论资排辈现象严重，一些教师晋升高级职称后，很多人存在"船到码头车到站"的想法，存在不思进取的清醒；还有许多教师离开教学一线，从事教辅等工作。建议适当增加一线教师的中级岗位职称设置，缩小职称之间的工资差别，对从事管理岗位的教师采取职员制的办法，切实实行岗位聘任制。

访谈 9
一个 80 后中学校长的梦想和坚守

受访人： ZMB
采访人： 王永磊、李苏宾
记录人： 王永磊、李苏宾
访谈时间： 2013 年 11 月 26 日
访谈地点： XX 中学会议室

受访人基本情况：JYL，男，32 岁，中学副校长

访谈记录：

一 自强与厚德的信仰

问：请您介绍一下自己的简单情况。

答：我出生于 1981 年，父亲是小学教师，母亲没有工作。为了减轻家里的负担，1997 年初中毕业时，在高中和中师的选择时，我选择了中师。2000 年，中师毕业后，我一直从事教师工作，我先在乡村小学工作，2004 年 8 月，从小学调到初中任教，先后担任初中政治教师、班主任、团委书记、办公室主任等职务，2004 年 12 月被聘为中学二级教师职务，2011 年担任副校长。

问：您如何看待教师这份职业？

答：有人说："教师的职业是太阳底下最神圣、最伟大的职业。"自从选择教师作为自己的职业，争当一名优秀的教师，就是我终身追逐的梦想。十三年来，我在，并将继续在三尺讲台上教书育人，用责任、勤奋、真情和爱心履行自己的使命。

问：从教生涯中，您最骄傲的是什么？

答：在教学工作中，由于长期积累和钻研，形成了属于自己的教学风格和教学方式，带思想品德课 8 年来，我坚持教学相长，教学质量一直名列同课教师前列，成为学校政治学科的带头人，使学校政治课教学由弱势学科变为优势学科。

问：您从小学教师到初中教师，从普通职工到领导岗位，您成功的原因是什么？

答：我是一名普通而平凡的教师，我只是做了一些我该做的工作。但我认为我的人生是有价值的，我和我身边的老师用实际行动诠释了"师者，所以传道、受业、解惑"这一经典论述；我和我身边老师的生命是有意义的，因为我践行了"学高为师，德高为范"这一诺言。

我的成长得益于很多老前辈、老教师、老领导的帮带引领，得益于同事的关心支持、尊重理解，得益于坚守理想、乐于奉献、严于律己、踏实做事。热爱自己的本职工作，从自己喜欢的工作中感受快乐，分享成功是我在平凡岗位上超越自我，走向成功的动力。在自己的职业生涯

中，无论是作为小学教师，还是中学教师，无论是作为一名专业教师，还是教育管理工作，我都能坚持将理论和实际结合，继承和创新结合，一步一个脚印地做好每一项工作。

问：校长主要从两个队伍里产生："教而优"者和"管而优"者，您认为自己属于哪种类型？

答：我认为我属于"教而优"和"管而优"之间类型的。到目前为止，我一直未脱离课堂，都将业务过硬作为自己的目标，以便于更好地和教师沟通；我从事管理工作也较早，既能和教工打成一片，也能得到领导的认可和支持，逐渐形成了"勤学、苦干、多思、创新、务实、高效"的工作风格。

二　理想和现实的碰撞

问：乡镇中学教师的收入水平是怎么样的？与其他事业单位人员相比如何？在城里有住房吗？

答：国家规定，"教师的平均工资水平应当不低于或者高于国家公务员的平均工资水平，并逐步提高。"就丹凤来看，乡镇中学和县城中学工资待遇大体一致，绝大多数教师也都在城里买了房子。但在乡镇，教师的平均月收入甚至低于乡镇公务员、商业服务业员工阶层，处于中下水平。

此外，当前的绩效工资分配存在一定问题，事实上还是一种平均主义的分配方式，没有充分发挥其激励功能。

问：有人说，乡镇学校是县城学校培训基地，引进、培养、调离是乡镇骨干教师的发展路径，您如何看待这个问题？

答：乡镇中学教师流失问题是困扰我国基础教育的主要问题之一，峦庄中学流失问题也越来越严重，每年都流失 1—2 名骨干人才。最根本的原因由区域经济发展的不平衡和城乡差距导致的，具体体现在农村中学教师经济待遇、社会地位、配偶就业、子女上学等问题。我认为，应该正面看待这个问题，教师向上流动是非常正常的事情，虽然我们对教师流动很惋惜、很无奈，但只要教师在学校一天就尽心尽力就可以了。

问：制约中学青年教师发展和队伍稳定的因素有哪些？

答：首先，社会责任大，寄宿制学校存在的一个普遍现象是学生家长普遍在外打工，教师往往一身兼数职，既扮演着教师的角色，也履行着家长的义务；既要关注学生的学习，还要关心学生的心理，承担着更多的社会责任和义务。二是工作压力大，青年教师处在教学第一线，平均每个教师每周得上26、27节课。三是职称压力大，受岗位总量的制约，再加上所学专业和授课内容的不一致性，青年教师职称晋升难，对未来缺乏足够的预期和规划，容易悲观、消沉。四是外界诱惑多，与县城中学老师相比，工作待遇差不多，但承担的工作量、责任感和开展工作的难度相差悬殊。五是城乡经济的差异，乡镇中学交通的不便利，使得青年更留恋都市的生活，平和、宁静的状态容易被打破。

三 奉献和责任的坚守

问：您如何改变青年教师面临的困境？

答：作为一名青年教师，我认为，教师的路就在我们的脚下，作为青年教师我们会面临很多困境和困惑，有些是我们个人一时无法改变和解决的，但是我们可以改变我们自己，改变自己的心态，以一种积极的状态去面对各种困难。

问：为什么有的青年教师工作了三五年就能脱颖而出，为什么有的教师工作了一辈子也默默无闻？

答：一个人成长成才有很多形式，比如说理论学习、案例分析、教学反思、结对帮扶、经验交流、问题对话、教学咨询、教学指导、同伴互助等等，但是我觉得最核心、最有成效的是坚持信念、自强不息、同伴互助、专业引领。一个教师的专业成长，必须要具备四个条件：第一，不断地读书学习，不断历练完善，使自己在专业领域中居于前列；第二，求教于大家，求教于同行，求教于领导，将自己的知识储备和同行的经验充分结合，第三，在教学实践不断实践，不断复盘，不断创新，将实践升华为经验、理论，然后用理论指导实践。

问：如何看待教师的责任和奉献？

答："每个孩子对于峦庄中学来说是千分之一，但对于每个家庭来说是百分之一百。"选择了教师职业，就是选择了奉献，就是选择一份责任感。我感觉我们丹凤的教师大都有这种责任感，有这份担当的精神。一个人当他失去责任的时候，再好的方式、方法都是零。做一个中学副校长，就是选择了更多的责任与更高的追求。

访谈 10
一位山区特岗教师的头三年

受访人：WYZ

采访人：李苏宾、王永磊

记录人：李苏宾、王永磊

访谈时间：2013 年 11 月 26 日上午

访谈地点：峦庄初级中学

受访人基本情况：WYZ，女，26 岁，商洛市镇安人，特岗教师，从教 3 年，工作成绩突出

访谈记录：

问：您是如何成为一名特岗教师的？

答：我是 2010 年毕业于宝鸡文理学院化学化工系化学专业，毕业时自己的理想和意愿是做一名中学老师，正好丹凤县教育局公开招聘，我成为丹凤县第二批特岗教师。入职以来，先是带了 3 年初三物理，现任初二（X）班班主任，兼任初二物理课教师。

问：为什么选择丹凤县峦庄镇初级中学？

答：我是商洛市镇安人，2010 年我们县没招初中教师，所以就报考了丹凤县的岗位。

问：2010 年特岗教师的招聘流程是怎样的？

答：特岗教师考试由县教育局组织，先是面试，面试不计入分数，后是笔试。

问：面试和笔试的内容包括什么？

答：我当年的面试题目是"你对于教师岗位的理解与认识"。笔试一共考三门，包括专业课（报的科目是哪门就考哪门）、教育学和心理学。

问：面试有淘汰率吗？笔试县里有复习大纲吗？

答：面试基本上没有淘汰率，当时我那个岗位就报了一个人。笔试没有复习大纲，我是自己复习的，自己买的书。

问：特岗教师工作满三年后转正会大概涉及怎样的程序？

答：工作满三年后，教育局会到校检查，进行考核，考察教案、听课笔记、业务学习笔记、政治学习笔记，与领导座谈等各个方面。

问：山区教师与城镇教师有什么不同？

答：我感觉待遇方面应该有不同的吧，山区教师待遇会高一些。但实际上，目前山区教师只比城镇高 200 多元钱，对于很多家远的老师甚至连来回路费都不够。

问：您方便透露您的工资待遇吗？与转正前有什么区别吗？

答：转正后拿到手是 2500 元/月。转正前，头两年是 1700 元/月，第三年是 2200 元/月（不加绩效的话，特岗教师需要每人拿出 200 元作为集体绩效，但学校会补贴 200 元）。但转正后工资水平依然偏低。

问：您觉得山区教师的工资应在什么水平？

答：我觉得应该在 3500 元/月，可能比较合理，现在有了自己的家庭，有了小孩，还要在县城里买房，的确家庭负担还是比较重的。现在县城的房子大概也是 2000—3000 元/平方米，大概一套房子也需要 40 万左右。我们公积金比较低，一般都不贷款，最多会跟亲戚朋友借点钱。

问：您现在一天的工作大概是怎样的？

答：班主任要每天跟班三次，主要是查学生人数，分别是 6∶30、12∶30、17∶50 或 18∶00，学习、生活各方面都是由班主任管，出现问题都由班主任解决，实在处理不了的就报学校，由学校协助解决。

问：您感觉班主任跟普通教师比有什么区别？

答：当了班主任之后，我感觉责任大了，感觉对学生付出比对家庭付出多，真把学生看成自己亲人，了解学生情况，要问"穿暖了没有"，随时发现随时都要解决。像我们班有一位学生，父母离异，孩子父亲杀妻未遂，服毒自尽，孩子从小跟爷爷一块过，这个孩子时常就不打算继续念书了，也不愿意跟别人说心里话，老师只能靠接触时间长了来猜测他的心思，孩子爷爷现在也去外地养老了，相当于家里没有人管这个孩子，有时候作为老师也是没有办法。

问：有没有比较难忘的经历？

答：有很多次感动，付出这么多肯定是有回报的。例如，去年我产假回家生孩子，我们班学生就舍不得我走，然后就给我好多东西，我觉得学生真的很用心。前段时间比较忙，晚上没顾得上吃饭，我们班学生就出去给我买吃的，当时真的很感动。你对学生好，人家感受得到，我感觉我们班学生还是非常好的，很懂事。

问：特岗教师在山区干五年都往城镇流动的现象，您怎么看？

答：现在调动非常难。振兴计划必须在基层服务五年，特岗教师必须在基层工作满三年才可以流动。即使是有机会流动的话，我想大多数教师也是出于以下四点考虑，如改善生活环境，满足家庭需要，城里的工作更好开展，自由支配的时间比较多等。像我们这边开家长会都是比较难的事情，好多家长外出打工，只有老人在家看孩子；有的孩子家离学校特别远，我们学校最远的一个家离学校35千米的路程。

问：那您现在已经是第四个年头了，现在有没有什么打算？

答：目前为止，我觉得咱学校很好，因为我家在这边，老公也是咱学校的，家离得也比较近，我感觉咱学校从领导、同事都非常好。

问：那您觉得有一些特岗教师到五年流动走了是基于什么考虑？

答：据我了解，2009年咱学校有振兴计划、从医从教、特岗的教师都没有走，因为还都不满五年。但是像以前教得比较好的骨干教师都到县城里面去了。

问：未来几年你家小孩比较大了，有没有其他考虑？

答：现在正在考虑这个问题，肯定是去县城上学比较好。

问：那如果小孩去县城了上学了，你怎么考虑的？

答：如果调动不了工作的话，还是像现在一样，由老人带着。即使我家距离学校开车只有15分钟的距离，但我一周回家的次数也比较有限。一般情况是，不忙的时候周一到周五回去一次，周五回家待两天陪陪孩子。但也有可能在镇上读书，这个问题还没想好。现在感觉参加工作之后，尤其是做了父母之后，感觉做父母真的不容易，所以做教育工作也更用心了。

问：我们县虽然是贫困县，但是我感觉对教育很重视。

答：是的，我们县对教育很重视，但老师还是辛苦一些。因为地区贫穷，寄宿制学校，家长都在外打工，小孩基本上见不到父母，周末回家还是老人照顾。

问：我感觉山村老师承担了很多的家庭教育的职能，但是自己的孩子又缺失了家庭教育。

答：有时候，感觉真的对不起自己的孩子。这种问题在山村寄宿制学校尤其突出。县里的中学基本上都是走读生，老师会轻松一些。

但我还是觉得咱这边不错，因为我比较喜欢当老师，我从小的愿望当个老师。我是从农村走出来的，我也能体会当学生的辛苦以及当老师的辛苦，我还是想把学生教育好，多给他们关爱。这个职业带给我的成就感和满足感要大于条件的艰苦。

问：您认为学校在教师培训和管理方面做得怎么样，还需做出哪些努力？

现在学校对于教师培训方面已经做出了很多努力，比如新进教师培训、国培计划、西安高效课堂培训、县上阳光试训等我都参加过，也都很有收获，如果有机会能够攻读研究生，我也会特别希望学习。我认为学校还是应该多关心老师和学生。

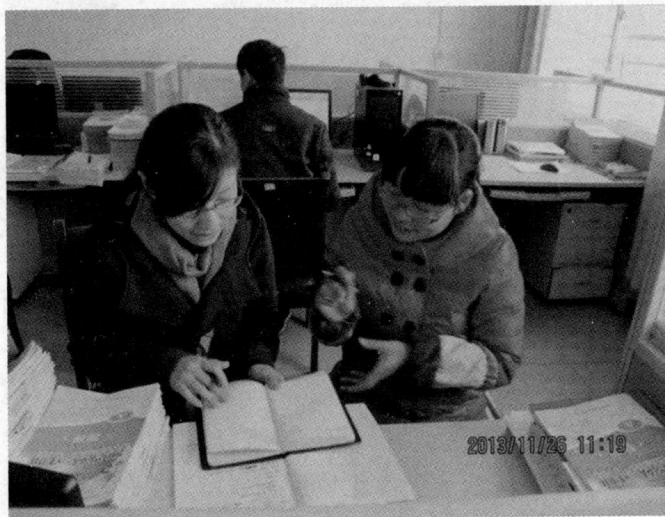

访谈 11
合同制民办教师情况调研

受访人：YJC、WRG

采访人：吕倩、仝涛

记录人：吕倩、仝涛

访谈时间：2013 年 11 月 28 日 下午

访谈地点：峦庄镇中心小学

受访人基本情况：YJC，男，50 岁，群众；WRG，男，56 岁，群众

2013 年 11 月 23 日至 30 日，"根在基层·中国梦"团员青年基层调研陕西省调研组集中蹲点在丹凤县峦庄镇中心小学开展工作。在此过程中，学校两名合同制民办教师的遭遇引起了调研组的关注。

这两名教师都是 20 世纪 60 年代出生，80 年代高中毕业后就被吸纳入乡村教师队伍，至今已经在各乡村学校辗转执教数十载，其间由于没有上级教育部门颁发的民办教师使用证和任用证，被排除在后来民办教师转正政策范畴之外，错过了"民转公"的历史机遇，如今他们的身份仍然是合同制民办教师。

他们这一情况并非个例，在整个丹凤县类似的教师还有一大批。1985 年 3 月，由于急需解决教师队伍短缺问题，丹凤县政府组织了教师招录考试，当时 600 多名高中毕业生应考，350 余名通过招录考试，分配在丹凤县边远山村从事中小学教师工作。在这 28 年中，当时的 350 余名教师有一部分转行从事其他行业，目前丹凤县的合同制民办教师共有 143 名，工资由当地财政发放。丹凤县级政府在 2006 年开始实行了合同制民办教师工资动态管理，工资结构由基础工资、教龄津贴、学历津贴和基础性绩效工资四部分组成，其中基础工资实行商洛市最低工资标准，教龄津贴实行 5 元/年标准（正式编制教龄津贴最高 10 元），基础性绩效工资根据正式编制教师绩效工资调整幅度按照一定比例适当增加；退休金按照退休前工资的 80% 发放。目前这部分教师实

际工资 2000 余元，与当地刚入职特岗教师工资水平相当，与其同期正式编制、有职称教师的收入相差近 2000 元。

长期以来，这批教师一直坚守在边远山区教学一线，为乡村的教育事业奉献了青春年华和全部精力，工作强度与正式编制教师相当，但待遇上的差距却相去甚远，与他们的教龄和社会贡献度完全不成比例。近几年来，他们多次向县、市、省各级政府和国家信访局反映情况，都没有得到实质解决。如今他们面临即将退休、繁重的家庭开支等生活压力，他们渴望能够转为正式编制的公办教师，享受国家公办教师待遇标准。

中国基础教育事业从滥觞到完备，他们不仅是亲历者，更是奠基者和开创者，经历了最初的艰辛与坎坷，而如今却长期游离在体制之外，被社会所遗忘，使他们对人生充满了挫败感，对自身遭遇的不公充满不解。由于身为教师，他们实在而内敛，也不会做出有违社会规范的举动。即便这一问题不会解决，也一定不会引起社会的不稳，再过数十年，当他们一个个离世，这样的诉求和怨言也会随之消亡。但从社会道义和社会责任的角度，他们中的任何一个，都应该被作为对社会有重要贡献的人来对待，一个健康有序、充满人情的社会，不应该对他们继续冷漠和放弃。我们建议决策层能够对该问题有一定的重视，并采取切实的举措，尽快解决乡村基础教育事业中的这一历史遗留问题。从本次调研情况来看，这也是我们公认的、唯一的、亟待解决的实质性问题。

访谈 12
从湖北黄石走进陕西山村的乐观女孩

受访人： SQ

采访人： 吕倩、仝涛

记录人： 吕倩、仝涛

访谈时间： 2013 年 11 月 26 日 11：00—11：40，16：30—17：20

访谈地点： 峦庄镇中心小学

受访人基本情况： SQ，女，26 岁，湖北黄石人，2013 年入职，幼

儿园教师

访谈记录：

一　带给人正能量的坚强乐观的女孩

SQ，1987 年出生在湖北黄石，2008 年毕业于黄石理工学院师范类专业。2013 年 8 月通过陕西省商洛市招教计划考入商洛市幼教队伍，分配在丹凤县峦庄镇中心小学任幼儿园教师。我们在没有预先告知的情况下走进她的幼儿园小班课堂，她正在教孩子唱"两只老虎"和吹泡泡识字的游戏，看到她全身心投入的眼神与表情，看到孩子们天真无邪的笑脸，SQ 给我们的第一印象就是开朗活泼。

下课后，通过交流，我们了解到，原来她的经历颇为曲折。由于父亲早逝，母亲改嫁，她自幼跟随外婆长大，命运坎坷和家庭温暖的缺失养成了她独立自主的坚韧的性格，同时也对家庭充满了渴望。大学期间她通过网络与陕西小伙结缘，前两年两人通过网络结下了坚实的友情，接下来的一年里通过为数不多的见面交流，积淀了两年的友情升华为纯洁的爱情，毕业后毅然离开老家奔赴陕西与意中人相聚。她的爱人是一名普通的机电专业中专毕业生，家庭也很普通，采访过程中我们很好奇是什么让一个女孩儿决定离开外婆、离开家乡来到一个生活、饮食完全不同的异乡，她的回答让我们由衷地心生敬意："我不需要我的爱人有钱、有房、有车，我只需要他真心实意地对我好，有这一点就足够了"。简单的回答，却让我们深刻地体会到，这才是一份纯粹的爱情，她背后曲折的生活经历和在人面前的乐观坚强带给人一股正能量。

二　曲折的就业历程

结婚后，SQ 与丈夫最初定居在丈夫的家乡商洛市。作为一名汉语言文学的师范类毕业生，她很渴望能够在商洛的公立小学任教，可是无奈理想与现实差距甚远。之后跟随丈夫去广东惠州打工，在太阳岛中英文私立小学任语文教师。后因怀孕生子、私立学校不能提供产假无奈辞职回到家乡商洛。

经过一段时间调整，她又在商洛找到一份私立小学语文教师的职业，收入 1000 多块，不高但也能维持家用。命运的坎坷再一次让她体会到生活的艰辛，一次生病让她再一次离开岗位。之后她在一家社会培训机构担任辅导教师，白天教小朋友珠心算法，这为今天的幼教工作积攒了宝贵的工作经验；晚上辅导小学生语文作业。同时，还要利用业余时间准备陕西省商洛市的招教考试，自学《学前教育》《学前心理学》科目，完善提高综合知识水平，最终在半年后，7000 多名报考生录取 120 人，SQ 凭借自己的努力脱颖而出，成为 120 名中的一员，取得幼教资格，分配到峦庄镇中心小学任幼儿园教师。

三　积极提升自身素质，用责任心、爱心开展工作

峦庄镇幼儿园创建伊始，暂依托峦庄中心小学，目前设施简陋，缺乏应有的玩具和配套教学设备，现在有 3 个班：小班 90 个孩子，中班、大班各 40 个孩子，1 位园长，4 位教师。SQ 和另一位老师负责小班的教学。

她入职三个月以来，先后参加了为期 15 天的"国培"计划培训和北京师范大学组织的学前教育培训，她认为，虽然峦庄幼儿园的配套设施不完善、很多方面与大城市的幼儿园没有可比性，但是能够有机会走出去接受培训，开拓眼界，机会难得，她非常珍惜，她也在想办法把外面学到的知识与当地实际情况相结合，把一些很好的想法与教学实践相结合。

访谈中，她也提到，目前的实际环境的确很艰苦。第一，90 多个孩子如果全部来上学，在一间教室里都很难全部有座位，开展教学活动难度就更大了。第二，幼儿园经费特别少，她这个学期提出购买一些最便宜、最基础的卡纸、海绵纸都没有得到落实；教室里唯一的一架琴还损坏不能使用。第三，农村家长观念相对落后，对素质教育了解也很有限，经常抱怨孩子没有教材、学习拼音、数字、笔画等硬性知识较少，而这些内容并非幼儿园阶段所应该传授的。

镇上新建的幼儿园正在装修，很快就能投入使用，细心的 SQ 发现操场是水泥地而不是草坪，开始担心孩子们做游戏容易受伤。看着崭新的幼儿园新教室，她很高兴，但也因为没有实现计划中教室与宿舍共建的目标而稍感失落。

但是，这些丝毫都没有减少她工作的热情，她非常热爱孩子，积极想办法克服困难，在有限条件下全身心地开展工作。她认真思考幼教教学中主要包括的五个方面：语言、艺术、健康、科学和社会，以真诚的责任心做好自己的工作。从最初小班小朋友不懂得排队，上下学孩子家长全部簇拥在一起，到现在孩子家长无论上下学都是有序地排队等候；从最初家长对幼儿开展素质教育的不理解，到听到孩子主动说出"老师早上好""老师，再见"等礼貌用语后对老师的尊敬；从没有教学道具、没有玩具，到收集学生营养餐牛奶纸盒自制教学道具等实际教学中取得的有效成绩，都凝结着这位年轻姑娘的心血。

四　工作与生活的权衡

作为一个外乡女孩，初来乍到非常不适应，饮食和生活习惯都有巨大反差，平时周一到周五住在学校教职工宿舍，宿舍条件艰苦，没有自来水，需要每天和同屋的老师从几百米远处抬一桶水上楼；宿舍没有卫生间，一周不能洗澡，寒冷的冬夜，也要到室外露天厕所。然而，这些对于 SQ 来说，都可以承受，最令她焦虑的是，她已经是一名 1 岁多可爱男孩的妈妈，因为工作需要，不得不经常住在学校，只有周末才能回家与孩子团聚。这看来非常值得珍惜的与家人团聚的周末生活，却也着实让她纠结。

孩子由六十多岁的爷爷奶奶照顾，住在商洛市，从丹凤回到商洛，需要先到丹凤县城倒车，要历经 100 多千米至少 3 个小时才能到家。更让她为难的是，学校周五下午放学，下午根本没有进县城的班车，除非恰好能够搭上同事的顺风车，否则大多数她只能等到第二天周六一早乘公交车回家，周日上午就要返回，这样在家团聚的时间有时都不到 24 个小时。

孩子经常不在身边，对于孩子的日常生活她说没有担心，但是最放心不下的是爷爷奶奶的教育方式，宠惯孩子的方法对于孩子良好性格的养成会有不利影响。她说，等到孩子到了适龄入园，她目前能想到的最好办法就是把孩子从市区带到山村来上幼儿园，自己照料，培养孩子良好的生活习惯和性格。

山村需要优质的教师，教师同样渴望更优质的生活，同样的问题也摆在了 SQ 面前，她说，对工作的这份责任心让我无论在这里工作十年、五年或一年半载，都会全身心的投入。不过她年迈的公公婆婆唯一指望，就是希望她现在好好学习，好好工作，待山区工作经验满 5 年，通过报考市幼儿园选拔教师计划，有机会返回商洛，一家团圆。

访谈 13
视校如家的山村优秀教师

受访人：SAF
采访人：仝涛、吕倩
记录人：仝涛、吕倩
访谈时间：2013 年 11 月 26 日下午
访谈地点：峦庄镇中心小学数学教研室
受访人基本情况：SAF，女，35 岁，群众

访谈记录：

问：您来这里工作多久了？最初工作就是在这里吗？

答：我是 2002 年师范毕业后，就来到这里工作，已经工作了十多年了。

问：您当时应该是中学毕业后优秀的学生都选择中专的那一批吧？

答：是的，我那批是 1999 年，峦庄镇一共考上 13 人，其中有 7 人选择了师范类专业，那时候，考师范类的都是比较好的学生。当时在师范学校要求还是很多的，要学习数学、语文、音乐、美术等科目的教法，有三笔字基本功大赛，粉笔字，铅笔字，钢笔字；还有普通话的过关。这两年学校新来的年轻老师，感觉在这方面还是欠缺，有的年轻老师热情不高，我现在担任教务管理的一些工作，想给年轻老师一些培训，比如美术、普通话，但是开展效果不太好。这与 10 年前差距比较大。

问：您在学校的这些年，感觉最大的变化是什么？

答：我在学校的这些年，应该见到了学校最大的变化，最早只有后面一栋教学楼，前面是两排矮平房，不过那会儿教学质量在全县就挺好

挺好。10 年前，学生比现在还要多，我刚来的时候，带 6 年级，有 4 个班，现在只有两个班。中间几年学生明显减少，后来村小撤并，学生到中心校，学生又多了起来，学校的教学楼、绿化环境也慢慢变好。

问：您一直工作在这个学校，校长、老师是不是换了好几拨？

答：对的，丁校长在 2004 年的时候是这里的副校长，2006 年到桃坪小学做校长，两年后，又回到这里任常务副校长，前年，也就是 2011 年正式任命为校长。

问：您觉得丁校长和其他校长相比，他的特点有哪些？

答：我特别感谢他，他在教师培训上，特别关心教师的成长，被大家称为"严校长"，从他听课的表情老师们就知道课上得怎么样，比如，如果他听课的时候面带笑容，那老师就知道这堂课一定上得很好，如果他皱起眉头或者叹气，老师们就觉得课讲得太差了。他非常关注细节，经常说"细节决定成败"，课堂上哪一个环节都要求老师做到细节。

问：您工作十多年以来，取得了很好的成绩，也获得了很多荣誉，您觉得这个过程中最重要的是什么？

答：教学能力的提高很重要。我平时喜欢与同伴、周边的人多交流，习惯多问别人，与大家讨论用哪种办法讨论学生能够成长得最快。另外，我平时听课比较多，经常听名师课堂。

问：您听课的主要渠道是什么？

答：前两年是配套的光盘，学校每周都会组织老师们观看。现在主要是通过网络来找名师的讲课视频，每个年级都会选择来听，我这十来年一直教五六年级，很熟悉了，现在做教务管理的一些工作，听其他班级的课程前我都会在通过网络做一些基础工作，我认为这是提高最快的一种渠道。

问：您对孩子的感情一定也很深厚吧。

答：前两年更多想的是把课上好，后面教学目标逐渐熟悉了，并且自己有了孩子，想到自己有了孩子了，希望老师能够用心教，那么其他家长一样也都是这样的，因此我要求自己对学生要像对自己孩子一样。

问：现在学校里，与您和校长同教龄的骨干多吗？

答：现在基本都在流失，最近两年这样的骨干教师都在流失，都要往县城走，我前后几年毕业的师范生能力强，到哪里都能够独当一面，如果能到县城，早上8点上班，下午5点下班，现在在这里，早上6：30就要起床，一直到晚上10点才能休息，只能住在学校，只有周末可以回家，老师的压力大，任务重。能够走出去，在这方面上是一种诱惑；另外，自己孩子的上学问题，老师们也想能够到县城。几乎每年都走两三个。

问：看着这么多老师到城里，您获得了这么多奖励，有过这样的想法吗？

答：我的情况是这样，爱人在隔壁中学任教，我的爸爸妈妈和公公婆婆也都在当地，我们在县城也买了房，老人不愿意过去住，也不希望我们过去，现在我们无论回哪边，提前告诉他们，都已经准备好饭菜了，这样的生活挺平淡，也挺幸福的。

问：像您一样留下来的老师有多少？

答：50来岁的老师，身体不太好的，比较熟悉周围环境，跟学校申请一下不带主要的科目，快退休了就不想走了；一些三四十多岁的，还是想走，因为平时工作时间长，既要当老师，又要当家长。有时半夜休息了，学生过来说"老师，某某同学发烧了，在哭"；现在这边留守学生多，由爷爷奶奶带，周五放学的时候，要把孩子一个个送到家长手里才放心，有时家长来接得很晚，我们只能陪学生一块儿等，等家长来的时候，我们本来想问家长怎么来这么晚，还没等开口有的家长直接带上孩子就走了，也没说什么。

问：您认为有什么样的机制能够让老师稳定下来，不让老师流失？

答：这个挺难的，有时我们老师们在一起也会讨论，说如果政策上再多一些交通费能不能留下来，有的老师觉得这样可能也希望能留下来，也有的老师还是希望走出去。目前县城6所学校绩效工资的8%倾斜山区，像我成绩好点，每年在拿够自己绩效之外，还多了500多块。

还有一点，以前老师们认为在县城买到房子都是理想，现在房子买了，人还在山村工作，加上山区工作量比城里多好几个小时，有的人还是希望到城里。

问：大部分学生都住的比较远，选择住宿？

答：前两年，一些农村学校撤并了，一些村子里的孩子都来镇上上学。还有很多家长外出打工，把学生送到学校，现在学生在学校吃饭住宿几乎不花钱，还有每天的 4 块钱的营养餐补助，贫困家庭的学生每年还有 500 块钱的补助。

问：您的待遇收入情况怎么样？

答：我 2008 年进的小高职称，就是现在的小学一级教师。当时因为连续几年获县级质量奖，每年有 2—3 篇论文发表，获得政府表彰，破格进职称，现在全都算上，一个月有 4000 块钱。10 年前，工资只有 270 块钱，2006 年 800 多块，2008 年工资 1000 块，最近几年工资涨得多。

问：您说您属于破格提职称，那么学校老师评荣誉证书有什么标准吗？

答：跟老师发表的论文、教学的成绩，还有学生的获奖情况都有关系。我们学校比较严格，一般都是评奖的时候，大家把荣誉证书都摆出来，按照国家、省、市、县不同级有不同的加分。

问：学生的成绩对教师的影响有多少？

答：全县小学会把成绩排名，比如 6 年级，在全县我知道这一类学校一共 83 个班，县里根据期末统一试卷考试排名，前 8 名给予奖励，我带的班近几年都能够获奖；如果排名比较靠后，这对于老师从农村调往县城是有很大影响的。所以，老师们把数学、语文、外语狠命抓好，有的老师不会教音乐，那么他的音乐课就直接学习语文。但是从内心来讲，这样学生的音体美发展不均衡。我感觉，小学成绩不是最重要的，养成习惯是更重要的，我更想培养孩子的学习习惯。前儿年到北帅大培训，顾明远教授讲道，"给孩子教一个数学概念，孩子能用多少次；教给孩子树立自信，这又能用到多少次"，这对我的影响很大。我希望最好的状态是能够跟孩子轻松地交流。如果我们平时给孩子们举办个运动会、艺术节啥的，孩子都会非常高兴，但是这样的机会很少。在前几年没有分幼教的时候，很多老师希望能够进幼儿园去教，因为没有考试对比的压力。

问：您在自己的孩子教育上是什么态度？

答：有的时候老师留的作业比较多，比如语文、英语抄写很多遍的情况，会告诉孩子会了的就不用再写了。不会给孩子增加什么负担，经常跟孩子了解在校情况，让孩子学会主动交流，我觉得交流辩论过程中孩子会长很多见识。现在就一个孩子，学习挺努力的，以后我本身还是希望他能够离我们近一些，像我们现在这样。

问：现在学校老师参加国培计划的培训吗？

答：国培计划每年都有老师参加，几乎能覆盖全部老师，每个教研室都配备了电脑，大家没事儿的时候就会去学习。

问：以远程培训为主吗？培训效果怎么样？

答：说实话，效果不是特别好，大部分时间老师挂在网络上面，积累学时。老师从早到晚在学校，一直跟学生在一起，平时工作压力比较大，比较忙，一天下来四五节课，经常就不想说话了，远程培训对于实际能力的提升和培训效果主要取决于老师的个人学习程度。

访谈 14
峦庄镇中心小学的五个孩子

受访人： CFR、YH、TST、ZCQ、YHY
采访人： 吕倩、仝涛、李苏宾
记录人： 吕倩、仝涛、李苏宾
访谈时间： 2013 年 11 月 27 日上午
访谈地点： 峦庄镇中心小学
受访人基本情况：

CFR，女，11 岁，六年级，寄宿生，爸爸带。

YH，女，10 岁，五年级，走读生，老家在四家村，距离学校 2 千米，步行 15 分钟，妈妈带，爸爸生病在家。

TST，男，12 岁，六年级，走读生，老家在马霞村，距离学校 3 千米，步行 40 分钟，在学校附近租房，妈妈带。

ZCQ，女，7 岁，二年级，走读生，老家在河口村，距离学校 1.5 千米，60 多岁的婆婆带。

YHY，男，9 岁，四年级，走读生，老家在河口村，学校附近租房，奶奶带。

访谈记录：

问：孩子们，你们最喜欢什么课呢？

答：CFR 喜欢语数外，YH 喜欢语数和美术，TST 喜欢语数外，ZCQ 喜欢语，YHY 喜欢语数外。

问：英语课有机会听到录音机和电脑里的英语吗？

答：有。

YH：上新课或者是我们记不住的时候，老师用磁带在教室放录音。

问：在学校学习唱歌、跳舞、画画吗？

ZCQ：学过《种太阳》，没有舞蹈课，一周上一节音乐课，也上画画课，学过用铅笔和彩笔画牡丹花和月季花。

问：在多媒体教室上课吗？上什么课呢？老师会放动画吗？

答：有。单词从大屏幕上学来的有意思，TST 更喜欢在多媒体教室上课。一个星期会上一次。多媒体教室上课的时候比在普通课堂上课效果好，有一种看电影的感觉。比如，上语文课的时候讲鲁滨逊漂流记，先看电影。

问：老师会用课件吗？

TST：教数学的舒老师会制作课件，用多媒体教室给我们上课，这个星期上了好几次。

问：你们家里面都有几个孩子呀？

CFR：1 个。

YH：3 个，有一个哥哥，一个弟弟，哥哥上初三，弟弟上二年级。

TST：两个，有一个姐姐，20 岁，毕业了，在县城的海澜之家上班。

ZCQ：两个，有一个弟弟，才五个月，弟弟跟爸爸在县城居住。

YHY：两个，有一个姐姐，在县城上高一。

问：我们听课的时候看到你们喊的口号很好，能说一下吗？你觉得这样的口号有意思吗？

TST：语文老师教的，口号是"棒棒你真棒，IQ 真是不一样"，其他班也有口号，是"棒棒你真棒，我也要和你一样"。我觉得这样的口号特别有意思，自己回答得好，别人也给自己鼓掌，说这个口号，当别人回答得好的时候，我也希望像回答得好的同学一样好。

问：你们想读到几年级？

答：都想读到大学。

问：你们知道大学在哪里吗？村上有考上大学的吗？你未来想做什么？

CFR：我表叔读的北大。

YH：我有一个远房的表哥在县城上高中，学习很好，我要好好学习，听老师和家长的话，去最好的大学读书。我喜欢给班上同学讲题，将来做一个好一点的老师，成为一个有益于社会的人。我们老师说："让我们好好学习，将来走出农村。"

TST：大学是西安也有，北京也有，国外也有。哥哥家的孩子在西安的石油大学，我以后想上哈佛大学。我要好好学习英语。通过在我哥家上网，查找资料，不打电脑游戏。有时候，办手抄报，用电脑在网上查找资料，最近的一期手抄报的主题是环保方面的。

ZCQ：不知道上哪个大学，最想去北京，在电视上看见过。

YHY：我想去北京读大学，将来想成为一名医生。

问：你们爸爸妈妈都做什么？在家里务农还是外出打工？

CFR：妈妈走了，不知道去哪里了，走了六年了。爸爸在家里干活。

YH：爸爸有病，卧病在床，妈妈每天把我们送到学校，回家要喂猪干活，晚上妈妈过来接我们放学回家。

TST：妈妈在敬老院做饭，爸爸在西安打工，两个月回来一次。

ZCQ：妈妈走了，跟着婆婆一块生活，爸爸在县城里，很少见面（至今未上户口，爸爸怕交5000元罚款）。

YHY：妈妈在西安打工，几个月能见一次妈妈，爸爸在一两岁的时候就离开走了，现在跟着爷爷奶奶一块生活。

问：放学回家后，你们都做些什么呢？

答：都是做完练习，就睡觉了；没有练习的时候，吃完晚饭，就睡觉了。

问：在学校，除了上课，你们都玩些什么呢？有没有组织学生登山、春游？

答：会跳大绳儿，在学校里面有组织劳动。

问：大家寒暑假的时候都做什么？

CFR：过年回去县城一次，但还是喜欢镇这边，因为这边有爸爸。

YH：会在家喂猪，打连翘卖钱。

TST：会在西安待着，找姐姐。

问：有没有你们特别喜欢的东西，自己还没有的？

YH：我想有个书包，书包都是别人给我的，妈妈都把钱留着给我买本子。

访谈 15
峦庄镇中心小学校长、副校长访谈实录

受访人：JYL、ZHP

采访人：仝涛、吕倩

记录人：仝涛、吕倩

访谈时间：2013 年 11 月 25 日下午

访谈地点：峦庄镇中心小学

受访人基本情况：JYL，男，45 岁，小学校长；ZHP，男，30 岁，小学常务副校长

访谈记录：

一 学校基本概况

学校占地 12000 平方米，建筑面积 3200 平方米，有 11 个教学班，406 名学生，老师 34 人，其中中级以上职称 16 人，副高 1 人，其余为初级职称。本科学历 11 人，余为中师或专科学历。

二 年轻教师队伍问题

该校女老师多，近年来，考上大学都不回家乡，去年至今幼教、特岗分十四五个人，8 人没来，对学校正常教学秩序影响很大。女教师有产假 3 个月，对教学的顺利进行也存在很大问题。教师队伍水平参差不齐，有的为师范专业，有的非师范。特岗教师本意是解决偏远地区的教师资源问题，但地方上操作起来便成为主要缓解大学生就业压力问题。现在教师素质令人担忧，与十几年前师范类毕业生无法比拟。专业能力

方面对小学教育影响也很大。分配来的教师大多为二本学生，优秀学生不会来山区。年轻教师分配很多还是通过关系进入教师队伍。还有部分专科学生。所学学科与所教内容没有对应关系，教师培养难度非常大，很多新教师经验欠缺，不知道教材的重点、难点，素质非常令人失望，与你们期望的非常远。再过十年、二十年，这批教师再培养学生，其结果会更令人担忧。教师队伍发展不全面，而且专业修不精，各类硬件都不会，电脑不精，音乐类不会弹琴唱歌，缺乏专门的体音美类教师。

年轻教师不断充实是好事，但师范类学生现在很头疼，使很多学生养成坏习惯，会贻误学生。

解决办法是高校课堂活动，对新教师进行培训和常规指导。

三　教材负担过重

学校教材负担很重，虽然国家教委一直在降低标准，但不会一下降低。但社会因素有很多影响，比如高考、家长的要求等。今年幼儿园不能小班化，不准在黑板上写字，但家长主动来要求学习更多内容，对学校的这种教学方式表示不解。

四　学校承担了过多的社会责任

当校长面临更多的是安全问题，如学生的饮食安全、人身安全等。国家实行营养餐制度，直接将这些工作转嫁给学校，分散教学精力，如食品采购、加工都带来很多问题，这些工作多为教师承担，只有部分专职人员，因此教师的负担加重，缺乏专门的管理类教师。学校也要面临非常多的活动，应对上级的各类指标检查、响应参加县里的各类活动，都扰乱学校的正常秩序，过多地干涉到教师和学生的工作和生活。

从去年开始，每个学生每天 4 元营养餐，600 学生每天共 2000 多元，皆有政府承担，但这些部分家庭都能承担，应该将该类资金投入到学校或者师资队伍建设上。

五　学校文化建设

自 2009 年开始实行，从五个文化来进行学校建设：思想文化、历史文化、人文文化、制度文化和环境文化。

六 奖励机制

青年教师物质奖励为主，教学质量奖，投入比较多，中学 3 万—5 万，小学 2 万—3 万，平时开展一些活动，座谈会等来奖励。学校补助老师补课，调动教师积极性。新分配教师要在基层待 5 年才能交流，骨干教师必须在县上有优质课获奖，通过这些政策来激励。人生规划都没有想那么远。

访谈 16
峦庄镇中学学生家访

受访人：ZW 家长
采访人：仝涛、吕倩
记录人：仝涛、吕倩
访谈时间：2013 年 11 月 27 日下午
访谈地点：峦庄镇学生家中
受访人基本情况：SAF，女，35 岁，群众

访谈记录：

问：您家现在这房子是自己的还是租的呢？

答：从 2003 年开始租的，从 ZW 开始上幼儿园就在镇上租房子了。

问：那房租多少钱呢？家里几个孩子呀？

答：现在房租一年是 1200 块，明年房东要涨到每个月 160 块钱。孩子还有两年就考高中了，我们不想搬家了，因为搬家有很多东西，而且便宜点的地方条件更不好。家里两个孩子，ZW 是姐姐，还有一个弟弟，读小学了。现在镇上住供两个孩子上学。

问：您的家庭情况怎么样，比如收入来源，花费情况？

答：2003 年到 2008 年，这 5 年在镇上开了一个服装店，但是到后来开店挣的钱除了交房租、日常生活就没有结余，攒不下钱，于是就关掉了服装店。孩子爸爸去延安黄林煤矿打工，我在家里照顾两个孩子，可是 2011 年，煤矿出事故，腿受到比较严重的工伤，这两年一直在住

院养病。为了让孩子爸爸腿能够最大限度恢复，以后还能继续打工挣钱，几乎每天熬骨头汤给爸爸喝，正常一家全年开支 3 万左右，这两年看病吃药养伤需要 6 万多。

问：工伤有补偿吗？

答：现在矿上每个月给 2000 块钱，前段时间矿上打电话过来要求去做工伤鉴定，我们认为现在还没有完全恢复，要等到恢复了才能够去做鉴定。如果一直不能恢复，希望矿上能够一直给补偿下去。

问：孩子上学，花费多吗，占全家平时花费的多少呢？

答：原来我们那会儿上学再没钱的话，上学也要交几百块钱，现在学校现在都不收学费了，学校吃的那顿饭不花钱，两个孩子上学基本不花钱。

问：如果 ZW 考上高中，全家要跟着去县城吗？

答：是的，如果能够考上高中，我们就带着小个的一起去城里，到城里上小学。

问：那说明全家的步伐都要跟着孩子上学而不断搬家是吗？

答：是的，从孩子上幼儿园开始，我们就搬到这里来，孩子到哪里我们就到哪里。让孩子上学。

问：您老家是哪里呢？那里有小学吗？

答：老家是赵川镇，距离这里 30 里路，6 年前小学就撤销了。

问：赵川镇有中学吗？为什么来这里上呢？

答：峦庄镇中学教学质量好，而且这里交通相对方便，峦庄中学教学质量仅次于城里的龙居中学和一所私立学校。

问：看墙上的奖状，还是学习一定挺优秀的吧？

答：孩子一共得了 20 几张奖状，还可以，不过比起另一位孩子满墙贴满了奖状还是差一点的。现在房东不让在墙上贴，一直都保留着。这个小的也得了两张奖状了。

问：ZW 的成绩一直名列前茅？

答：那也不是，当学校管严点，家里督促一下，成绩就还行，上一次一直督促着，全年级 195 名学生考了 24 名，这次考了 30 多名。回来还骂了一顿。孩子还反映说只管考得好不好，不管学习的过程。有时说孩子比较笨。

问：孩子应该不笨，尤其是管得严一点成绩就能上升很多，这样的学生潜力很大，您还是需要多鼓励孩子。

答：是的，上次考试回来说考了 24 名，当时我们还不相信，后来跟孩子确认过才相信的。这段时间，没有好好管教孩子，名次退步了，孩子说要找老师好好检讨。我们还鼓励她说那你后面好好努力。我们一直供着孩子上学，不像有的家庭家长出去打工，而是陪在家里陪读，有时跟她说你要好好学习，哪怕不能考上一本，也要考个二本，我跟你爸这样不能挣钱，如果你考不上学，那不是什么都没有了。孩子脾气不太好，有时这样说她就会着急发脾气。

问：那这种情况您怎么办呢？

答：有时候我就不理她，有时她反省一下回来就会认错，我说知错就改就好。我发现她爸爸受伤之后，她的性格变得有一点奇怪，可能有一定关系。

问：那您发现孩子性格有点偏颇的话，跟周围同学相处有没有什么问题？

答：跟同学相处还差不多，平时可以观察出来，她跟喜欢的孩子还行，跟不喜欢的孩子就不理人家，是这样的性格。我平时跟她说不要经常跟不爱学习的孩子在一起，也不要跟爱花钱的孩子在一起，平时我们给十几块零花钱，不像有的孩子有四五百，虽然我们没有钱，但是女孩子也有一些零花钱，我想女孩子没有零花钱容易学坏。

问：您对孩子读书满意吗？

答：还行，孩子学习一直前进着，之前考到 80 几名，100 多名，到现在 20 几、30 几名，还是挺满意的。

问：觉得孩子压力大吗？

答：压力还是挺大的，学的科目挺多的，晚上回来饿了，经常给孩子炒点米饭、下点面条；之前经常吃方便面，不过有一次听医生说方便面不健康，就不再给买了。

问：中学生的营养餐是怎么安排的呢？

答：（老师）午餐补助 4 块钱，是免费的，早饭和晚饭在学校吃的话，基本是两块左右，一份菜、一份米饭和汤就两块左右。

问：学校有没有引导学生不能经常吃方便面一类的，养成良好的饮食习惯？

答：（老师）我在班会上经常跟学生讲要好好吃饭，注意营养，不能只吃馒头。

问：您对学校或老师有没有什么意见呢？

答：孩子在学校老师对她挺好的，刚开始不知道我们家的状况，后来知道后，更关心我们孩子，而且还跟我们家长交流孩子的学习情况，所以还是都挺满意的。

问：您有没有发现孩子有没有什么兴趣爱好呢？

答：还没有发现孩子有什么感兴趣的。

问：您是不是希望孩子学习努力一点、累一点、取得一个好成绩？

答：是的，我们在这里陪读，生活照顾好，营养照顾好，希望孩子能考个好成绩。

问：那您有没有想发展一下孩子的其他的爱好呢？

答：我想着孩子也不是特别聪明，把学习搞好就行了。

问：您最好不要给孩子这样的心理暗示，现在孩子学习压力大、科目多，要多鼓励为主，平时帮孩子把时间安排好，不要太在意排名，更关心一下她的学习过程，跟孩子推心置腹的交流，有时减轻孩子压力，反而孩子进步会更快。另外，现在是孩子性格成长培养期的关键阶段，建议您平时给予孩子更多的指导和关心，养成健康的性格习惯。

调研日记

2013 年 11 月 23 日　星期六　晴

张雪

经过一番周密的前期准备，政策和调研方法的学习、调研主题的确定、资料打印和文档整理，今天我们终于踏上了"根在基层·中国梦"五省市基础教育现状陕西丹凤调研的征程。

对于我们青年同志而言，特别是刚入职不久的我，到基层去调研学习的机会真是难能可贵。临行前的几天，心中不住地暗自兴奋和期待；出门前整装待发的时候，心中已经洋溢了满满的、抑制不住的激情。8点43分，当开往西安的列车缓缓地驶出车站的那一刻，心中升腾起无比激动的情愫；那一刻，甚至心中感觉到一股莫名的感动，给自己加油，也给我们所崇尚的中国教育事业加油；那一刻，带着了解贫困农村地区的教育现状和疾苦的任务，带着服务农村贫困师生义务教育的责任，带着教育工作者"办人民满意教育"的使命，我们义无反顾地出发了。

2013 年 11 月 24 日　星期日　晴

张雪

经过 12 个小时的颠簸，我们终于抵达西安站，在简单地吃过早饭之后，10 点钟，我们登上了前往丹凤县的长途大巴车。上车的时候，车上只剩下零零散散的几个座位，我们 10 个人分别找好位置落座。我坐在最后一排左侧靠窗的位置。窗外，拥挤的人群、古朴的城墙、喧嚣的车水马龙逐渐消失在身后，我们的大巴飞奔在开往商洛方向的高速上。

今年陕南的冬天来得这样早，秦岭山脉的座座小山已经渐渐沥沥地披上了白雪的外衣，纯净的空气、洁白的落雪，已经让我忘记了连夜旅途的疲惫。还没来得及欣赏这般天造地设的美景，我们的车驶入了一条隧道，在昏暗的灯光下，我们的车从缓慢行驶变成了停止不前。谁知，这样的情境竟持续了近 4 个小时。5 千米的隧道，我们蹒跚着、断断续续地前进，终于用 4 个小时的时间，我们安全通过了隧道。这样的情况让我们措手不及，在出发之前我们尽可能把一切可能遇到的情况、问题及解决方案都考虑过，但却没料到这样的事情会发生，我们感到些许惆怅，也因为无法如厕而饱受煎熬，还因为饥渴难耐而倍感纠结。在彼此的鼓励中，我们克服了这些困难；同时，心里想着念着我们此行的目的，又感到肩负责任之重大，心中一下子又豁然开朗起来。

经过 8 个小时的长途跋涉，我们终于在傍晚 6 点抵达了丹凤县，县教育局刘老师，中心学校的江校长、彭校长在车站热情地迎接我们并与我们共进了晚餐。农家的饭菜是淳朴的，恰如农家的乡亲们，看上去是那样的真诚与朴实。席间，我们也简单地了解了丹凤县的一些情况，当听到江校长说起农远工程、刘老师说起教学点全覆盖项目的时候，我心里还有一丝丝的安慰，感觉我们央馆的工作也确实造福了一些基层贫困地区的师生们。

饭后，回到宾馆住下，我们 10 个人又召开了一个简短的会议，明确了我们调研期间的分工，进一步细化了调研主题和任务。

充实而美好的一天，虽然真的有些累了，但我想，我会睡得很甜。

邱志红

此次"根在基层·中国梦"国情调研点丹凤县峦庄镇距离西安市 170 千米，正常的车程应该是 2、3 个小时，我们这次非常"幸运"，在秦岭隧道中遭遇大堵车，从西安到丹凤走了将近 7 个半小时。现在想来，昨晚搭乘的 Z19 北京至西安的火车晚点半个小时，就已经为今天的颠簸旅程埋下了伏笔。因为吃了晕车药的关系，10 点 30 分长途车发车后，我就一直处于昏睡的状态。依稀感觉车内一阵躁动，发现眼前漆黑一片，能看到的仅是打着尾灯的等待的长龙，宛如夜幕降临一般，看下时间，才中午 12 点 30 分。大堵车开始了。直到近 4 点钟左右，长途车走走停停，终于驶出了长达 5 千米的隧道，据司机师傅讲，这条隧道也是这一路最长的隧道。虽然大堵车，但是雪后的秦岭，清冷的空气也给长时间的烦闷带来一丝难得的快意。据说丹凤县是因县城南临丹江、北依凤冠山而得名，名字很是优美。抵达丹凤时，夜色已然降临，在凤冠山上鸟瞰丹凤县夜景，竟然也有美不胜收的感觉。虽然看不清具体位置，当年商鞅封邑之地应该就在咫尺之内。对了，高速路上还看到了"棣花"两字的地名牌，想起这位如今文坛赫赫有名的贾平凹，希望剩下的调研时间中能有时间去培养作家的小学和中学参观一下。即将展开的一周的调研，非常值得期待。

仝涛

昨日从北京出发赴西安，今早从西安转大巴至丹凤县，路遇路滑翻车，昏暗隧道内堵车四五个小时，极困极乏。晚上到达丹凤县，与教育局刘老师及峦庄中心小学及中学校长共进晚餐。一路实属不易，心中不免有些许后悔，我们如何能不辜负所付出的这种等待和耐心？

丹凤县城夜景很美，星空清澈，黑暗暗的山坳点缀着现代城市的灯光。这是个在地图上未曾被我端详过的城市，也许视野也未曾略过此地。五月份我开车从附近的沪陕高速从西安到南阳，经过或明或暗的一座座山洞，被无休止的60千米时速限行，曾留下过深刻的印象。这里地处丹江上游，下行到南阳，皆属长江流域，地理上已属南方，但文化上仍是北方无疑。饮食主要为面食，与西安趋同。商洛秦时是商鞅的封地，因以此为名，百姓忠厚善良，面目慈善，眉目间与兵马俑相仿，富有喜感。

李苏宾

今大是调研开始的第一天，陕南的一场小雪成为了我们进军丹凤途中的小小障碍。上午10：00，我们从西安乘坐大巴前往丹凤，原本只有两个小时的车程，却走了8个小时。其中，最长的隧道长达5千米，走走停停，经过4个小时才顺利通过。在隧道的出口处，我们看到了翻倒在地的运葡萄的大车，也是耽误我们行程的路障。

我们抵达丹凤县城时，已经夜幕降临，都说，秦岭最美在丹凤，丹凤县因凤冠山和丹江而得名。夜晚，顺着盘山路望去，凤冠山上的装饰灯星星点点，宛如群星，闪耀天边。

入住后，大家热情洋溢，确定了明天的基本行程和活动分组。明天上午，从丹凤县城出发去往峦庄镇，途径黄柏岔完小，抵达峦庄镇后，根据学校作息时间，下午 6 个人去峦庄镇初级中学，4 个人去峦庄镇中心小学，跟班听课，两人一组，结对调研。

虽然生活条件有限，天气寒冷，旅途劳顿，但大家情绪饱满，都对接下来的山区生活充满期待，希望有所体悟。

2013 年 11 月 25 日　星期一　晴

张雪

今天，吃过早饭之后我们便开始奔向我们这次调研的目的地：峦庄。我们沿着蜿蜒曲折的山路一直向大山深处挺进。沿途中，我们欣赏了秦岭的美景，崇山峻岭，却并不威严耸天，树木苍翠，却不失高大伟岸。一路的计划生育广告，看似无奈和好笑，却也折射出丹凤对树立科学、文明、进步的新型婚育观念的重视。

进入峦庄镇地界后，我们下车稍作停留，欣赏了一番山阴处尚未融化的陕南初雪，便又匆匆上路了。

我们首先来到了黄柏岔完小，这是一所留守儿童学校。学校现有留守儿童 100 余人，学校实行全日制寄宿。由于这些孩子长期与父母分离，他们很少得到亲情的灌溉与呵护。为了弥补孩子们的亲情缺失，让孩子们健康成长，学校采取了很多有益的举措。在校园中，到处都是温馨的标语和海报，"拿出真诚、以心换心、心中有爱、处处是家"；学校还实行了代理家长制度，由班主任担任学生的代理父母，除了授业解惑，我们的教师还担负起照顾他们日常起居的责任；此外，学校还配备了留守儿童活动室、亲情沟通室；这一系列举动都让一颗颗留守的心不再孤单。在教学方面，学校还配备了图书室、微机室、科学室以及音体美活动室等。干净整洁的校舍、配置齐全的设施，都很难让我们把黄柏岔完小与大山深处的留守儿童学校联系起来。

上午十点多，我们到达了峦庄镇中心小学。迎接我们的是两张稚嫩纯净的面孔。两个扎着羊角辫的小姑娘，用流利又清澈的童音为我们介绍了学校的概况。峦庄镇中心小学是一所有着百年历史的学堂，在学校的沿革变化中，求真务实锐意进取一直是几代教师的孜孜追求。在这种强大精神力量的感召下，峦庄镇中心小学于 2012 年被国务院评为全国

"两基"工作先进单位。我们观摩了学校的基础设施建设和校园文化建设等突出工作，无一不感到震撼。震撼于大山深处竟有这样的校园；震撼于峦小的阳关文化建设；震撼于孩子们受到的良好教育和均衡发展；更震撼于党和国家对农村中小学师生的牵挂，那样有力地化作托起农村义务教育的希望。

　　下午，我们按照分组安排，又来到了峦小隔壁的初级中学，开始了与基层教师同工同勤的体验式调研。我与初二（2）班的孩子们一起上了体育课和英语课，又与初三（3）班的孩子们一起上了一堂化学课。教师里没有空调、没有煤炉，也没有暖气，但冰冷的空气丝毫没有抑制孩子们求学走出大山的热情。听课的过程，给我感触最深的是孩子们纯净的眸子，真诚、朴实，闪着求知求学的灵光。还有一点小的体会，关于教师的专业能力和素养，可以作为一个深入调研的切入点。教育不仅要传授知识，更重要的是培养有创造性、有想象力、身心健康的人才。

　　傍晚，我们结束了一下午的听课回到中心小学，在活动室内和周副校长进行了长达一个小时的漫谈。我们对普遍关心的一些问题和现状提问了周校长，从周校长给我们的反馈中，我们收获颇多，不仅进一步了解了这里的情况，更为我们的深入调研和细致访谈积累了经验和题材。有些遗憾的是，学校在教育信息化方面起步较晚，农远工程配套的设备也因为老旧而被淘汰，目前信息技术与课程整合、信息技术和数字化教学资源的应用尚未有新的进展和探索。但是，在学校的资料室里，我还是一眼就看出了我们央馆制作并下发的教学资源，名师授课、课标解读、技能培训。这也稍稍让我宽慰了一些，我想我们对农村中小学的关怀还要更切合实际，我们通过信息技术手段缩小城乡差距、促进教育公平的努力还要更有的放矢。这也是我们调研的一种收获和启迪。

　　晚饭后，中心小学的江校长安排我们和全校教职工一起在多媒体教室召开了一个简短而又活泼的座谈会。陕西乡党们淳朴憨厚的民风，也让我们感觉与他们很贴近。会上，江校长给我们详细地介绍了一下教师队伍的结构，还把峦小的发展历程通过短片的形式介绍给我们。我们无不惊叹，教育就是这里最美的风景！

邱志红

　　早上一大早，便离开丹凤县城，前往此次调研点峦庄镇。小车在秦岭支脉蟒岭山区的群山峻岭中奔驰，山路不是很宽，但是很平坦，看着窗外的大山，一路都在惊呼山景的美好。尤其难得的是在进入峦庄地界时，山阴面累积了很厚的雪层，更增添了山景的娆妖。这是我第一次到陕西，也是第一次近距离体验秦岭，大气磅礴，果然名不虚传。50千米的路程，大约10点左右我们顺利抵达了峦庄镇。下车后首先映入眼帘的是崭新的两个校区楼，峦庄中心小学和峦庄初级中学。两个学校都位于寨子山脚下，仅一墙之隔。校园内传来学生们朗朗的读书声。算算时间，暌违中学已经有20年了，如今在山区的小学和中学中，与学生老师们同吃同住同学习，重温学生时光，真是一个难得的体验。峦庄中心小学特别安排了两名6年级的漂亮小讲解员欢迎我们调研团一行，并带领我们参观了中心小学的校舍，从她们清脆的童音中，我们了解到这所近110年历史的小学，从最初罗汉洞古祠内蒙养学堂的草创，到如今峦庄镇首屈一指的小学校，经历了一代又一代的教育人的筚路蓝缕与艰苦卓绝的无私奉献。目前小学正在打造"阳光教育"文化，倡导阳光、健康、宽容、诚信的教学理念，因此三个教学主楼以及住宿楼分别命名为朝阳楼、向阳楼、颂阳楼和沐阳楼。校园里还布置了孩子们的手抄报，据说这是峦庄中心小学的最大教育特色，锻炼孩子们自己动手、绘画、写字、创造的能力，深受孩子们的欢迎和喜欢。中心小学硬件设施一应俱全，包括图书室、心理疏导室、音乐舞蹈教室、实验室、教师图书室等，从这一点来看，基本上还是建设得相当有成绩的。在音乐舞蹈教室旁听了五年级一班的一节音乐课，受教室空间所限，基本上老师是将学生分成两批分别进行教学，因此40分钟的课程也仅仅交给学生简单的4个八拍的健美操。可以发现，实际操作中还是有一定的问题的。而且，据周鹏常务副校长介绍，由于学校主抓语文、数学、英语三门主课，音乐、美术和体育等素质课程相对来说受到忽视，最明显的一点就是没有专业的师资，以音乐课为例，基本上难以按照教材授课，原因就在于教材中规划的京剧、昆曲、钢琴等专业课程，没有合格的专业老师能以胜任。我们眼前的这位音乐课老师，是从幼儿园借调来的，小学中师资水平可见一斑。

仝涛

今日从丹凤县赶赴峦庄镇，该地区地处秦岭山脉之中，到处为深山，人烟不多，但修建有高质量的山间混凝土路面，使乡民出行丝毫不存在问题。但所路过的村庄民房，皆不见人影，多数村民都外出打工，或者正在山间田地劳作。有小溪近乎干枯，树木在秋风中凋零，偶见枝头挑挂几个橘红色的小柿，是唯一让人可以瞅见的感动。

去峦庄要翻越一座大山，车蜿蜒行驶一个多小时，忽在坡上一个牙口，见一大石上书"峦庄"二字，便是镇界。不知何时下的大雪，已经将周边惹出浓浓的冬意。叽叽喳喳的姑娘们开始摆出各种姿态与自然风景媲美。空气极佳，日月同辉，实属城内少见。旋即下坡行驶，本地特色的大瓦房山间矗立，皆面向南坡，风水很是不错，但仍少见人烟。

一路上采访峦庄中心小学姜校长关于学校概况及个人职业生涯。姜校长长期在峦庄镇及周边地区当小学校长，具有丰富的管理经验，对周边学校了如指掌。通过与他的交谈，我们了解到峦庄中心小学在该县是中上等的学校，具有较强的地区吸引力，生源很丰富，培养成果非常突出，常常是周边地区学校取经学习的对象。

路经黄柏岔留守小学，对学校进行了参观考察。该校有六个年级，180个学生，多为附近父母外出打工的留守适学儿童。学校设施完善，环境优越，大大出乎大家的预料，在旧房危房遍布的深山堪称一个明珠。深深感觉到政府对教育所投入的力度。

路上还经过了一所已经关门的西楼小学，数年前因为没有生源而被关闭，其原因是教学质量较差，周边村上的学生宁可走较远的路程去镇上上学，也不愿意就近在这类学校读书，可能与教师的年龄构成和教学经验有密切关系，因为教师岁数太大，很多已经跟不上时代的要求，当学生仅仅剩下几个的时候，就被迫走上关门倒闭的道路。

中午时分到了峦庄中心小学，首先采访了校长和副校长，下午跟听了六年级的英语课，晚上举行与小学教师的见面活动。返回后开会商讨调研主题的内容，确定了开展工作的大纲。

李苏宾

今天是正式开始调研的第一天，我们早起从丹凤镇出发，一路欣赏着湛蓝的天空，山坡上的积雪，树上零星儿挂着几个红彤彤的小柿子；沿着山涧中开辟出的盘山路，驱车近两个小时，到达峦庄镇。

第一站：黄柏岔小学。这是一所留守儿童的完小。学生宿舍整齐划一，每个宿舍的被褥整整齐齐，墙上挂着一张全家福，音乐室、体育室、图书室、操场一应俱全，学校秉承着"仁爱"的精神，班主任除了教学外承担起"代理爸爸""代理妈妈"的职能，学校和教师更多地承担起了家庭教育的担子。这也成为了山区义务教育的主要模式。

第二站：峦庄镇中心小学。刚刚来到中心小学，两位可爱的小女孩热情洋溢地介绍了校园的各个角落，就像中心小学的办学宗旨"阳光教育"一样，她们是当之无愧的阳光少年。

第三站：峦庄镇初级中学。下午我们到了峦庄镇初级中学入班听课，我听了高三（3）班的英语和物理课各一节，高二（2）班的物理课一节，也感受到了教师水平的差异，以及校舍内部设施的不完善。

第四站：回到中心小学与教师座谈会。江校长简单介绍了学校概况和师资队伍，我们与周鹏常务副校长进行了深入的座谈，也与中心小学所有教师进行了短暂的交流与互动。

调研结束后，回到春明宾馆，大家就一天的所见、所闻、所感，展开讨论，深挖主题，将主要方向确定为"山村青年教师队伍建设问题"，拟定了初步提纲，明天开始进行深入访谈。

2013 年 11 月 26 日　星期二　晴

张雪

今天，我们在初级中学与学校领导班子共同召开了一个简短的早会。彭校长向我们介绍了校领导班子的各位成员、学校概况及学校近年来取得的荣誉。学校始建于 1956 年，现有 3 个年级、12 个自然班、77 名教师、534 名学生。学校以"勤毅"文化为核心，以"让每一位学生得到最大实惠，让每一位教师实现最大价值"为宗旨，以"全面实现教育效益最大化"为目标,以"塑造精神、规范管理、科学育人、提升品位"为思路,全面优化育人环境,积极改善办学条件,取得了良好的办学效益和社会效益。其间,彭校长和周副校长还回答了我们比较关心的教师教育、教师队伍结构和教师培养模式等问题。

　　会后,我对 38 岁的初二数学教师江谋松进行了访谈。江老师是一名有 18 年教龄的老教师,是学校中青年教师的代表。访谈后,我对教师的工作环境、职业压力、师德奉献等方面又有了新的认识。在这样一所留守儿童寄宿制学校中,为了更好地教育和约束学生们,每位教师除了正常的授课课时外,还额外增加了许多辅导课时和晚自习课时。同时,由于住宿儿童长期亲情的缺失,教师们还担负起很多沟通和监管的责任。他们既是教师又是父母,既是辅导员又是安保员。长期的超课时工作不仅会严重影响农村教师的身心健康,而且占用了教师大量的教学研究以及学生工作的时间,这也给老师们带来了很大的职业压力。江老师说,现在"学生一碗水,教师一桶水"已不再适应现代教师的要求,教师也要不断学习;但高强度的工作和监管的责任下,让他们很难在矛盾中求得授课与自我提高的平衡。

　　上午第三、四节课分别听了青年女教师李旭艳讲授的初二生物课"真菌"、江谋松老师讲授的初二数学课"平方差公式"。对照昨天听的 3 堂课,给我的整体感受是,教师队伍的水平是参差不齐的。有些教师能灵活驾驭教学节奏,能通过创设各种问题情境调动学生的学习兴趣,从新课导入到公式推演、从新课讲授到随堂练习再到拓展思考,每个过程都能关注与学生的交互、突出重点难点。有些教师能够从学生出发,采用"你真棒"等表扬方式激励学生勤于自考、勇于作答,给学生传递好学进取的正能量。有些教师自身的专业素养不高,教学方法也有所欠缺,授课时不能将复杂或抽象的问题形象地描绘出来,或者自己也含糊不清、闪烁其词,对重点难点一带而过也是有的。个别老教师仍沿袭传统的"填鸭式""满堂灌"等教学方式,这极不利于培养学生独立思考,独立解决问题的能力,在根本上是与现代教育理念相驳斥的。我想,教师是立教之本,有高水平的教师,才能有高水平的教育。学校在加强基础设施建设的同时,也应重点解决教师队伍质量的问题。

　　中午,我们又在校领导的陪同下,一起参观了学校的教学楼、公寓楼、行政楼、餐厅、理化生实验室、图书室、阅览室、微机室、电子备课室、心理健康咨询室和多媒体室。学校比较重视文化和人文环境建设，校内的励志标语随处可见，亭台园林点缀其间，育人环境比较优雅。

下午，我又重点访谈了两名教师。一位是入职 1 年半的特岗教师，一位是工作四年的"创新计划""从医从教"序列的老师。其间，我对特岗教师和"创新计划"教师的引入机制、工资待遇、教研与培训、工作环境和压力、职业规划、爱岗奉献等方面的问题进行了访谈。

通过平时与特岗教师的漫谈和今天的个别采访，我对特岗教师这个群体有了更多、更深切的认识。聚焦特岗教师的问题，他们有的甚至不愿意在自己的称谓前加上一个特殊的词"特岗"，总觉得特岗教师比正式教师低一级，各方面的待遇不如正式教师好；加上青年教师对偏远落后地区的新环境不适应，于是他们从物质和精神双方面都存在较大的心理落差。一些特岗教师渐渐失去对工作的热情、动摇了长期服务于此地的决心；一些特岗教师抱着"教而优则进城"的心态，服务满 5 年就回城。如此一来，特岗教师队伍的不稳定因素很多，山村学校每年流失的特岗教师人数也很多。我想，一方面，学校要加强师德教育和教师价值观教育，增强教师的职业吸引力；另一方面，学校应关心特岗教师的生活和成长，设法给他们创造更好的工作、生活和学习条件，让他们进得来、留得住、干得好。

晚饭后，调研组根据白天了解的情况，共同分享了调研期间的所思所感及收获；大家分析了小学和幼教教师队伍的结构，总结了影响教师专业发展和职业规划的主要因素，探讨了教师职业成就和自我价值的实现途径，进一步分析了教师职业理想与现实差距的鸿沟及可能原因；又对明天家访的工作计划、主题班会的形式、汇报交流的内容等进行了讨论。

经过两天的调研，调研内容逐渐深入，访谈话题更加具体，课堂考察也更有成效。虽然我们也逐步发现了一些问题，从总体上看，我们还是欣慰的，正如峦庄中心教学所倡导的"阳光教育"一样，我们也看到农村基础教育正走在一条愈加光明的道路上。

邱志红

早餐在小学食堂和校长老师学生们一起吃的胡辣汤。发现可能是丹凤县与我的家乡河南省毗邻的关系，除了一些方言发音相似之外，吃的方面也有很多类似。比如昨晚的汤面条，今天早上的胡辣汤，都是我从小在家吃的家常饭，这样我对这个地方又增加了一份亲切感。上午在小学跟班听课时有一件事让我印象极为深刻。听的是叶静老师六年级一班的语文课《青藏高原一株柳》。叶老师和孩子们的互动很频繁，她以频频提问的方式引发学生的思考，并且不时地走到学生中间，鼓励一些害羞的学生积极发言，某一个同学回答的答案特别出色时，她会和全班同学一起高声喊出："你棒你棒你真棒，IQ 真是不一样"这样激励学生的话，场面相当振奋人心，也激发了孩子们好学、勤于思考、勇于发言、乐观的性格。下午转战与峦庄中心小学一墙之隔的峦庄初级中学，这也是峦庄镇唯一一所中学，成立于 1956 年，初建时属于社会办学，70 年代时曾经开设过高中班，后被撤销，现在仅有初中年级。校园比中心小学略大，含教学楼和学生宿舍楼，围成一个封闭式的小型"知识城"，同样被四面的峰峦叠嶂所包围，从这里走出的孩子，大部分都考入了县城的重点高中。和中心小学相比，中学的师资配备则较为整齐，有专门的体育、音乐和美术老师，虽然都仅一名，但也都是毕业于师范专科学校的专业教师。在参观音乐教室时，年轻帅气的男音乐老师即兴给我们演奏了一支钢琴曲，美妙的旋律让急患感冒的我缓解了不少的病痛。据彭家强校长介绍，峦庄初级中学努力打造的教育理念核心是"勤毅"文化，即"勤以做事，毅以坚持"，"让每一位学生得到最大实惠，让每一个教师实现最大价值"是中学的办学宗旨，如今在彭校长的带领下，全校师生正在为"全面实现教育效益的最大化"的办学目标而努力。今天在听课之余，还采访了有 24 年教龄、今年丹凤县理科状元的母亲陈粉霞老师，教育能手叶静老师，以及 5 个五、六年级的学生。这两名不同年龄层的教师，可以说是这一群战斗在基层第一线默默无闻的平凡的山区教师的缩影，她们身上投身教育事业的热情、无私奉献的精神以及乐观积极的工作以及生活态度，带给我的不仅仅是感动，更多的是发自内心由衷的钦佩。

仝涛

今天一早在小学吃饭，之后跟踪观察舒爱芳老师教案情况和办公环境，她除了上课外，还负责六位新来教师的培训工作。

上午9点跟听幼儿园教师沈倩老师的授课过程，教学方法很有一套，学生参与性很强。11点对沈倩进行采访，对其个人经历、教学实践、未来规划等方面进行了解，该教师性格开朗坚强，经历较为丰富，聪明能干，虽然来学校不久，但深受领导重视。

中午在中学用餐，然后听中学校长介绍学校情况，进行了座谈，了解了中学教师的培训情况，之后参观了学校的各项教学设施，包括实验室、图书资料室、音乐教学室、体育器材室、男女生宿舍、心理疏导室等。各类设备和设施都很齐全，但利用率并不高。

下午2∶30听舒老师数学课，采用ppt辅助教学，与学生互动性强。课后对舒老师进行了采访，结合其11年自身的教学经历，来了解学校的发展变化历程。

晚上大家召开简单会议，总结今天的主要收获，并安排明天的主要工作。之后继续整理今天的采访资料。回房间后四个男生一起聊天到深夜。

李苏宾

今天是调研的第二天，上午我们与峦庄镇初级中学的领导班子进行了座谈。彭校长详细介绍了学校的具体情况，学校教师的三种培养方式，即"送出去""请进来""自我培养"，各位校领导也从待遇、职称、办公环境、制度设计等方面谈了几点关于保持山区学校教师队伍稳定性的建议，我感到受益匪浅。

之后，我重点访谈了初二（2）班班主任王玉珍老师，她是2010年入职的一名特岗教师，毕业于宝鸡文理学院化学化工系化学专业。入职以来，她先是带了3年初三年级的物理课，现任初二（2）班班主任，兼任初二年级的物理课教师。

她乐观积极，知足感恩，对于教学方法和学生管理都特别有想法，成绩也比较突出。虽然，她家距离学校开车只有15分钟的车程，但她也只能不忙的时候周一到周五选一天回家一次，周末在家待两天陪陪自己的小孩，小孩平时都是由老人带。通过最近几天的访谈和接触，我感觉山村老师，尤其是寄宿制学校的山村教师，承担了很多家庭教育的职能，但是自己的孩子又缺失了家庭教育。

王老师的理想就是做一名好老师，她对孩子们无私的爱与付出，也赢得了孩子们的关心与爱戴。入职以来，她有很多次感动，她认为付出肯定是有回报的。例如，去年她产假回家生孩子，班里的学生舍不得她走，学生很用心地为她准备了好多东西。前段时间比较忙，她晚上没顾得上吃饭，学生就出去给她买吃的，当时真的很感动。她觉得学校很好，孩子们很懂事，虽然自己对于孩子们的投入要大于对于自己家庭的付出，但她说："我比较喜欢当老师，我从小的理想就是当个老师。我是从农村走出来的，我也能体会当学生的辛苦以及当老师的辛苦，我还是想把学生教育好，多给他们关爱。这个职业带给我的成就感和满足感要大于条件的艰苦。"

2013 年 11 月 27 日　星期三　晴

张雪

今天上午，我和袁朝晖老师、王永磊老师一起采访了峦庄初级中学8 名可爱的孩子们。他们分别来自初一和初二两个年级，4 个活泼可爱的女孩，两个含蓄内敛的男孩，还有两个古灵精怪的男孩。刚开始谈话的时候，孩子们显得有些拘谨。我们设计了一个类似猜谜的游戏，帮助孩子们打开了话匣子。当我们问到孩子们最喜欢的科目时，3 个女孩都表示喜欢语文和英语，另外一个女孩则喜欢历史和生物；而男孩子们更多的是喜欢体育、数学和地理。说到食堂的伙食，孩子们傻傻地笑了，他们喜欢周一和周四的午饭，因为能吃到炒肉片，孩子们还说，在学校食堂，100 块钱的餐费可以用 3 个月左右。关于住宿的问题，8 个孩子中有 3 个孩子是住校的。我们了解到这 3 个孩子的家庭条件都是比较差的。其中一个小男孩的家距离学校 40 多里，每周五放学，他都是步行回家，一走就是近两个小时。除了特殊天气和湿滑路况，他都会走回去，这样能省下很多车费。这让我们很感慨，孩子们小小的年级，还没发育成熟的身体尚且不具备这样充足的体能，况且山路上的行人和住户是极少的，他们步行回去实在辛苦，也实在让人牵挂和担忧。谈到孩子们心目中理想教师的形象，我们本以为孩子们会天花乱坠描述出一个完美教师的美好形象。让我们没有想到的是，初二的孩子们几乎异口同声地说起了他们的英语老师白燕。孩子们说，白老师的课风趣、轻松；上课的时候，他们一点也不紧张；课下，白老师还是他们的大姐姐，跟他们聊天和玩耍。我想，白老师一定是位幸福快乐的阳光型教师。因为要播撒阳光到别人心里，先得自己心里有阳光。

中午，我们随同初峦庄级中学初一（4）班班主任韩少梅老师一起去两名学生家中进行家访，给我印象最深刻、最让我震撼和感慨是金星一家。这是一个特困家庭，他们一家要养育3个子女，还要赡养3个老人，金爸爸出去打工是这个家庭唯一的经济来源。但是近期，金爸爸的脚受了伤，只能休养在家。听金妈妈说，即便是丈夫正常上班的时候，他们也很难维持这个家的开销。除了要给读中职的大女儿教学费和生活费，还有补贴身在上海还没有稳定收入的二儿子；除去这些开支，他们一家在县城里一年的花销只有1000元左右；现在金爸爸不能上班了，家里的日子更是举步维艰。可能是由于这个原因，金星的个子十分矮小，脸色也有些苍白，与同龄的孩子们相比，显得有些营养不良。全家人租住在一个不足10平方米的土房中，金星的成绩还不错，是家里几代人脱贫、走出去的唯一希望。家访即将结束的时候，金妈妈拉着韩老师的双手，让老师帮帮他们。她说，"娃学习不错，我们不想放弃，不想让她辍学，但我们家里真的负担不起。你能不能把我们的情况跟学校领导反映反映，帮帮我们，我们家会一辈子感谢你的"。这几句话也深深地触动了我和在场的袁老师，我们想为他们做些什么，哪怕是微不足道的努力，让金星能留下来完成学业。

回来的路上，我又和韩老师交流了许多。原来，韩老师和我们昨天访谈的张老师是一对恋人。韩老师也是一名数学专业毕业的师范生，她为了爱情，也为了成全在山里教学的爱人，既然放弃了城市的生活，追随着爱的脚步，把自己的青春热血带到了这片贫瘠的土地。关于未来，她没有考虑太多，但她表示，无论怎样，她都会带着微笑，尽心、精心地上好每一堂课。她说，山里的孩子本来就已经很苦了，知识改变命运是他们唯一的出路，她不能耽误孩子们，要给孩子们上好每一堂课。她还说，每当看到孩子们学习进步的时候，她都会感到职业的幸福感。

通过今天的学生访谈、家访和教师随访，给了我很深的触动：孩子们是祖国的花朵，他们应该在最美好的光阴，沐浴着幸福的阳光，呼吸着温暖的气息，享受着美好的课堂。但他们过早地接触了贫穷带来的困扰。可怜天下父母心，在贫困和伤病面前，最无力的是父母，最愁苦的也是父母，他们甚至可以极寒交迫，但是他们愿意为孩子做任何努力。一名好教师，既是知识的塑像，更是爱的化身，只有接近学生，用爱去感召学生，真心为学生着想，才能教育好学生。

邱志红

今天在峦庄中心小学继续跟班听了六年级一班舒爱芳老师的数学课，讲的是百分数与小数、分数的换算。同学们的发言依旧很积极、踊跃，可以看出有序的课堂秩序、认真听讲、勤于思考以及积极回答老师提问已经成为孩子们课堂上良好的习惯。受昨天与部分学生访谈的启发，我特别观察了教室内的桌椅，发现桌子虽然有粉刷的痕迹，其实体还是比较破旧，椅子也不配套。下课后，我又专门留意了一下一楼一年级的桌椅，果然和楼上高年级的不同，都是统一配备的崭新的桌椅。看来，在硬件设施上，学校确实还需要资金进行较大的投入，当然，这也需要一定的过程和时间。比如今天和周鹏副校长聊天时得知，他去年履新之际，学校老师上灶问题非常严重，由于学校没有老师专门的食堂，老师们即便是一个人，既要做饭，又要应付繁忙的上课，时间根本不够用，毕竟准备菜、做饭、洗碗等也要花费一定的时间。在他的努力下，学校进行了大刀阔斧的改革，和学生伙食一起聘请了两名厨师，大大改善了老师上灶难的问题。至于其他问题，有些不是他个人所能解决，但也正在一步一步展开。中午吃过午饭后，我们跟随峦庄初级中学初一年级进行了家访。我和房世佳同学跟的是程静老师的班。一共走访了7个家庭，其中两个学生的家长不在家，没有看到家中具体的情况。总体而言，这7个学生都是陪读生，而且小学时都是在旁边的中心小学读的书，家里都是在镇子上的其他村子里，离学校比较远，为了在这两所师资条件最好的小学以及唯一的中学读书，故而在学校旁边的街坊村上租了房子，所租的房子都是一个房间，每月租金在 80 到 100 元不等。他们有的是妈妈陪读，有的是妈妈和姥姥陪读，有的是奶奶陪读。他们的妈妈或爸爸都在外面打工，有的是在镇子上工地上打工，有的是在山西的煤矿上，有的是在西安打工。可以看出，现在即便在山区，家长对孩子的教育都是相当重视的，都希望孩子通过努力学习，有机会能出去走一走，看一看，望子成龙是天下每一个父母共同的期望。

今天是我本命年的生日。显然这也是我这么多年来过的最难忘的生日——在山区学校中度过。夜间感觉触手可及的满天繁星，是我在北京多年未曾见过的美景。这次调研活动，我不仅结识了来自我们社科院人事局、宗教所、考古所以及当代所的青年朋友，还有教育部更年轻的朋友，她们对待工作的热情、投入、积极，都给我留下了极其深刻的印象，也深深感染着我。经过和峦庄中小学彭家强校长、江奕良校长、周鹏副校长等师生这两天半的相处，使我对山区基层教育实况有了更加真实和深刻的了解。相信，如果没有这次体验和经历，我不会认识这么多山区朴实、善良、可爱的老师、学生。缘分，真是奇妙！

全涛

上午访谈 5 个儿童，3 女 2 男，大多来自 5、6 年级，家境都很困难，父母离异的有 3 个，为单亲家庭，多有爷爷奶奶带着。根据姜校长分析，当地离婚率高主要是因为年轻人出去打工，娶外地妻子，返回后妻子无法适应当地环境导致离异。另外有不少人到周边煤矿或者其他采矿场工作，打工的男人发生事故比较多，导致家庭重组。孩子们谈起父母情况，都满眼泪水，可见父爱母爱的缺失对孩子伤害还是很大的。余慧今年 10 岁，是 2 千米之外的四家村人，没有住校，每天走路往返家里，家里还有一个哥哥和一个弟弟。她由于爸爸常年卧病在床，一个家庭都由妈妈一个人撑着。在学校里上学是她最喜欢待的地方，放假回家她还要收连翘干农活，帮忙家里补贴家用，平时还要放牛，她稚嫩的小手充满了伤疤。我们问大家平时最缺、最想要的东西是什么，她说从小就想有个书包，而妈妈却一直没有钱买，我摸了下她的裤腿，发现穿的很单薄，让人非常心酸。

张彩琴是另一个令人动容的孩子，她今年 7 岁，上 2 年级。她父母离异并外出，很久都没有回家，她从小跟着姥姥长大，没有什么收入，平时靠捡垃圾为生。由于父母逃避超生罚款，没有上户口，通过小学校长的关照她才能入学就读。孩子很可爱，性格很安静内向，问什么问题喜欢点头，是典型的山村小孩模样。问她喜欢学校还是家里，她说喜欢家里，因为喜欢跟姥姥在一起。

学校的环境很不错，各方面都很齐全，但孩子们的家境情况都很困难，这么懂事的孩子，从小就要学会怎样面对生活的艰辛和不易，面对大人给他们带来的那些伤害，着实很令人心痛，大家都很想为他们做些什么。

下午进行了三个学生的家访，与峦庄中学的班主任王玉珍一起访问了孩子们的父母和住所。三个孩子父母都是离开自己的家，在镇上租房陪读，有的已经陪读了十年，可见当地对教育的重视，租金都在月租100元左右，有的一个人陪读，有的全家都在，家庭情况都不容乐观。家长们都希望通过自己的努力，让孩子们通过考试走出山区，改变他们的命运。所以家长都一味追求孩子们的考试成绩和排名，从来不知道他们的兴趣和爱好，也不太讲究教育的方式方法。但他们都一致对小学和中学的现状表示满意，认为学生的课业负担比较重。学校教师也随访与家长短暂交流，主要关注孩子近况和家居环境的安全问题。

晚上与两校校长和校领导共进晚餐，答谢他们数日来的大力帮助。

李苏宾

今天是调研的第三天，上午我们在峦庄镇中心小学访谈了五位小学生，他们的故事虽不尽相同，但却有相同之处。

储芙蓉，女，11岁，六年级，寄宿生，爸爸带。

余慧，女，10岁，五年级，走读生，老家在四家村，距离学校2千米，步行15分钟，爸爸生病在家，妈妈带。

田升涛，男，12岁，六年级，走读生，老家在马霞村，距离学校3千米，步行40分钟，在学校附近租房，妈妈带。

张彩琴，女，7岁，二年级，走读生，老家在河口村，距离学校1.5千米，60多岁的婆婆带。

叶华祎，男，9岁，四年级，走读生，老家在河口村，学校附近租房，奶奶带。

让我感触最深的是，当问及到家庭情况的时候，很多孩子落泪了，使我第一次切身体会到了家庭教育和家庭关怀的缺失对于孩子的影响。

储芙蓉的妈妈在六年前走了，至今不知去向，爸爸在镇上干活，养活小芙蓉。当我们问道："你是喜欢县城还是喜欢峃山镇呢？"她毫不犹豫地回答："我喜欢这里，因为这里有爸爸。"谈到妈妈，小芙蓉默默地流下了眼泪。

余慧的爸爸有病，常年卧病在床，妈妈每天把三个孩子送到学校，回家要喂猪干活，晚上妈妈再过来接孩子们一块放学回家。当问她："有没有你特别喜欢的，但是没有的东西？"她说："我想要个书包，我的书包都是别人给我的，妈妈攒的钱只够给我买本子。"说到这里，小余慧哽咽了。

张彩琴的妈妈在她很小的时候就离开了家，爸爸在县城有了新的家庭，她从小跟着婆婆一块生活，跟爸爸很少见面。据校长介绍，这个孩子至今未上户口，因为爸爸怕交5000元的罚款，所以很少回来。

叶华袆的妈妈一直在西安打工，他几个月才能见一次妈妈，爸爸在他一两岁的时候就离开了家，他现在跟着爷爷奶奶一块生活。这个孩子很内向，不太喜欢说话，说话声音也很小。

相比这四位孩子，田升涛同学的性格更外向一些，能够看得出他的父母也是非常重视和关心他的学习，他也有机会到表哥家上网，更多地了解外界的信息。当我们问到"最想去哪上学"的时候，他的回答让我们为之一惊，他说："我以后想去美国哈佛大学读书。"

访谈结束后我们的心情很沉重，虽然在话语间我们也会鼓励这些孩子要坚强，好好学习，走出大山，要有信心，给他们讲了很多自己的故事，告诉他们大山外面的世界；但是我们也深刻地意识到，我们终究无法代替亲生父母对孩子的照顾与关爱，也无法弥补父爱或母爱缺失给孩子心灵造成的创伤。

下午，我们跟着初三（X）班主任王星老师去了4个孩子的家里进行家访。王老师非常认真负责，细致耐心，对每一个孩子的情况都非常了解，可谓烂熟于心。虽然四位同学都是走读生，但都是父母或老人在镇上租的房子，费用一般是60—100元/月。每到一家，王老师都细致耐心地检查家里的取暖设施和厨房，提醒家长注意防火。

令我印象最深的是王泳同学，一个非常聪明、非常爷们儿的男孩，家庭条件也不错，但前一阵子他却产生了辍学的念头，这让王老师很惊讶。王老师约王泳同学到运动场上谈心，问他："为什么想要辍学？"王泳说的一句话，着实惊到了王老师，他说："人活着就是为了活着，上不上学没有什么区别，我要是考不到年级前 50 名，学习就没有意义。"

王老师及时与王泳的妈妈沟通了孩子的情况，孩子妈妈很重视，马上辞掉在西安的工作全心全意回到镇里陪儿子读书，还专程到学校找王老师沟通孩子情况。在访谈中，王泳妈妈也进行了深刻的反思，她讲："一直以为努力赚钱，能够为孩子创造一个比较良好的学习和生活环境是最重要的，但没有想到却忽视了对孩子的关心和照顾，尤其是心灵上的，孩子就是我未来的希望，而且我也相信只有读书才能改变我们山里人的命运，所以我就义无反顾的回到了镇上陪我儿子念书。"据我们了解，这种情况在山村学校是非常少见的，很少有家长一学期会去学校两次以上，大多数家长都认为子女教育只是学校和老师的事情，没有意识到家庭教育的重要性。

家访结束后，我们跟随王老师到他的宿舍小坐了一会儿。听他讲了很多事情，我感到他真的是一位"言传身教"的好老师，尤其是"身教"，他真的是用自己的行为在影响和改变学生的行为习惯。

2013 年 11 月 28 日　星期四　晴

张雪

今天是我们在峦庄的最后一天，一大早我们又遭遇了停水的状况。虽然山村里住宿简陋，而且高寒缺水，这些艰苦的环境给了我们很多的考验，但同时也让我们不断地重新认识自己的坚韧。在城里的时候，我们无法想象自己可以一个礼拜不洗澡，无法想象自己可以 4 天不洗头发，无法想象自己可以在没有暖气的瓦房、熬过零下十几度寒冬的夜晚。

上午，我们 10 个人分别在中心小学和初级中学与同学们一起召开了主题班会。我们观摩了初二（2）班"好习惯伴我成长"的主题班会。班会由4名学生主持。班会伊始，主持人说，在人的一生中，会养成许许多多的习惯，有好习惯，也有坏习惯；好习惯可让人一生受用不尽，而坏习惯让人一生追悔莫及。接着，学生们分组展示了自己收集的代表坏习惯的图片；还用小品的方式表演了发生在同学们身上的好习惯和坏习惯；而后，班主任王玉珍老师又给同学们展示了代表好习惯的图片。同学们也逐一发言，表示在生活中要养成良好的礼仪习惯、学习习惯、生活习惯等。班会结束后，我们还跟师生们分享了我们对"好习惯"的理解。我对大家说：好习惯，无论是礼仪习惯、生活习惯还是学习习惯，都是一种尊重他人、尊重自己的表现；希望大家从4个方面出发，养成好的习惯——了解家长和老师的艰辛、理解家长和老师的教导、回报家长和老师的深情、珍惜同学之间的友情。

班会后，我们团友之间互相分享了这两天的一些感受，大家纷纷表示，昨天学生座谈和家访的情况还历历在目，学生们单薄的衣服、满是冻疮的小手，还有一贫如洗的家境，都是难以释怀的。于是，我们决定要为那些学习优异、家境困难的孩子们做些什么。我们每个人捐了300块钱，又拿出自己几天的饭补，为10个小学生、4个初中生购买了御寒的手套和帽子，购买了书包、本子和文具，还将我们临行前精心选购的书籍、字典等一起发给了孩子们，捐款捐物共计1万元左右。大家还表示，回京之后要将这种帮扶继续下去，帮助孩子们实现梦想。

临别时，孩子们含着眼泪向我们挥手告别，老师们也自发地把我们从教学路一路送到学校门口。虽然是短短的相处，但是在这里，我看到了山村最美的风景——校舍整洁优雅的美、教师无私奉献的美、学生纯真可爱的美、村民质朴善良的美、寨子山和丹江河碧水青山的美。这些美都化作丝丝感动和祝福，连同这些天难忘的经历和体验，化作一股正能量，永远的镌刻在我的心底。祝福这里的孩子们，希望他们都能快乐学习、茁壮成长。向这里的教育工作者们致敬，感谢他们忘我的奉献和对孩子们无私的爱，感谢他们对促进教育公平、发展农村基础教育做出的牺牲和贡献。

我爱上了这里的土地，这里的老师、孩子……，爱每一个纯真的笑颜。

邱志红

今天是在峃庄镇的最后一天，确切地说是半天。上午和房世佳、吕倩、张叶青、周红、仝涛几位同学一起参加了峃庄中心小学六年级二班的主题班会："天下父母心，学会感恩！"由于学校的教室紧张，这个班一直是在学校的实验室上课，班上一共 28 个孩子。这个班级主题班会开展的形式是由老师运用多媒体的方式，通过介绍父母爱孩子、孩子孝敬父母的感人实例，向孩子们启发父爱如山、母爱如海的伟大，并循序渐进地引导孩子们心怀一颗感恩的心，如何通过点滴小事感恩父母、感恩学校、感恩社会。我们注意到，这位年轻老师说到感人至深处，声音哽咽，眼眶湿润，想必是有感而发。像查珍珠这样年轻的山区女教师，生在山区，长在山区，如今又把青春年华奉献在山区，践行投身教育、传道授业解惑的承诺，她是我接触到的最美山区教师中平凡的一员，平凡但是伟大。

仝涛

今天是感恩节，上午在小学六二班召开班会，主题是"孝"。课堂上老师通过放 PPT 举当代社会的孝的例子，并让同学们结合自身的情况谈感想，非常动人。吕倩在班会上也进行了发言，讲得很好。随后大家筹集些钱，给比较贫困的孩子买了些书包和文具，对一些家庭还直接送了几百元钱表达大家的心意。

下午返回县城，晚上大家聚会、谈心，非常愉快。

李苏宾

今天是调研的第四天，我们根据前三天集体座谈、个别访谈、跟班考察的具体情况，分为两组，各有侧重，分头参与峃庄镇中心小学和峃庄镇初级中学的主题班会，以考察班主任运用班集体开展学生教育，以及学生通过集体活动实现自我教育的具体成效。

我所在的初中组，参加的是峃庄镇初级中学初二（2）班班会。班会的主题是"好习惯伴我成长"。班会由四名学生主持，采用以小品表演为主线，教师穿插讲解的教学方法，通过情景模拟、多媒体介入、小组讨论、学生自评的方式，展示了"什么是坏习惯"，列举了"什么是好习惯"，达到了师生互动、生生互动的课堂效果，明确了坏习惯对于成长的危害，树立了"好习惯伴我成长、好习惯助我成长"的正确意识。

班会结束后，根据学校要求，我们分别对本次班会进行了点评，归纳为以下几点：一是主题好，好习惯的养成源自个体对于自我和他人的尊重，让学生从小懂得"尊重他人，也是尊重自己"意义重大；二是组织好，虽然学生有点紧张、胆怯，但课程组织紧凑流畅，个别环节略显僵化，有待优化；三是感触多，本次调研我们深深地体会到了山村教育的不易，也非常珍惜与学生面对面交流的机会，分别从个人经历和切身体会出发，希望孩子们能够养成良好的生活习惯，乐观积极，学会汲取别人身上的优点，好好学习，珍惜教育机会，走出大山，去看看外面的世界。

班会后，我将带来的《汉字五千年》图书和光盘赠予了王玉珍老师；同时，调研组全体成员捐助了 14 位家庭困难，但成绩优异的孩子，希望尽我们的绵薄之力，帮助他们改善生活，能够更全心全意地投入学习。

下午两点左右，我们启程离开峦庄镇，一种"依依不舍，难说再见"的感情在心中油然而生，因为这里有美丽的校园，无私奉献的老师，勤奋可爱的孩子，淳朴善良的人们。

2013 年 11 月 29 日　星期五　晴

张雪

今天上午，我们十人向丹凤县教育局的领导们汇报了调研期间我们的所见、所闻和所感，并听取了峦庄中心小学江校长、峦庄初级中学彭校长对我们此行调研的总结；最后，王局长也结合当地教育工作谈了一些体会和希望。

吕倩、房世佳、邱志红和袁朝晖代表我们此行的 10 人调研团分别从成绩、感受、问题、对策四个方面汇报了我们的调研工作。吕倩说，我们带着对山区基础教育现状的担忧和疑问来到了峦庄，但一进校门，我们就被校园的硬件环境感动了，无论是教室、宿舍，还是图书室、实验室等，各种设备设施一应俱全；除了硬件环境建设，这里的教学质量是有保证的，无论是校长还是教师，都甘于奉献、敢于担当；这里的校园文化氛围良好，每一栋楼都有主题，每一教室都有标语，校园文化在潜移默化地影响着每一位师生；其次，基层学校能认真落实国家的政策，免去学费和杂费，从根本上解决了孩子有学上的问题，营养餐计划也能让学生们的健康成长得到保证。邱姐用4个最美表达了我们在峦庄体验、调研和生活的感受：最美校园——校园是偏远山区最美的风景线，大山深处建立起的两座毗邻而居的学校，环境优雅；最美教师——在老师们的辅导、关爱下，孩子们快乐地学习，山区教师坚忍不拔的气质和品格，值得我们致敬和学习；最美家长——家长们克服家里各种困难，也要保证孩子有学上，这种无私的爱，体现了家长对孩子教育的重视，跨越了城乡的差距；最美希望——在全社会的共同努力下，山村基础教育的未来充满美好和希望。房世佳首先感叹这两所学校可以成为农村、民族地区基础教育校园建设的旗帜和榜样。其次，他谈到学校在素质教育教学方面还有所欠缺；学校的硬件设备、设施的配备非常齐全，但缺乏有效的利用；要发挥优秀教师更大的带动作用；学校应关心青年教师的发展；注意培养学生良好的性格，关注学生身心的发展。袁老师从师政、师业、师生、师资四个方面，提出了一些建议，师政方面，他建议政策更灵活，政府更人性化，行政管理更有特色；师业方面，包括乡村教师的职业背景如何规划、专业对口如何规范、教学热情如何释放、教学惰性如何避免四个方面；师生方面，他建议弹性安排教师教学、科研、监管时间，给老师留一些自主学习和专业提升的时间；师资方面，他建议创造灵活的收入分配、职称晋升的方式方法，免除青年教师的后顾之忧、缓解他们的生活压力。

接着，彭校长和江校长分别对我们的调研工作进行了总结，他们都表示，虽然调研时间短暂，但我们的工作热情、工作思路和工作方式，给全体师生留下了深刻的印象。彭校长赞美了我们不怕山高路弯、不怕天寒地冻、不怕粗茶淡饭的敬业精神，并表示此次调研是最敬业的教研、最真实的调研、最有深度的调研、最感人的调研。江校长说，我们把国家对山村基础教育的关注和大爱传递到山村，给山区教师留下了深沉的感动；从我们身上，大家看得到了卓尔不群的学者风范和不辱使命的奉献精神；和我们在一起，师生们感觉天天在学习、时时在上课。最后，江校长希望我们能把山区教育发展的问题和困难带回去。

最后，王局长对我们的调研工作和取得的成果进行了高度的概括。王局长认为此次"根在基层·中国梦"国情调研活动非常有意义，搭建了基层与国家部委交流的平台，践行了群众路线。王局长说，我们的团队是一支学习型、实践型、服务型、奉献型的团队；社科院和教育部两部门发挥了合作调研的团队精神，取得了丰富的信息和资料，从教育均衡发展问题、教学队伍建设为题、素质教育现状、政策落实情况多个方面对丹凤县山区基础教育的发展提出了宝贵的建议。最后，王局长还从转作风、讲奉献等方面为学校提出了五点希望。

会后，我们简单地用过了午饭，就登上了返程的大巴。

回首几天的调研生活，除了感动于教师的奉献、家长的付出、学生的纯真、民风的淳朴，感动于教研团队的互助、协作；更重要的是，让我有了更多的责任。办好农村教育事业是一项民生工程和民心工程，是农村的希望之路和光明之路。如何办好让人民满意的教育，特别是办好农村教育，如何实现教育公平和均衡发展，是摆在我们每一个教育工作者面前的课题，也是每一个教育工作者的责任。作为一个从事教育信息化事业的青年人，我们一方面要探索教育信息细化建设的先行和示范；另一方面更要开拓思路、创新机制，不断探索教育信息化扶贫的道路、方法和途径。

邱志红

马上就要离开丹凤了，依依不舍之情油然而生。这种发自内心的感动与触动来自于和教育局领导汇报会上峦庄中心小学江奕良校长的一番真挚感言。其实说真的，他是我在峦庄镇接触时间最长的一位。从丹凤县到峦庄镇的山路，他不辞辛苦，用私家车载着吕倩、周红、仝涛和我长途跋涉。每天一早，他都亲自到我们住宿的春明饭店招待所等待我们，领着我们吃早饭。在学校，他怕我们冷，特意腾出朝阳的并且有空调的少先队大队部办公室供我们访谈、撰写报告之用。他是一校之长，不仅是学校所有孩子们，也是老师们的家长。每一个孩子、老师的情况他都如数家珍。是他开创了峦庄中心小学信息化的时代，加大了宣传的力度，"阳光文化"教育理念打造了一批批自信、开朗的"阳光儿童"。他重视对青年教师的再培训制度，每天都坚持旁听至少一节老师的课程，认真地做听课笔记。在他身上，有着陕西山区教育人的朴实、坚毅、善良与倔强，而通过他的发言，则让我们对基层教育工作者能力更加敬佩，整篇报告文采飞扬、逻辑清晰，我们调研过程中的所有细节他都有所观察和注意，我们一些很小的付出，都得到了他极大的肯定。正是在这样的相互触动与感动中，我们的调研升华到了更高的层次，即大家都收获了难得的理解与信任。再见，峦庄美丽的教师们！再见，峦庄可爱的孩子们！

仝涛

今天上午 9 点在县教育局进行调研的汇报工作，参加会议的有两所学校的校长、县教育局的副局长、工会副主席、办公室老师等。各小组组长进行了发言，从各方面总结了这次调研的收获和心得体验。两校长和县教育局领导也畅谈了他们对这次我们工作的评价。

汇报结束后大家照相留念，中午饭后租一中巴车返回西安。路上大家玩游戏非常热闹，气氛相当活跃，没多久就到达西安。晚上乘火车返京。

李苏宾

今天是调研活动的最后一天，与丹凤县教育局相关领导的汇报交流会是本次调研活动的最后一个环节。

上午 9 点，我们步行到达丹凤县教育体育局，与丹凤县教育督导室主任、教体局副局长王国宾，以及峦庄镇初级中学彭校长、峦庄镇中心小学江校长就本次调研活动的情况见面交流。会议由县教育体育系统联合工会主席刘忠文主持，也是他不辞辛苦协助我们联系和安排本次调研活动。

在总体汇报了本次调研活动的所见所感之后，围绕乡村青年教师队伍建设这一主题，袁组长从师政、师业、师生、师资四个方面汇报了所思所想，提出了相关建议。

（1）在政府层面，行政管理更加人性化。在制定教师政策时，充分考虑到本地区各区域、各层级教师队伍的特殊性，尽可能地全面覆盖；建立校园硬件设施建设的长效投入机制，并尝试引入社会资本、外部资本进行共建，减少对国家资金的单一依赖。

（2）在学校层面，加强与青年教师队伍的沟通，增加职业培训和外出交流的机会，解决"学非所教、教非所学"问题，为青年教师搭建良好的成长平台。

（3）在教学层面，减少非教学任务对教师工作时间的侵占，增加教师进行教学研究、专业提升的时间，增加先进教学工具、教学办法的使用频率，用良好的职业前景和职业环境留住青年教师。

（4）在师资层面，通过建立良好的激励体制调动教师的工作积极性和能效性，薪酬和职称评选上加大向优秀教师的倾斜；对青年教师加大关心力度，尽可能解决他们生活上的后顾之忧。

午饭后，我们乘坐中巴车离开丹凤县，此行让我真切地体会到农村教育，尤其是山村教育的不易，调研是短暂的，但情谊是永恒的，祝福丹凤越来越好！

第五编

宁夏：缩减城乡差异

调研报告

希望与呼唤
——宁夏固原基础教育调研报告

宁夏基层教育调研组*

2013 年 11 月 25 日至 12 月 1 日，"根在基层·中国梦"中央国家机关青年干部基层调研实践活动暨中国社会科学院、教育部青年干部群众路线教育实践基层调研活动宁夏组（以下简称"调研组"）前往宁夏回族自治区固原市，围绕基础教育问题进行了为期一周的调研。

在调研中，19 位青年同志深入教育一线，进行了形式多样的"体验式"调研，并结合基层教育的实际，开展了富有成效的群众路线教育实践活动。全体青年同志在调研中感受到了宁夏南部六盘山下教育事业的成绩和希望，也注意到制约当地基础教育发展，甚至是影响经济社会发展的种种因素，形成了一些初步的意见和建议。

一 宁夏调研总体情况

2013 年 11 月 25 日，调研组到达宁夏回族自治区固原市，与该市教育局各部门负责同志座谈，了解该市基础教育的基本情况，并就下一步的调研活动做了安排。26 至 28 日，调研组分为两个小组，分别在隆德县、原州区开展调研，29 日、30 日两小组汇合，整理调研资料，

* 本文是宁夏组调研的总报告，由孙宏年、胡希召共同起草，孙宏年承担了统稿、定稿工作。本文讨论、撰写过程中，中国社会科学院、教育部参与调研的 19 位青年同志都有所贡献，中国社会科学院林燕平研究员、教育部直属机关团委书记吴述纲对调研和文稿提出了宝贵意见。

并向该市教育局交流调研情况。

在该市所属的一区四县中，原州区、隆德县是我们此次调研的重点。在原州区，调研组在张易中学进行了蹲点调研，通过与教师、学生同吃同住，跑早操、进课堂，访谈校长、教师和学生，到学生家家访，召开"梦想对话"主题班会等形式，对张易中学的现状进行了全方位了解体验，对目前中西部地区基础教育的现状有了切身的感受和认识

在隆德县，调研组先后在隆德第一小学、杨河乡中心小学和范湾小学、民权小学进行调研，召开了三次座谈会，对四个学校的老师 18 人（含校、学区负责同志 4 人次）、家长 9 人和学生 7 人进行了深度访谈，并召开 3 次主题班会，旁听了英语、体育等课，参与学生的篮球比赛。我们还与隆德一小的教师同吃食堂，与杨河中心小学的学生一同吃营养餐，感受基层学校师生们的生活状态。在访谈中，我们与教师、家长、同学们交流的问题涉及到普通话推广、教育信息化、教师资格、"特岗教师"计划、师资培训、教师收入、国学教育（包括经典诵读）、低年级教材内容编排、英语教学、留守儿童、学生体质、学校和家庭之间关系等诸多问题。

和孩子们合影

通过调研，我们了解到固原市及其基础教育的基本情况：该市地处宁夏回族自治区南部的六盘山区，既是革命老区、民族地区，又是集中连片的特殊困难地区。该市总面积1.05万平方千米，现辖原州区和西吉、隆德、泾源、彭阳4个县，下设62个乡镇、3个街道办事处、895个村（居）委会。全市户籍人口154.23万，其中农业人口127.32万，占82.55%；回族人口71.47万，占45.8%，是全国回族主要聚居区之一。该市所辖的1区、4县都属于国家级扶贫县，新一轮西部大开发又把秦巴—六盘山列为重点扶持的集中连片特殊困难地区之一。

新中国成立60多年来，特别是改革开放以来，国家对于固原地区的各项社会事业给予大力扶持，基础教育得到一定的发展。截至2013年11月，该市共有各级各类学校1052所，包括高级中学6所、完全中学7所、初级中学53所、九年一贯制学校6所、小学876所、特殊教育学校2所、职业学校5所、幼儿园97所；在校学生296132人，教职工18590人（其中专任教师17260人）。近年来，该市注重提高教育质量，认真实施强师计划，开展了增强领导作风、教师教风、学生学风和校园文化建设的"三风一化"活动，收到良好成效；积极扩大学前教育办学规模，突出义务教育的均衡发展，依法保障进城务工农民子女平等接受教育的权利；落实惠民政策，资助经济困难的中小学生，进一步推进教育公平。

在调研中，全体成员分工合作，团结互助，调研有序，顺利完成了各项任务。同时，我们得到了中国社会科学院林燕平研究员的指导和帮助，固原市和原州区、隆德县教育部门给予大力支持，张毅局长在百忙之中给予指导，28日还到张易中学、杨河中心小学看望调研组，一起体验营养餐。原州区、隆德县教育局的领导对于我们的调研非常重视，如隆德县督导处主任马江在协调、组织方面做了大量工作。

二 希望：六盘山贫困地区教育事业的新进展

通过调研，我们深刻地感受到，在固原市这个国家级的扶贫地区，由于国家的大力扶持和当地干部群众的共同努力，近年来基础教育取得了一系列新成绩，有值得重视的新进展、新经验。

第一，重视基础设施建设，教学、办公条件有一定改善。近年来，固原市先后实施了中小学校安工程、薄弱学校建设等一系列教育工程项目，仅校安工程就投入资金 11.63 亿元，改造农村校舍 126 万平方米。2013 年，该市又开工新建、改建、扩建了 33 所中小学和 41 所农村中小学的食堂；改造供暖设施项目 35 个；立项改造体育运动场 30 个，开工 29 个，完成 4 个；争取信息化建设资金近 7000 万元，为学校配套了一批先进的教学设备。到 2013 年 11 月，该市小学生人均占地面积 37.01 平方米、建筑面积 5.69 平方米、图书 19.3 册；初中生人均占地面积 29.93 平方米、建筑面积 8.89 平方米、图书 18.78 册。

在基层调研时，我们注意到隆德县不仅县城内的两所高中学校，县第一小学、第二小学、县幼儿园都建设得比较好，而且农村校舍的改造工作也取得实际的进展，比如杨河乡民权小学的校舍是 2012 年 7 月竣工的新校舍，条件有一定改善。在原州区张易镇，在民间团体资助和政府的大力投入支持下，张易中学分别于 2002 年和 2006 年翻盖了新的教学楼，这幢建筑是该镇最气派的建筑。教师的周转房，房子是刚搬进不久的楼房，教师们一人或两人一间，配有独立卫生间、桌椅、两张床，屋里有暖气。教师们对现在的生活居住条件都比较满意。在张易中学，教师教研室配有几台公用电脑，老师们在教研室就可以在线打开"国培"培训课程，进行在职学习和培训。该中学不远处还有一处建筑比较引人注目，规模比中学稍小一些，那就是新盖起的张易镇小学。学校配备了多媒体教室、计算机室、图书室、美术室、操场等基础设施，基本能够满足教学需要。学校是当地最好的建筑，再穷不能穷教育，在固原这个革命老区、民族地区、集中连片的特殊困难地区，充分表明了政府对教育的重视。

第二，注重教育的内涵发展，素质教育受到普遍重视，并在一部分学校得到较好的实施。这主要表现在两个方面，一是认真落实强师计划，师资力量有所加强。2013 年，该市招聘特岗教师 588 人，安排免费师范生 50 人；完成了 16000 名中小学教师岗位培训和 8800 人次的"国培"计划；认定了市级骨干教师培养对象 500 名，市级学科带头人 100 名，还选派 45 名中小学校长到深圳、江苏挂职、研修。

调研组成员和隆德一小的
校领导一起座谈

晚上召开会议：总结当天的工作
情况并安排第二天工作

二是坚持"立德树人"，持续深化校园文化建设。2008年以来，固原市各县（区）、各学校全面开展了中小学校园文化建设活动，全市校园文化氛围更加浓厚，育人功能明显增强，但存在内容不够充实、内涵不够丰富、形式主义等倾向。为进一步深化中小学校园文化建设，2012年11月该市市委宣传部、教育局、关心下一代工作委员会联合下发了《关于深化中小学校园文化建设的实施意见》，强调要按照"典型带动、因校制宜、突出特色、创新实践、促进发展"的工作思路，努力深化校园物质文化建设、深化校园精神文化建设、深化校园管理文化建设、深化校园活动文化建设、深化校园课程文化建设、深化校园法制文化建设，通过提炼校园文化内涵，创新校园文化形式，丰富校园文化活动，逐步构建特色鲜明的校园文化体系。根据这一意见，该市连续两年组织全市校园文化建设观摩会、现场化，进一步明确了中小学校园文化建设的立德树人方向和育人为本、教学为主、全面发展的要求，培育了弘文中学、隆德县第一小学等文化建设示范校。这一建设在隆德县第一小学取得了显著成效，该校不仅建设了优美的校园、配备较为先进的设备，而且以"示范加特色"为办学目标，以"全面加特长"为育人宗旨，校园文化建设取得突出成绩，学生的书法、音乐、美术教育都有显著成效。该校坚持常年开展活动的兴趣小组达25个，参加活动的学生达到80%之多，近几年先后有300多名学生在各类技能大赛中获奖。

第三，以推进义务教育均衡、教育公平为目标，努力办好人民满意的教育。固原市在这方面做了很多工作：一是努力使更多的山区、农村学校师生分享优质教育资源，包括利用部分优质教育资源提高整体的教学水平，如隆德县在城内较好的小学（如隆德一小）为新上岗的年青教师进行培训；该市把优质高中到农村初中学校招生计划由过去的50%提高到现在的55%，增加了农村学生分享优质教育资源和便利的生活条件的机会。

二是努力增量扩容，扩大学前教育规模。近年来，固原市实施城乡幼儿园建设工程，立项新建、改建幼儿园65所，项目全部完成后将新增学位9200个。截至2013年11月，幼儿园建设工程已开工建设49所、完成14所，全市学前三年手入园率达到49%，原州区、彭阳县都实现了乡乡有1所中心幼儿园的目标。其中，原州区现有幼儿园70所，包括民办46所、公办24所，在园幼儿11313名，幼儿园教职工229人。在调研中，我们也注意到隆德县已有48所独立幼儿园，不仅城区内有设施先进的县幼儿园，而且民权小学等一些乡、村小学也设置了学前班。

三是落实惠民政策，努力实现教育公平。2012年，固原市累计受助学生超过21万名，各类资助金额超过3.7亿元。据统计，学前教育受助儿童1562名，资助金额78.1万元；义务教育营养改善计划投入资金1.2亿元，农村义务教育阶段16万名学生受益；义务教育"三免一补"政策投入5442.66万元，全年享受学生55716名；近万名普通高中家庭经济困难学生受到国家资助，资助金额2300余万元；9500多名职业高中学生享受到免学费政策，为7600名学生发放了国家助学金，共补助3040万元；23000名家庭经济困难大学生受到政府和社会资助，资助金额1.1亿元。

这些惠民政策、措施在各区、县也得到具体落实，如原州区近年筹资4000多万元，努力实施学生营养改善计划，为全区营养改善计划学校配备标准化食堂50所，购置高标准设施设备，从而切实改善学生就餐环境；为20所学校建蔬菜储藏窖1380平方米，171所学校的3万名中小学生从中受益，使农村学生每天吃上了营养早餐、午餐；认真落实生源地贷款7000多万元，争取社会救助资金1500万元，救助大学生10359名，实现了原州区籍农村大学生和城市低保大学生救助全覆盖。

四是关心留守儿童和进城务工农民的子女，比如农村进城的学生目前已经在隆德县第一小学的学生中占到很高的比例，该校也采取了一些措施，关心这些学生，比如主要是成了关爱留守儿童领导小组，加强对留守儿童的统一领导和管理；真情地关爱这些儿童，学习上优先辅导，生活上优先照顾，活动上优先安排；实施了教职工结对帮扶留守儿童制度，建立健全教师与留守儿童的谈心制度，要求班主任每月与谈心一次，定期了解他们的情况，对于少数学习严重滑坡、人格发展不健全、道德发展失范、涉嫌违法的"留守儿童"制定个别教育方案；注重对留守儿童的心理健康教育，并加强与他们父母或监护人的交流与沟通。

　　第四，积极实施"三免一补"、营养餐改善计划，为学生们的安心读书、健康成长提供了物质保障。在隆德县，我们注意到全县 113 所农村义务教育学校的 12826 名学生都享受到营养午餐，所有农村义务教育的学生在校期间每天享受到 4 元的免费午餐，为所有农村义务教育的学生和城区寄宿学生在校期间每天提供一枚熟鸡蛋。在隆德一所乡中心小学，我们就近观察、体验了营养午餐的落实情况，也询问相关的老师、学生，深刻地感到这一工作在该县开展得扎实有效，一些学生说在学校吃的午餐比在家里吃得好。

杨河中心小学的营养餐　　　　　杨河中心小学学生在教室内吃午餐

　　在原州区的张易中学，学生营养改善计划的效果同样非常明显，孩子们吃上了免费的营养餐，虽然午餐、晚餐只有一个菜，但基本能保证顿顿有肉，孩子们普遍反映说比在家里吃的要好。早餐有鸡蛋、牛奶和两个饼，对孩子们来说已经很丰富了。教师们每天只需花 1 元钱，也可以吃上同样的营养餐。"三免一补""营养改善计划"等惠民政策的实施，使得孩子们上学免交学杂费、教科书费、住宿费，可以享受寄宿生生活费补助和免费营养早餐，改变了过去学生们背着干粮上学、饿着肚子回家的情况，基本保证了附近乡镇适龄孩子们的入学率，也给农村家庭减轻了很大经济负担。

第五，强化学校安全管理，努力建设平安校园。当前，我国正处于改革攻坚期、发展关键期、矛盾凸显期，少年儿童安全工作面临的形势严峻，党中央、国务院高度重视少年儿童安全工作。固原市认真贯彻落实中央精神，各级政府、各类学校采取切实有效的措施，努力建设平安校园，保障少年儿童生命安全，维护社会和谐稳定。

原州区、隆德县在建设平安校园方面都做了富有成效的工作，主要是不断完善各种安全应急预案，加大人防、物防、技防投入，积极开展各种专项整治活动，提高师生安全防范意识；投资 180 万元，为 76 所中小学、幼儿园全面安装监控 236 套，为全区中小学、幼儿园配备专业保安 5 名、兼职保安 200 名；全面检修和更换了农村取暖使用的炉具，学校师生宿舍安装的一氧化碳报警装置，提高了学校的安全保卫水平。隆德县则制定了《2013 年校园社会管理及周边治安综合治理工作实施方案》，加强了监督督查力度，集中开展学校校园及周边环境的整治工作，深入开展安全教育工作，强化学校安全管理，完善了安全管理制度和安全预警机制，增强了师生安全意识。

第六，党的民族政策在教育工作得到充分的落实。固原市是全国回族主要聚居区之一，回族人口占全市总人口的 45.8%，如何落实好党的民族政策始终是教育工作的重要任务。我们注意到，固原市在这方面做了多方面的努力，比如隆德县杨河乡共有 5 个行政村，20 个自然村，全乡总人口 10651 人，回族人口占到了 96% 以上。由于杨河乡是一个回族居民为主的乡，教育工作中在许多方面都注重民族政策的落实。

一是对于该校农村义务教育学生给予特殊补助。据介绍，对于这个乡的小学，国家有政策给予特殊照顾，如五六年级有专项的助学金，每人每年 100 元，有的年份还会达到 120 或 150 元，保证了贫困家庭完成学业。这是以助学金名义发下来的，只要在这个乡读书的学生，不管回民，还是其他民族，都有这个补贴。

二是因地制宜，对于山区、农村学校的设置采取特殊措施，与非民族乡撤校合并情况形成鲜明对比。杨河学区主任苏永清就是出生在这个乡的回族干部，1995 年他从固原民族师范毕业后就到了该乡的中岔小学任教，1996—2000 年又到红旗完全小学（该校现已并入杨河乡中心小学）任教，并担任校长。2000 年起，他到杨河学区当教研员，2004 年又担任了杨河乡中小学会计，2013 年 9 月起调到杨河学区当主任。他结合自身的感受告诉了我们，由于该乡里回族聚居，不统一实行计划生育政策，不像汉民家庭那样要求"一对夫妻一个娃"，一个回民家庭一般有 2—3 个孩子，有的还有四五个孩子，这就比汉民家庭至少多了 1—2 个孩子。二十几年下来，这里人口的基数就变大了，每年出生的孩子也比汉民居住的乡多，需要入学的适龄儿童不像汉民居住地方那样逐年减少，而且不断增加。1995 年，他到中岔小学任教，当时该校学生只有 130 人，现在已经达到 300 人，显然是增加了。而且，范湾村、穆家沟村的孩子就比较多，范湾小学（教学点）、民权小学，所以在学校调整时，这些地处偏僻的小学、教学点都保留下来，并未撤并。

第七，固原市内有数座大山，部分地区自然环境较为封闭，但这里教育发展理念并不闭塞，而是较为开放。这在"特岗教师"招聘中就有充分的体现。自 2006 年"特岗计划"实施以来，固原市教师队伍输入了新鲜血液，这些特岗教师现在都已成长为学校的中层和骨干，成为学校发展的中流砥柱。在招聘时，该市各学校并不刻意强调本地户口，比如隆德县一些学校的"特岗教师"既有宁夏本地人，又有来自其他省区的。据杨河学区负责同志介绍，该学区实际从事教学的 67 名教师中，特岗教师 32 人，他们都是 2012 年、2013 年新招聘的，其中外省的和宁夏本区的大约各占一半，包括邻近的甘肃省庄浪县。此外，张易中学现有 101 名教师，其中 60% 为特岗教师。"80 后"是该中学特岗教师的主要力量，他们不仅来自宁夏本地，还来自甘肃、黑龙江等省份。

第八，长征精神在教育战线得到了弘扬。我们在隆德县瞻仰了红军长征纪念馆、毛主席吟诗台，深切地感受到了长征精神在隆德、在固原的继承和弘扬。同时，我们调研中注意到，隆德县、固原市教育界深刻地体会了长征精神，并体现在各项工作中，无论是城区的学校，还是山区、农村的学校，各个学校都有一大批爱岗敬业、默默奉献的教师。一方面，一些老教师、中年教师任劳任怨、勤奋工作，在隆德县城内一所小学，我们遇到过一位教龄 30 年的老教师，多年的语文课教学让她的嗓子患上职业病，但她仍然非常投入地为孩子们上科学课，为孩子的进步感到幸福。另一方面，一些年轻教师面临着职称低、收入少等现实压力，但很多青年教师工作有激情、教学有方法，是各中小学教学的主力军。

这些教师的奉献精神，在条件较差的山区、农村学校更有突出的表现。我们在杨河乡的小学就既感受到了条件的艰苦，又受到了更多的感动，同时也从老师们的身上看到了希望。范湾小学校舍简陋，这里有两位教师，其中是一位临时招聘的青年教师，他 22 岁，每月只有1200 元的代课工资，但承担着这个小学一半的课程：二年级的语文、一年级的数学，还有体育课和音乐课。尽管收入低、条件差、工作量大，但这个青年教师没有表现出太多的失落、迷茫，仍在踏踏实实地教课，而且在努力准备，争取能通过"特岗教师"考试。在民权小学，我们看到 2012 年 7 月竣工的新校舍，这里只有四位教师，他们承担着从学前班到四年级五个教学班的教学任务。其中，一位 1974 年就从教的老教师，2013 年 12 月就要退休，但我们见到他时，他仍在非常投入地为孩子们上课。在这两个条件较差的学校，我们既为老师的默默无闻、任劳任怨而感动，又祝福山村孩子都有光明的未来，同时也看到了希望。

三　呼唤：进一步推动基础教育发展的建议

在调研中，我们注意到，尽管最近几年间隆德县、固原市乃至整个中国西部地区基础教育有了一定的发展，但是仍有一些制约教育发展的因素：

首先，山区、农村学校的基础设施建设仍需要加强。在调研中，我们注意到：一是有的校舍急需重建、改建。比如，隆德县杨河学区的范湾小学的校舍是在 1993 年建的，1996 年重修的，现在条件非常简陋，而且有安全隐患，有的房子上写着"安全等级 C 级"，属于危房。据该学区的负责同志介绍，这种情况在该学区的岔口、中岔教学点同样存在，而按照校舍改造工程的计划，2014 年范湾小学会改建。

范湾小学的危房　　　　　　　　　　　范湾小学全景

二是有的乡村中小学教室、宿舍、食堂条件较差，难以解决教学、师生住宿、用餐等问题。比如杨河中心小学教室紧缺，学校不得不把多媒体教室、学生作品展室、学区会议室、原贮藏室等都改为教室，而这些建筑全是砖木结构的架子房，难以达到足够的防震等级。而且，该中心小学教师宿舍虽然有一栋周转房，但仍然较为紧张，多数教师两人、三人住同一个宿舍。2006 年起杨河学区立足农村实际，在该中心小学五、六年级采取寄宿制办学模式，有效解决了杨河乡师资短缺、优质教育资源匮乏、学生家庭教育欠缺、留守儿童上学难等实际问题，但该中心小学寄宿生宿舍非常紧张，每个宿舍住宿的学生多达 14 人左右。

上述情况在原州区也同样存在，比如张易中学占地面积 35.35 亩，校舍建筑面积 7831 平方米，现有在校学生 831 人，其中住宿生 750 余人，学生宿舍很简陋，老式的平房，每间房子要住 20—30 个孩子，虽然有暖气，但窗子漏风很严重，有的玻璃已破损，晚上孩子们只好挤在一起睡还暖和些。而且，该中学学校食堂已盖好，因尚未验收，所以还没投入使用，目前老师和孩子们都在一排平房中的几个窗口排队打饭，然后回宿舍或教室就餐。

第二，城乡教育发展不平衡，山区、农村的师资力量仍需要着力加强。我们在调研中注意到，城区一些小学师资力量较强，不仅语文、数学、英语这些课程的老师配备较好，而且配备一些专职的音乐、美术、体育、科学等课的老师。但是，在山区、农村，一些乡中心小学师资配置相对完整，但偏远的小学、教学点则明显出现了教师数量、部分课程紧缺的情况。比如，隆德县杨河学区内有 8 所小学，共有 49 个教学班，包括 5 个学前班、5 个幼儿班，其余 39 个班为 1—6 年级的教学班；在校学生 1778 人，包括 250 名学前班、幼儿园的学生。但是，全学区仅有专职教师 67 人，"三支一扶"教师 2 人。2013 年 9 月开学，部分学校只有 1 位专职教师，连学生都没人照看，上课更是困难。其中，范湾小学只有 1 名正式教师、1 名临时聘任教师，有一、二两个年级，54 名学生，他们两人要教一、二年级的语文、数学、音乐、体育、美术等所有课程。民权小学有一、二、三、四年级和一个学前班，只有 4 名教师，他们要教从学前班到四年级的所有课程，三、四年级有英语课，他们又没有专职的英语老师，就让一位英语老师同时兼着两个学校的英语课。

第三，教师收入仍需要进一步提高。有教师反映面临日益增长的物价和房价，目前的收入在 2008 年调整之后一直没有进一步调整，使得教师们生活水平无法得到进一步改善。也有教师讲，在杨河，如果和普通农民比，教师的收入算是比较高的，可是如果与做生意、搞养殖的相比，教师工资就不算高了，即使有的老师一个月 4000 元左右，也不如一个养殖户养上 10 头牛收入高。

与固原市隆德县第一小学
的教师座谈

在范湾小学访问校长兼教师

第四，由于经费投入不足、人员紧缺，山区、乡村中小学的营养餐、取暖、宿舍管理等工作和校车都需要继续加强。由于物价的持续上涨，营养餐改善工作面临着经费不足的巨大压力。

　　就取暖、宿舍管理而言，山区、农村中小学的取暖问题面临着经费不足、效果不理想、安全有隐患的多方面问题。在隆德县，我们了解到杨河乡中心小学有 332 名学生寄宿，但宿舍管理人员很少，难以对学生宿舍进行有效的管理，加上冬季还采用火炉取暖的方式，校内的安全隐患更加突出。该乡一些小学的学校教室和学生宿舍全部是依靠火炉取暖，学生们在教室里基本都是穿着厚厚的棉服，有的孩子小脸和小手都长了冻疮，同样的情况在学生宿舍也存在。在该乡中心小学，我们了解到在当地冬季最冷可以达到 −22℃ 左右，即便把煤炉烧到最旺，教室内也就只达到 10℃ 左右，由于教室屋子比较大，基本不能满足师生基本取暖需求，孩子们会觉得冷。此外，预防煤气中毒是学校在冬季安全管理的重中之重，为了保证学生安全，教师 80% 都住校，这样无形中也加大了教师的工作量。火炉本身也是一个安全隐患，尤其是一二年级的孩子都比较小，存在会被火炉烫伤的问题。

**教室内全靠一个火炉取暖，孩子们都穿着厚厚的棉服，
有的孩子小脸和小手长了冻疮**

　　就校车而言，在隆德县、原州区的乡村、山区中小学都非常突出。比如张易中学没有校车，也还没有配备校车的计划。据学校老师介绍，学生们会坐公交车回家，但我们实际家访时发现，公交车只能够到达有马路的地方，从下车的地方到学生的家，一般至少还要翻过一座山头，走很远的山路。很多学校和村子之间也不通公交车，孩子们每周只能步行回家，最远的村子要步行三四个小时才能到家。通常，学校每周五下午5点钟放学，这意味着孩子们要晚上8、9点才能到家。我们调研时，张易镇已经降了今年的第一场雪，夜间的气温已经达到零下12摄氏度。经费所限，校车至今还是孩子们的一个梦想，而山村居住分散的现状也给校车的配备提出了更大的难题。

第五，教育信息化既存在硬件、软件"欠账"问题，又存在着投入效果的科学评估问题。这主要反映在三个方面：

一是硬件"欠账"问题在山区、乡村是大多数中小学非常突出，城镇的部分中小学的信息化建设面临着升级的问题。根据现代化教育教学的需要，电子备课室、多媒体教室、计算机教室、网络服务等现代化、信息化的资源在西部地区中小学越来越重要。这些在宁夏市、县所在地的一些中小学得到了一定配置，比如隆德县第一小学在这方面就配备了相应的设施，但是在该县山区、乡村中小学有明显的"欠账"。其中，我们在杨河学区调研时注意到，该学区的8所小学，即杨河乡中心小学、串河小学、上岔小学、中岔小学、民权小学（在穆家沟）、岔口小学、范湾小学（在红旗一组）、中岔教学点，只有一部分学校给部分老师配发一些台式计算机，现在明显过时、老化了；除中心小学外，其余7所小学都未通网络。

二是软件"欠账"问题主要一些中小学的教育信息化软件"升级"、换代的问题。比如张易中学有6个多媒体教室，其中物理学科一个、生物学科一个，其他学科4个，每天都安排学生在电教室上课。共有两个计算机室，配备计算机100多台，配有3名计算机教师。每个班每周安排1—2节计算机课，每节课两个班一起上。教师办公室配有电脑，供老师上网查阅资料、制作课件、参加网上培训等使用。学校每年会安排信息技术人员参加国家及原州区教育局组织的技能培训。2012年国家向学校捐助了数字图书馆，配有大量优质课件、题库等资源，补充教学资源不足问题。尽管该中学在2004年就成为"农远工程"项目学校，但目前应用效果不理想。"校校通"在硬件配备上已基本达标，但"优质资源班班通""网络学习空间人人通"目前还不具备相应条件。

三是"教育信息化"投入效果应加强科学评估。通过对张易中学的"教育信息化"调研，我们对信息技术改变教学效果的做法有了更深刻的思考。"教育信息化"项目应先对试用效果进行科学评价后再逐步推行。当前我们有多个国家级的信息化项目在各级各类学校推行，对于这些项目的效果，承担项目的部门是否做过科学的评判？是否对运行中发现的问题及时进行了修正？项目的实施是否达到了预期效果？这些都应该到最基层的学校中去寻找答案，而不是简单依赖于地方教育行政部门的报告。一个最简单的案例就是多媒体教学在基础教育课堂上的应用，哪些能够提高教学质量，哪些带来更多的负面作用，我们认为应该更多听听老师和学生的意见。

此外，信息化改革需软硬共抓，而改变教育行政部门领导、学校领导和教师的观念是最关键和最先要解决的问题。从张易中学的情况来看，教育管理者对信息技术重要性的认识还停留在硬件层面；教师普遍缺乏对信息技术的内容、基础知识及基本技能的了解与掌握，计算机应用水平不高。一方面信息技术人员能力不足、专业培训欠缺，导致对多媒体设备的应用只停留在基础层面。另一方面教师沿用传统的教学模式，对多媒体资源需求不大，导致大量资源浪费。对于"国培"项目的在线培训，教师们多数把它当作一项任务来完成，认为专家在网上讲的知识"不实用"。由于计算机室的使用很有限，学生们仅将计算机作为简单的学习工具，甚至当作打字机使用。

第六，师资力量的培训仍需要进一步加强，尤其是需要加强教学、科研交流，加强特岗教师的培训、培养，而且学校教研文化亟待加强。这主要反映在三个方面：

一是2006年"特岗计划"实施以来，张易中学教师队伍得到大换血，目前全校有101名教师，其中60%为特岗教师。除特岗教师外，学校的教师基本都是"60后"，这批教师多数是因为撤点并校从附近其他学校转来的，他们从教时间较长，有经验，但教学方法和手段相对传统，学历层次也普遍偏低。张易中学教师们几乎没有什么科研活动，教学研究活动也很少进行，只是停留在互相之间听听课。教师们读书也很少，在教研室，除了学生的作业本和教师的教科书，很少看到有关教学研究、教学方法和专业研究方面的书籍。

二是"特岗计划"需要进一步完善，尤其要加强特岗教师的培训、培养。"特岗计划"的实施使西部农村教师队伍发生了翻天覆地的变化，教师队伍年轻化和高学历比例大幅提升，给农村教师队伍补充了大量新鲜血液。从我们调研的情况来看，"特岗计划"在实施中也暴露出来了一些缺陷，有必要在深入调研的基础上继续改进。一是特岗教师的高学历并不代表高水平。很多特岗教师不是从师范类院校毕业，也没有学习过教育学、心理学，对教学基本上是"门外汉"，要经过较长一段时间的学习、跟班才能走上教学岗位。二是"特岗计划"淡化了地方教育行政部门加强教师队伍建设的责任和意识。无论是从固原市、隆德县、原州区还是张易中学的情况来看，自 2006 年以来，地方政府几乎未补充过教师，全部依靠"特岗计划"来补充新任教师。地方教育行政部门认为特岗教师素质相对较高，且是国家安排的，因此忽视了对特岗教师的教育培养。

三是一些中小学教师缺乏课题研究，教研文化几乎处于空白状态。比如，我们通过与教师、教科研室负责人访谈得知，张易中学基本没有任何层次、形式的课题研究。一位在本校从教 18 年的中学一级教师说，"学校没有这方面的意识，没有任何层次和形式的课题研究"，作为教研室负责人，这位老师说"我的任务就是统计汇总老师进修培训、统计老师发表的科研成果（论文）"。一位从教 11 年和一位从教 8 年的教师，均表示学校没有任何课题研究，自己更不知道该怎么研究。

除了课题研究，教师们对教学研究的也比较少。通过听课我们发现，课堂教学仍然是老师讲、学生听的传统教学模式，新课程改革倡导的"学生主体、教师主导""自主、合作、探究"的理念没有任何体现。在一节数学学科的全校公开课上，45 分钟的时间几乎全程由老师在讲，只有 4 人次回答问题，其中有同一个学生回答了两次，还有一个学生一直打瞌睡。新课程改革已开展十多年，而在农村学校依然是传统课堂教学模式，导致学生的主体性、开放性与合作性不足。我们主持参与的多个班级的主题班会也验证了这一点，很少有学生主动站起来表达想法。教研文化的缺失对教师和学生的影响是巨大的，近几年出现的教师理想退化、安于现状，学生的学习动力缺乏、成绩不理想，与此有很大关系。

　　第七，山区、农村教师的精神文化生活匮乏，而青年教师婚恋等后顾之忧多，亟待给予更多的人文关怀。

　　在调研中，我们注意到固原市山区、农村由于工作环境的限制，教师们在工作、教学之外面临着种种的现实问题，比较突出的是两个方面：一是精神文化生活几乎成空白状态。张易中学的教师大部分来自固原市、隆德县、西吉县等周边地区，还有一部分外省市的特岗教师。由于平时工作多，家住的也比较远，大部分教师都只能选择住校。从周一到周五，每天早上 7：00 带领学生跑操，到晚上 9：30 安顿好寄宿学生的住宿，工作量一般都在 12 个小时左右，而每天基本上都在重复着上课、备课、批改作业的过程。宿舍内没有网络，没有电视，只有办公室可以上网，仅有三四台电脑供教师轮流使用。仅有的课外生活就是偶尔打打篮球，有些老师喜欢练练字打发时间。

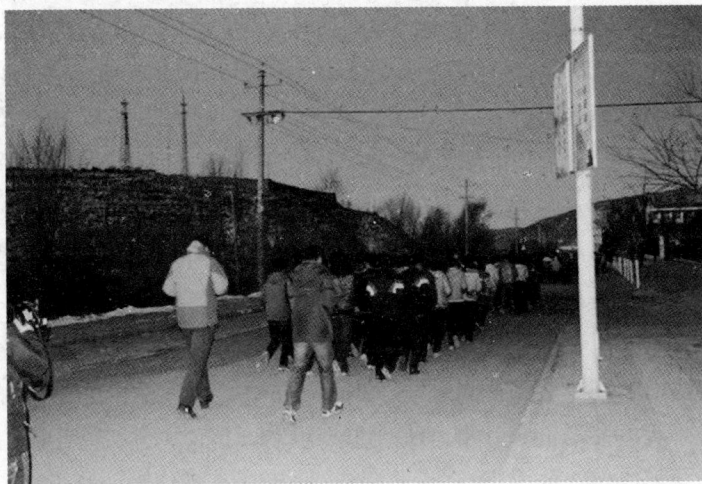

晨跑

　　二是部分青年教师工作后长时间难以找到合适的配偶，影响了他们正常的工作、生活。我们在隆德县杨河乡调研时注意到，杨河学区实际从事教学的 67 名教师中，特岗教师有 32 人，他们都是 2012 年、2013 年新招聘的青年教师，其中 2012 年招聘的 24 人，2013 年新招聘的有 8

人。这些青年教师有女教师 17 人、男教师 15 人，其中汉族教师 25 人，而且不少人是从外省招聘来的。由于杨河乡距离县城较远，又是回族聚居的乡，而青年教师大多是汉族，又是男教师少、女教师相对较多，在这里青年教师不太好找对象，一般说更不容易在本地找对象。现在，当地学校鼓励教师内部结合，力争"肥水不流外人田"，但是一部分青年教师婚恋的实际问题仍然很难解决。

第八，学生的精神需求和心理疏导工作需要进一步加强，尤其是留守儿童、进城务工农民子女的综合教育工作需要亟待加强。

在调研中，我们注意到尽管固原市各级教育部门贯彻中央精神，大力提倡素质教育，但是家长们有"望子成龙""望女成凤"的心理，应试教育仍主导着西部地区的教育机制，该市绝大部分中小学的孩子们还处在以学习成绩决定命运的初级阶段。学生的学习成绩不理想，原因有多个方面：有家庭教育方面的缺失，如父母外出打工不在身边，或因病去世等；有父母"读书无用论"对孩子的影响；有孩子理想信念的迷茫，有些孩子没有走出过大山，对外面世界的认识很有限；有教育方法的欠缺，等等。张易中学的学生们代表了很多农村贫困地区孩子们的现状。由于父母进城务工的数量越来越多，这些孩子大多成为"留守儿童"，他们看上去很自立，比如平时自己洗衣服、周末或是假期回到家自己做饭、上学从来不用接送，但由于缺少关爱，他们还不会很好地照顾自己，生病了不知道去医院，饭凉了不知道热热再吃，有心事和委屈无人倾诉，对外面的世界知之甚少，羞于表达自己的情感。他们一周五天生活在学校里，老师们要照顾全班四五十人，不可能顾及每一名孩子的情绪波动，而且有的班主任为了保持"威严"，刻意要与学生保持一定距离，所以孩子们有心事也不会想到跟老师诉说。他们小小的心灵过早地承受了成年人的心理压力，甚至心底里那个最纯真的梦想都没有勇气自己去点燃。

尽管隆德县第一小学设在县城，但"留守儿童"问题同样存在，特别是该校学生中不少是进城务工的农民子女，反映出城镇化过程中小学生结构的新变化和新问题。据该校领导、教师介绍，进城务工的农民子女在该校学生中占有一定比例。现在一般农村家庭把孩子送到城里读书，或者父亲外出打工，母亲带着孩子在城里，或者奶奶爷爷带着孩子。有的家长工作不稳定，挣钱不多，又租着房子。特别是奶奶爷爷带孩子，他们能照顾孩子的生活，但是作业不能辅导，问问题回答不了，孩子该做什么作业不知道，做了多少不知道，对孩子作业完成情况也不了解。而且，由于"隔代亲"的缘故，奶奶爷爷惯着孩子，孩子对奶奶爷爷特别亲，有什么情况，父母可能管得比较严格，甚至会打孩子，奶奶爷爷舍不得打，往往给钱多，所以对于孩子成长很不利。现在一些班里的问题孩子多数是留守儿童、进城务工农民的子女，一方面是奶奶爷爷隔代管孩子，管不住孩子。一些孩子进城后容易和城里孩子攀比，往往多给零花钱，一开始问题不大，时间长了容易变坏。另一方面，一些在隆德投资做生意的家长很忙，顾不上孩子，甚至连孩子的三餐都顾不上，要吃饭的话，父母给孩子 10 块钱，让孩子去买吃的，孩子把钱拿走就不知买什么了。

鉴于上述问题、挑战和困难，我们调研组形成一些初步的意见和建议：

第一，继续加大西部地区教育投入，继续推进校安工程，逐步改善山区、农村的学校的基础设施，尤其要尽快改建、扩建、新建一批安全、适用的教室、宿舍、食堂，改善偏远山区、农村中小学的教学、办公条件，解决教学、师生住宿、用餐等多方面的困难。同时，教育经费要在政策导向上从重物质投入转向重智力投入。

由于西部省区受到自然条件、经济发展水平的限制，在一定时期内中央财政给予一定倾斜，给予这些地区一定的特殊政策和优惠、扶持政策，仍然是促进当地基础教育发展、改善民生的重要推动力量。

值得注意的是，当前农村教育硬件条件已经大大改善，但"软件"建设尚未起步。正如张易中学，走进校园的第一眼，让人很震撼，校园很大，教学楼很漂亮，可当我们走进课堂、走进教师、走进学生时，教师讲、学生听的传统课堂教学模式，教师对个人专业发展一脸茫然、学生封闭严重等现象，我们的忧虑不断增加。农村学校发展不是靠硬件投入就能实现的，要靠更多的智力投入。比如教育信息化，计算机室已经投入使用，但学校领导、教师们的观念却依然固步不前，怕学生用坏；图书室有很多图书，但多数情况下只是摆设，很少有学生能去借阅；对于国家投入大量经费实施的如"农远工程"等项目，成了很多学校宣传信息化成果的摆设。

在对学校的硬件投入已基本满足需求的情况下，建议加大对"软件"的投入，以转变教育教学观念，给偏远地区的基础教育带来新的生机与活力。同时呼吁更多关注农村教育、关注农村教师、关注农村学生的学者和专家走进一线，给他们带来外面的阳光和空气。

第二，由于城乡教育不平衡问题的长期存在，有关部门要采取"走出去""引进来"的多种措施，尤其要培训或引进一些专职的英语、音乐、美术、体育、科学等课的老师，加强山区、农村中小学的教师队伍建设，逐步增强师资力量。

第三，教育政策应从注重体系完善走向绩效评估。近年来我们出台了一系列标准体系，如教师专业标准等。有些标准和政策在具体落实和执行中存在信息递减和信息扭曲两大误区，必须加强政策执行和绩效评估来确保政策实现政策目标。

第四，在条件成熟时，适度提高西部地区教师的收入，尤其是针对农村、山区等自然条件较为艰苦的地区，在基本待遇、交通补助等方面逐步提高当地教职工的收入，从而稳定这些地区的教师队伍、增强他们工作、教学的积极性。

第五，针对西部省区的山区、乡村中小学的营养餐、供暖、宿舍管理、校车等问题和校园安全问题，在经费、人员方面给予一定政策倾斜。尤其是面对物价的持续上涨，建议有关部门研究取暖补助、校车配备、营养餐补助与价格联动的可能性，并在一些宁夏等西部省区试行，而后逐步推广。

在供暖方面，固原市的教育部门和各级学校对于安全隐患问题，学校已经有了一些措施，例如在学生宿舍安装预防煤气中毒报警装置，在窗户开通风口，加强对学生们的安全教育工作等。但这些只是"治标"的办法，要想"治本"，从根本上解决这一问题，就必须要对以火炉供暖的农村校舍进行供暖设施改造，这样才能确保师生都可以安全温暖过冬。

第六，在总结"教育信息化"工作的基础上，进一步解决西部省区硬件、软件"欠账"问题，同时加强投入效果的科学评估问题，从而进一步完善、深化"教育信息化"工作。

第七，因地制宜，注重整体设计，加强西部省区的师资培训工作。当前，师资培训存在不同的认识，一方面，教师们普遍觉得培训的机会太少，尤其是外出培训的机会更少；另一方面大多数老师对"国培"这样的网络培训存在一定认识偏差，把培训当作任务而不是作为自身发展的重要途径。这就要求我们在进行教师培训方案设计时，必须切合教师教育教学实际，在培训内容设计上需加强农村教师教科研和合作意识等方面的培训，通过培训内容吸引教师参与进来。

我们建议：一是在欠发达地区的高等师范院校增加初中起点低层次师范生培养。在中等师范学校逐步减少后，教师的职业趋向高学历化和专业化，而在一些偏远山区的教学点，教师一人教全科的现状仍很普遍，中等师范的取消对于这样的教学点无异于雪上加霜：高学历教师不愿进山村，而且专业太专、太窄，无法适应全科教学需要；低学历教师培训无门。

二是针对不同地区、不同层次的教师应制定与之相适应的培训计划，并从经费分配上予以保障。教师培训应重点向偏远地区、农村地区教师倾斜。

三是加强特岗教师的培训、培养，适时调整"特岗计划"。2006 年国家启动"特岗计划"时有两个目标，一是加强中西部农村教师队伍建设，二是扩大高校毕业生就业，因此对报考"特岗计划"的考生未作专业限制，只对学历进行要求。实践证明非师范专业毕业生入职适应难，教育教学技能差。基于提高教师素质和当前中西部农村教师趋于饱和的现状，建议可将"特岗计划"招聘条件限定为师范专业毕业生；同时加大特岗教师的岗前培训力度，建议非师范类毕业的特岗教师至少应该到师范院校培训半年以上。

四是加大"免费师范生"培养力度。"免费师范生"得到了地方教育行政部门和学校的高度肯定，应进一步加大培养力度。可考虑从全国农村中小学中选拔优秀的年轻教师参加免费师范类研究生学历教育，一方面提高农村中小学教师的学历水平、业务水平，另一方面，让农村中小学教师有机会到外面的世界学习，了解全国教育的发展现状，扩大免费师范生学历层次。

第八，加快农村教师队伍精神文明建设，尤其是要着力山区、农村教师的精神文化生活匮乏问题。随着农村教师物质生活的提高，精神层面的问题更亟待解决。一方面，借助国家"三通两平台"工程的建设，不仅要实现网络班班通，教师办公室、教师宿舍也应通网，使教师更多的接触外面教育发展现状；另一方面，要通过建立健全教师职业生涯规划指导意见，推进教师群体职业发展，激发教师的活力和动力。此外，省、市、县、校应多组织些丰富多彩的教师活动，丰富教师课外活动，让教师真正体会到自己的职业归属感。

第九，关注青年教师婚恋等问题，尤其是西部省区的各级政府、教育主管部门和工会、妇联等部门，给予他们更多的人文关怀，通过青年联谊会等多种形式，切实解决他们的后顾之忧，为西部地区基础教育的未来发展建立起一支稳定的青年教师队伍。

第十，西部各级政府和教育部门继续加强学生的精神需求和心理疏导工作，继续做好留守儿童、进城务工农民子女的综合教育工作。

综上所述，通过一周的调研，我们切身感受到了农村教师扎根一线、无私奉献的精神，体验到了西部农村孩子上学的艰辛以及他们渴望关爱、渴望走出大山的愿望，联想到农村教育与城市教育、西部教育与东部教育之间的差距，深感推进教育公平、全面提高教育质量、实现教育现代化的艰巨性和长期性。此次基层调研实践活动，将是我们走进基层的一个新的开始，必将对我们今后的工作产生重大影响，为我们在工作中践行"办人民满意的教育"提供更多的精神动力。

孩子渴望知识的眼神

和孩子们合影

为中华之崛起而读书

学校宿舍里最豪华的"标间"

民权小学食堂工人和工作间

玫瑰与荆棘：课程发展的城乡不均衡

——宁夏西海固地区城乡基础教育小学段课程建设情况调研

刘青松[*]

2013 年 11 月 24—30 日，"根在基层·中国梦"中央国家机关青年干部基层调研实践活动暨中国社会科学院、教育部青年干部群众路线教育实践基层调研活动宁夏组（以下简称"调研组"）在宁夏回族自治区隆德县第一小学、原州区张易镇中学及杨河乡的三所小学开展了为期一周的基础教育情况调研。我关注的一个重点是西海固地区的课程建设情况，包括国家课程是否开齐开足，学校是否有能力开设自己的特色课程，以及课程在教学层面的实施情况等。下面，就以隆德县第一小学（以下简称"隆德一小"）和杨河乡的三所小学为例说明情况。

一 学校情况及课程建设现状

位于六盘山脚下的隆德一小始建于 1823 年，有着优秀的办学传统，学校现属于隆德县城关镇学区，有教职工 206 人，教学班 54 个（其中二、三、四年级 10 个班，一、五、六年级 8 个班），在校学生 3433 人，现开设有语文、数学、英语、音乐、体育、美术、思想品德、健康、书法、信息技术、科学、综合实践活动、作文等课程。作为一所市级师范学校，隆德一小充分利用当地书法教育、六盘山红色革命资源，建设了学校自己的特色课程：书法教育课程和综合实践活动课程。隆德一小教师资源相对雄厚，各级政策扶持力度也较大，这些都有力保障了国家课

程的顺利实施，以及地方特色课程资源的挖掘与建设。

但优质资源并不会青睐每一所学校，位于偏远山区的杨河乡甚至面临着国家课程开设不全、师资力量紧缺的难题。杨河乡红旗村的范湾小学有 12 年的办学历史，现属于杨河乡的一个教学点，学校有 54 名学生，当地约 200 户人家，学生基本都是回民的孩子。目前学校课程安排是上午 2 节、下午 5 节课，开设有语文、数学、音乐、体育、美术等 5 门课程，但只有语文、数学的课时有保障，其他科目没有专门的教师，课外拓展活动基本没有。

杨河乡穆沟村的民权小学规模稍大，在校学生有 81 名，一年级 20 人，二年级 21 人，三年级 20 人，还有一个学前班 20 人。穆沟村常住人口 1000 多人，学生都是就近入学，是本村的回民子女。学校有 4 名教师，其中 1 人为临时聘用（月薪只有 1200 元，寒暑假无薪资）。NXA 老师是该校校长兼学科老师，主要负责二年级语文、幼儿班数学的日常教学工作。开设的课程有语文、数学、思想品德、科学、音乐、体育、美术等。但是 NXA 介绍，自己当老师 19 年，在多个学校任职过，最艰难的是在民权小学——学校课程基本能够全部开设，但师资无法保证，只得一人身兼数科，忙不过来。按照课时需求，至少还需要两名教师，才能保证所有课程的正常教学。

杨河乡中心小学是杨河学区规模最大的一所小学。全学区有 67 名教师参与教学工作（实际在编 84 名教师，17 名教师因年龄过大、生病等原因无法工作），1778 名学生（指小学 1—6 年级、学前班、幼儿园学生的总人数）。杨河中心小学实际有 776 名学生，教师 37 名，其中

23 名是特岗教师。学校 5—6 年级学生共 330 多人，统一在学校寄宿——这些学生不完全是从一年级就开始就读于本校的——全乡属于教学点的学校有范湾小学、民权小学、中岔小学等，杨河乡中心小学的许多学生是这些教学点的学生读完二年级、三年级、四年级以后转过来的。学校开设有语文、数学、英语、思想品德、科学、音乐、体育和美术等课程。只是音体美等学科的教师严重紧缺，影响了这些课程的正常教学。

二　玫瑰与荆棘：课程发展的城乡不均衡

秉承"全国书法之乡"的优良书法底蕴与文化氛围，隆德一小2010 年起就积极开展书法教育，申办中国书法兰亭学校和教育部中小学书法教育基地建设，贯彻落实《教育部书法教育刚要》，落实每周一节书法课和中午练习 20 分钟毛笔字；开展书法兴趣小组活动，举办六一书画展，为学生提供展示书法才情的平台；并邀请县里老中青年书法艺术家进校园给学生指导培训，现场交流。为了保证书法课程的有效实施，学校努力营造书法文化氛围，布置了隆德书画名家展室、学校教师书画室、学生书画手工展室，以及专门供教学和练习的书法教室。教室的走廊，书法作品也是随处可见，极大地拓展了书法课程的外延，激发了学生学习的兴趣。

学校还以综合实践活动课程突出办学特色，并于 2007 年 11 月通过教育部综合实践活动项目组审核，课题《综合实践活动课程校本开发与研究》批准立项。经过六年的实验研究，学校的综合实践活动课程建设走过了资源开发、内容整合、实践探索、策略研究的风雨之路，并编写了学校教学用书。这一具有典型乡土特色的综合实践活动课程接地气、重实践，受到了学生的欢迎，很快就纳入常态化教学，学校也被教育部综合实践活动课题组评为"课题实验基地"和"课题实验先进学校"。

充分依托当地资源，走出一条特色课程建设之路，让本来就有地域优势与政策优势的隆德一小在课程建设方面风生水起，教育的美名迅速传播开来，成为当地一支炙手可热的玫瑰。但玫瑰往往并不是只生长在花丛中，让这朵玫瑰看起来很美的另一个因素，是这里乡村地区教育资源的贫瘠。上面提到的范湾小学，在课程资源的利用与建设方面情况就不容乐观。范湾小学目前只有一、二年级两个年级，分别只开设 1 个班，由两名老师负责授课。本地的 NXB 老师主要带一年级语文、二年级数学，本学期才从甘肃马院生老师带一年级数学、二年级语文。体育、音乐等课程主要由 NXC 老师帮带着教。NXC 老师今年秋学期才来的，属于临时聘任，月薪只有 1200 元，寒暑假没有工资，这只有当地在编教师月平均收入的三分之一左右。据 NXC 老师介绍，体育等课一般放在下午，自己不懂音乐，只能教孩子唱几首简单的流行歌曲；学校没有专门的体育设施，只有篮球架可以用，但孩子们都还太小，更多的时候是玩一些类似滚铁环的游戏。因为要负责这些科目的教学，每天都很忙。当问到这里的教学资源通过什么渠道获取时，NXC 老师面露无奈，表示除了课本和基本的教辅，并没有其他的教学资源可以借鉴和利用，上课的时候也只有自己来设计。学校虽有一台电脑可以满足日常办公，但没有网络，想要查找资料还是很难。

杨河乡中心小学校长 NXD 是当地的回族人，已经从教 20 年，函授大专学历，毕业于固原师范学校。他肩负着领导本乡"最大"的小学谋求发展的责任，时刻不敢松懈。在谈到具体的课程建设情况时，他依然绕不开教师短缺这样的话题——目前最关键的是教师紧缺，这在全乡乃至全县都是如此（备注：即使是隆德一小，也面临着这样的情况，教美术的 NXE 老师目前带 12 个班的美术课，全校在职的美术教师一共只有 3 人，还有 1 人为兼职）。教师的整体素质尚可——本科学历的教师素质最好，大中专毕业的次之，近年来有越来越多的年轻教师通过特岗教师考试的渠道进入学校——基本能满足农村地区教学需求。只是音体美等学科的教师严重紧缺，影响了这些课程的正常教学。

课程问题不仅仅是"课程"问题，与课程相伴的是其他的许多看似"非课程"的问题。NXF 是杨河学区的办公室主任，今年 9 月起担任该职务之前，从 2004 年起就一直负责杨河中心小学的财务工作。他从一个侧面（教师收入）表达了自己的看法：现在学区内的一级教师每月工资 4200 元左右，初级职称的教师教龄在 10—15 年的每月工资 3800 元左右。但是新入职的教师每月工资一般都在 3000 元以下，这包括特岗教师——月收入约为 2250 元，在编教师大概 2500 元，临时聘用的教师每月收入则只有固定的 1200 元（比如前面提到的范湾小学的小马老师）。他建议，要想把课程开好，首先就得增加音体美学科的专业教师，保证这些课程的正常开设，也让孩子们多学点才艺；同时，增加一些学校的教学仪器，不然很多课程都不好开展，孩子只能"学书本"。

在这样的乡村地区，因为种种原因，国家课程本身的丰富性并未能生长出色泽艳丽的玫瑰，相反，课程系统虽然不同程度地架构起来了，但它的生态却仍如当地沟壑万千的黄土地质，表面稀疏地点缀着孤生的荆棘。荆棘只能开出小花，无法绽出玫瑰，这是乡村教育所必须面对的一种命定式的现状。如何去改变这个现状？这么多年了，还没有人探索出一个最终的答案，我们只能在探索中前行。

三　对策与建议

课程是具体知识的载体，通过课堂教学这一行为，教师将课程里包含的知识内容、价值理念传达给孩子。不同层级的课程的建设与实施，更是直接地影响了孩子学习发展的质量，西海固地区城乡之间基础教育阶段课程资源的严重不均衡，以及各个学校的发展现状和面临的困境，充分说明了"课程"这把钥匙在开启孩子心灵上的重要功用。而围绕课程的种种相关的"非课程"因素，比如教师结构、薪资待遇等，更是直接地作用于课程的发展，让不均衡的天平更加倾斜，即使是天平的同一端，也因不同因素的掺杂显现出极大的矛盾。

通过这一周的策划、走访、深度调研与思考，我认为，要改变西海固地区乃至全国一些相似的地域的不均衡的课程建设与发展现状，必须首先从以下几个方面重点着力，逐步推进各类课程的建设与完善。

一是加快音体美等学科教师的培养，改变教师结构。教师的学科化、专业化是时代发展的要求，但同时也带来一个重要的问题：传统学科教师数量极度膨胀，除此之外的某些学科教师则极度紧缺。当传统的全能型教师也无法抵御这种"进化"的潮流之后，只能是一个人固守一个学科，要想改变某些学科教师的紧缺，保证课程的正常实施，就只有改变教师的结构，加大力度培养音体美等"冷学科"的教师的培养。新课程改革已经十年，课程背后的教师结构的调整却迟迟未能跟上步伐，一成不变的师范教育培养模式更是制约了音体美等专业方向教师的输出。只有解决了教师的问题，国家的课程才能开齐开足，并在教学质量上得到保证。

二是加大对农村教育的扶植，找准农村教育的发展方向。农村课程的窘境在于"没有自己的课程"，或者说不知课程该往哪里去。农村的发展方向有别于城市的发展方向，农村教育的发展方向也不能一味跟随城市教育的发展方向，而是应该有自己的政策关怀和自我造血的能力。体现在课程层面，就是在国家课程的基础上，可以尝试帮扶农村建设符合农村实际的课程，这些课程可以充分依托农村的特色教育资源，由各级教育机构组织整合形成农村的地方课程，并不拘一格，聘任当地的人担任该课程的教师。这既是适应当前课程发展趋势的需要，也可以有效利用地方人才资源，推动农村课程的建设，从而逐步实现农村课程的持续造血功能。

三是促进城乡交流，互相帮扶，打破地域及观念上的隔阂。在这次调研中我发现，城乡教育不均衡的一个重要体现就在课程资源的获取上——隆德一小有丰富的课程建设经验，而不远的乡村却封闭式地自我管理着，优质资源与一般做法并没有进行深入的对接，典型做法如送课下乡，共建课程，资源共享，通过多种形式实现帮扶。这样的帮扶可以是每月集中开展一次，长期坚持就可以带动乡村教师实现课程观念的改变，学会整合课程资源，实现教育成效的最大化，而不仅仅是教课本。因为优质校的优质课程资源最主要的体现往往不是在设备上，而是拥有良好的课程意识，能够高效地挖掘课程资源，并在具体的教学中提升课程的价值。用一句话来说，就是：把课程给盘活了。如果乡村教育仅仅是从物质条件上来诠释课程，那么就永远也跟不上代表先进生产力的城市。

中西部地区基础教育的现状

——来自宁夏固原市张易中学调研报告

宁夏基层教育调研组[*]

2013 年 11 月 25—30 日，由中国社会科学院团委、教育部直属机关团委联合组织的"根在基层·中国梦"中央国家机关青年干部基层调研实践暨中国社会科学院、教育部青年干部群众路线教育实践基层调研活动宁夏调研组赴宁夏固原开展调研。调研组成员通过与固原市教育局座谈、在固原市原州区张易中学蹲点调研，通过与教师、学生同吃同住，跑早操、进课堂，访谈校长、教师和学生，到学生家家访，召开"梦想对话"主题班会等形式，对张易中学的现状进行了全方位了解体验，对目前中西部地区基础教育的现状有了切身的感受和认识。

调研组成员给孩子们介绍外面的世界

---

  * 报告执笔人为胡希召，中国教育出版传媒集团有限公司团工委书记。调研组全体成员参与素材整理。

一　张易中学现状

张易中学始建于 1958 年，位于固原市西南 38 千米处。学校占地面积 35.35 亩，校舍建筑面积 7831 平方米，现有在校学生 831 人，其中住宿生 750 余人，留守儿童约占 60%。共有 16 个班级，其中初一、初二年级各 6 个班，初三年级 4 个班。教职工 101 人，其中教学人员有 90 多名。

调研组成员与张易中学师生合影

（一）学校的校舍及教学设施

在民间团体资助和政府的大力投入支持下，张易中学分别于 2002 年和 2006 年翻盖了新的教学楼，在张易镇，这幢建筑是镇子上最气派的建筑。在离学校不远处还有一处建筑比较引人注目，规模比中学稍小一些，经询问老师得知，那是新盖起的张易镇小学。这让我们对市教育局领导给我们介绍的情况有了深刻的直观认识：学校是当地最好的建筑。再穷不能穷教育，在固原这个革命老区、民族地区、集中连片的特殊困难地区，政府对教育的重视和投入让我们肃然起敬。在张易中学，教师教研室配有几台公用电脑，老师们在教研室就可以在线打开"国培"培训课程，进行在职学习和培训。学校配备了多媒体教室、计算机室、图书室、美术室、操场等基础设施，基本能够满足教学需要。

孩子们在多媒体教室上微机课

课间操

（二）教师和学生的生活条件

孩子们的宿舍

在张易中学的几天，我们与老师、学生同吃同住。我们住的宿舍是教师的周转房，房子是刚搬进不久的楼房，教师们一人或两人一间，配有独立卫生间、桌椅、两张床，屋里有暖气。教师们对现在的生活居住条件都比较满意。学生的宿舍相对还很简陋，老式的平房，每间房子要住20—30个孩子，虽然有暖气，但窗子漏风很严重，有的玻璃已破损，晚上孩子们只好挤在一起睡还暖和些。学校食堂已盖好，因尚未验收，所以还没投入使用，目前老师和孩子们都在一排平房中的几个窗口排队打饭，然后回宿舍或教室就餐。学生营养改善计划的实施在这里的效果非常明显，孩子们吃上了免费的营养餐，虽然午餐、晚餐只有一个菜，但基本能保证顿顿有肉，孩子们普遍反映说比在家里吃的要好。早餐有鸡蛋、牛奶和两个饼，对孩子们来说已经很丰富了。教师们每天只需花1元钱，也可以吃上同样的营养餐。"三免一补""营养改善计划"等惠民政策的实施，使得孩子们上学免交学杂费、教科书费、住宿费，可以享受寄宿生生活费补助和免费营养早餐，基本保证了附近乡镇适龄孩子们的入学率，也给农村家庭减轻了很大经济负担。学生们再不用背着干粮上学、饿着肚子回家了。

孩子们排着整齐的队伍打饭

（三）师资力量情况及学术能力

2006 年"特岗计划"实施以来，张易中学教师队伍得到大换血，目前全校有 101 名教师，其中 60% 为特岗教师。对第一批特岗教师访谈发现，他们是学校的第一批本科生，现在都已成长为学校的中层和骨干，成为学校发展的中流砥柱。这些教师中，"80 后"已成为主要力量，他们不仅来自宁夏本地，还来自甘肃、黑龙江等省份。通过调研我们发现，特岗教师工作三年后能够留下的比例大概在 70%，部分教师会通过考试进入公务员行列或调到城里学校任教。

除特岗教师外，学校的教师基本都是"60后"，这批教师多数是因为撤点并校从附近其他学校转来的，他们从教时间较长，有经验，但教学方法和手段相对传统，学历层次也普遍偏低。

通过调研和与教师们同工通勤，我们发现在张易中学教师们几乎没有什么科研活动，教学研究活动也很少进行，只是停留在互相之间听听课，仅此而已。教师们读书也很少，在教研室，除了学生的作业本和教师的教科书，很少看到有关教学研究、教学方法和专业研究方面的书籍。

（四）学生的学习情况

在调研中，我们发现学生们的精神面貌还不错。孩子们每天6∶30开始就起床学习，有的孩子甚至6∶00就到教室上自习了。晚上9∶30晚自习下课，还有很多孩子会再学习一会儿。个别孩子会在晚上熄灯后打着手电筒学习。跟他们投入的时间、精力相比，他们的学习成绩却并不那么理想，通过访问几个班级的教师、学生我们了解到，一个班级50多人，能够考上高中的只有十几个。教师们对学生的学习风气也普遍感到不太满意，也想了一些办法来提高学习成绩，但效果不明显。很多教师希望借助我们的到来，通过开班会、座谈等，给孩子们增加一些学习的动力。

（五）教育信息化情况

我们对张易中学的信息化情况进行了重点调研。张易中学目前有6个多媒体教室，其中物理学科一个、生物学科一个，其他学科4个，每天都安排学生在电教室上课。共有两个计算机室，配备计算机100多台，配有3名计算机教师。每个班每周安排1—2节计算机课，每节课2个班一起上。

教师办公室配有电脑，供老师上网查阅资料、制作课件、参加网上培训等使用。学校每年会安排信息技术人员参加国家及原州区教育局组织的技能培训。2012年国家向学校捐助了数字图书馆，配有大量优质课件、题库等资源，补充教学资源不足问题。

张易中学2004年成为"农远工程"项目学校，但目前应用效果不理想。"校校通"在硬件配备上已基本达标，但"优质资源班班通""网络学习空间人人通"目前还不具备相应条件。

二　学校教育中存在的问题

透过张易中学这个典型的西部贫困地区乡镇中学，我们看到了西部经济欠发达地区的教育现状。近几年虽然政府加大了教育投入力度，各种计划和项目的实施使得学校的面貌焕然一新，但要想从根本上、在深层次上提高教育教学质量，还有很长的路要走。

（一）教师精神文化生活较为贫乏

老师们的书法作品

农村教师周转房工程、特岗教师三年转正、绩效工资等政策的落实，使教师在物质生活方面得到了很大的改善。然而由于工作量增大等原因，农村教师在教学之外的精神文化生活几乎成空白状态。张易中学的教师大部分来自固原市、隆德县、西吉县等周边地区，还有一部分外省市的特岗教师。由于平时工作多，家住的也比较远，大部分教师都只能选择住校。从周一到周五，每天早上7：00带领学生跑操，到晚上9：30安顿好寄宿学生的住宿，工作量一般都在12个小时左右，而每天基本上都在重复着上课、备课、批改作业的过程中。宿舍内没有网络，没有电视，只有办公室可以上网，仅有三四台电脑供教师轮流使用。仅有的课外生活就是偶尔打打篮球，有些老师喜欢练练字打发时间。

（二）学校教研文化亟待加强

通过与教师、教科研室负责人访谈得知，张易中学基本没有任何层次、形式的课题研究。一位在本校从教 18 年的中学一级教师说，"学校没有这方面的意识，没有任何层次和形式的课题研究"，作为教研室负责人，这位老师说"我的任务就是统计汇总老师进修培训、统计老师发表的科研成果（论文）"。一位从教 11 年和一位从教 8 年的教师，均表示学校没有任何课题研究，自己更不知道该怎么研究。

除了课题研究，教师们对教学研究的也比较少。通过听课我们发现，课堂教学仍然是老师讲、学生听的传统教学模式，新课程改革倡导的"学生主体、教师主导""自主、合作、探究"的理念没有任何体现。在一节数学学科的全校公开课上，45 分钟的时间几乎全程由老师在讲，只有 4 人次回答问题，其中有同一个学生回答了两次，还有一个学生一直打瞌睡。新课程改革已开展十多年，而在农村学校依然是传统课堂教学模式，导致学生的主体性、开放性与合作性不足。我们主持参与的多个班级的主题班会也验证了这一点，很少有学生主动站起来表达想法。

教研文化的缺失对教师和学生的影响是巨大的，近几年出现的教师理想退化、安于现状，学生的学习动力缺乏、成绩不理想，与此有很大关系。

（三）"特岗计划"有喜有忧

"特岗计划"的实施使西部农村教师队伍发生了翻天覆地的变化，教师队伍年轻化和高学历比例大幅提升，给农村教师队伍补充了大量新鲜血液。从我们调研的情况来看，"特岗计划"在实施中也暴露出来了一些缺陷，有必要在深入调研的基础上继续改进。一是特岗教师的高学历并不代表高水平。很多特岗教师不是从师范类院校毕业，也没有学习过教育学、心理学，对教学基本上是"门外汉"，要经过较长一段时间的学习、跟班才能走上教学岗位。二是"特岗计划"淡化了地方教育行政部门加强教师队伍建设的责任和意识。无论是从固原市、隆德县、原州区还是张易中学的情况来看，自 2006 年以来，地方政府几乎未补充过教师，全部依靠"特岗计划"来补充新任教师。地方教育行政部门认为特岗教师素质相对较高，且是国家安排的，因此忽视了对特岗教师的教育培养。

（四）"教育信息化"投入效果应科学评估

通过对张易中学的"教育信息化"调研，我们对信息技术改变教学效果的做法有了更深刻的思考。一是"教育信息化"项目应先对试用效果进行科学评价后再逐步推行。当前我们有多个国家级的信息化项目在各级各类学校推行，对于这些项目的效果，承担项目的部门是否做过科学的评判？是否对运行中发现的问题及时进行了修正？项目的实施是否达到了预期效果？这些都应该到最基层的学校中去寻找答案，而不是简单依赖于地方教育行政部门的报告。一个最简单的例子就是多媒体教学在基础教育课堂上的应用，哪些能够提高教学质量，哪些带来更多的负面作用，我们应该更多听听老师和学生的意见。

二是信息化改革需"软""硬"共抓，而改变教育行政部门领导、学校领导和教师的观念是最关键和最先要解决的问题。从张易中学的情况来看，教育管理者对信息技术重要性的认识还停留在硬件层面；教师普遍缺乏对信息技术的内容、基础知识及基本技能的了解与掌握，计算机应用水平不高。一方面信息技术人员能力不足、专业培训欠缺，导致对多媒体设备的应用只停留在基础层面。另一方面教师沿用传统的教学模式，对多媒体资源需求不大，导致大量资源浪费。对于"国培"项目的在线培训，教师们多数把它当作一项任务来完成，认为专家在网上讲的知识"不实用"。由于计算机室的使用很有限，学生们仅将计算机作为简单的学习工具，甚至当作打字机使用。

（五）应加倍重视学生的精神需求和心理疏导

在我们大力提倡素质教育的时候，张易中学的孩子们还处在以学习成绩决定命运的初级阶段。学生的学习成绩不理想，原因有多个方面：有家庭教育方面的缺失，如父母外出打工不在身边，或因病去世等；有父母"读书无用论"对孩子的影响；有孩子理想信念的迷茫，有些孩子没有走出过大山，对外面世界的认识很有限；有教育方法的欠缺等等。张易中学的学生们代表了很多农村贫困地区孩子们的现状。由于父母进城务工的数量越来越多，这些孩子大多成为"留守儿童"，他们看上去很自立，比如平时自己洗衣服、周末或是假期回到家自己做饭、上学从来不用接送，但由于缺少关爱，他们还不会很好地照顾自己，生病了不知道去医院，饭凉了不知道热热再吃，有心事和委屈无人倾诉，对外面的世界知之甚少，羞于表达自己的情感。他们一周五天生活在学校里，老师们要照顾全班四五十人，不可能顾及每一名孩子的情绪波动，而且有的班主任为了保持"威严"，刻意要与学生保持一定距离，所以孩子们有心事也不会想到跟老师诉说。他们小小的心灵过早地承受了成年人的心理压力，甚至心底里那个最纯真的梦想都没有勇气自己去点燃。在调研过程中，调研组的成员们一直在探讨孩子们的精神需求和心理健康问题，希望能够找出一些有效的解决办法。

（六）经费投入依然不足，校车问题尚未解决

目前张易中学没有校车，也还没有配备校车的计划。据学校老师介绍，学生们会坐公交车回家，但我们实际家访时发现，公交车只能够到达有马路的地方，从下车的地方到学生的家，一般至少还要翻过一座山头，走很远的山路。很多学校和村子之间也不通公交车，孩子们每周只能步行回家，最远的村子要步行三四个小时才能到家。通常，学校每周五下午 5 点钟放学，这意味着孩子们要晚上八九点才能到家。我们调研时，张易镇已经降了今年的第一场雪，夜间的气温已经达到零下 12 摄氏度。经费所限，校车至今还是孩子们的一个梦想，而山村居住分散的现状也给校车的配备提出了更大的难题。

雪后泥泞的山路，孩子们每次回家都要步行翻过几座大山

三　政策建议

（一）加强教师培训的整体设计

一方面，教师们普遍觉得培训的机会太少，尤其是外出培训的机会更少；另一方面大多数老师对"国培"这样的网络培训存在一定认识

偏差，把培训当作任务而不是作为自身发展的重要途径。这就要求我们在进行教师培训方案设计时，必须切合教师教育教学实际，在培训内容设计上需加强农村教师教科研和合作意识等方面的培训，通过培训内容吸引教师参与进来。

建议在欠发达地区的高等师范院校增加初中起点低层次师范生培养。在中等师范学校逐步减少后，教师的职业趋向高学历化和专业化，而在一些偏远山区的教学点，教师一人教全科的现状仍很普遍，中等师范的取消对于这样的教学点无异于雪上加霜：高学历教师不愿进山村，而且专业太专、太窄，无法适应全科教学需要；低学历教师培训无门。

针对不同地区、不同层次的教师应制订与之相适应的培训计划，并从经费分配上予以保障。教师培训应重点向偏远地区、农村地区教师倾斜。

（二）加快农村教师队伍精神文明建设

随着农村教师物质生活的提高，精神层面的问题更亟待解决。一方面，借助国家"三通两平台"工程的建设，不仅要实现网络班班通，教师办公室、教师宿舍也应通网，使教师更多的接触外面教育发展现状；另一方面，要通过建立健全教师职业生涯规划指导意见，推进教师群体职业发展，激发教师的活力和动力。第三，省、市、县、校应多组织些丰富多彩的教师活动，丰富教师课外活动，让教师真正体会到自己的职业归属感。

（三）适时调整"特岗计划"

2006 年国家启动"特岗计划"时有两个目标，一是加强中西部农村教师队伍建设，二是扩大高校毕业生就业，因此对报考"特岗计划"的考生未作专业限制，只对学历进行要求。实践证明非师范专业毕业生入职适应难，教育教学技能差。基于提高教师素质和当前中西部农村教师趋于饱和的现状，建议可将"特岗计划"招聘条件限定为师范专业毕业生；同时加大特岗教师的岗前培训力度，建议非师范类毕业的特岗教师至少应该到师范院校培训半年以上。

（四）加大"免费师范生"培养力度

"免费师范生"得到了地方教育行政部门和学校的高度肯定，应进一步加大培养力度。可考虑从全国农村中小学中选拔优秀的年轻教师参加免费师范类研究生学历教育，一方面提高农村中小学教师的学历水平、业务水平，另一方面，让农村中小学教师有机会到外面的世界学习，了解全国教育的发展现状，扩大免费师范生学历层次。

（五）教育经费应从重物质投入转向重智力投入

从一定程度上说，当前农村教育硬件条件已经大大改善，但"软件"建设尚未起步。正如张易中学，走进校园的第一眼，让人很震撼，校园很大，教学楼很漂亮，可当我们走进课堂、走进教师、走进学生时，教师讲、学生听的传统课堂教学模式，教师对个人专业发展一脸茫然、学生封闭严重等现象，我们的忧虑不断增加。农村学校发展不是靠硬件投入就能实现的，要靠更多的智力投入。比如教育信息化，计算机室已经投入使用，但学校领导、教师们的观念却依然固步不前，怕学生用坏；图书室有很多图书，但多数情况下只是摆设，很少有学生能去借阅；对于国家投入大量经费实施的如"农远工程"等项目，成了很多学校宣传信息化成果的摆设。

在对学校的硬件投入已基本满足需求的情况下，建议加大对"软件"的投入，以转变教育教学观念，给偏远地区的基础教育带来新的生机与活力。同时呼吁更多关注农村教育、关注农村教师、关注农村学生的学者和专家走进一线，给他们带来外面的阳光和空气。

（六）教育政策应从注重体系完善走向绩效评估

中国梦·我的梦主题班会上　　　主题班会上孩子们笑得像花儿一样
孩子们书写自己的梦想

近年来我们出台了一系列标准体系，如教师专业标准等。有些标准和政策在具体落实和执行中存在信息递减和信息扭曲两大误区，必须加强政策执行和绩效评估来确保政策实现政策目标。

家访时给孩子拍的全家福

总结会上，调研组成员和学校老师
流下了感动的泪水

老师们的晚餐

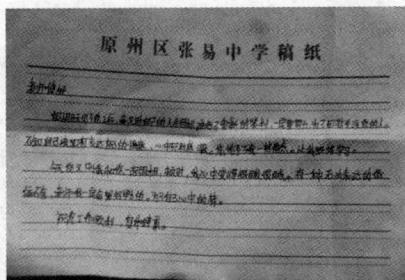

孩子们写给调研组成员的信

调研心得

西部地区基础教育发展
面临的问题及建议

景向辉[*]

2013 年 11 月 25 日至 29 日，中国社会科学院、教育部青年干部基层调研组一行 18 人，赴宁夏回族自治区隆德县就西部地区基础教育发展现状等问题开展调研。其间，调研组共召开了三次座谈会，分别与固原市教育局、隆德县教育体育局以及隆德第一小学等相关部门领导与工作人员进行了座谈交流。我作为在隆德县蹲点的分小组成员，调研期间

调研组和隆德一小校领导座谈（王锦 摄）

---

* 景向辉，中国社会科学院信息情报院要报总编室副主任、副研究员。

主要围绕城乡一体化发展、教师群体收入状况等问题进行了考察。其间随调研小组共走访隆德一小、杨河学区范湾小学、民权小学、杨河中心小学等四所较有代表性的学校，访谈县教育局相关领导、小学管理层、教师、学生以及学生家长等 20 余人。现将有关情况报告如下。

调研中了解到，隆德县基础教育发展主要面临以下问题。

一　教育资源城乡发展不均衡情况较为严重

隆德县一小几位学生家长在访谈中谈到，目前，西部地区教育资源城乡发展不均衡情况较为严重。一些优质教育资源大多集中于县城与市区，但一些边远地区的孩子上学很困难，学校条件也很差。一位学生家长的侄女在张成乡杨袁村小学读书，学校只有六个娃娃，各方面条件都很差。村里的其他娃娃大都转到条件好一点的学校去了。家长们建议，从县政策发展的思路来看，推进城乡一体化，也应大力推进教育的城乡一体化。要努力寻求多种渠道与方式，比如通过提高乡村教师的工资待遇，拓宽他们晋升职称的通道等，来吸引更多人才到基层工作，切实解决这一问题。

二　教师紧缺，工作与生活压力较大

隆德县杨河学区主任在介绍学区基本情况时谈到，目前学区教师队伍整体素质较高，有的学校硬件设施也很好。教师最低学历一般都是专科学历，不少还是大学本科学历。但学区面临最大的问题是教师紧缺，尤其是村小学教学人员远不能满足实际需求。比如，中岔小学有教师周转房、新建的餐厅等，但全校 302 名学生只有 8 名教师（6 名正式编制，2 名聘用）。杨河学区共有学生 1778 人，但真正能进行授课的教师只有 67 人。这导致教师授课任务很重，再加上隆德县属于国家级贫困县，平均工资水平较低，教师工作与生活压力较大。隆德一小教导处主任说，学校现有 54 个教学班，在校学生 3433 人，教职工有 206 人。二、三、四年级各有 10 个班，一、五、六年级各有八个班。每个班人数都在 62—68 人。教师每天的作业批改量很大，工作非常辛苦。隆德一小一位美术教师说，一小目前只有三位专职美术教师，一位兼职教师。自己现在要教 12 个班级的美术课，有时一天要上 5 节课，加上家庭负担重，感觉很吃力。自己爱人务农，收入微薄，还有两个孩子在读大学，目前的工资仅能够勉强维持日常生活。家庭负担主要由家庭中的教师一方一个人承担，这一情况在他这一年龄段的教职工中具有一定普遍性。一小教导处一位教师以自己为例说，2010年实施绩效工资之后，老师工资都有所增长。自己1999年毕业参加工作，有14年工龄，目前工资2200元，加上绩效工资600元，月均工资2800元左右。而目前隆德县外出打工者的收入水平，技术工人大约每天收入150—180元，一般工作一天也会有80—100元。隆德一小部分学生家长也说，现在隆德县城物价较高，周边地区如甘肃平凉等地物价较低。隆德县城中心的住房均价大概在每平米2800—3200元；一碗炒面价格11元，平凉一大碗面条才9元。

三 教师队伍年龄、性别、学科等结构不尽合理

固原市教育局副局长谈到，目前固原市教师队伍在年龄、性别、学科等方面结构不尽合理。教师队伍年龄普遍偏大，有60%的教师都超过了40岁。男女教师的比例也不合理，女教师所占比例偏大。小学教师60%是女教师，初中教师50%是女教师。教师的学科结构中，音乐美术教师短缺，影响一些课程的开展。在实践中还发现，当前的师范教育培养出来的学生专业性过强，知识的广度不够。不少教师只能教授自己本专业领域的课程，无法适应基层教育要求教师一专多能的实际需求。还有一些特岗教师不是师范专业，不懂教学方法，课堂容量差别很大，一定程度上影响了教学质量。以后教育部门应加强进口把关，加强对非师范专业教师的相关培训。隆德一小一位教师也说，目前教育发展很快，教师需要掌握的技能越来越多。希望国家能在教师的继续教育培训上面进一步加大支持力度。

四 小学教师职称晋升的空间很小

隆德一小部分教师说，目前学校中高级职称岗位比例太低，职称晋升的空间很小。按照当前的计分标准（中专学历15年为1分，专科学历7年1分，本科学历5年1分），一小符合晋升中级职称的教师已经达到120人左右。但去年一个名额也没有，今年只有几个。大批符合职

称晋升条件的教师积压，一定程度上影响工作的积极性，容易造成职业倦怠。希望政府能在这方面能够给予支持。

五 针对留守儿童心理健康的专业辅导力量薄弱

隆德一小几位教师说，目前，学校的留守儿童与问题家庭（如，单亲，父母关系不和等）的学生每个班级都有。由于缺少家庭辅导与监管等原因，这部分群体学习成绩差、品行顽劣、心理问题较多等问题较为突出。他们各方面进步不明显，作业辅导的效果也不好。对于这一群体的心理健康问题，由于缺少专业师资力量，学校还没有能力对他们进行心理辅导，目前这一工作只能由德育组与教导处共同做工作，与班主任、家长进行联系沟通。希望政府部门对此问题予以重视，在学校人才引进、师资建设等方面提供支持。

六 基础教育课程设置应更注重学生的全面发展

隆德一小几位学生家长说，当前小学教育在课程设置上存在一些不合理之处，应有所调整。一是应注意加强理论与实践、课堂教学与野外考察等内容的结合。课本上的很多内容学生缺少直观认识。比如，西部地区的小学生对于长江、江水的内容就缺乏理解。二是应在课程设置中进一步加大音乐、美术、体育等艺术类课程的内容，这样有利于学生全面发展。现在学生的课业负担比较重，六年级的学生晚上6点多到家，写作业一直要到晚上10点。三是在具体教学和方式上，可以适当增加让学生上讲台讲课的方式。这样可以增加学生体验教学的切身感受，提前预习课程，娃娃们比较喜欢。现在隆德四中已经有这种授课方式。

七 部分寄宿制学校学生住宿空间紧张

杨河学区主任谈到，目前杨河中心小学共有学生776人，学校实行寄宿制，在校寄宿学生有330多人。学生宿舍都是架子房单房，十几平方米的空间住有十多个学生。学校急需一座宿舍楼。如果能扩大住宿面积，学校就可以实行全部寄宿，把三、四年级的学生也纳入寄宿范围，同时也能更好地满足宿管员、工作人员等后勤保障工作的需要。

农村中小学冬季取暖问题令人心忧

刘继源[*]

2013 年 11 月 28 日，调研小分队一行 9 人来到位于宁夏固原市隆德县杨河乡的三所村小，分别是红旗村范湾小学、穆沟村民权小学和乡中心小学。其中范湾小学开设学前班、一年级和二年级，民权小学开设学前班、一年级、二年级和三年级，乡中心小学是从学前班到六年级全部开设。

在寒冷的冬季，教室内全靠一个火炉取暖（刘继源 摄）

据当地乡干部苏永清介绍，整个杨河乡共有 7 所小学，其中只有乡中心小学是完全小学，剩余六所小学分别开设一到四年级不等，其中三

---

* 刘继源，教育部报刊社中国教育新闻网编辑。

所小学是教学点，所有不完全小学的学生最后都会到乡中心小学上课，其中5、6年级学生全部住校。

在参观学校教室和学生宿舍过程中，发现室内全部是依靠火炉取暖，学生们在教室里基本都是穿着厚厚的棉服，有的孩子小脸和小手都长了冻疮，同样的情况在学生宿舍也存在。

据乡中心小学教师介绍，在当地冬季最冷可以达到 - 22℃左右，即便把煤炉烧到最旺，教室内也就可以达到 10℃左右，由于教室屋子比较大，基本不能满足师生基本取暖需求，孩子们会觉得冷。

还有另一个最大的问题就是安全隐患。预防煤气中毒是学校在冬季安全管理的重中之重，为了保证学生安全，教师80%都住校，这样无形中也加大了教师的工作量。火炉本身也是一个安全隐患，尤其是一二年级的孩子都比较小，存在会被火炉烫伤的问题。

对于以上提出的安全隐患问题，学校已经有了一些措施，例如在学生宿舍安装预防煤气中毒报警装置，在窗户开通风口，加强对学生们的安全教育工作等。

但这些只是"治标"的办法，要想"治本"，从根本上解决这一问题，就必须要对以火炉供暖的农村校舍进行供暖设施改造，这样才能确保师生都可以安全温暖过冬。

城乡基础教育的差异

王　锦[*]

　　虽然这几年的改革措施，使得教育事业有了很大的变化。但是通过走访隆德县第一小学、杨河中心小学、范湾小学和民权小学，发现城乡基础教育依然存在很大的差异性。

　　第一，办学规模差异较大。隆德一小在校学生为 3433 人，杨河小学在校学生为 776 人；隆德一小教职工 206 人，杨河小学教职工 37 人（含聘用教师）；隆德一小师生比为 1：17，杨河小学师生比为 1：21。可见，在规模越小的学校，师资力量越是显得薄弱，教师比例越低。

　　第二，师资力量差异较大。隆德一小各科配有专业的老师，体育老师就有 12 位，书法老师有 3 位，学历一般都在本科。而杨河小学教师大部分是大专学历，音乐课、体育课和美术课没有专业教师。

　　第三，课程设置方面差异较大。隆德一小是县里的"示范校"，高度重视校园文化建设工作，除了语文、数学、英语之外，还开展了各种兴趣课程，例如：书法、音乐、体操等课程。杨河小学是杨河乡的中心小学，开展的兴趣课程相对较少。以体育课为例，隆德一小每周平均 4 节体育课，杨河小学每周平均 2 节体育课。

　　第四，硬件设施方面差异较大。隆德一小教学设施完备，建筑功能齐全，有教学楼、综合楼、图书实验楼、办公楼、田径运动场、各类球类运动场、绿化休闲场所等。杨河小学则只有几栋教学楼，宿舍楼也非常拥挤，一间十平方米左右的房间，放着两张上下铺，共 4 张床，最多住了 16 名学生，宿舍内没有暖气，只有一个炉子用来取暖，也没有可

　　* 王锦，中国社会科学院服务局干部。

以写字的桌子。

第五，上下学路上花费的时间相差很大。隆德一小是划片区招生，学生基本都住在学校附近，中午、晚上回家只需要步行 5—10 分钟。杨河小学的学生 5—6 年级要求住校，1—4 年级的学生回家则需要半个小时到两个小时不等。

第六，上好中学比例差异很大。隆德一小的学生基本都可以上二中（重点中学），因为二中也是通过划片来招生。杨河小学每年只有 4—5 名学生通过考试，成绩优异才能上二中。

第七，学生对课程喜好程度不同。隆德一小的学生更喜欢文体活动，喜欢参加兴趣小组。杨河小学的学生喜欢上文化课。

之所以有这么多的差异，总的原因还是资源配置不均衡造成的。越是好的学校，国家、省市作为重点发展的学校，把好的硬件、好的教师都配到这所学校。导致越来越多的家长希望孩子去上这所好的学校，也有很多农村的学生来县里租房子，家庭背负了很沉重的经济负担，为的就是孩子能够接受到更好的教育。久而久之，留在乡里的孩子就越来越少，学校招不来学生，各方面的投入也会越来越少。虽然每年教育局都会分配教师，但就教师个人来讲，也不愿意来到这样的学校。

为了逐步缩小差距，建议县教育局、市教育局要多关注乡里的学校，在制定政策方面有适当的倾斜，可以配备优秀的教师、扩大教学面积和住宿面积；条件允许的情况下，可以配备校车，解决学生上学远的问题。当乡里学校的教学质量好了，能够为学生提供更好的学习生活条件的时候，家长就不会急于把孩子送到县里的学校去读书了。这样也能够使城乡基础教育逐步平衡。

我看到的西部小学学生寄宿情况

刘 靖[*]

　　杨河中心小学集中了全乡各个村全部五、六年级的学生，实行寄宿制。目前杨河中心小学依然存在教师紧缺的现象，全区教师在编的有84人，但是有17位老师年龄偏大，体弱多病，无法正常上班，所以能够上课的老师是67人。教师的学历倒是有所提高，特别是在编和特岗的教师，基本以大本为主，也有部分的专科学历，在知识教育方面没有问题。杨河中心小学现有776名学生，其中330人住校，学校宿舍统一采用平房上下铺住宿方式，每个房间在冬天都有炉子取暖，学校也经常为学生普及安全知识，经常进行检查，确保教室、宿舍、办公室等室内取暖设施安全可靠。还根据寄宿制学生宿舍冬季燃煤取暖的现状，保持宿舍室内通风，必要时采取深夜闭火等措施，防止一氧化碳积聚造成中毒。在帮助学生掌握预防一氧化碳中毒的基本知识和方法，提高学生的安全防范意识等方面作了很多工作。

　　在这次调研活动中，我不仅考察了杨河中心小学的宿舍区，还同两位住校学生进行了访谈。我了解到中心小学的寄宿制是全免费的，学生们只需要准备自己的被褥、枕头、水壶，其他设备用品都由学校安排，但是由于条件所限，住宿学生无法在校内洗澡或洗大件衣物，一般都是在周末回家的时候在家里解决。住宿学生的作息时间比较严格，一般下午16:30放学后开始吃晚饭，18:20开始上晚自习，冬天一般上到20:20，然后回到宿舍20:50熄灯睡觉；夏天21:20熄灯。

　　住宿学生都是五年级、六年级的学生，分成男宿舍区和女宿舍区，

---

* 中国社会科学院语言研究所编辑。

一般最多一个宿舍住 16 个人，都是平房住宿，分成上下铺，房间里的炉子有专门的宿管人员来添加煤块，为了安全，学生自己是不能动炉子的。平时的热水分两次供应，中午女生打热水，下午男生打热水，基本一壶热水就够学生洗漱和自己喝的了，冷水一般都打到水盆里备着晚上洗漱用。总体来说孩子们的住宿条件还可以，在宁夏这样缺水的地区，我注意到孩子们在吃饭前没有洗手的习惯，一方面是由于冬天确实寒冷，另一方面学校里面的水管数量和供水时间也确实有限。

自从开展营养餐以来，学生都是在学校吃早饭和午饭，住宿的学生一日三餐都在学校，学生们普遍反映在学校比在家里面吃得多，也比家里面吃得好。周一、三、五都是洋芋菜，周二和周四是牛肉烩菜，每顿饭都有两个馒头，学生表示都能吃得饱、吃得好。学校大部分都是回族学生，汉族学生也一起吃回灶。

虽然住宿学生的生活条件基本得以保障，不过一个房间要住 16 个人确实显得拥挤，而且冬天的采暖都是用炉子，也的确有安全隐患，目前因为有宿管的帮助，还不曾有突出的问题，学生对住宿环境、饮食起居也基本认可。

农村学校的音体美教育亟待改善

刘继源

  2013 年 11 月 28 日，调研小分队一行 9 人来到位于宁夏固原市隆德县杨河乡的三所村小，分别是红旗村范湾小学、穆沟村民权小学和乡中心小学。据了解，由于缺少师资、场地与设备等原因，当地不少农村学校无法保质保量完成音体美教学目标，一些偏远农村艺体教育处于可有可无状况。

  宁夏固原市隆德县杨河乡中心小学校长穆瓘湖说，目前学校音体美课程全部是由主课教师兼，为了优先保证语文、数学等学科的教师资源，学校迄今为止还没有一名专职的音体美教师，而这些课程几乎都由其他任课教师"包班"完成。但是这些教师本身就不是学这个专业的，自身素养还达不到专业水准，所以教学质量和课程目标难以保证，没有专职教师开展音体美教育只能是空谈。

  随着基础教育课程改革的深入，对偏远农村中小学生体育、音乐等科目的要求越来越高，必须重视音体美的教育，重视音体美教师队伍的建设。

  建议可以借鉴其他省市的经验改善这里的农村学校音体美教育。例如：河南省近两年一直在举办的"农村中小学青年教师技能竞赛"，通过竞赛可以推动和引导广大农村中小学校重视体育、音乐等薄弱学科的工作，缓解因缺少音体美教师带来的问题，从而提高农村中小学生的综合素质。

访谈实录^①

访谈 1
六盘山区基础教育初现信息化

被访人：NXA、NXB、NXC、NXD、NXE

采访人：刘继源

记录人：刘继源

访谈时间：2013 年 11 月 26 日

访谈地点：隆德县第一小学

被访人基本情况：NXA，女，汉族，33 岁，中小学二级教师，担任小学一年级语文课教学兼班主任工作；NXB，女，汉族，45 岁，中小学一级教师，担任小学六年级语文课教学工作；NXC，男，汉族，33岁，中小学二级教师，担任小学三年级体育课教学工作；NXD，男，汉族，38 岁，中小学二级教师，担任小学六年级英语课教学工作；NXE，女，汉族，33 岁，中小学二级教师，担任小学三年级体育课教学工作。

访谈记录：

问：学校现在有多少学生？少数民族学生数量占多少？一个班能有多少名学生？

答：学校现在有学生 3400 多人，教学班 54 个，少数民族学生数量比较少，大概每个班 1—2 名，主要还是以汉族学生为主，每个班现在大概有六七十名学生。

问：每个班的学生这么多，老师们感觉工作强度大不大？

答：我们学校的教师工作强度还是很大的，尤其是高年级的教师。语文课低年级每天 4 节，高年级每天 3 节；英语课每周 3—4 节，是从三年级开始开设的；体育课低年级的一周四节课，高年级的一周三节

---

^① 本调研组成员同时访问了 NXA 、NXB 、NXC 、NXD、NXE 五位老师，从不同角度整理完成了访谈，为了保留当时访谈的原貌，对记录整理中个别重复交叉的内容未作删改。特此说明。

课，这其中还不包括批改作业、备课、组织学生课外活动等工作。

问：工作这么辛苦，那老师们的收入怎样？还满意吗？

答：不是很满意，我们现在的工资全靠财政拨款，每月大概 2000 多块钱，这个数字将近六年工资没有调整过，并且一到六年级教师的工资基本相差不大，这对高年级的教师来说其实比较不公平，毕竟高年级的教师工作更辛苦一些，这个大家都懂。之前还实施过教师一年发放 13 个月的工资，但是自从实施绩效工资制度以后，就取消了 13 个月工资的发放方式，但是从整体上来说工资收入水平还是有所提高的。因为教师有寒暑假，所以教师就没有县里的"节假日补贴"，这个补贴大概有六七千左右，是一笔不小的收入，但是老师是没有的。

问：那学校各个班级之间有没有竞争关系？如何评定各个班级之间成绩的好坏？成绩比较好的班，班主任老师有没有任何奖励？对评定职称有没有什么影响？

答：是有一套测评系统，可以区分各个班的情况。也有一些奖金，但是奖金很少，大概一两百块钱。据我所知，对职称评定没有任何关系。

问：咱们学校任课教师的来源主要是哪些？各位老师都是如何进入隆德一小任教的？

答：我们学校的教师全部是从乡村学校选拔上来的，在村小最多的要工作 14 年，最少的也 6 年，平均都是 7、8 年吧，然后这些老师通过隆德县教育局的选报考试后，被学校择优录取。可以说，我们这里的老师都是经过基层锻炼，并且工作能力比较强的。

问：学校男女老师比例是怎样的？

答：我们学校男女老师数量相差比较大，女教师能占到 70%，这几年在招聘教师的时候重点向男教师倾斜，即便这样，男教师还是少。

问：对于"大班额"现象各位老师怎么看？

答：现在农村学生都往县城里面跑，家长都想让孩子接受好的教育，很多农村家长为了让孩子到县城上学，宁可租房子陪读，这其实对农村家庭来说是很大的负担。城乡教育不均衡，好的教育资源毕竟就那些，越是像我们这种穷地方，教育资源就越紧张。

问：也就是说，家长都想让孩子们好好学习，接受好的教育，以后能走出大山是吗？

答：那是肯定的，哪个家长不想自己的孩子过得比自己好。其实山里的孩子学习相对刻苦，反而在我们学校，有些孩子学习主动性不是很强。这也跟家庭教育有关系，家长对教育的重视程度对学生学习的积极性有很大影响。

问：学生上学需要交的费用多吗？

答：我们这边的九年义务教育都不要一分钱，连书本费也不要，可以说家长在这方面基本没负担。

问：老师们和家长交流的机会多不多？

答：我们每个学期都会召开家长会，我们还有一个"校信通"软件，能给学生家长群发信息，让家长了解学生作业以及在学校的表现等情况。

问：信息化教育在学校开展的多不多？学校有没有电脑课？教师办公使用电脑的多不多？

答：我们学校开设有电脑课，有专职教师讲课。现在教师利用"电子白版"上课的很多，教师们操作电脑基本都没有问题，还有用电脑备课、查资料，等等。

问：咱们这边"重男轻女"的现象还存在吗？有没有存在女孩子的家长不让上学的现象？

答：没有。我们这边的人思想观念转变的很快，虽然是农村，但是我们学生基本都是独生子女，大家都觉得"生男生女都一样"，也绝对不会存在不让女娃上学的情况。

问：学校这几年有没有变化？

答：这变化可太大了。以前学校占地23亩，现在是100亩，整个校园是以前的四倍大，校园里教学楼、综合楼、图书实验楼、标准化的操场都一应俱全，校园里有花有树，环境特别好。在我们当地，老百姓都知道隆德一小的楼是整个县城最好的楼。

问：你们觉得小学教育最主要的目的是什么？

答：我觉得小学教育的主要目的是让学生认知简单的知识的同时养成良好的学习习惯。而现在大部分家长却不认同，他们只以学习成绩来衡量一个小娃娃的学习情况，这是不对的。还有现在大城市的孩子，课业负担太重了,我绝对不赞同让低年级的小娃娃就开始上各种补习班和培训班,这对孩子的成长是非常不利的。

问:各位老师觉得自己有什么需要解决的实际问题?

答:希望学校加大对老师的激励措施,多劳多得,这样就能调动大家工作的积极性。还有就是工资相对偏低,教师行业在隆德县城里属于中下收入人群,周围很多事业单位和医院工作的人都比我们的收入要高,如果可以调到3500块钱左右就比较合理。另外还希望能够对教师信息化技术这块加大培训力度,只有我们学好了,学生们才能学好,才能起到我们示范校的一个作用。

访谈 2

这里的素质教育很有特色

被访人:NXA、NXB、NXC、NXD、NXE

采访人:刘靖

记录人:刘靖

访谈时间:2013 年 11 月 26 日

访谈地点:隆德县第一小学

被访人基本情况:NXA,女,汉族,33 岁,中小学二级教师,担任小学一年级语文课教学兼班主任工作;NXB,女,汉族,45 岁,中小学一级教师,担任小学六年级语文课教学工作;NXC,男,汉族,33岁,中小学二级教师,担任小学三年级体育课教学工作;NXD,男,汉族,38 岁,中小学二级教师,担任小学六年级英语课教学工作;NXE,女,汉族,33 岁,中小学二级教师,担任小学三年级体育课教学工作。

访谈记录:

问:学校现在每天上几节语文课?

答:低年级每天 4 节语文课,高年级每天 3 节。

问:每周上几节体育课?

答:低年级每周 4 次课,高年级每周 3 次课。

问:每周上几节英语课?

答：每周 3—4 节英语课，英语课从三年级开始开设的。

问：学校有几位体育老师？

答：12 位体育老师，兼职两位。

问：学校有几位英语老师？

答：13 位专职英语老师。

问：各位老师都参加过教师培训吗？觉得培训完有效果吗？

答：学校的老师基本都参加过各种培训，包括自治区、市教育局、县教育局搞得培训，老师们都是轮流去的。大家普遍反应培训效果还是很明显的，业务能力会有很大提升，同时也有辐射作用，帮助其他老师一起学习。

问：教师培训和职称的评定是否挂钩？

答：基本不挂钩，教师职称评定有一套完善的评定标准，一般参考工作年限、学历和积分等指标，都是公开透明的。

问：工资收入水平这两年有变化吗？

答：自从 2008 年调整到 2000 元左右后，到今年一直没有任何变化，由于是财政拨款，所以县里的各中小学教师收入都差不多这个水平。之前还实施过教师一年发放 13 个月的工资，但是自从实施绩效工资制以后，就取消了 13 个月的工资发放方式，但是整体上工资收入还是有所提高的。因为教师有寒暑假，所以教师就没有县里的"节假日补贴"，这个补贴大概有六七千左右，是一笔不小的收入，但是老师是没有的。

问：那你们各个班级之间有没有竞争关系，如何评定各个班级之间成绩的好坏？成绩比较好的班，带班老师有没有奖励？对评定职称有没有帮助？

答：有一套测评系统，可以区分各个班的情况。也有一些奖金，但是奖金很少，大概一两百块钱。对职称评定没有任何关系。

问：特岗教师跟你们的待遇有什么差别？

答：特岗教师也是国家拨款，我们是靠行政拨款，拨款单位不同，但是收入水平上相差不是很大。

问：学校里面的回族老师多吗？对回族老师有没有额外的补贴？

答：学校的回族老师不多，也没有什么特别的补贴，大家都是一样的。

问：学校的体育课如可开展？学生课外活动多不多？

答：我们学校比较重视体育课，一般冬季开展跑步、篮球、足球等活动，夏季开展一些技巧类的项目，例如：健美操，体操，跳高等项目，这主要还是考虑学生的安全问题，在运动之前都会做充分的准备活动。除了体育课，学生的课外活动很丰富，早操，课间操，下午的自由活动，都是给学生创造户外运动的环境。我们学校还有很多的兴趣小组，书法，绘画，播音，唱歌……学生们可以根据自己的兴趣爱好任意选择，孩子们可喜欢了。尤其是书法，我们学校学生的书法作品在很多比赛都获了奖，已经成了我们特色学校的一个亮点。

问：那现在一个班大概有多少学生？

答：每个班大概有六十多学生，因为学校老师数量有限，师资力量还是比较紧张的，所以分到每个班的学生都比较多。

问：有没有计划多招一些老师？

答：每年都会招十几个新老师，但是学生数量每年都在递增，还是有很大的缺口；而且很多招收的老师是从农村选拔上来的，这些老师需要在当地工作很多年之后，积累了一定的工作经验后，才能到一小来工作。但是下面的乡村教师也是非常缺人，所以即便我们很需要他们来，他们也可能由于找不到代替自己的其他老师，不能来我们学校工作。

问：你们之前都在农村锻炼过吗？

答：我们毕业之后经过考试，由教育局分配到下面的学校去，一般在乡村至少待几年。

问：那你们几位一般都待了几年？

答：我们这里最少有待了4年的，最多有待了14年的，其他大部分都是7、8年左右。

问：那你们来这里工作之后，住房问题是怎么解决的？

答：我们来这里之后，一般通过贷款的形式购买了自己的住房。目前，隆德县的房子均价大概在2000—3000左右，我们每个人几乎都有贷款，所以现在的收入对我们这些贷款买房子的教师来说，的确是有点低了。

问：那新来的老师没有买房子，怎么解决住的问题呢？

答：学校腾空了几间旧的办公室，作为单身新老师的临时住所。

问：特岗教师跟你们的待遇有什么差别？

答：特岗教师是国家拨款，我们是行政拨款，但是收入水平上相差不大。

问：学校里面的回族老师多吗？对回族老师有没有额外的补贴？

答：学校的回族老师不多，也没有什么特别的补贴，大家都是一样的。

问：学校现在有着3000多个学生，那么每天上、下学的交通安全问题是怎么解决的？

答：学生一般自行在7：30前到学校、参加早操，中午11：50组成路队，由老师送到固定的十字路口，学生各自回家。每个十字路口都有执勤老师，确保学生安全，我们这里的学生都不需要家长的接送。下午17：00下课之后，也是跟中午一样，组成路队回家。我们一小的学生大部分都住在学校附近，没有特别远的，基本都是步行回家。

访谈 3
希望工资收入能有所增加

被访人： NXA　NXB　NXC　NXD　NXE

采访人： 王锦

记录人： 刘靖

访谈时间： 2013 年 11 月 26 日

访谈地点： 隆德县第一小学

被访人基本情况： NXA，女，汉族，33 岁，中小学二级教师，担任小学一年级语文课教学兼班主任工作；NXB，女，汉族，45 岁，中小学一级教师，担任小学六年级语文课教学工作；NXC，男，汉族，33 岁，中小学二级教师，担任小学三年级体育课教学工作；NXD，男，汉族，38 岁，中小学二级教师，担任小学六年级英语课教学工作；NXE，女，汉族，33 岁，中小学二级教师，担任小学三年级体育课教学工作。

访谈记录：

问：有没有农村偏远点的学生来隆德一小求学的呢？

答：我们一般是按片来招生，但是也有通过考试，考到我们学校的农村孩子，一般家长会在学校附近租房子，其中大部分是父亲在外打工，母亲带着孩子来上课。

问："在外打工"，一般到其他城市去打工吗？

答：打工的话，大部分是在县城里找，因为我们是山区，交通也不是很便利。其实以往去外城市打工的比较多，像广州、深圳，但现在到外城市打工的比较少。

问：那这些家长在外打工的孩子们学习情况如何？有没有受到影响？

答：这种家庭一般收入比较好，孩子不愁吃穿，所以在学习上缺少了自主性和主动性，需要家长或者老师的催促，才能够完成学习的进度。也是老师比较头疼的一个方面。

问：那这样的孩子占的比例大不大？

答：主动性不强、不想在学习上吃苦的孩子还是不少的，只有30%—40%的孩子在学习上是主动的。不过这个也跟家长对教育的重视程度有关系，有些家长对教育非常关注，就会多督促孩子，也会经常跟老师打打电话、发发短信，不过这样的家长确实也不是很多。因为我们一小是我们这里的重点学校，大部分家长把孩子送到这里来就比较放心了，管的也就少了，一般是我们主动联系家长多一些。

问：那你们现在这些学生除了上课，课余活动是怎么安排的？

答：每天7：30—8：15是早操时间，一般学生们可以做做早操，或者自由选择兴趣小组的活动，有的学生会练练书法，有的也参加英语角活动。上午还有课间操，这是全体都参加的活动，下午16：00下课后，到17：00放学前，是学生的自由活动时间，一般也会组织兴趣小组的活动，学生自己选择参加哪些。我们学校虽然很少组织春游、秋游活动，但是我们每年都会组织学生去当地的养老机构，慰问养老院的老人，参加一些相关的公益活动，对学生也是一个很好的锻炼。以往也组织过六年级学生参观六盘山红军长征纪念馆，加强学生的爱国主义教育。

问：学生参加这些课余活动，有没有参加一些相关的比赛活动？

答：学生们每个月都参加一些相关的主题活动，比如每个月县上都会组织"社火大赛"，我们经常参加，也经常获奖。都知道我们这里是书画之乡，孩子们在这方面得到的培养还是比较充分的，我们有专门的书法课，也有专门的书法教材和专职的书法老师来进行授课。

问：体育课上一般安排什么项目？

答：体育课除了传统的跑步、打球以外，还有体操、武术之类课程，也有专门的教师来教这些科目。

问：那咱们目前全校的教师年龄比例是怎么样的？

答：男老师平均42岁，女老师平均48岁，比例相对均衡，但是女老师的年龄偏大一些，而且数量也偏多一些。

问：那咱们这里学校老师大概在多大年纪退休？

答：男老师一般在60岁，女老师一般在55岁。退休之后工资水平大概在80%左右，因为没有了绩效工资，也没有了任何课时费。

问：有没有退休之后返聘回来的老师？

答：这个情况基本没有。

问：现在的学生作业量是什么样的情况？

答：一年级基本就没有作业，二年级以上不超过半个小时，即便是毕业班的六年级也不会超过一个小时。

问：教师在每天5点下班之后，多长时间用在批改作业这些相关的工作上？

答：因为学生数量比较多，每个班都有60多个人，近70个人，所以老师的工作量还是相当大的，光是批改作文就是一个不小的工程，至少也要花上一个多小时的时间来看作业，压力还是很大的。

问：现在学生考试之后还有没有排名制度？

答：我们是从来不进行任何排名的，老师心里可能有一个大概的标准，但是不会跟学生讲他的排名情况，也不会跟家长提到排名的问题。一般只说学生处于优良中差这种区间，不强调具体的名次。可能有的家长关心孩子在班里的学习状况的时候，我们会聊一聊学习上具体的问题和不足，但是都不会提到名次的问题。

问：目前在校的老师都会使用电脑吗？对操作一些新的教学仪器有没有什么问题？

答：老师都会使用电脑，目前都有电子白板，使用起来也没有任何问题。

问：那学生在校使用电脑情况呢？

答：在校使用率不高，但是基本学生家里都有电脑，学生也基本都会用到。

问：有没有学生带电子设备到学校呢？比如手机。

答：一般不允许，但是也有个别学生可能带了手机。如果发现的话，老师代为保管，将来还给家长。

问：你们带的班有没有发现一些问题儿童，或者问题家庭？

答：这个比较少，一般问题儿童来自于离婚的家庭，但是我们这里的离婚率相对不高，所以这样的问题不是那么的明显。

问：你们对自己目前的生活如果是百分制的话，你们觉得可以打多少分？

答：70多分吧，因为收入水平确实太低了，如果能够相应的提高收入，可能我们对目前的生活会更满意一些。

问：那你们希望工资能够调整到一个什么样的状况可以接受呢？

答：希望能够在3500—4000之间，因为周围很多事业单位和医院工作的人都比我们的收入要高，我们在县城里属于中下收入人群，确实希望能够调整一下我们的工资水平。特别是区里面这两年已经对教师工资做了调整，而我们县里面自从2008年以来，一直没有任何调整。从校长到老师都没有调过级别，也没有涨过工资。

访谈4
希望培养孩子的独立能力

被访人：NXF
采访人：刘继源
记录人：刘继源
访谈时间：2013年11月27日

访谈地点：隆德县第一小学

被访人基本情况：NXF，女，汉族，36岁，隆德一小音乐课教师

访谈记录：

问：您家有几个孩子？男孩还是女孩？今年几岁？上几年级？

答：我们家就一个女孩，今年9岁，在隆德一小上四年级。

问：我看您的工作单位就是在隆德一小，把孩子放在您工作的学校读书是有什么考虑吗？

答：我们家就在学校附近，孩子就是学区划片被分到隆德一小的，也没什么特别的安排，要说好处，就是孩子和我在一个学校可能照顾起来就比较方便吧。

问：您的文化层次是什么情况？现在辅导孩子四年级的功课觉得吃力吗？

答：我是中专毕业，通过函授拿到的大专学历，我本身也是名老师，虽然不是教语文数学的，但是辅导她现在的语文数学课还是没什么问题的，就是英语不行，英语我不太会。

问：您是怎么进入隆德一小的工作的？

答：我是1998年毕业，然后就被分到联财镇中心小学当老师，2000年9月进入到隆德一小工作的。

问：也是通过考核才进到隆德一小的吗？

答：不是的，那时候就直接分，不用考试。

问：那您在隆德一小工作已经13年了，您觉得这13年学校有什么变化？

答：这个说起来可就多了。先说说硬件吧，学校这三年来教学楼比以前大多了，校园也大多了，也漂亮了，现在还有标准化的操场、篮球场、足球场和活动区，孩子们课外活动的空间大了。还有就是教师的素质提高了，现在的老师责任心都特别强，老师每天都会比学生早15分钟到学校，没有特殊情况从来也不会迟到，风雨无阻，对孩子们都像对自己的孩子一样，确实是这样的。

问：您孩子在学校上学需要交费用吗？

答：孩子上学不要钱。

问：什么费用都不要吗？教材课本也不要钱？

答：恩，全都不要，上初中也不要。要说交钱也就是校服钱。

问：校服是学校要求定的吗？多少钱一套？

答：校服是自愿买的，夏季校服150元一套，冬季校服170元一套。

问：我刚看到校园里的学生基本都穿校服，全都是家长自愿买的？

答：是，我们觉得孩子穿校服挺好的，可以控制孩子们的攀比心理，家长们都支持穿校服，价格也觉得很合理，穿校服就可以少买其他的衣服了，小孩长得快，要不也就浪费了，这么算其实是省钱了。

问：您了解校服的质量问题吗？知道现在社会上的"毒校服"事件吗？

答：我对校服的质量还真不是很了解，也没关注过这个。

问：您孩子有什么兴趣爱好或者特别擅长的才艺吗？

答：我的女儿唱歌特别好，可能是因为我是音乐老师的缘故，有这方面的基因。在学校都是积极参加唱歌的兴趣小组，我还给她报了一个唱歌的课外培训班，孩子的积极性很强，很愿意学。

问：您女儿的学习成绩怎么样？在班里能排到什么位置？

答：我女儿学习能力比较强，反应也快，别人学一小时的她学二十分钟就会了，学习效率很高。她的成绩算是比较好的，在班里应该能到中上等的位置，现在还是班里的文艺委员。

问：每次考完试，都知道孩子的排名吗？

答：学校是不排名的，但孩子自己大概也知道自己的位置，都会回来和我说。

问：您经常和孩子的班主任老师联系吗？

答：经常联系，我们都在一个学校，我没事就去找她班主任了解了解情况。

问：您找孩子的班主任了解情况，孩子知道吗？

答：知道啊，我都会和她说。

问：那您觉得孩子有抵触情绪吗？

答：没觉得，孩子反而很愿意我去。

问：您会重男轻女吗？有没有计划再要一个孩子？

答：不会，我觉得我女儿特别好，让我很省心。我也不打算再要了，毕竟养一个孩子要付出很大的精力，生一个孩子出来不是让他吃饱穿暖就可以的，你得从小就培养他的学习习惯和生活习惯，教他如何成人，我觉得我真的没精力了。

问：您觉得现在咱们这家长重视教育吗？

答：我们这里的家长都非常重视教育，不光是县城的，还包括农村的家长都知道要让孩子接受好的教育，都把孩子的教育问题当成最重要的任务。

问：孩子的父亲是做什么工作的？收入来源是什么？

答：他是县供电所的一名工人，主要来源和我一样，都是工资。

问：那你们两口子觉得供这个孩子上学有压力吗？

答：基本没什么压力，现在上学都不要钱，可能上高中以后会交一些钱。

问：那您觉得现在的孩子好带吗？

答：特别不好带。现在的孩子看电视、上网了解的信息太多了，知识面太广，很多东西家长都不知道。

问：孩子上网的时间长吗？上网都做什么？学校有电脑课吗？

答：我基本把她的上网时间控制在每周半个小时，平时也就是查查资料，每次最多十分钟。学校有电脑课，有老师专门教。

问：您认同"把孩子放到学校家长就完事大吉"这种理念吗？

答：这是绝对不行的。孩子的家庭教育也是非常重要的，孩子行为习惯的养成，很多都是要靠家长来培养的，不是单靠学校老师就行的。

问：那您觉得家长应该怎么培养孩子？

答：我觉得家长应该在学前教育阶段打好基础，一年级着重培养孩子的学习能力，让他养成一种好的学习习惯，当然，这个过程对于家长来说会比较漫长痛苦，但是行为习惯一旦养成，对孩子未来都是有好处的，可以说是一劳永逸。

问：孩子现在每天的作业多不多？多长时间可以完成？

答：不算多吧，语文数学外语三个科目加一起大概一个半小时就能完成，平均一个科目半小时。这是四年级，一二年级的时候基本没作业。

问：孩子的视力情况怎样？

答：我们孩子不近视，班里也没几个戴眼镜的小孩。

问：您希不希望学校开补习班？

答：不希望，因为学生现在已经很累了，我觉得目前学校开设的课程已经足以满足需要了，不想让女儿再累了，希望她多参加课外活动和体育锻炼，能有一个好身体更重要。

问：在教育孩子这方面，您给自己打个分吧，一百分是满分。

答：我给自己打 70 分吧，我觉得我还是不够称职。别人都叫我"懒惰妈妈"，因为我从来也不和其他家长一样，什么事都跟着孩子，其实我是想培养孩子的独立能力。

问：您对学校有什么意见或者建议吗？

答：我对学校的文化课教学很放心，就是希望还能延长一下课外活动的时间，丰富一下课外活动的种类。

访谈 5
无论城乡，家长们都很重视孩子的教育

被访人：NXF

采访人：刘继源

记录人：刘继源

访谈时间：2013 年 11 月 27 日

访谈地点：隆德县第一小学

被访人基本情况：NXF，女，汉族，36 岁，隆德一小音乐课教师

访谈记录：

问：您家有几个孩子？男孩还是女孩？今年几岁？上几年级？

答：我们家就一个女孩，今年 9 岁，在隆德一小上四年级。

问：我看您的工作单位就是在隆德一小，把孩子放在您工作的学校读书是有什么考虑吗？

答：我们家就在学校附近，孩子就是学区划片被分到隆德一小的，也没什么特别的安排，要说好处，就是孩子和我在一个学校可能照顾起

来就比较方便吧。

问：您的文化层次是什么情况？现在辅导孩子四年级的功课觉得吃力吗？

答：我是中专毕业，通过函授拿到的大专学历，我本身也是名老师，虽然不是交语文数学的，但是辅导她现在的语文数学课还是没什么问题的，就是英语不行，英语我不太会。

问：您是怎么进入隆德一小的工作的？

答：我是 1998 年毕业，然后就被分到联财镇中心小学当老师，2000 年 9 月进入到隆德一小工作的。

问：也是通过考核才进到隆德一小的吗？

答：不是的，那时候就直接分，不用考试。

问：那您在隆德一小工作已经 13 年了，您觉得这 13 年学校有什么变化？

答：这个说起来可就多了。先说说硬件吧，学校这三年来教学楼比以前大多了，校园也大多了，也漂亮了，现在还有标准化的操场、篮球场，足球场和活动区，孩子们课外活动的空间大了。还有就是教师的素质特提高了，现在的老师责任心都特别强，老师每天都会比学生早 15 分钟到学校，没有特殊情况从来也不会迟到，风雨无阻，对孩子们都像对自己的孩子一样，确实是这样的。

问：您孩子在学校上学需要交费用吗？

答：孩子上学不要钱。

问：什么费用都不要吗？教材课本也不要钱？

答：恩，全都不要，上初中也不要。要说交钱也就是校服钱。

问：校服是学校要求定的吗？多少钱一套？

答：校服是自愿买的，夏季校服 150 元一套，冬季校服 170 元一套。

问：我刚看到校园里的学生基本都穿校服，全都是家长自愿买的？

答：是，我们觉得孩子穿校服挺好的，可以控制孩子们的攀比心理，家长们都支持穿校服，价格也觉得很合理，穿校服就可以少买其他的衣服了，小孩长得快，要不也就浪费了，这么算其实是省钱了。

问：您了解校服的质量问题吗？知道现在社会上的"毒校服"事

件吗？

答：我对校服的质量还真不是很了解，也没关注过这个。

问：您孩子有什么兴趣爱好或者特别擅长的才艺吗？

答：我的女儿唱歌特别好，可能是因为我是音乐老师的缘故，有这方面的基因。在学校都是积极参加唱歌的兴趣小组，我还给她报了一个唱歌的课外培训班，孩子的积极性很强，很愿意学。

问：您女儿的学习成绩怎么样？在班里能排到什么位置？

答：我女儿学习能力比较强，反应也快，别人学一小时的她学二十分钟就会了，学习效率很高。他的成绩算是比较好的，在班里应该能到中上等的位置，现在还是班里的文艺委员。

问：每次考完试，都知道孩子的排名吗？

答：学校是不排名的，但孩子自己大概也知道自己的位置，都会回来和我说。

问：您经常和孩子的班主任老师联系吗？

答：经常联系，我们都在一个学校，我没事就去找她班主任了解了解情况。

问：您找孩子的班主任了解情况，孩子知道吗？

答：知道啊，我都会和她说。

问：那您觉得孩子有抵触情绪吗？

答：没觉得，孩子反而很愿意我去。

问：您会重男轻女吗？有没有计划再要一个孩子？

答：不会，我觉得我女儿特别好，让我很省心。我也不打算再要了，毕竟养一个孩子要付出很大的精力，生一个孩子出来不是让他吃饱穿暖就可以的，你得从小就培养他的学习习惯和生活习惯，教他如何成人，我觉得我真的没精力了。

问：您觉得现在咱们这家长重视教育吗？

答：我们这里的家长都非常重视教育，不光是县城的，还包括农村的家长都知道要让孩子接受好的教育，都把孩子的教育问题当成最重要的任务。

问：孩子的父亲是做什么工作的？收入来源是什么？

答：他是县供电所的一名工人，主要来源和我一样，都是工资。

问：那你们两口子觉得供这个孩子上学有压力吗？

答：基本没什么压力，现在上学都不要钱，可能上高中以后会交一些钱。

问：那您觉得现在的孩子好带吗？

答：特别不好带。现在的孩子看电视、上网了解的信息太多了，知识面太广，很多东西家长都不知道。

问：孩子上网的时间长吗？上网都做什么？学校有电脑课吗？

答：我基本把他的上网时间控制在每周半个小时，平时也就是查查资料，每次最多十分钟。学校有电脑课，有老师专门教。

问：您认同"把孩子放到学校家长就完事大吉"这种理念吗？

答：这是绝对不行的。孩子的家庭教育也是非常重要的，孩子行为习惯的养成，很多都是要靠家长来培养的，不是单靠学校老师就行的。

问：那您觉得家长应该怎么培养孩子？

答：我觉得家长应该在学前教育阶段打好基础，一年级着重培养孩子的学习能力，让他养成一种好的学习习惯，当然，这个过程对于家长来说会比较漫长痛苦，但是行为习惯一旦养成，对孩子未来都是有好处的，可以说是一劳永逸。

问：孩子现在每天的作业多不多？多长时间可以完成？

答：不算多吧，语文数学外语三个科目加一起大概一个半小时就能完成，平均一个科目半小时。这是四年级，一二年级的时候基本没作业。

问：孩子的视力情况怎样？

答：我们孩子不近视，班里也没几个戴眼镜的小孩。

问：您希不希望学校开补习班？

答：不希望，因为学生现在已经很累了，我觉得目前学校开设的课程已经足以满足需要了，不想让女儿再累了，希望他多参加课外活动和体育锻炼，能有一个好身体更重要。

问：在教育孩子这方面，您给自己打个分吧，一百分是满分。

答：我给自己打70分吧，我觉得我还是不够称职。别人都叫我"懒惰妈妈"，因为我从来也不和其他家长一样，什么事都跟着孩子，其实我是想培养孩子的独立能力。

问：您对学校有什么意见或者建议吗？

答：我对学校的文化课教学很放心，就是希望还能延长一下课外活动的时间，丰富一下课外活动的种类。

访谈6
孩子们的课外活动很丰富

被访人：NXG

采访人：刘靖

记录人：刘靖

访谈时间：2013 年 11 月 27 日

访谈地点：隆德县第一小学

被访人基本情况：NXG，男，回族，41 岁，隆德县教育局教研室，家有两个男孩，大儿子 17 岁入读六盘山高级中学，小儿子 11 岁，入读隆德一小五年级二班。

访谈记录：

问：您和夫人都是做什么工作的？

答：我们两口子都是教育口的，我在来教研室之前也作了很多年教师。我们都是中专毕业，后来函授读的大专。

问：那您的儿子目前在学校情况怎么样？

答：他很爱好音乐和主持，经常参加学校的各种课外活动，也常在一些活动中担任主持。我还给他在外面报了音乐的学习班，希望他能有更多发展吧。

问：他的这些爱好是上学前就有的呢，还是来学校以后才有的？

答：来上学以后，因为学校有很多的课外活动、兴趣小组什么的。通过这些活动，老师们发现了我娃娃的这些特长，就比较注意培养他吧。学校现在的兴趣班很多，有书法的、音乐的、体育的，我家娃娃上学以后变得特别开朗，也比较自信。

问：那您担心过这些课外活动会影响孩子主课的学习吗？

答：这个我不担心，学校的兴趣班其实也不占用孩子们的学习时间。当然我的不担心主要一个是娃娃的学习本来也不错，另一个隆德一小的教育我们家长信得过的，娃娃放到这里我们放心。我们对老师很满意，对学校的课时安排也很满意。我觉得我的娃娃参加课余活动对他的学习是有帮助的，有利于娃娃的智力开发，孩子也明显活泼开朗，比我家大儿子就活泼多了。

问：那您大儿子以前也是从隆德一小毕业的吗？

答：对，他也是，先是隆德一小，然后读隆德二中。我家两个娃娃差6岁，以前我大儿子读书的时候还没有这么多课余活动，这几年学校的变化比较大，英语什么的现在很重视，特别是课外实践活动，对孩子来说对他的这个性格培养特别有好处，我两个孩子性格就不大一样，小儿子明显活泼些。

问：那目前你对小儿子的学习成绩满意吗？了解他在班里的大概排名情况吗？

答：学校一般考试以后都不搞排名，我自己也不过问这个排名。不过娃娃自己比较在乎，会跟我们说班里的人都考得如何，他会通过了解大概知道自己的位置。不过班里是不搞排名的，我们对孩子的排名也不是很看重。整体上我对他的学习成绩还是很满意的，因为他的这个学习自主性很强，不用我催他自己就抓紧学习的，当然也要有督促，毕竟是孩子嘛，这个很正常。他自己对学习比较上心，所以我不担心，我很满意。

问：那您跟老师之间平时沟通多吗？一般通过什么方式来沟通呢？

答：我们和老师经常沟通的，一般都是打电话，有时候我也来学校。这里的老师跟家长的关系是比较好的，老师们跟校长的关系也很融洽。

问：您对学校的这个各方面条件感觉怎么样？

答：我对学校的硬件条件是很满意的，跟我大儿子在这读书时比，现在大不一样，大多数教室都有这个电子白板，很现代化。学校的软件就不用说了，课时安排得很好，课外活动很丰富多彩。

问：您的孩子现在在班里担任什么职务吗？

答：他现在就是文艺委员，因为他喜欢这个方面的活动嘛，当然我也是希望孩子全面发展，他这两年身体也不是特别好，所以我就希望他多参加一些体育活动吧，他们体育课现在都有那个篮球，虽然我娃娃不会打，我也希望他多看看，这样以后慢慢多打打。其实我们周末也会带着孩子去爬爬山、跑跑步，我还带他去打打乒乓球、桌球，都希望他学一学吧。

问：您觉得自己在教育孩子方面可以打多少分呢？如果是百分制的话？

答：我给自己打个 80 分吧，我爱人可以打个 90 分。我们觉得这个家庭教育很重要，特别是从小给孩子培养良好的学习习惯、生活习惯，这个一定要在小的时候培养好。我这个娃娃一般我只要有时间就会多陪着他，不过他也不怎么需要我们辅导，因为学校里面教的我们觉得也很好。总体上来说现在县城里的家长都是很关注孩子教育的。

问：您全家都是回族，那您觉得孩子在学校里和汉族孩子有没有什么不一样的？

答：隆德这边其实回族人不是很多，我们以前也是住在回族聚集区那边，我小儿子两岁来的这边，他很快就适应了。隆德一小这儿特别开了一个回灶，所以汉族学生也和我们一样吃回灶的，这个我们是很感动的，也是对我们的照顾。这边的回、汉两族关系是很融洽的。

问：那您觉得家里面对孩子教育的这个投入多不多？

答：一般上小学和初中都没有任何学费杂费，所以我们没什么负担，就是上了高中后会多一些，我大儿子在六盘山高级中学读书，他那边一个学年交给学校的这个费用是 720 元。这个我们也还是可以负担得起。

问：您目前家里面这个经济状况如何？已经买了房子了吗？

答：我们买了有 10 年了，不过是贷款的，还要还房贷。不过因为小儿子上学不用交什么钱，大儿子上高中除了这个 720 元交给学校的，我们一般每个月给大儿子五百到七百的生活费，还有我们有时会过去看看他，这样一年算下来差不多一万块左右，我们还可以应付吧。

问：一般过年过节家长会给老师送些小礼物什么的吗？

答：这个没有，一般都是孩子们到教师节给老师在黑板上写个"节日快乐"，一起上课的时候唱个歌，可以说是精神方面的比较多吧。反而是我们的孩子在学校上课或者活动时有时候表现比较好，老师们会给孩子个巧克力啊、小糖果啊什么的。其实我们也挺不好意思的，因为都是教育系统的，我们也知道老师的收入是比较低的，这样破费我们觉得过意不去。因为我自己也做过12年的乡村教师，我知道这个县城老师的收入其实跟乡村教师比起来还要少一点，因为乡村教师他们还有个交通补贴，这样大概就比县城的老师多个一百多块钱。所以老师们生活还是很紧张的，还要给孩子们买小礼物奖励他们，这样我们做家长的觉得是不是可以适当地交些班费什么的，不过老师们也没要。我们家长委员会也还没具体商量过这些事情。

问：那您对学校目前的基础建设或者说硬软件各方面有没有什么建议呢？

答：我觉得学校的基础建设都已经很好了，就是希望这个课外时间活动还可以再加强一下，最好是种类上再丰富一些，这样对孩子也是有很大好处，能帮助孩子全面发展。

访谈 7
一个妈妈亲历的小学教育

被访人：NXH
采访人：王锦
记录人：王锦
访谈时间：2013 年 11 月 27 日
访谈地点：隆德县第一小学
被访人基本情况：NXH，女，汉族，45 岁，下岗，学生家长。

访谈记录：

问：您的孩子今年多大了？上几年级了？

答：今年 11 岁了，在 6 年级 7 班。

问：担任班干部吗？

答：担任文体委员。

问：您老家在哪里？

答：我的老家一直在隆德县城。

问：怎么选择隆德一小上学？

答：这边都是通过划片来上学的。

问：您的丈夫在哪里工作？

答：在县城的人力资源保障局，是一名司机，是工人。

问：家里面就一个孩子吗？

答：不是，还有个大女儿，已经上高一了。

问：两个孩子上学，家里的负担重不重？

答：还可以，不算太重。因为小学不交什么钱，我的大女儿在六盘山高级中学，也是不用交什么钱的，就是一学年要交720元的住宿费，还有就是生活费了。一年下来大概需要一万块钱吧，这也包括了我们去看孩子的路费。

问：为什么以您的家庭条件觉得负担不是特别重？

答：虽然我下岗了，不过我家里包了一片地，种树，每年大概有2万的收入。而且我房子早就买了，没有房贷的压力。

问：有没有给这两个孩子报过补习班？

答：有。大女儿在小学的时候给报的英语班，小女儿现在上6年级，给报的是跳舞、画画（水墨画）。

问：为什么小女儿就不给报英语班了？

答：因为现在一小的硬件条件好了，也注重英语的教学了，教学质量提高了。而小女儿也更活泼一些，所以就按照她的喜好，给报兴趣班。

问：外面报学习班，大概多少钱？

答：20节课，300块钱。都是学校出来的老师，专门办班的。

问：平时都怎么和老师联系？谁主动联系的多？

答：随时和老师有电话联系，她的班主任非常温和，还是老师联系我相对多一些。

问：家里有没有电脑？孩子会多久用一次？

答：有电脑，电脑都有密码，平时是不让孩子用的，就是怕她们控制不住自己。一般周六的时候会让孩子上一个小时，平时查查资料也会上网，不过也就十几分钟，查百度，我们也就不跟着了。

问：您和您爱人的学历是什么？

答：我们两个都是中专学历。

问：那你们在辅导孩子方面觉不觉得很吃力？

答：觉得很吃力，因为文化程度不高，现在孩子的作业我都辅导不了，不过她爸爸还是可以辅导一些的。但是她爸爸很忙，经常比较晚才回来。

问：6年级的孩子写作业每天大概需要多长时间？

答：基本上每天5：30—5：40到家，喝口水紧接着就写作业，这时候我就去做饭了，一直到7：30，她大概就能写完。她写的算比较快的，有写的慢的学生可能需要两个半小时左右。

问：有没有重男轻女？家里是女儿，您觉得省心吗？

答：完全没有重男轻女的感觉，而且更喜欢女孩，但是女孩也不省心，还是很操心的。

问：那作为妈妈，您给自己打多少分？百分制的话？

答：我给自己打70分吧，给她爸爸也打70分。我是文化程度不高，不能给孩子更好的辅导，如果能给孩子辅导功课，我可能会给自己打90分。因为我现在全职在家带孩子，陪孩子的时间还是很多的。

问：孩子是不是都有叛逆期？好不好管？

答：确实有叛逆的时候，大女儿刚考上初一的时候，觉得六年级学的也比较累了，就狂玩，结果考试就考了班里的36名。回到家就哭，她爸爸也生气，一个星期没理她，第二次考试她就考进了班里的前十名。孩子的自尊心很强，而且非常上进。

问：您觉得环境对孩子的影响大吗？

答：我的大女儿在小学的时候性格非常开朗，但是现在上了高中老师就跟我们说她的性格很内向，我觉得这跟她初中学习压力大有关系。

问：您认为孩子信任家长吗？

答：我觉得还是很信任的，有事情她经常会跟我说，而不跟她的同学说。我的大女儿在初三的时候，有一天晚上都1点多了，突然手机响，我当时觉得奇怪，就起来到客厅去看，发现是一个男孩子给我女儿发的骚扰短信。我就问她怎么回事，又跟她讲早恋的危害性，后来就再也没有发现这种情况了。

问：大女儿上高中，一年能回来几次？

答：因为她住校，所以只有寒暑假能回来，国庆也可以回来。

问：您过去看她一次，路上需要多长时间？

答：过去一次需要 4—5 个小时的时间，如果开自家车，就需要 4 个小时，如果坐公共汽车过去，就需要 5 个小时了。

问：孩子住校，您舍得吗？

答：舍不得，而且我女儿也不习惯住校，经常打电话回来跟我讲那边的事情。如果是一个孩子，我可能也不会去陪读。因为将来还要读大学，我不能一直陪在她身边。

问：那您希望孩子在宁夏读大学还是去外省读书？

答：希望她能去外省读书，这样可以开阔眼界。

问：您希望她们将来做什么工作？

答：毕竟是女孩，如果学文的话，我还是希望她们能够考公务员，如果学理，那就看她们的兴趣爱好了。

问：您觉得现在隆德一小的硬件设施怎么样？

答：硬件设施比以前好了很多，老师也基本都会用电子白板上课，这是从 2010 年以后变好的，以前的教室非常的拥挤。我大女儿那时候一个班有 70 多学生，现在一个班也就 60 多个学生。

问：有没有给老师送礼的现象？

答：没有，我们这里的家长都不给老师送礼，也许个别有送的，但是我们从来没有送过。

问：这边的家庭平均有几个孩子？

答：基本上两个。

问：周末的时候会陪孩子出去玩吗？

答：会陪孩子出去玩。有的时候小女儿也会找同学玩，因为住的很近，她的同学会到我的家里，她也会去同学家玩。要是出去的话，我就会跟着一起，或者另外一个家长跟着。

问：孩子戴眼镜吗？

答：大女儿四年级的时候就戴眼镜了，现在 600 度，不过她是因为小时候生病，影响了视力。小女儿现在也戴眼镜，270 度了，她也喜欢看书，经常晚上在台灯下面看书，影响了视力。

问：对学校还有期望？或者说还希望哪些方面有改进？

答：希望增加课外活动时间，体育课多开设，不过前提是在不影响学习的情况下。

访谈8
乡村中小学校长：希望增加
音体美的专业教师

被访人： NXI
采访人： 刘继源
记录人： 刘继源
访谈时间： 2013 年 11 月 28 日
访谈地点： 隆德县杨河乡中心小学
被访人基本情况： NXI，男，回族，42 岁，本地人，隆德县杨河乡中心小学校长，从教 20 年，函授大专学历，毕业于固原师范学校。

访谈记录：

问：您是什么时候在这所小学当校长的？

答：我是今年才调过来当校长的，之前一直都在村小当校长，我是 93 年毕业的，到今年也当了 20 年校长了。

问：这附近还有几所小学。

答：除了我们中心小学，我们杨河乡还有六所小学，其中三个是教学点。

问：学生都是哪里来的？

答：基本都是当地的，另外六所小学都是不完全小学，中心小学就起到了"补缺"的作用，乡里的孩子最后都得上中心小学。

问：学校现在有几个年级？多少名学生？多少名教师？

答：我们这里是完小，所以 1—6 年级的学生都有，现在全校有学生 776 名，教师 37 名，其中 23 名是特岗教师。

问：学校现在都开设了哪些课？

答：语文课、数学课、英语课、思想品德课、科学课、音乐课、体育课和美术课。

问：学校的教师对这些课都能胜任吗？

答：语文课、数学课、英语课、思想品德课和科学课还可以，教师大部分都是大专学历，教学质量绝对没有问题。就是音乐课、体育课和美术课不行，没有专业教师。

问：学校教师都是从哪里招聘来的？

答：都是分配来的，还有一部分特岗教师，学校也聘用了一些教师，不过他们都有教师资格证，否则我们也不会用。

问：教师们的工资是多少？

答：特岗教师是 2250 元，在编教师根据任教年数工资会有不同，大概 2500 元左右，招聘的员工可能比较少，大概 1200 元。

问：老师们会参加培训吗？

答：每年都会参加两次，培训都是县、市教育局举办的。

问：学校教室宿舍是已经翻建过了吗？

答：是的，国家实施"校安工程"以后，由财政拨款对校舍进行了加固，房梁什么的都重新换了，同时也对校园也进行了全面整修，还有新建了教师宿舍和学校食堂。

问：教师住宿的人数多吗？

答：我们学校教师 80% 都住校，教师宿舍很紧张。

问：教师住校的原因是什么呢？是因为没房子住吗？

答：不是的，教师基本都是本村的，不存在没房的问题，主要还是为了照顾住校的学生。

问：学生住校的数量有多少？

答：五六年级的学生都住校，一共有 332 名。

问：那学生的宿舍够不够？

答：学生宿舍特别紧张，一间 15 平方米的宿舍要住 16 个孩子，都是上下铺。宿舍里空气流通的不好，冬天冷夏天热，环境不太好，并且女孩子睡在上铺也有安全隐患。

问：现在天这么冷，孩子们宿舍里温度如何？教室里又是怎么取暖的呢？

答：宿舍和教室都是用煤炉取暖。

问：咱们这冬天最冷能到多少度？

答：零下 22 摄氏度左右吧。

问：在最冷的时候，室内温度能到多少？

答：教室能到十几摄氏度吧，还是觉得会有点冷，因为教室比较大，就那么一个炉子，宿舍会相对好一些。

问：烧的煤炭都是学校自己买的吗？

答：煤炭有统一配送，不用学校花钱，基本上够用一冬天的。

问：用煤炉取暖有什么隐患吗？

答：那隐患很大，最怕的就是煤气中毒，我们在宿舍都装了一个通风口和一个煤气报警装置，就怕出现安全问题，这也是让老师住校的主要原因。

问：那学校的课外活动多不多？

答：课外活动这方面搞得比较少，主要还是因为学校的场地有限，硬件设施达不到要求。

问：学校有图书室吗？

答：有的。

问：图书都是如何获得？

答：有上边配发的，也有社会上捐赠的。

问：学校每年获得的社会捐赠多吗？

答：会有企业给孩子们捐赠书包、铅笔盒、运动鞋什么的，没有直接给钱的。

问：孩子们都爱读课外书吗？图书室利用率高不高？

答：只要一下课，孩子们都往图书室跑，大家都很喜欢读课外书，孩子们都知道从书里能学到很多的知识，能看看外边的世界。

问：孩子们上学都是免费的吗？

答：是的，国家推行"两免一补"以后我们这就全部都免费了，连一日三餐都免费。

问：是因为学校的"免费午餐"工程吗？

答：是，这个工程可为我们这的孩子做了大实事。以前孩子都是自己从家带原材料，老师给加工来解决吃饭问题。实施了这个工程以后，孩子们就不用花一分钱了。现在就连食堂的工作人员每月 1520 元的工资也由财政补贴了，减轻了学校的负担。

问：每顿饭的标准是多少？

答：早餐是一个鸡蛋一个馒头，午餐是4块钱标准，每周能吃到三次肉菜。

问：实施免费午餐后，学生们有什么变化吗？

答：有的，孩子们身体都变好了，长得比以前都高了。

问：那还存在什么问题吗？

答：要说问题就是教师的工作压力大，他们需要帮学生打饭，尤其低年级的，还要等学生吃完老师们才能吃。

问：咱们乡现在已经普九了吧？还有辍学的现象吗？

答：辍学现象还是有，但是已经很少了。九年以前，我都要到学生家里去作动员，而且辍学的孩子很多，现在的家长思想转变的很快，都知道学习的重要性，即便有那么几家，只要我去做做工作，成功的几率还是很大的。

问：辍学的孩子男孩多还是女孩做？

答：还是女孩吧。不过现在已经好多了，我刚当校长那时候，一个班都是男生，女生基本都是辍学。

问：咱们学校少数民族的孩子多吗？

答：90%都是回族，我们这就是回民乡。

问：回族孩子和汉族孩子在融合方面有问题吗？

答：没问题。民族团结这块我们这做得很好，毕竟都是小孩子，融合的很快，平时我们也会给孩子们上课，讲这方面的东西。

问：学校在信息化教育这方面做得如何？

答：我们学校在这方面做得还可以，有电子白板，教师都会用电子白板上课。教师们都会用电脑备课、查资料什么的，也会给学生们上电脑课。

问：您当了20年校长，您觉得咱们这的教育变化都在哪？

答：我觉得最重要的转变是家长，现在家长的思想观念转变的很快，都明白教育对孩子的重要性，这样我们的工作也好开展。

问：您觉得当校长压力大吗？

答：校长的责任很重啊，现在都是实行"校长负责制"，我就住在学校，每天早上6∶00起床，晚上12∶00睡觉。教学、后勤和安全工作都得负责，一点都不能马虎。

问：那您觉得目前学校还存在哪些问题？

答：就是希望增加音体美的专业教师，让孩子们多学点才艺，还有就是希望能对学生宿舍扩建一下，让学校通暖气，减少安全隐患，解放教师，再有希望增加一些学校的教学仪器，要不课程不好开展。

访谈9
两个乡村中心小学女生的小学生活与"中学梦"

被访人：NXXA、NXXB

采访人：刘靖

记录人：刘靖

访谈时间：2013 年 11 月 28 日

访谈地点：杨河区中心小学

被访人基本情况：NXXA，女，回族，11 岁，五年级四班

NXXB，女，回族，12 岁，六年级二班

访谈记录：

问：你们两个是什么时候来中心小学上学的？

XA 答：我是三年级来中心小学读书的，之前我都在范湾小学，学前班、一年级、二年级都是在那里读的。

XB 答：我也是三年级来中心小学的，之前在串河小学读的一、二年级。

问：那你们之前读书的学校有几个老师？学生多吗？

XA 答：我在范湾的时候，大概五十几个学生，当时只有一个老师。

XB 答：我们串河当时是九十多个学生，大概四五个老师。

问：你们来这里上学后距离家远吗？一般都怎么来学校呢？

XA 答：我家就在范湾区，到这里走路一个小时左右，不过我现在读五年级，开始住校了，每个周六早上跟一些都住在范湾的同学走路回家去。

XB 答：我家大概半个小时就能走到，我们这里都是五年级开始住校，我在三年级和四年级的时候每天回家，现在六年级了已经住校一年多了，我也是周六走路回家。

问：你们家还有兄弟姐妹吗？他们都在读几年级？

XA 答：我家有哥哥和弟弟，哥哥现在在隆德二中读初一，他也住校，周末可以跟同学一起打面包车回家，一般六块钱一个人，车上大概可以坐七个人左右；弟弟跟我都在中心小学，他读四年级。他不能住校，每天跟同学结伴走路回家。

XB 答：我家还有弟弟和妹妹，弟弟也在中心小学，他读三年级，不住校，一般我爸爸都会接送他。爸爸很偏心弟弟的。妹妹现在一岁半，在家里妈妈看着。

问：那你们现在住校了，平时回家帮家里干活吗？

XA 答：我帮妈妈剥玉米。

XB 答：我妈知道我六年级了学习累，舍不得让我干活。

问：你们父母现在都从事什么工作呢？家里还有其他老人吗？

XA 答：我爸爸在村里打工，帮人家盖房子；妈妈就在家里务农，剥玉米。我爷爷有残疾，他跟奶奶一起住。

XB 答：我爸爸是跑车的，妈妈在家照顾妹妹、务农。我爷爷奶奶跟我二伯家一起住，他不愿意来我家住，他更喜欢我二伯。

问：你们这么小就开始住校能习惯吗？

XA 答：刚开始不太习惯，我现在刚上五年级两个多月，晚上总想家，有时候还害怕，越害怕越会想到一些害怕的东西。

XB 答：我也是想家，以前在家晚上都有妈妈陪着，现在自己盖一个被子还是害怕。

问：晚上去厕所方便吗？

XB 答：厕所在学校的最南边，有点远，但是学校里有灯，一晚上不关，晚上去厕所可以叫上同学一起去，不害怕。学校的灯都是早上才关掉。

问：宿舍里面的东西都是你们自己买的吗？

XA 答：被子、褥子、枕头、水壶都是自己带的，床单、窗帘、墙上的镜子都是老师给准备的。

问：你们宿舍冬天怎么取暖？

XB 答：宿舍里有炉子，我们可以叫宿管的人来给加煤，一般睡觉前加一次。宿管给我们说过不要用炉子烤火，小心烫伤，要我们注意安全。

问：你们都有暖壶吗？

XA 答：都有，我们女生每天中午打热水，下午是男生打热水，一般一天一壶热水就够洗漱和自己喝的了。男生打热水的时候我们可以用盆打点凉水留着晚上洗漱时候用。

问：学校能洗澡、洗衣服吗？

XB 答：不能，我们都是周末回家洗澡；衣服来的时候多带几件换着穿，周末拿回家洗，平时自己洗洗袜子这些小东西。

问：在学校吃饭还习惯吗？

XA 答：习惯，比家里面吃得多，也比家里面吃得好。我们周一、三、五都是洋芋菜，周二和周四是牛肉烩菜，每顿饭都有两个馒头。大部分都是回族学生，汉族学生也和我们一起吃的回灶。

问：现在学校的课程是怎么安排的呢？

XB 答：我们每天都有三到四节语文课，一节数学课，英语课是从三年级开始上的，一般一周有五节，我们六年级只有周四没有英语课。

问：那你们有体育课和其他课外活动吗？

XA 答：一周差不多两次体育课，平时三点半下课以后到四点半之间都是我们自由活动时间，我们可以跳绳、踢毽子、跨大步。还有一些兴趣小组，我一周参加两到三次兴趣小组，学学画画，其他时间自由活动。

XB 答：我们有时候也在自由活动时间看看课外书，学校有个图书室，可以借书，一周之内换回去就可以。

问：你们现在作业多不多？一般每天花多少时间写作业？宿舍几点熄灯呢？

XA 答：我们常常中午和放学后写作业，一个半小时就能写完三门主课的作业。

XB 答：我也是，最慢一个半小时也就写完了。宿舍冬天的时候是晚上 20：50 熄灯，夏天是 21：20；我们一般都是 16：30 下课后吃饭，然后18：20到20：20上晚自习，夏天上得再晚一点。

问：你们对学校现在的课时安排满意吗？有没有什么建议？

XB答：现在的课时安排挺好的，我现在是毕业班了，希望多花时间在主课上。课外活动时间现在的就足够了。

问：平时不能回家的时候怎么跟家里联系？

XA答：学校门口的门卫室里有电话，我们可以随时去打电话回家，不用交钱。

问：你们以后希望去哪里读中学呢？

XA答：我哥哥现在在隆德二中，我也希望去隆德二中读书。他以前一直是班里的第一名，他也是从中心小学毕业的。

XB答：我也希望去隆德二中，不过一般都是班里前一、二名的才有可能考上，其他的同学大部分都是去杨河中学上学，我要努力争取考上隆德二中。

访谈 10
偏僻乡村的小学教学点

被访人：NXJ
采访人：王锦
记录人：王锦
访谈时间：2013 年 11 月 28 日
访谈地点：范湾小学（教学点）
被访人基本情况：NXJ，男，回族，范湾小学老师兼校长

访谈记录：

问：这所学校是教学点吗？有几个年级？

答：这是一所教学点，只有两个年级，一年级和二年级，还有一部分学前班。

问：一共有多少名学生？

答：加上学前班的一共有 54 名学生。

问：这个学校是哪年建成的？当时有多少学生？

答：这所学校是 1972 年建的，当时有七十几名学生。

问：学校里面有几名老师？

答：现在是有两名老师。以前有 3 名老师，10 月份的时候，有一位老师考走了。剩下我还有一位马老师，不过马老师是聘用的，不是正式编制内的老师。

问：张校长做了多少年的老师？

答：有十几年了。

问：您和马老师分别教什么课？

答：我教一年级的语文和二年级的数学，马老师教二年级的语文和一年级的数学。

问：学校里的孩子都是村子里的？

答：是的，都是村里的，我们这里是红旗村一组，有 220 多户，都是回族，学生也都是回族。

问：那三年级以后的孩子去哪里上学？

答：三年级以后就到杨河中心小学上学了。五六年级统一住校。

问：学生每天有几节课？

答：每天有 5 节课，上午有 3 节，下午有两节。

问：只有语文和数学吗？还有没有其他课程？

答：还有体育课、音乐课和美术课，马老师负责教体育课和音乐课，我教美术课。

问：这边有营养午餐吗？

答：有，营养午餐都是集中做，早晨有一个鸡蛋，没有牛奶，午餐是 4 块钱的标准，平时吃菜也就两块多钱，这边有一个厨师给做。

问：那聘这个厨师每个月给多少钱？

答：每个月给她 750 块钱。

问：您是哪年开始教书的？哪年到范湾小学来的？

答：1988 年就教书了，那时候在穆沟村。去年才到范湾小学来，算是工作调动，其实也是和另外一个老师交换。

问：那以前您在哪所学校？

答：我 2002 年到串河小学，在那里待了十年。串河小学也是一二年级带学前班。

问：平时住在哪里？

答：就住在办公室，也是我们两个老师的宿舍。

问：今年新入学的学生有多少？

答：今年新入学的有 34 名学生。去年是 25 名。

问：马老师是范湾的人吗？

答：不是，他是甘肃人。

问：哪年招过来的？

答：今年，他是大专学历，也有教师资格证。之前没有工作，今年22 岁，刚毕业。

问：是特岗教师吗？

答：不是特岗教师。

问：这边家庭以什么为生？

答：基本是务农，打工的少。打工的话各省都有，三四月份出去，冬天就回来了。

问：您的工资大概是多少？马老师的工资是多少？

答：我的工资算上绩效工资是三千，绩效工资是七百多。马老师就只有基本工资 1200 元，他没有课时费，吃住都在学校。

问：马老师一年所十三个月的工资吗？

答：只有上班有工资，寒暑假都没有工资。

问：您的工资是 12 个月的吗？

答：是的，从 2011 年开始的。

问：没有营养午餐的时候，学生从哪里吃饭？

答：那个时候学生都回家吃饭。

问：实施营养午餐对学生的身体有没有帮助？

答：肯定有。这是个好事。

问：教学上有没有外界的帮助和资源？

答：没有。

问：孩子有人送吗？

答：没有人送，下雨的时候送，平时没人送。

问：教室的取暖方式是什么？

答：点炉子，教师负责。

问：燃料谁负责？

答：老师负责，燃料是财政拨款。

问：燃料够不够？

答：每天都烧炉子，节约一点就够。

问：咱们附近的教学点都是烧炉子？会改造吗？

答：都是这样，会改造的。

问：这个房子什么时候建的。

答：这个房子是 1996 年建的，2003 年翻新的。

问：教室里的温度怎么样？

答：教室里就十四五摄氏度左右，达不到这个屋子的温度。

问：孩子会觉得冷吗？

答：不会，孩子都习惯了。教室里有一个炉子，放在房子的中间。

问：一个教室能容纳多少学生？

答：二十几个。

访谈 11
基础教育与城镇化发展

被访人：NXK、NXL

采访人：孙宏年、王超华、杨卓

记录、整理人：孙宏年

访谈时间：2013 年 11 月 26 日

访谈地点：隆德县第一小学

被访人基本情况：NXK，1976 年生，汉族，中小学二级教师，1996 年毕业于固原师范学校，现任宁夏回族自治区隆德县第一小学副校长；NXL，1978 年生，汉族，中小学二级教师，1999 年毕业于固原师范学校，现任宁夏回族自治区隆德县第一小学教导主任。

访谈记录：

问：K 校长，您在隆德一小工作多少年了？主要分管哪些工作？

K：我是 2008 年到一小的，现在分管办公室、后勤工作。

问：您在 2008 年前在哪个学校？教龄有多少年了？主要教哪些课程？

K：我从 1996 年从固原师范毕业后就当老师，开始在上梁乡中心小学教书，现在这个上梁乡被合并到凤岭乡了，直到 2004 年上梁乡中心小学撤销，我一直都在这个小学，主要教语文，也教过体育。2008 年，参加公开招聘，调到了（隆德）一小。

问：L 主任，您在隆德一小工作多少年了？

L：我是 2008 年到一小的，现在做教导主任。

问：您在 2008 年前在哪个学校？教龄有多少年了？主要教哪些课程？

L：我从 1999 年从固原师范毕业后就当老师，开始在李士村小教书，第一年教一个班数学以外的所有课程，包括语文、体育、音乐、思想品德等各门课的教学。后来调到卜岔——卜跟荣插话说：（卜岔）就是俺们村——小学，教六年级的数学、语文，当了 3 年的校长。2002 年又调到凤岭中心小学，担任数学、语文的教学任务，做总务主任。2008 年调到隆德一小。

问：你们的经历就反映我们隆德中小学的变迁，特别是经历了乡村基层的中小学撤销合并，那你们怎么看待这件事？撤销的原因很清楚，主要是学生少了，那你们觉得是有利的方面多，还是有一定的负面影响呢？

L：一些学校被撤销合并这件事，对于学校、学生都有好处，一方面可以集中优势的资源，有的学校就几个、十几个学生，学生交流少，不利于学生的学习。学校撤并之后，学生集中起来，能在一起多交流、活动，有利于娃娃们成长。而且，一个学校里娃娃们少，冬天又要烧煤取暖，稍不留心，就可能有学生煤气中毒的现象，也不安全。

问：现在适龄入学的孩子少了，城镇化又在发展，学校撤并也就成了趋势，可是也有些需要解决的问题，一是学生不住校的话，上学、放学的路远了、时间长了，需要家长接送；二是如果住校的话，高年级的同学自理能力、适应能力强一些，年纪小的学生适应能力差一些。过去，特别是（20 世纪）80 年代、90 年代的时候，往往是初中生住校，现在是小学生开始住校，我们隆德一小有学生住校吗，或者有校车吗?

答:隆德一小的学生都住在附近,没有学生住校,中午回去吃饭,下午放学,都有路队,娃娃们一起步行回家。

校车在一小没有,整个隆德县也没有校车,农村的娃娃们集中住在(乡镇)中心校里,周五的父母骑着摩托车接回去,有的地方是土路,平时天气好时好一些,如果有雨、雪天气——像这几天的情况——路上就麻烦一些。

问:两位老师都是既教过语文,又教数学,有时还起体育、音乐等多门课,最近几年的师范生质量怎么样,特别是年青教师情况怎么样?

L:现在进来的年青老师,只要是师范生,还是不错的。但是,非师范专业的毕业生,通过考试拿到教师资格证,进学校当老师,无论是对专业的熟悉,还是教学,明显地不如师范生,他们到了学校往往不会教课。

问:现在师范类学校的学科分布造成了差别,学了语文的不会教数学,您觉得教师是全面一些,还是专业一些?

L:从教学等方面的需要看,小学的教师素质要全面一些,比如给学生上数学课,仅仅懂数学知识和理论还不够,应学会用多学科的方法让孩子听明白。这两年,我们学校来的(大学)毕业生,一遇到文艺活动就头痛,排练个舞蹈,他/她听不懂节拍。我们这些前些年固原师范毕业的,学历低了点,但这些活动都能参加。如果到初中、高中,教学要求高了,当然老师需要更专业些,这个是各有差别。

问:这些年,非师范类的毕业生来到我们学校,需要什么样的培训程序?

L:这些非师范类的毕业到我们学校,我们会安排一周的培训,再上几次观摩课,让名师给他/她指导一下,觉得各方面合格了,就可以开始上课。

问:师范类的毕业生也经过这个过程吗?

L:是的,只要新到的老师,都要经过这个过程。一个好老师,需要十年的培养才能成长起来。

问:像咱这个学校,集中了较多的优质资源,是不是也承担着为其他中小学培训师资的任务?

答：我们这个学校是隆德县的培训点，青年教师上岗前会组织他们到一小进行一周的培训。

问：留守儿童、进城务工农民的子女在我们学校多吗？从学校管理的角度看，他们与其他学生有什么差异吗？

K：有一定比例。现在一般农村家庭把孩子送到城里读书，或者父亲外出打工，母亲带着孩子在城里，或者奶奶爷爷带着孩子。有的家长工作不稳定，挣钱不多，又租着房子。特别是奶奶爷爷带孩子，他们能照顾孩子的生活，但是作业不能辅导，问问题回答不了，孩子做什么作业不知道，做了多少不知道，对孩子作业完成情况也不了解。而且，咱们中国有个现象，就是"隔代亲"，奶奶爷爷惯着孩子，孩子对奶奶爷爷特别亲，有什么情况，父母可能管得比较严格，甚至会打孩子，奶奶爷爷舍不得打，往往给钱多，所以对于孩子成长很不利。

L：现在一些班里的问题孩子多数是留守儿童、进城务工农民的子女，一方面是奶奶爷爷隔代管孩子，管不住孩子。一些孩子进城后容易和城里孩子攀比，往往多给零花钱，一开始问题不大，时间长了容易变坏。另一方面，一些做在隆德投资做生意的家长很忙，顾不上孩子，甚至连孩子的三餐都顾不上，要吃饭的话，父母给孩子10块钱，让孩子去买吃的，孩子把钱拿走就不知买什么了。

问：这些孩子在一、二年级多吗？

答：这些有问题的孩子在一、二年级有一些，但不是很多，三、四、五、六年级时多一些了。

问：现在城镇化成了经济社会发展的一个推动力量，学校撤并合并也成了趋势，农村中小学也不可能全部保存下来，一大批农村学生势必要到城里上学，如何让这些孩子们适应得更快、更好？隆德一小有没有一些成功的做法，请给我们介绍一下相关的经验？

K答：我们学校制定了一个方案，也做了一些工作，主要是成了关爱留守儿童领导小组，加强对留守儿童的统一领导和管理；真情地关爱这些儿童，学习上优先辅导，生活上优先照顾，活动上优先安排；实施了教职工结对帮扶留守儿童制度，建立健全教师与留守儿童的谈心制度，要求班主任每月与谈心一次，定期了解他们的情况，对于少数学习严重滑坡、人格发展不健全、道德发展失范、涉嫌违法的"留守儿童"制定个别教育方案；注重对留守儿童的心理健康教育，并加强与他们父母或监护人的交流与沟通。

访谈 12
感受西部中小学教育的现实

被访人：NXM

采访人：孙宏年、王超华、杨卓

记录、整理人：孙宏年

访谈时间：2013 年 11 月 27 日

访谈地点：隆德县第一小学

被访人基本情况：NXM，男，隆德县高级中学办公室任职。他的女儿 12 岁，现在隆德县第一小学（以下简称"隆德一小"）六年级上学；儿子 9 岁，现在隆德一小三年级读书。

访谈记录：

问：您作为家长，觉得现在孩子们的作业多吗？

答：我儿子现在上三年级，作业不是很多。女儿上六年级，作业多一些，语文、数学、英语三门都有作业，回家之后要做两个小时左右。

问：孩子做作业时，需要您辅导、检查、签字吗？

答：我女儿比较自觉，自理能力也强，做作业不需要我督促，但作业我会检查，有时会问一两个问题，我会帮他解答。儿子自觉性差一些，我要督促、检查，花的时间、精力更多一些。

问：家住得离学校远吗？现在孩子回家需要接吗？

答：我家离学校不远，一千米左右，两个孩子放学后一起回家。学校培养孩子的独立性，让孩子排路队回家，我们支持。

问：两个孩子开家长会你们参加吗？

答：孩子开家长会时，我和妻子都过来，妻子参加女儿的班会，我开儿子的班会。他们同时开嘛。

问：孩子有什么兴趣吗？

答：女儿喜欢舞蹈，可是没有上专门的班。她还喜欢体育。

问：你们为孩子买书吗，花钱多吗？

答：孩子们读书以借为主，书店也可以免费读书，只要他们想买，他们需要的，他们喜欢的，我就给他们买，都能满足。家里为孩子买了很多书，有两个书柜，300 本左右吧。

问：孩子喜欢看什么书？

答：家里有工具书、漫画、童话书和其他课外读物，一般的课外读物孩子看一遍很少读二次，看完之后就放在那里，工具书用的多一些吧。

问：您是教育工作者，怎么看现在的学生德育教育？

答：思想品德教育对孩子很重要，我很担心孩子们现在的品格培育。现在孩子没吃过苦，和我们那时候没法比。第二个担心就是电视、网络的影响，这方面压力很大。

问：现在你们家两个孩子看电视多吗，上网多吗？

答：我们家为了孩子上学，周一到周五不开电视，周六打开电视，让两个孩子看。我们家也不开通网络，如果孩子想查东西，就用我的手机上网查。

问：您对于网络主要担心哪些方面？

答：现在的网络不分级，有一些适于孩子看的内容和不应当让孩子们看的内容，让他们看了这些内容，我们担心。

问：那现在计划推广"绿色网站"，保证孩子上网时看到健康的内容，您支持吗？

答：我是家长，当然非常支持这个计划。

问：孩子有手机吗？

答：女儿有手机，只用来接打电话，不能上网。

问：您在隆德高级中学从事教育管理工作，能不能给我们介绍一下隆德县高中的情况，特别是隆德高级中学的情况？

答：我们隆德县有两所高中学校，一所是县中学，一所就是我们高级中学。我们高级中学就在一小的附近，占地 252 亩，建筑面积 168084 平方米；现有教师 201 名，学生 2432 名。我们是在合并原来二中、三中的高中部基础上成立，2012 年正式建校。

问：现在高级中学的学生都是隆德县的吗？

答：我们高级中学的学生主要是县里的，都是从乡镇中学招收的，也有少部分学生是从邻近的原州区、彭阳县、西吉县等过来的。

问：现在隆德县初中生毕业后上高中的多吗，升入高中的学生都在县中学和高级中学吗？

答：不是，我们县有一部分初中毕业生到固原一中、银川六盘山中学等区内学校上高中，2013年有2380名初中生升高中，其中600多人考到了固原、银川上高中。

问：现在高级中学的学生都住校吗？花费高吗？

答：我们高级中学的学生都住校，我们住宿条件比较好，有4幢学生宿舍楼，每幢有88间。学生花费不多，每学期住宿费120元。我们餐厅很大，同时容纳2000多名学生吃饭，伙食标准不高，早点就是在3元以内，午饭在5元以内，晚饭在6元左右。

问：高级中学农村来的学生多，他们有什么特点，管理上有什么难点？

答：这些学生有一个优点，就是学习勤奋，比较懂事，比较听话。客观地说，不少农村来的学生学习基础比较薄弱，学习压力比较大，管理时就比较难。

问：现在高级中学学生高考情况如何？

答：我们高级中学2013年有460多名学生参加高考，本科以上的学校录取了101人。对了，这些学生是第一届毕业生。

问：这些考生实际上是原来二中、三中高中部的学生，我们培养的高中生还要到2014年？

答：对，这些毕业生实际上是原来二中、三中高中部的学生。这些都是我们招收的县里最底层的学生。

问：现在教师的教学设备有改善吗？

答：我们高级中学每人一个笔记本电脑，上课时用电子白板，都用多媒体。

问：老师们都用多媒体上课吗？

答：对，50多岁的都会用多媒体，而且我们会统计一周上了多少节课，用了多少次多媒体。

问：老师们就经过培训了？

答：对，我们的老师们都经过了多媒体教学的培训。

问：现在高级中学的教师男女比例、职称情况如何？

答：我们高级中学201名教师中，男教师99名，女教师92名；高级教师8名，一级教师46人，其他的都是初级教师，占到了教师的2/3以上。

问：那现在高级中学教师职称压力大吗？

答：我认为，职称是影响教育发展的最大的问题，2013年只给了1个高级教师名额，有40多人参与竞争；给了6个中级教师名额，150多人参与竞争。

问：教师的收入与职称联系紧密吗，教师收入高吗？

答：联系比较紧，初级教师、刚刚参加工作的教师每月平均2600元左右。高级教师可以拿到4800元，在我们县也是最高的了，这和初级教师差了2000多元，与一级教师也相差1000多元。不过，我们这里的初级教师任劳任怨，并不计较工资低，工作上竭尽全力，是我们教学工作的主力军。

问：现在隆德县城的房价高吗？

答：现在县城里最高的房子一平方米卖2900元。不过，我在几年前就买了，不用担心这个问题了。

问：现在教师的医疗走医保吗？

答：是，我们教师的医疗通过医保报销。

问：您对现在的教育发展怎么看？

答：我觉得现在国家很重视教育，我们隆德县是国家级扶贫县，现在学校建得很好，教育投资也比较多，我觉得已经很好。而且，我现在两个孩子大了，买了房子，我觉得很幸福。

访谈 13
民族政策在西部基础教育中的体现

被访人：NXN

采访人：孙宏年、王超华、杨卓

记录、整理人：孙宏年

访谈时间：2013 年 11 月 28 日

访谈地点：隆德县杨河乡中心小学

被访人基本情况：NXN，男，回族，今年 38 岁，小学一级教师，1995 年固原民族师范学校毕业，同年到中岔小学任教，1996—2000 年到红旗完全小学（该校现已并入杨河乡中心小学）任教并担任校长，2000—2004 年任杨河学区教研员，2004 年至 2013 年 8 月任杨河乡中小学会计，2013 年 9 月起任杨河学区主任。

访谈记录：

问：N 老师，您从教多少年了？请给我们介绍一下您的经历？

答：我是 1995 年从固原民族师范毕业的，同一年就到了中岔小学任教。1996—2000 年，到了红旗完全小学（该校现已并入杨河乡中心小学）任教，并担任校长。2000 年起，我到杨河学区当教研员，2004 年又担任了杨河乡中小学会计，直到今年 8 月。从 2013 年 9 月起，我调到杨河学区当主任。

问：请您给我们介绍一下学区内学校的情况。

答：杨河学区内有 8 所小学，共有 49 个教学班（包括 5 个学前班、5 个幼儿班，其余 39 个班为 1—6 年级的教学班），在校学生 1778 人（包括 250 名学前班、幼儿园的学生）。这 8 个学校是乡中心小学、串河小学、上岔小学、中岔小学、民权小学（在穆家沟）、岔口小学、范湾小学（在红旗一组）、中岔教学点。

问：中岔村怎么会有两个学校？

答：中岔是一个行政村，有几个自然村，各村之间距离比较远，为了照顾学生上学，所既有中岔小学，又在一个距离远的自然村设了中岔教学点。

问：您见证了近 20 年来杨河小学教育的发展，我们今天也去了范湾小学、穆家沟的民权小学，觉得学生仍然不少，不宜撤并，这就与外面的撤校合并情况形成鲜明，您怎么看这个现象？

答：我们杨河乡共有 5 个行政村，20 个自然村，全乡总人口 10651

人，回族人口占到了 96% 以上。由于乡里回族聚居，不统一实行计划生育政策，不像汉民家庭那样要求"一对夫妻一个娃"，一个回民家庭一般有 2—3 个孩子，有的还有四五个孩子，这就比汉民家庭至少多了 1—2 个孩子。二十几年下来，这里人口的基数就变大了，每年出生的孩子也比汉民居住的乡多，需要入学的适龄儿童不是像汉民居住地方那样逐年减少，而是不断增加。像范湾村、穆家沟村的孩子就比较多，范湾小学（教学点）、民权小学也就必须保留。再比如，我是 1995 年到中岔小学任教的，当时学生只有 130 人，现在已经达到 300 人，显然是增加了。

问：我们是回民驻聚居的乡，教育方面有什么特殊政策吗？

答：我们这个乡的小学生每年发给 120 元的补贴，我不知是上面发的，还是区里给的。这是以助学金名义发下来的，只要是在我们这个乡读书的学生，不管是回民，还是汉民，都有这个补贴。

问：我们这次在杨河乡看到几所小学，中心小学建设得比较好一些，民权小学是 2013 年 7 月改造竣工的，而范湾小学是个教学点，房子比较老，条件很差。那么，现在杨河学区内 8 所小学（教学点）的校舍有多少像范湾小学（教学点）的，多少像民权小学的？

答：中心小学只有一所，是我们学区人数最多的、条件比较好的。串河小学和民权小学一样，都是 2012 年竣工的新校舍。范湾小学这个教学点的校舍是在 1993 年建的，1996 年重修的，按照校舍改造工程的计划，明年这个教学点也会改建成像民权小学这样的校舍。

问：现在学区内各学校有多少教师？

答：我们现有专职教师 84 名，除去长期病休的老师，实际上有 67 名教师在教课。

问：这些教师中有没有特岗教师？我们访谈时，听说有一些老师是从甘肃庄浪等招聘的，这些外省的特岗教师多吗？

答：我们学区实际从事教学的 67 名教师中，特岗教师有 32 人，他们都是 2012 年、2013 年新招聘的，其中 2012 年招聘的 24 人，2013 年新招聘的有 8 人。这些特岗教师中外省的和宁夏本区的大约各占一半吧，其中有甘肃省庄浪县。如果放开条件，同等条件招聘的，外省的还会更多，主要是他们受教育水平高一些，考的成绩也好一些。

问：我刚才算了现在的师生比，如果按在编制的 84 名教师算，师生比是 1：21；如果按实际从事教学的 67 名教师算，师生比是 1：26。这样的话，我们教师还紧张吗？

答：由于我们乡教学点、小学分散，一些教师又因病不能上岗，教师仍然显然十分紧缺，特别是英语、音乐、美术等学科的老师缺，如范湾小学只有 1 名正式教师、1 名临时聘任教师，有一、二两个年级，54 名学生，他们两人要教一、二年级的语文、数学、音乐、体育、美术等所有课程。民权小学有一、二、三、四年级和一个学前班，只有 4 名教师，他们要教从学前班到四年级的所有课程，三、四年级有英语课，他们又没有专职的英语老师，我们就让一位英语老师同时兼着两个学校的英语课。

问：这些教师的学历、职称是如何分布的？

答：我们的老师都是专科以上，67 位老师的职称一级教师有 13 人，二级教师 23 人，35 人属于未定级。

问：这些未定级的老师大多数是不是年青教师，这会影响他们工作的积极性吗？

答：对，大部分是刚参加工作的青年教师。尽管职称没解决，但这些青年教师工作热情高、干劲足，都是教学工作上的主力军。

问：这些教师评职称的问题有压力吗？竞争激烈吗？

答：职称问题是目前教师队伍建设中的大问题，评职称里竞争也很激烈，杨河学区目前还没有高级职称的教师，2013 年给了一个高级名额，到目前知道报名的教师没评上，主要是没达到条件；一级教师名额 2 人，二级教师 9 人，都评上了。

问：现在教师的工资在本地能达到什么水平，算高的吗？

答：现在我们的一级教师每月工资 4200 元，初级职称的教师教龄在 10—15 年的每月工资 3800 元左右，新入职的教师每月工资在 3000 元以下。在杨河，如果和普通农民比，教师的收入算是比较高的，甚至是很高。可是，如果与做生意、搞养殖的相比，教师工资就不算高了，我一个月 4200 元，就不如一个养殖户养上 10 头牛收入高。

问：现在青年教师的男女比例怎样，在这里好找对象吗？

答：现在我们年轻教师中男教师少一些，女教师相对多一些。在这里，青年教师不太好找对象，主要是这里是回族聚居的乡，这些教师大多是汉族，一般说不容易本地找对象。我们现在鼓励教师内部结合，"肥水不流外人田"吧。

问：现在教师宿舍情况怎么样？

答：现在教师住的宿舍安全没有问题，取暖问题也解决了，就是工资、福利少一些。

问：您怎么看现在的"应试教育"问题？

答：现在我们的教育处于从"应试教育"向素质教育过渡的阶段。现在家长非常看重考试成绩，我们这里是回民居住的乡，乡里家长把孩子送过来就要教师把成绩教好，只要学生成绩考好了，他们就认为你是好老师；学生成绩不好，他们就觉得这个老师教得不好。

问：我们这里的小学生毕业后主要升入哪些初中？

答：杨河的小学毕业生一部分上杨河乡中学，一部分考到城里的隆德二中。

问：那初中毕业生一般上哪些学校？

答：我们这里的初中毕业生考高中，第一选择是银川的六盘山中学，第二选择是固原一中，第三选择是银川的育才中学，其次才是隆德县中学。

问：您家里有几个孩子，在哪儿上学？您爱人是什么职业？

答：我们家有两个儿子，大的10岁，在城关一小上五年级；小的6岁，在城关一小上一年级。我爱人就在城关一小，教英语。

问：两个孩子有什么兴趣，有什么课外活动？

答：我们家大儿子参加了学校里很多的兴趣小组，他喜欢英语、武术。

问：两个孩子有图书吗？在家看电视、上网吗？

答：孩子们有不少图书，在家里不让他们上网，也不让孩子看电视。2013年9月，我到学区工作后怕妻子管不住孩子，把网给清了，把电视也清了，主要是小儿子喜欢看电视。

问：我们都是家长，您觉得孩子们的作业多吗？

答：我听说别的家长说孩子作业多，我没感觉到，大儿子回来一般一个多小时就做完了。要不，就是我们蹚到了两个好班主任？

访谈 14
走向多样化的学校课程

被访人：NXO

采访人：刘青松

记录人：刘青松

访谈时间：2013 年 11 月 26 日

访谈地点：隆德县城关镇隆德县第一小学

被访人基本情况：NXO，男，1978 年生，汉族，中小学二级教师，隆德县城关镇隆德县第一小学教务处主任兼四年级 10 班英语教师。

访谈记录：

问：您好，隆德一小现在有多少教学班，各个年级都有几个班？

答：学校现在共有 54 个教学班。其中二、三、四年级 10 个班，一、五、六年级 8 个班。

问：每个班平均有多少学生？

答：二年级学生人数少一点，平均每个班 61—62 人，其他年级每个班 65 人或者多些，六年级每个班基本上都有 67—68 人。

问：课表上显示，学校各年级每周一早上固定安排一节班会课。为什么如此安排？

答：周一早上开班会，是基于工作考虑的。班主任会布置本周的一些学习安排、班级事务，以及总结上周情况，学生新的一周到校后，可以通过班会了解自己的学习任务等。

问：学校老师整体收入怎样，主要由哪些部分构成？是否与付出相匹配？

答：老师们的工作量普遍比较大，但收入整体还不如本地农民外出打工的收入，熟练工、技术工每天可以拿到 150—180 元，一般的民工每天 80—90 元也是可以保障的。但我们隆德县这里的教师收入和一般民工的收入水平差不多。但相对来说，教师有寒暑假，工资虽然不是很富裕，但生活不成问题，一些教师买车、买房还是可以实现的，本地房价不是很高，现在每平米房价大概在 2700—3200 元。教师收入不高也是受现实情况制约的，薪资水平肯定无法与发达地区比。每月的基本工资扣除住房公积金等费用，大概 2200 元左右，班主任每月大概 180 元左右的绩效工资。

问：老师们平时的生活怎样，是否会开展一些文化活动？

答：老师们住的离学校都不远，早餐可以在学校吃。学校也比较重视保障教师的生活质量，会开展一些简单又丰富多样的教职工活动。比如每天早上学生到校前，全校老师集体做早操，每天 7：30 左右开始，夏季和冬季会有所不同。再次就是每年田径运动会上，会有教师组比赛；以年级组为单位的广播体操比赛；艺术节上的教师合唱比赛；爱好书法的教师的书法展览；年级组可以利用学校场地自己安排活动；还有乒乓球室等。以后还会逐步完善一些基础设施，给教师们更多的活动空间。

问：请问隆德一小是从什么时候开设英语课的？

答：从 2002 年就开始的。三年级起点教学。

问：小学英语教学中有哪些困难？能否提出一些建议？

答：现在英语主要是听和说，但是遇到考试就出现问题。小学和初中衔接不够，有时候初中会重复学习。希望今后对小学英语的听说重视一下，测试听力、口语即可，强调语言的情景化应用，淡化小学英语考试，初中再开始考试，可能更有利于学生的发展。

问：学校层面的课程开设情况如何？

答：我们学校层面的特色课程主要是综合实践活动课程。这是教育部立项的重点课程。我们一民间传统、红色旅游等相关资源为基础，开发了属于学习自己的综合实践活动课程，已经编写教学用书。

问：该课程是如何一步步开发的？

答：最早的形式是学生兴趣活动小组，这为后来推行综合实践活动课程奠定了基础。如刺绣、书法、绘画、摄影等兴趣小组，十年前就开始有了，在当时特别不容易。学校资料陈列室很多老照片就是用以前的凤凰相机拍摄的。2007 年申报教育部课题，承担并展开建设，每年学校都会选派教师参加综合实践活动课程年会，把教师的视频课、论文带到年会上与大家交流，并参与评奖，获得了一些国家级奖项。年会每年在不同的城市举办，今年在赤峰，10 月份刚刚结束。会上有专家指导、经验交流等活动，对学校的帮助作用很大。

问：其他课程这些年一直在改革，2011 年版的新课标出来后，有没有对教师进行专门的培训？如果有，具体形式如何？

答：有的。省教育局会集中培训，然后县教研室会安排每个科目的教研员组织各学科的培训。培训材料如北京师范大学出版社的各学科《课标解读》等。经过培训，老师们对新的学科教育教学都有了深刻的理解。

访谈 15
中小学美术教育的开办情况

被访人：NXP
采访人：刘青松
记录人：刘青松
访谈时间：2013 年 11 月 26 日
访谈地点：隆德县城关镇隆德县第一小学
被访人基本情况：NXP，男，1969 年生，汉族，中小学二级教师，隆德县城关镇隆德县第一小学美术教师。

访谈记录：

问：您的职业经历如何？

答：我 1989 年固原师范毕业后，在乡下工作，后来又在教育学院深造过，专业是美术。到目前我已经教学 20 多年，以前美术、语文、数学都教，现在只教美术了。

问：那个时候师范生是全能的，什么都能教。

答：是的。那个时候什么都教。现在教师比较专了，学校教师要按学生人数拨配。但是乡下还存在一个教师教多个学科的情况。

问：目前对收入现状感觉如何？教学负担重吗？

答：收入还是比较低，勉强维持生活。有时感觉很辛苦——教 12 个班美术，有时每天要上三节课，最多时候每天上五节课，感觉很吃力。

问：您爱人是什么职业，收入如何？

答：是农民。偶尔打工挣点钱补贴孩子。

问：几个孩子，还在上学吗？

答：两个孩子。都上大学了。男孩在成都理工大学，女孩在北华大学。

问：您的两个孩子读几年级？什么专业？

答：男孩读大一，女孩读大四。男孩是车控技术专业，女儿是数字媒体技术，方向是动画专业。

问：女孩已经签约工作了没有？

答：最近正在找工作，准备面试。

问：您真不容易啊，难怪带 12 个班的美术课。在职的美术教师现在一共多少人？

答：在职的一共只有 3 人。还有 1 人是兼职的。

问：美术学科的开课情况如何，每周几节？

答：每个年级每周每班 1 节美术课。

问：您现在教学使用的是什么教材，感觉如何？

答：用的是人教版《美术》，是改革过的课本，一、二年级在用新版本，其他年级还是人教版旧版本的。主要是理念上、内容上更具有专业性。以前的美术课可以说语文老师也可以带，而现在的课本则更具专业性，一些专业的技法从一年级就开始渗透了。比如儿童画中画鱼的方法，整体怎么画、局部怎么画、细节上怎么关注，都有涉及。改革后的课本能够满足不同地区的学生需求。

问：可以具体说说吗？

答：比如从年龄上看，新课本照顾到每个年级段学生年龄的特点，一年级学生的内容表述就比较直白。教学方法及内容安排上，先从"说一说""想一想""画一画"开始，再到"评一评"，从感性到理性循序渐进。也可以培养学生的观察能力、合作能力（许多时候是需要学生合作完成的）。

问：每个人都有自己的教学风格与理念，您的理念及风格是什么？

答：我的理念与风格就是以学生为主，根据不同的学生进行差异化、层次化教育。

问：那您是如何照顾到这种层次性的呢？

答：如有的同学接触某些内容后会觉得很难，我不会强迫他完成，必须达到什么程度；而对于那些比较有天分的学生，可以多一点要求，跟他们多讲一些。

问：学校展览室有很多学生的美术作品都很漂亮。

答：是的，基本都是学生兴趣小组的同学画的。

问：我了解到学校还有与美术相关的绘画小组等，这些小组是如何开展活动的，您有参加辅导吗？

答：兴趣小组主要在课外时间开展活动，有艺术节、各类比赛等。与美术有关的活动我会辅导学生，以及带领学生参与一些美术相关的绘画比赛等，如县艺术节的时候带学生参加绘画作品、手工作品展览，让学生交流、看看。学校每年也有很多相关的活动。

访谈 16
教材应该贴近学生的实际

被访人：NXQ
采访人：刘青松
记录人：刘青松
访谈时间：2013 年 11 月 26 日
访谈地点：隆德县城关镇隆德县第一小学
被访人基本情况：NXQ，男，1976 年生，汉族，中小学二级教师，隆德县城关镇隆德县第一小学六年级 4 班英语教师。

访谈记录：

问：您的工作经历如何？

答：以前在初中学校工作。现在在隆德一小。

问：在小学学校工作后，您有什么想法、要求？

答：希望能有更多的教师培训机会，提升自身的素养。

问：本校学生学习英语从几年级开始？

答：从三年级开始。

问：您教过初中和小学，都是从零开始学英语，教学上吃力么？您认为从什么年龄段开始学英语比较好？

答：还是挺吃力的，尤其是小学，没有任何底子。两个年龄段都可以，都适合语言的学习。

问：您教学用的什么教材？

答：人教版 PEP 英语教材。

问：教材中的理念与学校实际情况是否符合？

答：感觉比之前用的更贴近学生的生活实际。

问：它的内容、理念、编排方式具体如何？

答：以三年级起点英语教材为例。如课文中呈现的水果、小动物、食物，学生都见过，或通过网络见识到。这个教材的内容，一方面，是生活的归类，另一方面，更贴近学生生活实际。新版本 PEP 教材对一些生僻单词做了替换，难度更为适中。

问：新版教材在口语、阅读等方面，有哪些偏重？

答：比较偏重会话、交际等方面的内容。

问：您在课堂上侧重学生哪些方面能力的培养呢？

答：交际内容要多些。听力会少些，会根据学校提供的听力材料来组织教学，当然，这样的资源也是有限的。如通过录音磁带，可以纠正学生的发音，这点很有用。

问：您的个人教学风格如何？

答：我的课堂属于活泼型的。学生刚接触英语的时候，尤其需要这种活泼的教学方式，比如英语课上我会有变化地让不同学生当英语课的小组长，负责监督完成作业、课前活跃气氛等。风格太死板，会伤害学生的学习兴趣，影响学生将来的学习。

问：英语课堂通常会采取很多互动交流，您的课堂通常采取哪些方式？讨论时大班情况下如何分组？

答：互动通常有师生互动、生生互动。我很注重学生之间的会话交流。遇到分组的时候，我会让同桌之间一组，或者以换同桌的形式分组讨论。

问：一堂课上，讨论或回答问题时，点名学生回答的次数大概是多少？

答：一般不会点名。点名会让学生被动，多数时候让学生自己举手。有时也会点名，一个一个接下去回答问题。况且，点名对学生不公平，要给予学生平等的机会。

问：新课改以后，大家都在强调要活用教材，不能局限于教材。您在课上，除了课本内容外，有没有进行拓展呢？

答：肯定有的。同时也注重教学手段的多样性。我会制作一些道具，如动物等，英语课上帮助孩子互动学习。

问：有没有进行一些资源的整合教学？专题性教学有没有？

答：有的。年级教师首先会集体备课，教师个人再根据自己班级的学情进行二次备课，融入自己的想法，课后再反思。专题性教学如学校做的小游戏教学，探讨小游戏在英语教学中的应用和作用。今年学科组长参与国培计划后，又领头带大家做了英语语音专题教学。

访谈 17
孩子的教育，是家庭和学校的双重投入

被访人：NXR
采访人：刘青松
记录人：刘青松
访谈时间：2013 年 11 月 27 日
访谈地点：隆德县城关镇隆德县第一小学
被访人基本情况：NXR，37 岁，汉族，林学专业出身，现在隆德县民政局工作，孩子在 1 年级 8 班。爱人在城关镇政府工作。

访谈记录：

问：您的孩子读一年级，作业多吗？

答：作业不多，1 个小时可以做完。

问：孩子一般几点放学？您上下班时间几点，孩子回家能吃上饭吗？

答：孩子一般四点五十分左右放学，跟学生队伍回家。我一般六点

下班，到家六点半左右。我们单位上下班时间为上午八点至十二点，下午两点至六点。孩子回家吃饭时间一般是晚上七点左右。

问：您辅导孩子作业吗？

答：饭后会辅导孩子作业。一般辅导语文、数学。一年级学生嘛，很多字不认识，我就会辅导。

问：您孩子的教育投入很高吗？

答：现在都是义务教育，不需要投入多少。只是周末孩子想报音乐、美术辅导班，会有一点费用。

问：您对孩子的学习有很高的要求吗？

答：要求不高，一年级学生嘛，只要课堂讲的内容接受了就行，不会有特殊的要求。

问：考试方面呢？

答：只要发挥好，试题做完，努力了就行。

问：在家您和爱人谁管孩子？用什么方式教育孩子呢？

答：一起管孩子，商量着解决问题。通常是先批评后教育。

问：言语上的，还是体罚？

答：言语上的批评居多。很少体罚，吓唬吓唬就行。

问：有没有学杂费和其他费用，主要用于什么，大概多少？

答：没有收学杂费。学校会建议买校服，不是强制性的，买不买、买几套家长自己决定。有夏季、冬季两套校服，冬季的一套170元，夏季的一套140元，质量都挺不错。

问：您和学校通过什么方式沟通？

答：有时候会联系班主任。每学期会有家长会，学校会通知家长参加，家长可以发言，提出一些建议。这是主要的沟通方式。

问：您的孩子升入小学的时候如何择校？通过什么途径？

答：学生入学基本都是按片区划分的，我们家属于城关片区。学校会按照报名先后次序进行录取，未排上队的会划拨到片区内其他学校。

问：隆德县的农村地区情况如何，您是否有所了解？

答：现在农村入学的比较少，一般是就近入学。

问：农村的师资都有保障么，课程能否开全？

答：许多农村小学师资很难保障，没有城镇这样的优质资源。

问：可否提供一个具体例子？

答：比如张成乡杨袁村小学，现在只有 3 个年级，4 位教师，只有 6 个学生。课很难开足。4 年级以后再到中心小学上学。

访谈 18
一位语文老师谈素质教育

被访人：NXS

采访人：孙宏年、杨卓、王超华

记录人：王超华

访谈时间：2013 年 11 月 26 日

访谈地点：隆德县城关镇第一小学

被访人基本情况：NXS，女，31 岁，宁夏回族自治区固原市隆德县城关一小二级教师，普通话水平较高。

访谈记录：

问：S 老师是哪一年来到一小的？

答：我是 2006 年来的。

问：S 老师的教龄有多长？

答：2000 年，我从宁夏幼师毕业。我是学幼师的，那时候幼儿园比较少，因此，就分到了小学。按照规定，我们刚毕业的学生都要到农村锻炼，于是我就到了沙塘小学，在那工作六年。

问：您教什么科目的？

答：教语文，此后一直教语文。第一年，我教了一个一年级班，后来又带了一个一年级班，一直带到五年级。到这来以后，带了一个一年级班。然后结婚生孩子，休了一段时间的假。然后又接了一个一年级班，带到五年级。我现在带四年级一个班的语文课。遗憾的是，我觉得，带了两轮学生，都没带毕业。

问：您做班主任吗？

答：我以前一直做班主任，但今年不是了。

问：您的孩子几岁了？

答：孩子今年 6 岁，现在是一年级。

问：也在这上学吗？

答：也在这。要说孩子上一年级，就有话可说了。以前我们这有学前班，在学前班的时候，老师就把学生的基础打好了，如上学习惯，教孩子认识一些字。简单的汉字，上一年学前班就会认识二三百个。等孩子一年级，就很轻松。现在不提倡了，幼儿园不让教字了。到了一年级之后，就很吃力。我女儿就这样。我以前没注意，她许多汉字写不好，也坐不住。学拼音还好一点，字写得不行。

问：您以前没教过她吗？

答：教过一些，如一些古诗，《锄禾》《春晓》。但她好像对这个不感兴趣，我也没强求。现在幼小衔接不是很好。教材也没有考虑到这个情况。现在应试教育，老师怕有些字孩子记不住，就把那些很难的字也教了，这无形中加重了孩子的负担。我女儿现在一年级，第一课"一去二三里"，本来只要会"一""二""三"就行了，结果老师就把从一到十全都让孩子写了。还有"里""去"。以后，"电视""沙发"这些字都学了。还有"高""也"，都得写。一天八个生字，得写一个小时。我前两天还向主任建议，刚开始学写字，不要学这么多。我打听了一下，我们年级现在十个班，有九个班，都这样教。孩子写字比较使劲，由于写字较多，很容易造成胳膊弯变形，我听说过有的孩子出现了这样的问题。现在，落在自己的孩子身上，我觉得孩子负担太重了。孩子姿势也不好，她不好好学，我经常打她。

问：孩子作业量有多大？

答：现在孩子五点放学回家，写一点休息一会，一直要写到八点以后。

问：您现在带的四年级作业量大吗？

答：我也会给孩子布置作业，尤其是考试之前，就会多一点。四年级作业量很重，三年级以后，也有英语作业。老师们都布置一点的话，作业量就相当大了。

问：学生考试成绩要排名吗？

答：要排的。我们一个年级有十个班，要进行全年级排名。这是给老师们排名次，学生们并不知道他们的排名情况。这些与老师年终评优挂钩。

问：县里有统考吗？

答：市里有抽考。在每个学期，全县的小学还要进行统考。我们这个学校是全县最好的学校，要是考不好，县里就会批评校长。除了去年英语稍差之外，各科在全县的排名总是第一。

问：学生从一年级说普通话吗？

答：从幼儿园就说普通话了。

问：您在家里也对孩子说普通话吗？

答：我也曾经对孩子说普通话，但由于家里有老人，交流起来不方便，也就不经常用了。孩子受方言影响较大，她有意识，但有些字说不清楚，如"红色"，她会说"红地"和"红颜塞"。学校给他们创造好的氛围，大了之后会有改观。

问：其他科的老师也说普通话吗？

答：全校的老师都是用普通话授课。年龄大的教师方言比较重，但他们都不再担任主课，现在学校以年轻老师为主。

问：现在的三笔字水平怎么样？

答：我们隆德是"书法之乡"，对写字也较为重视。但现在老师的粉笔字和孩子的铅笔字都不是很好，我自己也写得很差。学校正在开这方面的课。

问：现在班里有多少个学生？男女孩子比例呢？

答：我带的这个班有 64 名学生，其中大概 36 个是男生，多于女生，我带过的班好像都是这样。

问：孩子的家庭情况怎么样？您做家访吗？

答：我们接一个班，开始就比较关注贫困生，学习吃力的学生。我会将电话号码写给学生们。由于家庭负担的关系，我并不家访，大多采取叫家长当面交流的方式来解决问题。但现在叫家长容易产生误解，家长并不了解情况，以为还在在学校犯了错误，回到家后往往会打孩子。这样一来，孩子今后就将错或不用的电话号码留给老师，老师和家长沟通就会更加不畅了。

在这个班，父母都有正式工作的只有 6 人，其他孩子的家长都是农村的，家长都要外出打工。在我以前在的那个学校，沙塘中小学的教学水平都不错，在全县都排上名的。但现在三四年，学生都在往城里转移，农村上学儿童大量减少。教师也开始向城里转移，像我一样，许多沙塘小学的老师都到城里来了。因此，那个学校的水平下降很快。

问：传统文化经典诵读开展得怎么样？是兴趣班还是课外活动？

答：上学期开始，学校开始搞兴趣小组。一开始，让学生自由选择参加，但学生们似乎兴趣不高，男孩子大多会选择体育、武术，女孩子则会选择画画、跳舞等，很少人会选择诵读班。因此，学校就从每个班选择一个学生。每周二课外活动（下午四点半到五点）时进行诵读。每年，我们还会搞一次朗诵比赛。诵读课并不讲解。由于其他活动较多，诵读就被耽误。诵读的教材，我自己有些积累，如唐诗三百首。教材中的古诗现在不多，一般为四首。小学的教材还是以现代文为主，古文较少。

问：学生们读书情况怎么样？

答：教室有图书角，学生们也会从家里带来图书，大家交换阅读。学校里有图书室，老师可以以班为单位去借书，每年八次，每次可以满足一个班级所有学生阅读，以童话、故事为主。我鼓励家长多给孩子买书，我知道孩子们喜欢读书，但不知道哪个单位出版的书更适合他们。学生们基本人手一本字典，二年级之后就可以使用了。

问：学生们学校外开销多不多？他们参不参加兴趣班？

答：现在义务教育，学校内的开销基本没有了。学校外的开销有一些，如买书，大部分学生都有十多本书，去年，有个学生最多有131本书，书目主要是《儿童文学》《儿童文艺》等。农村来的学生的书普遍不多，有一个学生甚至没有一本书。不是家长重视不够，而是他们不懂。

兴趣班也有，假期的时候许多外面上学的大学生回来办，如英语、音乐、美术等，我们这有剑桥英语学校。附近的音体美大楼里开班美术等兴趣班。

问：现在学生的体质情况怎么样？

答：现在学生的体质比较差，城里的孩子要好一点。学校有早操，课间操。课间的眼保健操，孩子们的手都弄得黑黑的，不是很干净，揉眼睛的话，肯定是不好的。

问：学生中有视力问题的多不多？

答：视力从三年级开始就出现问题，就需要戴眼镜，老是眯着看，肯定累。我觉得主要是孩子看电视造成的，屏幕大，距离近。我女儿从幼儿园就开始看喜羊羊。这个年龄不看电视的孩子太少了。

谈话结束，我们说，谢谢您提供的信息，跟您聊得挺开心的。S 老师答：我也很开心，聊起来就一发不可收拾。

访谈 19
学校能不能多开一些音体美课程？

被访人：NXT
采访人：刘青松
记录人：刘青松
访谈时间：2013 年 11 月 27 日
访谈地点：隆德县城关镇隆德县第一小学
被访人基本情况：NXT，38 岁，汉族，隆德县六盘山街道办事处工作，负责绿化、城管等事务，孩子在 5 年级 1 班，爱人在县委组织部工作。

访谈记录：

问：您孩子在几年级几班就读？

答：五年级 1 班。

问：您对一小的历史了解吗？

答：不太了解。

问：您认为一小的校容校貌怎样？

答：还可以，挺漂亮的。

问：您觉得一小的教师师德如何，有没有出现打骂学生的情况？

答：可以，没有出现这种情况。

问：您对学校的教学质量满意程度如何？

答：整体上挺满意的。

问：您的孩子回家后能够自觉学习吗，是否需要家长督促？

答：基本都是自觉学习的。

问：如果孩子不想学习或犯小错误，你采取什么样的态度？

答：我会教导孩子，说点好话。实在不行就会批评几句。

问：您会指导孩子家庭作业吗？

答：孩子不会做的时候会辅导。有时候孩子做完作业后，我会协助检查一遍。

问：这几年来，您在孩子面前打麻将吗？

答：这是没有的，影响不好。

问：您的孩子完成家庭作业后，业余时间主要做什么？

答：主要是看电视，看课外书，下象棋，或者与其他孩子一起玩。

问：如果您的孩子在学校被同学欺负了，您会如何解决？

答：我的孩子一般比较乖巧，很少与同学产生矛盾。偶尔有点争吵，我会告诉孩子好好与人相处，或者与家长沟通下。

问：孩子的考试成绩您是如何得知的？考试排名吗？

答：期末考试后，学校会把成绩填在成绩单上，带回家家长会写评语。学校不会根据考试成绩进行排名。

问：您是如何与孩子沟通的？孩子有逆反行为吗？

答：孩子情绪不好的时候沟通会多一些。我的孩子偶尔会有点逆反行为，我会好好跟教育他，他也很懂事。

问：您对孩子的学业有什么期许？

答：只要孩子健康，能完成学业就行。这是最主要的。

问：您的孩子报了辅导班吗，收费怎样？

答：孩子报了电子琴、绘画辅导班，按月收费，电子琴每次 1.5 小时、每月 4 次课，共 150 元，绘画每次 1 小时每月 4 次课，每月共 120 元。

问：您对学校的课程方面，有什么建议？

答：希望学校能够增加音体美等学科的课时。比如我的孩子就比较喜欢音乐和美术。但是学校的课时少，有时候为了孩子更好地发展，我们必须在外面报辅导班。希望学校能够满足孩子这些科目方面的需求。因为各个科目的学习也是相互促进的，也有利于学生的全面发展。

问：您对孩子所在学校最满意的地方是什么？

答：最满意的是与家长沟通比较及时。学生出现什么问题的时候，班主任会及时与家长沟通，一起解决问题，这让我很放心。

访谈20
一位中学教师、家长谈中小学教育

被访人：NXU

采访人：孙宏年、杨卓、王超华

记录人：王超华

访谈时间：2013年11月27日

访谈地点：隆德县城关镇第一小学校长办公室

被访人基本情况：NXU，男，宁夏回族自治区固原市隆德县二中教师，女儿在隆德一小二年级。

访谈记录：

问：您孩子叫什么名字？现在上几年级？在哪个班？

答：我女儿叫UY，七岁，现在是在二年级七班。

问：您是搞教育的，你对目前的义务教育满意吗？

答：我现在比较满意。作业比较少了，再就是学校注意学生的才艺能力的培养，我女儿参加了绘画班。她目前学的是最基本的素描，还有孩子想象的绘画（儿童画），等等。在学校里，类似的活动很多。

问：学校要求在孩子的作业上签字吗？

答：没有这么要求，但是家长可以签字。我每天很忙，回家后只要看看孩子是否把作业做完了，只要做完就行。

问：您在二中带什么课？

答：我带七年级（初中一年级）数学。

问：您住的离这远吗？

答：不远，离学校走路大概20分钟时间。

问：孩子上学、放学需要接送吗？

答：一年级肯定要接送的，二年级基本不用了。老师也说要培养孩子的独立。

问：您爱人做什么工作的？

答：她是打工的，原来做点生意。基本上她在孩子身上花的时间比我多。主要是教孩子做人，生活当中督促孩子。

问：县里几个中学水平有差别吗？

答：随着生源减少，乡村中学都撤并了。现在城里主要由两所中学，二中和四中（规模更大）。生源都差不多，老师的调整也差不多了。现在最大的问题是由于人口流动，乡村学生越来越少了，原来一千多人的中学现在还有一百多人，大多撤并了。现在成立中学提供住宿和营养餐，所以，乡村的孩子都住在学校里。学校里乡村的学生比较多，由于一小对口升二中，所以他们的情况就是我们学校的情况。

问：城乡孩子差别大吗？融合怎么样？

答：不大。我们那个学校的特色就是"南大班"，南京大学支教，每年从乡村小学和中学招优秀学生。刚开始，差别很大。三年之后，差别几乎没有了。学校的分班也很合理，不按照城乡、家庭来分班。老师的教育也是这样，不会照顾家庭好的学生。我们这个地方教育抓得还是特别紧的。

问：孩子学画画，您是作为兴趣培养，还是作为特长？

答：我首先想到的是兴趣。除了文化课，培养孩子一门兴趣，让孩子做完作业，有一个爱好。如果孩子特别爱画画，我就培养她这个特长。这些都是在学校里学的。

问：孩子有没有偏科现象？

答：现在还没有偏科的现象。初中后才会出现。比如男孩不爱学英语，时间长了，自然就差。女孩就在英语方面有优势了。真正出现这个现象是在初二。

问：孩子现在读书多吗？您给她买课外书吗？

答：课外书买着呢。关键是理解能力差一点，看一篇东西可能需要两天时间，如《格林童话》，一篇好几页，她只能读个大概。我有时候会让她讲一下。

问：她一年大概读多少书？

答：一年级的时候买过《三字经》，经典的漫画、古诗。简单的能背下来，理解就差一点。她有十几本藏书。

问：她在家说普通话吗？

答：幼儿园的时候喜欢说，平时的时候，最爱模仿的就是老师。模仿老师如何讲课、批评学生。与小朋友交流的时候，也喜欢模仿老师说话。可能我是老师吧，我想，她以后别当老师了。

问：石老师教龄多长时间了？

答：我2002年毕业，现在有11年教龄了，是从固原师范毕业的。我们学校里的老师大多数都是师专毕业的。

问：您对考试制度改革有什么看法？

答：我总认为对教育的评价就是对教育过程的评价，对学生的评价应该宽泛一些。一次考试就决定学生命运不合理，偶然因素很多。对于老师而言，在应试教育下，他更看重成绩，因为它与老师的评优、职称评定挂钩。许多老师刚毕业的时候有许多教学方式，有自己的想法，比如语文老师让学生即兴演讲。但慢慢地，他们就改变了，取消这些与学习无关的活动。许多有个性的老师会讲课，会促进学生的发展，但就是没有让学生考出成绩，所以就不会被看成好老师。如果担任班主任，他就会强化他所教的学科的学习，其他学科就会被弱化，这就是"班主任效应"。过程评价要有一定的标准，现在我感觉，学生教育要分阶段进行，每个年级达到一个什么水平就够了，要与德育工作结合起来。在我们学校，我就是做德育工作的。

问：那您就谈谈德育工作的经验？

答：道德教育没有量化标准。我觉得，学生现在最大的问题是不诚实，没有担当，这让我很担心。犯错误的时候经常撒谎，明明做了坏事，就是不承认。问他是哪个班的，就乱说自己的班级，现在的办法是拍照。

问：这种情况普遍吗？

答：很普遍，孩子越大，越出问题。孩子有时骗家长的钱，说学校里要钱。它与家庭教育关系不大，我感觉还是应试教育的问题，智育搞好了，德育工作也就好了。当然，这与现在的社会风气也有一定关系，现在大人不诚信了，社会不诚信了，孩子也就不诚信了。

问：孩子上网吗？

答：现在学生上网不多了。现在学校对时间管理很严格，没时间上网。再说，现在家庭中电脑都普及了，现在对上网也没什么兴趣了。原来孩子上网主要是兴趣，学校就一节信息课，如有未了的心愿就会在家中上网。

问：二中有高中吗？升学率怎么样？

答：我们学校没有高中。我们的升学率还可以。好的学生都到了银川一中、六盘山中学和育才中学、固原一中等，差一些的就留在本县上学。每年四百多人考上外面的高中。这是对我们县教育的一个冲击，生源外流了。我前些年带过的学生，全班有 50 多人，有十几个人考出去了，大多数能上本科线，最好的一个考到了对外经贸大学。

（访谈结束，U 老师邀请我们到二中去参观，我们说，谢谢，时间允许的话，会去看看。）

访谈 21
12 岁孩子眼里的学校生活

被访人：NXXM

采访人：孙宏年、杨卓、王超华

记录人：王超华

访谈时间：2013 年 11 月 28 日

访谈地点：隆德县杨河乡中心小学校长办公室

被访人基本情况：NXXM，男，12 岁，回族，宁夏回族自治区固原市隆德县杨河乡中心小学六年级三班学生。

访谈记录：

问：你今年多大了？

答：我今年 12 岁。

问：你什么时候来到中心小学的？现在住校吗？

答：我原来在串河小学，三年级来到中心小学，现在住校。

问：你家在什么地方？离学校有多远？

答：我家在串河村，从学校走路一个小时到家。

问：你现在是在哪个班？班里有多少人？男生多，还是女生多？

答：我现在是在六年级三班，班里有52个人，女生多。

问：每天都有什么课？今天下午是什么课？

答：语文和数学课每天都有，除了星期三，每天还有英语课。下午第一节是语文课，第二节是数学课。

问：下课之后呢？

答：下课之后是课外活动，四点半放学。吃完晚饭之后有70分钟的晚读，从5点20到6点半。然后是两节晚自习，每节40分钟，中间休息10分钟。

问：你们晚上几点熄灯休息呢？

答：我们8点50熄灯睡觉。

问：宿舍冷吗？

答：宿舍有点冷。晚上生炉子，有些烟。

问：你们谁负责生炉子呢？

答：我们分组，值日生炉子。第一节晚自习之后加碳。

问：屋里有通风口吗？

答：有呢。

问：你们自己洗衣服吗？

答：自己洗袜子。带些换洗的衣服，周末拿回家洗。

问：袜子晾在什么地方？

答：炉子上。

问：你现在身高是多少？担任班干部吗？

答：我现在一米五二，担任体育委员。

问：你热爱什么体育运动？

答：喜欢打篮球。

问：你从哪里学的打篮球呢？班里爱打球的人多吗？

答：从电视上学的，看NBA。班里打球的人不多。和我们一起打球的，五年级和六年级的都有。

问：除了打篮球，你还有其他爱好吗？

答：我还喜欢看书。

问：都看些什么书呢？家里有书吗？

答：《伊索寓言》《一千零一夜》等。家里有书。

问：学校有图书馆吗？

答：学校有图书馆，我们以班为单位借书，一次可以借几十本。

问：你读的书能用到作文中吗？

答：我一周写一篇周记，每天都写日记，一篇日记是一页纸。

问：你们每天都吃什么啊？

答：早上是一个馒头，一个鸡蛋和一包奶；午饭周一和周四吃肉，其他时间吃菜；晚饭都是吃牛肉面。

问：你一般能吃多少呢？

答：两个馒头和一缸子菜。

问：如果吃不饱怎么办呢？

答：可以继续加。

问：喝水呢？是免费的吗？

答：有锅炉房，热水是免费的。

问：周末有家庭作业吗？

答：有作业，两三个小时可以完成。周末在家，我先写作业，后看电视。

问：英语作业多吗？你们现在有几个英语老师？

答：多。我们有五六个英语老师。

问：你的英语老师姓什么？你知道他多大了吗？

答：现在的英语老师姓余，男的，今年24岁。

问：你们一直是一个英语老师吗？

答：我们三四年级、五年级和六年级是三个不同的英语老师。

问：你考试一般能考多少分？

答：上次都考了90多分。

问：你坐在第几排？能看清黑板上的字吗？

答：我坐在第三排，能看清，视力是5.2。

问：你们班戴眼镜的多吗？

答：有6个，全都是女生。

问：平时老师会打你们吗？

答：气急的时候会打。

问：什么时候老师会生气呢？

答：我们打架的时候。

问：你家里有兄弟姐妹吗？

答：有一个弟弟？

问：几岁了？上学了吗？

答：6岁，在串河小学上学前班。

问：你家里养牛羊吗？

答：我家里养牛，有6头，4头大牛，2头小牛。

问：父母都在家吗？在做什么工作啊？

答：在家，都是农民。

问：家里的地多吗？种一些什么作物呢？

答：不知道呢。地里种小麦、玉米，还有土豆。

问：爸爸妈妈带你买衣服吗？一般去哪买？

答：带我去买鞋，一般去隆德。

问：父母给你零花钱吗？

答：给我零花钱。

问：每个星期一般有多少？你都用来干什么呢？

答：有时是5块钱，有时是2—3块。我有时用来买零食，也买本子。

问：你在哪买本子呢？

答：在乡里。回家经过乡里。

问：你们班有汉族吗？你们关系怎么样？

答：有一个汉族，我们关系不错的。

问：你出过远门吗？

答：出去过。最远的是在大武口，在石嘴山，舅舅家在那。

问：谁带你去呢？坐什么去的？

答：妈妈带我去的，做班车，要坐一天时间。

问：经常去吗？弟弟也去吗？

答：一年去一次。弟弟去年没去，今年去了。

访谈22
集中优质资源办校，孩子更受益

被访人：NXV

采访人：杨卓、孙宏年、王超华

记录人：杨卓

访谈时间：2013 年 11 月 27 日

访谈地点：隆德县隆德一小

被访人基本情况：NXV，固原人，女，1974 年生，回族。宁夏回族自治区固原市隆德县隆德一小二级教师。1995 年毕业于固原师范小学语文专业后，一直在张程小学任教。2011 年调入隆德一小，目前担任五年级语文教师。丈夫为固原市张程小学校长。共育有两子。长子17 岁，现在银川六盘山中学就读一年级。次子 9 岁，现在隆德一小就读四年级。

访谈记录：

问：您来隆德一小工作多久了？

答：一年半了。我以前在乡下学校张程小学教书。

问：那您的小儿子跟着您一起进隆德县城读书的？

答：对，他转学。原来也在张程小学。

问：随着城市化进程，越来越多孩子都进城念书了。张程小学的师生流失多吗？

答：变化并不大。虽然有流失，但张程小学自身是乡中心小学，同时也在兼并下一级的部分学校。所以人数始终保持在 300 人左右。

问：孩子对这种转变适应吗？

答：适应！他可喜欢这个学校了。这里的生活比原来丰富多彩，开展的课程也更加齐全，条件要好得多。

问：先说说课程设置吧。您本人是老师，体会一定很多。

答：在乡下的时候，那儿老师少，所有老师都得一人兼数课。音乐、思想品德、科学我都带过。而且每天课表排得满满的，学生们没得自由生长的空间。我儿子来到隆德一小后，才发现：哇，有这么多课外活动！很快，他就选择了书法作为兴趣爱好。

问：您儿子进城读书前后，成绩有什么变化？

答（自豪）：他各科都还不错，最近思想品德刚刚考了98分。

问：真不错。

答：成绩不排名是好事。孩了会看到自己的成绩，会被告知"你进步了！"家长也跟着欢喜。而不是盲目攀比。

问：您对孩子未来将面临的小升初，乃至中考、高考这些选拔性考试怎么看？

答：考试还是必要的。能让有能力的孩子脱颖而出，你是强者还是弱者，要通过一个机制证明，我认可这一点。

问：北京地区高考改革方案中降低了英语的比重，增大母语分量，您听说了吗，您怎么看？

答：我认为，英语学习有必要贯穿始终，但是"先母语后外语"的安排是合理的。

问：现在四五年级的学生，课业负担重吗？

答：不多。就拿语文的作文为例吧。我们每学完一个单元，会让学生根据单元特点写一篇作文，这是课上——课下布置写日记，为了给孩子们减负，现在只要求三天写一篇。

问：您觉得孩子现在写作中遇到的难题或者说瓶颈有哪些？

答：我认为最大的困难在于词汇量积累不足。见识太少，作文尤其写景作文就容易局限。很多孩子写来写去都是县城那几个景点儿，少数孩子被父母带出去旅游，回来才会写一些新颖的东西。可现在农村孩子进城读书，多数由爷爷奶奶照顾，大多数不具备这种出去"看外面的世界"的条件啊。

问：孩子们平时阅读情况如何？

答：学校有图书馆、阅览室、电子借阅室，资源还是挺多的。厚一点的两周能读一本，薄一点的一周吧。经典诵读活动也让他们能够知道一些文本，比如《弟子规》，他们能很好地理解其中礼仪谦让的部分，并付诸写作和实践。像我儿子这样特别爱读书的，像学生版有注音的《三国演义》《水浒传》《西游记》，还有《奥特曼》《喜羊羊》《爱的教育》，等等。他都读完了。负面影响是早早戴上了 300 度的眼镜，哎，坐着看躺着看，睡觉前脱衣服那一会儿还要一只手拿着书看，真是没办法。

问：爱看书是好事，得保护视力，您家里有不少藏书吧？

答：我给他从学校里图书馆借，自己也买，每周还领他去新华书店免费读书，家里现在一共有三百多本书吧。

问：真不少！

答（自豪）：阅读量上去了，可以说他是他们班里作文很好的。

问：和您平时的交流怎么样？

答：在四五年级的阶段，这些孩子像猛地"长大"了似的，思想认识突然就有了提高，比以前懂事多了。自主意识也在增强，凡事不能下命令，要与他协商。比如他通过和我谈判，争取到了周六自由休息、周日写作业的权利，还有每周上半个小时网的权利。他很信守承诺，无论是正在玩《植物大战僵尸》，还是《铠甲勇士》，时间到了，一分钟也不多上。

问：现在班级里都有一半以上农村进城读书的少年，和城市孩子在各方面的差别明显吗？

答：到了四五年级，差别并不太大。农村孩子这时候反而显得更能吃苦，自觉性强，俗话说"农村的孩子早当家"嘛。

问：这两类孩子之间相处得融洽吗？

答：比较好！

问：您班上汉族和回族学生比例如何？

答：现在班上只有一个回民。

问：这么少。

答：隆德县虽然回民总人口达到10%，但分布并不均衡，像我以前在的张程乡、杨河乡，是回民最多最集中的两个乡。

问：是这样，回民子女受教育情况如何？

答：现在大家思想素质都提高了，绝大多数都会送孩子上学。即便乡下，也会尽量供孩子读完高中。

问：作为一位回族母亲，您儿子从回民聚集区来到汉人同学中间，他们彼此间融合得怎么样？

答（笑）：我从来没有特别意识到这个问题，因此可以说，完全没有隔阂。

问：说说您对这次"进城"最大的感受吧。

答：我和我的儿子来到了一个特别"人文化"的学校。以前每天语文—数学—语文—数学地满堂灌，孩子就像一根紧绷的橡皮筋，始终得不到松弛，不瞒你们说，我过去一度都对教学失去信心了。

而现在的学校，特别重视孩子的心理感受，无论每节课的节奏也好，课与课的节奏也好，都具有一种良好的"紧张—松弛"节奏的调节，孩子喜欢上了每一门课！有一次科学课下课后他兴奋地告诉我："妈妈，老师带领我们通过实验，发现了……的奥秘！"真是倾情投入进去了。何况还有课外美术、音乐、舞蹈、书法这么多兴趣小组，我觉得非常好。

问：您希望儿子将来去外面发展吗？

答：希望两个能留一个在身边的。不过呢，要是有适合他们的工作、前途，哪里有发展就让他们去吧。

问：谢谢，祝您和孩子们健康，未来更好！

答：谢谢！也祝福你们！

访谈 23
一位基层老教师"哄孩子"的幸福

被访人：NXW

采访人：杨卓、孙宏年、王超华

记录人：杨卓

访谈时间：2013 年 11 月 26 日

访谈地点：宁夏回族自治区固原市隆德县隆德一小

被访人基本情况：NXW 林瑞红，1964 年出生，固原联财人，汉族。宁夏回族自治区固原市隆德县隆德一小一级教师。1983 年毕业于固原师范（今宁夏师范学院）后，来到隆德城关一小（后更名为隆德一小）任教，主要教语文课。前几年由于身体原因，退出教学一线，现在教科学课程。

访谈记录：

问：听说您是咱们一小的老教师。

答：我从 1983 年固原师范毕业以后一直在这儿。

问：那今年三十年了！

答：是啊。整三十年了。

问：您是怎么走上教师职业道路的？

答：过去农村生活很困难，考试制度恢复以后不几年，我们都想着早点出去挣碗饭吃，就放弃了上高中的机会，上了师范（中专）。

问：一直到 90 年代末，我们山东尤其鲁西南也是这样，喜欢上中专，因为好找工作，短平快。这种观念一直到 21 世纪才改变。

答：是啊，我记得我们那届九十几个初中生，全都考上了固原师范、卫校、技校等中专。大家后来基本上最后都回到家乡工作了。

问：您主要教哪些课程？

答：我在中专学的是小学教育。在这儿主要教语文，也教过一个学期数学。这两年身体不好，学校照顾我，让我带科学课。

问：当时的一小和现在不一样吧？

答：变化很大。我刚进一小的时候，教师只有四十多个，教室只几间平房，办公室也只有两间。现在城市人口集中化，乡里的学生大部分转到城里。班级在增多，学校规模也逐渐变大。前几年学校把东边的淀粉厂地面收购了，教学环境得到了彻底的改善。

问：您开始教书的时候我们都还小，能说说三十年前的孩子和今天的孩子有什么不同吗？

答：从学生管理的角度讲，现在的孩子难管理。过去的孩子比较老实、听话、胆儿小，你提点要求呢，学生心里面即使不服气也比较听话。现在的孩子更聪明、有主见、反应快、思维活跃，胆子大一些，不会被动地顺从你。这些和信息化程度的加深有很大关系。

问：我看一小建了音体美大楼，满足了孩子们兴趣活动的场地和设备需要。那咱们现在科学课，科学器材方面充足吗？

答：学校的教具配备现在还是挺充分的，比前两年改善多了，需要的基本都有。我上课前就到实验室去借。孩子们特别喜欢做小实验，一上实验课，你拿着器材往教室里面走，学生们就高兴欢呼"做实验了"！你要是啥也不拿，干讲不动手，孩子们就有点垂头丧气的，走神、做小动作。前一阵教研室搞了次小活动，给六年级的学生开展"电"相关的实验活动。孩子们分成几个小组，都领到了自己的器材，老师提要求、提示方法、做演示；孩子们分工明确、有的观察，有的做，有的做记录……通过做实验，把他们要掌握的道理、技能都比较全面地领会了。

问：现在农村过来的孩子比较多，他们有什么样的性格特点？

答：我刚进一小的时候，学生基本上是城市户口，父母多是干部职工。少数孩子来自城郊。整体上习惯较好，差别较小。随着城镇化进程的开展，大量农村人口涌入，农村来的孩子所受的学前教育不足，知识结构和层次和城市孩子有差距。另外，进入城市意味着很多孩子成为留守儿童，由爷爷奶奶甚至亲戚抚养，对孩子的心理成长是有一定影响的。可以说，上课的时候，两极分化严重，让你不得在学生的思想和心理教育方面花费更多精力，要不然教学效果上不去。这也算是经济发展带来的一个问题吧。

问：您刚才说"两极分化"，这么严重。

答：是啊，很多农村孩子一上学，完全不认识字，不会握笔。没有像城里孩子一样经历在幼儿园里听故事、认字这个阶段。

问：您能具体说说留守儿童个性成长存在哪些问题吗？

答：比如自觉性差、作业不能按时做，依赖性强，注意力难以集中，得过且过，心理各方面素质不稳定。我们也经常和家长沟通、召开家长会，但是效果还是不太理想。比如一年级小孩子写字慢，晚上做作业容易疲乏瞌睡，爸爸妈妈如果在还可以陪伴，爷爷奶奶休息都早，或者出于心疼，就不让做了，个别爷爷奶奶甚至代替孩子写作业，那笔迹明显不一样。久而久之，就养成了孩子偷懒、不认真的习惯。

问：这些孩子和城市孩子差别大吗？

答：一年级起始差别很大，到三年级——就从语文上看——城市孩子各方面素质还是明显要好一些，除了幼儿园阶段的差别外，还因为他们能读到更多书籍。父母在身边很早开始给孩子讲故事，培养他们阅读的兴趣，从一年级掌握拼音开始，自己就能试着读注音读物，试着写话写日记，多读多看多写，语言能力自然就上去了，这是一个水到渠成的过程。相比农村孩子，要有一个爬坡过关的语言过程，就没这么轻松。

问：学生们平时也要读一些经典吧？

答：读啊。三年级的学生，有的就能够自觉引用一些古诗句。

问：是吗！您能举个例子吗？

答：我带三年级的时候，班上有一个学生楚天（化名），因为车祸的原因，连留两级，有的考试只能考几分。反应慢，个子高，自卑，被有的同学嘲笑是弱智，因为是外地生，语言不通被排挤。我们学校举办"经典诵读"活动，让所有的孩子读诗句，我常常在课堂的间隙向孩子们介绍一些，早自习、下操、晚上排路队回家的时候，也让他们大声念诵。

问：是您一个人这样做，还是其他老师也这样做？

答：几乎全部老师都会这样做。学校南边操场上有一个池子叫龙泉苑，夏天里面长满睡莲，早晨被太阳一晃特别美。我让孩子们通过描写池子反映家乡的美，很多孩子就写"池子在喷水"，楚天他却写道"接天莲叶无穷碧，映日荷花别样红"。我很惊喜，和大家说："你们看楚天这样一写，多么美！简直都可以和南方的西湖媲美了。"内向的楚天听到这样表扬他，第一次，笑了。这真的是他们念诵好诗文的功劳。

问：这种自觉地运用经典到作文中的能力，孩子们普遍具有吗？

答：应该说到了四年级以后，大多数孩子们都能尝试这样做。我也尽量要求他们这样做。有些运用不够准确，主要原因是对这些经典本身理解得还不够。

问：孩子们主要接触哪些经典？

答：《三字经》《弟子规》《百家姓》……前年我带一年级的时候，有天早自习停电了，我问大家："怎么办？"有个孩子提议说："背《三字经》。"结果他背了那么长，有些是学校教的，有些是他幼儿园就背会的。

问：您觉得他是理解字句含义之后背下来的吗？

答：我觉得不太理解。但随着年龄的增长会逐渐增加理解。就拿《三字经》说，"鸡司晨"这一句他们早就会背，可一直到二年级，有一天我和他们说："大公鸡会报时，小狗会看门，小蜜蜂会酿蜜，小朋友要是啥也不干，可就连小动物也不如了。"他们才表示真正理解了这句话的含义，思想上也得到了一定的启发。但从整体上看，我们的孩子学习经典还主要是依靠机械背诵。

问：您觉得通过背诵经典，会不会对个人品质产生一些好的引导？

答：会啊。比如学习李白《赠汪伦》这首诗的时候，失意的李白受到汪伦的真诚安慰，于是用"桃花潭水深千尺"来比喻这份友情。孩子们懂了之后，纷纷地和自己的朋友约定，彼此也要好好相处，要永远保持真诚。有的还写出了很棒的读后感，看得出对他们的触动是很大的。

问：您带过这么多届一年级，能谈谈注音识字的教学心得吗？

答：我是农村人，为了让学生跨过拼音这道很抽象的坎儿，当年很想了一些"土办法"。比如"ü"的搭配——"j""q""x"遇到"ü"，两点要出去，"n""l"遇到"ü"，两点不出去——儿歌大家都背得滚瓜烂熟，可是还不理解不会用，怎么办。我就编故事："ü"是小鱼在河里游，"j"是小鸡要吃鱼……

问：我们小时候老师说，小鸡把小鱼的眼睛啄瞎了，就没两点儿了……

答：我告诉孩子们，小鱼吓得赶紧闭住眼睛，悄悄沉到水底了。一会小鸡走开了，小鱼呢，才又上来游戏玩耍了。

问（笑）：我们老师当年就没考虑虐待小鱼的问题。

答：教"n""l"的时候我就说："n"是弯弯小拱桥，"l""是树枝水上横，小鱼要睁大眼睛游过去，要不然就撞上啦。还有"yi"标记声调的时候，总有孩子忘记去掉i上面的点儿，我就设计了一个游戏：让几名男同学上台来，给他们戴上帽子，问大家，是不是看不见他们的头顶啦？再摘下帽子让他们齐步走，问大家：看到头顶的是不是就带不走帽子啦？大家欢笑声中，这个知识点就被记住了。

问（笑）：我们也记住了。

答：我再说一点对一年级教材的意见。以前用六年制的教材，一年级只有十几课的课文，汉字也比较少。而现在的教材有点难，学生学得比较吃力。对农村来的没上过幼儿园的孩子来说，像跳高的"跳"字啦，都偏难。再比如第二单元已经出现了几个自然段的文章，学生读和理解有困难。其他年级的教材难度还比较合理。

问：考试的时候会考这些读写困难的字吗？

答：前几年还考到二类字，我们没办法，就只好教。这几年二类字考得少了，基本考一类字。

问：您教了十几届一年级，一般来说这个年级老师不好当，要懂孩子，要幼小衔接，责任很重。

答（略黯然，自嘲地）：现在小孩子不喜欢年纪大的、教书死板的教师，更喜欢年轻的、活泼的、灵活的教师，我年纪大了，竭尽全力想办法适应潮流吧。

问：您自己有孙儿辈了吗？

答：还没有，有一个儿子26岁，在深圳，今年准备结婚了。

问：将来小孩会交给您带吗？

答（笑）：不知道。其实我也不能说会带小孩。教了这么多届一年级，有时候回头想想，自己的教学还是有很多提升空间的，很惭愧。

问：您觉得自己教学中最大的特点是什么？

答：好孩子是表扬出来的。现在好像叫做"赏识教育"吧，我特别乐于"哄"孩子，培养他们独特的个性。我教的孩子们，老远看见我，会喊着"老师"跑过来一下子抱住我。前两天我给一个班代了几天课，他们下课就朝我嚷："我爱你，老师。"带过几年的孩子，他们毕业上了中学，相约来给我"过生日"，我家的客厅和卧室之间有个推拉门，大家一起吃饭，然后他们让我坐在沙发上，他们在里面化妆，然后突然一下子把门拉开，一个一个地，给我表演节目。他们还说："老师，等我们考上大学，再来给你过生日。"我的孩子们，经常这样。我很幸福。

问：他们知道您的生日吗。

答：不，他们通常把教师节当做我的生日。

问：我们感受到了您的幸福。

答（微笑）：我这人，别的啥也不会干。就爱上课。以前从早到晚就上一天，也不嫌累，现在嗓子不行了，医生说是声带撕裂。现在稍好了一点。学校照顾我，让我带科学课。受到学校的特别照顾，真的很不好意思。

问：语文课特别费嗓子。

答：现在好了，每个教室都配备了扩音器，不用扯着嗓子喊了。比我资历还老的教师，学校一共有十几位，都受到照顾，带一些科学、思品等负担较轻的课程。有时候新教师进来，学校也比较信任我，让我帮带一下。我就把自己的经验、办法分享给他们。他们理念新、水平高、思维活，还会使用新仪器，教学效果也很好。

问：谢谢您。愿您多多保重身体！

答：谢谢，好的。

问：再见。

答：再见。

访谈 24
青年代课教师：搁浅，但不迷茫

被访人：NXX

采访人：杨卓

记录人：杨卓

访谈时间：2013 年 11 月 28 日

访谈地点：宁夏回族自治区固原市隆德县杨河乡范湾小学。

被访人基本情况：男，22 岁，汉族，2013 年毕业于陇东学院（原庆阳师范高等专科学校），甘肃庄浪人，范湾小学聘用教师。

一　坚守≠困守：范湾小学

他生就一副陕北人的黝黑透红的脸庞，身形不高，但结实得很，只穿一件 T 恤和薄棉服，在零下十摄氏度的院子里一站半个小时也毫不畏寒，皮肤下涌动着北方青年人的勃勃生气，这就是马院生，范湾小学仅有的两位教师之一。这位汉族小伙子并不健谈，还有几分刚走出校门的学生的青涩，但他仍然很愿意和我们交流——或许在这个只有一位同事、没有电视和网络的回民教学点，一位 22 岁的年轻人，是有些寂寞的吧。

2013 年毕业于甘肃陇东学院的他，遗憾地没有通过省里的教师招聘考试，他不想赋闲在家，就和另一位同学来到了范湾小学做代课教师。同学不久之前刚刚考上了"三支一扶"离开了这里，他不得不承担起这个只有两个年级的小学一半的课程：二年级的语文、一年级的数学，还有体育课和音乐课。范湾小学是杨河乡最艰苦的教学点：一横一竖两排简陋平房，二十米长的围墙，两只破破烂烂的篮球架，54名回族小学生和两位教师，就是范湾小学的全部。

但马院生对这一切抱持乐观态度。他告诉我们：这个教学点还不能撤。这些孩子还太小，父母不放心送到条件更好但略远的中心小学，于是先送来这里学习两年。在城市人眼中看来，没有多媒体、楼房、塑胶操场的孩子们可谓艰苦。但是在乡亲们的眼中：孩子们能在这里免费学会读写、朗读、算数，享受国家提供的营养午餐，冬天燃着财政专门拨款的煤炭取暖，又不必犯险走上几十里山路，如此度过人生最初受教育的两年时光，是值得欢喜的。

何况，一切都在变好。

"最冷的时候这里有零下二十八九度，以前用土块盘的炉子，烧煤沫和土的混合物，煤烟特别大。现在用的炉子坚固美观，煤也没有烟了。""老师也有了单独的餐费，村子里专门请人来做饭，食材都统一配送到点。"如果马院生知道范湾小学的校舍已被列入规划，明年即将翻新重建，想必会更加坚定这一看法吧。

"孩子们很聪明，没有受过学前教育，我们单独辟了一个学前班教他们握笔和其他基本能力，再上一年级，按教材教都能跟得上。"尽管我知道，这种"进度"的稳定和这里体育等场地设施有限、不得不经常给孩子们全天开设语文数学有关。但必须承认，这是一个尽职的选择。再说，每天翻爬山脊上学的孩子们，又怎会和城里孩子一样缺乏体育和阳光呢？

二 聘用教师：情怀与身份的尴尬

经了解，马院生每个月只能拿到1200元代课工资，除此之外没有其他任何补助。另一位编制内教师则能拿到包括绩效等补贴在内共3000元左右工资。两人工作量则相当。关于这种"不公平"，马院生却表现得很平静。他把这一切归结为自己今年没有通过那次教师招聘考试，并且想再考一次特岗教师。

"陇东学院是本科。"他强调，"我学的是地理，希望能去中学教我的专业。"

听说非师范考生也可以报考特岗教师，马院生表示惊讶，但仍旧对作为师范生又有实践经验的自己抱有信心。能够看出，他完全没有把现在这段日子当做人生的"滑铁卢"，而是将之看作生活的帆船偶然驶入了一段褊狭的河滩，亦有别样风景，满满收获，只待春水溢涨，便可再度扬帆。

"考上之后争取进个中学，回甘肃本地，不会再到这里了。"说这句话的时候，他抬头望向北方，我以为他在望大山背后百余里外他的故乡庄浪，他却突然说："这里的山路太难走了，有十几个孩子住在山背，最远的要走上一个多小时，雪微融之后，泥泞得很，下山基本上靠坐着滑，太危险了，可就那几户人家住得又分散，修路是不现实的。"我能想象他所说的场景，因为这时操场上映日融雪和着黄土浆已经漫上了我的靴面。

"能不能再提个安全方面的建议？班上有个孩子对芹菜过敏，营养午餐是大灶，他有的时候吃不好饭。"

"不能浪费煤，中午正暖和的时候，得封上一会儿。"

"歌唱二小放牛郎刚教他们唱会了，还有几首歌曲在我去乡上刻的光盘里，得留下。"

在马院生忽然唠叨起来的碎碎念中，我感受到了一种深沉的情怀，它像一缕阳光，穿透了临时工的身份、微薄的待遇和青年人惯有的迷茫。正如范湾小学的孩子注定两年后即将走出大山、走进县城、走遍全国一样；我相信马院生也注定会成为一名优秀的教师，所需的只是时间和技能的磨砺而已。

三　教师资格考试，能否撑起马院生们的梦想？

马院生"失利"的那次教师资格考试，笔试共考两个科目：教学知识能力和综合素质。他没有发挥师范生所擅长的学科教学论领域知识能力，而是折在了"综合"科目上，现在虽然具有了大山里的教学和班级管理经历，马院生对能否通过还是惴惴不安。而他想转而去考的特岗教师招聘考试，则考两个科目：公共基础测试和专业基础知识测试。前者考察内容为：大学思想政治、时事政治、法律常识、计算机应用知识。后者则分文综和理综，马院生将要报考的是理综，内容涵盖中学数学、物理、化学等相关专业知识。从考试科目设置来看，对于吸引非师范专业的各科学生参加并通过自然是有利的，但假如一名知识不够广博的地理师范生名落孙山，真不一定意味着自身差劲。对此，我只能默默祝福。

本次调研期间，我也常常在各级教育管理者口中听到这样的抱怨：比如"特岗教师不如普通师范生好用"，"许多人只要通过了教育学和心理学的考试就来做老师了，可是实际连课堂导入都不知道要做，他们的教材教法知识是远不够的呀"，"许多新晋小学教师只能教一科，这是因为他们来自非师范专业，不懂小学教育，只擅长一个方向"，"还是当年免费师范生质量好，想当时宁夏师范学院一年100名师范生，一下子就被抢光了"……

如何不放过任何一个真正的教育人才，如何设置教师准入制度的"门槛"？这是一个不容含糊的课题。最近，"国标"考试——中小学教师资格考试试点已经扩展到十个省份，根据进度，2015年将覆盖全国。它以人为本，公平择优。把鼓励和吸引优秀人才从事教育工作、择优选拔乐教适教的人员取得教师资作为宗旨。为考生提供专业化的考试服务，为建设高素质专业化教师队伍，提升教师队伍整体素质，提高教师社会地位，吸引优秀人才从教服务。

教师是实施素质教育，提高教育质量的关键。这次考试改革，能否真正选拔有潜力的优秀教育人才？能否引领特岗教师招聘制度的调整？能否促进建立更加健全中国特色教师管理制度？马院生们的梦想，最终能否实现，所有搁浅的航船，能否终都驶向广袤的大海？

访谈 25
"希望加大教育培训和职称晋升力度"

被访人：NXTA、NXTB、NXTC、NXTD、NXTE
采访人：景向辉

记录人：景向辉

访谈时间：2013 年 11 月 26 日 14：30—16：00

访谈地点：隆德第一小学教导处办公室

被访人基本情况：NXTA、NXTB、NXTC、NXTD、NXTE 均为隆德第一小学教师。

问：目前隆德一小教师工资与家庭收入水平怎么样？

大家普遍认为，隆德县属于国家级贫困县，平均工资水平较低。2010 年实施绩效工资之后，老师工资都有所增长。NXTB 说，自己1999 年毕业参加工作，有 14 年工龄，目前工资 2200 元，加上绩效工资 600 元，月均工资 2800 元左右。目前，隆德县外出打工者的收入水平，技术工人大约每天收入 150—180 元，一般工作也会一天 80—100 元。

NXTB 说，自己爱人务农，收入微薄，还有两个孩子在读大学，目前的工资仅能够勉强维持日常生活。家庭负担主要由家庭中的教师一方一个人承担，这一情况在自己这一年龄段的教职工中具有一定普遍性。一小目前有三位专职美术教师，一位兼职教师。自己现在要教 12 个班级的美术课，有时一天要上 5 节课，加上家庭负担重，感觉很吃力。

NXTE 说，学校现有教职工 206 人，54 个教学班，在校学生 3433人。二、三、四年级各有 10 个班，一、五、六年级各有八个班。除了二年级每个班人数在 61—62 人，其余班级人数都多余 65 人，六年级八个班人数都在 67—68 人。教师每天的作业批改量很大，工作非常辛苦。

问：大家针对目前学校师资建设工作有无问题与建议？

NXTA 说，自己以前是在中学工作，后来来到一小。很多教师需要掌握的技能需要不断培训。希望国家能在教师的继续教育培训上面进一步加大支持力度。

针对教师的职称问题，NXTA、NXTE 说，目前中高级职称岗位比例太低，教师职称晋升的压力很大。按照当前的计分标准（中专学历15 年为 1 分，专科学历 7 年 1 分，本科学历 5 年 1 分），一小符合晋升中级职称的教师已经达到 120 人左右。大批符合职称晋升条件的教师积压，一定程度上影响工作的积极性，容易造成职业倦怠。希望政府能在这方面能够给予支持。

　　问：请简单谈一谈学校留守儿童的情况。

　　NXTC、NXTD说，目前，学校的留守儿童与问题家庭（如，单亲，父母关系不和等）的学生每个班级大概有3—5个，不算多。由于缺少家庭辅导与监管等原因，这部分孩子是学习成绩差、品行顽劣、心理问题较多等问题较为突出的群体，他们各方面进步不明显，作业辅导的效果也不好。对于这一问题，学校和教师也采取了多种措施。比如，在作业辅导也日常课堂教学中对他们给予更多关注，进行有针对性的家访，有的细心教师还为他们建立了课程档案进行追踪，等等，促进他们的尽快转变。对于这一群体的心理健康问题，由于缺少专业师资力量，学校还没有能力对他们进行心理辅导，目前这一工作由德育组与教导处共同做工作，与班主任、家长联系沟通。

访谈26
"教育资源城乡发展不均衡较为严重"

　　被访人：NXJA、NXJB、NXJC
　　采访人：景向辉
　　记录人：景向辉
　　访谈时间：2013年11月27日9：00—10：30
　　访谈地点：隆德第一小学德育室
　　被访人基本情况：NXJA、NXJB、NXJC，均为隆德县隆德第一小学学生家长

　　问：几位家长都在体制内工作，请谈一谈对县中小学教育发展现状、存在的问题，以及政策性建议等问题的看法。

　　NXA说，目前，西部地区教育资源城乡发展不均衡情况较为严重。从县政策发展的思路来看，推进城乡一体化的过程，也应大力推进教育的城乡一体化。一些优质教育资源大多集中于县城与市区，但一些边远地区的孩子上学很困难，学校条件也很差。我有一个侄女在张成乡杨袁村小学读书，学校只有六个娃娃，4个老师，各方面条件都很差。村里

的其他娃娃大都转校到条件好一点的学校去了。要努力寻求多种渠道与方式，比如通过提高乡村教师的工资待遇，拓宽他们晋升职称的通道等，来吸引更多人才到基层工作，切实解决这一问题。

NXA、NXB、NXC 说，当前小学教育在课程设置上存在一些不合理之处，应有所调整。一是应注意加强理论与实践、课堂教学与野外考察等内容的结合。课本上的很多内容在教室里面讲学生缺少直观认识，难以理解。比如，西部地区的小学生对于长江、江水的内容就缺乏理解。二是应在课程设置中进一步加大音乐、美术、体育等艺术类课程的内容，这样有利于学生全面发展。现在学生的课业负担比较重，六年级的学生晚上六点多到家，写作业一直要到晚上 10 点。三是在具体教学和方式上，可以适当增加让学生上讲台讲课的方式。这样可以增加学生体验教学的切身感受，提前预习课程，娃娃们比较喜欢。现在隆德四中已经有这种授课方式。

问：如果方便，请几位家长谈一谈自己工资收入的状况。

NXB 说，我是林业局高级工程师，副高职称。目前的工资水平，扣除公积金、养老金、大病医疗保险等资金之后，每月实发 3400 元左右，应发 4000 元左右。

NXC 说，我是事业编制，九级职员，扣除公积金、养老金、大病医疗保险等资金之后，每月实发 2700 元左右。

NXA 说，扣除公积金、养老金、大病医疗保险等资金之后，每月实发 2700 元左右，应发 3600 元左右。

NXB、NXA、NXC 说，现在，隆德县城物价较高，周边地区如甘肃平凉等地物价较低。隆德县城中心的住房均价大概在每平米 2800—3200 元；一碗炒面价格 11 元，平凉一大碗面条才 9 元。

访谈 27
"学校急需一座宿舍楼"

被访人：NXN
采访人：调研组全体人员
记录人：景向辉

访谈时间： 2013 年 11 月 26 日 11：45—12：30

访谈地点： 杨河学区范湾小学、民权小学、杨河中心小学

NXA 介绍中心小学基本情况。他说，杨河学区教师编制实有 84 人，学生 1778 人。教师队伍中除了年龄偏大、身体有病的，真正能进行授课的只有 67 人。其中，杨河中心小学共有学生 776 人，由各村小学学生到一定年级之后转过来。学校实行寄宿制，五、六年级学生在校寄宿，约有 330 人。

目前，杨河学区教师队伍整体素质较高。教师最低学历一般都是专科学历，不少还是大学本科学历。学区面临最大的问题一是教师紧缺，一线教学人员尤其是村小学远不能满足实际需求。比如，中岔小学硬件很好，有教师周转房、餐厅等，但全校 302 名学生只有 8 名教师（6 名正式编制，2 名聘用）。二是寄宿学生住宿空间紧张，急需一座宿舍楼。目前学生宿舍都是架子房单房，十几平米的空间住有十多个学生。如果能扩大住宿面积，学校就可以实行全部寄宿，把三、四年级的学生也纳入寄宿范围。也能更好地满足宿管员、工作人员等后勤保障工作的需要。

宁夏调研印象
——诗情与日记

2013 年 11 月 26—28 日，中国社会科学院和教育部调研组走访了隆德县的县城第一小学、杨河乡中心小学、民权小学和范湾小学，对校长、督学、教师、家长和学生分别进行了访谈，调研了该县小学教育的基本情况。同时，把所见所闻所想记录下来，供大家参考。

隆德县位于固原市最南部，离西安、兰州的距离比到银川还近。该县面积 967 平方千米，人口仅 18 万，近年来，由于人口流失，目前可能只有 13 万左右。隆德县县城极小，只有南北大街两条，东西大街两条，县城人口也只有 2 万出头。该县号称"书法之乡"，文化底蕴深厚，许多从事教育和文化事业的人都可以写一手很漂亮的字，这里也随处可见毛泽东同志那首著名的《清平乐·六盘山》。在这个被联合国列为"最不适应人类生存的地方"，还能孕育出这样的文化环境，实在难得。该地民风淳朴，在这里的几天时间里，我们接触到了教育局长、校长、教师、督学、学生、家长等，他们的热情善良，再加上朴实的方言，让人感觉十分亲切。

2013 年 11 月 25 日　星期一

孙宏年、胡希召

经过 13 个小时的火车，380 多千米、4 个多小时的长途汽车，"根在基层·中国梦"中央国家机关青年干部基层调研实践活动暨中国社会科学院、教育部青年干部群众路线教育实践基层调研活动宁夏组

（以下简称"调研组"）于 25 日中午到达宁夏回族自治区固原市，接着就开始了调研活动。第一天主要是与当地教育部门座谈，了解该市基础教育的基本情况，并就下一步的调研活动做了安排。

下午，调研组先后与该市教育局和原州区、隆德县教育局的负责同志进行座谈。在座谈中，固原市教育局局长张毅同志代表该市领导和教育战线的同志欢迎调研组的到来，介绍了该市基础教育各级各类学校数量、在校学生数量和教职工数量等，近年来该市注重提高教育质量，认真实施强师计划，开展了增强领导作风、教师教风、学生学风和校园文化建设的"三风一化"活动，收到良好成效；积极扩大学前教育办学规模，突出义务教育的均衡发展，依法保障进城务工农民子女平等接受教育的权利；落实惠民政策，资助经济困难的中小学生，进一步推进教育公平。调研组的成员就中小学教育中普通话推广、"特岗教师"计划、教育信息化等问题提出了咨询，张毅和原州区、隆德县教育局的同志回答了相关问题，并反映了当前制约该地区教育事业进一步发展的情况，主要涉及师资培训、教育信息化中的人员培训和优质教育资源的配给及农村、山区的教师队伍建设，同时也提出一些建议和思路。

在座谈会上，调研组的吴述纲、孙宏年、胡希召强调本次调研是"根在基层·中国梦"中央国家机关青年干部基层调研实践活动的系列活动之一，又是教育部、中国社会科学院青年干部群众路线教育实践基层调研的组成部分，是青年同志贯彻落实党的十八大精神的具体实践活动，主要任务深入固原市各县（区）、乡镇基层的学校，通过扎实、细致调查研究，从而了解我国基础教育的基本情况，总结基础教育发展的经验，关注基础教育面临的困难和挑战，特别是中西部地区教育事业面临的实际困难。调研组还与该市教育局协商确定此次调研的基本方案，即调研组分为两个小组，分别前往原州区张易镇中学和隆德县的中小学调研。

中国社会科学院的林燕平研究员参加了座谈，她为此次调研做了大量的协调工作，并将参加张易镇中学的调研。

2013 年 11 月 26 日　星期二

刘靖、王锦

今天，调研组在宁夏回族自治区隆德县第一小学、原州区张易镇中学开展调研，了解基础教育的相关情况。

在隆德县第一小学（以下简称"隆德一小"），调研组与该校领导班子成员进行了座谈，对 14 位教师进行了深度访谈。隆德一小现有教职工 206 人，教学班 54 个，在校学生 3433 人；学校坐落在六盘山脚下，占地面积 100 亩，校舍建筑面积 19138 平方米，绿化面积 14500 平方米。该校以"示范加特色"为办学目标，以"全面加特长"为育人宗旨，是固原市示范小学。该校各种教育、教学设施完备，建筑功能齐全，教学楼、综合楼、图书实验楼、办公楼、田径运动场、各种球类运动场、绿化休闲场所，形成了颇具文化品位和现代气息的校园育人环境。校园文化建设是一所学校综合办学水平的重要体现，也是一所学校个性魅力与办学特色的体现，更是培养适应时代要求的高素质人才的内在需要，隆德一小在校园文化建设方面取得了一定成绩，达到了环境育人的目的，切实发挥了校园文化的功能和作用。同时，学校还加强经典诵读，积极申办中国国学教育示范点、"十二五"教育部课题《传统文化与中小学人格培养研究》全国课题示范学校。该校坚持"特色亮校"的理念，综合实践活动课程实现常态化，注重学生自主学习和自身实践，广泛开展综合实践活动，营造书香校园，开展丰富多彩的兴趣活动。

在座谈会之后，调研组分成三个小组，分别对隆德一小的 14 位教师做了访谈，这些教师包括老、中、青不同年龄阶段，覆盖语文、数学、英语和体育、美术等各个学科。访谈涉及到普通话推广、教育信息化、教师资格、"特岗教师"计划、师资培训、教师收入、国学教育（包括经典诵读）、低年级教材内容编排、英语教学、留守儿童、学生体质、学校和家庭之间关系等诸多问题。有些问题值得重视，比如在教师收入方面，有教师反映面临日益增长的物价和房价，目前的收入在 2008 年调整之后一直没有进一步调整，使得教师们生活水平无法得到进一步改善。

在张易镇中学，调研组与该校负责同志召开了座谈会，了解了该校的基本情况，对部分教师做了访谈，还参与学生晚自习管理、查看学生宿舍等工作，进行了"体验式"的调研、考察。

王超华

上午9∶30左右，在县教育局马主任（男，51岁，从事教育工作三十余年，目前任督学，经常到各乡检查工作，熟悉基层情况。据说，按照当地规定，科级干部52岁就要退居二线，也就是说，他明年就要回家养老了。其貌不扬，但大学时曾学习政治，又经过多年锻炼，说话多有条理。）的陪同下，我们来到城关一小（这所学校改建于2010年，与大城市的小学相差无几）。该校张书记带领卜副校长、刘教导主任已经在门口等候。略作寒暄并作简单介绍后，我们进入新办公大楼，参观校园文化建设的各类展览。从校徽到各类奖章，从毕业照到书法展，实在丰富。其间，赶上课间操时间，孩子们到下面操场做操，场面十分壮观。课间操结束后，孩子们对着镜头跳跃，甚是可爱。

10∶15，我们与校领导、教师代表到校会议室进行座谈。

校方给我们提供了一些基本材料。张书记给我们介绍了该校近年来的建设、教学、管理等工作的成效，如校园面积在三年内扩大到100亩，就读学生数量达3000人以上，学习成绩全县第一、开展了丰富的社会实践活动，等等。然后，他又提出了目前存在的一些问题和想法：（1）该校作为试点小学，教学设施仍显不足，他期待教育主管部门加大对该校的投入，增加如新电脑等设施以激发教学积极性；（2）加大该校教师培训力度；（3）增加每年的职称名额；等等。我们就关心的一些问题进行了提问，他们陆续补充了一些材料。这些材料大致提供了以下信息：（1）教师数量及比例。学校现有教师206名（师生比例为1∶17），其中30—40岁，有117名，以年轻老师为主，男女教师分别为34人和83人；英语（三年级开始学习）教师14名，音乐教师8名，体育教师12名（2名兼职），师资学科结构相对完整，但等待评职称的人数较多；（2）该校依托本县资源，开展了多种社会实践活动，并有相关的实践教材；（3）普通话普及情况较好，文化经典的诵读开展得也很好。

14∶00，我们小组在校长办公室展开了对教师代表的访谈。

今天座谈的有四位教师，其中两个是教学人员，最后两人是教导主任和副校长。第一位老师和我们年龄相仿，普通话较好，开朗健谈，教授四年级一个班的语文课，跟我们谈了一个多小时，内容涉及幼儿园和小学的衔接问题、普通话普及、作业量、学生的体质、读书、兴趣班、学生家庭经济状况等，十分丰富。第二个是有三十年教龄的林姓教师，她与接待我们的张书记是同学。尽管该老师比较拘谨，普通话很不标准，但由于她经历了该县初等教育三十余年的发展，积累了许多教学经验，提供的信息的价值不言而喻。对于城乡学生的差别，她着重说了很多：与城市孩子相比，农村的孩子接受的学前教育少，知识结构不完整，生活和学习习惯也不好，自觉性差，理解能力也差，比较依赖别人，如有时甚至要爷爷奶奶帮写作业，笔迹很明显。在三年级之后，城乡学生的这种差别才开始缩小，学生们较好地融合，分化也逐渐消失。从对两位老师的访谈来看，我觉得，这些奋战在教学第一线的教师是真正的专家，只有他们才知道当前的教育状况如何、问题在哪儿，而我们都是外行，问题深度不够，也很难实现与他们的对话。

最后的两位校领导有许多类似的经历，如都是从固原师范毕业（现已经更名为宁夏师范学院），都从事初等教育工作多年、后来都是通过招聘进入这所学校。针对目前生源逐渐减少的情况，他们比较赞成并校政策：首先，对孩子有好处，师资力量可以更为集中，老师和学生都可以互相交流；其次，在农村，取暖要生炉子，存在安全隐患，并校后是集中取暖。当然了，低年级孩子太小，就此产生的与住校相关的问题会加重学生的负担，但这是后续问题。他们还对教师质量提出了一些看法：师范生质量还不错，非师范生通过培训考取教师资格证，在实际教学过程中差距很大；以前的老师不仅会教课，文体活动也能搞，现在就只会上课，有时课都上不好。除此之外，他们还谈了在学校管理中的一些体会。

对上述访谈，我们根据录音和笔记做了整理。

2013 年 11 月 27 日　星期三

王超华

上午，从 9 点开始，我们组与学校安排的三位学生家长进行了访谈。这三位家长是什么背景呢？第一个家长是二中（一小的对口初中，即一小的毕业生全部进入二中）的教师，教授七年级数学，又兼管德育工作；第二位是位回族妇女，也是一小的教师，教授语文，第二个儿子在该学校读书，大儿子在固原上高中；第三位是任职于隆德高级中学的教师，有两个孩子都在一小就读：女儿 12 岁，上六年级，儿子 6 岁，上一年级。这几位家长文化程度较高，普通话也过硬，都能把问题说清楚。有些儿童的父母很少在家，或文化层次较低，普通话不行，交流起来不方便，爷爷奶奶更是如此，可能学校领导也考虑到这些情况，于是选取这几位学生家长与我们交流。但这样也造成信息来源过于单一，导致我们无法全面考察家庭条件与受教育情况的关系。鉴于此，我们只能尽可能地寻找我们需要的信息。由于他们既是老师，又是家长，因此，对有些问题，昨天的访谈已经得到答案了。不过，石忠义和王晓强两位家长不仅从事教学，还从事学校行政管理工作，因此，对教师结构、生源流动、教育管理中存在的问题较为熟悉，他们提到的"学生外流对本县教育的冲击"，这实在是很高层次的理论总结了。

11：30，我们赶上了最后一节课，在刘主任的带领下，去听了一节英语课。年轻的英语老师活泼开朗，课堂气氛十分热烈。

15：30，我们参加了六年级一班的主题班会，名字叫"放飞梦想"。我们到了该班之后，老师和同学们都已经准备好了，老师和两位小主持人看起来都比较紧张。互动开始之后才发现，发言的学生就是那几个，而且是重复发言，他们明显是有准备的。很遗憾，我们没有及时参与进来，打断他们的节奏。我们的工作没有到位。

2013 年 11 月 28 日　星期四

王超华

今天，我们用了一整天的时间依次访问了杨河乡的几所小学，与县城的一小联系起来，对该县小学教育的印象就大致完整了。个人以为，这是进入隆德以来收获最大的一天，精神为之一振。

我们首先到了位于杨河乡的范湾（村）小学。这是一所学校吗？一个破烂的校门，可能并不能称为"门"，以及一周矮墙。当身材高大、面容朴实的该校校长（姓张，这个学校就两名教师，他有正式编制，有 25 年教龄；另一个姓马，22 岁，甘肃庄浪人，大专学历，临时聘用人员。因此，张老师也就可以被称为"校长"了）。带我们进入校园时，我们震惊了。靠近门口一年级教室（所谓"一年级"实际上有不同年龄阶段的孩子，3—6 岁都有，有的孩子甚至连自己的年龄还说不清），一个略显笨拙的小男孩在门口站着（后来得知，这个孩子只有一只胳膊，由于不知是谁家的孩子，就留在了范湾小学。和我们熟悉之后，他不断地在校园里跑着，数次摔倒，又数次熟练地用一只胳膊把自己撑起来），看到我们到来并无表情。该教室对面是一片尚未化冻的操场，两个没有篮筐的破篮球架子，让人担心风一吹就会摔倒，这就是孩子们上体育课和进行课外活动的场所啊！与一小宽阔的大操场有天壤之别。靠里面的篮球架后面是一排房子：两间宿舍、一间教室和一个食堂操作间。张老师先带我们到了他的办公室（也就是他的宿舍），里面摆着一张床，一个炉子（这是农村小学必备的室内取暖工具）和一张办公桌（上面竟有一台电脑，它被用来记录学校的重要事项）。我们就坐在床上对他进行了简单的访谈。他说，他和马老师都住校，旁边就是马老师的宿舍；他是回民，学生也全都是回民，都是本村的孩子；学校有两个年级，他们的宿舍旁边是二年级，开设语文、英语、音乐、美术、体育等课程（他教一年级语文，二年级数学，其他科目都是马老师来带）；马老师每月 1200 元的工资，他每月收入有 3000 元左右；孩子家长都是农民，三四月份都去甘肃和新疆打工（问到一个孩子，他隐约知道父母去新疆了），现在天冷了，估计逐渐都要回来了；教室是 1997 年建的，2003 年进行过翻修，现在都是危房（一年级的教室稍好，二年级教室门口的牌子上写道：该房子属于危房，鉴定为 c 级，使用时应注意安全）；孩子有免费的营养餐，菜品种类丰富（他们的食堂操作间还算干净，两个妇女正在蒸馒头，她们是本村人，每月 750 元的工资。她们将菜储存到一个地窖中，我们去时，一个妇女到下面取菜了）。简单介绍完基本情况后，我们就到教室去了，由于老师们都来见我们了，孩子们在上自习。推门进入教室，孩子们立即一阵骚动，对我们的到来不知所措。等我们将带来的小礼物送给他们，并拉近了关系之后，他们尽管还很害羞，但已经愿意和我们交谈了，那些简单表情和言语竟然令我无法用文字表达。在这件简陋的教室里，中间是炉子，后面则堆满了用来取暖的煤炭，整个教室显得暗暗的。教室的墙壁上有孩子们作品，有字，有画，还有几张励志的人物画像。二年级教室的角落里，是周恩来那句著名的"为中华崛起而读书"。它似乎在证明，在这苦寒之地，在这个条件如此艰苦的学校里，教育工作者们仍然不忘告诉孩子们要立志读书，为这个国家、民族做贡献。孩子们穿着既不整齐，也不干净，一边说话，一边抹着鼻涕，小手冻得又红又肿。一年级的孩子们要小很多，也更活泼，面对镜头并不害怕，只是没有什么表情，看到了自己的相片时，他们才微微笑一下。要离开时，我才见到了马老师。他个头不高，言语朴实，穿着一件单薄的羽绒服，脸庞红红的。我们随便聊了几句，鼓励他踏实工作。两位老师一直送我们到车上，在他们眼中，似乎未来的希冀全都在我们这群人身上。我们能为你们做些什么呢？

　　15 分钟后，我们来到民权小学。这个小学规模稍大，有个正式的挂牌子的大门，有两排翻新的教室，有一个貌似完整的土篮球场。在教师宿舍里，该校校长（郭六一，男，回族，从教 19 年）告诉我们，该校有学生 81 人（生源在减少，去年是 91 名，校长说，主要原因是农村出生的孩子少了），都是回族，教师 4 人（师生比例达到 1：20，3 人有正式编制，其中穆老师年纪较大，已经 59 岁了。还有一位女教师，个头娇小，脸庞红红的，腼腆，见了我们话不多），现在最大的问题就是师资力量不足，这个学校有学前班（我们去的时候，老师不在，他们都在玩，有一个孩子熟练地往炉子里加碳，大家看到我们的到来，欢呼雀跃），有 1—3 年级（四年级之后，学生才会转到中心小学），尽管课程开设得比较完整，但老师们都是兼任多个学科的教学，所以如果再能增加 2 名教师，情况就会好很多。老师们都住校，收入差别很大，年龄最大的穆老师每月收入能达到 4000 多元，而临时聘用人员（初中毕业）只有 1200 元（与范湾小学的马老师一样）。每间教室每年有 500 公斤煤炭供取暖使用，按人头拨付，每年 10 月中旬开始生炉子，大概能持续到第二年 2 月份。该校是全国营养餐试点校，早饭是一个鸡蛋和一个馒头（最初是一个鸡蛋或一个馒头），午饭标准是 4 元/人，每个星期一、三、五是牛肉小炒，二、四是素菜，以孩子吃饱为准，餐具统一购买，每人一个饭盆（中心小学的五六年级学生是大缸子），教师和学生同吃；食堂也雇用了本村的两个人，每月工资 900 元（比范湾多）。学校的教室是去年重建的，新的设施、器材基本没有，上体育课就是跳跳绳，踢踢毽子。我们到教室里看了看孩子，他们情况要比范湾好一些，见了我们会齐刷刷地说"老师好"，谁说农村的孩子素质低呢？

1989—1990 年，我在邻村上小学一年级，学校有教师三人（另外，还有两个幼儿园老师），两个年级和一个学前班。学校有一个大操场，教室都是大瓦房，也算是宽敞明亮。看过这两个学校，我发现，它们竟然比不上我的小学母校，至少硬件上是如此。但那可是 20 多年前山东农村的一所最普通的小学啊！

我们的下一站是该乡的中心小学，也是学区主任的办公所在地。这位名叫 NXN 的学区主任（这个乡有一名学区主任和 3 名教研员，日常工作的时候开自己的车活动，没有任何补贴）给我们留下了深刻的印象，遇见他是我们这次调研最大的收获。他今年 38 岁，从教 18 年，在全乡的学校基本上都工作过，而且担任过校长、会计、学区教研员等职务，教学和管理均是能手；他业务能力极强，对全乡的学校、教师和学生情况了如指掌，许多数据信手拈来，能较有见解地指出问题所在；此外，他的爱人是县一小的老师（教英语），两个儿子（一个 10 岁，上五年级；一个 6 岁，上一年级）都在一小上学，对城乡教育的差距比较清楚。因此，与他的谈话让我们对之前的所见所闻理解地更加清楚，尽管有些话听得并不明白。对于撤并学校，他说，这个乡的情况比较特殊。许多小学人数并没有减少，这是因为适龄儿童的增加，人口基数大，每个家庭一般都是两个孩子。对于乡里的小学，国家有政策给予特殊照顾，如免费餐标准的照顾；五六年级有助学金，每人每年 100 元，有的年份还会达到 120 或 150 元，保证贫困家庭完成学业。教师方面，全乡有编制 81 个，在职教师 67 人（中心校有 37 人，学生 770 余人，师生比是 1:21；全乡有学生 1778 名，师生比是 1:25），其他的 14 人或是年龄大了，或是身体状况不允许，不能再从事教学工作了。教师大多数是专科文凭，特岗教师有 32 人，近几年补充的本地和外地教师各占一半，女老师较多。（由于处在回民乡，教师们难找对象，所以乡里鼓励教师内部解决个人问题。目前教师中，双职工的很少，大多一方是教师，一方是农民。）教师之中，一级职称有 13 个，二级职称有 23 个，其余还未评级（有的是因为年龄未到），而他们却承担了大部分的教学工作。今年给了一个高级教师职称，但由于是全县参评，没评上，两个一级和 9 个二级名额都评上了。一级教师的收入有 4200 元/月，从教10—15 年的教师收入是 3800 元/左右，新进人员普遍 2000 多元/月，每个月的收入肯定不到 3000 元。与一般家庭相比，收入算不低，但与做生意的就没法比了，甚至连养牛的也不如。苏永清还说，现在小学教育的城乡差距较大，仅以读课外书为例，这里的小学生根本没有多少读书量（这与一小的孩子最少十几本，多者上百本，最多三百多本肯定无法相提并论），一个原因是学校条件有限，最主要的是家庭经济条件所限，家长们考虑不到这个问题，不会在这方面投资。他还提出教师数量短缺、校舍需要整修等问题，我们一一记下。

　　比起那两所村里的小学，中心小学要好得多。新盖的食堂和教职工宿舍，还算牢固的教室和宿舍，偌大的土操场，化冻之后，全是泥泞，根本不容你进去。学生们大多数住校，每间宿舍 10—16 个人不等。中午，我们去看了一下他们只能容纳两个班级吃饭的食堂，去教室看了一下孩子们吃饭的情景。在教室里，他们手拿馒头从缸子里往嘴里送菜的情景，让人印象深刻。一份菜很快吃完了，等我们走出教室，他们才跑到前面问老师再要一碗，看来他们还没吃饱、没吃够啊。等孩子们吃完后，班主任吃剩下的饭。我们到教职工食堂吃饭，市教育局长也来了，我们一起体验今天孩子们的饭菜。但是，我们的菜里有很多牛肉，不知道我们这一顿饭，是不是把他们一周的肉都吃光了？午饭后，我们三个小组分别找了学生进行访谈。我们与一个六年级的回民学生进行了谈话，这个 12 岁的小伙子，精神帅气，我们问了他很多问题，都得到了干脆的回答。

　　调研很快就结束了，我们就要踏上返程。在隆德的几天里，我们了解了该县初等教育的一些情况。投入与成绩，如营养餐的提供、普通话的推广、教学设施的改善等，我们已经看到了；城乡两极分化、校舍不安全、乡村教育基础设施投入不足、生源外流严重、留守儿童的受教育情况堪忧等问题，大致也都看到了。这对我们这些长期从事办公室工作的"键盘侠"来说是很好的一次教育和洗礼。总结经验和庆祝收获的同时，更多的是想要检讨。因为可以肯定的是，我们没有也不可能看到全部的和更深层次的问题。一方面，在我们这帮"北京的专家"面前，学校敢于真实情况展现给我们吗？在县一小，教育中的问题肯定没有看到多少，而在杨河，我们可能也没有看到全貌。原因有很多，我们在抱怨当地没有提供足够的信息时，却从来没有注意到自己的问题：我们有能力让他们提供有价值的信息吗？我们提出的问题，不接地气，非常外行，有些简直幼稚，很难与那些常年从事教育教学工作并有所思考的教师实现对话。既是如此，我们提出的建议价值将何在？

2013 年 11 月 29 日　星期五

刘青松

想写一些与爱情有关的东西，
但爱情没有这么柔软的巍峨，
于是每一眼望去，
都埋下了再看一眼的伏笔。
于是我再看你，
把爱情抛在脑后，
像太阳把山阴的雪抱在怀里，
却捂化了不曾想到的结局。
如果只能隔山相望，
你就是山，
我正在这里，
而爱情被谁，
藏在了哪里？
你告诉我，
我好转身过去……

于西海固

附 录

国务院办公厅关于印发乡村教师
支持计划(2015—2020年)的通知

国办发〔2015〕43号

各省、自治区、直辖市人民政府,国务院各部委、各直属机构:

《乡村教师支持计划(2015—2020年)》已经国务院同意,现印发给你们,请结合实际认真贯彻执行。

国务院办公厅
2015年6月1日

(此件公开发布)

乡村教师支持计划(2015—2020年)

　　为深入推进全面建成小康社会、全面深化改革、全面依法治国、全面从严治党"四个全面"战略布局,认真贯彻党中央、国务院关于加强教师队伍建设的部署和要求,采取切实措施加强老少边穷岛等边远贫困地区乡村教师队伍建设,明显缩小城乡师资水平差距,让每个乡村孩子都能接受公平、有质量的教育,特制定乡村教师(包括全国乡中心区、村庄学校教师,下同)支持计划。

一　重要意义

　　到 2020 年全面建成小康社会、基本实现教育现代化,薄弱环节和短板在乡村,在中西部老少边穷岛等边远贫困地区。发展乡村教育,帮助乡村孩子学习成才,阻止贫困现象代际传递,是功在当代、利在千秋的大事。发展乡村教育,教师是关键,必须把乡村教师队伍建设摆在优先发展的战略地位。党和国家历来高度重视乡村教师队伍建设,在稳定和扩大规模、提高待遇水平、加强培养培训等方面采取了一系列政策举措,乡村教师队伍面貌发生了巨大变化,乡村教育质量得到了显著提高,广大乡村教师为中国乡村教育发展作出了历史性的贡献。但受城乡发展不平衡、交通地理条件不便、学校办学条件欠账多等因素影响,当前乡村教师队伍仍面临职业吸引力不强、补充渠道不畅、优质资源配置不足、结构不尽合理、整体素质不高等突出问题,制约了乡村教育持续健康发展。实施乡村教师支持计划,对于解决当前乡村教师队伍建设领域存在的突出问题,吸引优秀人才到乡村学校任教,稳定乡村教师队伍,带动和促进教师队伍整体水平提高,促进教育公平、推动城乡一体化建设、推进社会主义新农村建设、实现中华民族伟大复兴的中国梦具有十分重要的意义。

二　总体要求

（一）基本原则。

——师德为先，以德化人。着力提升乡村教师思想政治素质和职业道德水平，引导乡村教师带头践行社会主义核心价值观，加强乡村教师对中国特色社会主义的思想认同、理论认同和情感认同。重视发挥乡村教师以德化人、言传身教的作用，教育学生热爱祖国、热爱人民、热爱中国共产党，形成正确的世界观、人生观、价值观，确保乡村教育正确导向。

——规模适当，结构合理。合理规划乡村教师队伍规模，集中人财物资源，制定实施优惠倾斜政策，加大工作支持力度，加强乡村地区优质教师资源配置，有效解决乡村教师短缺问题，优化乡村教师队伍结构。

——提升质量，提高待遇。立足国情，聚焦乡村教师队伍建设最关键领域、最紧迫任务，打出组合拳，多措并举，定向施策，精准发力，标本兼治，加强培养补充，提升专业素质，提高地位待遇，不断改善乡村教师的工作生活条件。

——改革机制，激发活力。坚持问题导向，深化体制机制改革，拓宽乡村教师来源，鼓励有志青年投身乡村教育事业，畅通高校毕业生、城镇教师到乡村学校任教的通道，逐步形成"越往基层、越是艰苦、地位待遇越高"的激励机制，以及充满活力的乡村教师使用机制。通过实施乡村教师支持计划，带动建立相关制度，形成可持续发展的长效机制。

（二）工作目标。

到 2017 年，力争使乡村学校优质教师来源得到多渠道扩充，乡村教师资源配置得到改善，教育教学能力水平稳步提升，各方面合理待遇依法得到较好保障，职业吸引力明显增强，逐步形成"下得去、留得住、教得好"的局面。到 2020 年，努力造就一支素质优良、甘于奉献、扎根乡村的教师队伍，为基本实现教育现代化提供坚强有力的师资保障。

三　主要举措

（一）全面提高乡村教师思想政治素质和师德水平。坚持不懈地用中国特色社会主义理论体系武装乡村教师头脑，进一步建立健全乡村教师政治理论学习制度，增强思想政治工作的针对性和实效性，不断提高教师的理论素养和思想政治素质。切实加强乡村教师队伍党建工作，基层党组织要充分发挥政治核心作用，进一步关心教育乡村教师，适度加大发展党员力度。开展多种形式的师德教育，把教师职业理想、职业道德、法治教育、心理健康教育等融入职前培养、准入、职后培训和管理的全过程。落实教育、宣传、考核、监督与奖惩相结合的师德建设长效机制。

（二）拓展乡村教师补充渠道。鼓励省级人民政府建立统筹规划、统一选拔的乡村教师补充机制，为乡村学校持续输送大批优秀高校毕业生。扩大农村教师特岗计划实施规模，重点支持中西部老少边穷岛等贫困地区补充乡村教师，适时提高特岗教师工资性补助标准。鼓励地方政府和师范院校根据当地乡村教育实际需求加强本土化培养，采取多种方式定向培养"一专多能"的乡村教师。高校毕业生取得教师资格并到乡村学校任教一定期限，按有关规定享受学费补偿和国家助学贷款代偿政策。各地要采取有效措施鼓励城镇退休的特级教师、高级教师到乡村学校支教讲学，中央财政比照边远贫困地区、边疆民族地区和革命老区人才支持计划教师专项计划给予适当支持。

（三）提高乡村教师生活待遇。全面落实集中连片特困地区乡村教师生活补助政策，依据学校艰苦边远程度实行差别化的补助标准，中央财政继续给予综合奖补。各地要依法依规落实乡村教师工资待遇政策，依法为教师缴纳住房公积金和各项社会保险费。在现行制度架构内，做好乡村教师重大疾病救助工作。加快实施边远艰苦地区乡村学校教师周转宿舍建设。各地要按规定将符合条件的乡村教师住房纳入当地住房保障范围，统筹予以解决。

（四）统一城乡教职工编制标准。乡村中小学教职工编制按照城市标准统一核定，其中村小学、教学点编制按照生师比和班师比相结合的方式核定。县级教育部门在核定的编制总额内，按照班额、生源等情况统筹分配各校教职工编制，并报同级机构编制部门和财政部门备案。通过调剂编制、加强人员配备等方式进一步向人口稀少的教学点、村小学倾斜，重点解决教师全覆盖问题，确保乡村学校开足开齐国家规定课程。严禁在有合格教师来源的情况下"有编不补"、长期使用临聘人员，严禁任何部门和单位以任何理由、任何形式占用或变相占用乡村中小学教职工编制。

（五）职称（职务）评聘向乡村学校倾斜。各地要研究完善乡村教师职称（职务）评聘条件和程序办法，实现县域内城乡学校教师岗位结构比例总体平衡，切实向乡村教师倾斜。乡村教师评聘职称（职务）时不作外语成绩（外语教师除外）、发表论文的刚性要求，坚持育人为本、德育为先，注重师德素养，注重教育教学工作业绩，注重教育教学方法，注重教育教学一线实践经历。城市中小学教师晋升高级教师职称（职务），应有在乡村学校或薄弱学校任教一年以上的经历。

（六）推动城镇优秀教师向乡村学校流动。全面推进义务教育教师队伍"县管校聘"管理体制改革，为组织城市教师到乡村学校任教提供制度保障。各地要采取定期交流、跨校竞聘、学区一体化管理、学校联盟、对口支援、乡镇中心学校教师走教等多种途径和方式，重点引导优秀校长和骨干教师向乡村学校流动。县域内重点推动县城学校教师到乡村学校交流轮岗，乡镇范围内重点推动中心学校教师到村小学、教学点交流轮岗。采取有效措施，保持乡村优秀教师相对稳定。

（七）全面提升乡村教师能力素质。到 2020 年前，对全体乡村教师校长进行 360 学时的培训。要把乡村教师培训纳入基本公共服务体系，保障经费投入，确保乡村教师培训时间和质量。省级人民政府要统筹规划和支持全员培训，市、县级人民政府要切实履行实施主体责任。整合高等学校、县级教师发展中心和中小学校优质资源，建立乡村教师校长专业发展支持服务体系。将师德教育作为乡村教师培训的首要内容，推动师德教育进教材、进课堂、进头脑，贯穿培训全过程。全面提升乡村教师信息技术应用能力，积极利用远程教学、数字化课程等信息技术手段，破解乡村优质教学资源不足的难题，同时建立支持学校、教师使用相关设备的激励机制并提供必要的保障经费。加强乡村学校音体美等师资紧缺学科教师和民族地区双语教师培训。按照乡村教师的实际需求改进培训方式，采取顶岗置换、网络研修、送教下乡、专家指导、校本研修等多种形式，增强培训的针对性和实效性。从 2015 年起，"国培计划"集中支持中西部地区乡村教师校长培训。鼓励乡村教师在职学习深造，提高学历层次。

（八）建立乡村教师荣誉制度。国家对在乡村学校从教 30 年以上的教师按照有关规定颁发荣誉证书。省（区、市）、县（市、区、旗）要分别对在乡村学校从教 20 年以上、10 年以上的教师给予鼓励。各省级人民政府可按照国家有关规定对在乡村学校长期从教的教师予以表彰。鼓励和引导社会力量建立专项基金，对长期在乡村学校任教的优秀教师给予物质奖励。在评选表彰教育系统先进集体和先进个人等方面要向乡村教师倾斜。广泛宣传乡村教师坚守岗位、默默奉献的崇高精神，在全社会大力营造关心支持乡村教师和乡村教育的浓厚氛围。

四　组织实施

（一）明确责任主体。地方各级人民政府是实施乡村教师支持计划的责任主体。要加强组织领导，把实施工作列入重要议事日程，实行一把手负责制，细化任务分工，分解责任，推进各部门密切配合、形成合力，切实将计划落到实处。要将实施乡村教师支持计划情况纳入地方政府工作考核指标体系，加强考核和监督。教育行政部门要加强对乡村教师队伍建设的统筹管理、规划和指导。发展改革、财政、编制、人力资源社会保障部门要按照职责分工主动履职，切实承担责任。要着力改革体制，鼓励和引导社会力量参与支持乡村教师队伍建设。对在乡村教师队伍建设工作方面改革创新、积极推进、成绩突出的基层教育部门，有关部门要加强总结、及时推广经验做法并按照国家有关规定予以表彰。

（二）加强经费保障。中央财政通过相关政策和资金渠道，重点支持中西部乡村教师队伍建设。地方各级人民政府要积极调整财政支出结构，加大投入力度，大力支持乡村教师队伍建设。要把资金和投入用在乡村教师队伍建设最薄弱、最迫切需要的领域，切实用好每一笔经费，提高资金使用效益，促进教育资源均衡配置。要制定严格的经费监管制度，规范经费使用，加强经费管理，强化监督检查，坚决杜绝截留、克扣、虚报、冒领等违法违规行为的发生。

　　（三）开展督导检查。地方各级人民政府教育督导机构要会同有关部门，每年对乡村教师支持计划实施情况进行专项督导，及时通报督导情况并适时公布。国家有关部门要组织开展对乡村教师支持计划实施情况的专项督导检查。对实施不到位、成效不明显的，要追究相关负责人的领导责任。

　　省、市、县、乡各级人民政府要制订实施办法，把准支持重点，因地制宜提出符合乡村教育实际的支持政策和有效措施，将本计划的要求进一步明确化、具体化。请各省（区、市）于 2015 年底前，将本省（区、市）的实施办法报教育部备案，同时向社会公布，接受社会监督。

后　记

　　2013 年，中国社会科学院团委和教育部机关团委联合开展了关于基层教育一线的调研活动，这是当年中央国家机关"根在基层·中国梦"青年干部基层调研实践活动的组成部分，也是我多年主持的中国社会科学院青年学者国情考察项目中规模最大的一次。我和时任教育部机关团委书记吴述刚作为联合调研团团长，在陈时龙、高冬梅、刁鹏飞、李大鹏、郭志法、钟亮、袁朝晖、吕倩、孙宏年、胡希召等十位调研组长的强力协助下，带领中国社会科学院和教育部的 70 多位青年学者和青年干部，既做指挥员，又做调研员，分赴湖南、江西、内蒙古、陕西、宁夏五省区基层教育部门和学校，实施了本次调研。调研归来，调研团成员用心整理调研所得，并编写了调研报告上报有关部门。2015年，国务院颁布实施了《乡村教师支持计划（2015—2020 年）》。

　　当前，实现中华民族伟大复兴已成为全国人民共同追求的"中国梦"。实现这一伟大梦想是一项非常艰巨的系统工程。而要实现"中国梦"，显然离不开教育的助力。没有众多人才的培育，"中国梦"的实现就会失去智力资源的强力支撑。而"中国梦"落实到教育事业上就是要营造公平的素质教育之梦。至 2015 年，全国义务教育阶段在校生中农村留守儿童共 2019.24 万人，乡村学生占全国义务教育学生总数的29.3%。发展乡村教育，帮助乡村孩子学习成才，阻止贫困现象代际传递，是功在当代、利在千秋的大事。教育的主体是教师，教育的发展在人才。长期以来，由于教育资源的不合理配置，导致农村学校办学条件差、教师福利待遇低，学校生源日趋匮乏，农村教师普遍存在"下不去、留不住、干不好"的尴尬状况。尽管如此，330 万名乡村教师依然用自己的坚守，撑起乡村教育的一片蓝天。发展乡村教育，教师是关键，必须把乡村教师队伍建设摆在优先发展的战略地位。

　　本书所呈现的就是基层乡村教育的现实图景，既有乡村学校的基本情况，也有乡村教师、学生和家长的所思所想所为，还有调研成员的感想、思考和建议。历经三年，调研团全体成员锲而不舍，共同努力，精心编辑，才有了本书的真情呈献。好事多磨，这份来自全国五省区基层教育一线的调研成果终于付梓。

　　陈时龙、刁鹏飞、郭志法、袁朝晖、孙宏年、彭成义等三年来为本书出版付出了辛勤劳动；中国社会科学院科研局全额资助了本书的出版；中国社会科学出版社编辑精心编辑设计装帧。在此一并感谢！

季为民

2017 年 8 月